文化ファッション大系
アパレル生産講座 ❸

立体裁断
基礎編

文化服装学院編

序

　文化服装学院は今まで『文化服装講座』、それを新しくした『文化ファッション講座』をテキストとしてきました。

　1980年頃からファッション産業の専門職育成のためのカリキュラム改定に取り組んできた結果、各分野の授業に密着した内容の、専門的で細分化されたテキストの必要性を感じ、このほど『文化ファッション大系』という形で内容を一新することになりました。

　それぞれの分野は次の四つの講座からなっております。

　「服飾造形講座」は、広く服飾類の専門的な知識・技術を教育するもので、広い分野での人材育成のための講座といえます。

　「アパレル生産講座」は、アパレル産業に対応する専門家の育成講座であり、テキスタイルデザイナー、マーチャンダイザー、アパレルデザイナー、パタンナー、生産管理者などの専門家を育成するための講座といえます。

　「ファッション流通講座」は、ファッションの流通分野で、専門化しつつあるスタイリスト、バイヤー、ファッションアドバイザー、ディスプレイデザイナーなど各種ファッションビジネスの専門職育成のための講座といえます。

　それに以上の3講座に関連しながら、それらの基礎ともなる、色彩、デザイン画、ファッション史、素材のことなどを学ぶ「服飾関連専門講座」の四つの講座を骨子としています。

　「アパレル生産講座」は、アパレル製造業が基本的に、企画、製造、営業・販売の三つの大きな専門部門で構成されているのに応じて、アパレルマーチャンダイジング編、テキスタイルデザイン編、アパレルデザイン編、ニットデザイン編、アパレル生産技術編などの講座に分かれています。それぞれの講座で学ぶ内容がそのまま、アパレル製造業の専門部門のスペシャリスト育成を目的としているわけです。

　いずれにしても服を生産することは、商品を創ることに他なりません。その意識のもと、基礎知識の修得から、職能に応じての専門的な知識や技術を、ケーススタディを含めて、スペシャリストになるべく学んでいただきたいものです。

目次 立体裁断 基礎編

- 序 ………………………………… 3
- はじめに ………………………… 8

第1章
立体裁断について ……… 9

- Ⅰ 立体裁断とは ……………………………… 10
  - 1 平面から立体を読む ……………………… 11
  - 2 立体の観察 ………………………………… 13
- Ⅱ 衣服と造形美 ……………………………… 14
  - 1 衣服の構成形状 …………………………… 15
  - 2 造形からのデザイン発想 ………………… 16
- Ⅲ 衣服と人体 ………………………………… 17
  - 1 形態の認識 ………………………………… 18
  - 2 人体の断面 ………………………………… 19

第2章
立体裁断の準備 ………… 21

- Ⅰ 用具・材料 ………………………………… 22
  - 1 ボディ ……………………………………… 22
  - 2 用具 ………………………………………… 26
  - 3 材料 ………………………………………… 28
- Ⅱ ボディの準備 ……………………………… 29
  - 1 目標線(ガイドライン)の入れ方 ……… 29
  - 2 ボディの補正 ……………………………… 33
  - 3 腕作り ……………………………………… 34
- Ⅲ ピンの打ち方 ……………………………… 38

第3章
立体裁断の基礎　39

- I　衣服の基本形　40
  - 1　タイトフィッティング　40
  - 2　トルソーシルエット　48
  - 3　身頃原型（ウエストフィット型）　54
- II　衣服の構造とデザイン表現　62
  - 胸ぐせダーツのバリエーション
  - 1　ショルダーダーツ　62
  - 2　サイドダーツ　65
  - 3　ローサイドダーツ　66
  - 4　ウエストダーツ　67
  - 5　アームホールダーツ　68
  - 6　センターダーツ　69
  - 7　ネックダーツ　70
  - 8　ネックギャザー　71
  - 9　ショルダータック　73

第4章
基本アイテムのドレーピング……75

Ⅰ	ブラウス ………………………………………	**76**
	1　タックインブラウス ………………………	76
	2　オーバーブラウス …………………………	86
	3　シャツブラウス ……………………………	94
Ⅱ	スカート ………………………………………	**106**
	スカートの構造原理 …………………………	106
	スカートの機能性 ……………………………	107
	1　タイトスカート ……………………………	108
	2　セミフレアスカート ………………………	114
	3　フレアスカート ……………………………	119
	4　ゴアードスカート …………………………	124
	5　ヨーク切替えのボックスプリーツスカート ……	129
	6　タックトスカート …………………………	135
Ⅲ	ワンピースドレス ……………………………	**139**
	1　ウエストライン切替えのシャツドレス …………	139
	2　ハイウエスト切替えのワンピースドレス ………	151
	3　ローウエスト切替えのワンピースドレス ………	160
	4　プリンセスラインのワンピースドレス …………	171
Ⅳ	ジャケット ……………………………………	**179**
	1　テーラードジャケット ……………………	179
	2　マンテーラードジャケット ………………	192
	3　プリンセスラインのジャケット …………	200
	4　ボックスシルエットのジャケット ………	209
Ⅴ	コート …………………………………………	**214**
	1　ルダンゴトシルエットのコート …………	214
	2　ストレートシルエットのコート …………	223
	3　テントラインのコート ……………………	231
	4　トレンチコート ……………………………	242
Ⅵ	ベスト …………………………………………	**254**
	1　Vネックのベスト …………………………	254
	2　ホールターネックのベスト ………………	257

第5章
部分デザイン　261

I 衿・ネックライン　262
　衿の構造原理　262
　1　スタンドカラー　264
　2　オープンカラー　266
　3　フラットカラー　268
　4　セーラーカラー　271
　5　ネックライン　274

II 袖　275
　袖の構造原理　275
　袖山の高さと袖幅の関係　275
　腕の方向性　276
　肘ぐせについて　277
　いせ分量について　278
　1　肘ダーツの袖　278
　2　袖口ダーツの袖　282
　3　袖山ダーツの袖　285
　4　レッグオブマトンスリーブ　288
　5　パフスリーブ　291

はじめに

　21世紀を迎え、今日に至るファッション産業の広がりは、グローバルな勢いで人々の生活を一変させました。日本のアパレル産業や教育分野においても、アジアのファッションリーダーとして常に先駆的役割を求められております。デジタル化の波、スピードアップする社会、個々の価値観、ライフスタイルの変化により、服作りをする人間には、服本来の本質を見極める視点が要求されています。

　その基盤として、アパレル産業に対応する専門家育成の教本となる「アパレル生産講座」の「立体裁断基礎編」に取り組みました。本書は職能に応じての専門的な知識や技術を踏まえ、鋭い感性が要求されるクリエーションを軸として、原理とテクニックを織り交ぜながら組み立てております。

　立体裁断に必要なボディは新文化式原型に適合した新文化ボディ（ヌードボディ）を使用しています。時代の求める視覚と感性、発想の根源を掘り起こす修練にはヌードボディに限るからです。と同時に身体を包む衣服との関連を考えますと人体の構造、形態もしっかり知る必要があります。

　原理として、クリエーションの手法、観察、服作りの基本となる立体裁断の考え方、人体（女性体型）に適合したシルエットとデザイン線、構造線のとらえどころを述べています。さらに、よりよい服作りのための基礎技術を基本的なアイテムを通して理解していただけるようデザインポイントから裁断法、仕上げ、ドラフティングまで写真を中心に図やイラストを含め、詳細にわかりやすく解説しています。

　袖については、一部立体裁断の方法も入れてありますが、各アイテムとも、平面作図を基に身頃のシルエットに合わせて袖山の高さを求め、袖の形状を作り、袖つけを行なう中で最終ラインを見つけていく方法をとっています。また、素材（普通地を基本としている）や縫製方法によって、いせ、伸しのテクニックは重要な要素ですが、トレースパターンには煩雑さを避けるため、マークを入れず合い印でまとめています。

　立体裁断は繰り返し数をこなし、バランス感覚を養い、基本的原理を知ることが大切です。将来ファッション界に携わるクリエーターにとってこの本が個々の資質を磨く資料となり、スペシャリストへのステップとして活用していただけることを願っています。

第1章

立体裁断について

I　立体裁断とは

　急速なライフスタイルの変化にともない、今日では多様な立体美への創造が求められている。ヨーロッパに生まれた立体裁断は、日本の服装文化の中に取り入れられ、表現手段としての重要な役割を担っている。
　人間個々の身体は凹凸（複曲面）のある立体である。その人間が着装する衣服は、動作機能をカバーして、着心地のよいバランスのとれたシルエットが求められている。
　衣服を構成する裁断法には、大きく分けて三つの方法がある。
　(1)　平面作図による裁断
　割出し寸法により原型を使用して作図し、パターンに展開して裁断する方法。一斉に同じパターンができる利点があり、二次元としての操作法である。
　(2)　立体裁断
　人体を基にした理想的なプロポーションの人台（ボディ）、または直接人体を用いて布地を当て、余分な部分を裁ち落として形を作り、デザインを表現する方法。人台という用具を使って着装時と同じ、三次元的状態で布地を裁つことができるために、布（布目）の流れ、量感のバランス、フォルムをとらえながら、服の立体感を求めることができる三次元としての操作法。
　(3)　平面作図と立体裁断の併用
　ある程度平面作図で形を求め、トワルで組み立ててボディに着装させ、ディテールや、物性に伴う立体形状を必要とするときに併用して実践する方法である。
　立体裁断には工業用ボディ（ゆとり入りボディ）を使用する場合とヌードボディを使用する場合がある。
　工業用ボディは、不特定多数の人を対象とし、大量の既製服を生産するために用いられることが多く、日本工業規格（JIS）によるサイズのボディを必要とする。しかし、メーカーによってアイテムやターゲットとする年齢層により、独自のボディが開発され使用されている。
　ヌードボディは、先にも述べたように、最も理想的なプロポーションを求め、この本ではクリエーションをする場合の用具として使用している。
　これらを踏まえ、立体裁断（ヌードボディ使用）を学ぶうえで大切な要素を取り上げる。

ボディと人体

　静体としてのボディに、動作機能を伴う人間（動体）が着る服を作るうえで、まず理解しておかなければならないことは、人体の構造と形態である（18ページ参照）。
　人の動きに伴って、人体の代わりとなるボディと布との間に、どのような空間を生み出したら着心地や機能性のある服に結びつくか、人体を立体像として観察することが、服作りの原点になるからである。

人体と衣服

　人間に1枚の布を、自由に巻きつけ、覆うだけでも衣服として成立するが、凹凸のある人体と機能性をもたせた衣服との関連は、構造原理を理解するうえで、最もポイントになる部分である。
　衣服造形の原点は、立体の観察につきる。前面、側面、後面と、多面的にものを見る場合、そこには目による幅や丈、厚み感を知る判断力、いわゆる五感の一つである視覚で判断する力が求められるのである。
　布目を正して、凹凸の身体に着せる服作りをする場合、そこにはデザイン線、構造線、ダーツ、いせ、伸し、厚み分量、あきの位置など、視覚を通した造形上の感性が要求されるのである。
　この布目線を基準として正しく設定することや、いせ、伸しのテクニックは、シルエットを形作る操作の基本である。いせや伸しは、アイテムによるデザインや体型上の位置により一律ではない。デザインを読み取りながら、形状に従って、どこをいせ、どこを伸ばしていくか視覚でとらえ、シルエットをだしていくのである。このように感覚的要素を求めることは、立体裁断をするうえで、最も感性をはぐくむテクニックといえる。

布と基本的テクニックとパターンメーキング

　立体裁断は、よいパターンを作ることが究極の目的である。面と面の接合は、その面の布目線に判断されたシルエットになる。
　これは正しい布目線を軸として、服作りをするべきことを示唆し、正しく布目を読み取る視覚の重要性を意味する。また、布を扱う中で、厚み感、ドレープ性、張り感を触感としてとらえることが大切である。
　実物素材に近いトワルを使用するが、この点も充分考慮に入れて取り組む必要がある。この素材感を意識しながら、正しいピン打ちと裁断をしていくことで、よいパターンメーキングに結びつくのである。

立体裁断は、このように素材の持つ物性を把握し、基本的テクニックを駆使しながら、繰り返し、繰り返し裁断をしていく中で、新しい創造を作り出していくことができるメリットがある。布目の読取り、シルエットの構成、量感、フィット感、バランス感覚、さらにその時代のトレンドを付加価値としてファッション性をプラスしていくことができれば、いっそうデザインを読み取る力が生まれてくるのである。

　立体裁断は、完成パターンが着心地のよい機能性の伴う、よいパターンになることが目的なので、パターンのチェックに当たり、人体、素材、シルエットを立体的見地と平面構成からの理論を踏まえ、しっかり分析して、最終的に構造原理を理解することが大切である。

　これらがクリエーションへの大きなステップにつながっていくのである。

　立体裁断は下記の手順でまとめる（ただし、本書では、紙面上、順不同になっている部分がある）。
①ボディの準備
②トワルの準備
③ドレーピング
④マーキング
⑤トレースパターン
⑥ピン仕上げ
⑦出来上り（本縫い）

1　平面から立体を読む

　形あるものを平らな1枚の布で包むと、図1のようになる。1か所に集合された部分は、大小さまざまのドレープやギャザーによって形作られ、本体そのものの形を把握することは難しい。この場合、あきの位置（縛られた位置）はあらゆるところに設定できる。

　このように、平らな布でくるんだり、巻きつけることも着装の方法として成り立つが、衣服を身につける人間にとってはそこに人体があり、形あるものの形状を知るうえで、よりフィットさせた立体そのものを求めていくことが必要になる。

　図2は布を取り除き、曲面にフィットさせた形状の構造線を入れたものである。軸となる基点を見つけて構造線を作ることでフィット感が生み出される。

　これを人体に置き換えたとき、女性であれば最もポイントとなるバストポイントを通る位置で、いちばん無理のない構造線を作ることができる。さらにフィットさせたいときは、その構造線を増すことにより、フィット感が強調される。

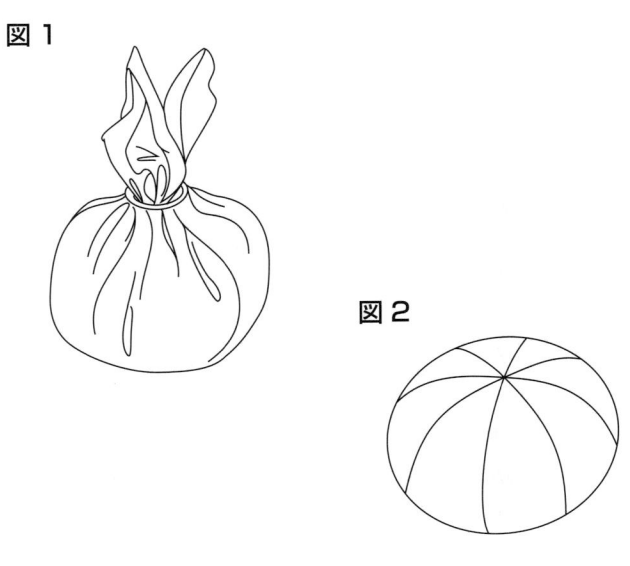

図1

図2

● **平面を着る**

　図3は性別、体型に関係なく着装できる直線裁ちのものである。脇を部分的に縫合し、頭部と腕を出して着装したり、全く脇を縫わないでポンチョのように肩で着こなし、素材や服の表情を楽しむことができる。この場合、前面と後面のみで、厚み分に当たる側面がないため、上腕にかかる位置まで身頃の幅を広くし、身体を覆うゆとりを必要以上に生み出すことが求められる。

　図4は同じく直線裁ちのもので、必要とするヒップ周径のあきを作り、スカートとして着装した場合のものである。平面のものが表情のあるフレアに変化する。

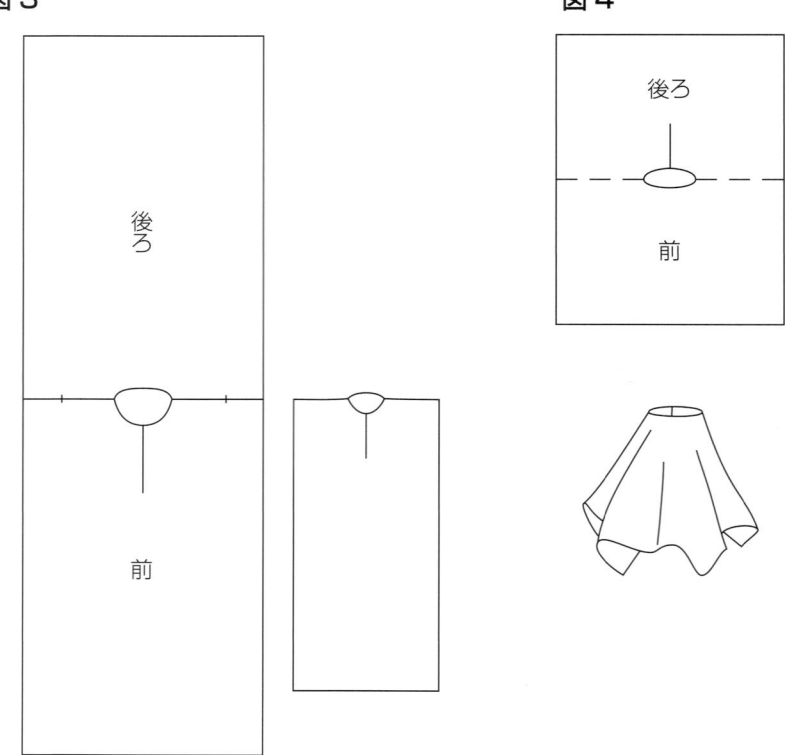

図3　図4

● **平面を立体形状に近づけて着る**

　図5は衿ぐりが首のつけ根にそって裁断され、身頃と袖がそれぞれ長方形の直線裁ちである。脇布は台形に裁断され、縫合することで側面のシルエットが立体的に形作られる。身頃と袖の境界である縫い目線は、側面の立体を保つ構造線でありデザイン線の役目も果たしている。さらに袖下と脇の間に四角形のまちを入れることで、厚みの安定とあまり太くない袖幅の機能をカバーし、人体の立体形状に近づいた構成になっている。この形状は民族服に多い。

　図6は同じく民族服に見られるパンツである。

　ウエストが極端に大きく、左右の足首近くまでまちがある。まちは、幅広の四角形に裁断されて、たっぷりとしたゆとりの中に、ボトムを包み込む厚み分も許容している。またまちにより、歩行やあぐらが自由にできて機能性も備えている。

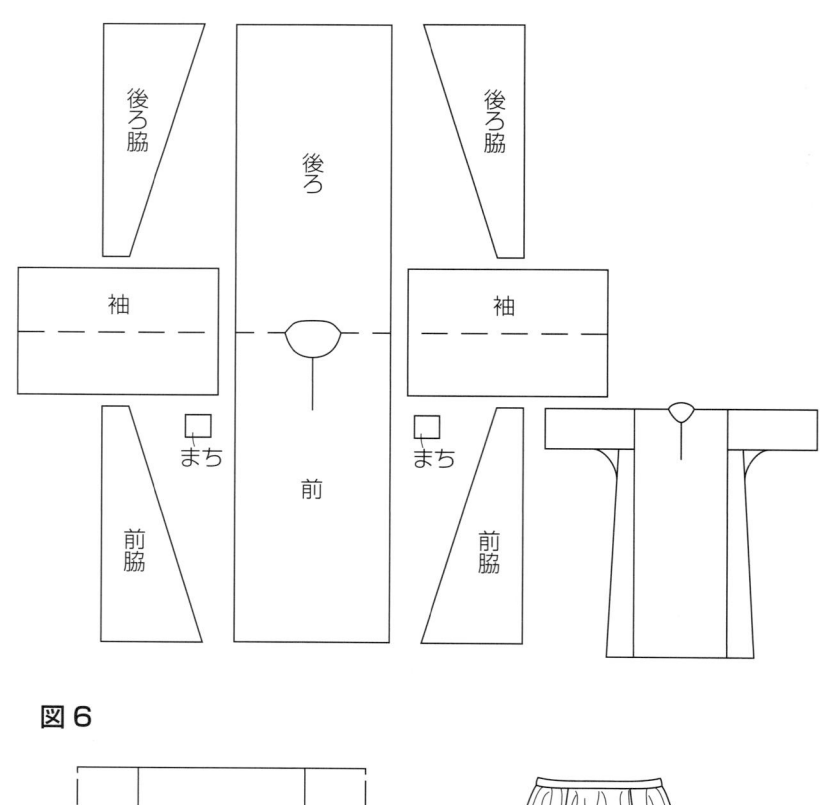

図5　図6

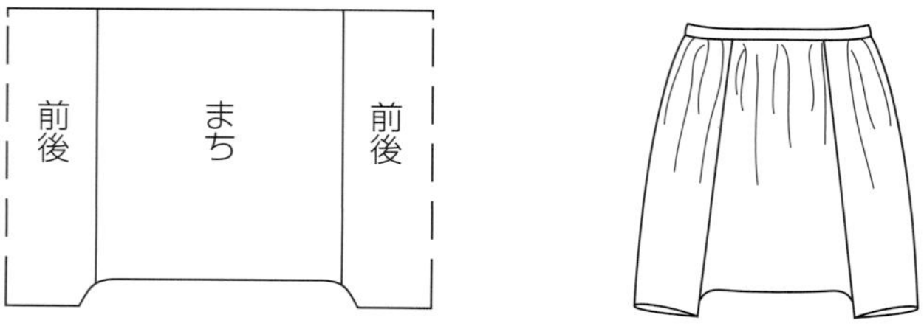

2 立体の観察

　衣服を立体的に構成するためには、縫い目線を必要とする。最も単純なものは、前後身頃の脇線を縫い合わせたものである。さらに前身頃（前面）と後ろ身頃（後面）の間に脇布（側面）をはめ込んで、厚み分量（奥ゆき分量）を出し、立体感を生み出す構成がある。
　この挿入された厚み分量は、体型によって大小の変化があるが、面作りの重要なポイントとなる。
　また、構造上の要素として、縫い目線、ダーツ、いせる、伸ばす、着脱のあきなどがあり、人体の形態観察を通して、簡単な縫合せのものから、細分化した多くのパーツを縫い合わせたものまであり、立体性の伴う多面的角度からの観察が重要であることが認識できる。
　ここでは、衣服造形のステップとして静物を観察し、どのように立体が構成されているか平面に展開してみる。

観察（デザインを読む）ポイント
・明暗―奥ゆきを知る
・面の分割を考える
・あき―位置と長さ
・布目―縦地、横地、バイアス地
・合い印―凹凸による接合

①**立方体の箱**
　前後側面が明解に判別できる。

②**球状のボール**（$\frac{1}{2}$球状を表わしている）
　縫い目線は、あらゆる位置に求めることができる。プリンセスラインのようでもある。

③**六角形の箱の上ぶた**
　前後側面が理解できる。

④**石**
　トワルで石をくるみ、つまんで縫い合わせたものを展開している。凹凸の変化により構造線の設定、ダーツ、伸し、いせを多用し構成する。

⑤**円筒形のいれ物**
　丸くくるまれた立体面。

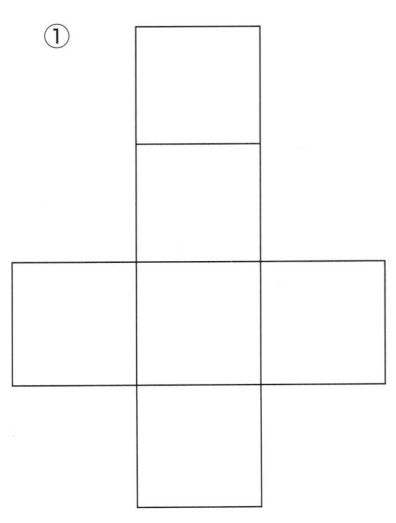

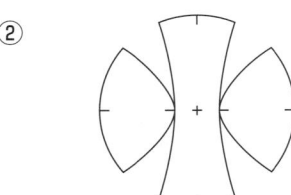

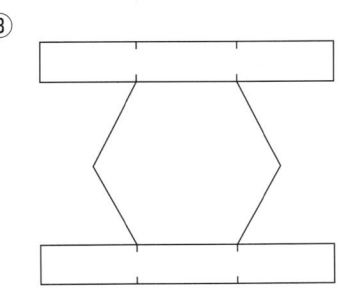

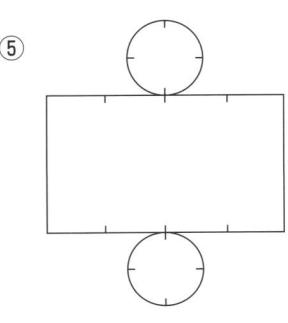

第1章　立体裁断について

II 衣服と造形美

　人体はこの世でいちばん美しい造形物であると言われるが、それを取り巻く自然界の造形物もまた人体の美しさに匹敵する。自然美あふれる海岸線（写真1）や山並み、海に沈みゆく夕陽、花（写真2）や動物など、決して人間が造り出すことのできない想像を超えた美しさを持ったものが存在する。

　人工美については、すべてのむだをそぎ落として必要最小限にデザインされ、絶対的な美しさを持つ船（写真3）や飛行機、ときにはむだと思われるものにも人をほっとさせる価値を見いだすものがあり、写真4のような建築物もその一例である。

　人間が着る服は、環境、嗜好、必要性、機能性、デザイン等で表情を変え、その時代を代表するスタイルが生まれる（写真5、6）。

ニュージーランド　ハヘイビーチ（撮影　滑田広志）

ニュージーランド
オーキッド
（撮影　滑田広志）

スターフライヤー号（撮影　森拓也）

サグラダファミリア
（アントニオ・ガウディ）

ピエール・カルダン
（1970年春夏オートクチュール）

クリスチャン・ディオール
（2000年春夏オートクチュール）

1　衣服の構成形状

人間にとって最初の衣服は身体を保護するものであったと思われるが、時代を経るにしたがって別の用途が加わった。

現在考えられるのは、巻きつけたり、かぶったりして着る貫頭衣（図1、2）がいちばん古く、前が開くカフタン（図3）、体の形に合わせるようになるエジプトのキトン（図4）や結んで着るギリシャのドレーパリー（図5）へと変わっていった。地域による気候風土への適合、他者への威圧や民族の誇りを表わすものに少しずつ装飾性が加わるようになり、続いて宗教が大きく影響するようになってだんだん縫製されたものへ移行。現代では袖がついた服（図6）が主流である。

2 造形からのデザイン発想

デザイン発想のトレーニングにはいろいろな方法があるが、ここではある造形からヒントを得たり、インスピレーションを受けて服のイメージデザインを考える方法をいくつか例（学生作品より）としてあげてみる。

建築家のディレクションから

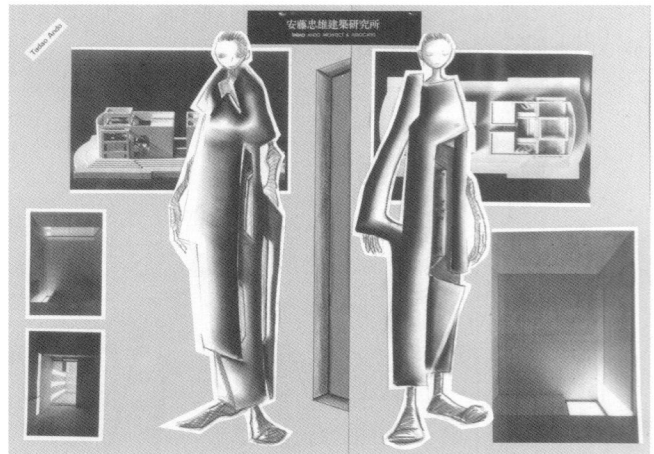

安藤忠男

芸術家の絵画から

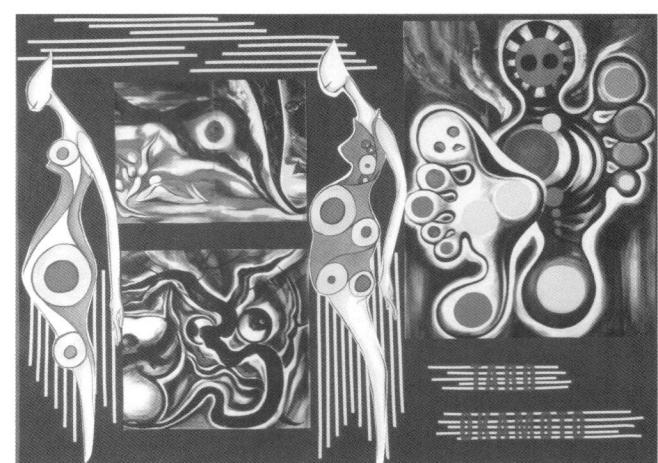

岡本太郎

芸術家の絵画から

トロンプルイユ（だまし絵）

芸術家の絵画から

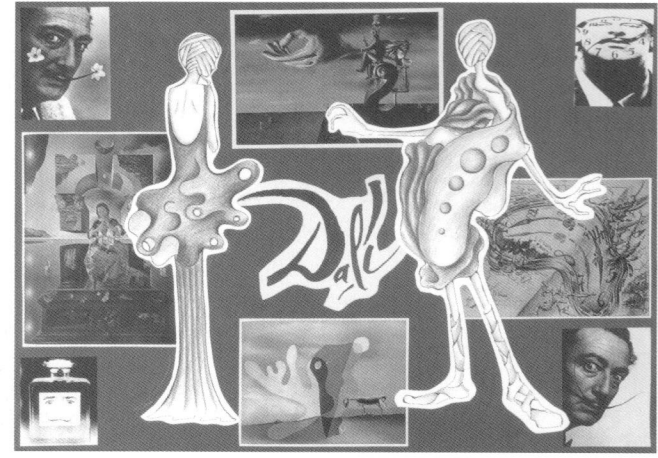

Salvador Dali

海辺の小動物から

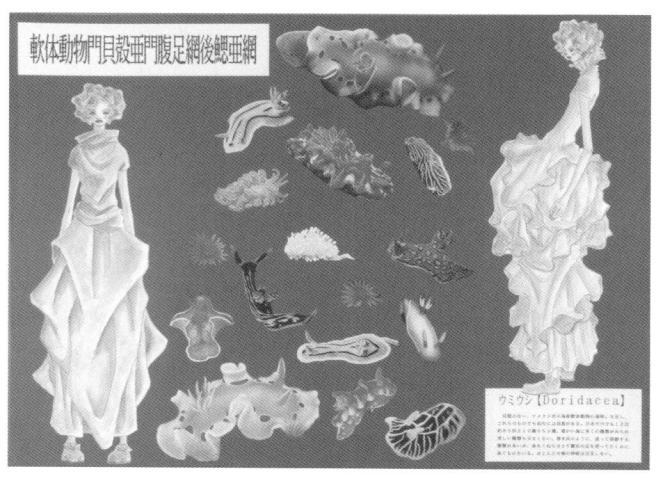

ウミウシ

都市空間から

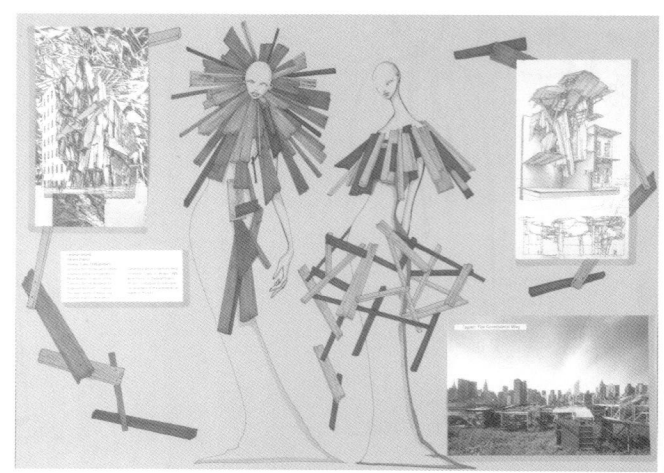

こわれかけた構造物

遊園地から

ディズニーランド

国のイメージから

日本

食物から

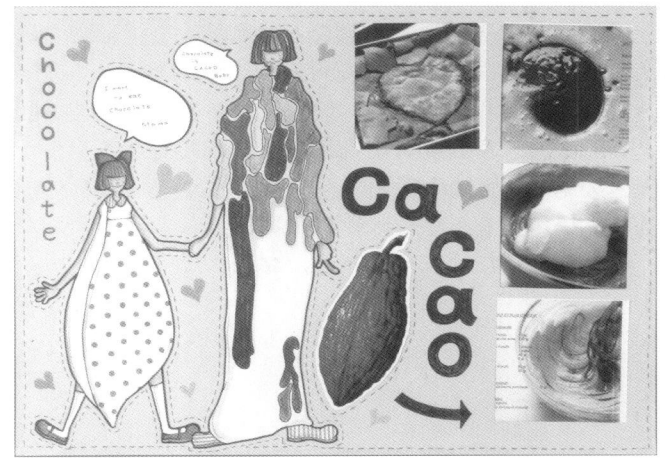

カカオ

イラストレーターの作品から

Georges Barbier

Ⅲ 衣服と人体

　衣服をデザインするうえで、人間の特性を考え、着やすさ、着心地のよさ、安全性、センスのよさなど、衣服と人間の関係を合理的に配慮したものを人間工学という。人間工学や運動機構（キネジオロジー）を常時考慮しながら服は作られるべきである。そして服作りは人体を理解することが最優先である。

　人間の体は骨格、筋肉、皮膚、その他諸々の組織で構成されている。特に骨は全体で200個以上あり、人体は頭部、体幹部、上肢、下肢に大きく分けられる（図1）。各部の動きと変化、それに伴う計測点と計測値を皮膚面上でよく把握し、服作りに取り込んでいく。

図1

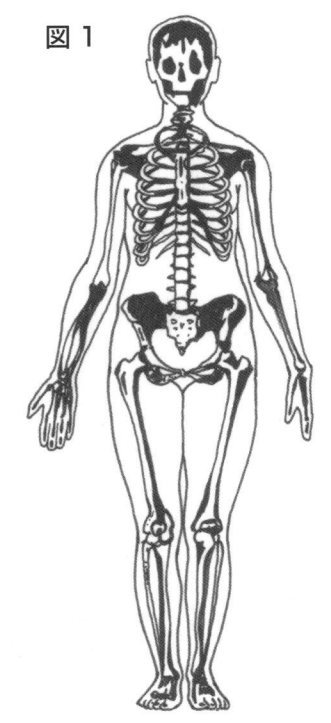

また女性の姿は、前面はもちろんだが、背面の美しさも見逃すことができない。非常にドラマティックで年齢的なもの、造形的なもの、全体の姿勢、ときには立ち居振舞いまで感じ取ることができる（写真1）。

　着衣の場合でも背面は多くのことを語っている。機能美、形態美に加え、気品さえも感じる場合がある（写真2）。このように衣服は前面だけでなく、あらゆる角度から見て美しく形作られていることが重要である。

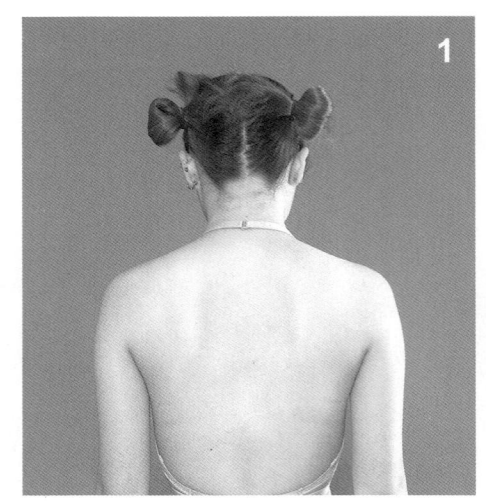
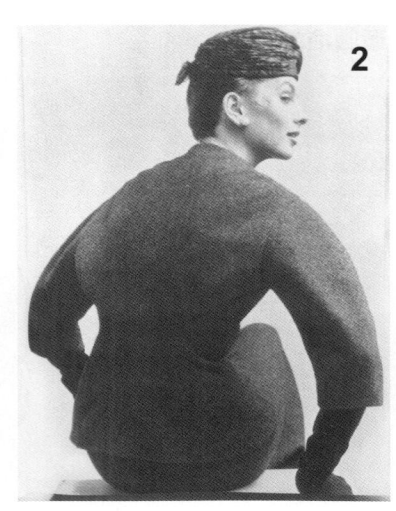

1　形態の認識

　着やすい服や着心地のよい服を作るには、人体がどのような形をしているのかを観察する必要がある。

●動作による形態の違い

　自然な姿勢（図2）に対して、前屈してしゃがみ、さらに頭部を垂れて抱え込むと全体が楕円の丸みを帯びた大きい卵のような形になる（図3）。

　足を肩の幅に開いて腕をぐっと振った感じでねじると、ウエスト周辺は90度回転し、胸部から上はさらにもう少し回転していることがわかる（図4）。

　片方の脚で爪先立ちし、腕を上げると、ウエスト周辺から腋窩、腕にかけて側面部分が細長くなる。また基本姿勢のときは体側を向いていた手のひらが身体の前方を向いていることがわかる（図5）。

図2

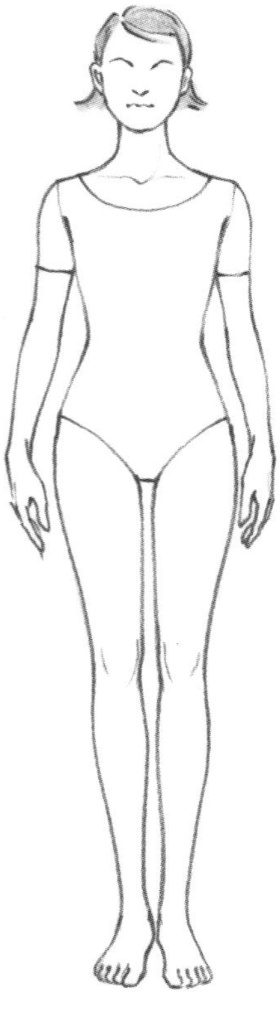

図3

図4

図5

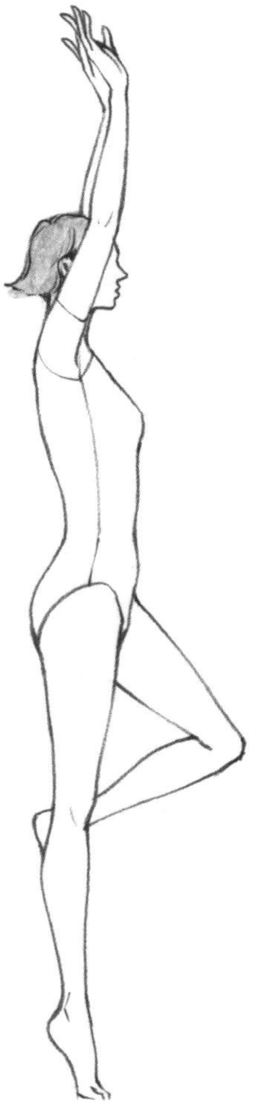

● **男女差による形態の違い**

外見上女性より男性のほうが骨が太くてがっちりしている。

男性は全体に筋肉質で皮下脂肪が少なく、女性は細くなだらかで、皮下脂肪は男性より多い。ウエストのあたりも細くくびれている（図6、7）。

上肢は男性のほうは太くて力強く、女性のほうは細くてやさしい（図8、9）。特に男性は筋肉がはっきりとわかり（図10）、女性にはいわゆる「力こぶ」は見られない（図11）。

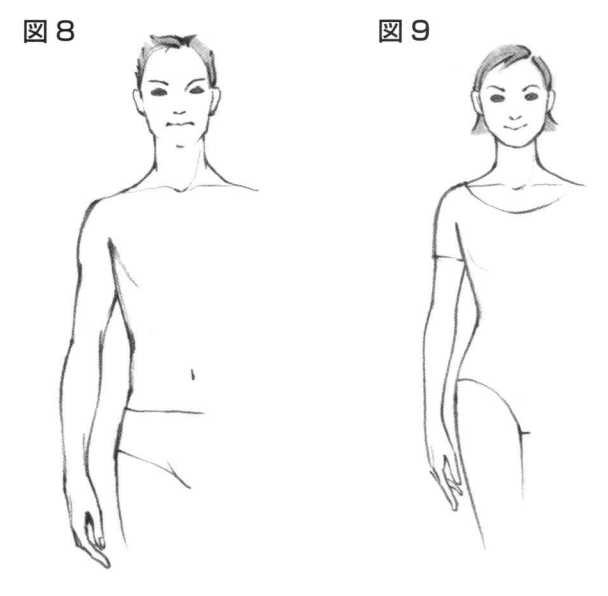

図6 図7 図8 図9 図10 図11

2　人体の断面

人体をより深く理解するために外観だけでなく、人体の断面形状を見てみる（被験者21歳女子）。

体幹部の縦切断面（図12）は、前面のバストポイントを通る線と、後面の肩甲骨のいちばん高い所を通る線は正中線から等距離にはないのでシルエットとして見る。バストの形と高さ、肩甲骨からウエストへ、ウエストからヒップへ流れる線を理解する。

バスト、ウエスト、ヒップの位置の横切断面（図13）は、背骨のくぼみ、胸の方向性、ヒップの骨盤の形状がよく理解できる。

バスト周囲は起伏が多く、乳房は体の中心部からやや外側に向かっているが、側面から前面にかけての皮膚面形状は逆にやや内側に向かっていることが認識できる。ヒップ周囲も起伏が多いので、このカーブの強い箇所にダーツやデザイン線の構造線を配置すると立体的で美しいフォルムを作ることができる。

また腕つけ根の断面は、上肢側挙の角度を変えるとつけ根の形が変化することがわかる（図14）。

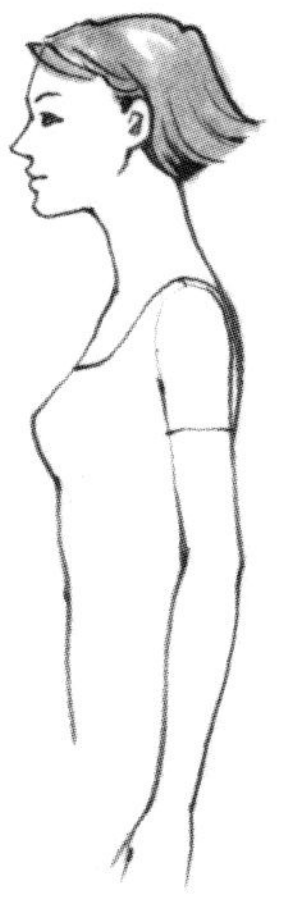

図12 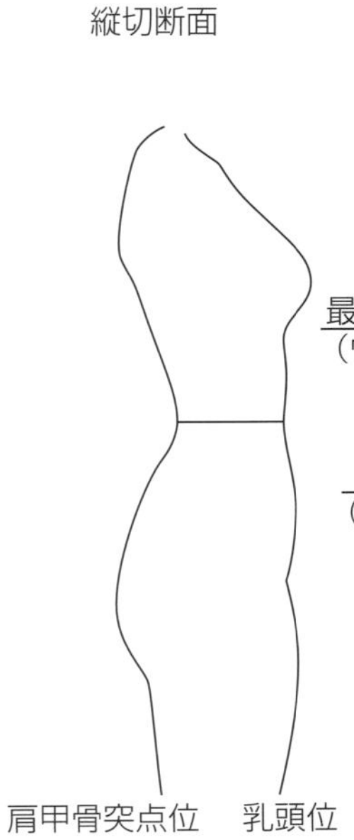　縦切断面
肩甲骨突点位　乳頭位

図13　横切断面
乳頭位（バスト）
最小腹囲位（ウエスト）
殿突位（ヒップ）

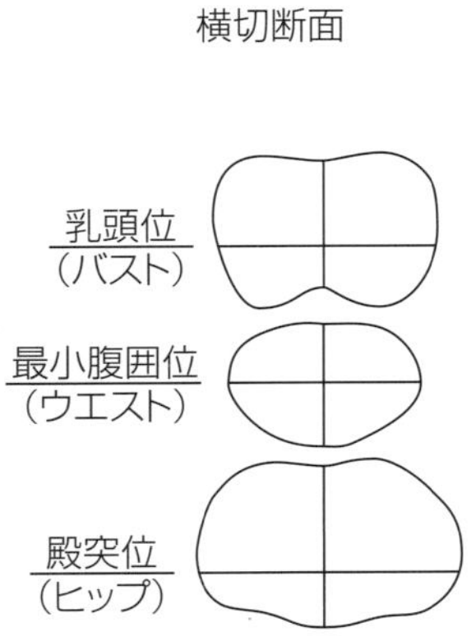

図14　腕つけ根断面
45°側挙 肩先点
後腋点　前腋点
15°側挙 肩先点
後腋点　前腋点

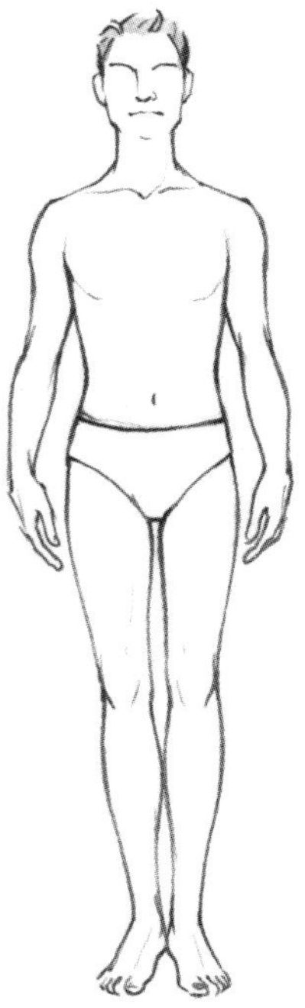

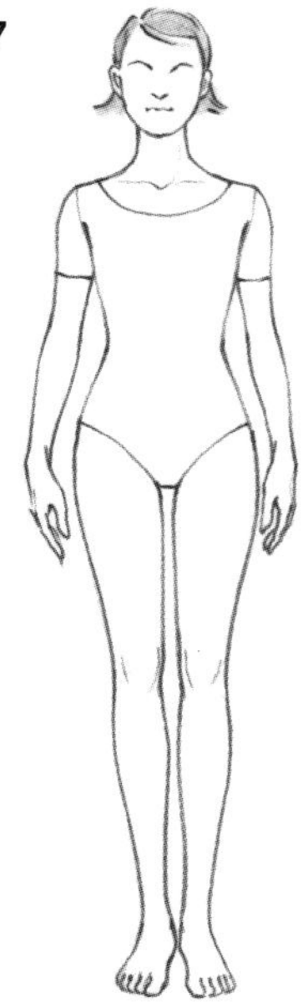

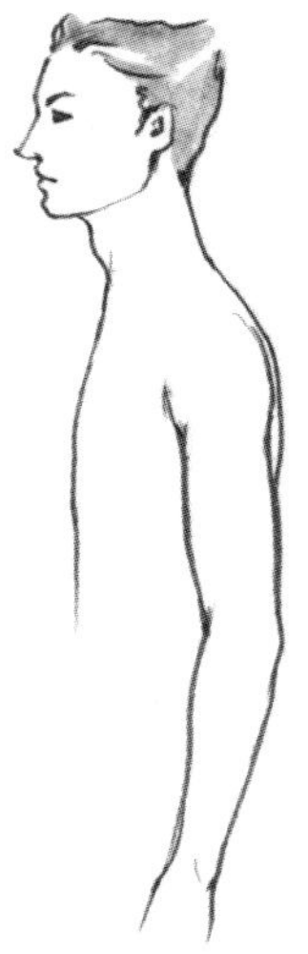

第1章　立体裁断について

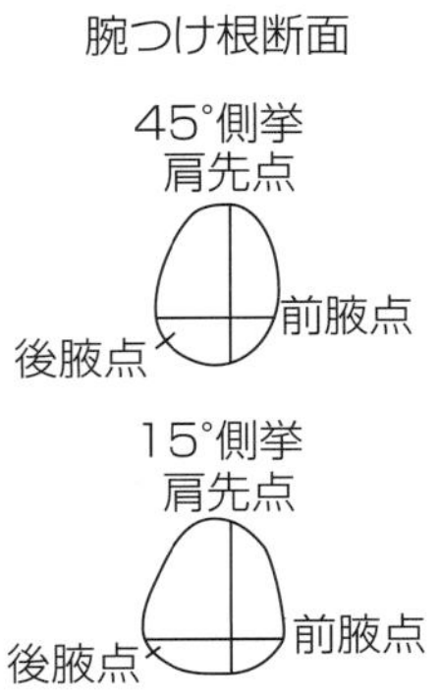

体型別横切断面

　バスト突出体型、ずん胴体型、背面のS字形が強い体型の横切断面とその重合図を標準体型と比較してみると、バスト突出体型のバスト位置の形状、ずん胴体型のウエスト位置の形状、S字形が強い体型のウエストの背面のくびれなどに特徴がでていて形状の違いが理解できる。

　このように人体を科学的に把握しておくことが、立体裁断をするうえで大切である。

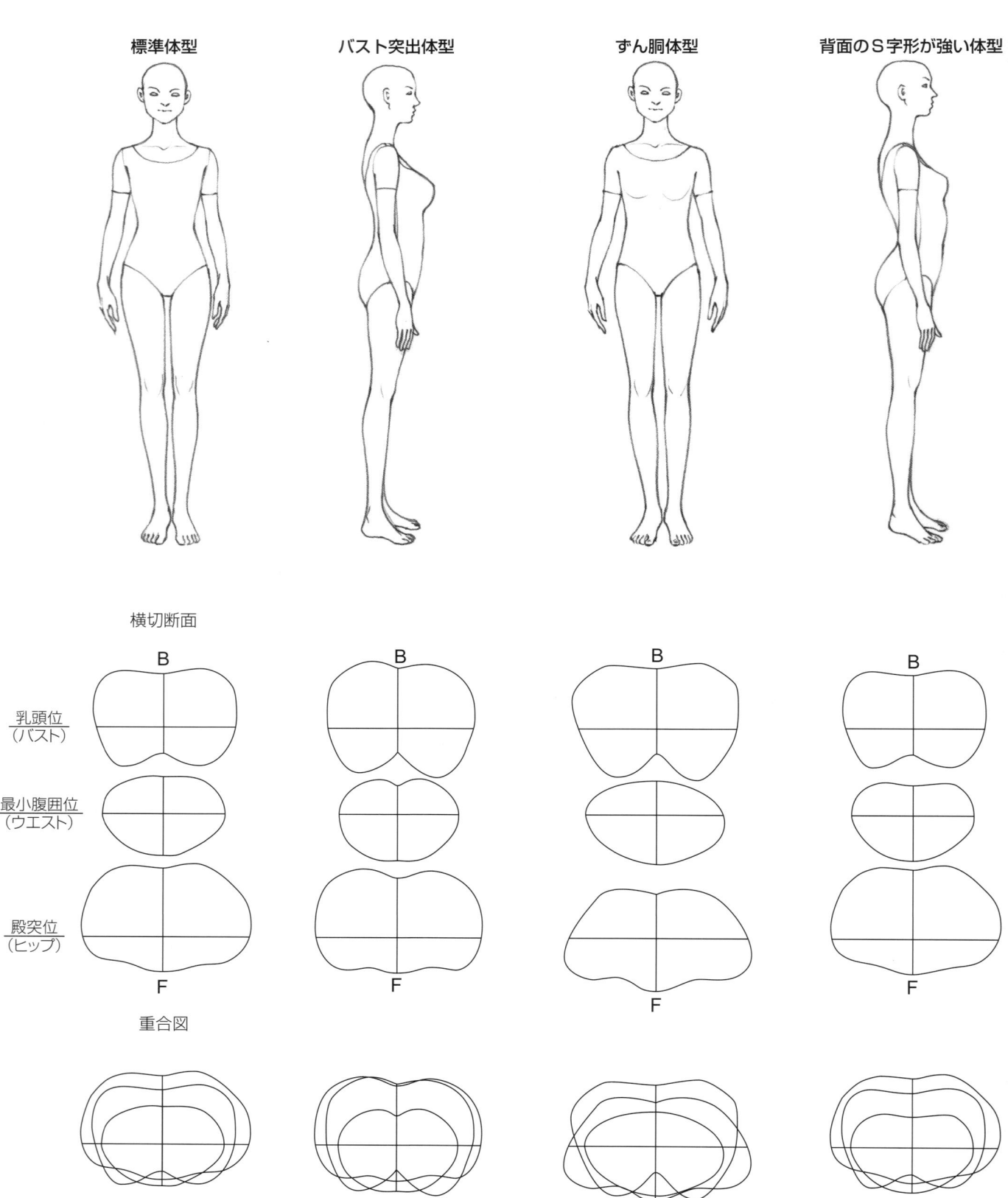

第2章

立体裁断の準備

I 用具・材料

立体裁断で主に使用する用具、材料について説明する。

1 ボディ

立体裁断に欠かすことのできない用具が、人体の代りとなるボディである。立体裁断は人体に適合した衣服作りのためのパターンを作ることが目的なので、ボディの条件としては美しいプロポーションであることが望ましい。

ボディには目的や用途に応じてさまざまな種類があるが、ここではゆとりが入っていない、トルソー（胴体）型のヌードボディを使用する。ヌードボディを使用する意味は前項で述べてあるが、裁断用にはゆとりを入れた工業用ボディもある。ここで使用している新文化ヌードボディを含め、代表的なものを紹介する。

A 新文化ボディ
女性用トルソー型ヌードボディ
サイズ 9ARに相当する

B ストックマン（STOCKMAN フランス製）
女性用トルソー型ヌードボディ
サイズ40

C ニューキプリス（New Kypris）
女性用トルソー型工業用ボディ
サイズ 9ARレギュラー

新文化ヌードボディについて

ボディは体の形を確認したり、機能や美的要素を加味しながらデザイン発想したり、全体のフォルムやバランスの確認をするなど多くの目的で使われる。そのため、対象とする人体形状を正しく反映していなければならないが、従来は人体寸法をもとに製作者の経験値を頼りに、手作業で作られていた。このため、形状が実際の人体と異なっていたり、衣服製作上重要な解剖学的特徴点位置も不明確であった。

そこで新文化ヌードボディは人体形状に適合した美しい衣服を作ることを目的として、現代青年女性の身体を数値だけでなく、形をデジタルでとらえて製作した。JIS規格9ARサイズに相当する青年女性の身体を三次元形状計測システムを使用して計測し、形態分析してコンピュータで平均的な形を計算した。その平均形態に基づいて実体化しボディを完成した。

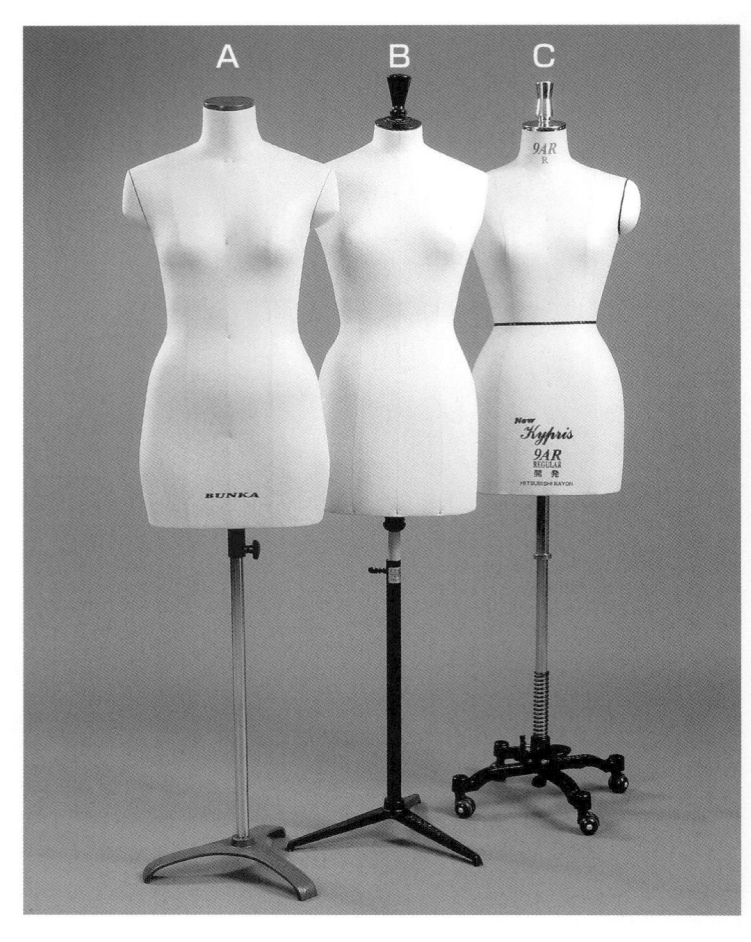

人体とボディと衣服の関係

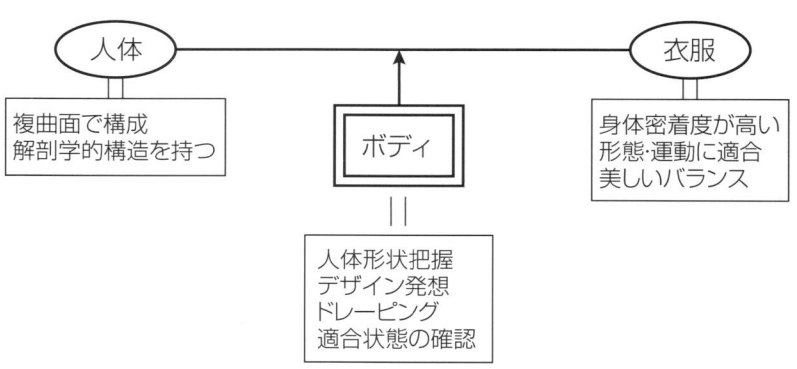

ボディ製作工程

ボディ形状と寸法

三次元計測による形状分析

新文化ヌードボディは各部水平断面、矢状断面から上半身が後傾であり、乳房は美しく大きなふくらみを持ち、殿部の突出も強く、肩甲骨からウエストを通り殿部に向かうカーブが強く、腹部突出も顕著であり、厚みが増し、より立体的な形状であることがわかる。ウエストから腹部、大腿部、殿部にかけての曲面表現や各部断面が人体の形状を忠実に反映し、前後、左右、突出厚のバランスもほぼ対称的で美しく表現されている。

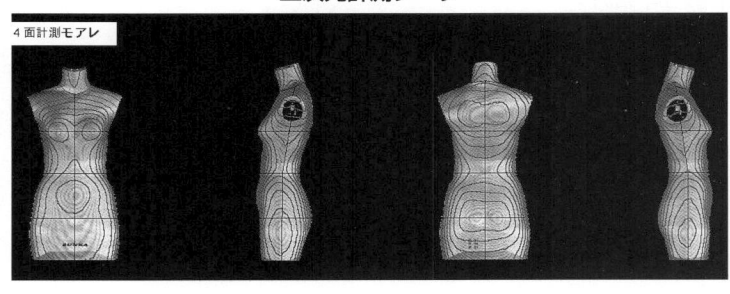

三次元計測データ

マルチン計測データ

	正中厚	左右径	周囲径	突出	BP間
B	18.1	27.1	82.8	21.1	15.8
W	14.6	24.2	64.0		
H	20.1	33.8	91.3		
後ろ正中丈	38.0	背肩幅	40.6	乳下がり	25.0
前正中丈	33.0	後ろ丈	40.7	前丈	42.1

新文化ヌードボディと新文化式原型の適合

新文化ヌードボディは、三次元形状計測機で計測した人体形状を工学の理論に基づいてコンピュータ上で解析し、形を平均して実体化したものである。一方、新文化式原型はバストサイズ別の被験者に着用実験を行ない、補正結果から完成させたものである。この異なった方法で作られたボディと原型の形が一致したことは、それぞれの方法が正しいことを実証している（写真A）。

ボディに原型を着用させた三次元計測データ（図1）からは原型としてのゆとりが適量入り、ウエスト位置で水平におさまっているのがわかる。

三次元形状と二次元パターンが一致したことで、立体裁断と平面作図の基礎が共通となり、衣服製作をするうえで立体裁断し形作ったものを平面展開してパターンの確認や応用発展させることができ、人体形状を把握しながら的確な服作りが効率よくできることにつながる。

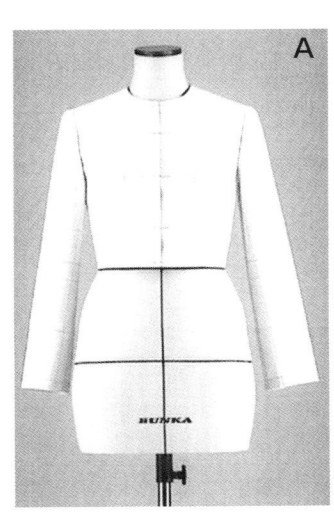

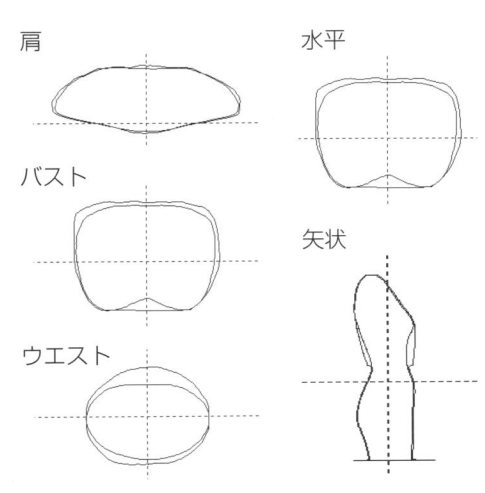

図1

第2章 立体裁断の準備

開発の流れ

| 被験者の選出 | → | 三次元計測 | → | モデリング処理 | → | 平均形態の算出 | → |

- 18〜24歳
- JIS 9ARサイズ
- ねじれ、ゆがみ左右差が少ない
- 全体的な形態バランスが整っている

着用条件
　着用前後で形状変化が少なく、身体に適合するブラジャーとソフトガードルを着用。

身体の形状を三次元計測し、コンピュータに入力する。

個体間で対応ができるように特徴点を設定し、モデリングを行なう。

コンピュータグラフィックの技術を用いて身体形状をタイプ分けし、平均的な形を計算する。

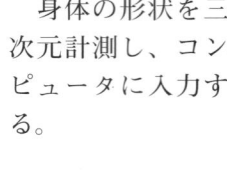
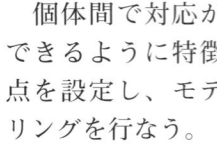
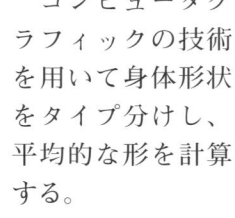

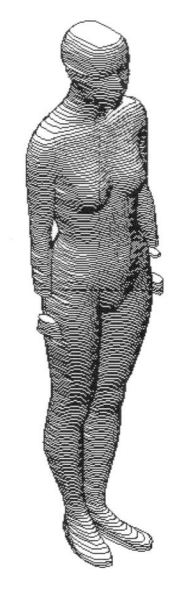
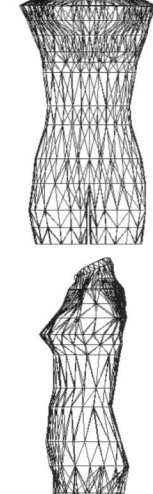
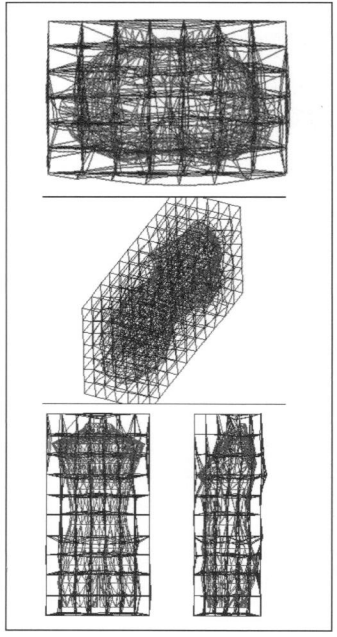

| 平均形態の修正 | → | ボディ完成 |

平均形態を道具としてのボディに修正。

修正したものを雛形にし、ボディを製作する。

前面　　側面　　後面

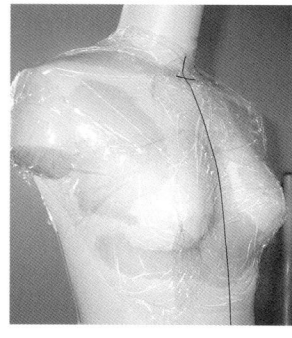
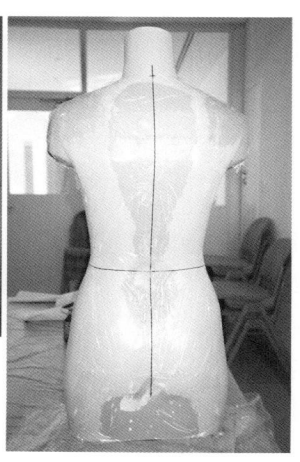
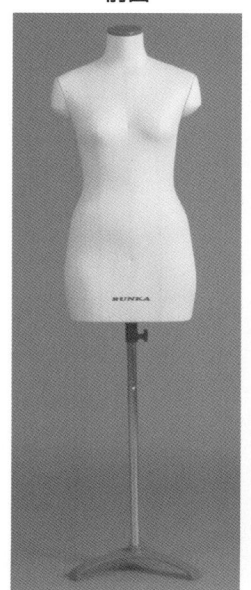
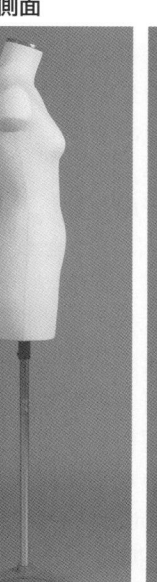
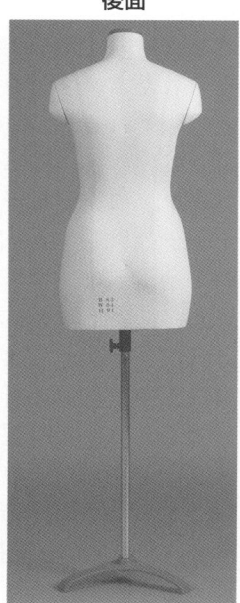

精密形態データ変換 →	光造形による実体化 →	平均形態 →
平均の形を、より精密なデータに変換する。	コンピュータ上の平均の形状データを、光造形法により実体化する。	三次元計測データから解析して実体化した平均形態。

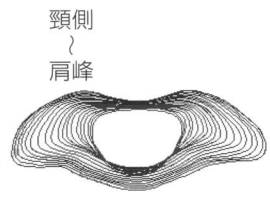
頸側〜肩峰

乳頭〜アンダーバスト

ウエスト〜殿突

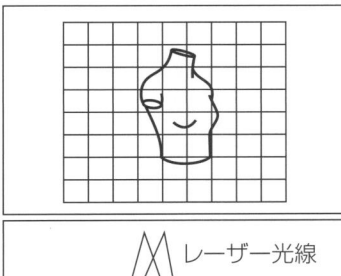

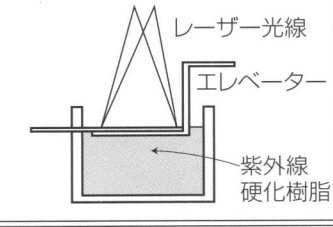
レーザー光線
エレベーター
紫外線硬化樹脂

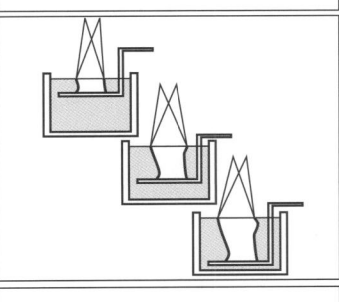

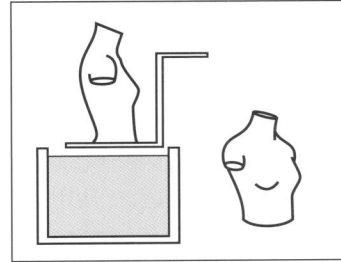

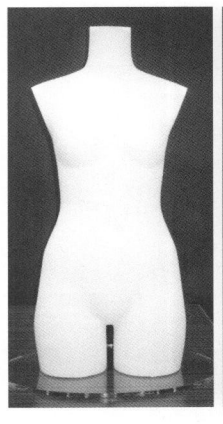 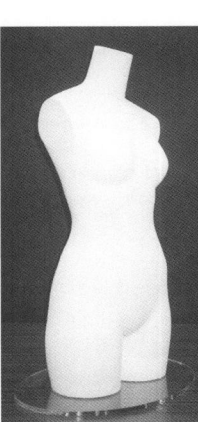 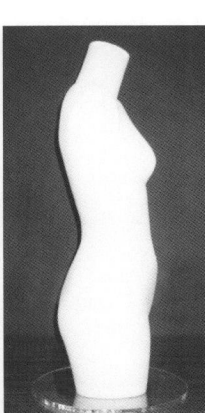

ボディの特徴

①現代青年女性の体型を反映したヌードボディである。
②18〜24歳までの6000人の青年女性の中からJIS規格9ARサイズに相当し、美しいバランスをもつ体を選び、三次元計測し、形を平均化して製作した。
③アウターウェアを作るためのボディで、下着(ブラジャーとソフトガードル)を着用して整えられた身体の平均の形である。
④ボディと新文化式原型は適合している。

本体素材の特徴

　地球環境問題に配慮して、素材には使用後の処理が簡単で安全な自然分解プラスチックを使用した。従来のボディはFRPや硬質ウレタン発泡で作られていたため、不要となった製品は産業廃棄物として粉砕処理されていたが、それ自体は永遠に残る。そこで新ボディはポリエチレンに添加剤を混合し、紫外線、温度、微生物の働きによって自然分解し最終的には水と二酸化炭素になる。

2 用具

計測、裁断、印つけ、作図、トレースパターン、縫合など、立体裁断で主に使用する用具の名称と用途を説明する。

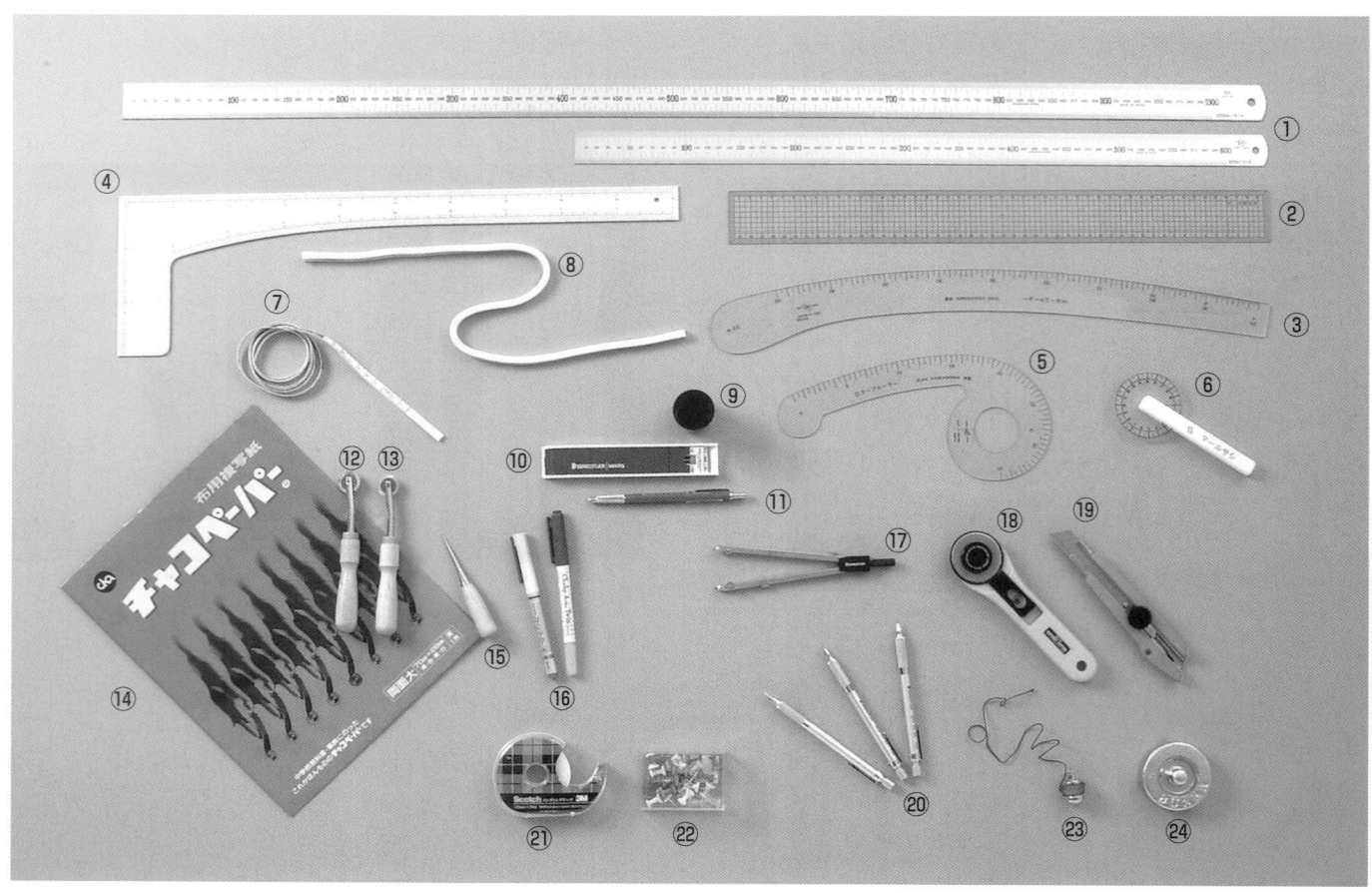

①ステンレス直尺
　金属製で長さ100cmと60cm。動きやすい薄手の布などにおもりとしても使用できる。

②方眼定規
　硬質塩化ビニール製で、方眼入りの透明な定規。平行線や直角をかくのに便利。

③Hカーブルーラー
　HはHipの頭文字をとったもので、ゆるやかなカーブをかくのに使用する。

④L尺
　L形で直角とカーブを兼ねた硬質ビニール製の定規。

⑤Dカーブルーラー
　DはDeepの頭文字をとったもので、衿ぐり、袖ぐりなどの深いカーブをかくときに使用する。

⑥マールサシ
　曲線に合わせて回転させてはかる物差し。

⑦テープメジャー
　身体の周径や長さをはかるテープ状の物差し。ビニール製（ガラス繊維にビニール加工したもの）。

⑧自在曲線定規
　やや厚みのある棒状のもので、形が自由になり、求めるカーブのままかくことができ、またカーブの形状にしてはかることもできる。

⑨～⑪芯ホルダーと研芯器
　鉛の芯を入れて使用する。芯を削る研芯器が必要。

⑫ルレット（スタンダード歯）
　歯先がとがっていて、パターンをうつし取るときに使用する。

⑬ルレット（ソフト歯）
　歯先が丸くなっていて、布からパターンをうつし取るときに使用。

⑭チョークペーパー
　両面または片面にチョークがついている複写紙で、印つけに使用する。色数も多い。

⑮目打ち
　縫製に使われることが多いが、パターンのポイントをしるすときに使用する。

⑯チャコエース*
　マーカー状の印つけ用具で時間の経過とともに自然に消える。ツインと細書き用。

⑰コンパス
　円や弧線をかく用具。

26

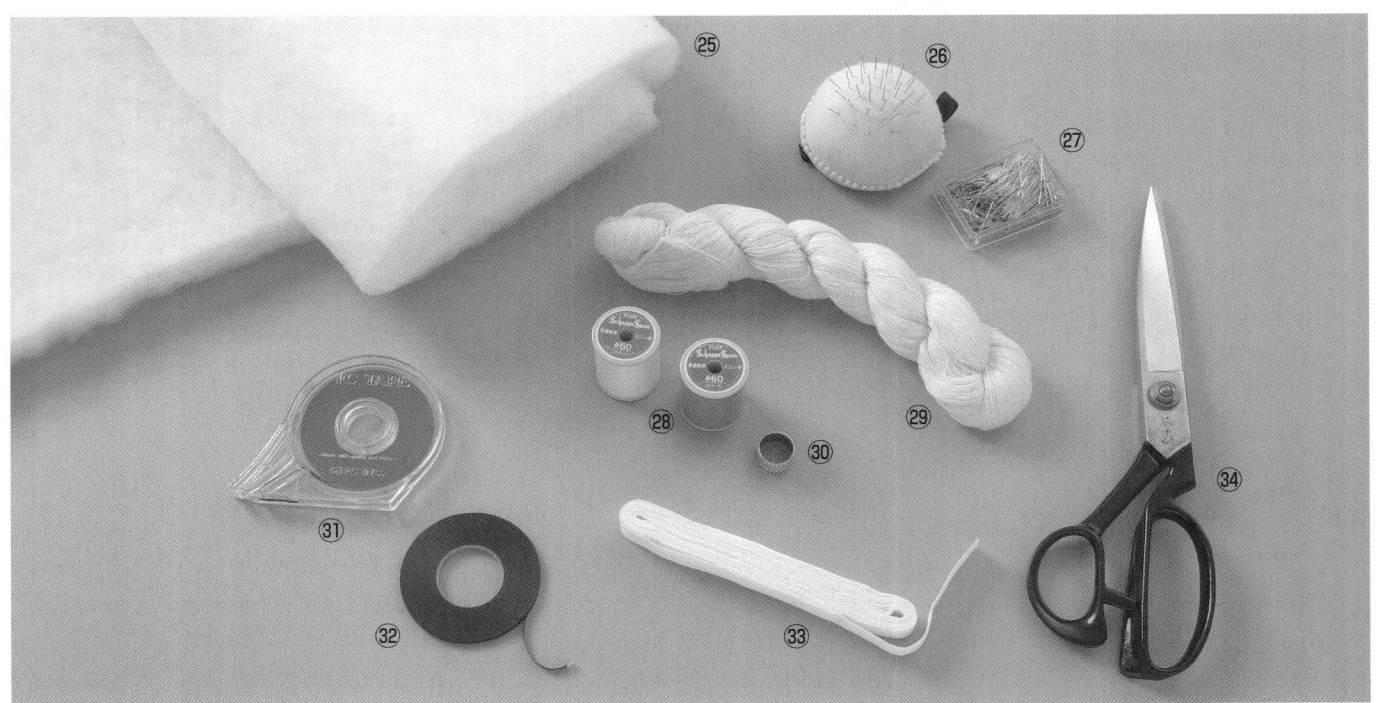

⑱**ロータリーカッター**
　刃が円形でルレットのように押してすべらせながら切る用具。
⑲**カッターナイフ**
　パターンの切抜きや切開きの切込みに使用。
⑳**シャープペンシル**
　HBの0.5、0.7、0.9mm。パターンの線によって、芯の太さを選択する。
㉑**接着テープ（メンディングテープ）**
　パターンをはいだり、重ねて止める。テープ上に書くことができる。
㉒**プッシュピン**
　パターンをうつし取るとき、ずれないように止める押しピンで、印つけにも使用する。
㉓**おもり**
　中心線や脇線の垂直を確認するときに使用。
㉔**文鎮**
　布や紙がずれないように押さえるのに使用。
㉕**キルト綿**
　厚み1.6cmの合繊綿。厚さはさまざまあり、腕作りや補正に使用する。
㉖**ピンクッション**
　針山のこと。ピンクッションにピンを刺し、裏側にゴムテープをつけて手首にはめて使用する。
㉗**ピン**
　0.55mmの細くて長いシルクピンが布に通りやすくてよい。

㉘**ミシン糸（ポリエステル糸）**
　60番ミシン糸の白と赤。色数が多く、化合繊、木綿に適している。
㉙**しつけ糸**
　一般的にしろもと言われている手縫いの糸。ぐし縫いやしつけに使用する。
㉚**指ぬき**
　金属製。中指の太さに合わせて選ぶ。シルクピンを強く打ち込むときや手縫いに使用する。
㉛**ICテープ***
　細さ2mmの接着テープ。幅数、色数も多い。カーブの強い丸い衿先やポケットの丸みなどの印つけに使用する。色はトワルを通してわかる濃い色がよい。
㉜**ボディライン**
　3mm幅が一般的。ガイドラインや出来上り線を決めるときに使用。
㉝**綾織り綿テープ**
　腕作りの際、つけ根側に使用する。
㉞**裁断ばさみ**
　裁断、縫製に使用。24〜28cmの長さのものが使いやすい。
その他
・ハトロン紙（作図、トレースパターン用）。
・プレス用具。
・裁断台。

（*印のある名称は商品名）

3 材料

● シーチング（Sheeting）

立体裁断では、特殊な布地の場合を除いて、実際に使用する布地で裁断することはあまりなく、シーチングまたはトワルと呼ばれる綿布を使用することが多い。

シーチングは英語で、太番手の平織りの綿織物（天竺木綿）のことをいい、フランス語のトワル（toile）と同義語である。

組織の密度や厚さはさまざまで、多くの種類がある。アイテムによるシルエットや実際に使用する布地の厚さによって使い分けるとよい。

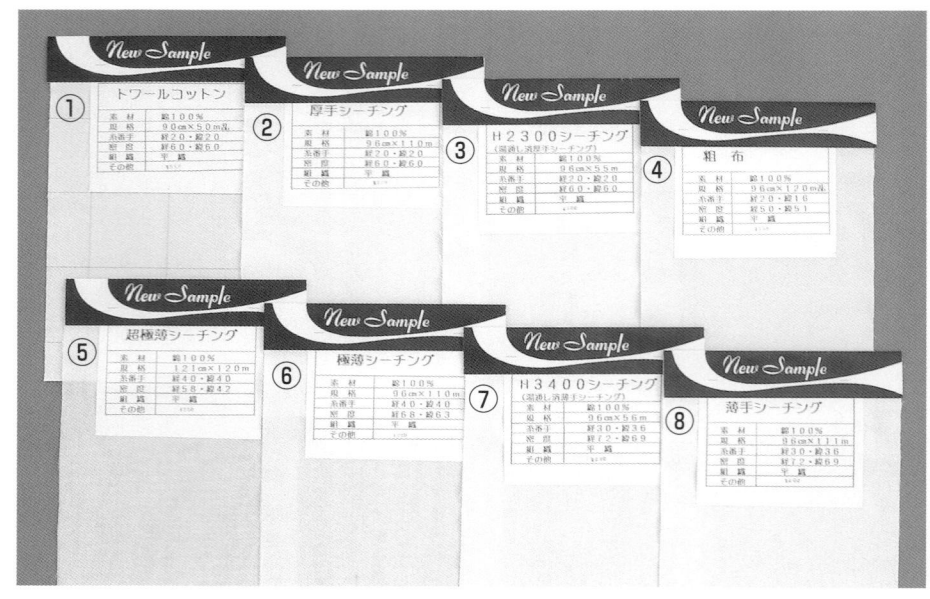

種類

① トワルコットン
　色糸を格子（10×10cm）状に織り込んだシーチングで、布目が確認しやすい。
② 厚手シーチング
③ 湯通し厚手シーチング
④ 粗布
　主にコート用。
⑤ 超極薄シーチング
⑥ 極薄シーチング
⑦ 湯通し薄手シーチング
⑧ 薄手シーチング
　このほかにカラーシーチングもある。

● 肩パッド

肩パッドは服のシルエット作りや体型補正のために使用する。肩パッドには形、厚さによる多様な種類があり、デザイン、用途に合わせてふさわしいものを選択し、使い分ける必要がある。

種類

A　セットインタイプ
　肩先が断ち切られたタイプで、一般的に多く使用されている。前肩用もある。
B　ワッフルタイプ
　肩先がゆるやかな丸みになっているタイプで、ソフトな感じを生み出す。

C　ラグランタイプ
　肩先を包み込むように丸みのある形のタイプで、身頃から袖にかけて肩線がなだらかにおさまる。またセットイン型で肩先が丸いタイプもある。

II ボディの準備
1 目標線（ガイドライン）の入れ方

　ボディのガイドラインは、ドレーピングをする場合の軸となるもので、シーチングの布目をこのラインに合わせて正確さを求めるものである。またパターンに展開するときの基準にするので正しく入れたい。
　目標線を入れる位置は、服種やデザイン、シルエットなどによってさまざまであるが、ここでは下記の基本となるラインの入れ方を説明する。

①前中心線（CF）　　　⑥肩線
②後ろ中心線（CB）　　⑦脇線
③バストライン（BL）　⑧衿ぐり線
④ウエストライン（WL）⑨袖ぐり線
⑤ヒップライン（HL）

　ガイドラインの入れ方には、さまざまな方法がある。
　一般的には視覚によりボディ上に計測ポイントを見つけてラインを求めるが、ポイントをわかりやすくするため原型衣を利用し、視覚と計測器を併用してラインを入れる方法で説明する。

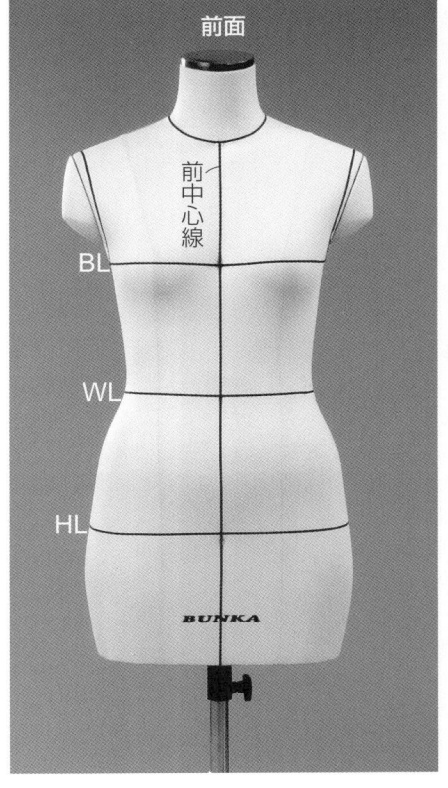
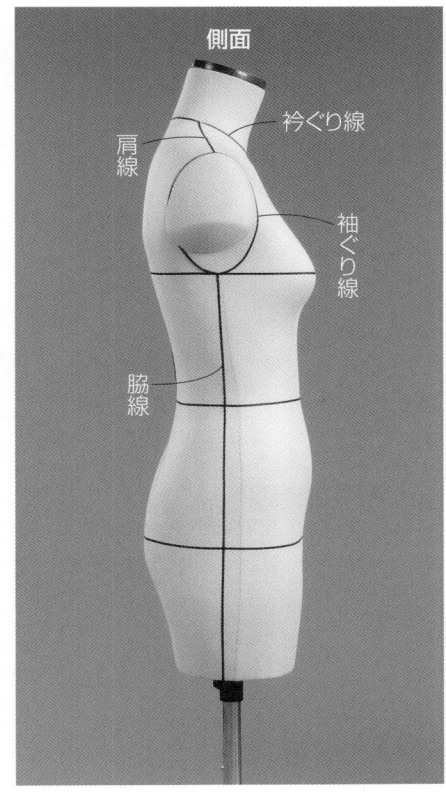
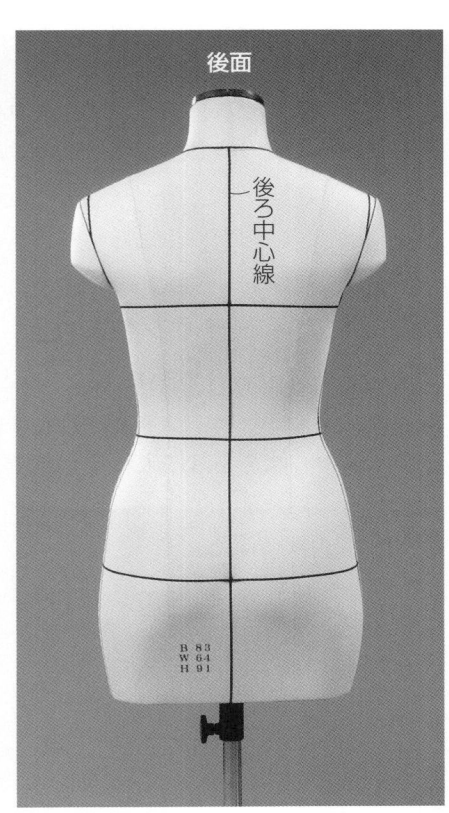

ボディに計測ポイントの印を入れる（写真1〜3）

● 原型衣（新文化原型をソーイングペーパーで組み立てたもの）を着用させ、前中心の出来上がりを重ねてピンで止める。
● 肩を安定させ、平らな床に対して、ウエストライン、バストラインが水平におさまっているか確認する。また前後身頃のゆとりが、ボディと原型衣の間にバランスよく保たれているかチェックする。
● 計測ポイントをマークする。
　ビニールテープを三角に切って鋭角な部分をポイントに向けてはる。
マークするポイント
・フロントネックポイント（FNP）　・ショルダーポイント（SP）
・バックネックポイント（BNP）　　・ウエストラインの後ろ中心
・サイドネックポイント（SNP）

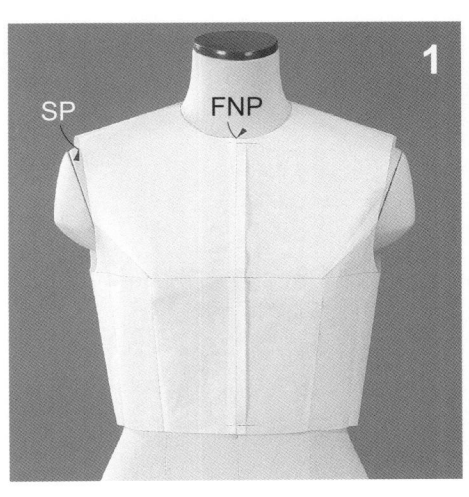

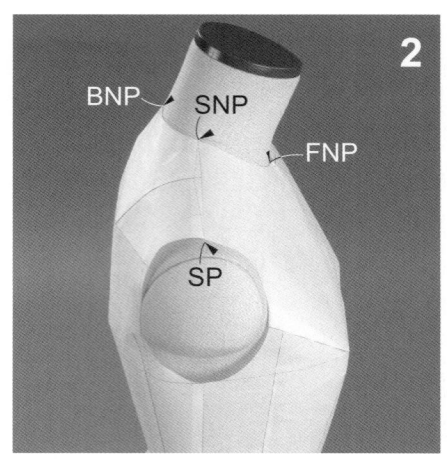

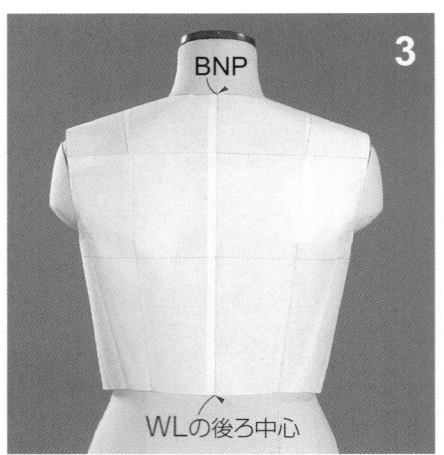

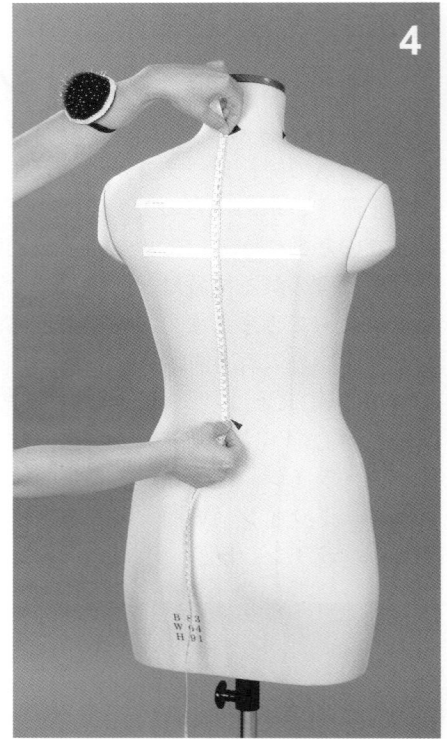

背丈寸法の確認（写真4）

　肩甲骨位置の頂点と、その下周辺の頂点の左右に、平織り綿テープを渡してピンで止める。バックネックポイントからテープの上を通り、後ろ中心のウエストラインまでメジャーで計測し、背丈寸法（38cm）が確保されているか確認する。テープは後ろ中心のくぼみにより不足しがちな丈のゆとりを補うものである。

ボディにガイドラインを入れる

①前中心線（写真5、6）

　フロントネックポイントよりおもりを下げてボディラインで前中心線を正確に入れる。

②後ろ中心線（写真7）

　同様にしてバックネックポイントより後ろ中心線を入れる。

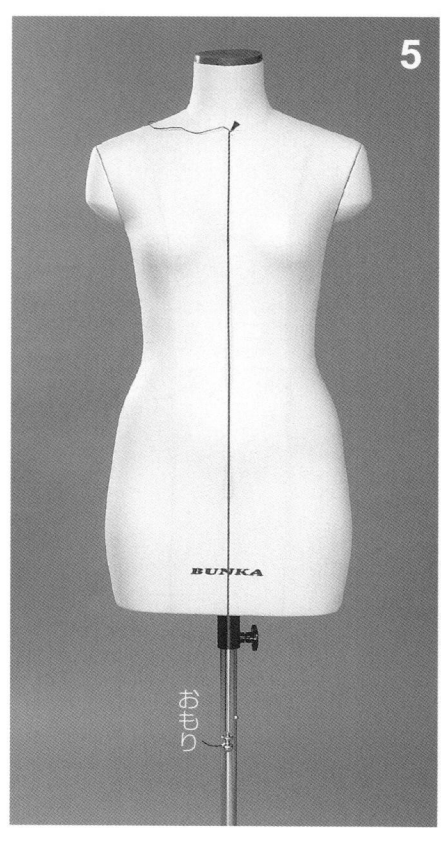

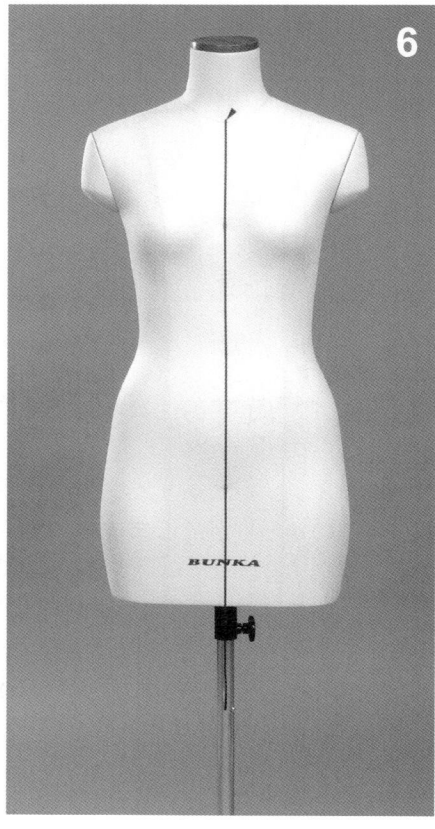

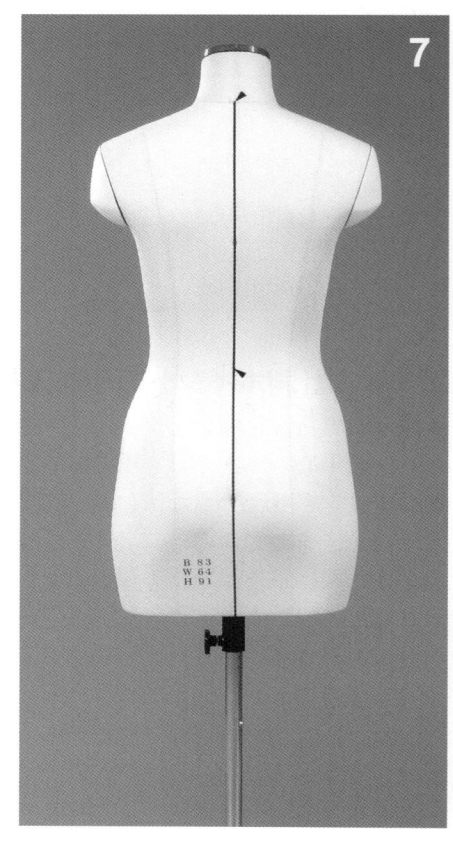

③バストライン（写真8、9）
　ボディの側面から見てバストポイントを見つけ、マルチン計測器を使用して同一の高さをピンで1周マークする。ピンを目安にして水平にボディラインを入れる。

④ウエストライン（写真10）
　ボディの後面にマークしたウエストラインの位置と同一の高さを、マルチン計測器を使用してピンで印を入れ、水平に1周してラインを入れる。

⑤ヒップライン（写真11）
　前中心のウエストラインより腰丈寸法（18cm）をはかり、この位置を水平に1周ラインを入れる。側面から見て殿突位置とのバランスがとれているか確認する。

⑥肩線（写真12）
　サイドネックポイントとショルダーポイントを結び、肩線を入れる。

⑦脇線（写真12）
　ボディのウエスト寸法をはかり、左右の前後中心までの寸法が同寸法であるか確認する（バスト、ウエスト寸法も同様）。前中心から後ろ中心までのウエスト寸法（$\frac{W}{2}$）を2等分した位置から2cm後ろ側をマークする。
　バストラインでは1.5～2cm後ろ側を、ヒップラインでは1cm後ろ側をマークする。
　肩先からの流れを意識して、マークしたポイントを通り、スムーズなラインで結ぶ。
　脇線は視覚として美しいと思う位置に設定してよいが、ここでは新文化式に準じている。

⑧衿ぐり線（写真13）
　バックネックポイントから出だしは2～2.5cmくらい水平にして、サイドネックポイントを通りフロントネックポイントにかけて首の傾斜を読み取りながらスムーズに1周する。

⑨袖ぐり線（写真13）
　再度原型衣を着用させ、衿ぐりを確認し、肩先から前後腋点あたりまでは原型衣の袖ぐりを目安にピンでしるす。ショルダーポイントから肩線に対して、前後とも出だしを直角にしてラインを引く。
　前の腋点から袖ぐり底にかけてはくりをやや強いカーブにし、後ろは背幅が狭くならないように注意し、後腋点から袖ぐり底にかけては前よりややカーブを弱くしてラインをつなげる。袖ぐり底はバストライン上にする。
　袖ぐり部分の脇線のラインは取る。

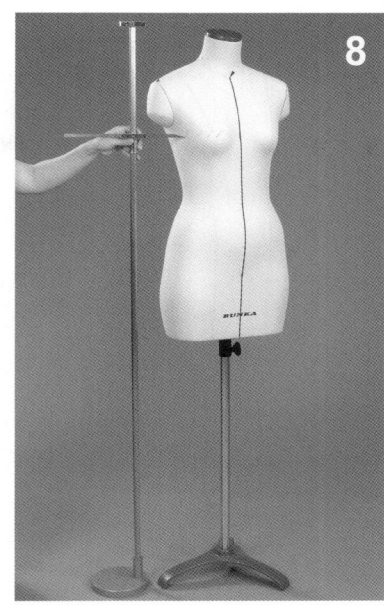
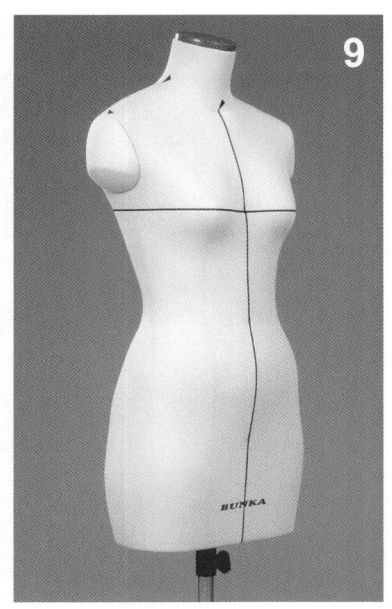
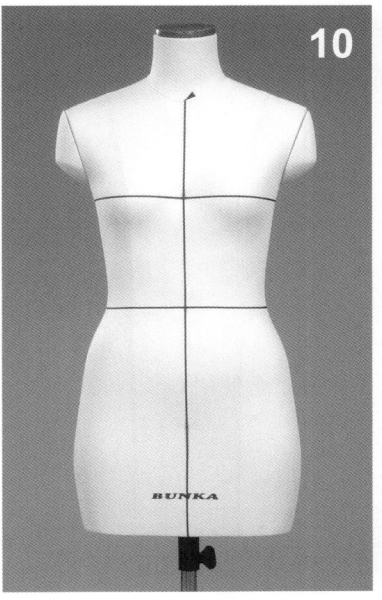
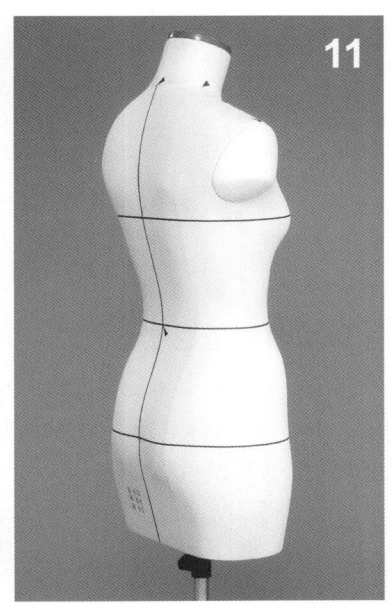
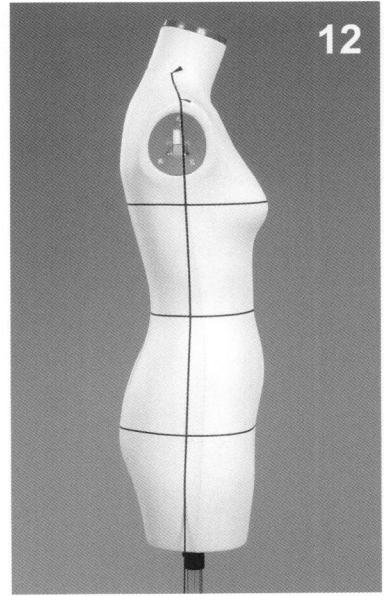
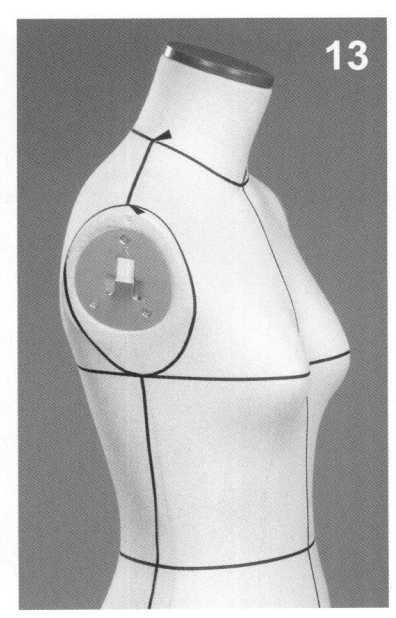

第2章　立体裁断の準備

目標線を入れ終えたボディ（写真 14 〜 16）

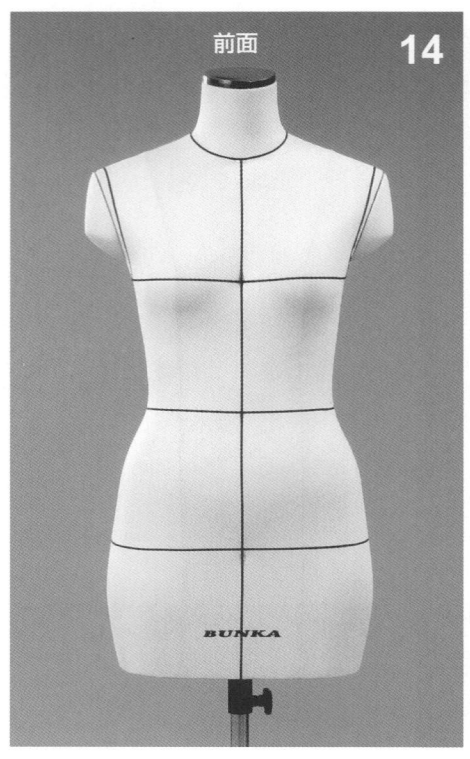

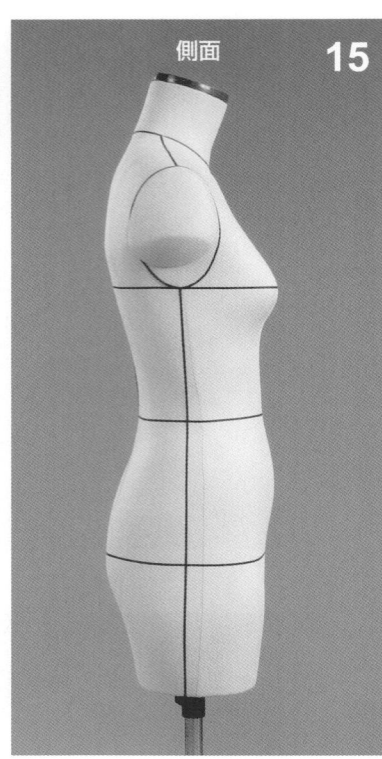

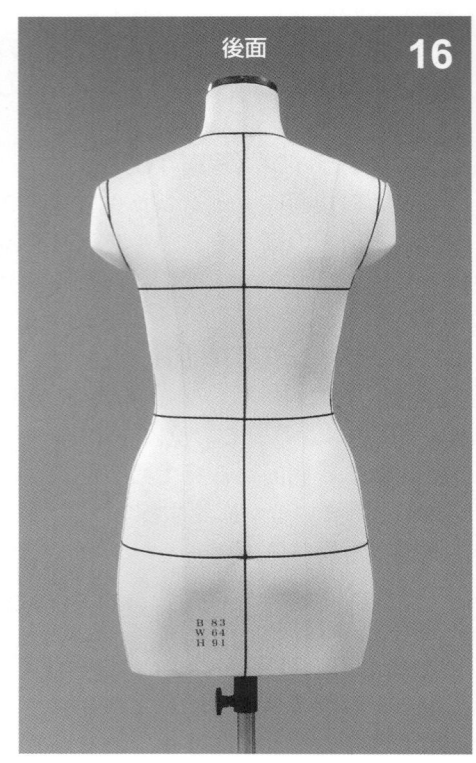

水平線の確認をする

　専門的にはレーザーマーカー（写真17）を使用して確認する方法があるが、方眼用紙などをバックにして確認するのもよい（写真18）。

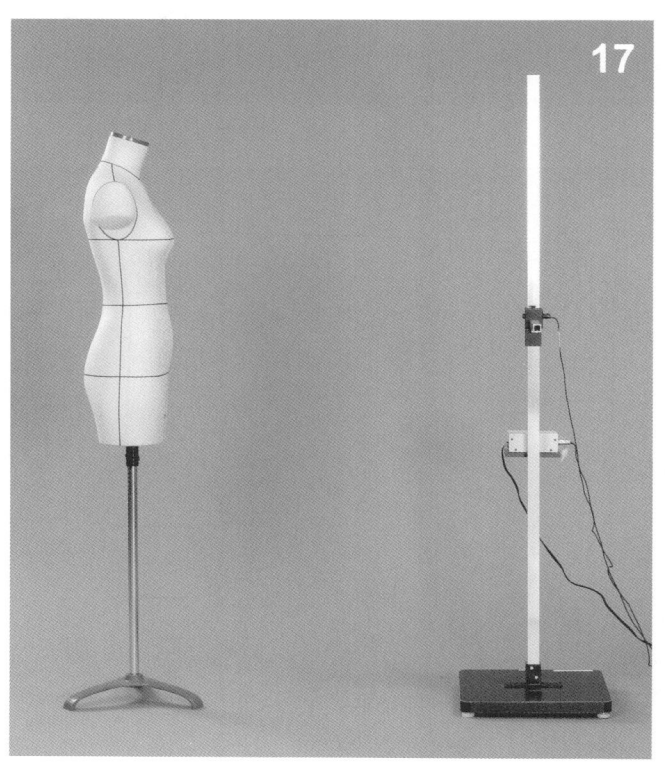

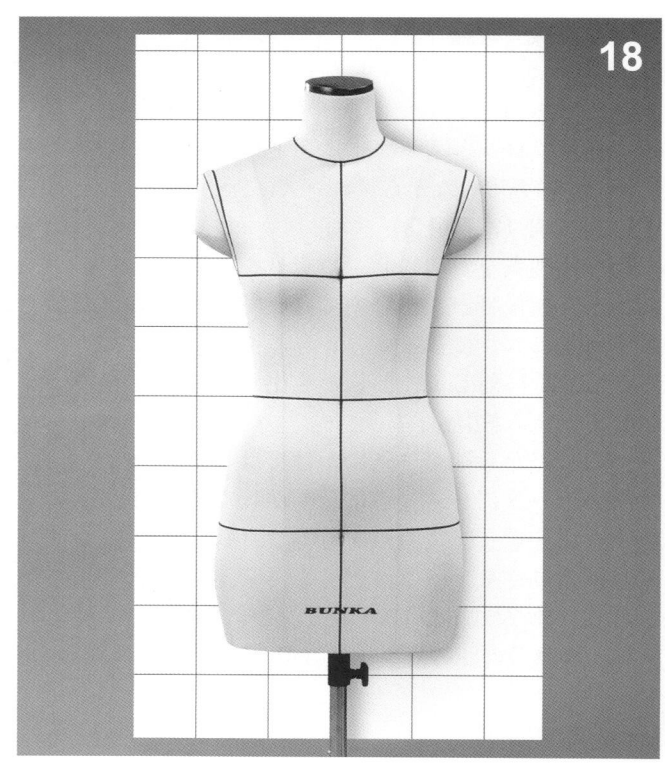

2 ボディの補正

ボディの補正は、体型部位のサイズが不足しているときや、部分的に体型の特徴がある場合、独得のフォルム作りをする場合に行なう。方法はボディに綿やキルト綿、既製のパッド類などを利用して補足する。

ここでは特徴的な体型の補正について説明する。

いかり肩

肩傾斜角度が小さく肩先が高い状態。鎖骨下のくぼみにキルト綿を当て、バイアスに裁断したトワルをのせてピンで止め、周囲をかがる。肩先に必要とする高さの既製の肩パッド（前肩用）を重ねてピンで止める。

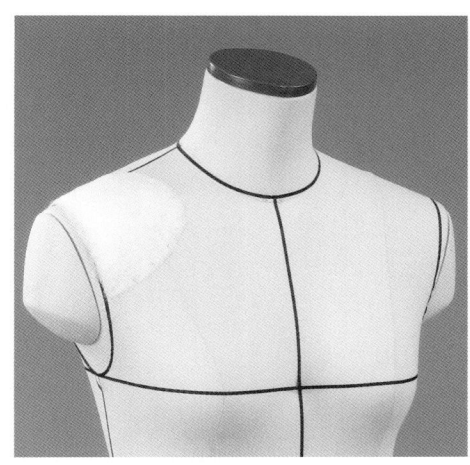 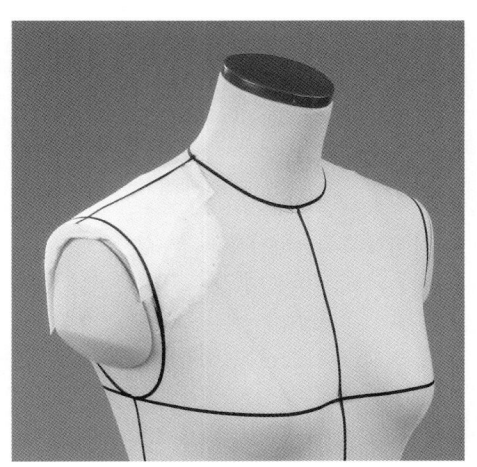

前肩

肩先が前方に突出している状態で、後ろ肩はやや扁平に近い。キルト綿を前肩側を高くし、周囲を薄くして後ろまで回してすえる。バイアスに裁断したトワルをのせてピンで止め、周囲をかがる。鎖骨下のくぼみが強調される。ドレーピングにはフォルムにもよるが前肩用肩パッドを使用するとよい。

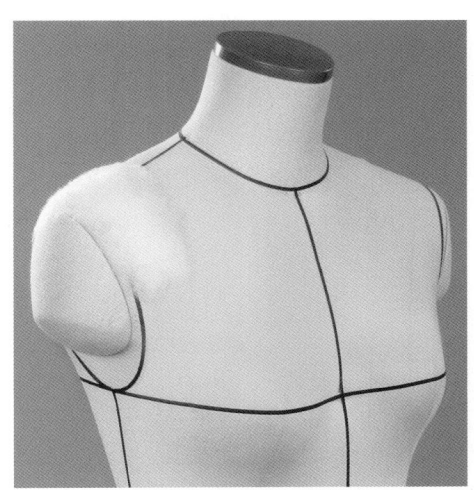 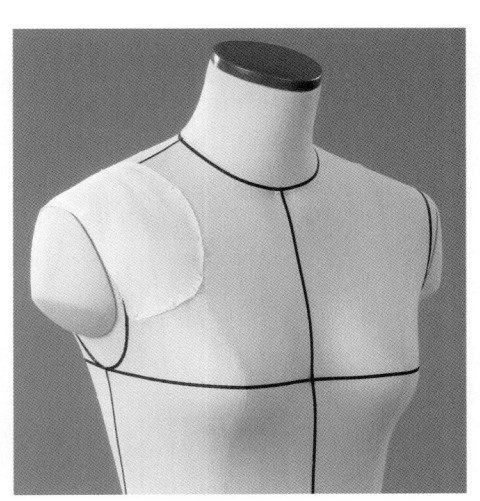

胸部反身（鳩胸）

前中心胸部の鎖骨下が突出した状態で、俗に鳩胸といわれている。前丈寸法が不足しがちになるので、必要部分にキルト綿を横長に当て、周囲を薄くしてなじませる。バイアスに裁ったトワルをのせてピンで止め、周囲をかがる。

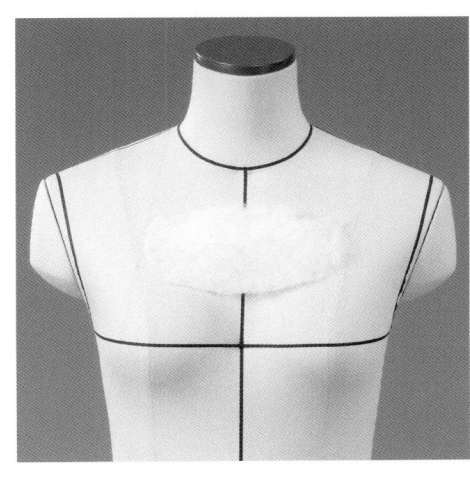 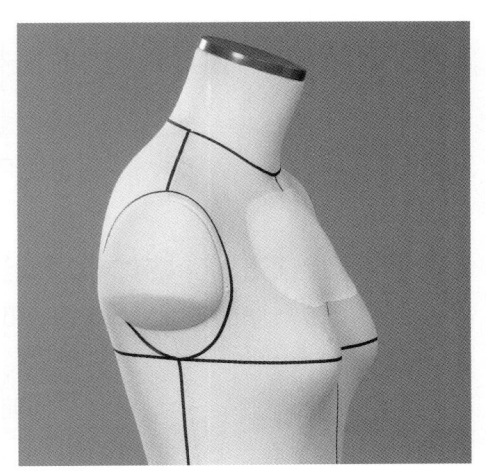

3 腕作り

人体の腕の代りとして、シルエット作りに欠かすことのできないボディの腕（右腕）の作り方を説明する。新文化ボディの腕つけ根切断面（腕つけ根の傾斜）に合わせ、腕本体も標準ボディに即した太さとし、丈は長めにする。

中に入れる綿は、肘を曲げたり、首位置まで高く上げる動作をしても、形くずれのしない軽くて弾力のあるものを使用する。上腕部はボディに取りつける際の厚み分を考慮して薄く仕上げる。

準備するもの
- シーチング（薄手）
- 綿（厚さ1.6cmのキルト綿）
- ミシン糸（赤のポリエステル糸またはカタン糸）
- 厚紙（テンカラー）
- テープ（1.2cm幅の平織り、または綾織りの綿テープ）

裁断

薄手シーチングを粗裁ちし、腕山線、腕下線、腕山の高さの水平線、肘線に目立つ色糸（赤）を使用し、布目を通してミシン縫いまたは手で並縫いをする。このラインにパターンを合わせ、周囲に縫い代をつけて裁断する（写真A）。キルト綿も裁断する（図1）。

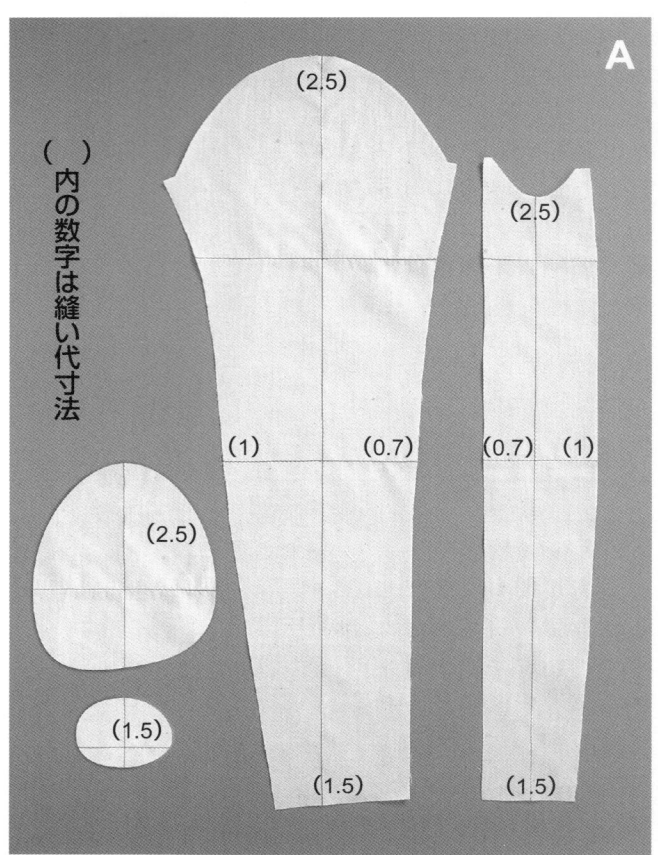

( )内の数字は縫い代寸法

作図

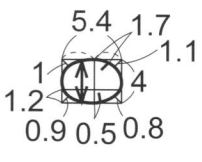
手首側当て布

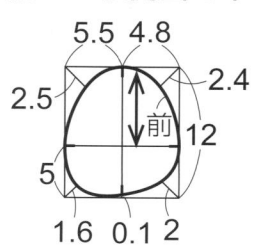
腕つけ根側当て布

図1

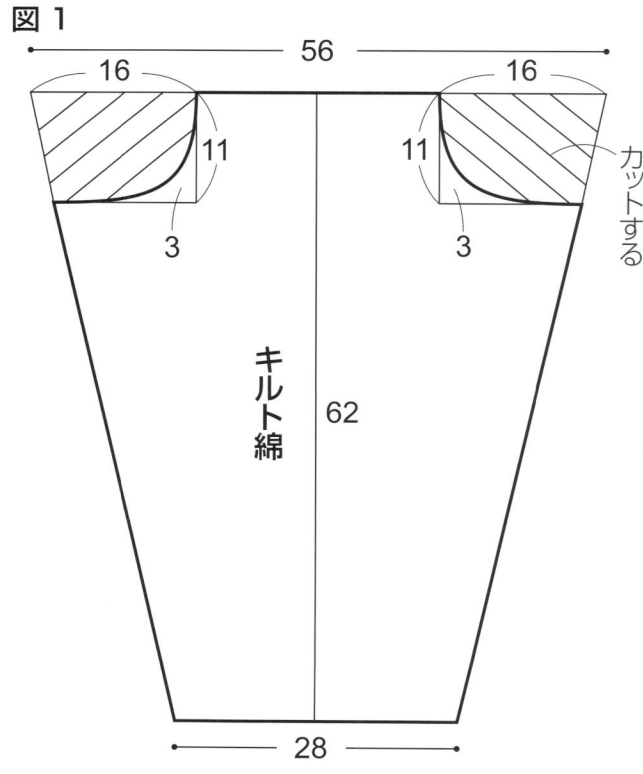

縫製

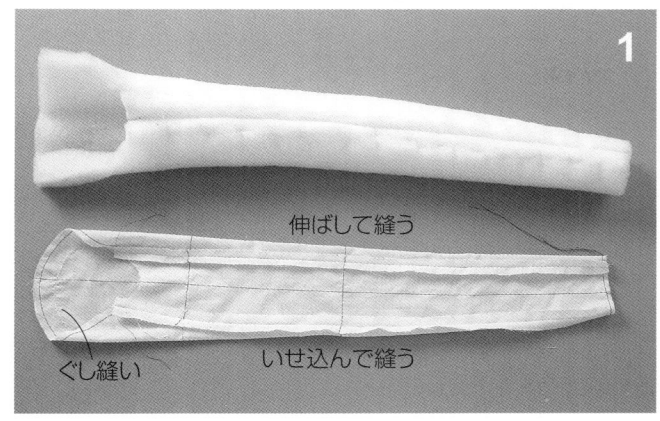

伸ばして縫う
ぐし縫い
いせ込んで縫う

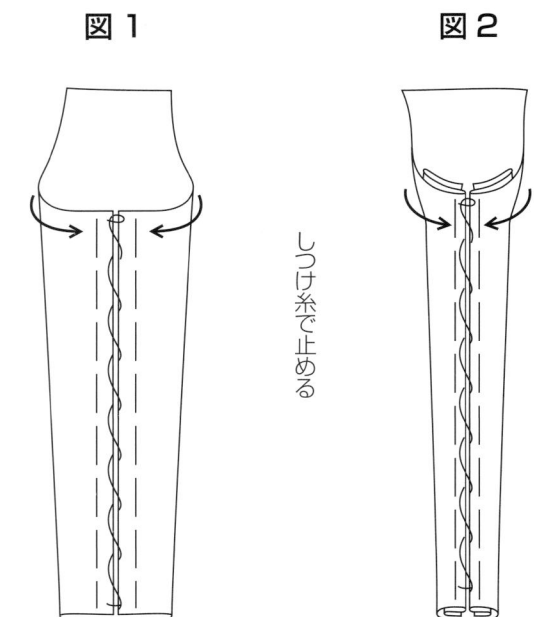

図1　図2

しつけ糸で止める

1　前後の腕下線を縫い合わせる。前側肘位置周辺は、引かれやすいので伸ばして縫い、後ろ側ではいせ込んで縫う。このくせとりをしっかり行なって腕の形作りをし、ねじれがないかを確認する。縫い代は割ってアイロンで整える。

　腕山の出来上り線（2.5cm）より0.2cm外側をぐし縫いし、裁ち端から0.7cmの位置と手首の裁ち端から0.5cmの位置に粗く捨てミシンをかける。

　キルト綿は図1のように二つ折りにしてしつけ糸で止め、さらに二つ折りにして、同様にしつけ糸で止める（図2）。

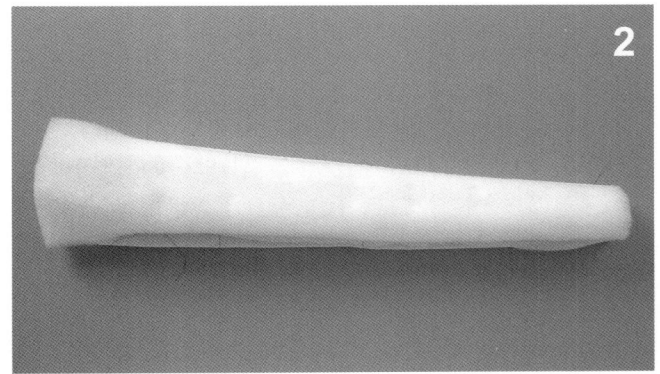

2　キルト綿のからげた部分を下にして、縫い合わせた腕布と合わせ、長さ、厚み感を確認する。

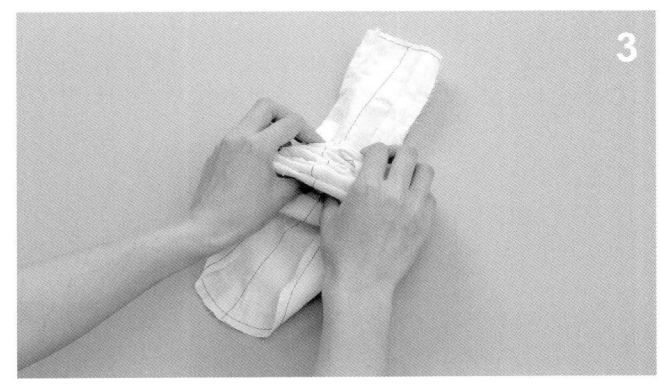

3　腕布を両手で手首側を手前にたぐり寄せる。

4　たぐり寄せた腕布の中に左手を差し入れ、右手にキルト綿を持って、左手の指先に綿の端をつかませる。

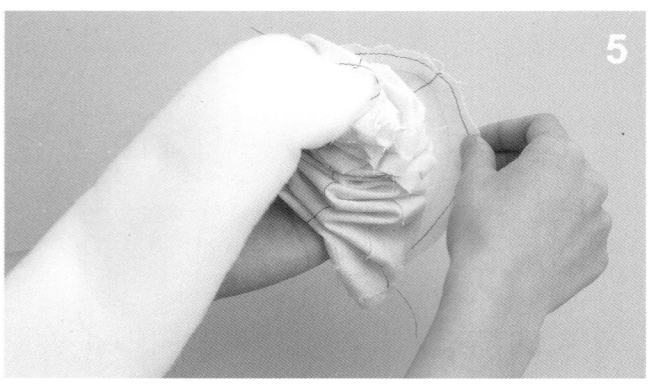
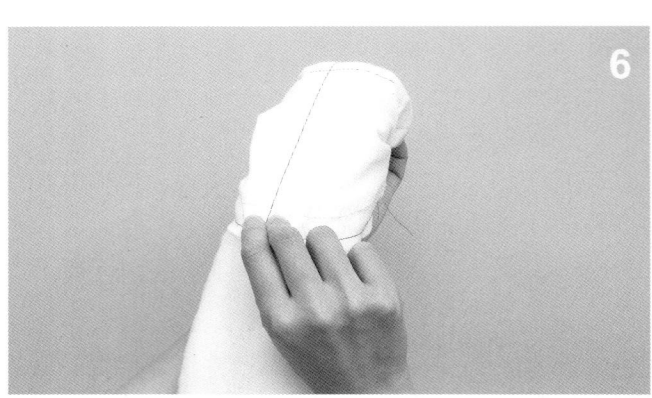

5、6 指先でしっかりとキルト綿をつかみ、右手で腕山の布を持ち上げて、綿を中におさめながら表に返す。

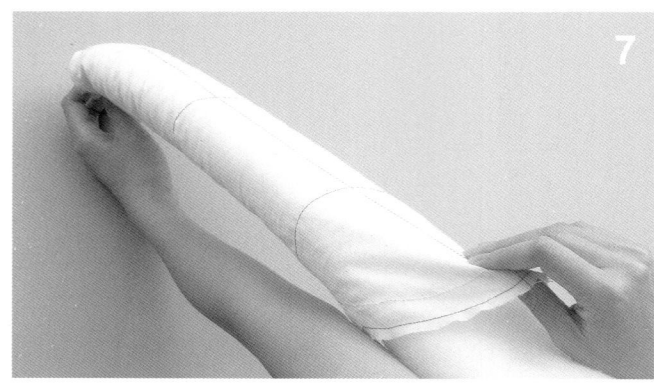
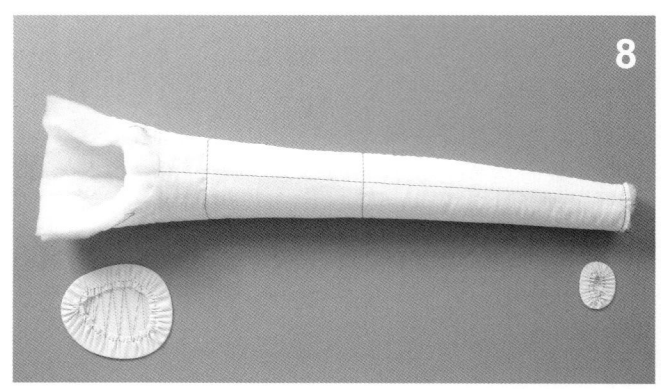

7 綿のおさまりぐあいを見届けて、いっきに腕布をすべらせるように引いて綿を中におさめる。

8 腕布とキルト綿がスムーズにおさまり、よじれがないか確認して腕の形に整える。
　腕つけ根側と手首側の当て布の周囲をぐし縫いする。合い印を合わせて厚紙を抱かせ、ぐし縫いの糸を引いて縮め、そのまま続けて縫い代をからげる。

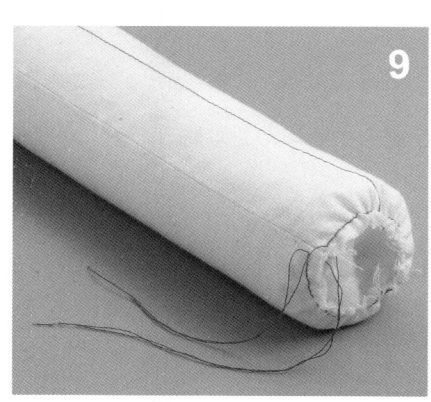
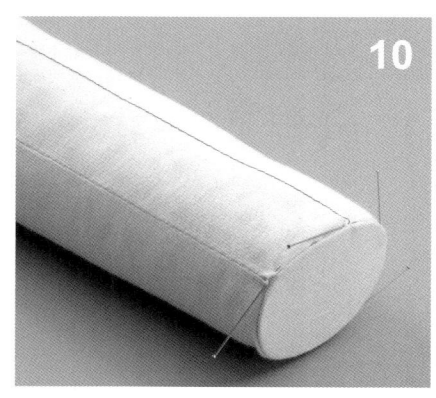
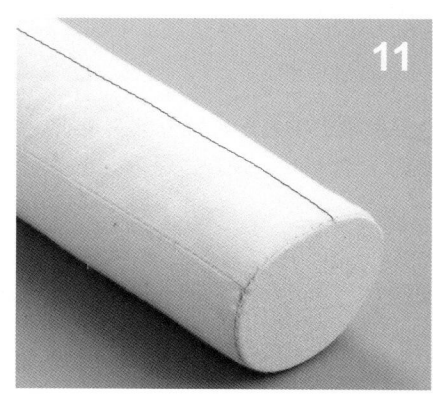

9 手首側の粗ミシンを引いて縮め、ギャザーを均等に配分して整える。

10 手首側の当て布を腕布の合い印と合わせてピンで止める。

11 ポリエステル糸またはカタン糸で細かくまつる。

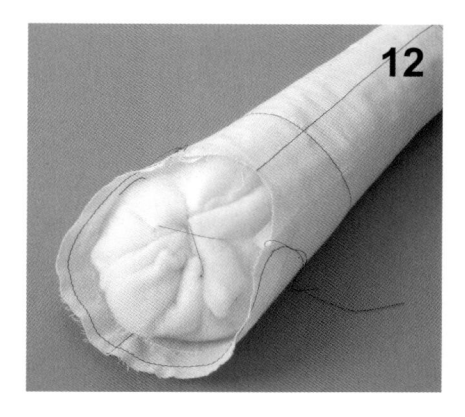

12 キルト綿の開いていた上腕部分の端を粗く並縫いし、糸を引いて閉じ、交互に糸をからげて整える。

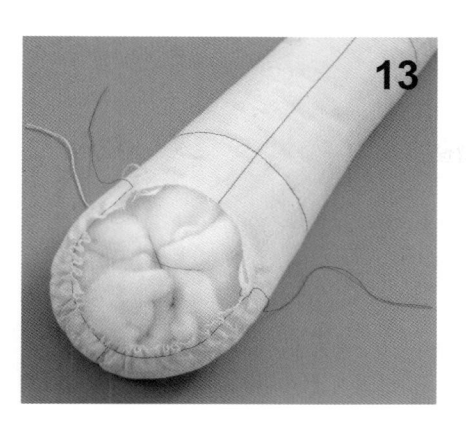

13 腕つけ根側縫い代にかけてある粗ミシンの糸を引き、キルト綿を包み込むように落ち着かせる。同時に腕つけ根きわのぐし縫いも縮め、配分よくいせて整える。

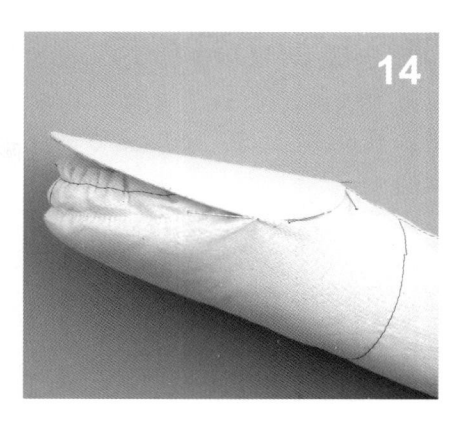

14 腕つけ根側の当て布を腕布の合い印と合わせてピンで止める。まず腕下中央、前後側面、その中間を止め、次に腕山中央をピンで止め、前後側面の合い印までバランスよく止める。

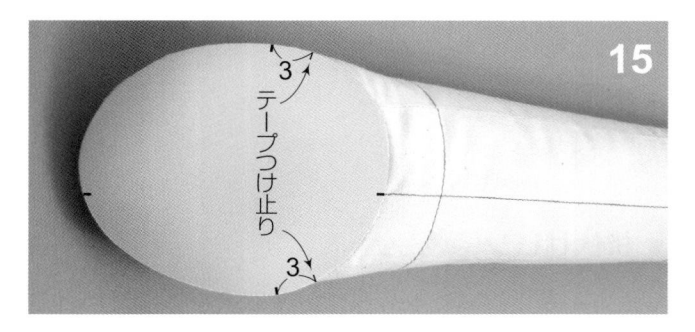

15 ポリエステル糸またはカタン糸で周囲を細かくまつる。

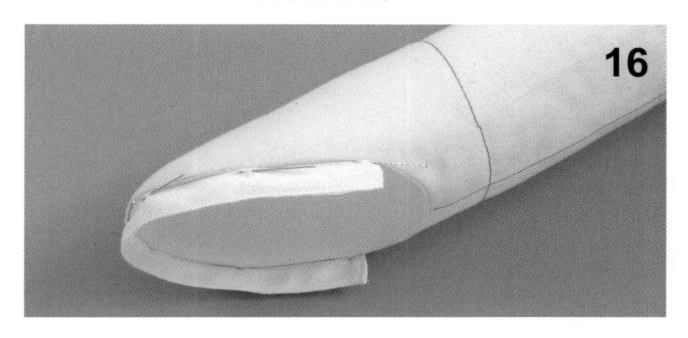

16 テープつけ寸法の2倍の長さに、1cmの縫い代分を加えたテープを用意する。テープの両端を0.5cm折り、長さを半分に折って周囲に端ミシンをかける。または細かく手でかがる。腕山の端にテープをピンで止めつける。

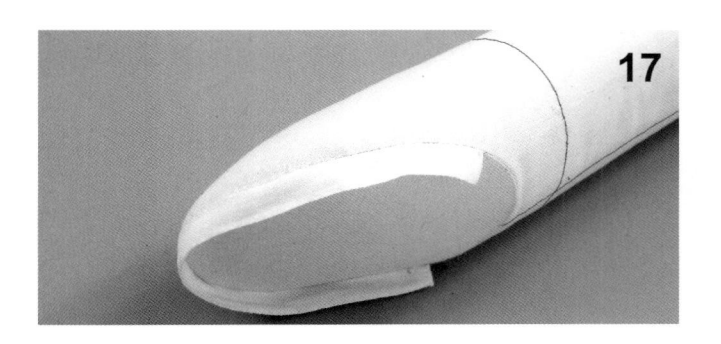

17 腕山布のきわにテープを細かくまつりつける。

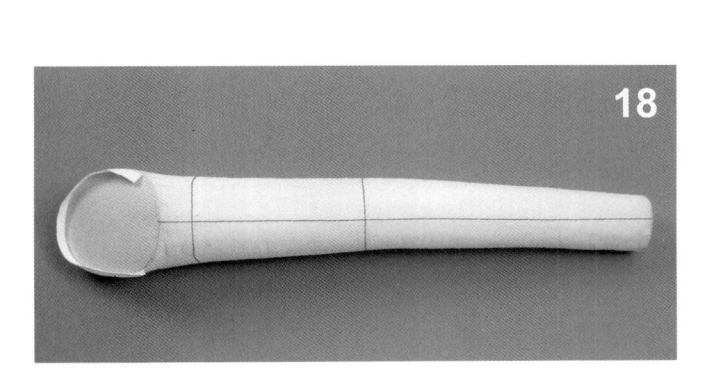

18 出来上り。

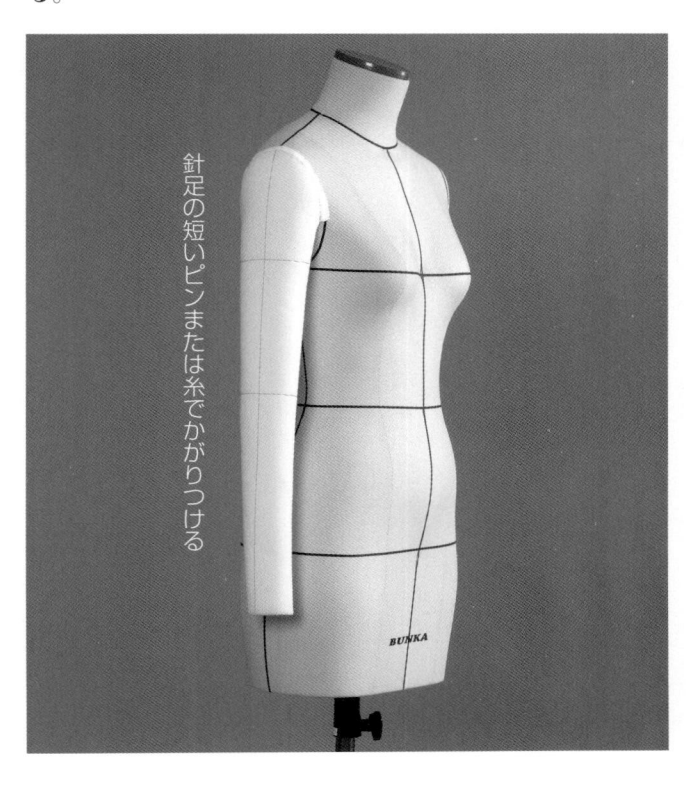

針足の短いピンまたは糸でかがりつける

第2章 立体裁断の準備　37

Ⅲ　ピンの打ち方

　立体裁断において、作業を手順よく円滑に進め、美しく仕上げるには、適切なピンの打ち方がポイントとなる。

　ピンを打つ方法としては、シーチングをボディに固定するための打ち方と、フォルムを美しく形作るための、ダーツ線や切替え線に対する効果的なピン打ちの方法がある。

● 固定するためのピン打ち

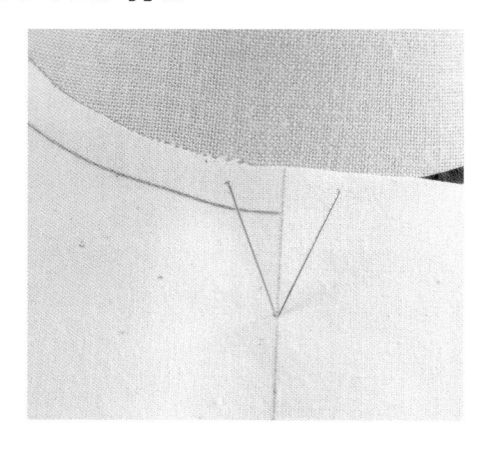

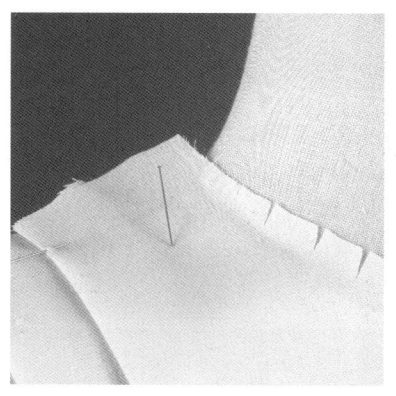

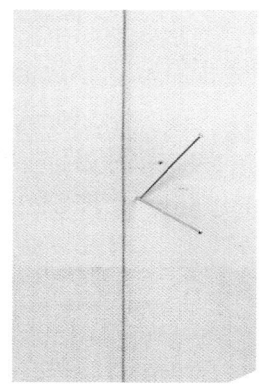

　前後中心など、固定したい箇所に打つピン。1本より同じ穴に2本斜めに刺すとしっかり固定できる。またボディまですくって止める場合もある。

● つまみピン

　布と布をつまみ合わせて打つピン。ラインの移動がしやすい。

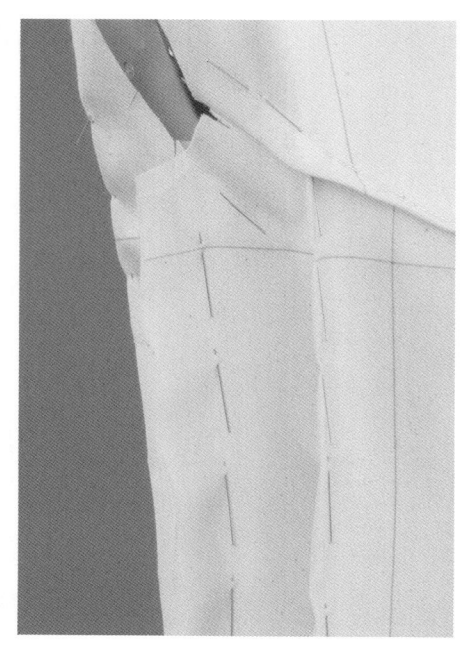

● 重ねピン

　2枚の布を折らずに重ね合わせ、その部分に打つピン。出来上り線は重なっている部分のどこにでも決められる。

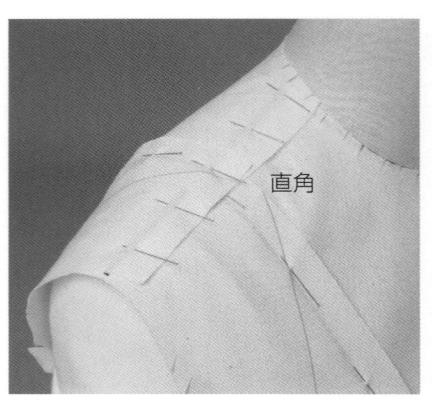

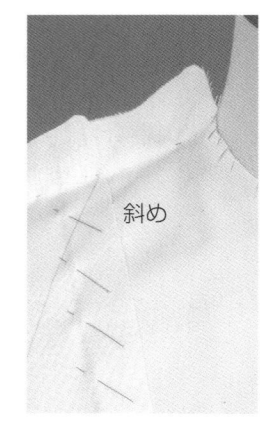

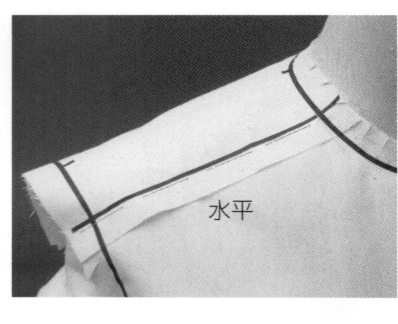

直角

斜め　　水平

● 折伏せピン

　一方の布を折り、もう一方の布に重ねて打つピン。折り山が出来上り位置になる。

　肩やヨークなど、プロセスの中で必要とするときや出来上りの仕上げピンに使用する。

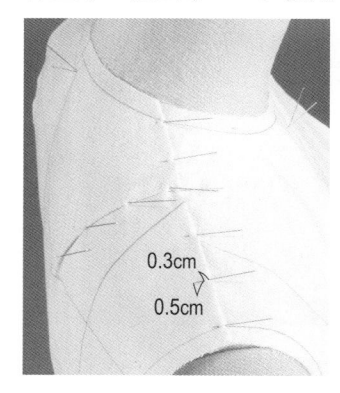

0.3cm
0.5cm

● くけピン

　1枚の布の折り山からピンを差し入れ、向う側の布をすくってまた折り山に戻る打ち方。袖つけに多く使われる。

第3章

立体裁断の基礎

I 衣服の基本形
1 タイトフィッティング

　立体裁断の基本をマスターするためには、人体の代りに道具として使用する人台（ボディ）の形状を知る必要がある。タイトフィッティングとは、この人台に布をゆるみなく当てて着せつけることである。布目を正しく通したフラットな布をボディの凹凸に合わせて、形どりする中で、構造線の適切な位置や、フォルムに対して布をどのように処理すればよいか、布の特徴を把握する必要がある。布の縦地は伸びが少なくて強く、横地は縦地に比べると伸びやすく弱い。バイアス地は45度の角度（正バイアス）がいちばん伸びやすい。この特徴をふまえて伸ばしやいせのテクニック等、布の扱い方を学び、造形感覚を養うことが大切である。

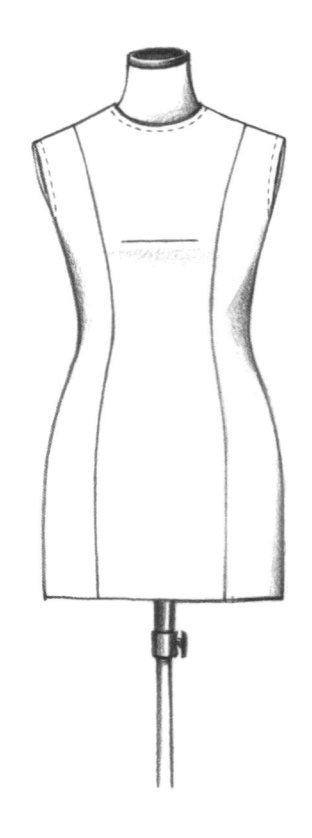

ボディの準備
　成人女子標準サイズの文化ヌードボディを使用する。

目標線（ガイドライン）を入れる
　基本のガイドライン（29ページ参照）に下記で説明するラインを加える。

● 前プリンセスラインを入れる。

　前肩幅を2等分した位置からバストポイントを通り、ウエストのくびれを感じさせるウエストライン位置、ヒップの張りを感じさせるヒップライン位置を求め、裾まで垂直にラインを入れる。このように肩から裾にかけて、縦に切り替えた線をプリンセスラインという。

● 肩甲骨位置にテープを水平にはる。

● 後ろプリンセスラインを入れる。

　前のプリンセスラインの肩から続けて肩甲骨の突出部位を通り、前と同様にウエストからヒップにかけてラインを入れる。ヒップから下は垂直にする。

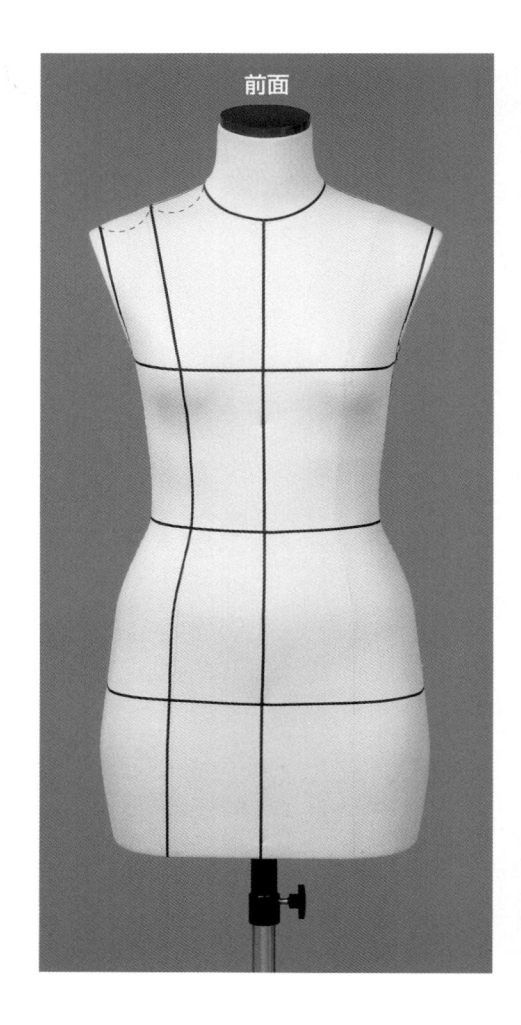

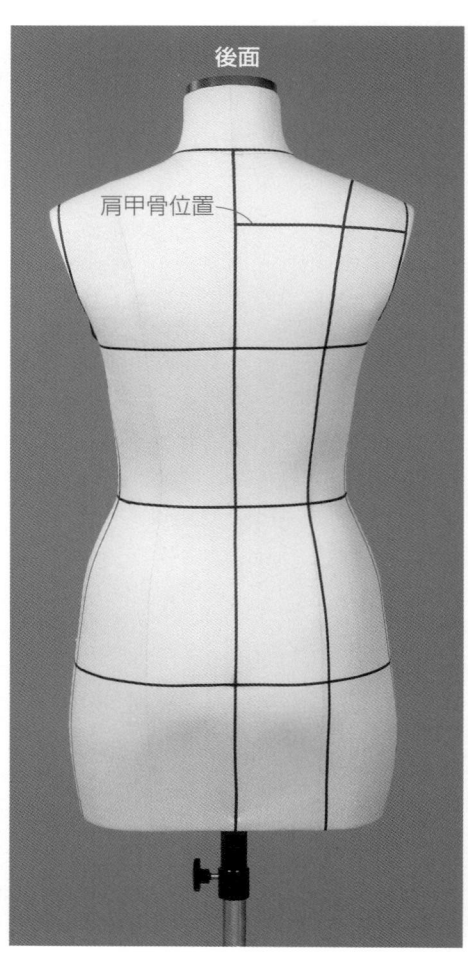

● 前側面線を入れる。

布目を正しく通すためのガイドラインとして、側面線を入れる。ウエストライン上でプリンセスラインから脇線までを2等分した位置に上下垂直に線を入れる。おもりを下げて検討するとよい。

● 後ろ側面線を入れる。

ウエストライン上でプリンセスラインから脇線までを2等分した位置に垂直に入れる。上半身は後傾でカーブが強いので曲がらないように注意する。

トワルの準備

裁断

● トワルコットンを使用（10cm正方のラインが入っている）。耳はつれやすく、布目がゆがんでいるので1〜2cmカットする。

● 前中心はわで裁断する。

目標線（ガイドライン）を入れる。

● 前後中心線はトワルコットンの縦のラインを利用し、ウエストラインは横のラインを利用して合わせる。前身頃のウエストラインをボディのウエストラインに合わせてバストライン位置をしるし、鉛筆で水平に線を入れる。後ろ身頃の肩甲骨位置のガイドラインもトワルコットンのラインを利用する。

● 前後脇身頃の中央もトワルコットンの縦のラインを利用する。

地直しをする

縦、横の布目が垂直、水平になるように、アイロンをかけて、布目を整える（55ページ参照）。

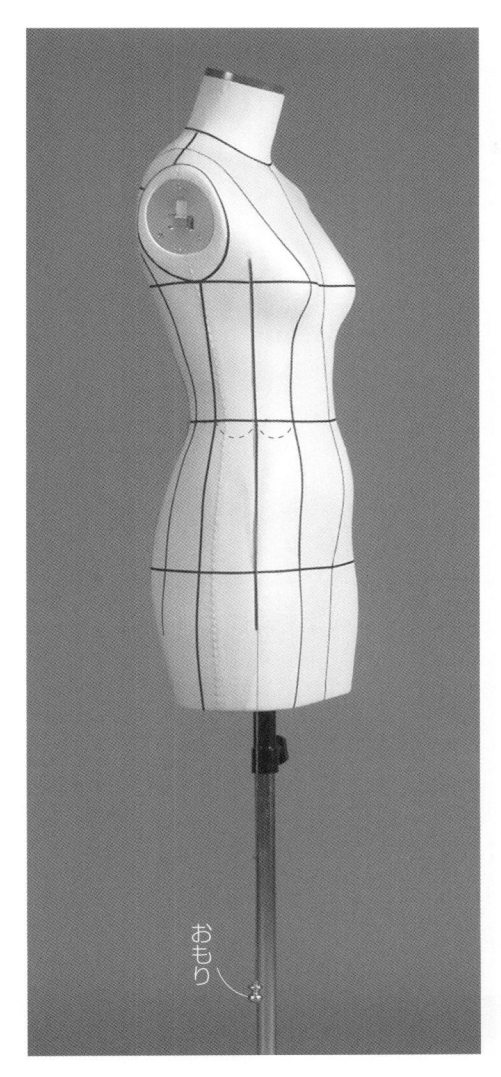

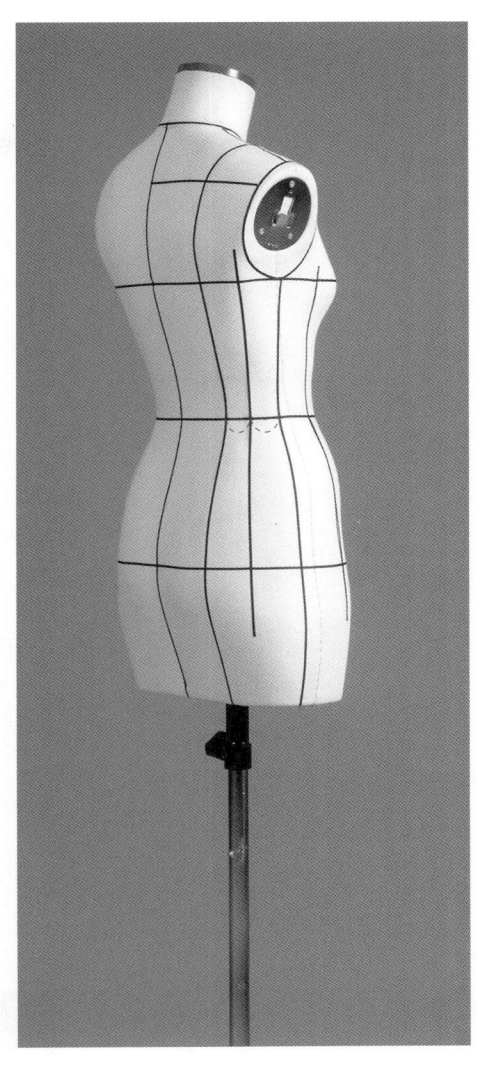

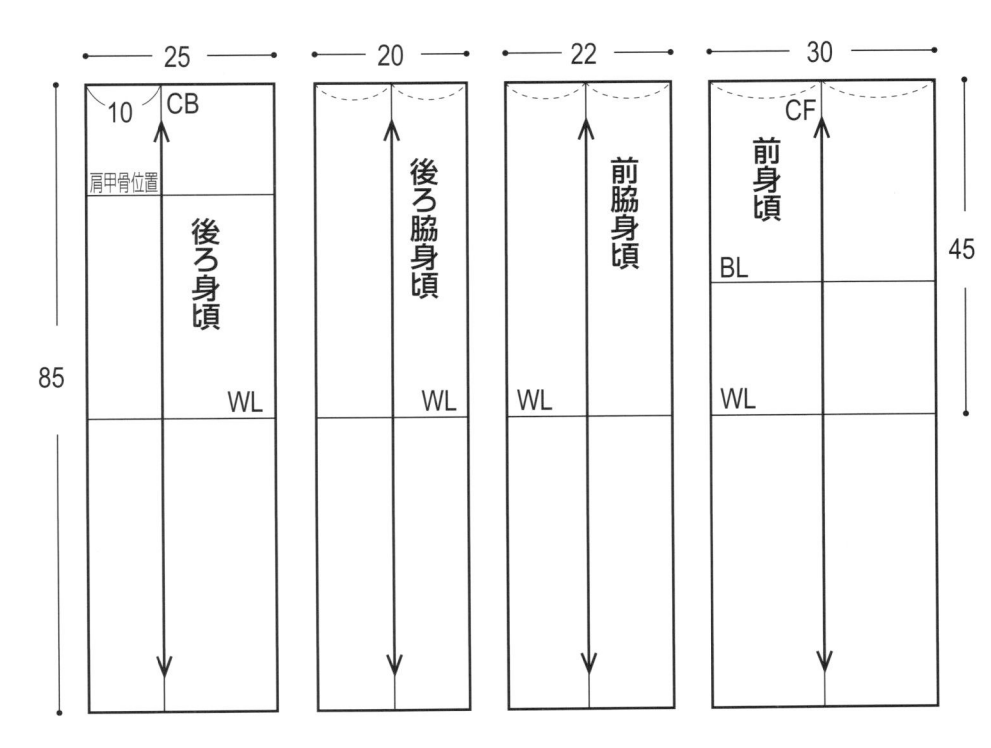

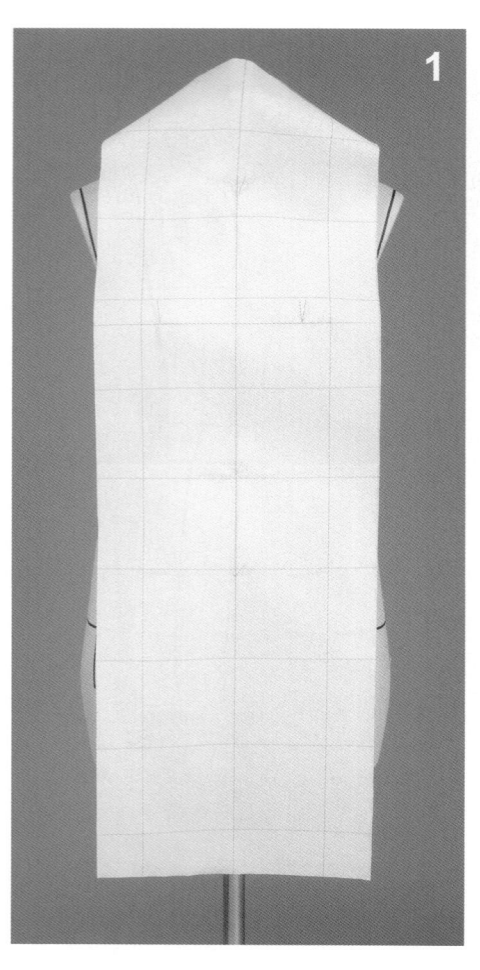

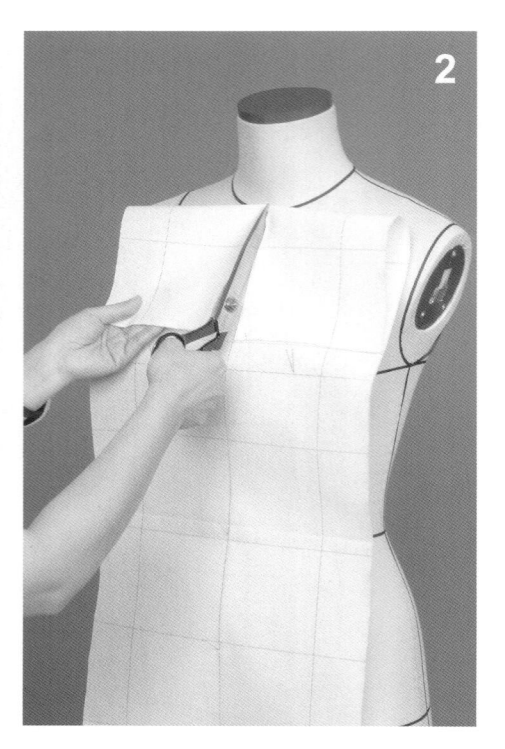

ドレーピング

1 縦、横の布目を正しく合わせる。

　ボディと前身頃の中心とウエストラインを合わせて交点にピンを打ち、フロントネックポイントの近く、腹部凸部、裾近くにもピンを打つ。バストのガイドラインを水平に合わせて、左右のバストポイントにピンを打つ。バストポイント間のくぼんだ部位にはピンを打たないようにする。

2 衿ぐりの前中心に切込みを入れる。

　布を返して、フロントネックポイントのやや手前まで中心に切込みを入れる。

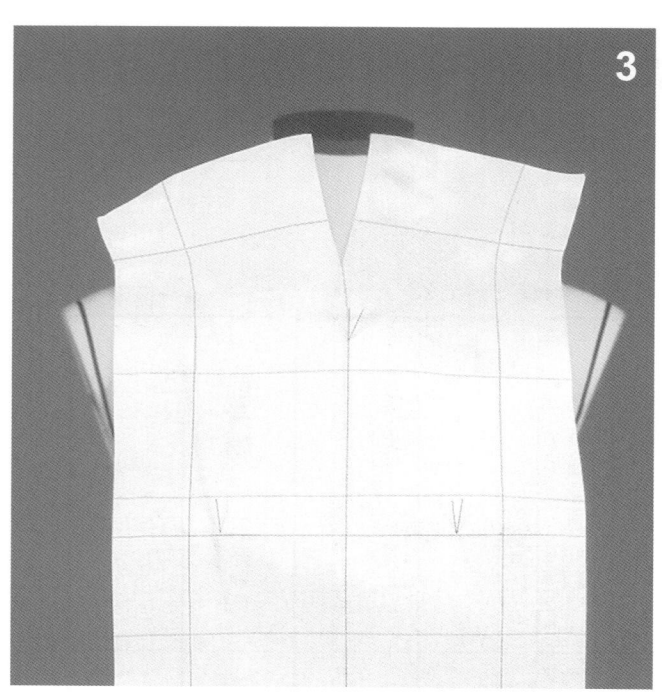

3 切込みを入れた前中心をV字形に整え、指先でサイドネックポイントを探り、ピンでしるす。

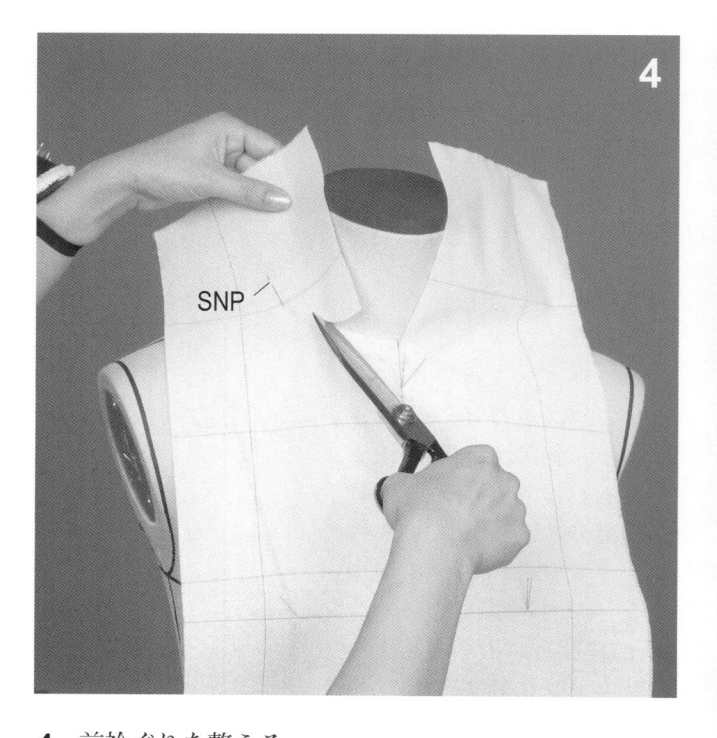

4 前衿ぐりを整える。

　衿ぐりにそって余分な布をカットする。サイドネックポイントあたりで切りすぎないように注意する。

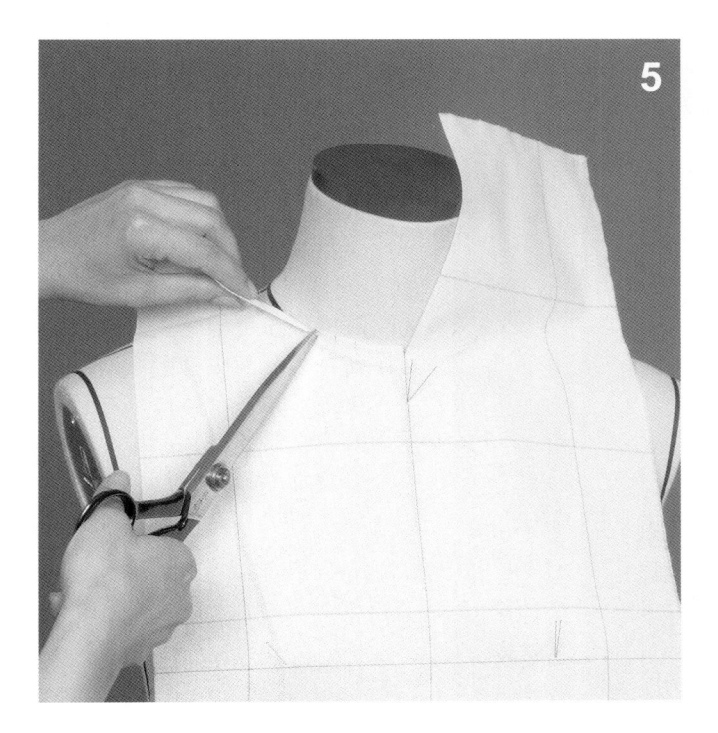

5 衿ぐりの縫い代がつれないように、切込みを入れる。

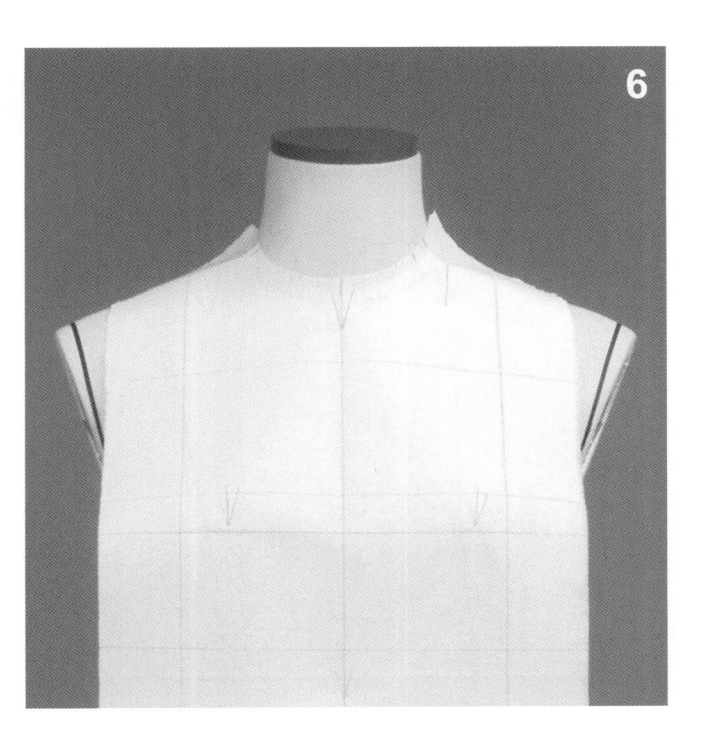

6 左の衿ぐりも右と同様にカットして整える。このとき、縦、横の布目を伸ばさないように注意し、サイドネックポイント近くにピンを打つ。

7 前のプリンセスラインを入れる。
バストライン、ウエストライン、ヒップラインを水平に保ち、ボディのガイドラインにそってプリンセスラインを入れる。ウエストラインから上の縫い代を2〜3cmにカットし、切込みを入れて、布を軽くフィットさせる。下部も同様に整理する。

8 ボディと前脇身頃のウエストラインを水平に、中央ガイドラインを垂直に合わせ、バストラインから下にしっかりとピンを打つ。バストラインから上は、布をボディの形状に合わせ、軽くピンを打つ。

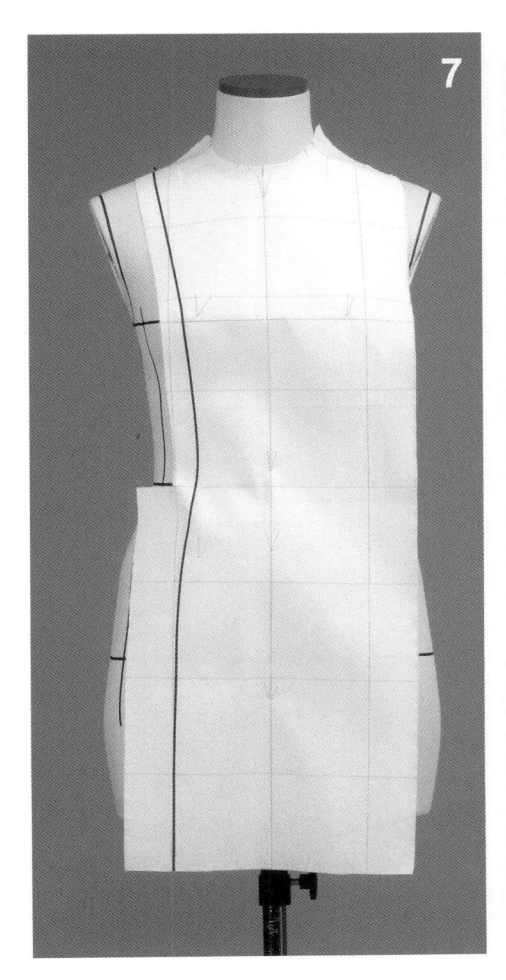

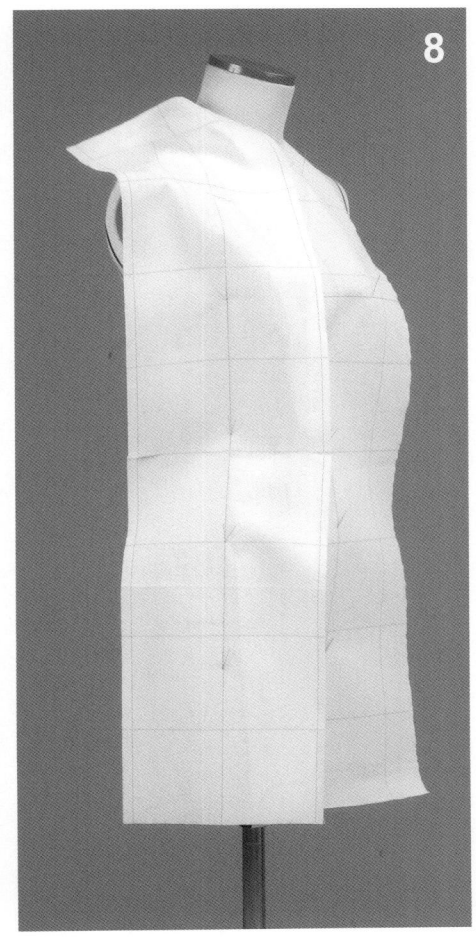

第3章　立体裁断の基礎

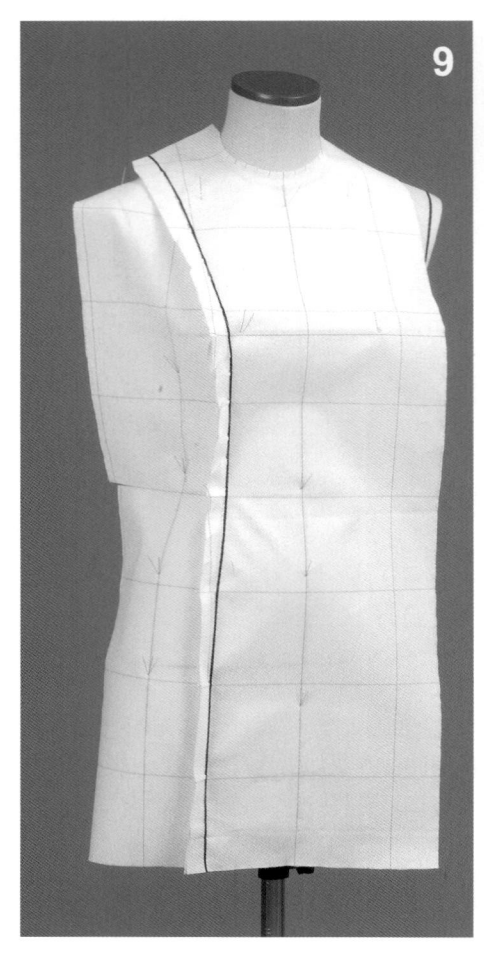

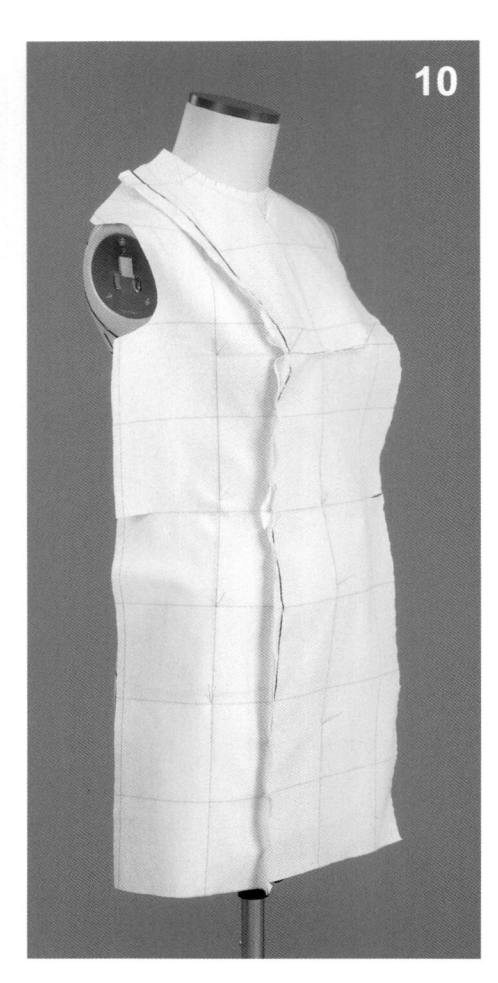

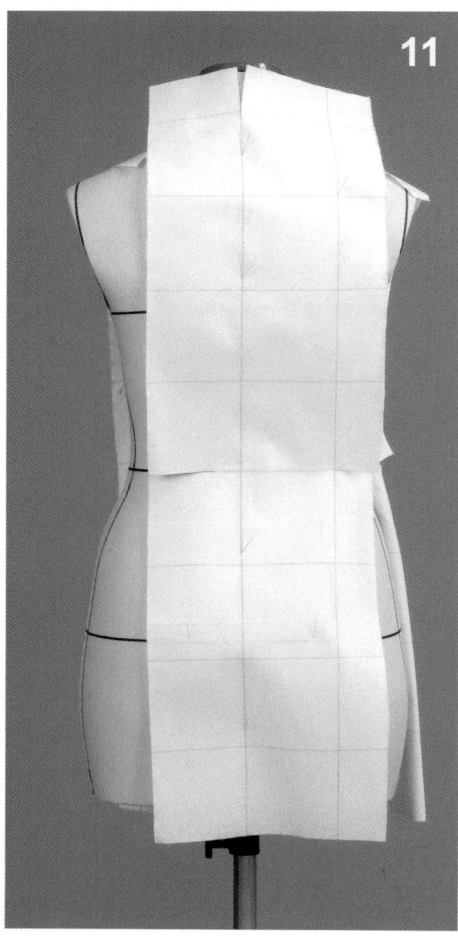

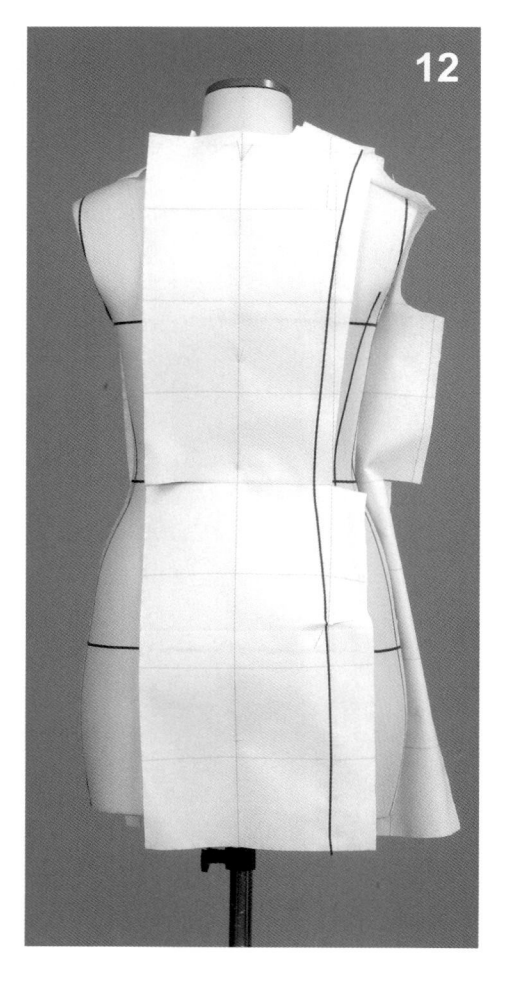

9 プリンセスラインにそって、前脇身頃の余分な布をカットし、ウエストラインあたりの縫い代に切込みを入れる。

ウエストライン、バストライン、ヒップラインの位置で横布目線を正しながら前身頃と前脇身頃をゆとりを入れずにぴったりと合わせ、プリンセスラインの際につまみピンを打つ。さらに、肩から裾にかけて、ライン際につまみピンを細かく打つ。

ボディの凹凸に対し、布目を垂直、水平に正すと、いせや伸しを必要とする部位が把握できる。

10 左右のバストポイント間のくぼみの余り分をバストライン上でつまんでセンターダーツにし、袖ぐり、肩の余分な布はカットする。後ろ身頃に入る前に、脇側の布を軽く折り返しておく。

11 後ろ身頃の中心線をボディの中心に合わせ、ウエストラインと肩甲骨位置のガイドラインを水平に合わせてピンを打つ。

左側のウエスト位置とバックネックポイントのやや手前まで中心に切込みを入れる。

12 衿ぐりの余分な布をカットし、つれないように縫い代に切込みを入れる。

肩甲骨位置、ウエストライン、ヒップラインを水平に保ち、ガイドラインにそって後ろのプリンセスラインを入れる。縫い代の整理をして、ウエストあたりに切込みを入れる。

13 ボディと後ろ脇身頃のウエストラインを水平に、側面線を垂直に合わせて、バストラインから裾にかけてしっかりとピンを打つ。バストラインから上は、肩先に向かってなで上げ、ボディの形状にそわせてピンを打つ。

縫い代を2～3cmにカットし、前と同様に後ろ身頃と後ろ脇身頃を合わせてつまみピンで止め、ボディの凹凸に合わせて正しく布目を読み取り、細かくライン際にピンを打つ。

14 肩と袖ぐりの余分な布をカットして前後の肩を合わせ、ボディの肩線上でつまみピンを打つ。

15 脇を整える。前後のウエストライン、バストライン、ヒップラインを合わせ、ウエストラインから上下につまみピンを打つ。凹部位は縫い代に切込みを入れ、伸ばしてなじませながらピンを打ち、凸部位はいせ分を見込んでピンを打つ。

16 脇縫い代を整理し、脇線が垂直になっているか確認する。布目が垂直、水平に正確に通っているか、切替え線のピンの打ち方に無理やむだがないか、縫い代をおこして両側から観察し、修正する。

マーキングをする（59ページの身頃原型参照）。ボディのヒップラインも布にしるす。裾線はボディの丈と同一の位置にする。

ボディからトワルをはずし、平面にして寸法のチェックをし、伸し分といせ分の把握、合い印、ラインの訂正等を確認し、縫い代を1cmに整理してアイロンで整える。

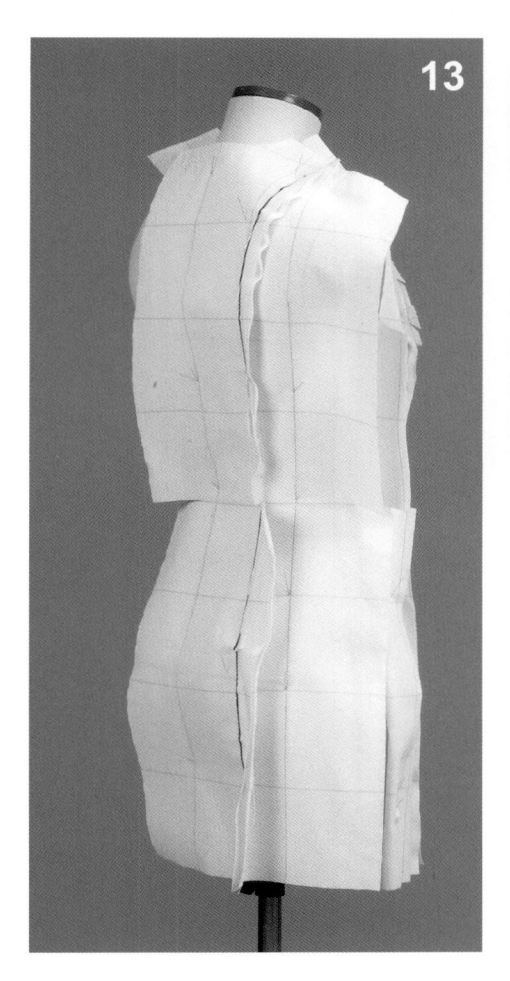

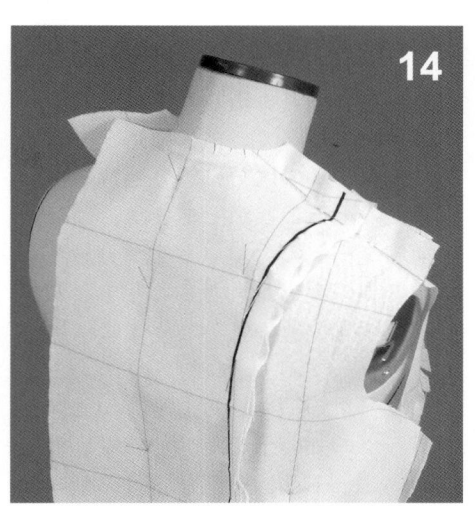

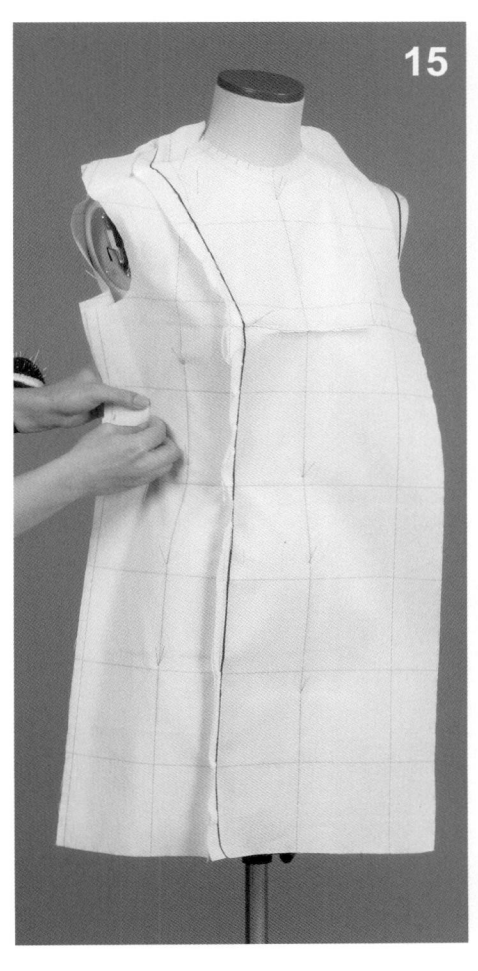

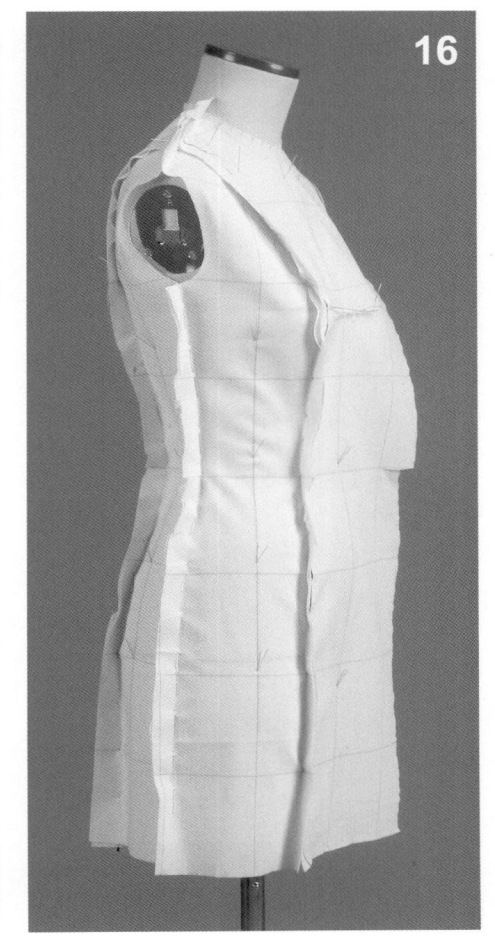

第3章 立体裁断の基礎

トレースパターン

17 前後とも、ボディの凹凸部位をポイントにして、縦に構造線を求めており、この区分により明快に体型を読み取ることができる。

　前肩ダーツの分量（胸ぐせ分量）はバストの突出が大きいことを表わし、肩甲骨位置の張りとウエストに向かうカーブの強さ、後ろウエストダーツ分量の多さは、上半身が後傾でカーブの強いボディの形状を表現している。下部は腹部と腰骨の張りがプリンセスラインの中に如実に出ており、ボディのリアルさを把握することができる。

　パターンチェックにあたり、バストライン、ヒップラインのガイドラインも入れておくと検討しやすい。

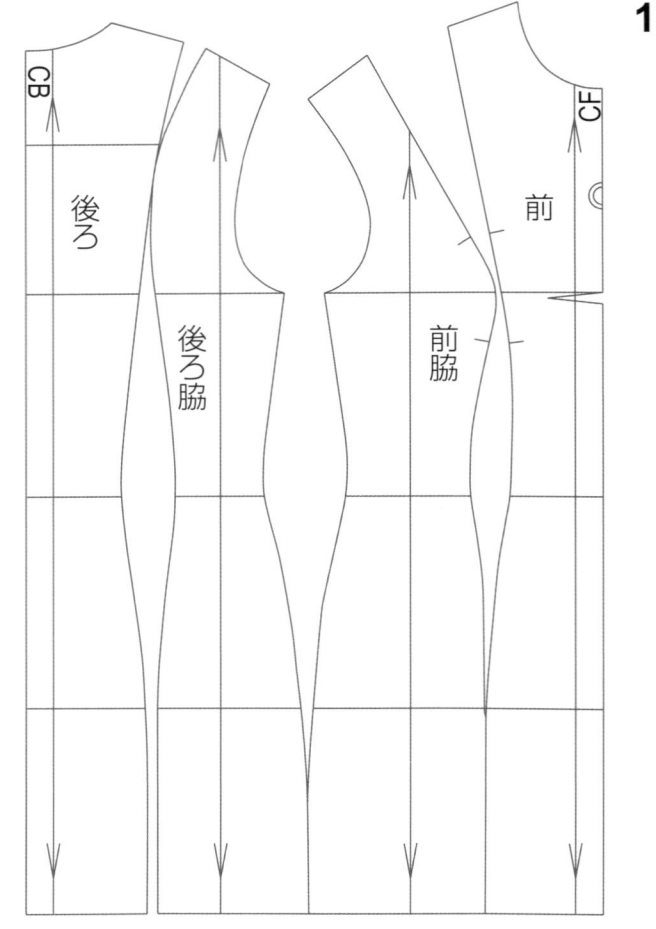

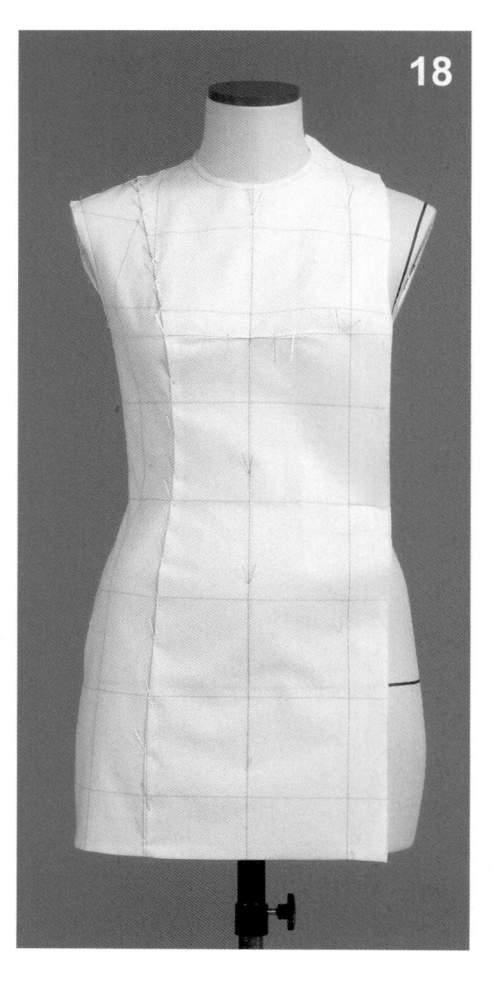

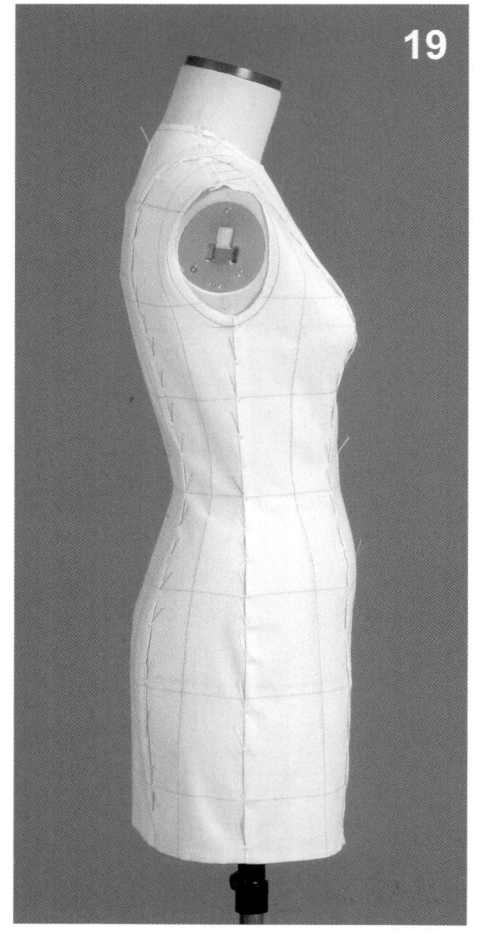

18、19 ピン仕上げをする。

　センターダーツは上に、前後プリンセスラインはそれぞれ中心側に片返し、脇線は前に、肩線は後ろに片返して伏せピンで組み立てる。

　ボディに着せ、再度それぞれの面に視点をおき、垂直、水平に布目が通っているか、構造線のバランス、布のつれやゆがみ、むだな浮きがないか等の最終確認をし、修正する。

出来上り

粗ミシンで縫う。ゆとりがないので縫い込まないように注意する。センターダーツは切替え線を縫った後に縫う。

衿ぐり、袖ぐり線に赤のしつけ糸で縫い印を入れて明確にする。

後ろ中心は右身頃側に片返して伏せピンで整える。

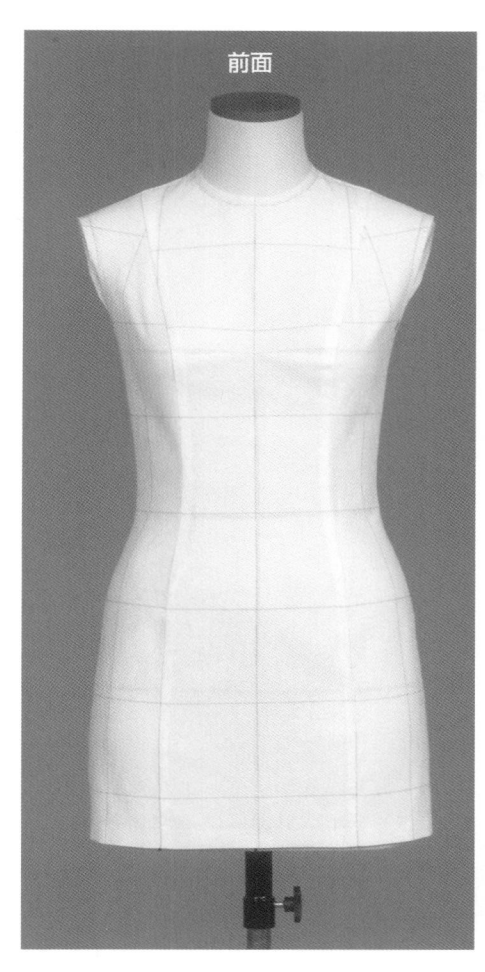

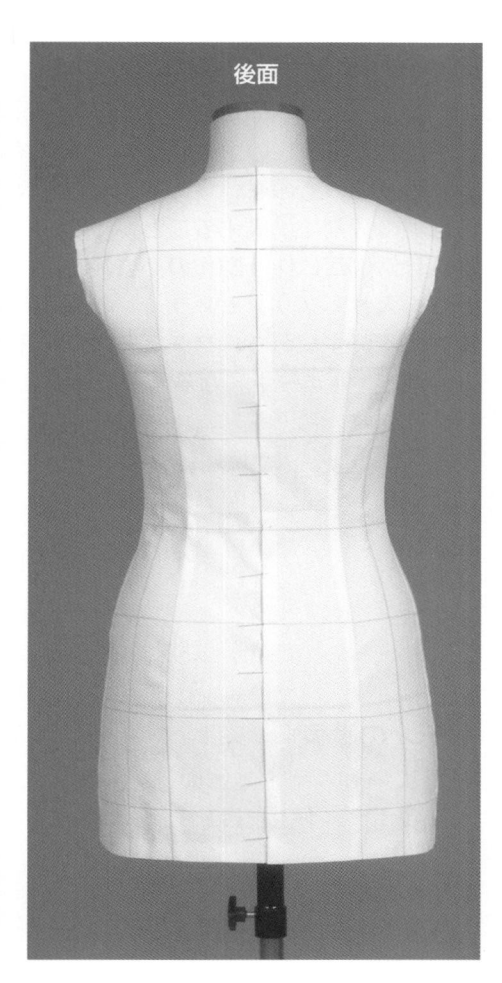

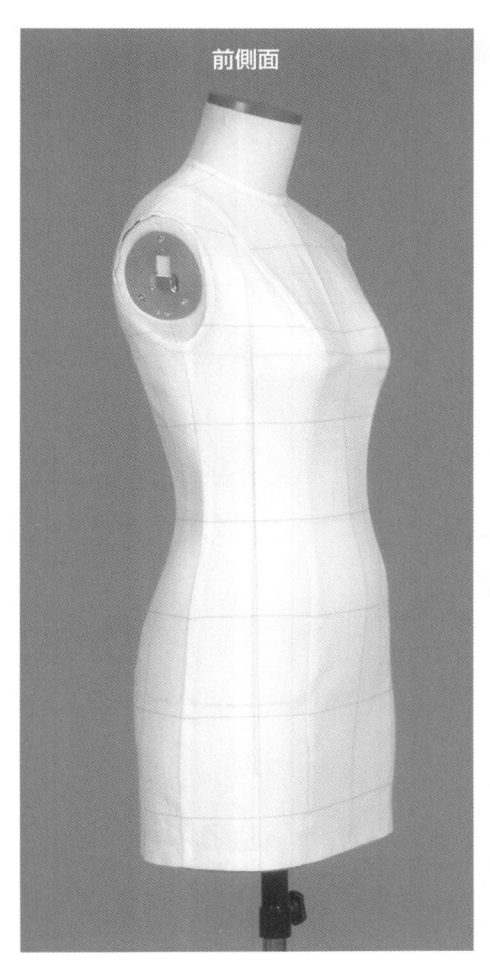

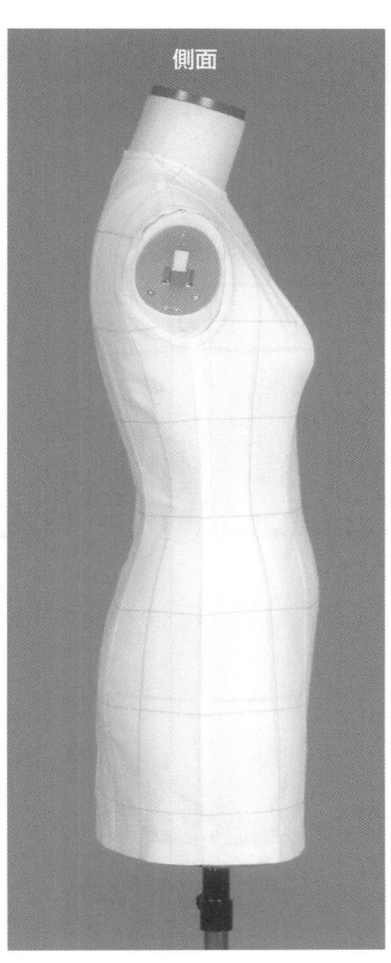

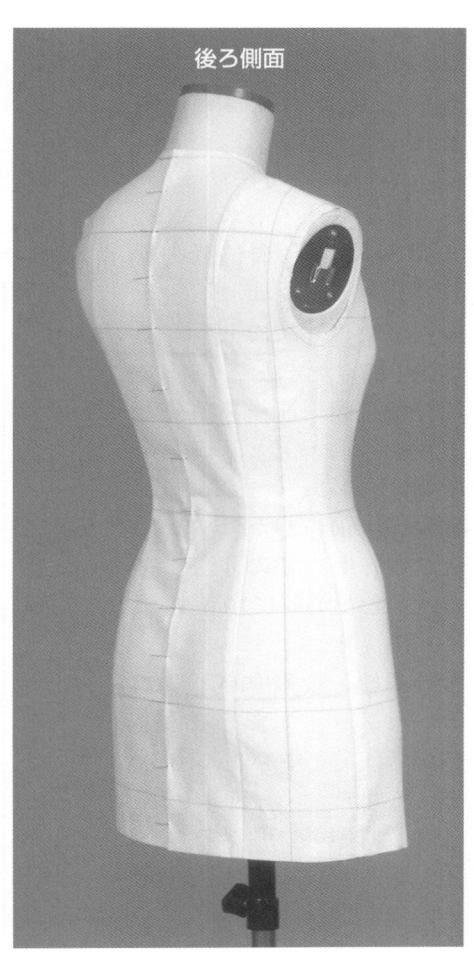

前面

後面

前側面

側面

後ろ側面

第3章　立体裁断の基礎

2 トルソーシルエット

トルソーとは胴体または体幹部（上肢と下肢を除いた部分）の意で、ウエストが続いたシルエットのものをいう。トルソーシルエットは縦の分割で構成することが多く、ここでは、日常生活に伴う動作の必要最小限度のゆとりを入れたプリンセスラインの衣服として構成する。すなわち、ワンピースやジャケットの基本シルエットになる基型である。

ボディの準備
プリンセスライン側面線入りのボディ使用（41ページ参照）。

トワルの準備
厚手シーチング使用。

● 丈の決め方

前身頃…サイドネックポイントからバストポイントを通り、裾（ボディより4cm延長）までの寸法に上下の縫い代を加えた寸法。

後ろ身頃…サイドネックポイントから肩甲骨位置を通り、裾（ボディより4cm延長）までの寸法に上下の縫い代を加えた寸法。

前後脇身頃…前後身頃丈より3cmカットする。

● 幅の決め方

前身頃…前中心からプリンセスラインまでの寸法に縫い代分と中心側に10cm加えた寸法。

後ろ身頃…後ろ中心からプリンセスラインまでの寸法に縫い代分と中心側に10cm加えた寸法。

前後脇身頃…プリンセスラインから脇までの寸法に縫い代分を加えた寸法。

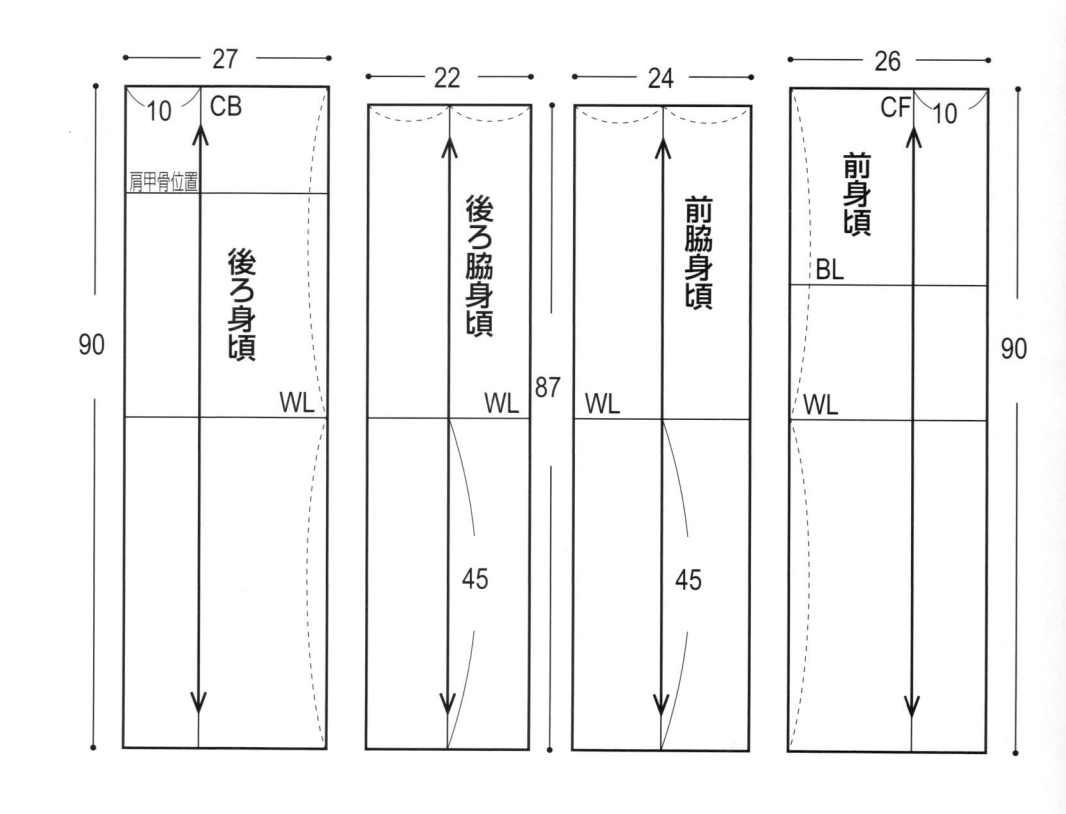

ドレーピング

1 前身頃の中心線をボディの中心線に垂直に合わせ、ウエストライン、バストラインを水平にして、左右のバストポイントにピンを打つ。腹部の凸部と裾近くにもピンを打つ。バスト間の溝はピンを打つと布が沈み、丈が不足するので打たない。

衿ぐりの布を手前に返して、前中心に切込みを入れる。

2 衿ぐりにそって余分な布をカットし、衿ぐりがつれないように切込みを入れて整える。サイドネックポイント近くにピンを打つ。

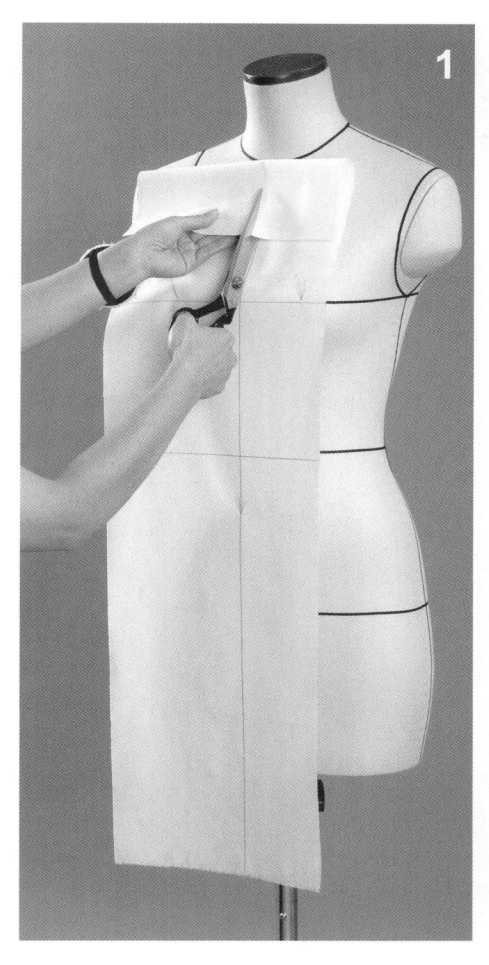

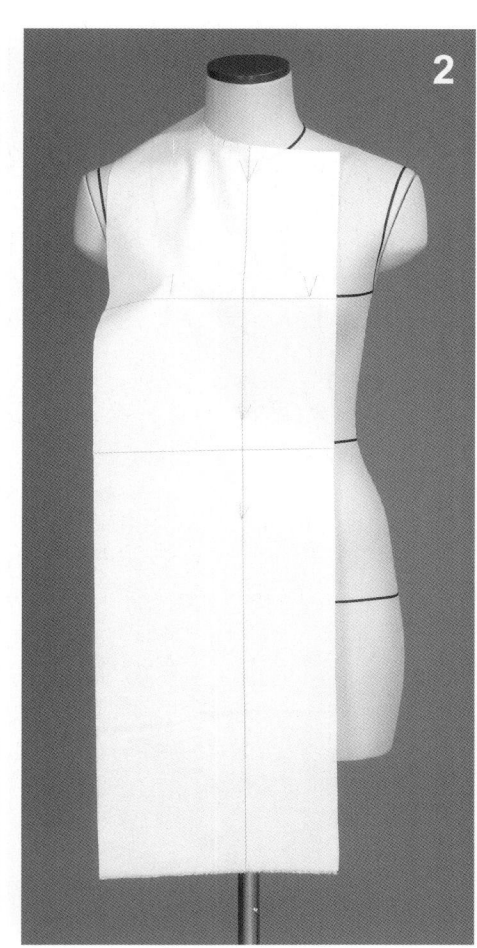

3 ボディのガイドラインを目安にプリンセスラインを入れる。肩幅中心あたりから、バストポイント近くを通り、ウエストライン、ヒップライン、裾へと続ける。布がボディに密着している部分は、ボディの凹凸にそって、ゆとりをみながら、バランスのよいラインを入れる。縫い代を整理する。

4 前脇身頃とボディの側面ガイドラインを垂直に、ウエストラインを水平に合わせてピンを打つ。上部はプリンセスライン上にゆったりと布を重ねてピンを打ち、下部はウエストからヒップにかけて、前身頃側とほぼ同角度で重ね合わせ、ゆとりを確認してピンを打つ。

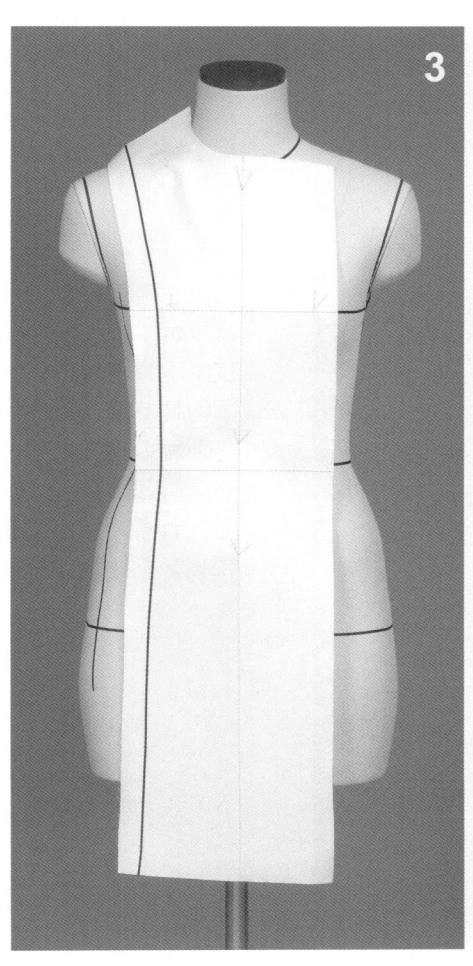

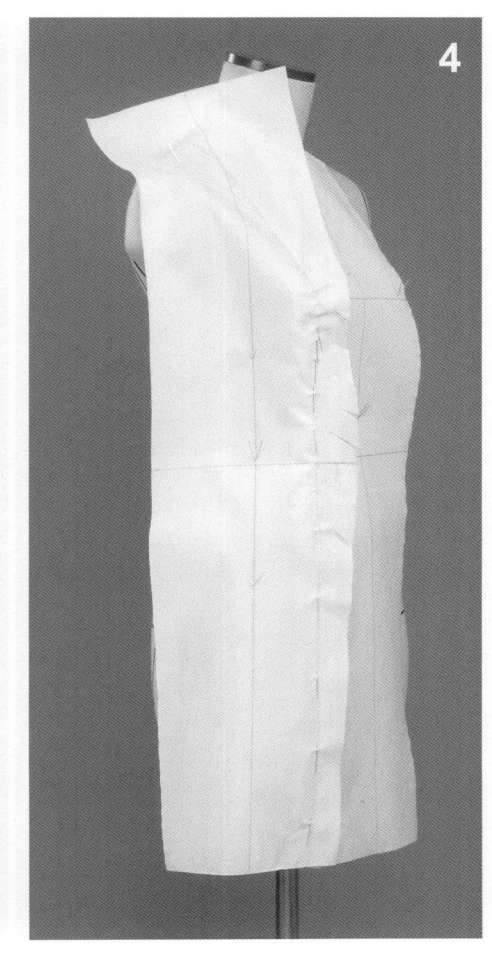

第3章 立体裁断の基礎　49

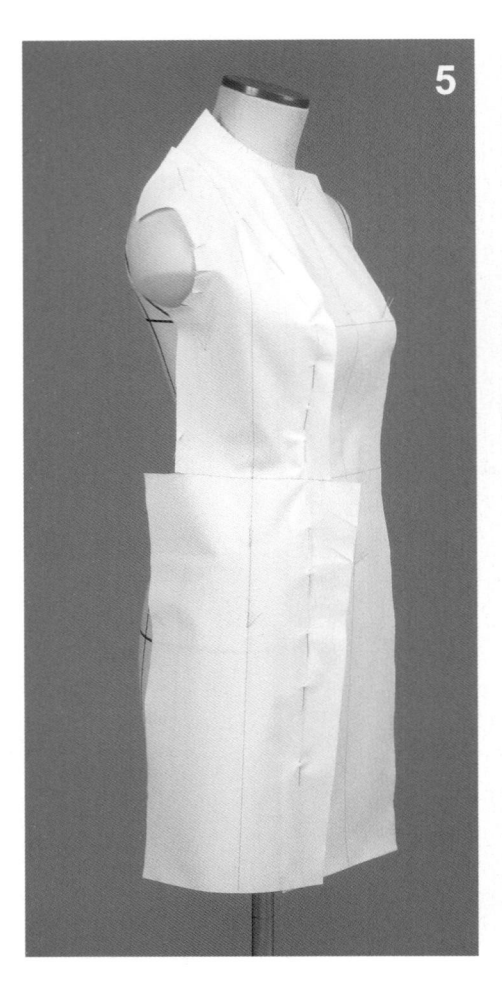

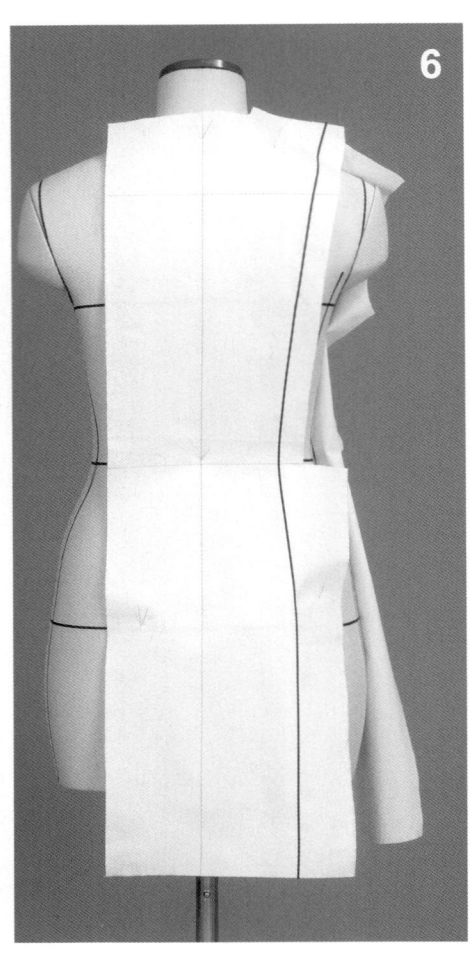

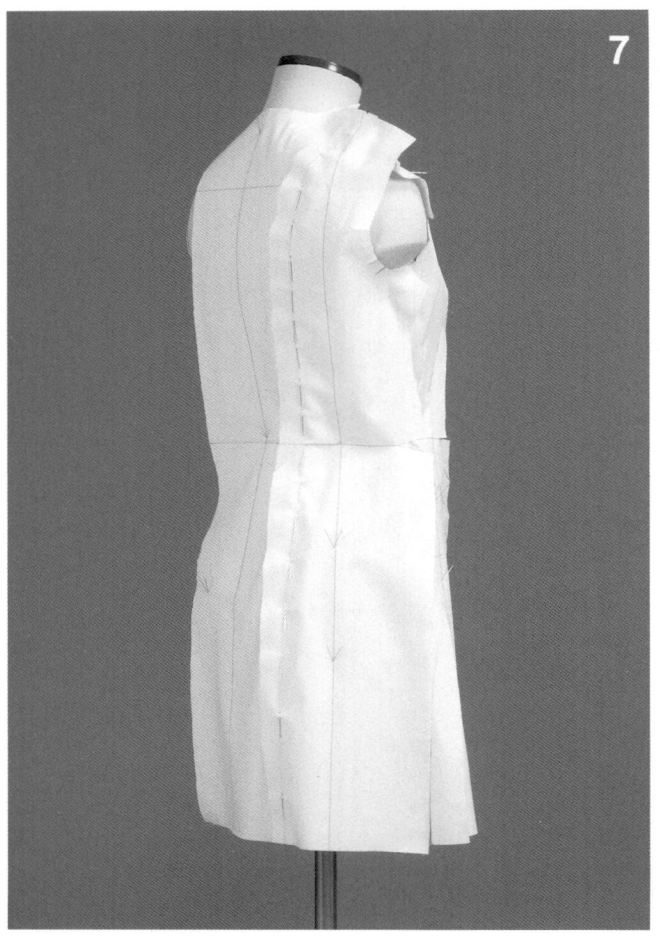

5 切替え線の縫い代を整理する。胸幅のゆとりを入れ、肩、袖ぐりの余分な布をカットし、袖ぐりに切込みを入れる。側面と脇のゆとりの配分を確認し、脇の縫い代を整理する。脇側の布を前に軽く返しておく。

6 後ろ身頃の中心線をボディの中心線に合わせ、ウエストライン、肩甲骨位置のガイドラインを水平に合わせてピンを打つ。衿ぐりの運動量を確認し、余分な布をカットしてサイドネックポイント近くにピンを打つ。

　ボディのガイドラインを目安にプリンセスラインを入れる。前身頃肩線の切替え位置と同位置より、肩甲骨周辺を通り、ウエストライン、ヒップライン、裾へと続ける。前身頃同様、ボディの凹凸にそって、ゆとりをみながら、バランスのよいラインを入れる。

　縫い代の整理をし、切込みを入れる。

7 後ろ脇身頃とボディの側面ガイドラインを垂直に、ウエストラインを水平に合わせてピンを打つ。上部はプリンセスライン上にゆったりと布を重ね、肩甲骨位置で布目を確認したうえ、ライン際に重ねピンを打つ。下部はウエストからヒップにかけて、後ろ身頃側とほぼ同角度で重ね合わせ、ゆとりを確認してピンを打つ。

　切替え線の縫い代を整理する。

　背幅の側面でゆとりを入れ、肩先にもゆとりを入れる。肩と袖ぐりの余分な布をカットし、袖ぐりに切込みを入れる。側面と脇のゆとりの配分を確認して、脇下にピンを打つ。

8 前後の肩をつまみ、ピンを打つ。ボディの脇線を目標にし、袖ぐりが浮かない程度に、バストライン、ウエストライン、ヒップラインへとバランスよくゆとりを入れてピンを打ち、縫い代の整理をする。

　ボディの形状に対して、布目が垂直、水平で、布との間に日常の動作による機能的なゆとり（運動量）が入っているか、前面、側面、後面より各部位にわたって観察し、調整する。

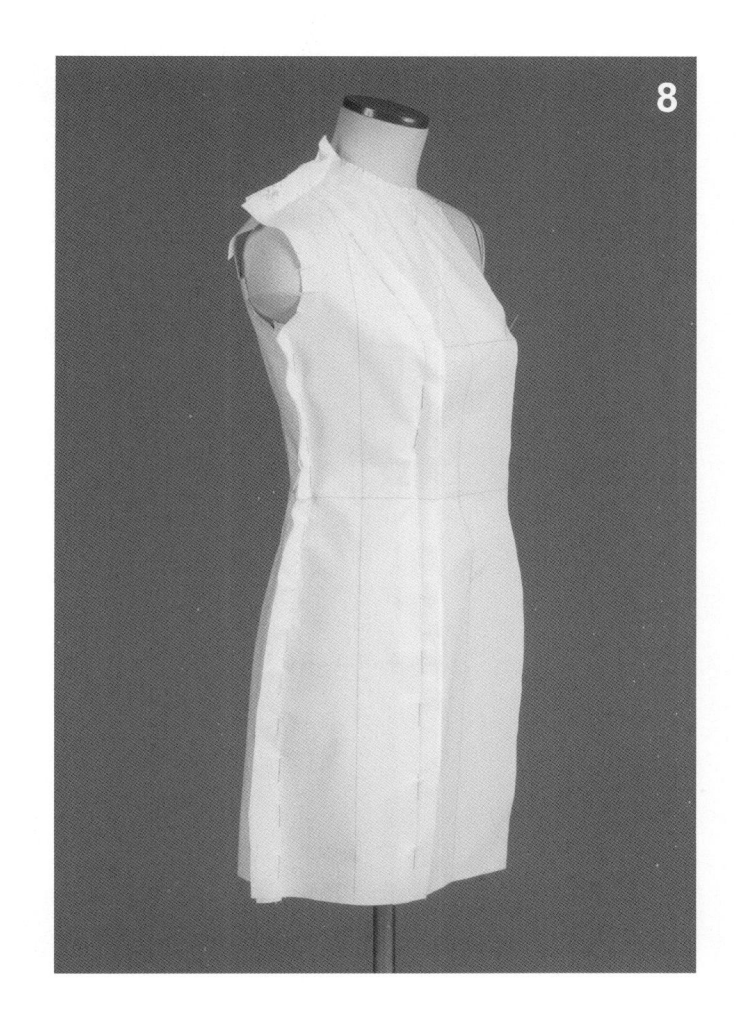

トレースパターン

9 プリンセスラインはボディの凹凸部位をポイントにして切り替えられており、胸ぐせ分量は肩に取り込まれ、基本的な動作のゆとりが入っているのが読み取れる。

　パターンチェックにあたり、バストライン、ウエストライン、ヒップラインのガイドラインも入れておくと検討しやすい。

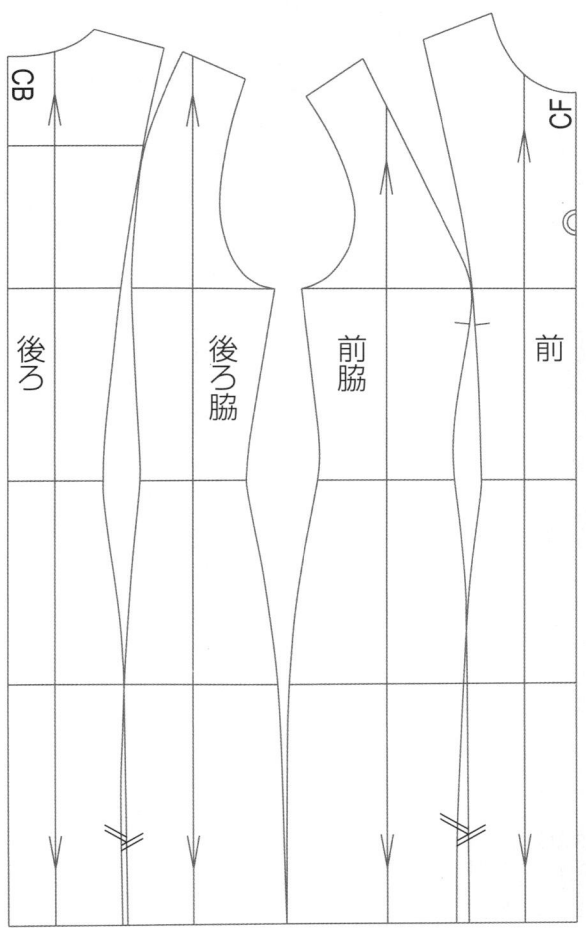

第3章　立体裁断の基礎

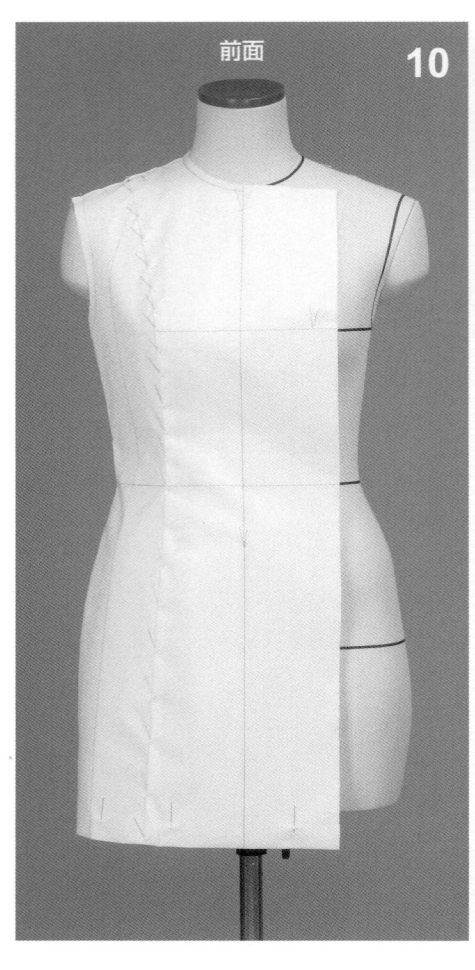

前面 10	前側面 11
側面 12	後面 13

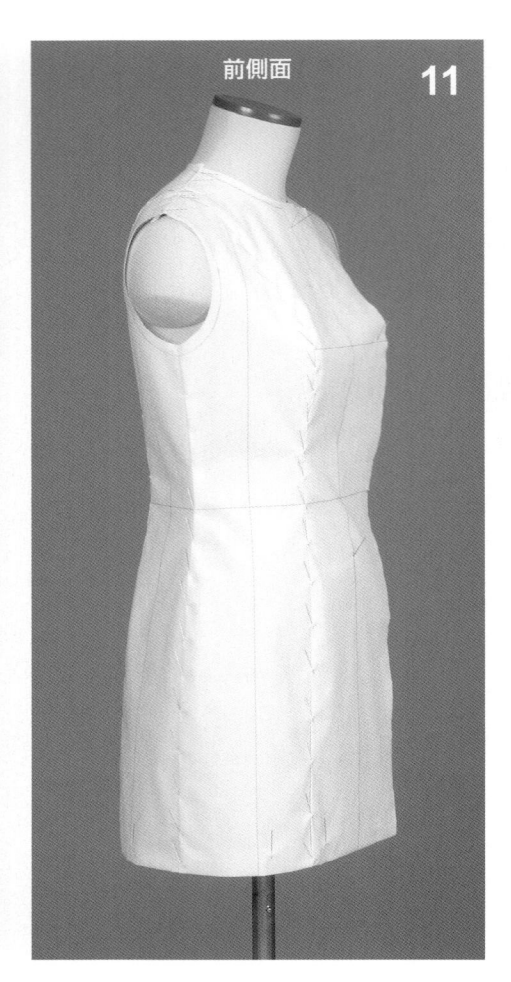

10〜13 ピン仕上げ。

　それぞれの縫い代を整理し、折伏せピンで身頃を組み立て、裾は縦にピンを打ち、試着させる。前後中心線、側面線が垂直に、ウエストラインが水平に設定され、適切なゆとりと構造線位置のバランスはよいか、ゆがみ、引きつれ、むだな浮き等がないか再度確認し、修正する。その場合、トレースパターンも修正する。

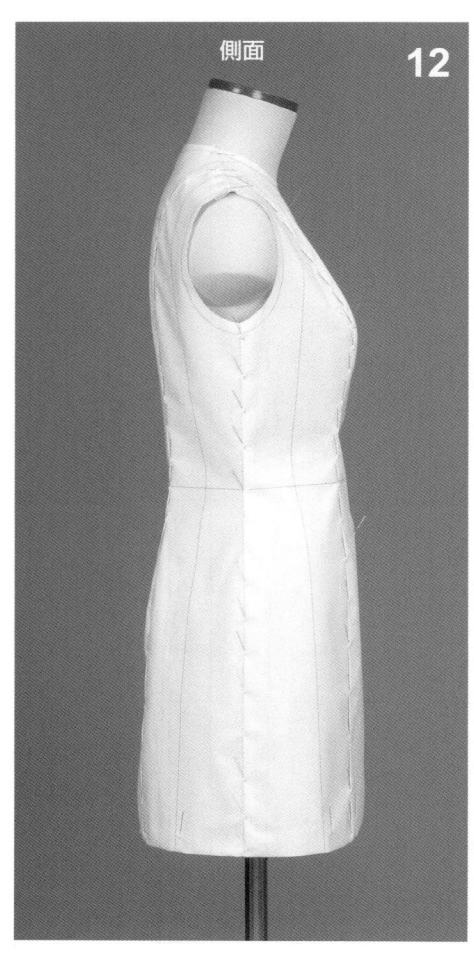

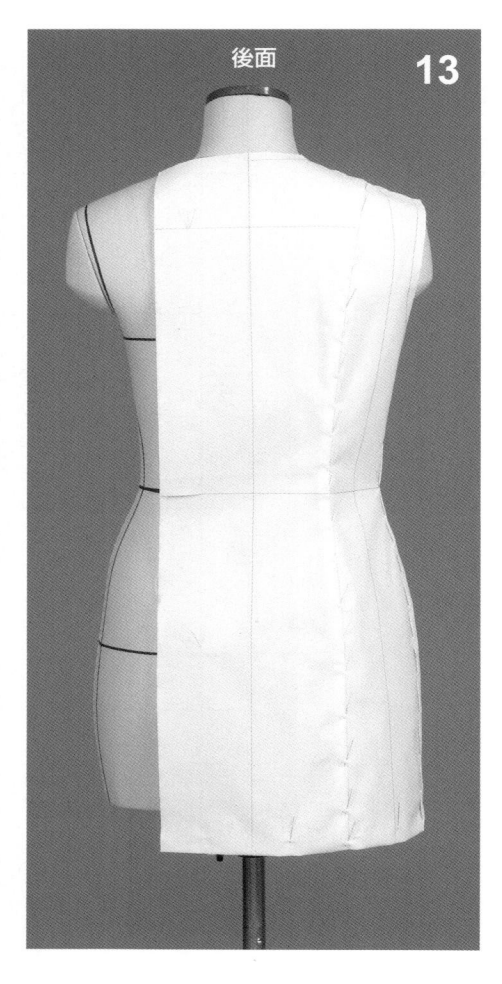

出来上り

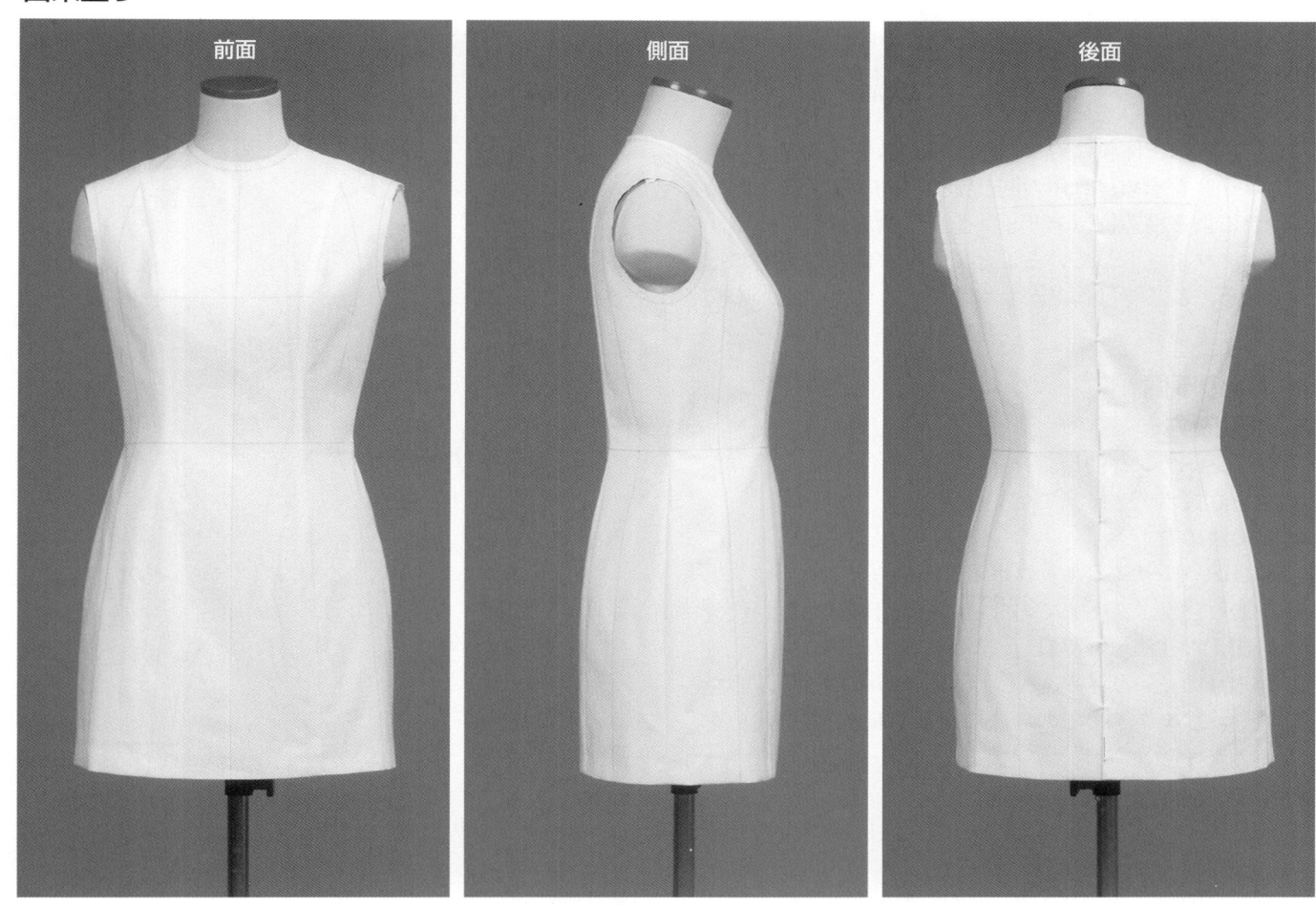

| 前面 | 側面 | 後面 |

ウエストはくせとりをして縫い合わせる。衿ぐり線と袖ぐり線に赤のしつけ糸で縫い印を入れて明確にする。

ボディと服作りのためのトルソーシルエットの比較

　ボディの形状にぴったり合わせたゆとり量の全く入らないタイトフィッティングと、服作りの基型として必要最小限度のゆとりを入れたトルソーシルエットのトレースパターンを重ねて比較してみる。

　トルソーシルエットには幅のゆとり（背幅、胸幅、バスト周囲、ウエスト周囲、ヒップ周囲等）と丈のゆとり（前後丈、肩先等）が適度に入っていることがわかる。ゆとりが入ることにより、ダーツ分量、位置、方向も変化し、袖ぐりの形状、寸法も変わる。センターダーツは、トルソーシルエットではゆとりとなる。

　それぞれの構造線を観察すると、その位置により曲線の形状が異なる。この特徴をとらえておくと、服作りのデザイン線を設定するときの目安となり、平面作図でも応用できる。

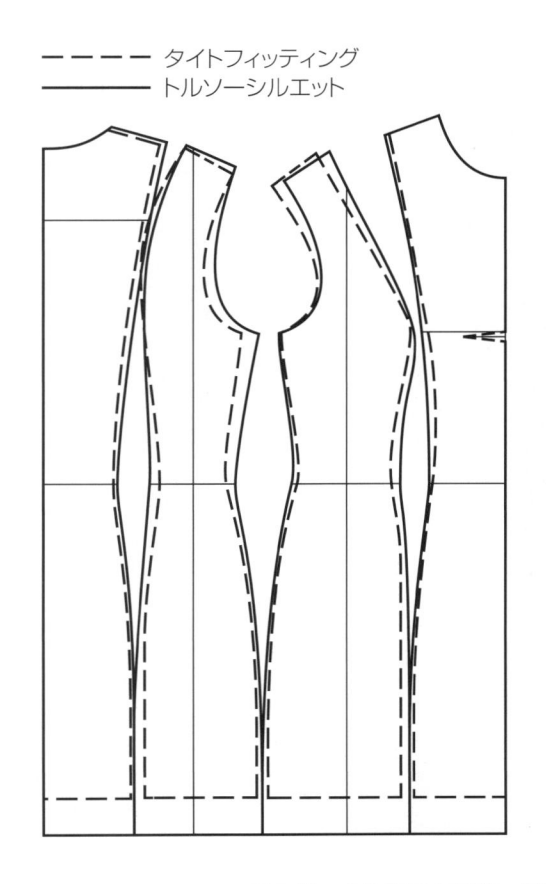

- - - - - タイトフィッティング
――――― トルソーシルエット

第3章　立体裁断の基礎

3 身頃原型（ウエストフィット型）

　身頃原型は、成人女子の体型に適合したパターン作りのための基型にあたり、日常生活に伴う動作の必要最小限度のゆとりを確保している。
　フォルムは、体軸に対して水平にバストライン、ウエストラインを求め、身体の凹凸部位に向かってとられたダーツによる構造線（デザイン線）で構成されている。ウエストフィットしていることにより、体型が容易に把握できる。ここでは作業がしやすいように、ボディの腕ははずしてある。

トワルの準備

布の見積り方
　厚手シーチング使用。
　布を直接ボディに当てて見積もる。

● 丈の決め方
　前身頃‥‥サイドネックポイントからバストポイントを通り、ウエストまでの寸法に、上下3cmの縫い代分を加えた寸法（写真1）。
　後ろ身頃‥‥サイドネックポイントから肩甲骨位置を通り、ウエストまでの寸法に、上下3cmの縫い代分を加えた寸法。

● 幅の決め方
　前身頃‥‥前中心から脇までの寸法に縫い代分と中心側に10cm加えた寸法（写真2）。
　後ろ身頃‥‥後ろ中心から脇までの寸法に縫い代分と中心側に10cm加えた寸法。作業上、前と同一幅にする。

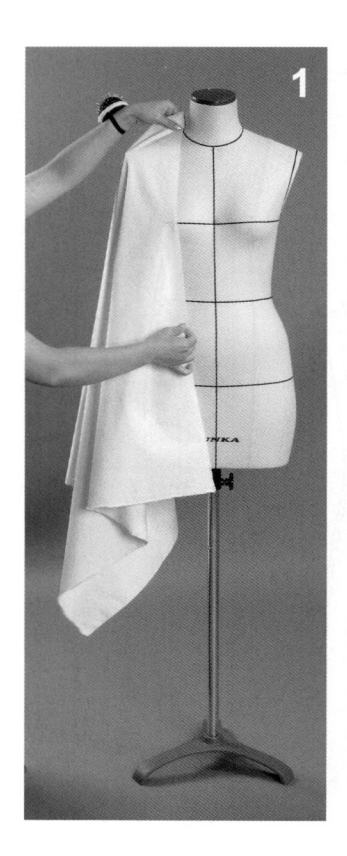

裁断
● シーチングの耳はつれやすく、布目がゆがんでいるので、1～2cmカットする。
● 身頃の中心側は、耳に近い部分を避けて裁断する。

目標線（ガイドライン）を入れる
　鉛筆はHB またはBを使用し、織り糸の組織の間に鉛筆を立てて、すばやくかき入れる。また正しく地直しをした布の上に、定規を当ててかく方法もある。

● 垂直線（縦布目）
　前後中心線と側面線のガイドラインを入れる。

● 水平線（横布目）
　裁断した布をボディに合わせてバストライン位置をしるし、前後とも水平にガイドラインを入れる。後ろには肩甲骨位置のガイドラインを入れる。

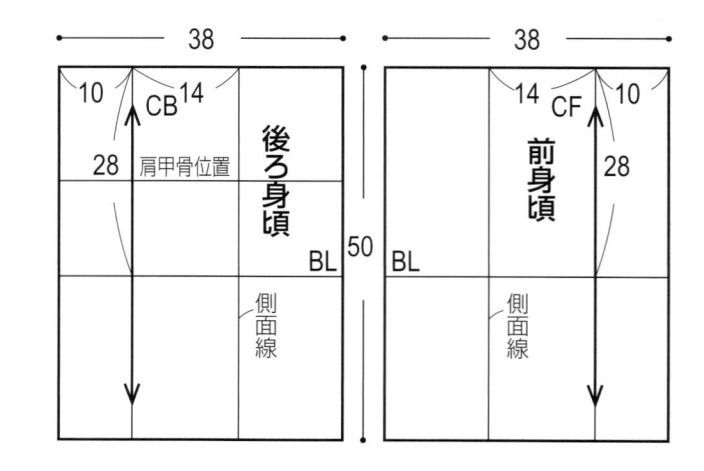

地直しをする

縦、横の布目が水平、垂直になるように、アイロンをかけて布目を整える。慣れないうちはアイロンマットの上にトワルコットン（方眼状のもの）を敷いて、その上で正しい布目を確認しながらアイロンをかけるとよい（写真3）。

ボディの準備

基本のガイドライン（29ページ参照）に肩甲骨位置水平のガイドラインを加える。

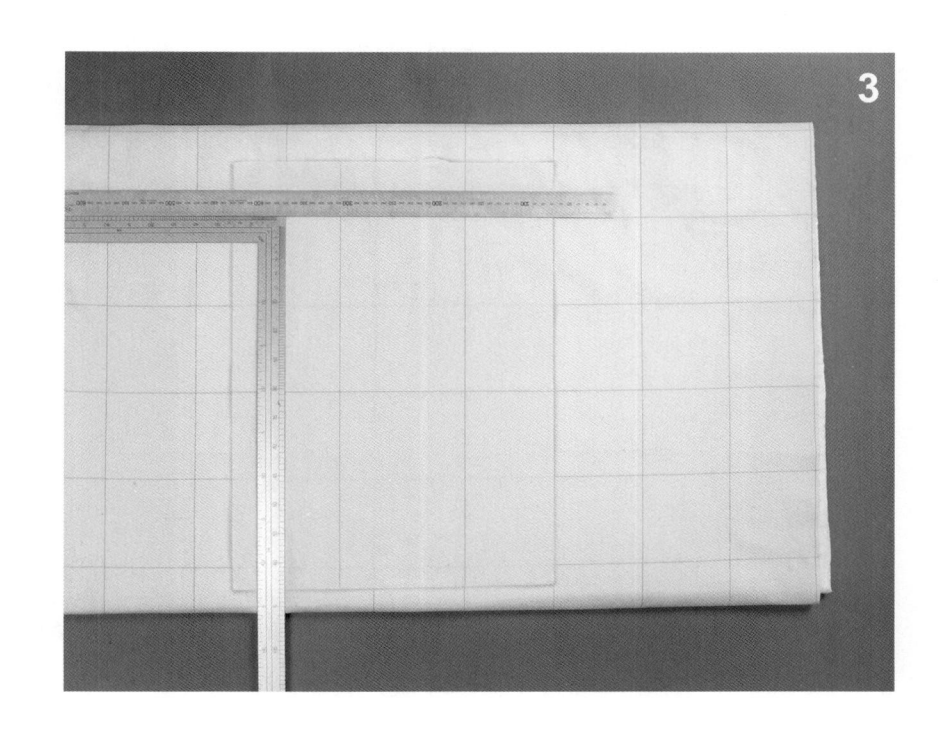

ドレーピング

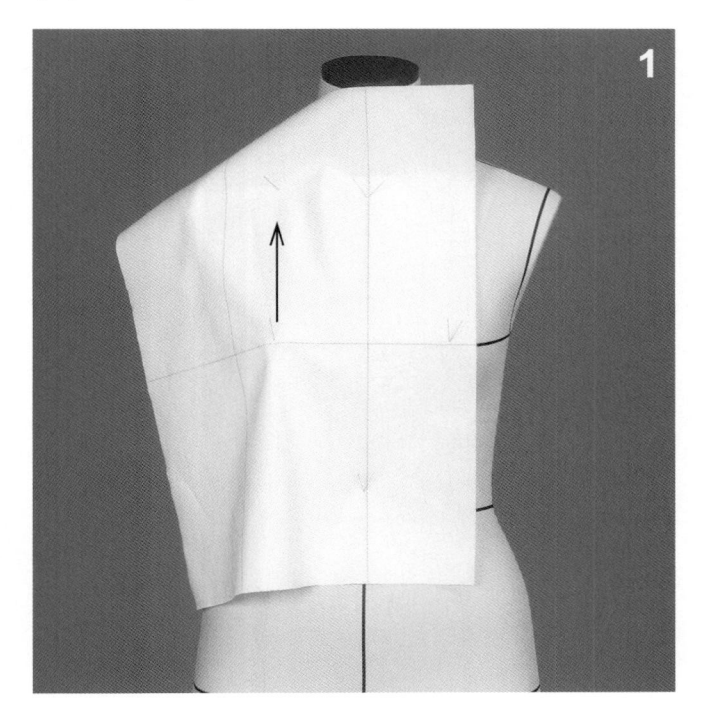

1 縦、横の布目を正しく合わせる。前身頃の中心線をボディの中心に垂直に合わせ、バストのガイドラインを水平に合わせてピンを打つ。バスト間の溝にピンを打つと布が沈み、丈が不足するので注意する。

バストポイントから上に布目を通してなじませ、軽くピンを打つ。

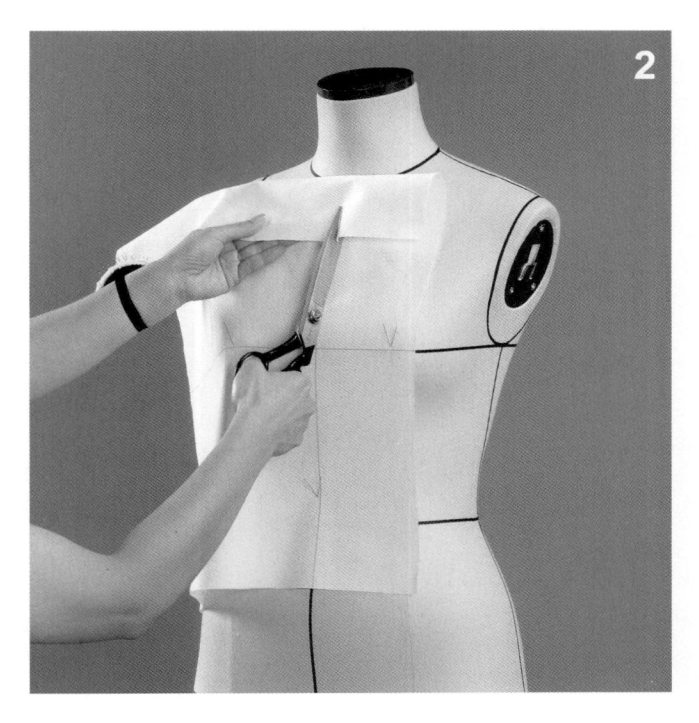

2 布を返し、フロントネックポイントの手前まで中心に切込みを入れる。

第3章 立体裁断の基礎

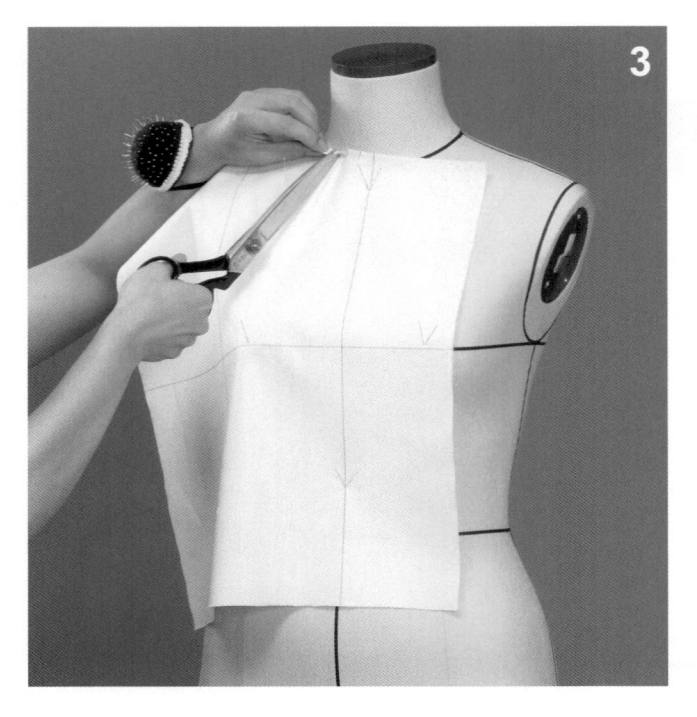

3 衿ぐりにそって余分な布をカットし、縫い代がつれないように切込みを入れる。サイドネックポイントあたりはカットしすぎないように注意する。
　衿ぐりに鎖骨を覆うゆとりを入れて、サイドネックポイント近くにピンを打つ。

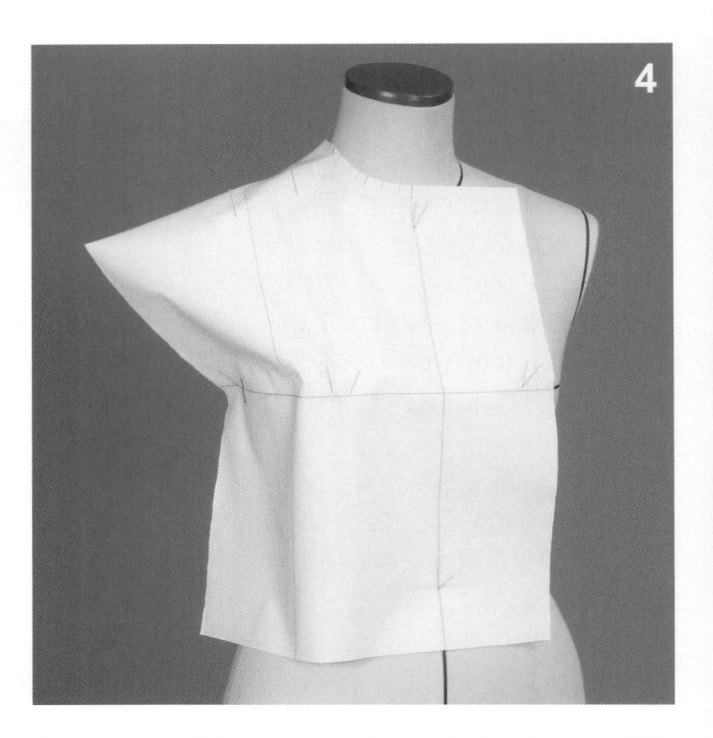

4 バストのガイドラインを脇まで水平に合わせ、機能性を考慮してバスト周辺、胸幅の側面、脇にゆとりを配分して入れる。
　サイドネックポイントから肩先にかけて自然になじませ、肩先にピンを打ち、余った布を袖ぐりに移動する。

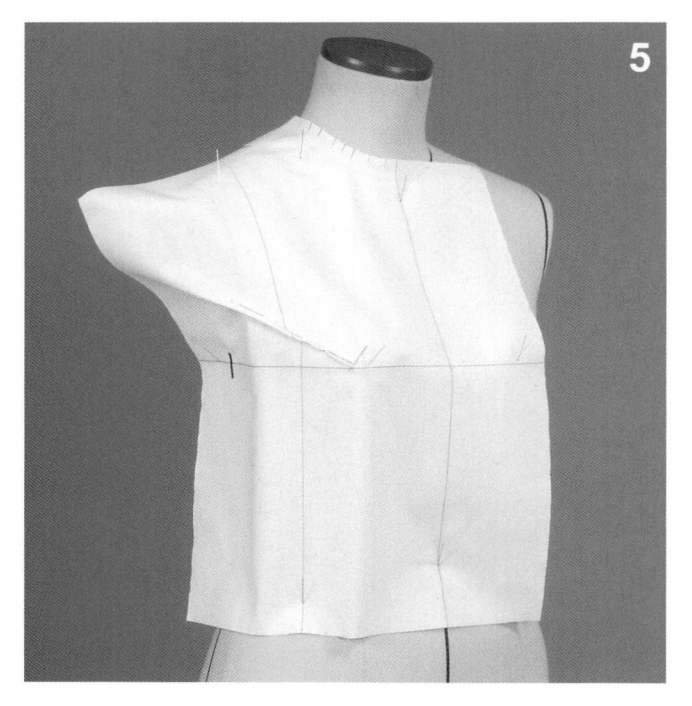

5 アームホールダーツをつまむ。胸幅のゆとりを残し、前腋点あたりの袖ぐりからバストポイントに向かってダーツをつまむ。ダーツはつまみピンにし、分量と方向が一目でわかるように同一方向に打つ。まだこの状態ではボックスシルエットになっている。

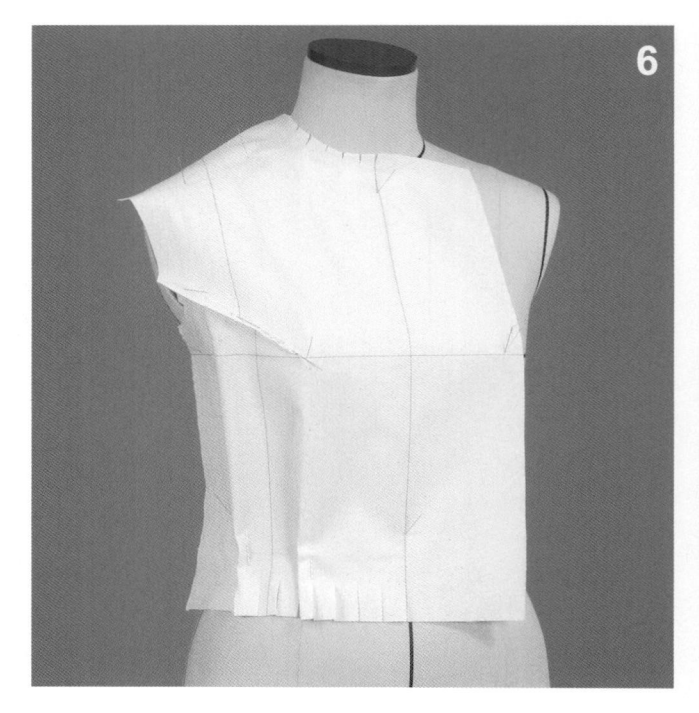

6 フォルムをウエストフィット型にする。肩と袖ぐりの余分な布をカットする。側面のガイドラインを垂直にしてボディにそわせ、ピンを打ち、ウエスト縫い代に切込みを入れる。ウエストに生じた余り分を、バストポイント、前腋点の直下と脇に分散し、仮ピンを打つ。

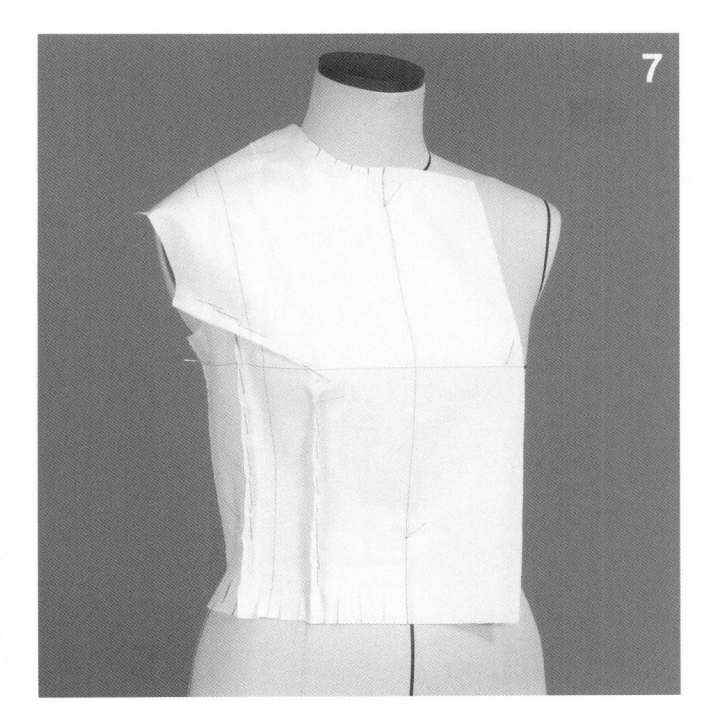

7 ウエストダーツをつまむ。ダーツは分量、位置、方向、止り位置を決めて、つまみピンを打つ。
　脇は自然にそわせた状態でウエストのゆとり（1.5cm）を確認する。

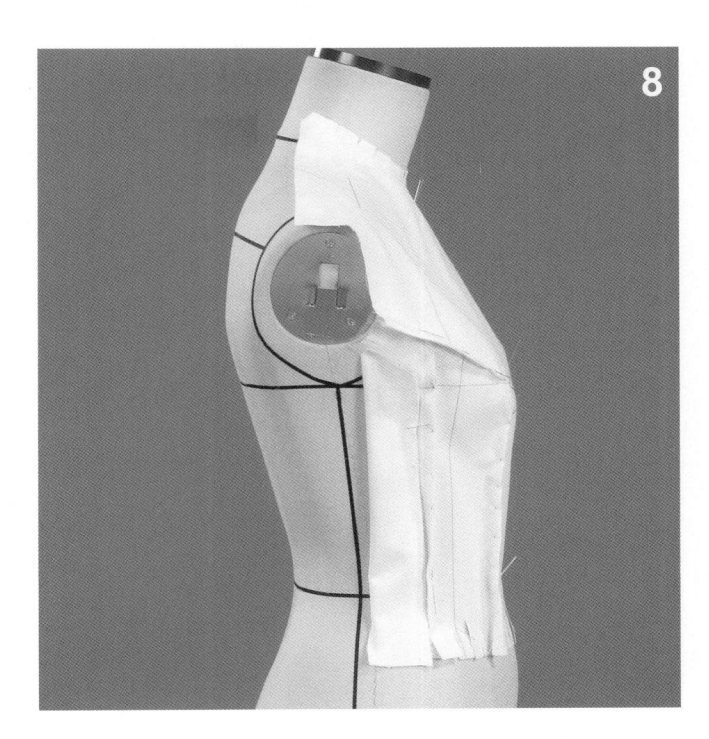

8 後ろ身頃に入る前に、脇側の布を軽く前に返しておく。肩縫い代もよけておく。

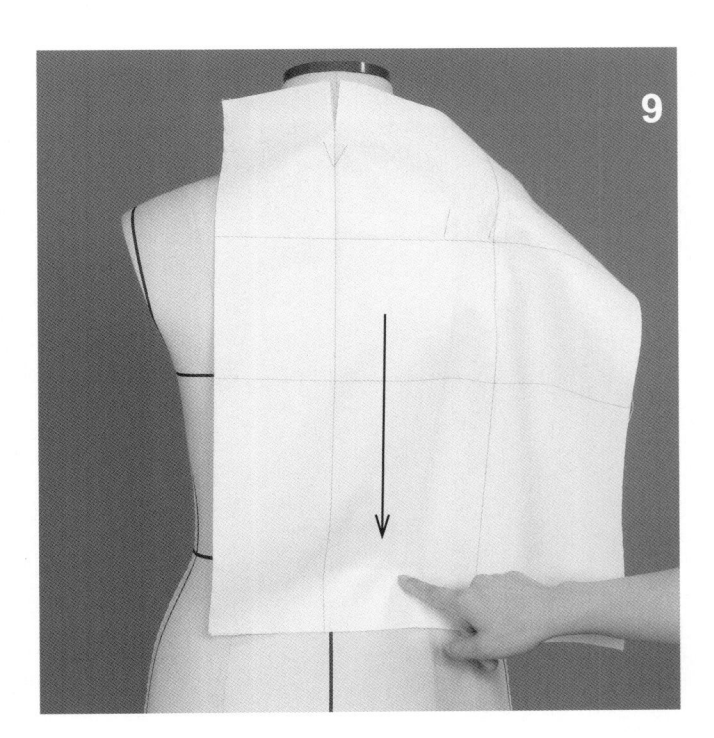

9 後ろ身頃の中心線をボディの中心に合わせ、肩甲骨位置のガイドラインを水平に合わせてピンを打つ。
　矢印のように布をボディにそわせて軽くなで下げると、後ろ中心線が傾斜する。ウエスト位置で移動した分量を後ろ中心のダーツ分量とする。
　バックネックポイントの手前まで中心に切込みを入れる。

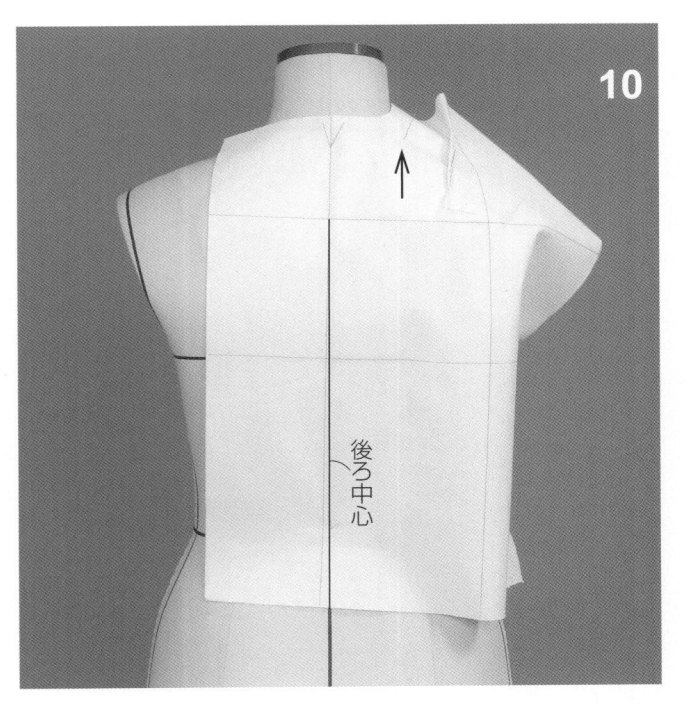

10 サイドネックポイントに向かって布をなで上げ、ピンを打ち、衿ぐりの余分な布をカットする。つれる部分に切込みを入れて、衿ぐりの運動量を確認する。
　背幅の側面でゆとりを入れ、ボックスシルエットにする。肩先に向かって布をなで上げ、ピンを打つ。肩線に生じた分量を肩ダーツにつまむ。肩甲骨周辺を覆うゆとりを確保しながら、ダーツの方向と止り位置を決定し、つまみピンを打つ。

第3章　立体裁断の基礎

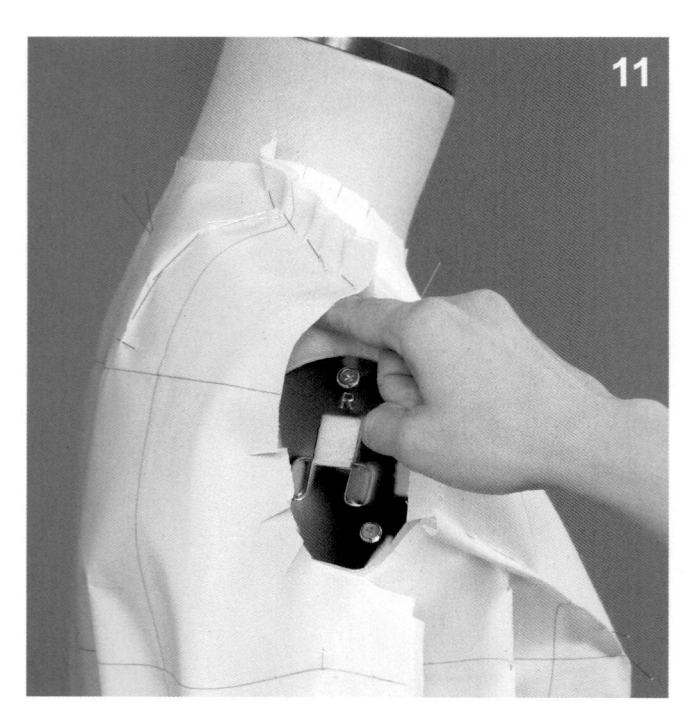

11 肩と袖ぐりの余分な布をカットし、前後の肩を合わせてつまみピンで止める。肩先には指1本程度のゆとりを入れる。

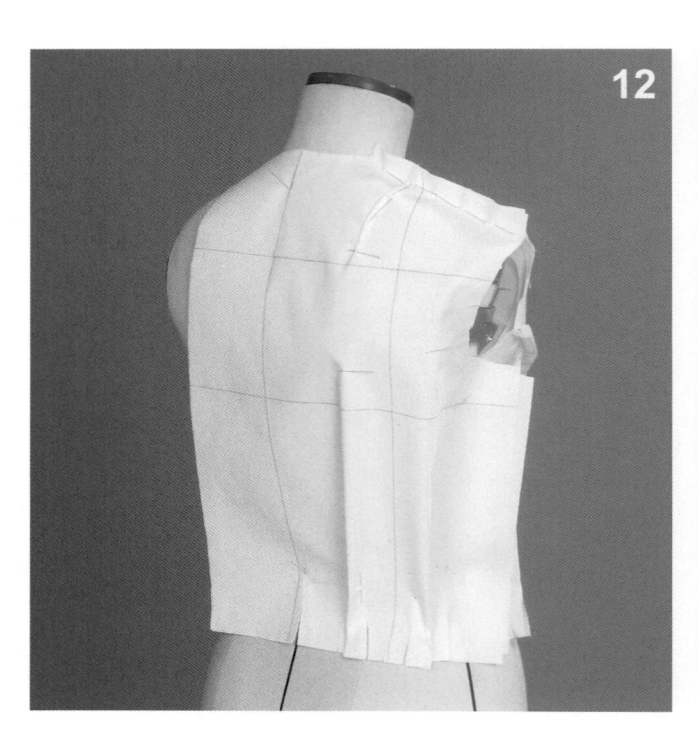

12 側面のガイドラインを垂直にしてそわせ、ピンを打ち、ウエスト縫い代に切込みを入れる。ウエストに生じた余り分を、肩甲骨、後腋点の直下と脇に分散し、仮ピンを打つ。

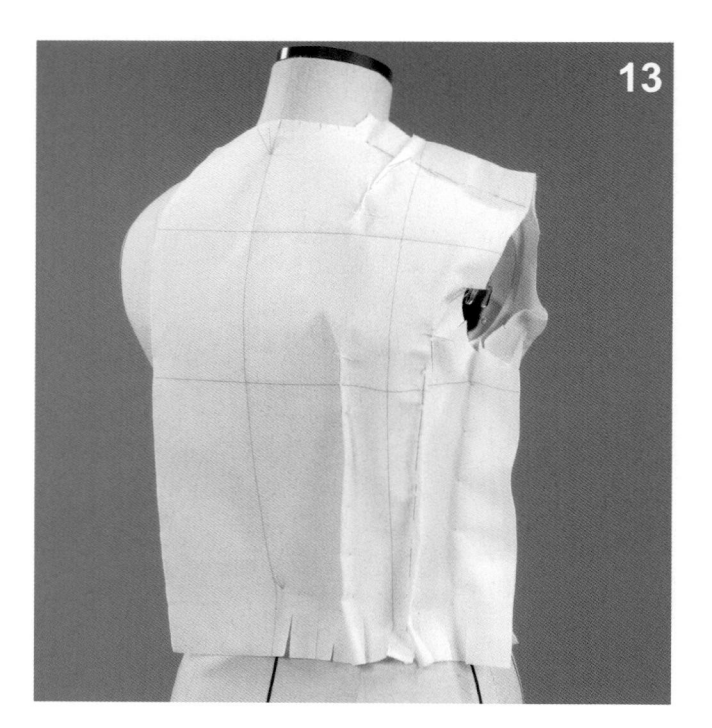

13 前と同様に、ウエストダーツの分量、位置、方向、止り位置を決定し、つまみピンを打つ。脇は自然にそわせた状態でウエストのゆとり（1.5cm）を確認する。
　前後の脇を合わせ、身幅のゆとりを再確認してつまみピンで止める。

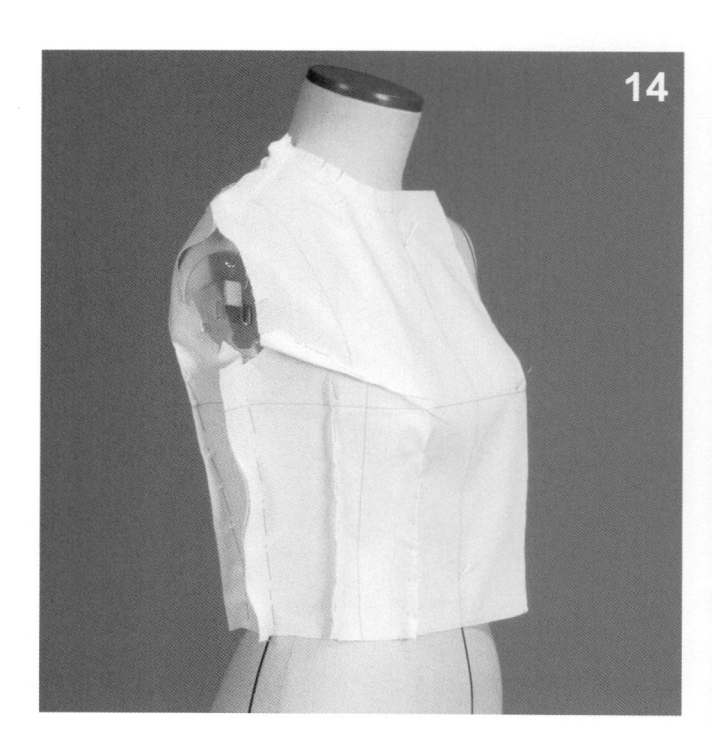

14 ボディの形状に対して布目が水平、垂直で、さらに布との間に日常の動作における機能的なゆとり（運動量）が入っているか、前面、側面、後面より、各部位にわたって観察し、調整する。

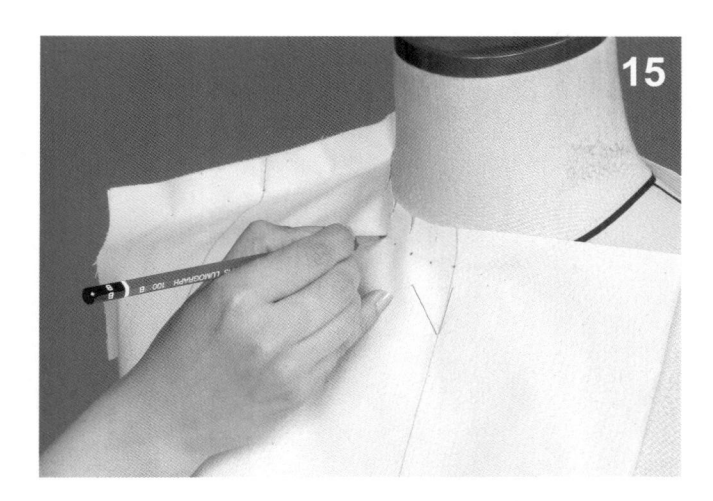

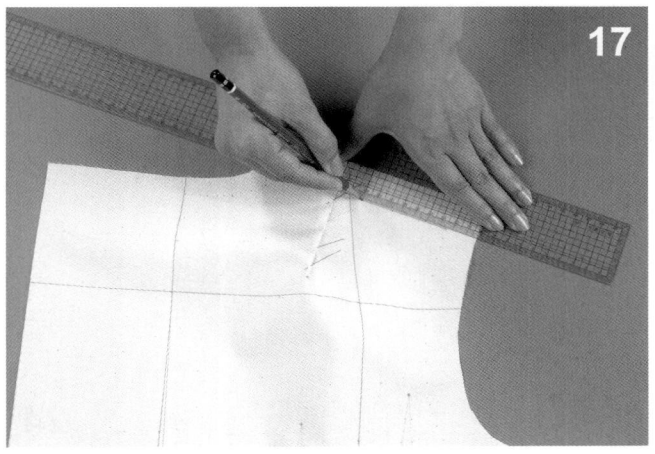

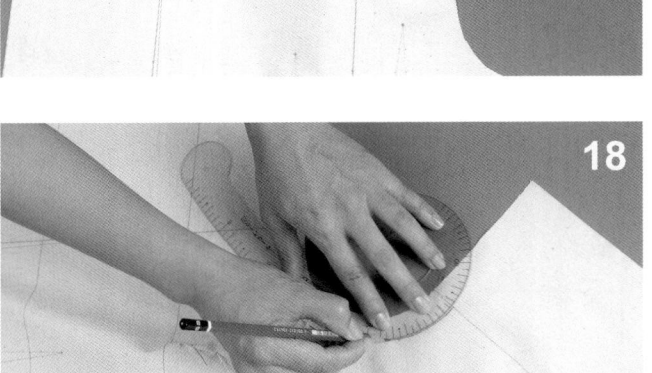

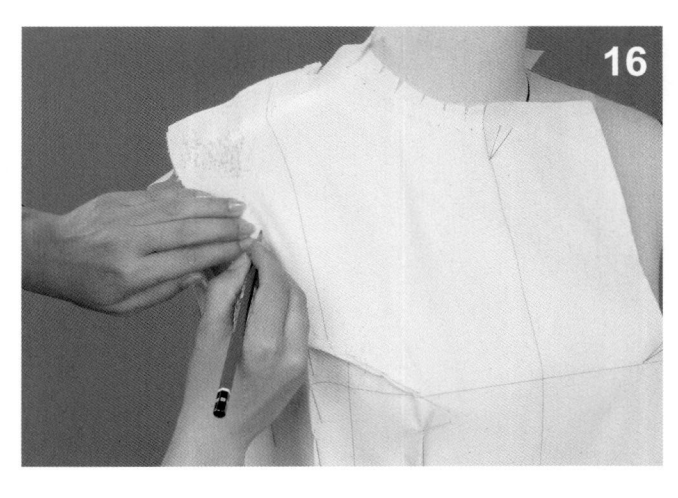

マーキング（印をつける）

15、16 前後衿ぐり線、肩線、袖ぐり線、脇線、ウエストライン、各ダーツに鉛筆で印をつける。袖ぐりは前後腋点まで印を入れる。衿ぐり線と肩線のように、ラインが接する箇所や合い印が必要な部分は、クロスの印をする。

17 ボディからシーチングをはずし、つまみピンを取る。
　後ろ身頃の肩ダーツを中心側に片返し、伏せピンで止めて肩線を引く。

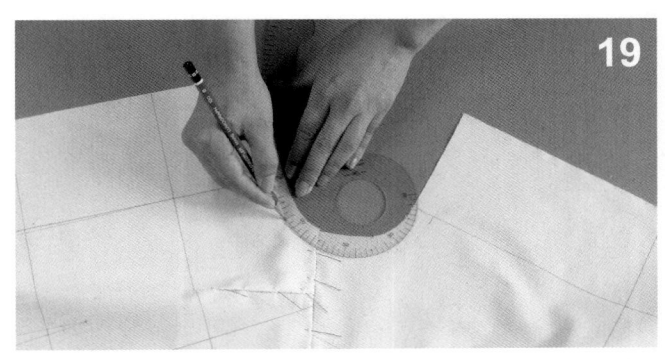

18、19 前後の肩を合わせ、後ろ身頃側に縫い代を片返して伏せピンで止める。前衿ぐり、サイドネックポイント、後ろ衿ぐりの印にDカーブルーラーの適切なカーブ位置を合わせてつながりよくかく。

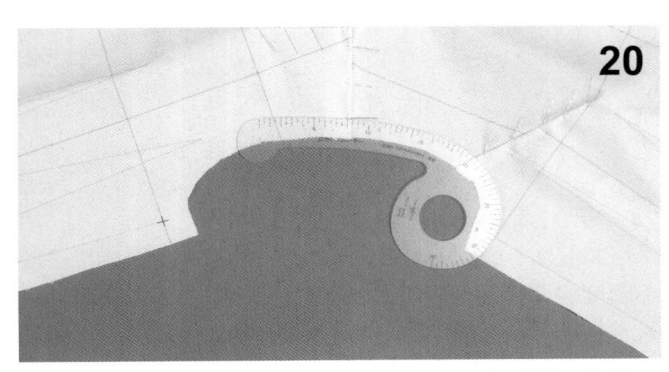

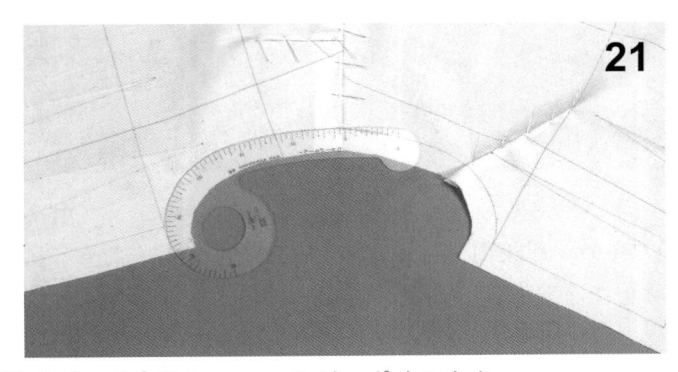

20、21 前身頃のアームホールダーツを下側に片返して、伏せピンで止める。ショルダーポイントから衿ぐりと同様に、Dカーブルーラーのカーブ位置を使い分けて、前後の袖ぐりのつながりを見ながら前袖ぐり線と後ろ袖ぐり線をかく。

第3章　立体裁断の基礎

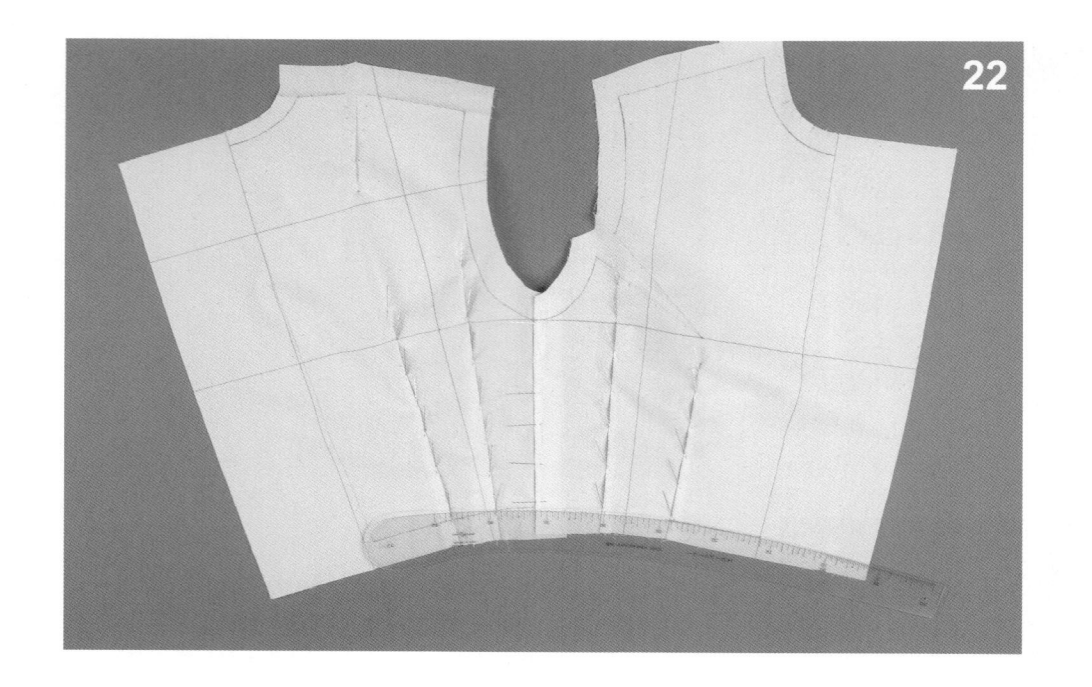

22 前後のウエストダーツはそれぞれ中心側に、脇は前身頃側に片返して伏せピンで止め、カーブ尺を使用し、印に合わせてウエストラインをかく。

トレースパターン

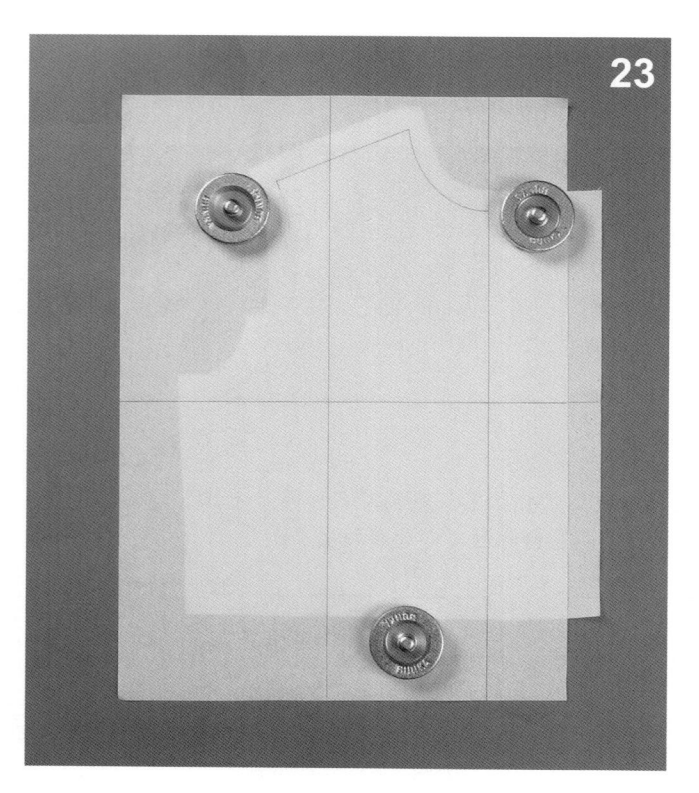

23 マーキングした布を再度アイロンで整える。用紙（ハトロン紙使用）にシーチングと同様にガイドラインをかき、マーキングした布の上にガイドラインを合わせて重ね、おもりで安定させてパターンをうつし取る。

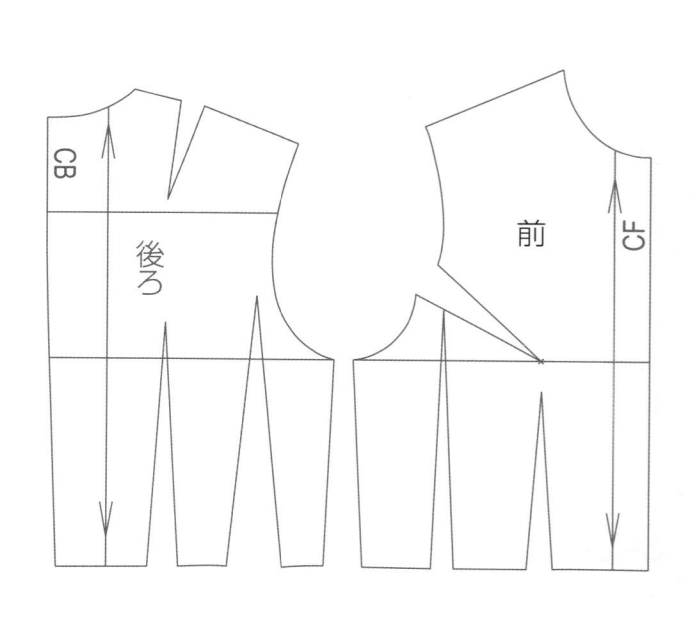

24 うつし取ったパターンである。
　バストライン、ウエストラインが水平で、身幅には最小限度必要な運動量が入っている。胸ぐせ分量はアームホールダーツとして確立され、ウエストダーツは体型部位に準じた分量がそれぞれ分散されていることが理解できる。

前面　側面　後面

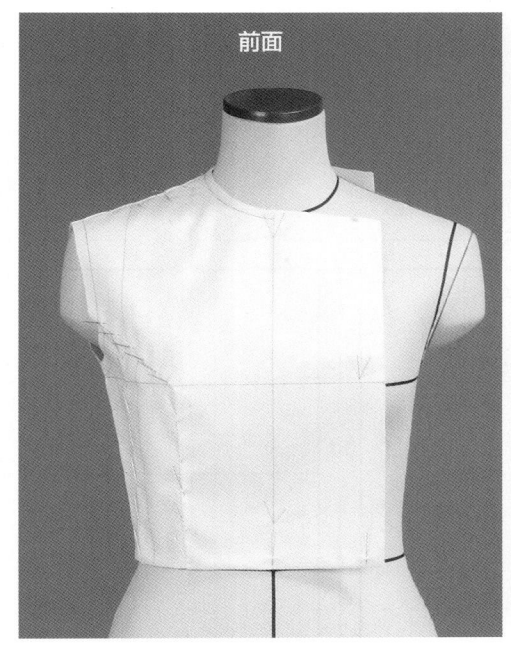

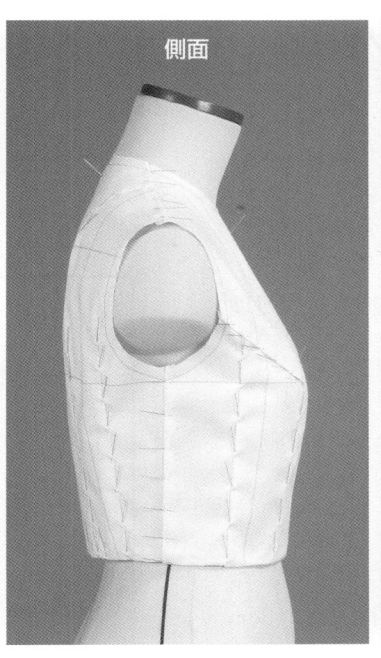

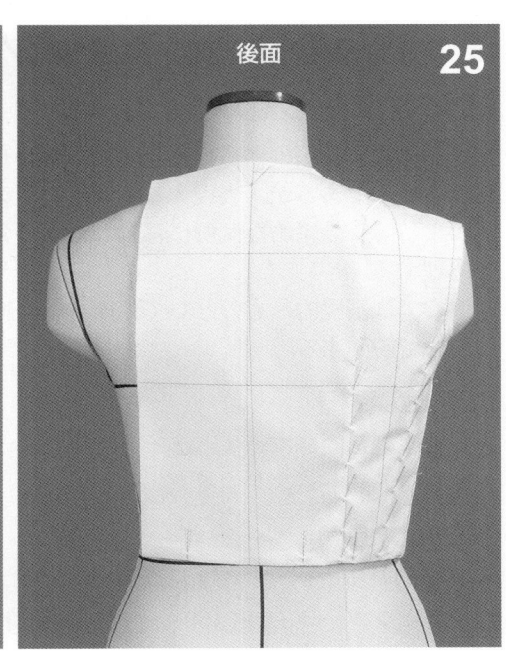

25 ピン仕上げ。
　折伏せピンで身頃を組み立て、ボディに腕をつけて試着させる。
　身頃全体に動作に伴う運動量が確保されているか、ウエストラインが水平に設定され、各構造線のバランスがよいか観察する。さらに布のゆがみ、引きつれ、むだな浮きがないか確認し、修正する。その場合、トレースパターンも修正しておく。

出来上り

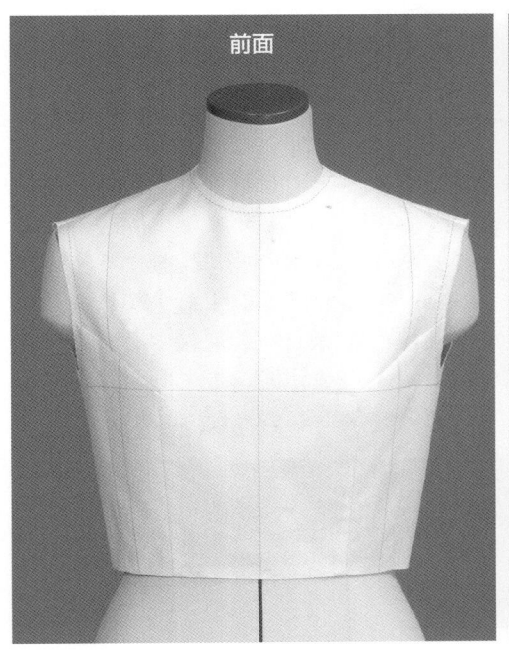

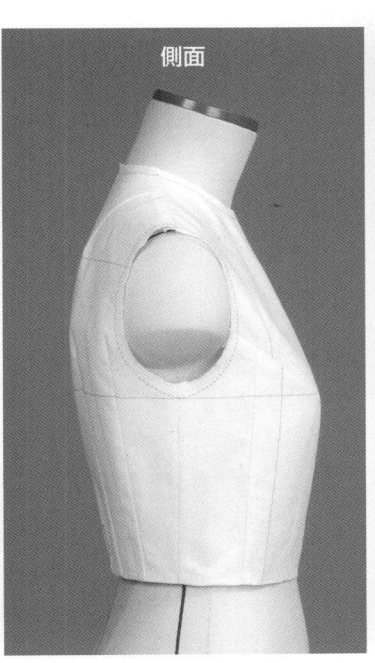

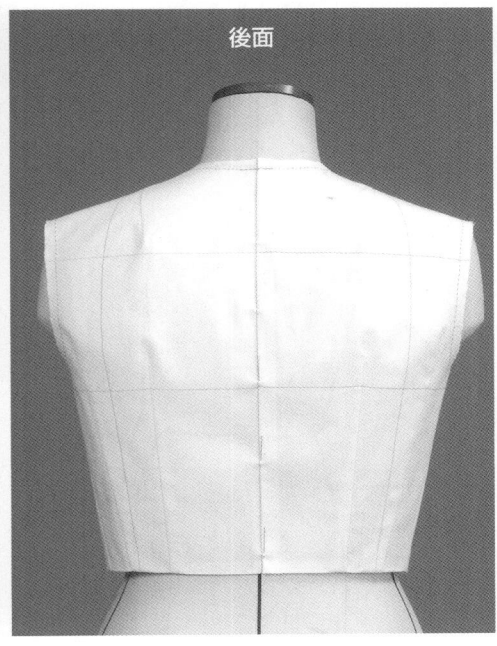

前面　側面　後面

衿ぐり線と袖ぐり線に赤のしつけ糸で縫い印をして、ラインを明確にする。

第3章　立体裁断の基礎

Ⅱ 衣服の構造とデザイン表現
胸ぐせダーツのバリエーション

　ダーツは、衣服の構造線として体に合わせるためにとられるものであるが、表現するデザインやシルエットなどによって、効果的な個所に移動したり、分散したりして処理する。

　ここでは基礎的なものとして、前身頃の胸ぐせの処理について説明する。

ボディの準備
　身頃原型と同様にガイドラインを入れ、ボディの腕をはずしてドレーピングする。

トワルの準備
　原型的身頃なので、見積りは身頃原型に準じる。ただし、センターダーツ（69ページ）の前身頃幅は40cmにする。

　ここでは後ろ身頃のバストラインのガイドラインは省いている。

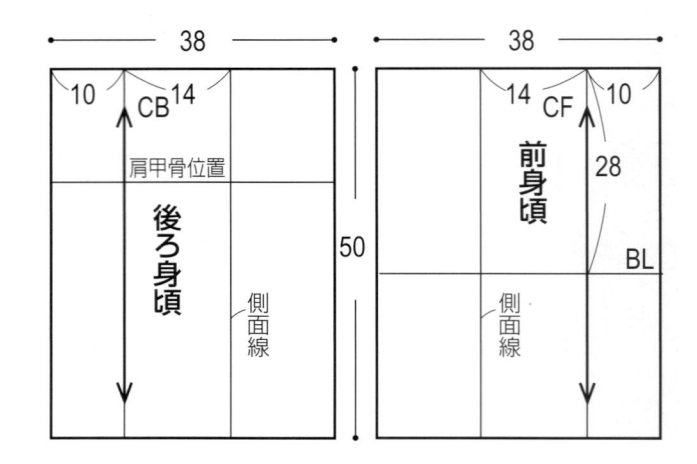

1 ショルダーダーツ

　肩からバストポイントに向かってとられたダーツ。

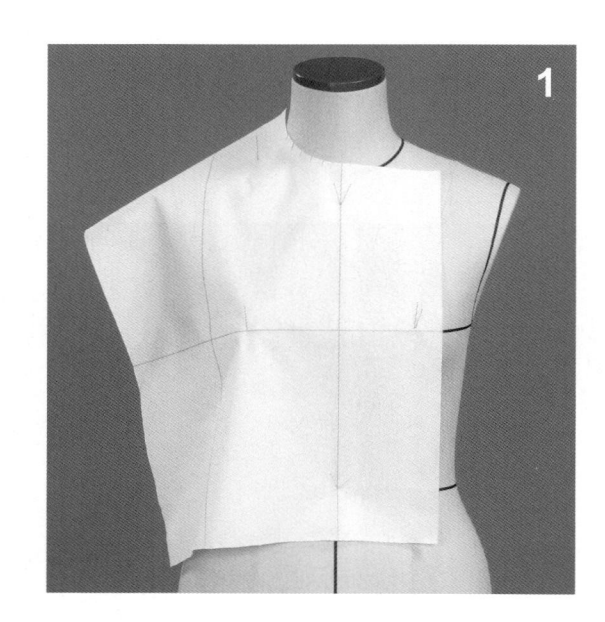

ドレーピング

1 前身頃の縦、横のガイドラインを正しく合わせてピンを打つ。衿ぐりの余分な布をカットし、切込みを入れて衿ぐりを整える。

2 バストラインを脇まで水平にしてピンを打つ。ゆとりは機能性を考慮して、バストポイント周辺、胸幅側面と脇に配分する。バストラインより上部に生じた余りを前肩幅中心からバストポイントに向かってダーツにつまむ。

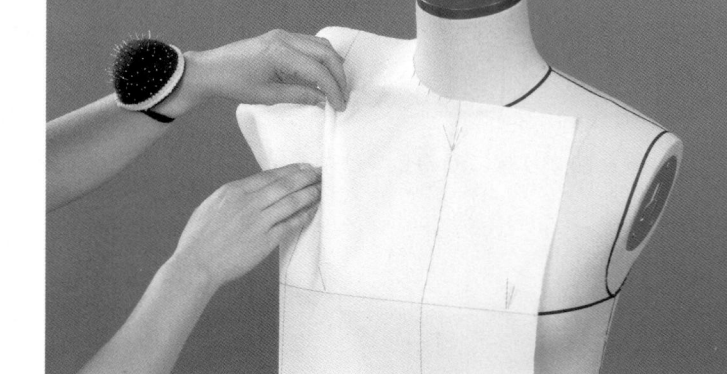

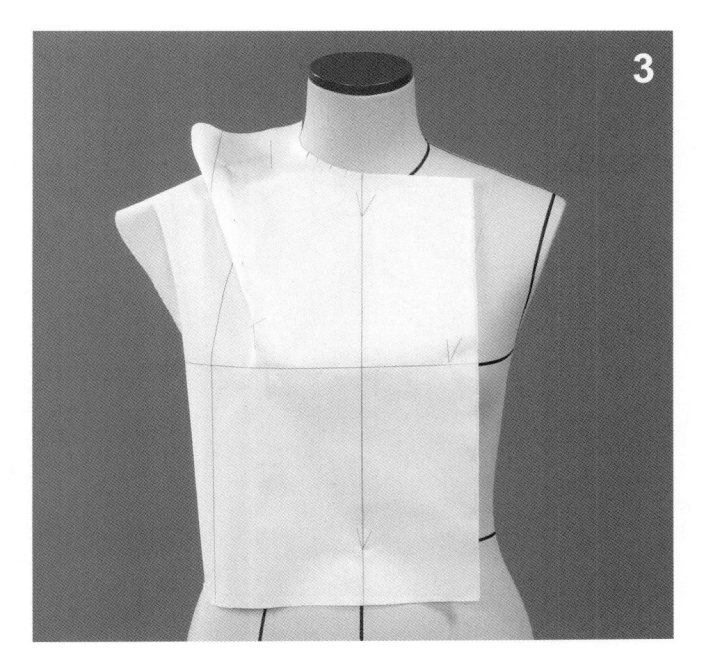

3 胸幅のゆとりを残し、ダーツの分量、位置、方向を確認しながら、ダーツ止りを決める。

4 ボディと布との間のゆとりを見ながら、ダーツをつまみピンで止める。肩、袖ぐりの余分な布をカットする。側面のガイドラインを垂直にしてウエストに仮ピンを打ち、ウエスト縫い代に切込みを入れ、ボックスシルエットにする。
　ダーツを衿ぐり側に倒して肩線にボディラインを入れ、脇側の布を前に軽く返しておく。

5 後ろ身頃の中心線をボディの中心線に合わせ、肩甲骨位置のガイドラインを水平に合わせる。サイドネックポイントに向かって布をなで上げ、ピンを打ち、衿ぐりの余分な布をカットする。衿ぐり線がつれないように切込みを入れ、衿ぐりの運動量を確認する。肩甲骨位置のラインから矢印のように布をボディにそわせて、軽くなで下げると後ろ中心線が傾斜する。ウエスト位置で移動した分量を後ろ中心のダーツ分量とする。
　背幅の側面でゆとりを入れ、肩先に向かって布をなで上げ、肩線に生じた分量をダーツにつまむ。肩甲骨周辺のゆとりを確保しながら、肩の形状にそわせて、ダーツの方向と止りを決めて、つまみピンを打つ。

6 肩と袖ぐりの余分な布をカットする。肩先に指1本程度のゆとりを入れ、前肩線に合わせて、後ろ肩縫い代を折り、ピンを打つ。折伏せピンは肩ダーツが安定し、肩線も明確にわかる。
　側面線を垂直にしてウエストに仮ピンを打ち、ウエスト縫い代に切込みを入れる。バストラインとウエストライン上で前後のゆとりのバランスを確認し、脇を合わせてつまみピンで止める。

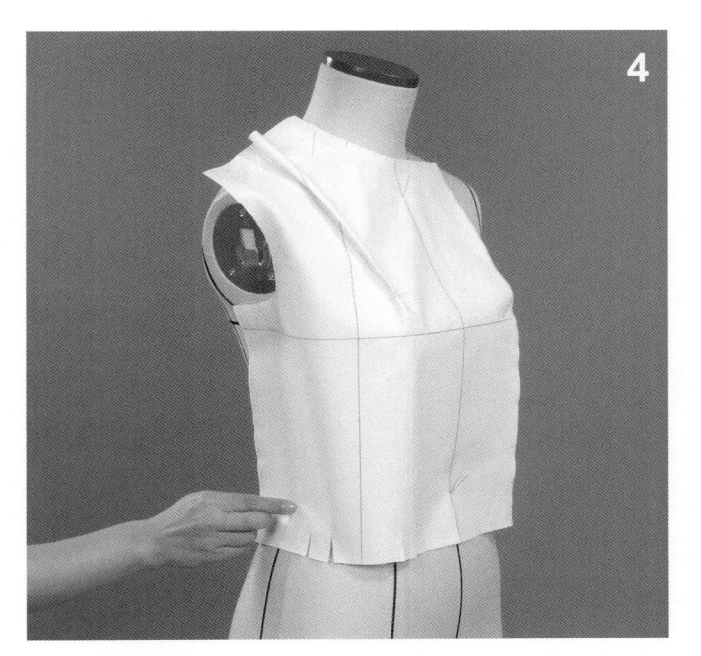

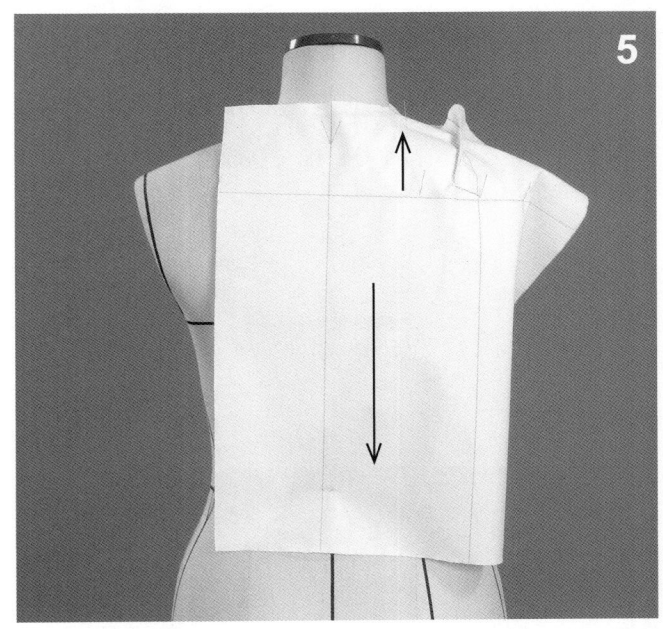

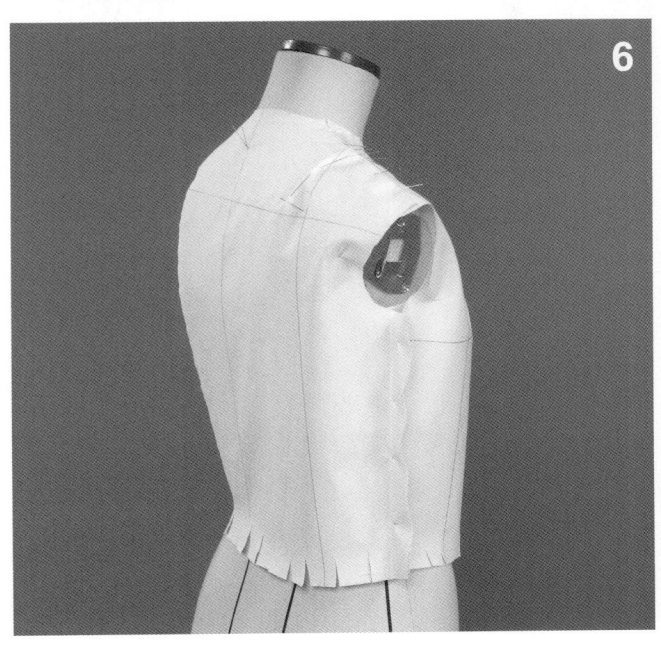

第3章　立体裁断の基礎

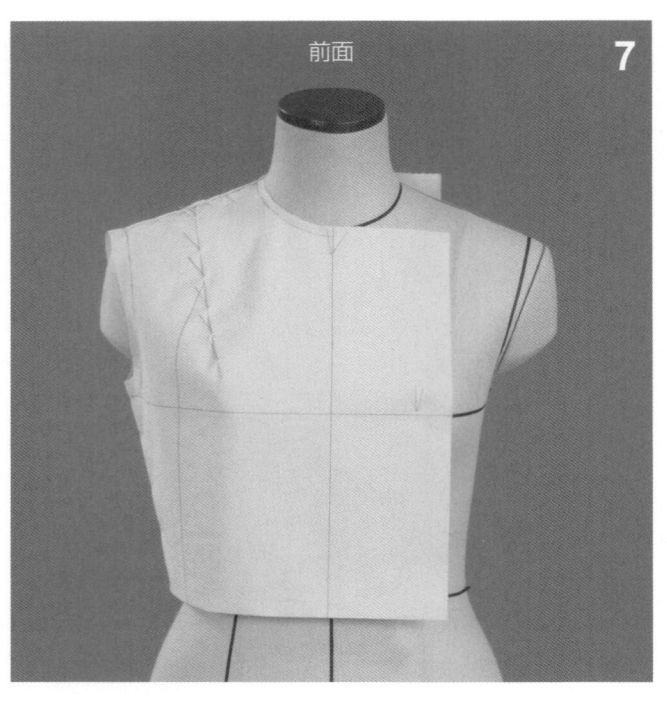

7、8　ピン仕上げ
　ボディに腕をつけて試着させる。動作に伴う運動量が確保されているか、衿ぐり、袖ぐりに浮きやつれがないか最終確認し、修正する。

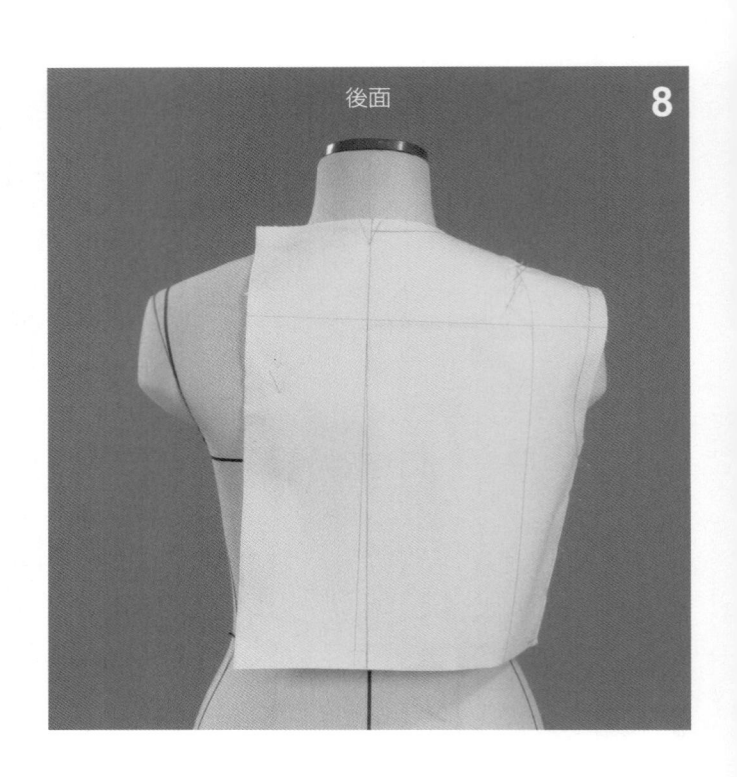

出来上り

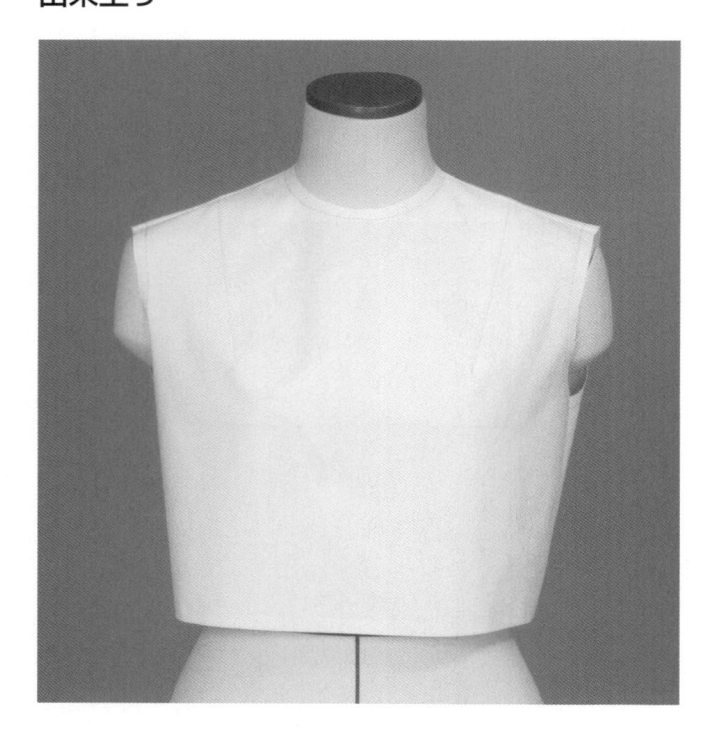

トレースパターン

肩にとられた胸ぐせ分量。

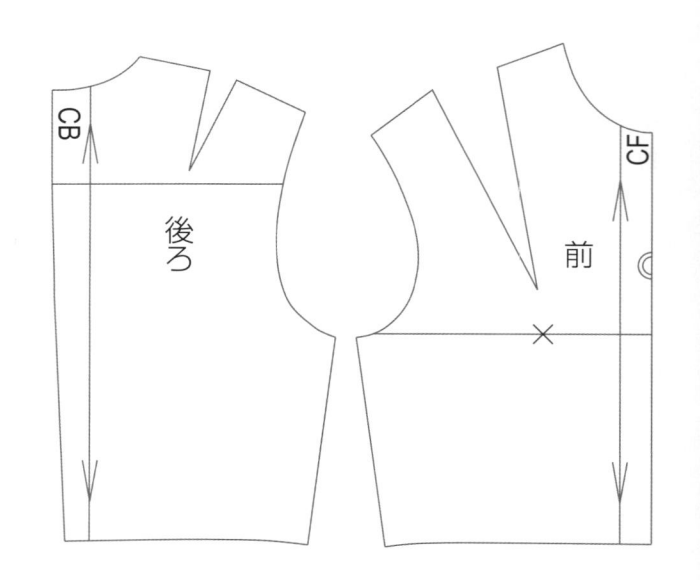

2　サイドダーツ

脇からバストポイントに向かってとられたダーツ。

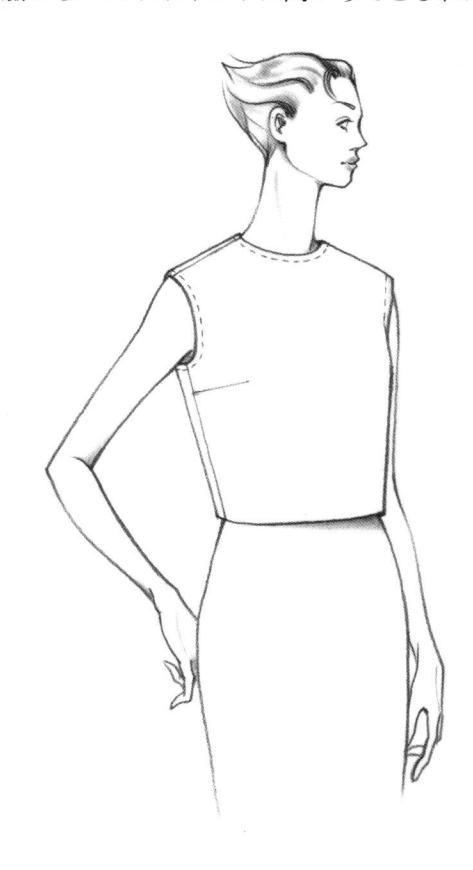

ドレーピング

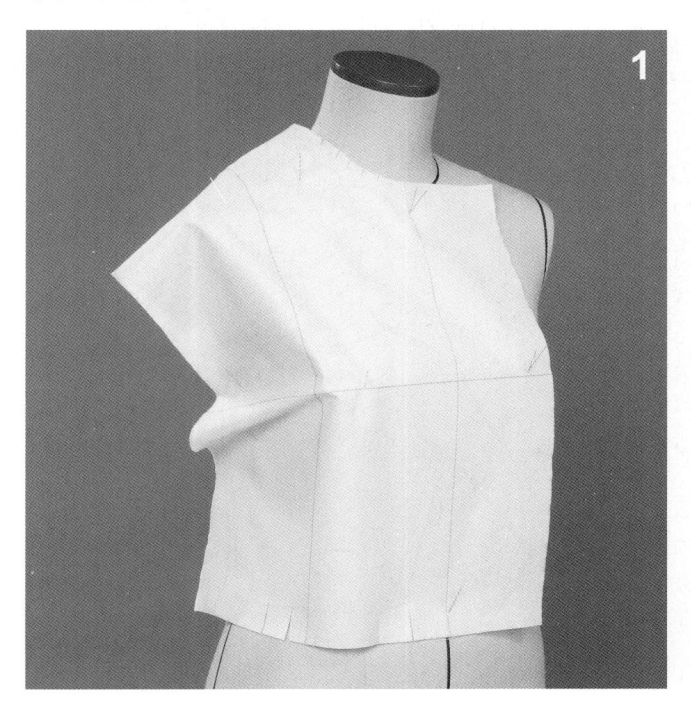

1 衿ぐり整理までショルダーダーツと同じ手順で行なう（62ページ参照）。左右のバストポイントにピンを打つ。衿ぐりから肩へ布をなじませ、胸幅のゆとりを入れて、脇下に軽くピンを打つ。バストラインから下は側面線のガイドラインを垂直にしてウエストに仮のピンを打ち、ウエストに切込みを入れ、ボックスシルエットを作る。脇の余りをバストライン上につまむ。

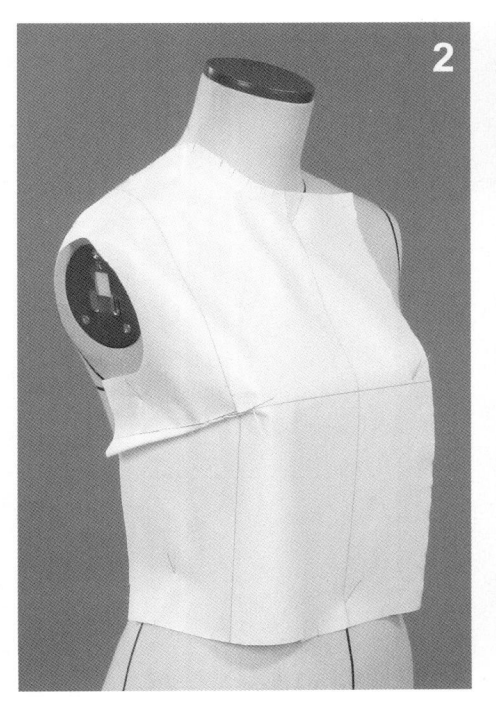

出来上り

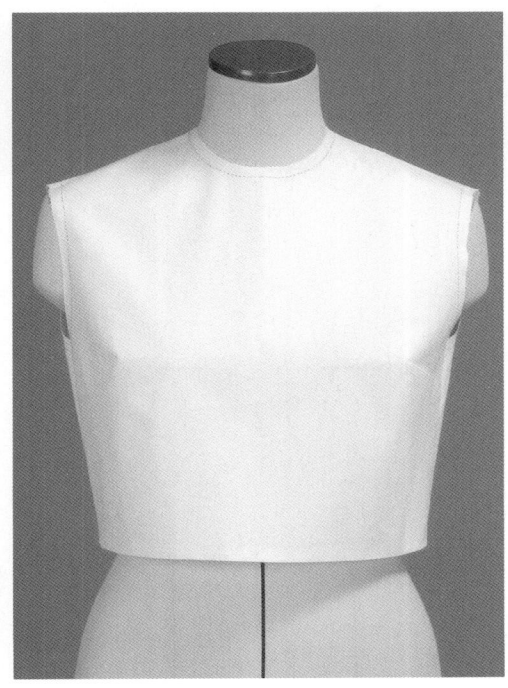

2 ダーツの分量、位置、止りを決める。ダーツ止りはバストポイントから3〜4cm手前にする。脇は自然になじませる。肩、袖ぐり、脇、ウエストの縫い代を整理する。

トレースパターン

脇にとられた胸ぐせ分量。

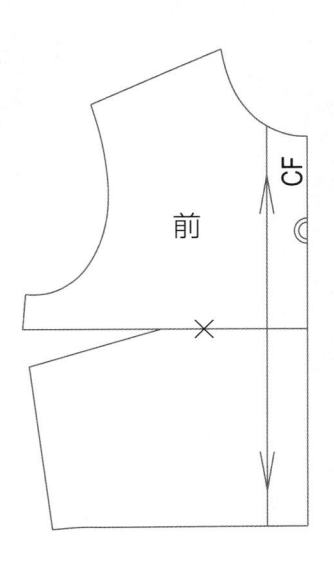

第3章　立体裁断の基礎　65

3 ローサイドダーツ

胸ぐせ分量を脇線下方よりバストポイントに向かって、斜めにとったデザイン的要素の強いダーツ。

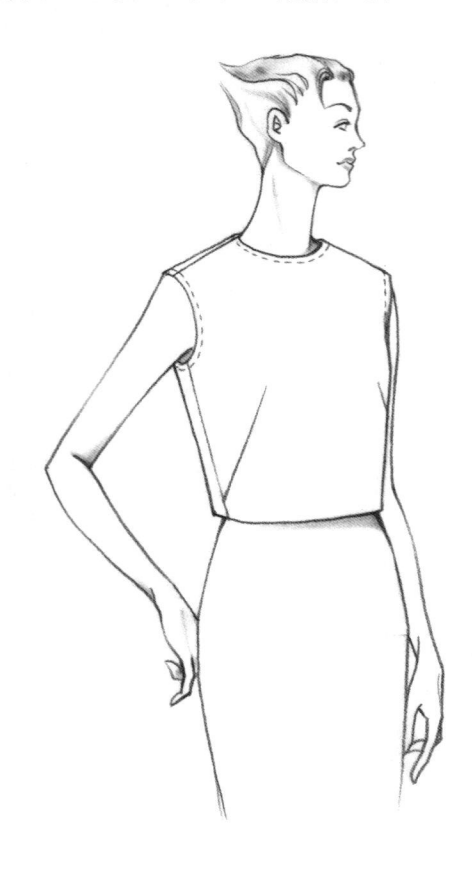

ドレーピング

1 衿ぐり整理までショルダーダーツと同じ手順で行ない（62ページ参照）、サイドネックポイント近くにピンを打ち、肩は自然になじませる。胸幅のゆとりを入れ、袖ぐりから脇へ軽くなで下げる。側面線を垂直にして、ボックス型のシルエットにし、余りを斜めにつまむ。このダーツ分量の加減によって、ウエストを変化させることができる。

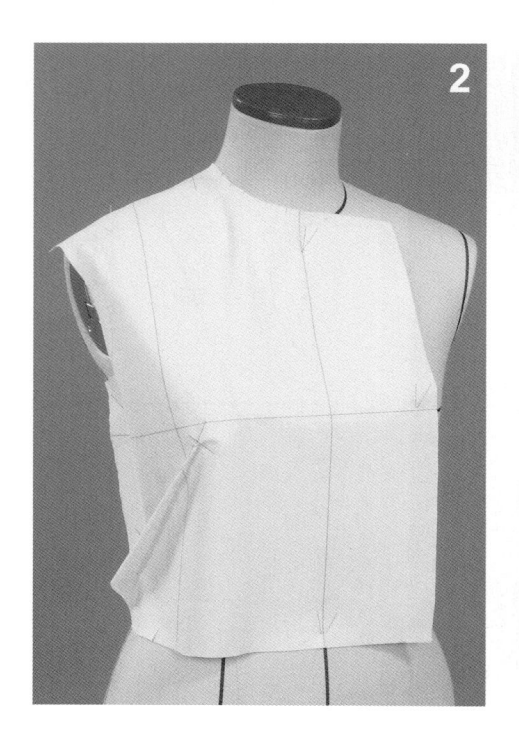

出来上り

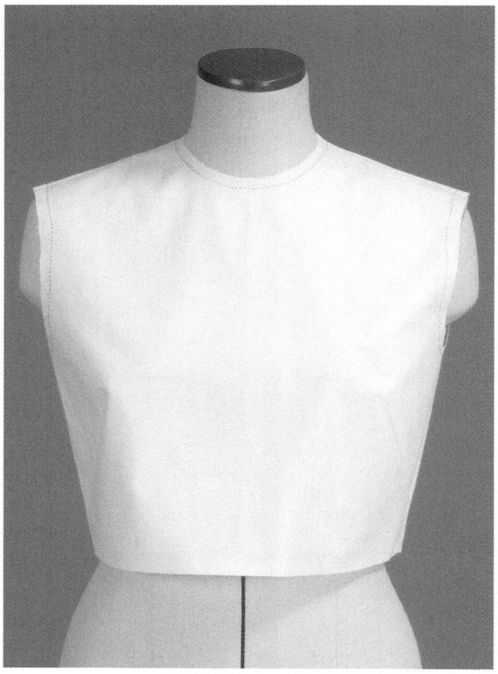

トレースパターン

脇の下方からとられた胸ぐせ分量。

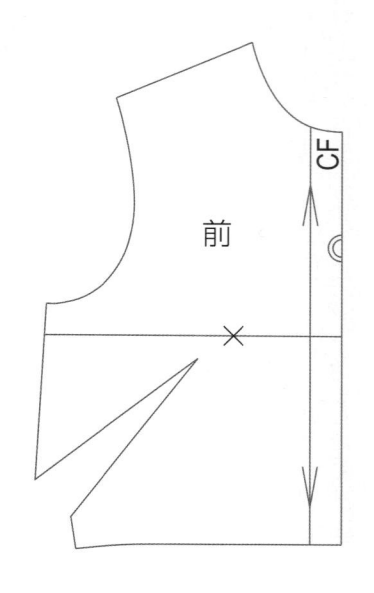

2 肩、袖ぐりの余分な布をカットし、ダーツの方向、長さ、止りの位置を決め、つまみピンを打つ。

4　ウエストダーツ

ウエストラインからバストポイントに向かってとられたダーツ。ここでは胸ぐせ分量にプラスして、ややダーツ分量を増やし、ウエストを細くしたシルエットでまとめている。

ドレーピング

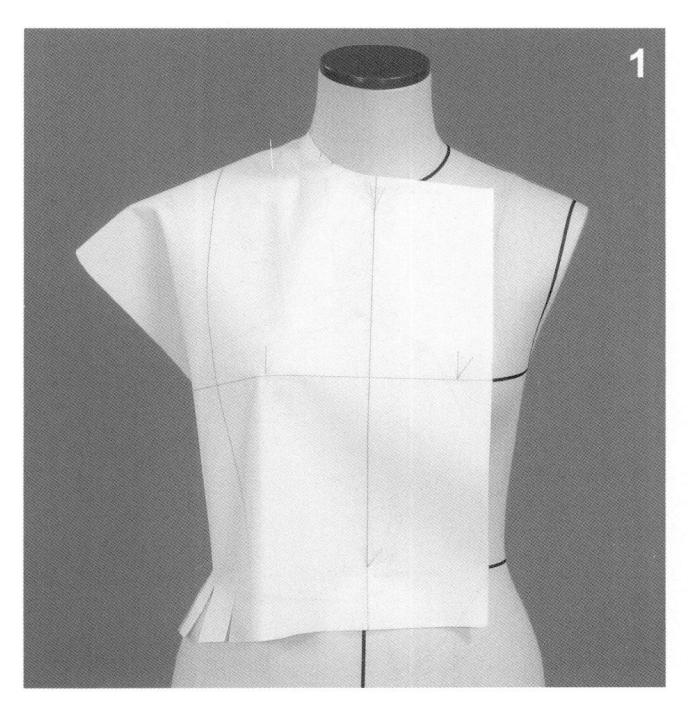

1 衿ぐり整理までショルダーダーツと同じ手順で行ない（62ページ参照）、サイドネックポイント近くにピンを打つ。肩はゆったりとなじませ、肩先から布を自然に下げて、胸幅のゆとりを入れる。ウエスト縫い代に切込みを入れ、ウエストに生じた余り分を、ゆとり分量を残してバストポイントに向かってつまむ。

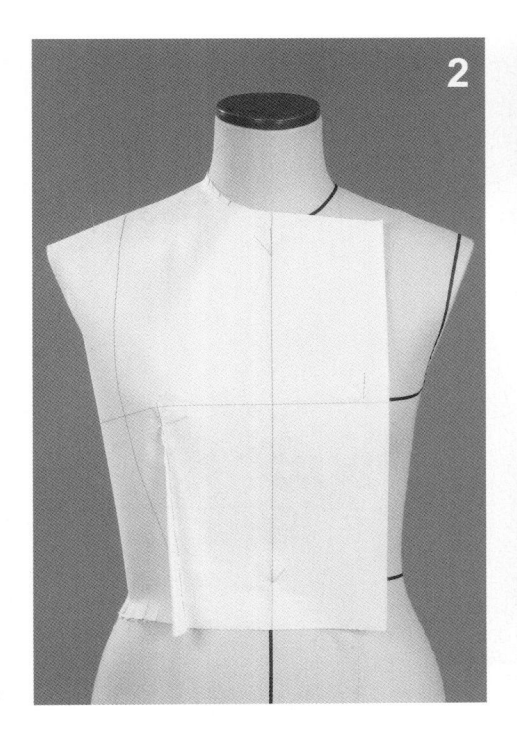

2 ダーツの方向、止りを決め、ダーツをつまみピンで止める。肩、袖ぐり、ウエストの余分な布をカットする。

出来上り

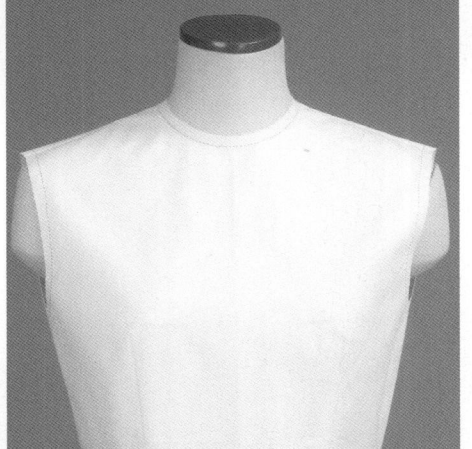

トレースパターン

ダーツ分量をやや多くしてウエストを細くすると、ウエストラインは水平にならず脇側が上がる。

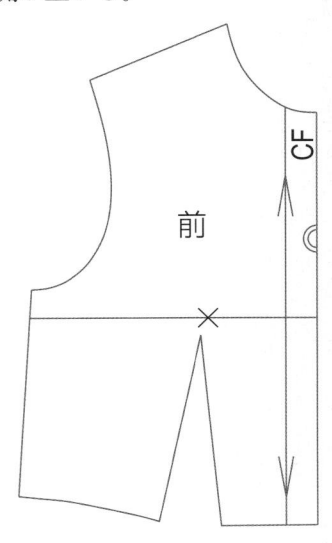

第3章　立体裁断の基礎　67

5 アームホールダーツ

アームホールからバストポイントに向かってとられたダーツ。

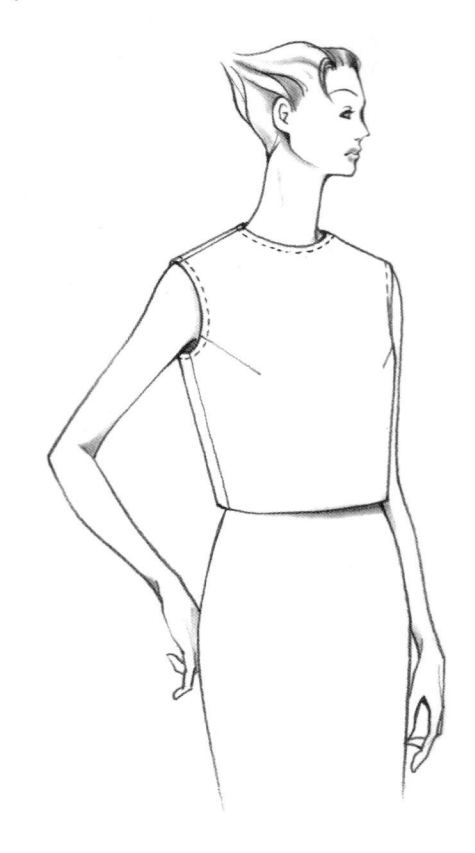

ドレーピング

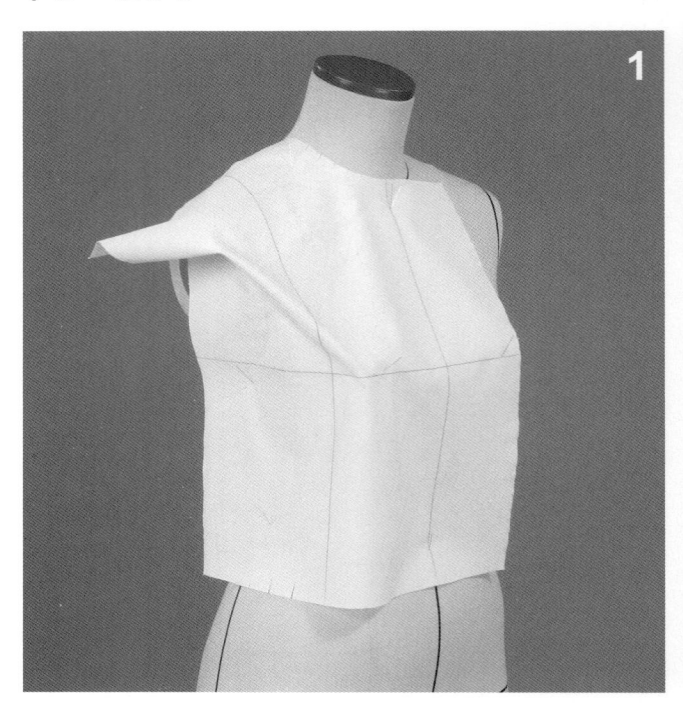

1 原型（55、56ページ参照）に準じてドレーピングする。バストラインから下は側面のガイドラインを垂直にしてボックスシルエットを作る。

出来上り

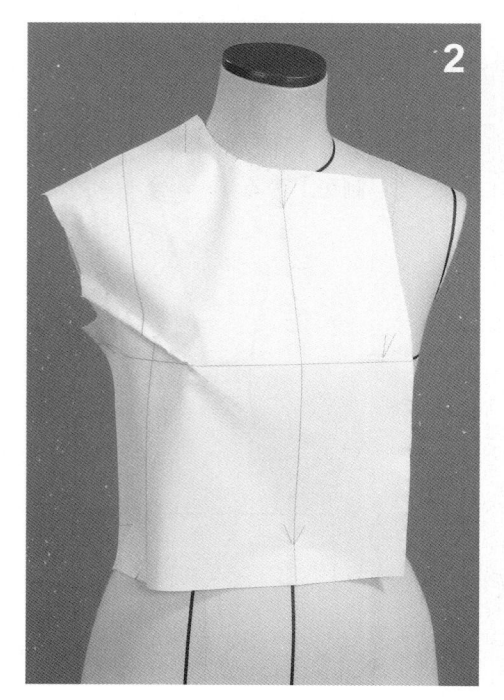

2 ダーツをつまみピンで止め、肩、袖ぐりの余分な布をカットする。

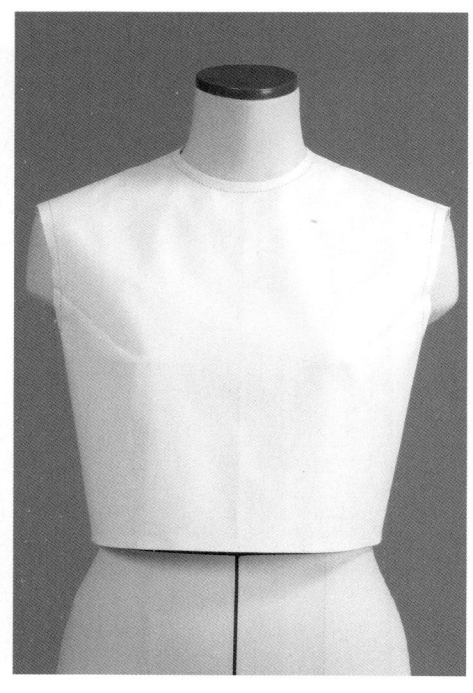

トレースパターン

バストライン、ウエストラインは水平で、脇はボディに自然にそわせた傾斜になっている。胸ぐせ分量は身頃原型と同じである。

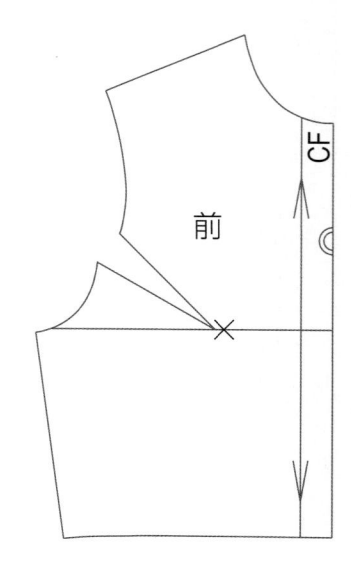

6 センターダーツ

前中心からバストポイントに向かってとられたダーツ。

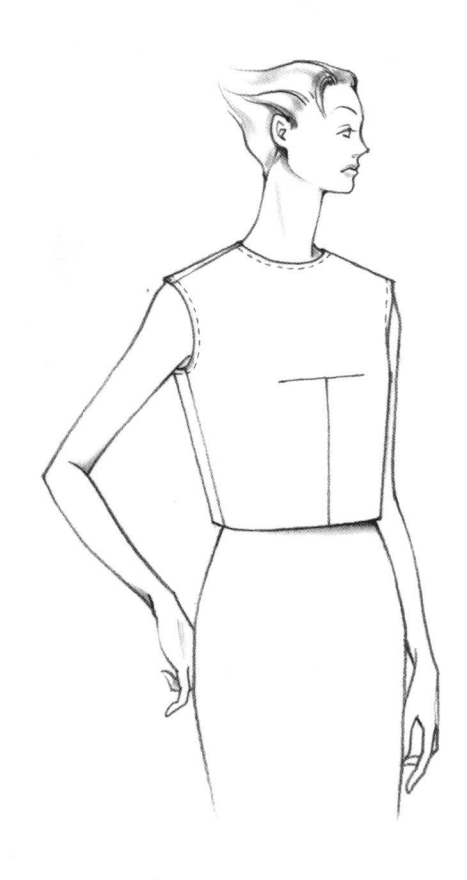

ドレーピング

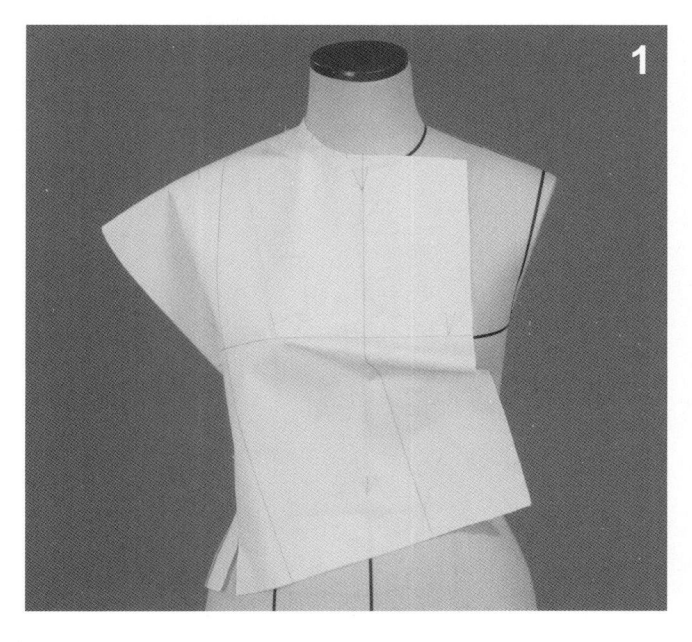

1 前身頃の中心線をボディの中心線に垂直に合わせ、バストのガイドラインを水平に合わせて、左右のバストポイントにピンを打つ。バストポイントから上に布目を通してなじませ、軽くピンを打ち、衿ぐりを整理する。
　肩先にかけて自然になじませ、胸幅のゆとりを入れて自然になで下げる。ウエストの縫い代に切込みを入れ、ウエストのゆとりを残し、余りを前中心のバストライン上になで上げる。

出来上り

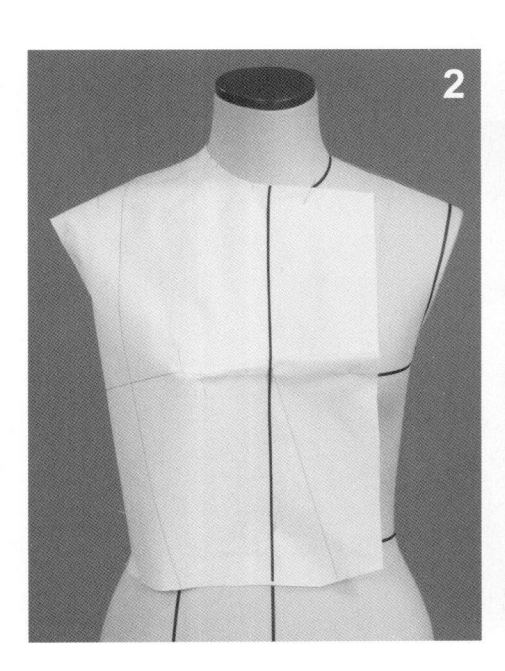

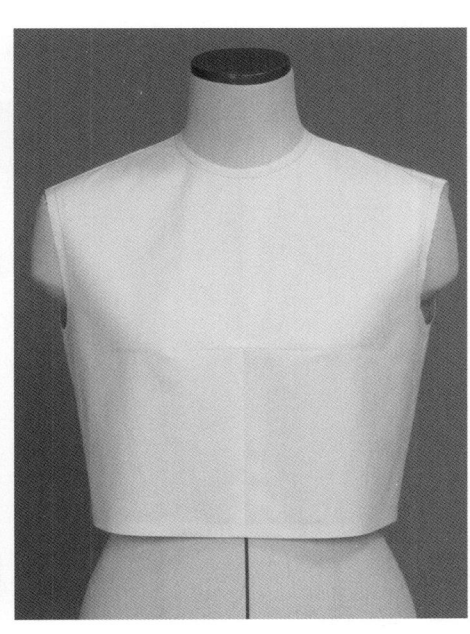

2 前中心に生じた余り分をつまみ、ダーツ止りを決めてバストラインにそって前中心からバストポイントに向かってピンを打つ。ウエストラインの余分な布をカットし、ボディラインで前中心線を入れる。肩、袖ぐり、脇、前中心の余分な布をカットし、ゆとりの確認をする。

トレースパターン

前中心にとられた胸ぐせ分量。バストラインから下は布目がバイアスに変わり、中心線が縫い目になる。この場合センターダーツを縫った後、前中心を縫う。

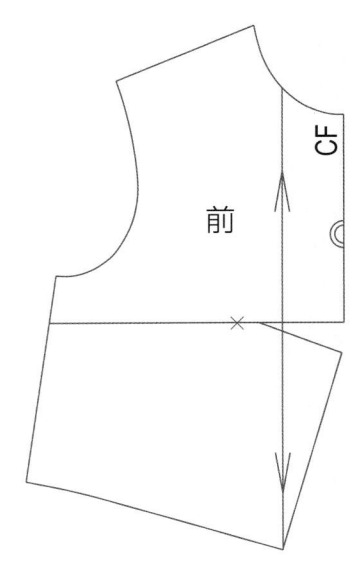

第3章　立体裁断の基礎

7 ネックダーツ

衿ぐりからバストポイントに向かってとられたダーツ。

ドレーピング

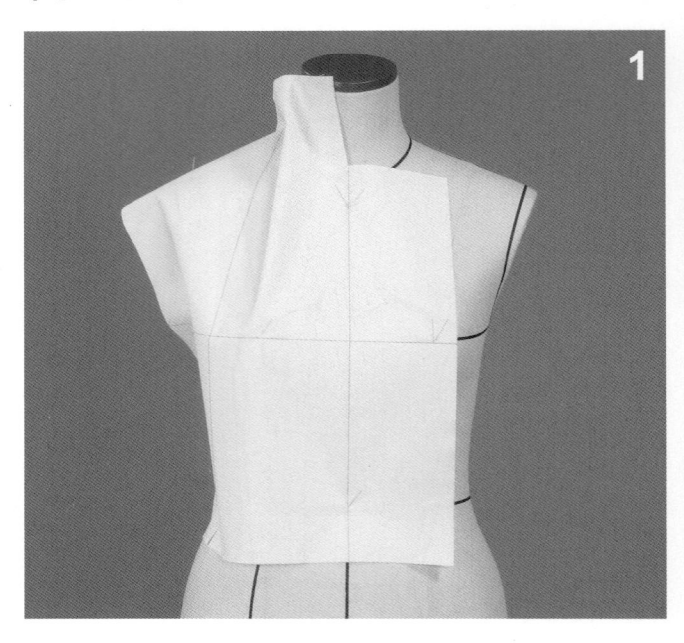

1 前身頃の中心線をボディの中心線に垂直に、バストラインを水平に合わせ、左右のバストポイントにピンを打つ。バストラインを脇まで水平にし、ゆとりをバストポイント周辺、胸幅側面と脇に配分して脇にピンを打つ。バストラインから下は側面線を垂直にしてウエストに仮のピンを打ち、ウエスト縫い代に切込みを入れる。衿ぐりの前中心に切込みを入れ、左側の余分な布をカットする。袖ぐりに生じた余りを肩に移し、さらに衿ぐりの前中心とサイドネックポイントの中間あたりに移動する。

出来上り

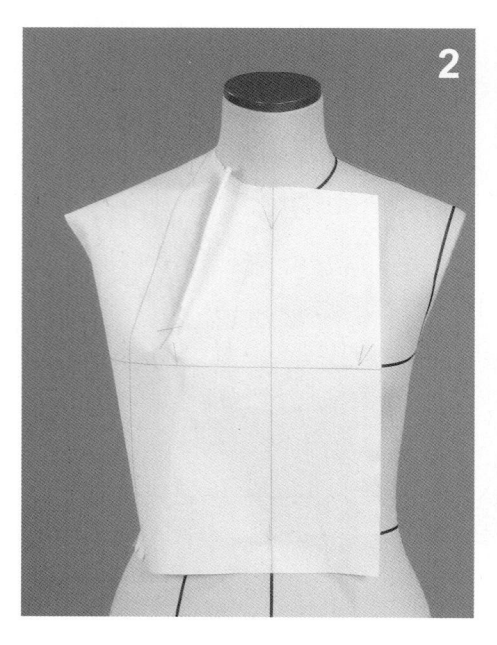

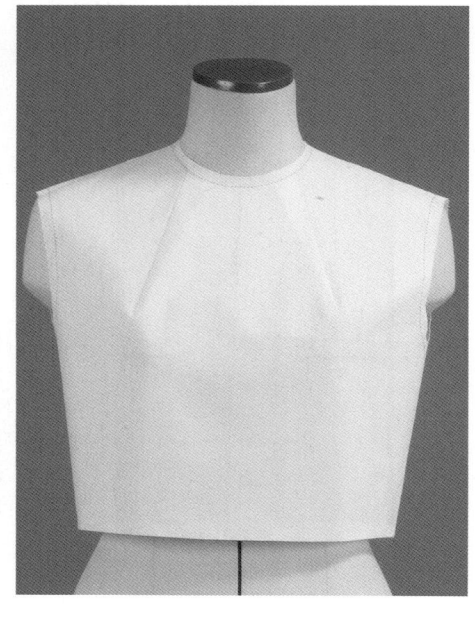

2 バストポイントに向かって余り分をダーツにつまみ、分量、止り位置を決め、つまみピンを打つ。衿ぐり、肩、袖ぐり、脇、ウエストの縫い代を整理する。

トレースパターン

衿ぐりにとられた胸ぐせ分量。

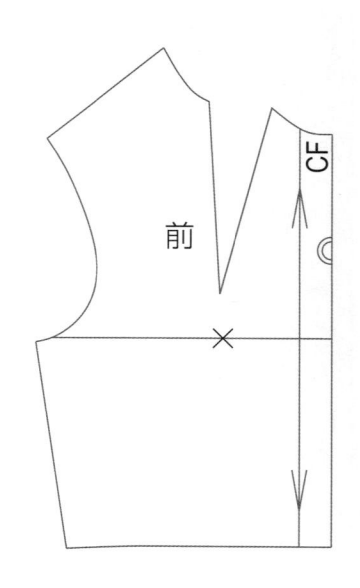

8 ネックギャザー

衿ぐりからのギャザーで表現されたもの。

トワルの準備

薄手シーチング使用。

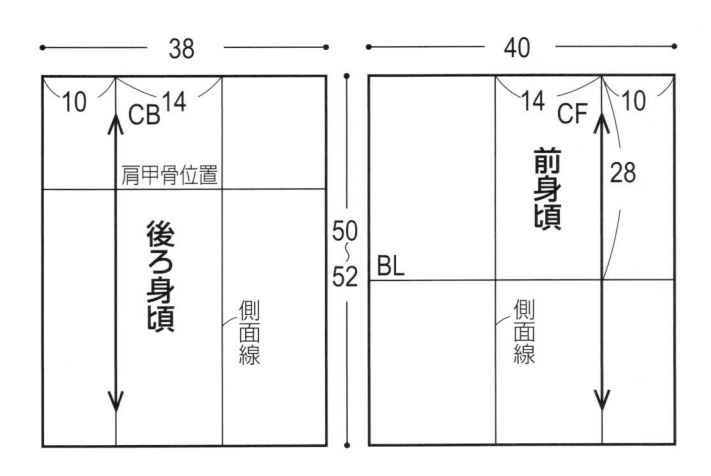

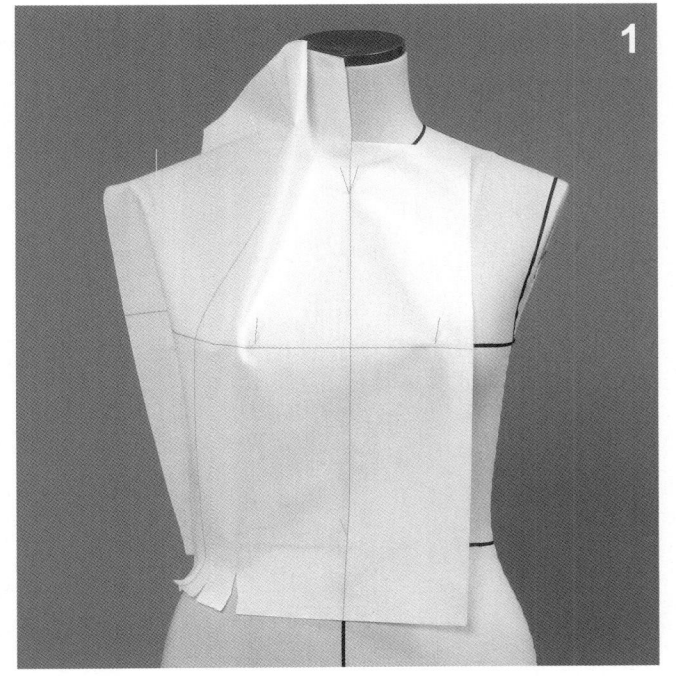

後ろ身頃: 幅38、CB側上部10・14、肩甲骨位置、側面線、丈50〜52
前身頃: 幅40、CF側上部14・10、28、BL、側面線、丈50〜52

ドレーピング

1 前身頃の中心線とボディの中心線を垂直に、バストラインを水平に合わせてピンを打つ。衿ぐりの中心に切込みを入れ、左側の余分な布をカットする。

　ウエストに1.5cmのゆとりを入れてピンを打ち、縫い代のつれる部分に切込みを入れてゆとりを確認する。布を脇から袖ぐりになで上げ、胸幅のゆとりを確保して、肩先にピンを打つ。肩先に生じた余りを衿ぐりに移動する。バストのガイドラインは脇側で上がってくる。

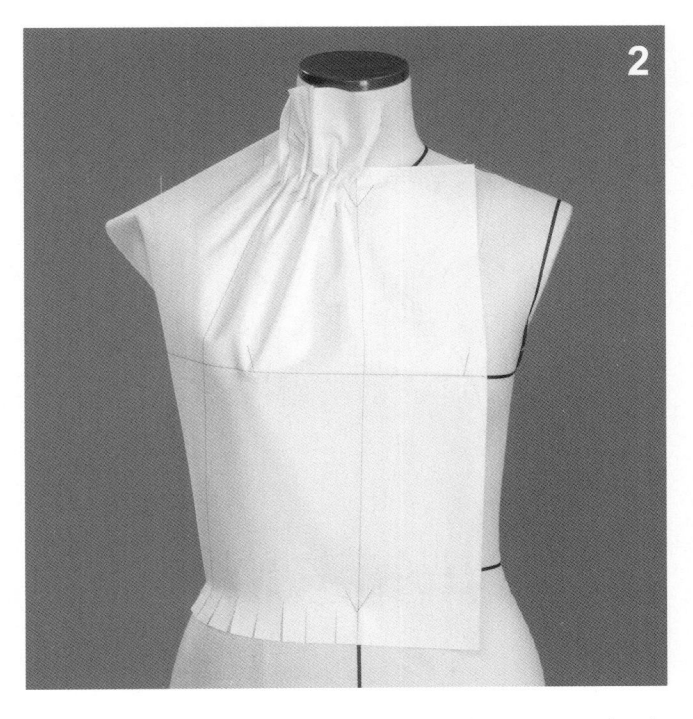

2 衿ぐりに移動した余りを放射状に寄せながらピンを打ち、ギャザー止りの位置を決める。ギャザーの分量、方向、長さは適度に強弱をつけて形作る。

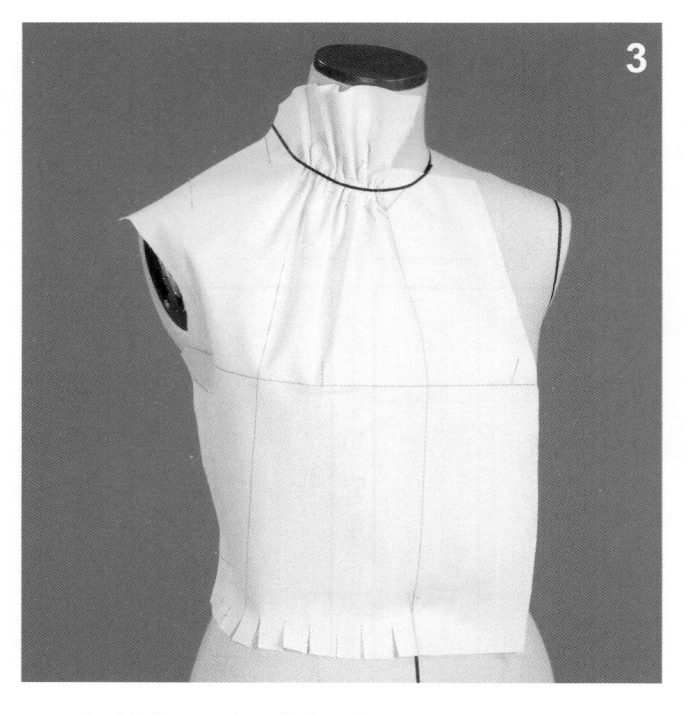

3　肩、袖ぐり、脇の余分な布はカットし、シルエットを整える。ボディラインで衿ぐり線を入れる。

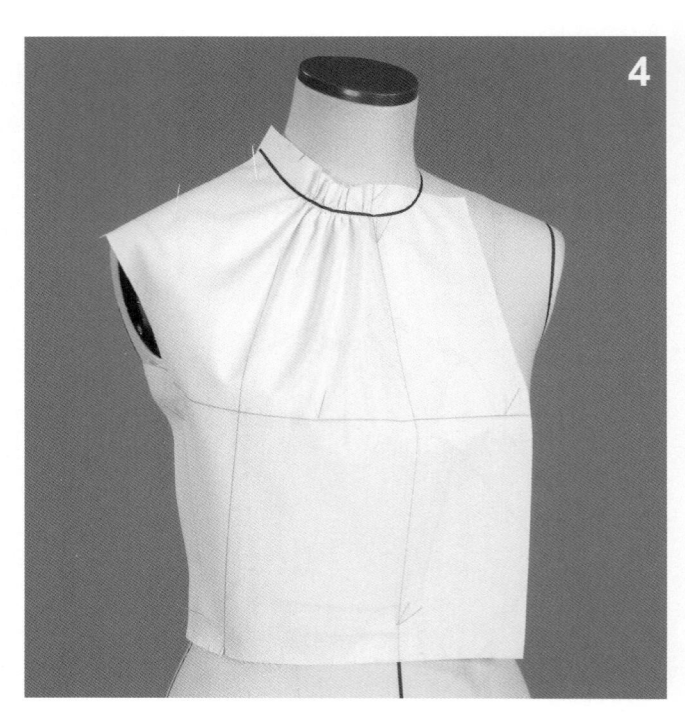

4　衿ぐりの余分な布をカットする。ウエスト縫い代の整理をする。

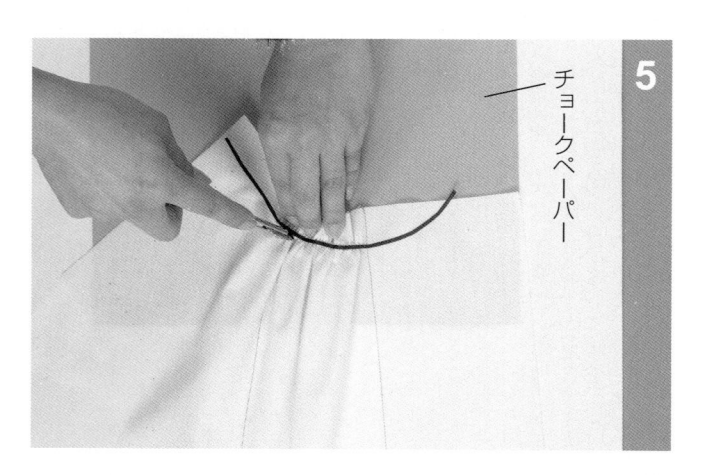

5　衿ぐりの印をつける。片面チョークペーパーを下に敷き、ルレットでライン際をしるす。ギャザー止りの位置もしるす。

チョークペーパー

出来上り

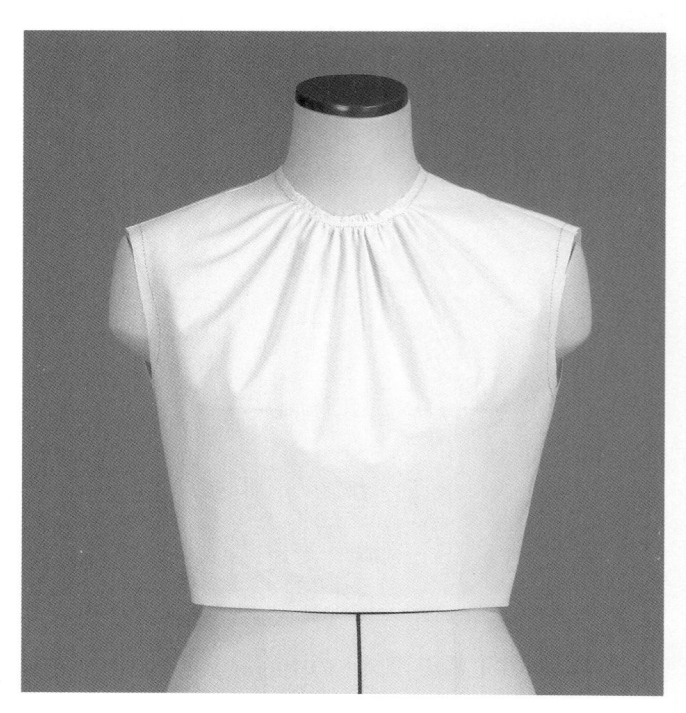

ギャザーは並縫いして縮め、放射状に整える。

トレースパターン

ウエストのゆとりを最小限にして、胸ぐせ分量にプラスされたギャザー分量になっている。

後ろ身頃のシルエットも前に準じてウエストのゆとりを少なくしている。

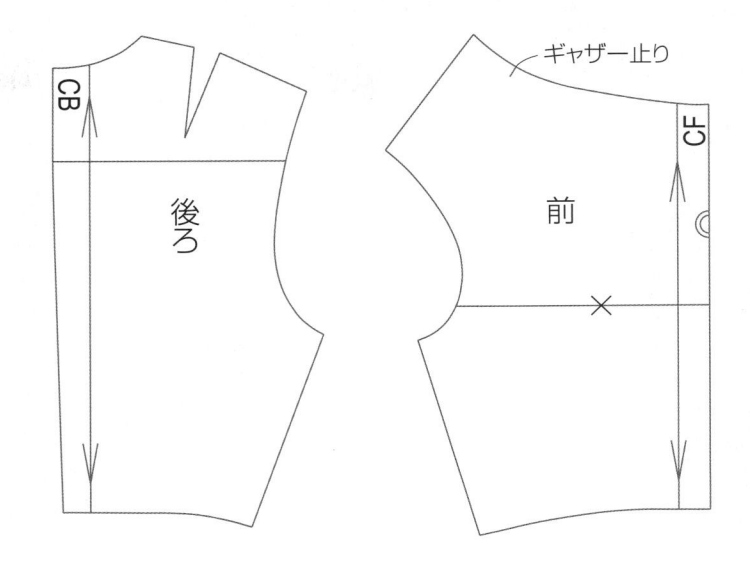

9　ショルダータック

肩からのタック（2本）で表現したもの。
トワルの準備は71ページ参照。

ドレーピング

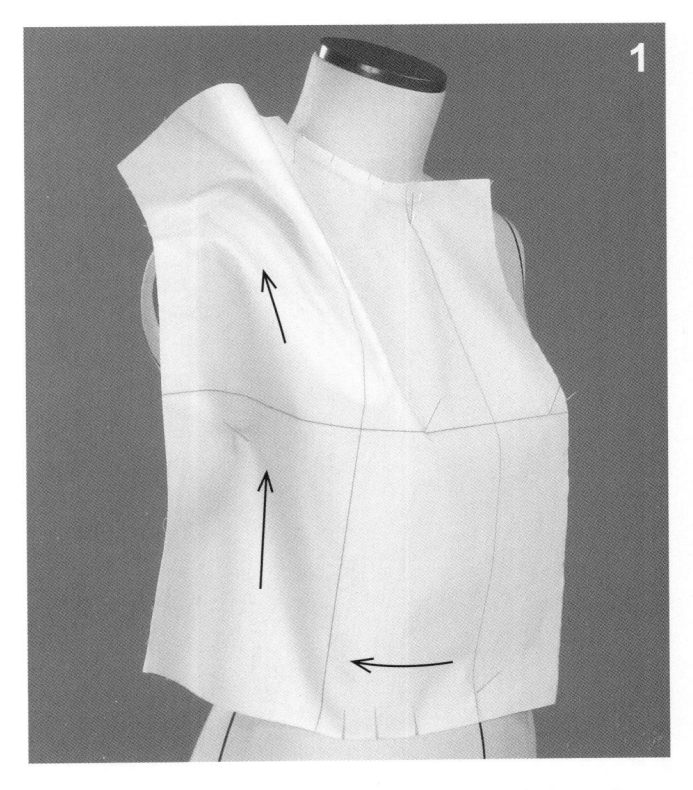

1　前中心線、バストラインを合わせて、布をボディに軽くフィットさせる。衿ぐりを整理して切込みを入れる。ウエストで1.5cmのゆとりを入れて脇側の布をバストライン方向になで上げ、さらに脇と胸幅のゆとりを確保してバストラインから上部に生じた余りを肩に移動する。

第3章　立体裁断の基礎

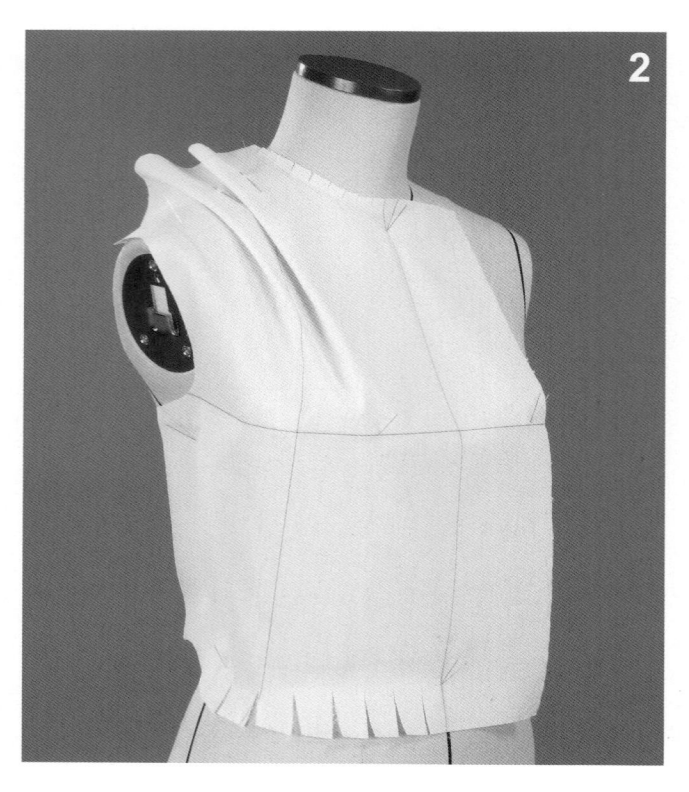

2 肩の余りをほぼ同分量で2本のタックに配分する。タックの方向はバストポイントに向かって平行にまとめる。肩、袖ぐり、脇の余分な布をカットする。

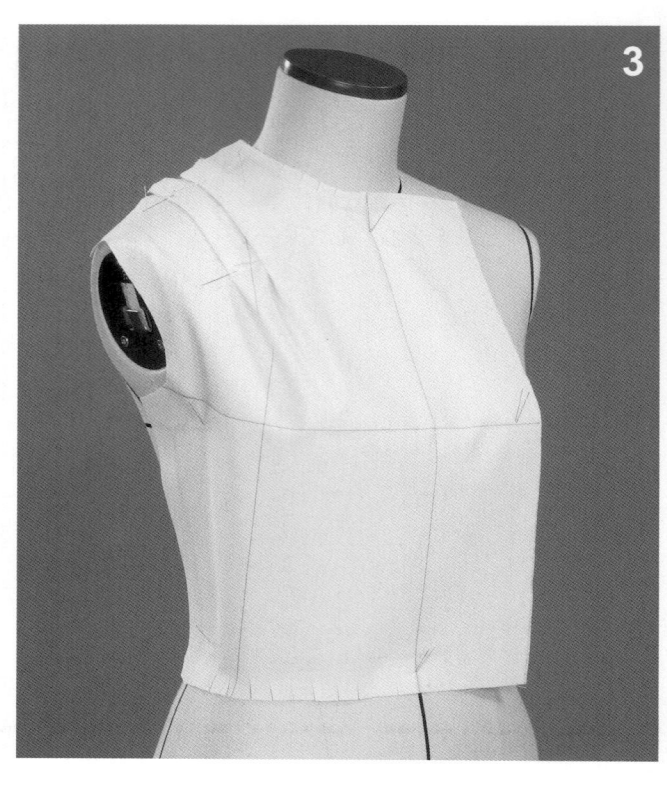

3 タックの位置、分量のバランス、方向、縫止り位置を再検討し、衿ぐり側に片返す。ウエスト縫い代を整理して、シルエットを確認する。

出来上り

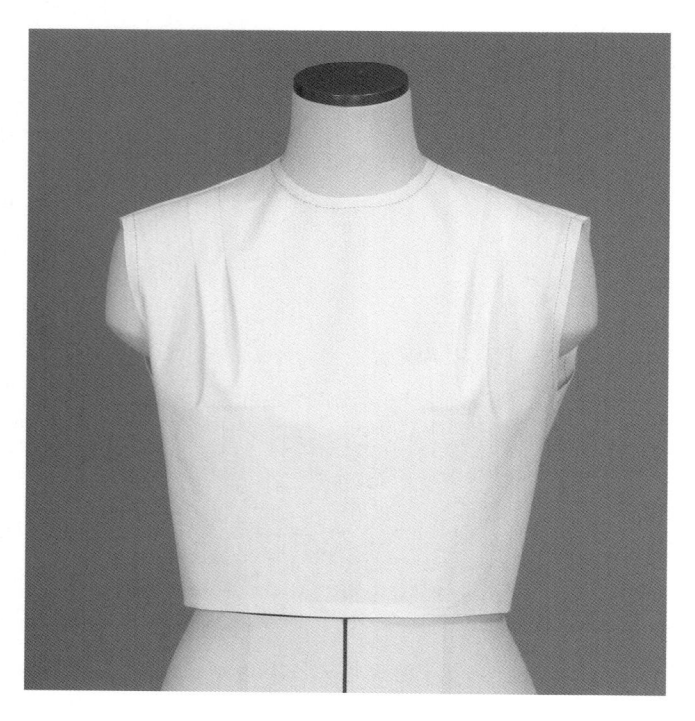

トレースパターン

ウエストのゆとりを最小限にして、胸ぐせ分量にプラスされたタック分量（2本）になっている。

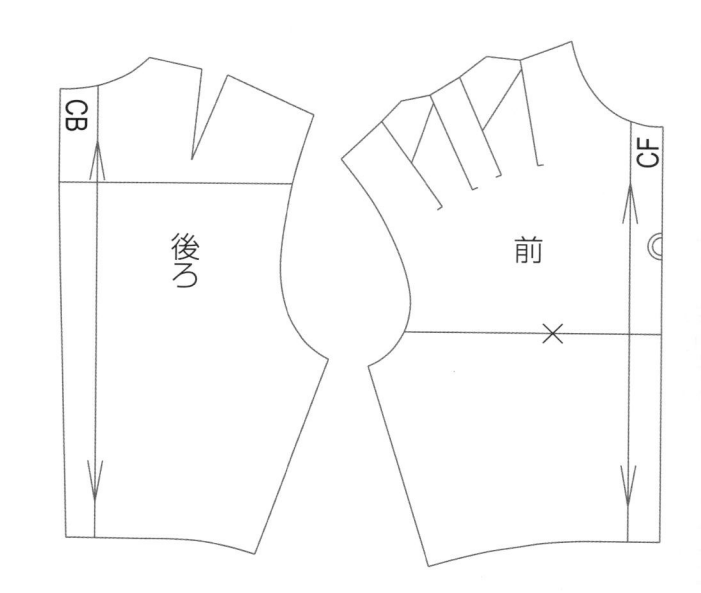

第4章

基本アイテムのドレーピング

I　ブラウス

1　タックインブラウス

　原型的身頃に、シャツカラーと、袖口にギャザーをあしらいカフスをつけたセットインスリーブのブラウス。

　タックインとは、身頃の裾をボトムの中に入れて着装するもので、動作に伴う適切な身幅と袖山の高さと袖幅、着丈を検討することが重要である。

トワルの準備

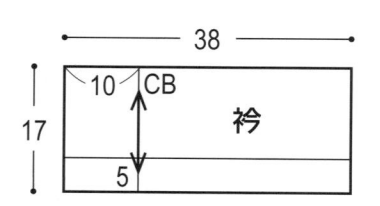

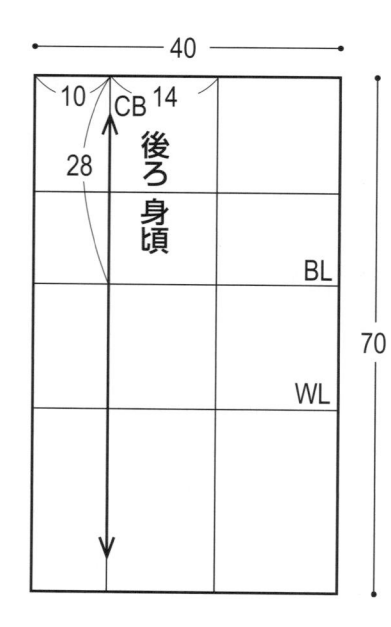

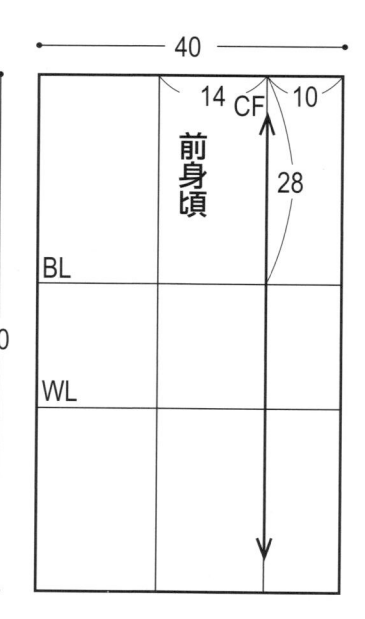

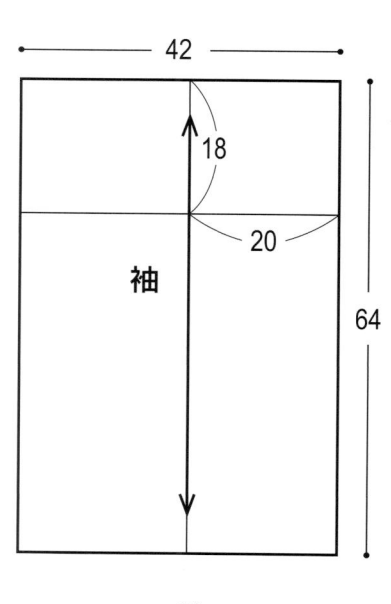

衿：38 × 17、CB 10、5

後ろ身頃：40 × 70、CB 10、14、28、BL、WL

前身頃：40 × 70、CF 10、14、28、BL、WL

袖：42 × 64、18、20

カフス：30 × 8

ドレーピング

ボディに腕をつける。

1 前身頃の中心線をボディの中心線に合わせ、バストのガイドラインを水平に合わせて、垂直、水平を確認し、中心に切込みを入れる。

2 バストポイント位置から矢印の方向に布目を通してそわせながら軽くピンで止め、衿ぐりを整理する。衿ぐりには鎖骨を覆うゆとりが生じる。

肩先をなじませて胸幅側面のゆとりを作り、肩、袖ぐり上部の余分な布をカットする。

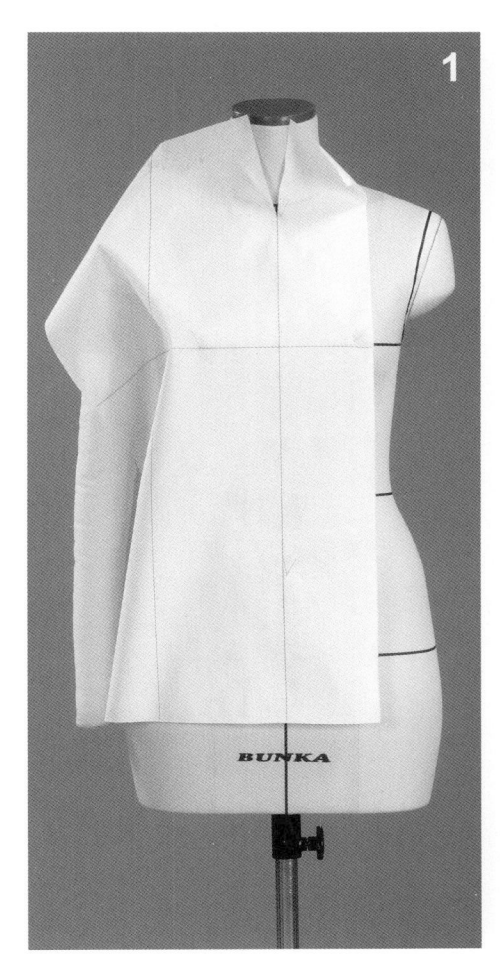

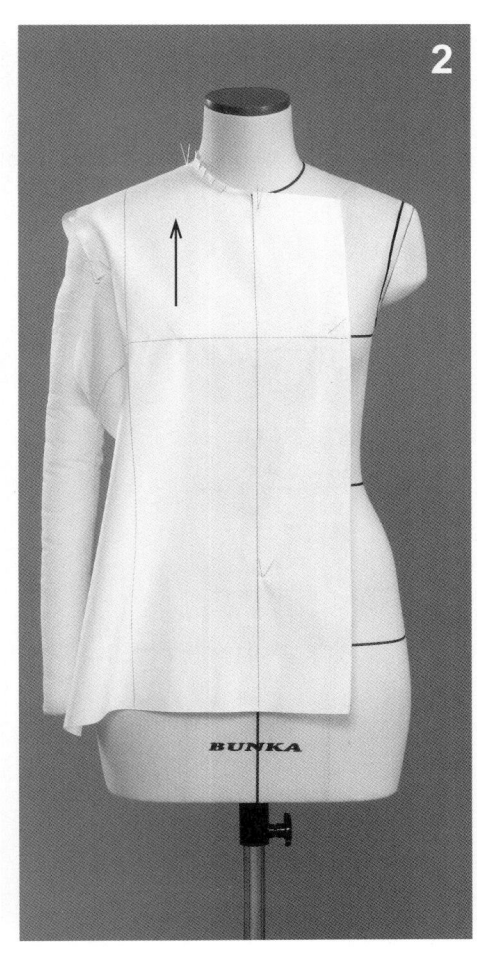

3、4 肩線にボディラインを入れる。

胸幅側面のゆとりを確保した状態で脇側のガイドラインを目安にウエストラインを水平にしてボックスシルエットを作る。脇に余った分量をバストライン上につまんでサイドダーツのピンを打つ。ダーツ止りはバストポイントの3cm手前にする。

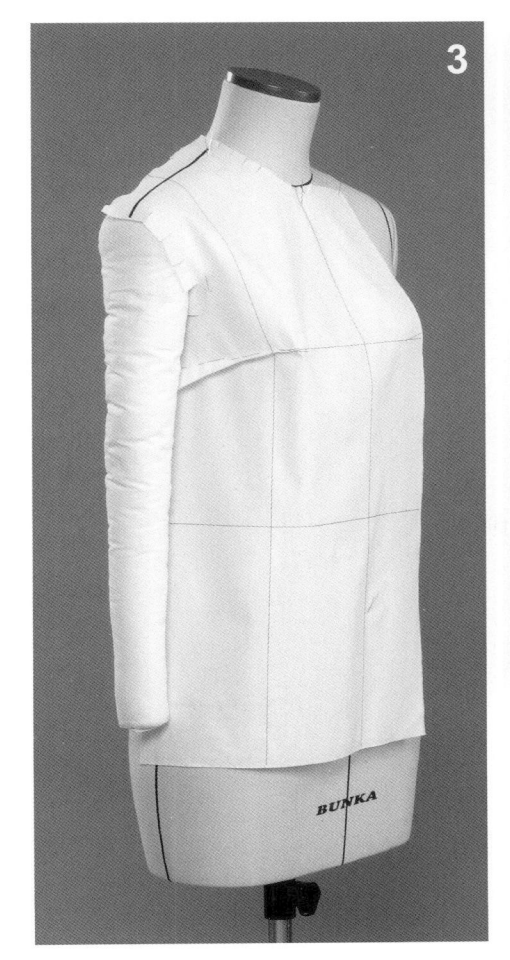

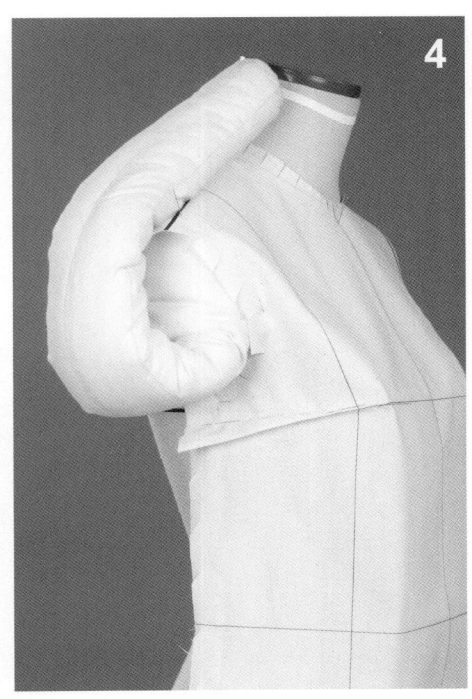

第4章 基本アイテムのドレーピング

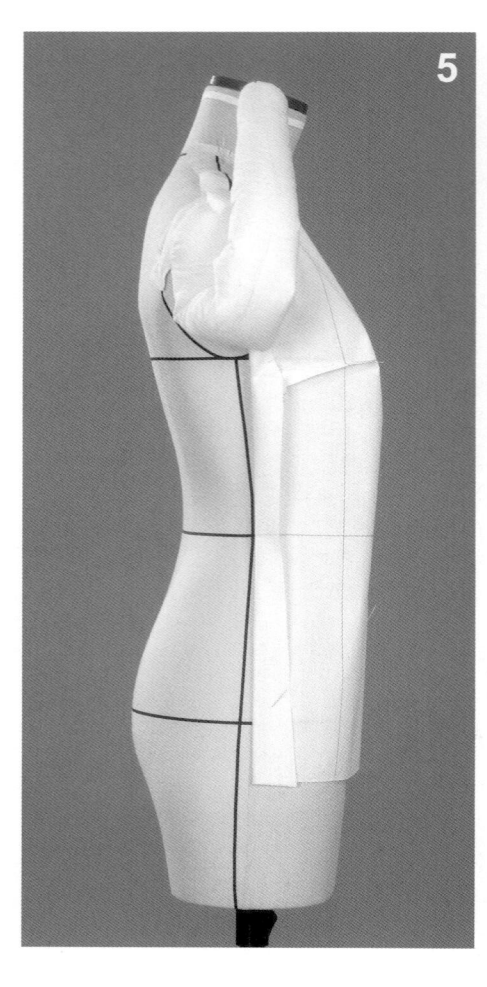

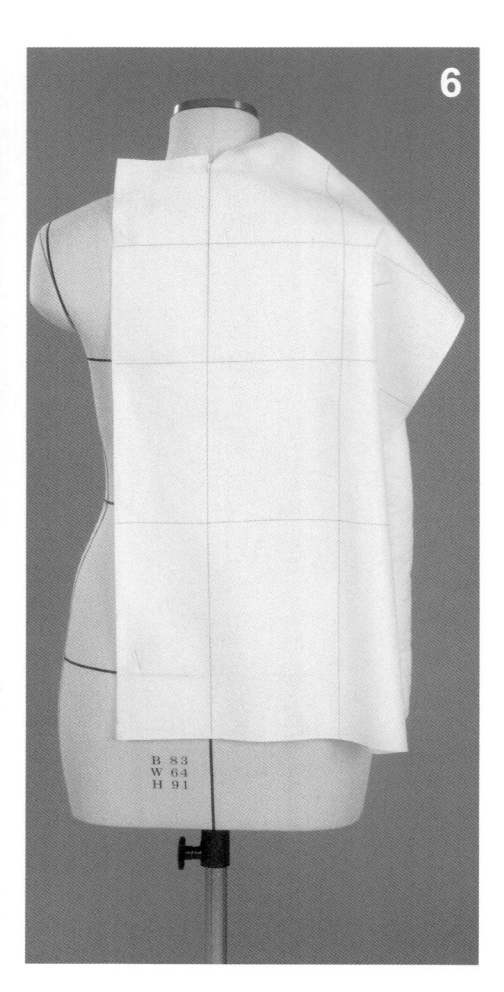

5 ボックスシルエットの中にヒップのゆとりが確保されているか確認する。

脇側の布を前に返して、軽くピンで止めておく。

6 後ろ身頃の中心線をボディの中心線に合わせ、バストラインと肩甲骨位置のガイドラインを水平に合わせる。垂直、水平を確認し、中心に切込みを入れて余分な布をカットする。

7 サイドネックポイントに向かって布目を通してそわせ、衿ぐりを整理する。肩甲骨を覆うゆとりを作りそのまま側面まで水平に布をなじませ、軽く肩先までなで上げる。

肩に余った分量を肩ダーツにする。

8、9 肩甲骨位置に向かって肩ダーツをつまむ。肩ダーツはデザイン線としても大切なので、位置、長さ、方向のバランスを確認する。肩は重ねて肩線に対して直角にピンを打ち、余分な布をカットする。背幅にゆとりを入れ、脇側のガイドラインを垂直にしてボックスシルエットを作り、袖ぐりの余分な布をカットする。

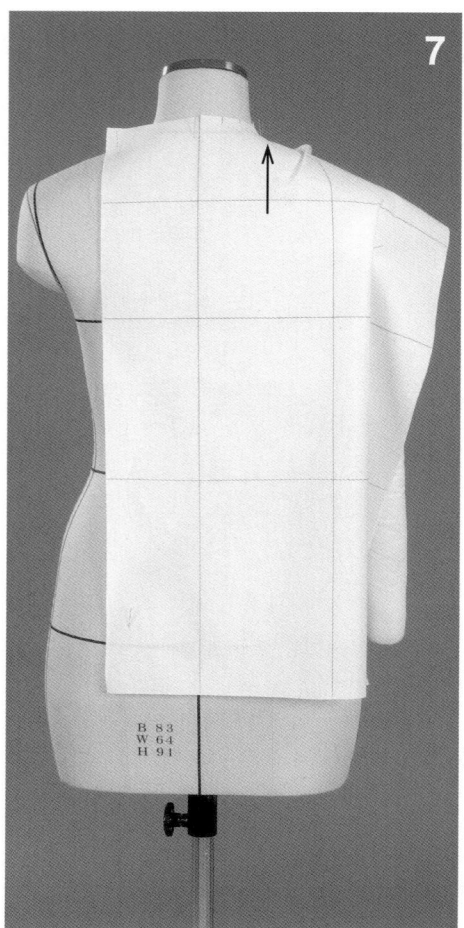

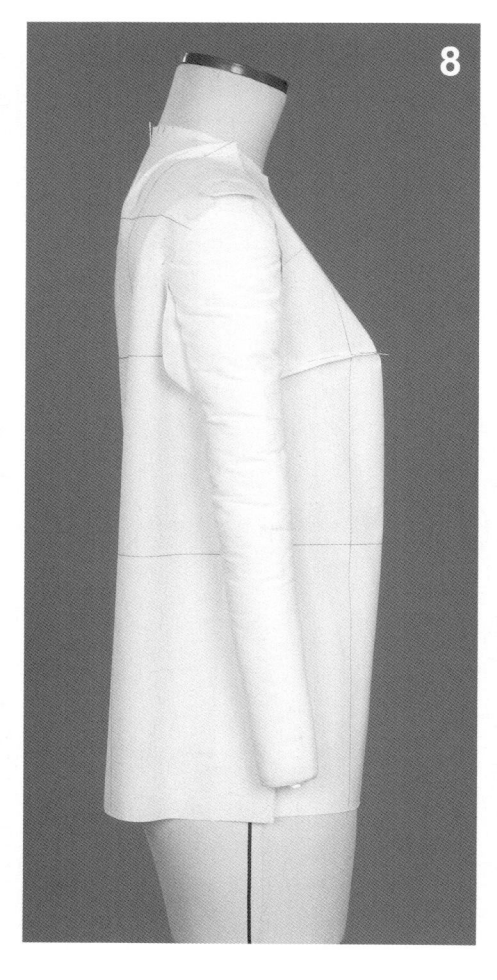

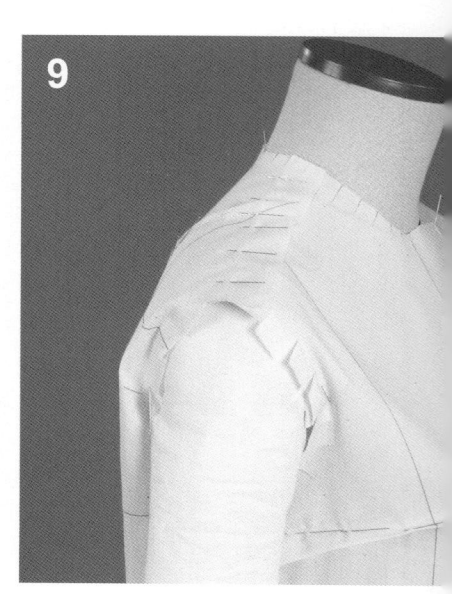

10 前後のバストのガイドラインを脇で合わせ、身幅のゆとりを加える。ウエストのガイドラインも合わせて1.5cmくらいしぼり、脇をつまみピンで止め、余分な布をカットする。身幅のゆとりが確保されているか再確認する。

11 身頃を仕上げピンでまとめる。サイドダーツは下に、肩ダーツは中心側に片返して斜めピンを打つ。肩は後ろ身頃側に、脇は前身頃側に片返してピンを打つ。
　前端を整え、衿ぐりと裾線にボディラインを入れる。袖ぐり上部に出来上りのラインを入れ、袖ぐり底を決定し、印をつける。
　前中心にボタンをつける。第1ボタンの位置は衿ぐりからボタンの直径分下げ、ウエストラインあたりにもボタンがつくようにバランスを考えて間隔を決定する。

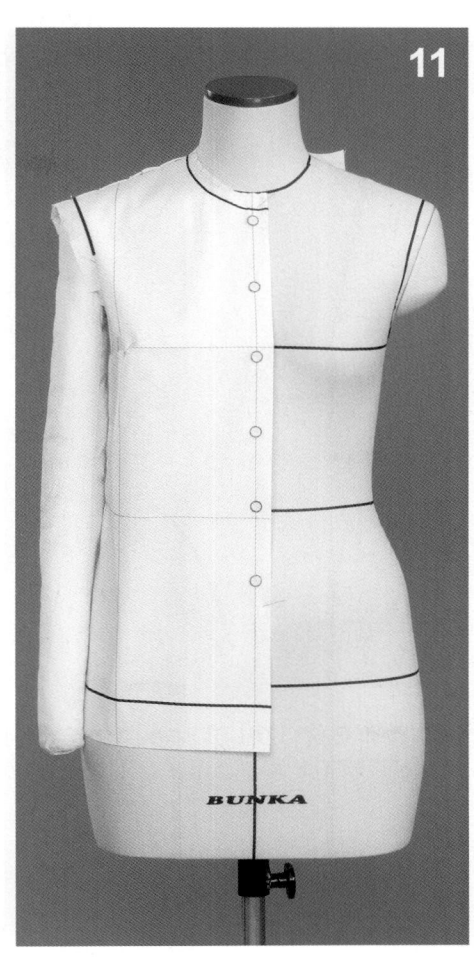

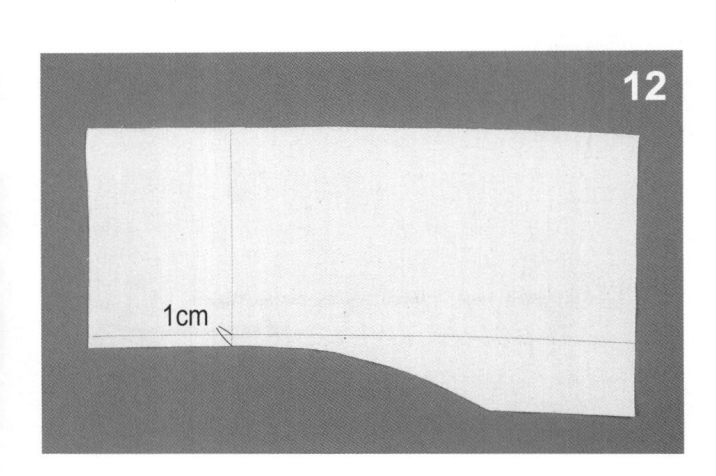

12 衿つけの準備をする。
　衿布の後ろ中心と水平のガイドラインの交点より下に1cmの衿つけ縫い代をとり、2.5cmまで水平にして自然になだらかなカーブでカットしておく。

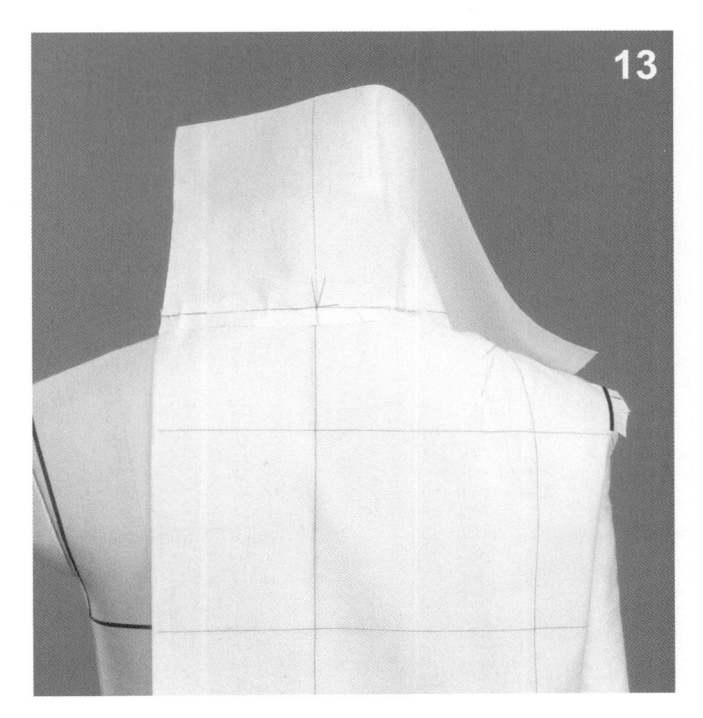

13 衿をつける。
　衿の中心線を後ろ身頃の中心線に合わせ、衿ぐり線に衿つけのガイドラインを水平に合わせる。中心から2.5cmくらいまで水平に重ねピンを打つ。

第4章　基本アイテムのドレーピング　79

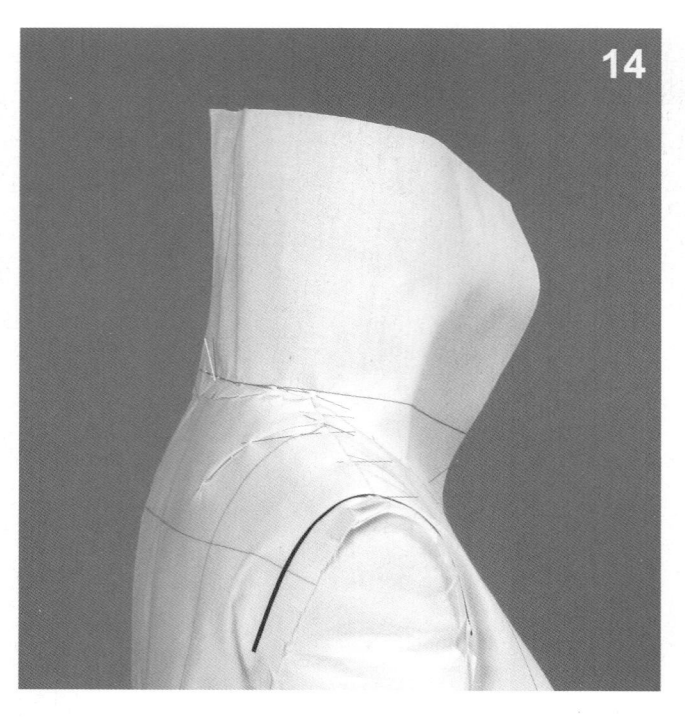

14 衿布を首になじませるように縫い代に切込みを入れながらサイドネックポイントまでピンで止める。

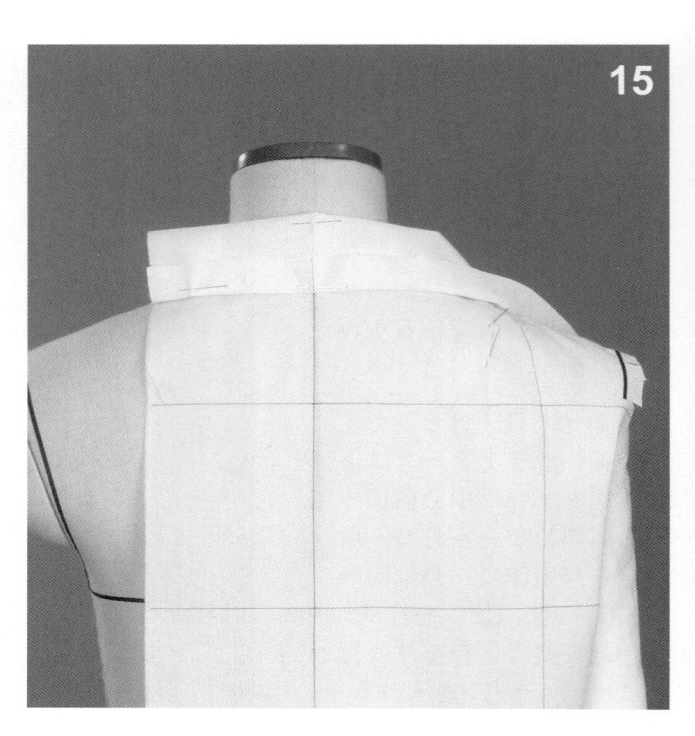

15 後ろ中心で衿こしと衿幅を決定し、水平にピンを打つ。衿幅は衿つけ線が見えないように衿こし幅より広くし、縫い代を外側に返して衿布を前に回す。

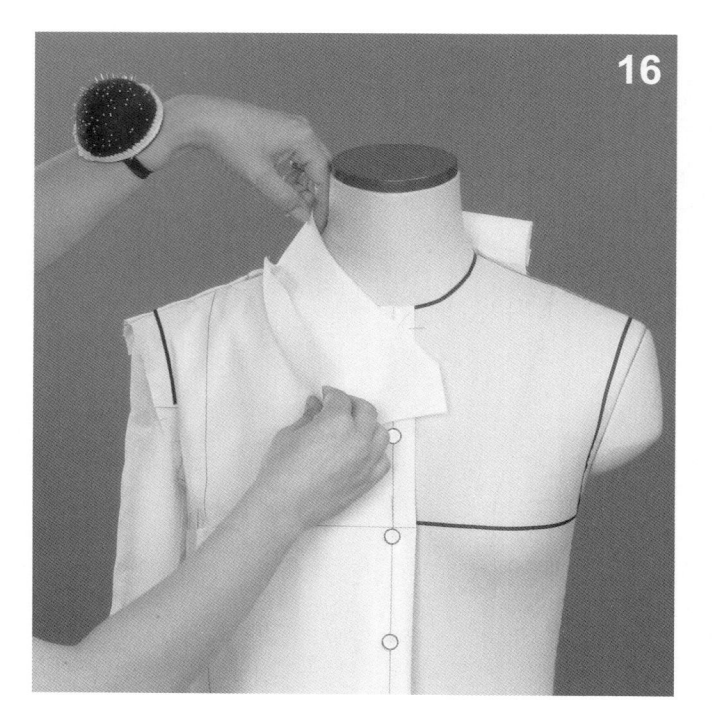

16 衿こし、衿幅を見積もりながら身頃衿ぐりにそわせ、同時に首の周囲に指先1本くらいのゆとりを作る。

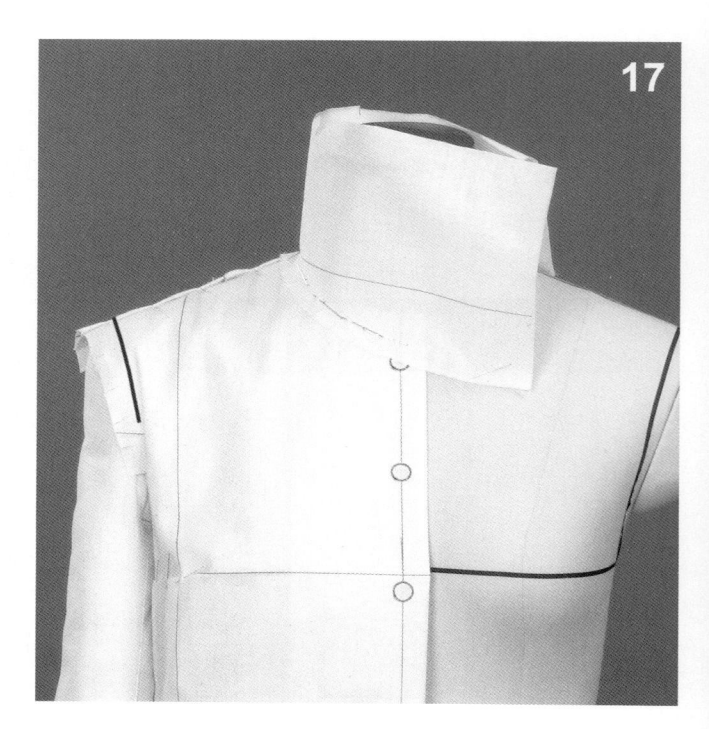

17 衿布をおこし、衿つけ縫い代に切込みを入れながら、衿つけ線を確認する。サイドネックポイントあたりでやや伸ばし、前中心まで衿ぐりにピンを打つ。

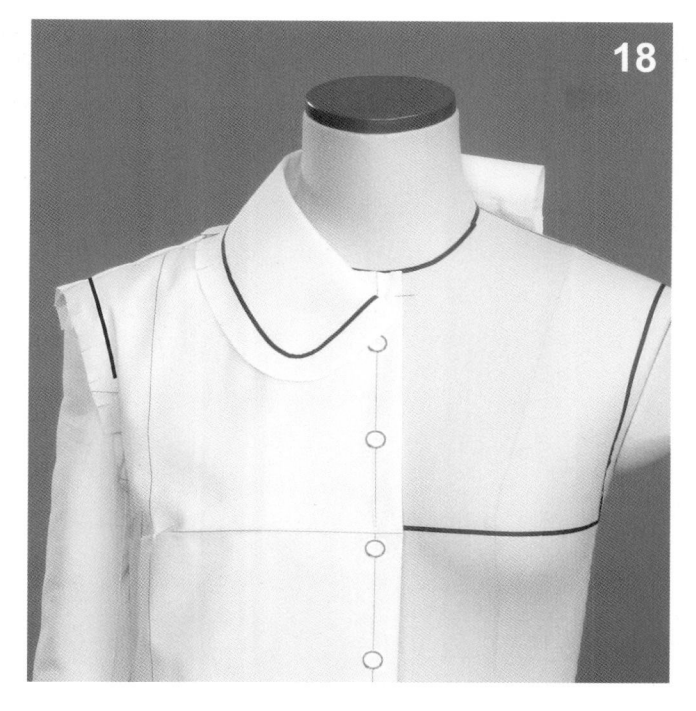

18 衿を整えて、首回りのゆとり、衿こしの高さと衿幅、衿の外回りの過不足を確認する。衿形を決定し、ボディラインで印を入れて縫い代を整理する。

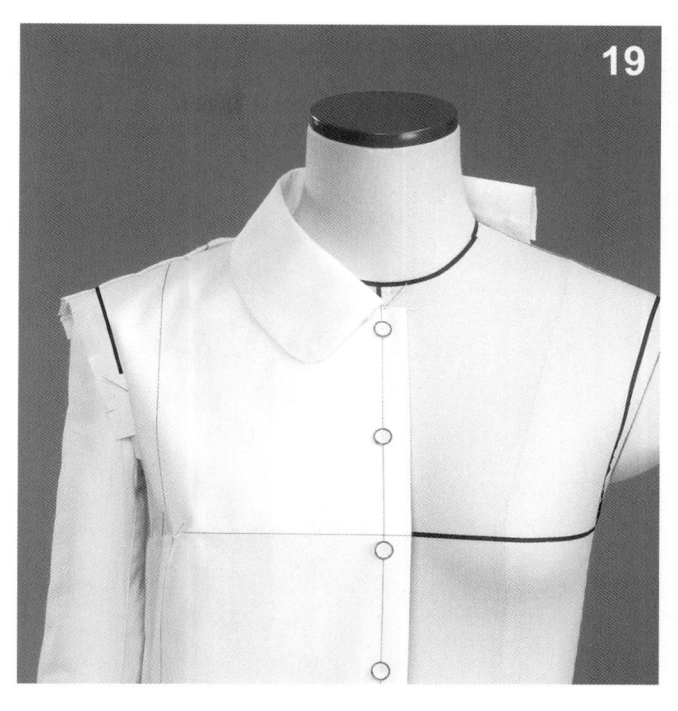

19 衿のピン仕上げ。

20 袖は平面作図で組み立てる。
　身頃のアームホールに合わせて袖の作図をする。袖山の高さは、前後肩先の高さの差を2等分した位置から袖ぐり底までの $\frac{5}{6}$ の寸法とする。この袖山の高さは目安とし、つけた結果により決定する。
　袖丈は、カフス幅（4cm）と袖口のパフ分を想定して決める。

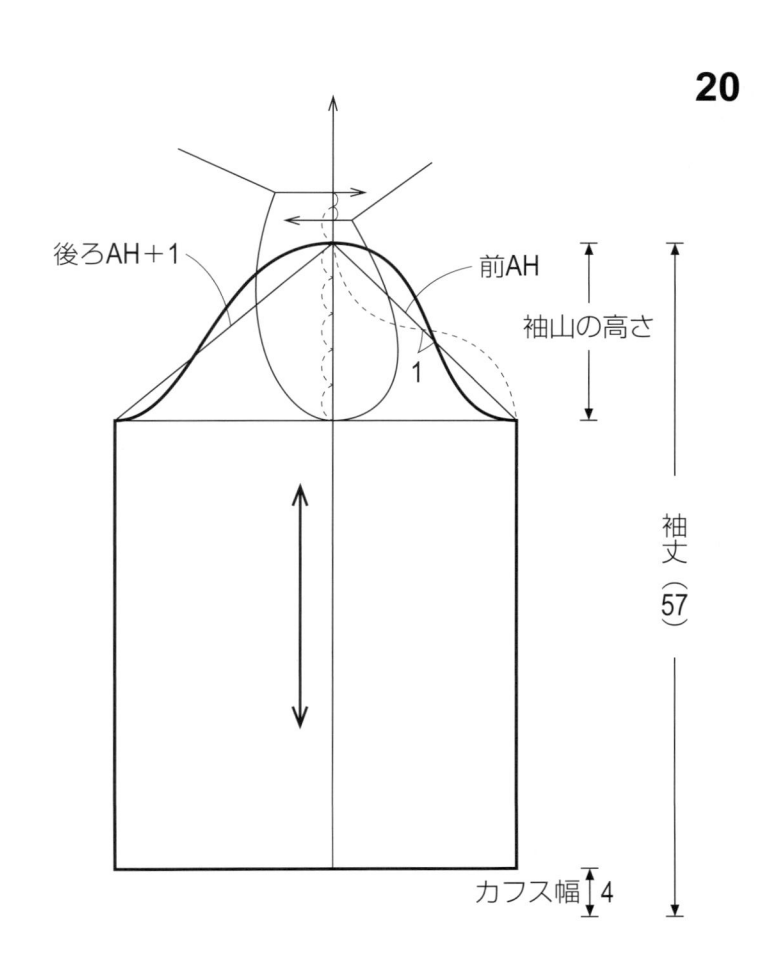

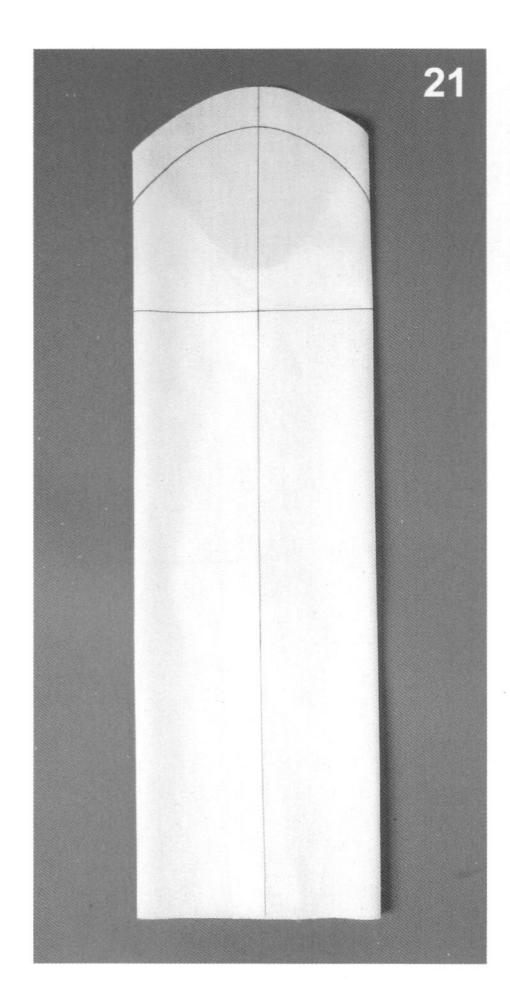

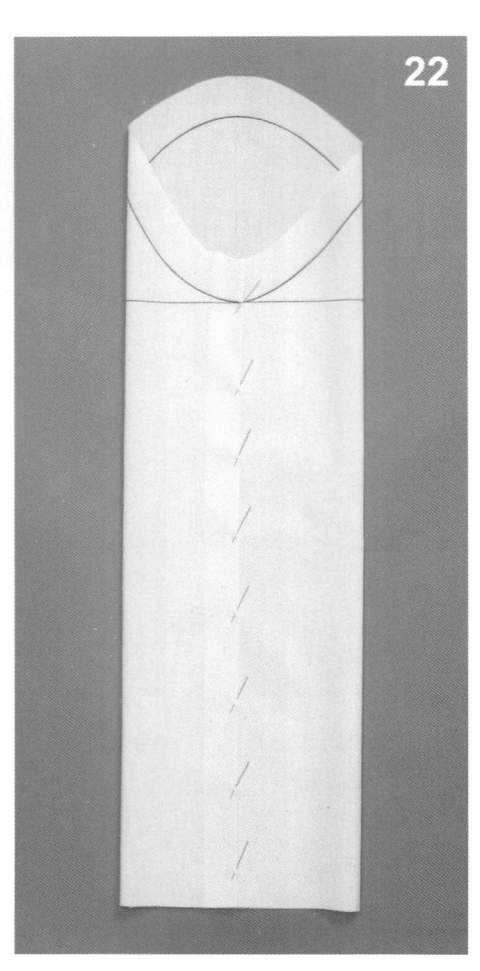

21、22 袖布に袖のパターンをうつし取り、筒状に組み立てた外袖側と内袖側。袖下は前側に片返しにする。

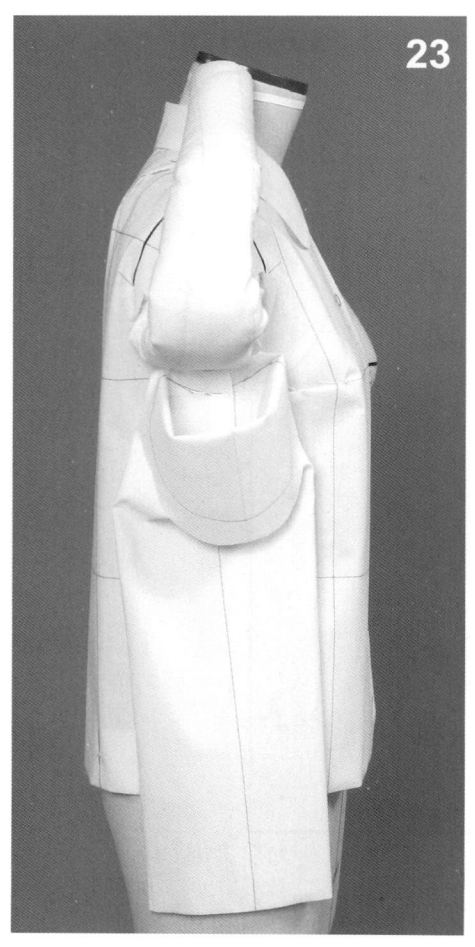

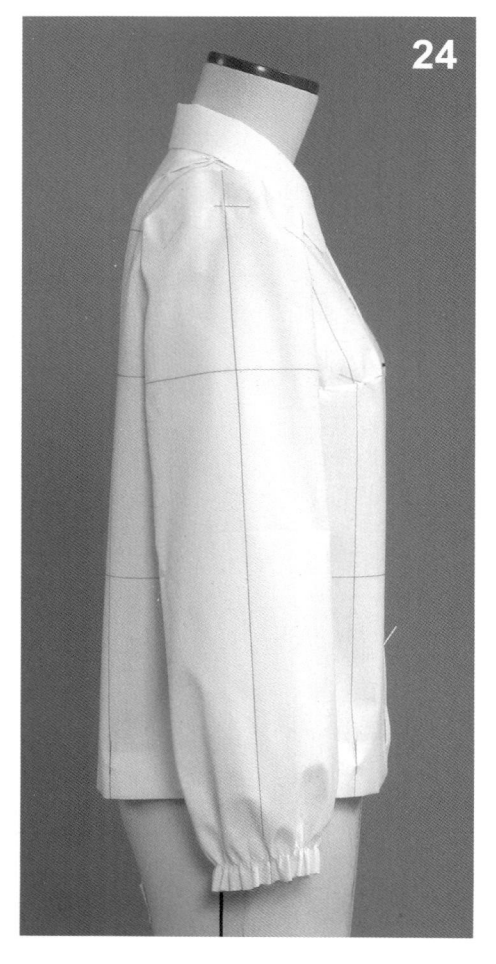

23 袖をつける。

ボディの腕を上げて、身頃の袖ぐり底に袖底を合わせて水平にピンを打つ。さらに袖ぐり底から前後2〜2.5cmくらいのところに袖ぐりと袖つけのラインを合わせてピンを打つ。

腕を袖の中に入れる。

24 ショルダーポイントと袖山点を重ね合わせてピンを打つ。袖つけ線を目安に身頃の前後腋点あたりに袖のすわりを確認してピンを打ち、袖山上部にいせ分量を大まかに配分する。

袖口にギャザーを寄せる。

25 肩先の丸みや厚み感を作るため、改めて袖山にいせ分をバランスよく配分し、細かくピンを打ち直す。

26 腕をやや前方向に35度くらいの角度にして、袖山の高さが適切であるか確認する。さらに袖ぐり底から腋点（すわりがよく合い印としたところ）までの寸法が適切かチェックする。

作図のラインはあくまで仮定であり、身頃にすわりよくセットされた結果を最終ラインとする。

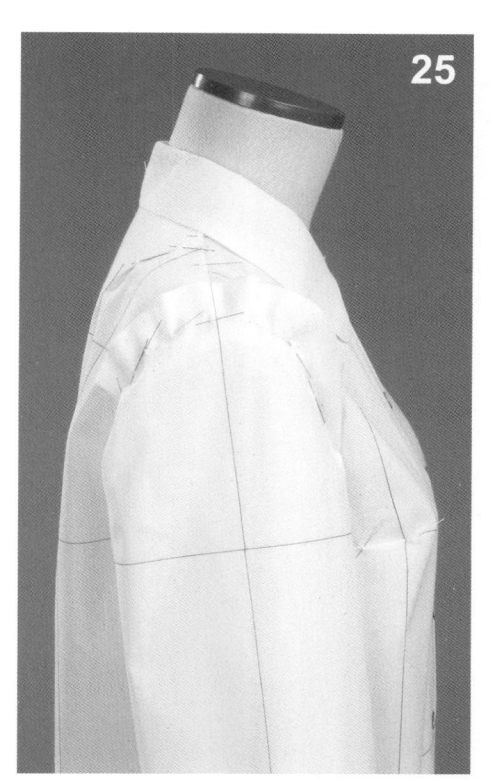

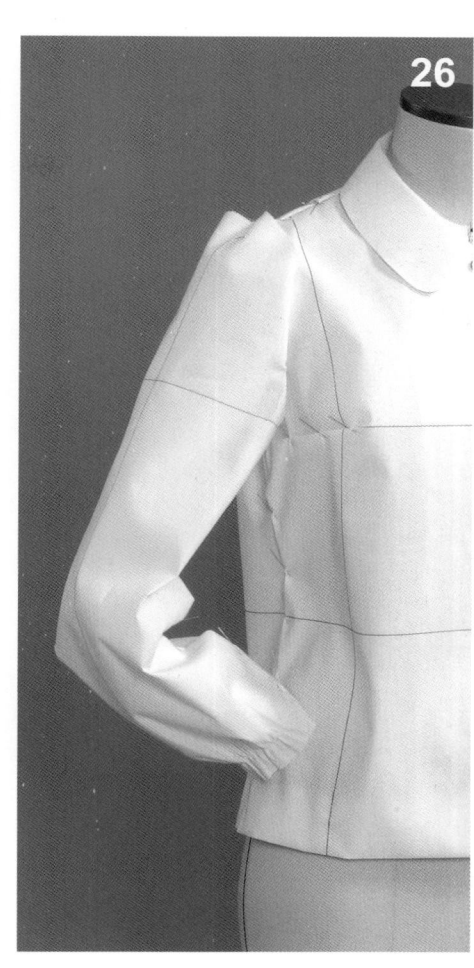

27、28 A、Bいずれかの方法で袖口にギャザーを寄せる。袖は腕の方向に従って前に方向づけられる。手首回り寸法にゆとり分9cmを加えて袖口寸法とし、残りをギャザー分量とする。

Aの方法（写真27）は、手首の傾斜に合わせて前から後ろ側面に向かって並縫い（判別しやすいように赤のしつけ糸使用）し、ギャザーを寄せる。ギャザー分量は後ろ袖側に多く配分し、さらに側面でパフ分を出しながら整える。

Bの方法（写真28）はピンとテープを使用して整える。

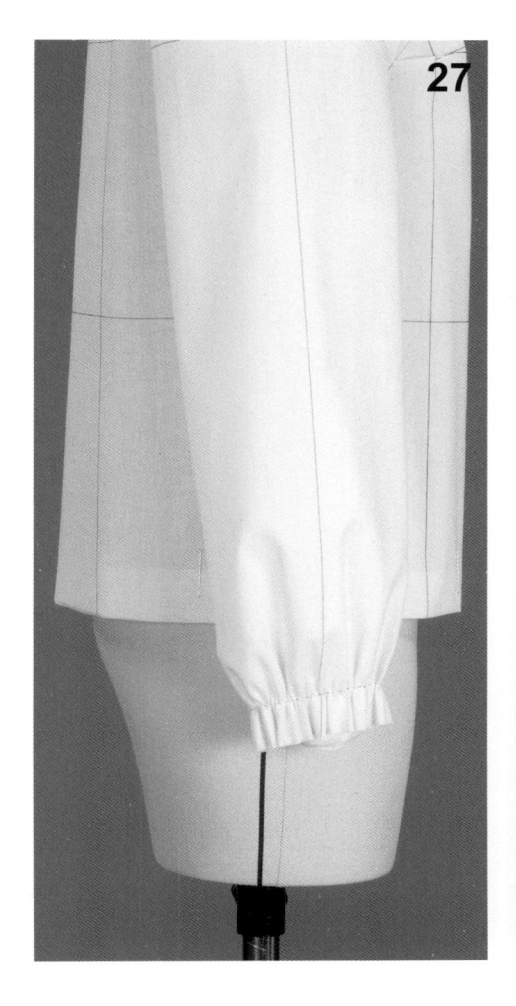

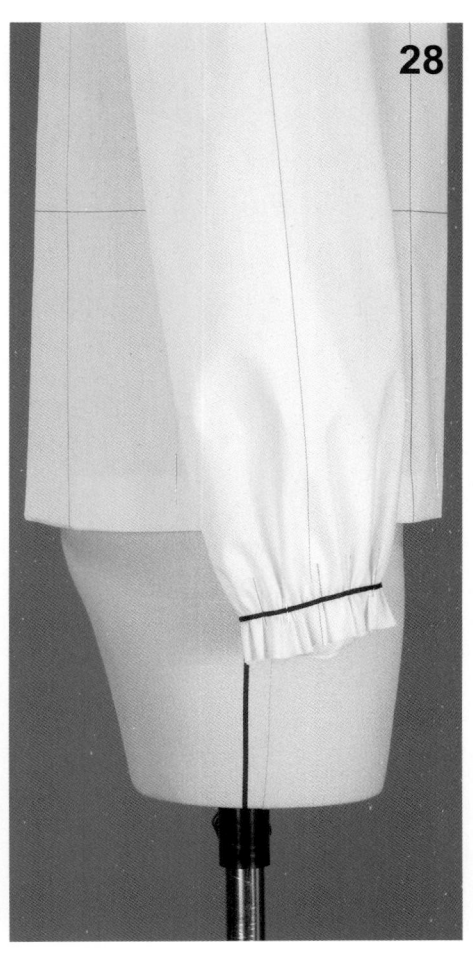

第4章 基本アイテムのドレーピング 83

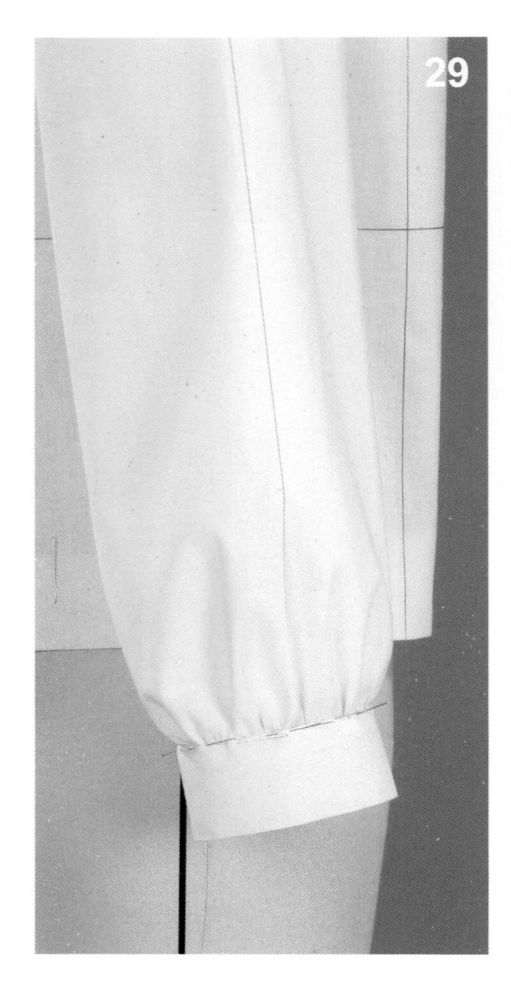

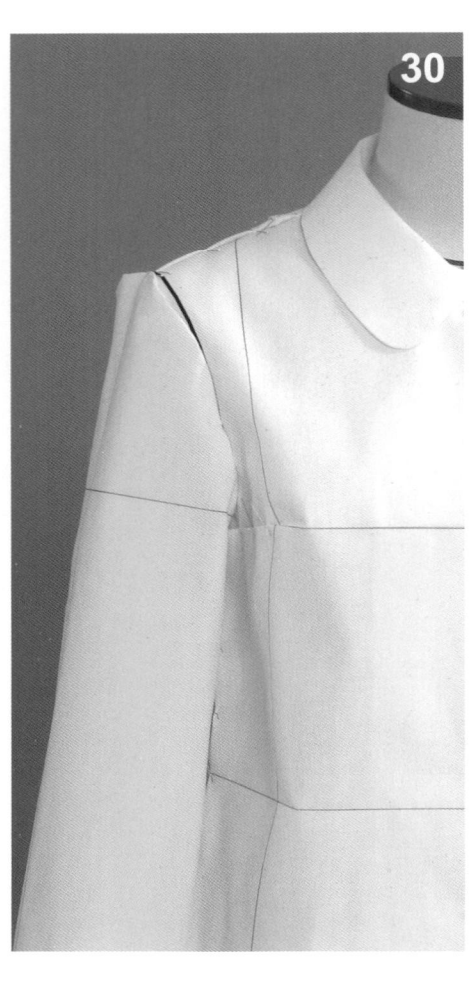

29 カフス幅を出来上りに折って袖口につける。

30 袖つけの縫い代を整理して改めて身頃に袖をつける。袖ぐり底、袖山点、前後腋点あたり（合い印）にピンを打つ。

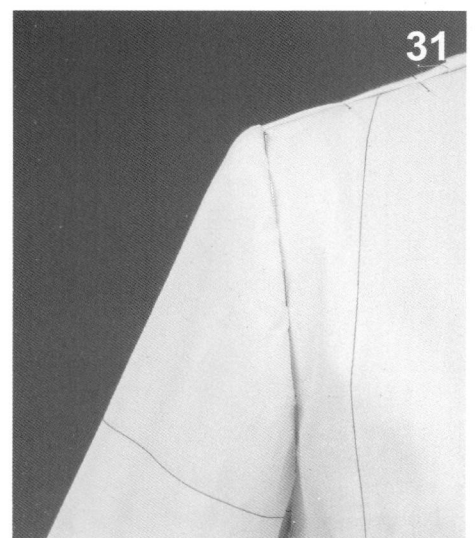

31 袖をくけピンで止める。

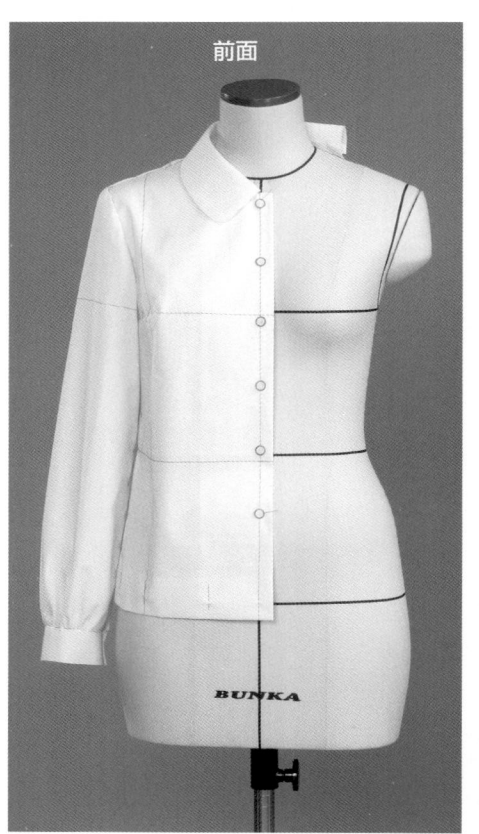

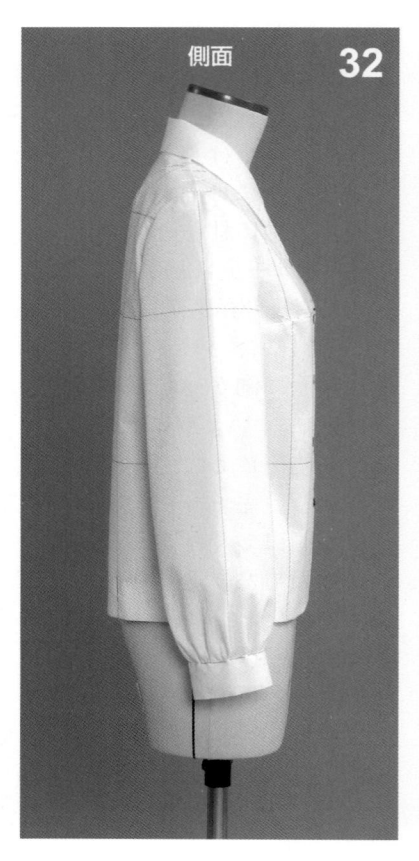

32 ピン仕上げ。布目が垂直、水平に通り、ボックス型のシルエットが構成され、機能的なゆとりがあるか確認する。

出来上り

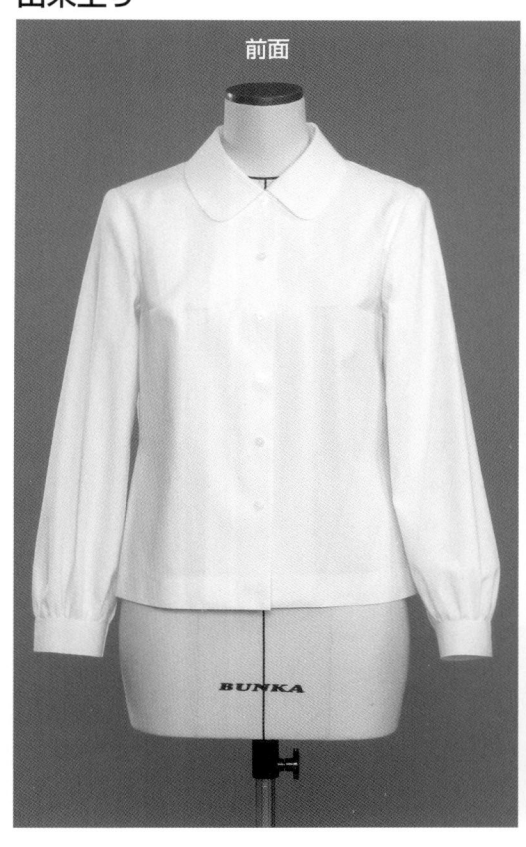

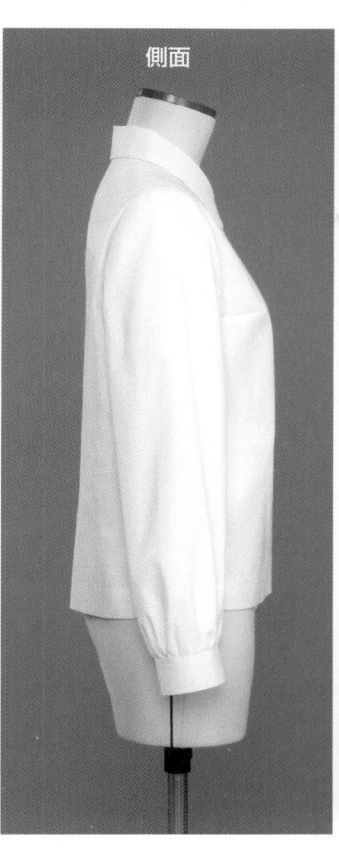

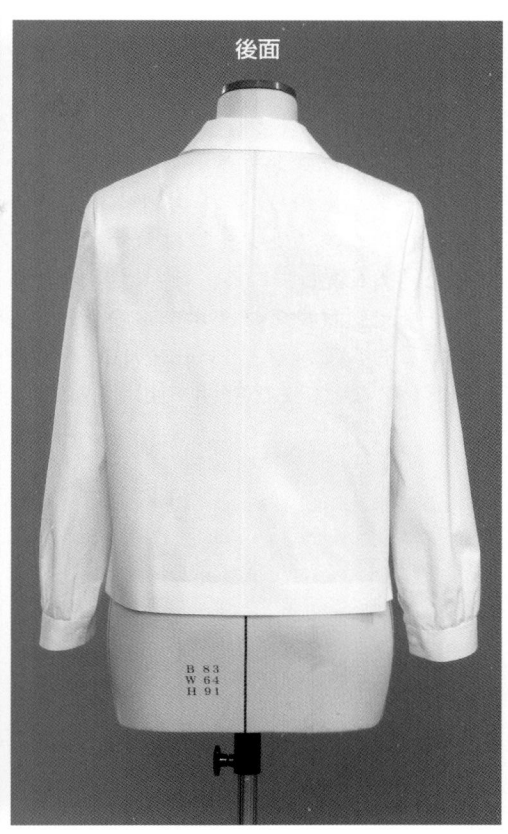

前面　側面　後面

B 83
W 64
H 91

トレースパターン

　原型に近い肩角度で、ボトムの中に入れる条件により、ウエストをややしぼり、基本的動作に伴うゆとり量を有したボックス型に近いシルエットを構成している。

　ラウンドネックにつく衿のパターンは、最もベーシックなものである。

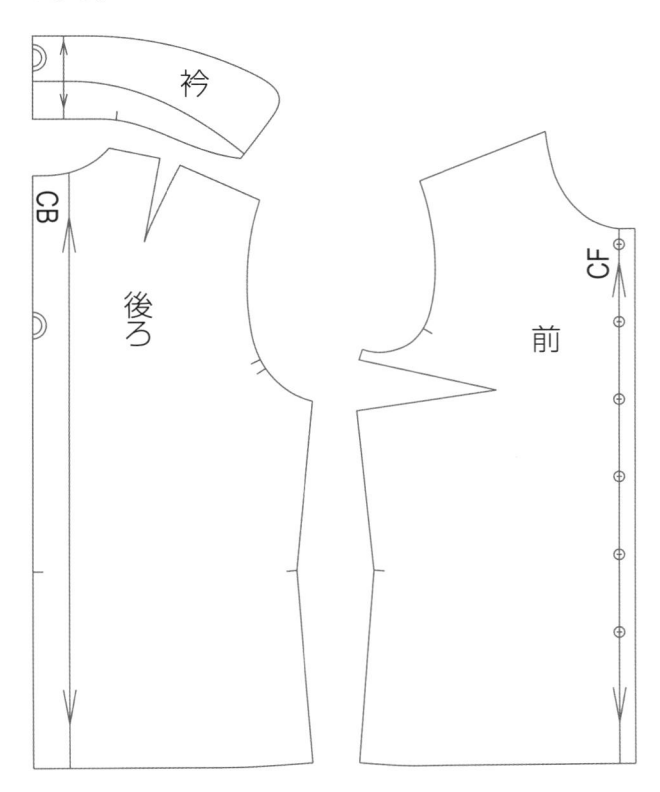

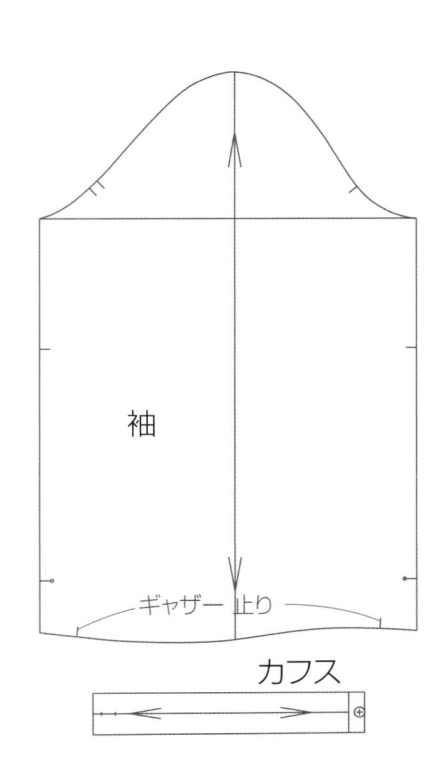

衿

CB　後ろ

CF　前

袖

ギャザー止り

カフス

第4章　基本アイテムのドレーピング

2 オーバーブラウス

ウエストをややシェープした、ベーシックなシルエットのオーバーブラウス。

返り止りをバストラインより上に設定した、シャープなオープンカラーで、袖はセットインスリーブ。裾からバストポイントに向かってとられたウエストダーツはデザイン線の効果を充分に表現している。

オーバーブラウスは、ボトムの上に出して着装するもので、ジャケットの代用やツーピースドレスなどにも広範囲に使用される。

トワルの準備

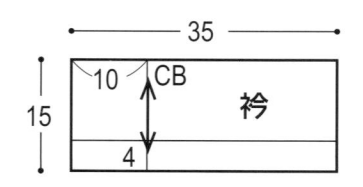

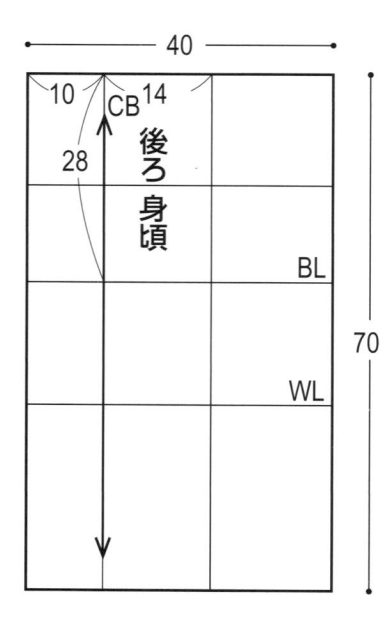

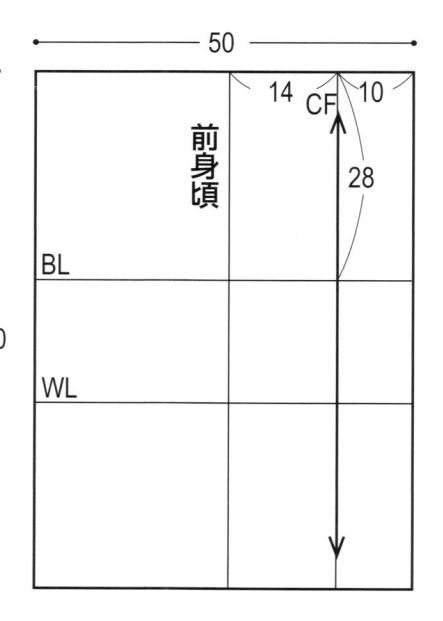

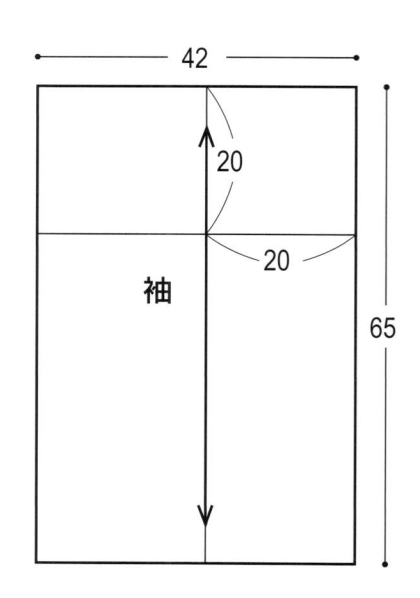

ボディの準備

ボディに腕をつける。

ボディラインを使用し、衿の返り止りを決めて前中心から打合せ幅を裾まで平行に入れる。後ろ中心の衿こしの高さから前端の返り止りまで、つながりよく返り線を入れて衿の形をしるす。

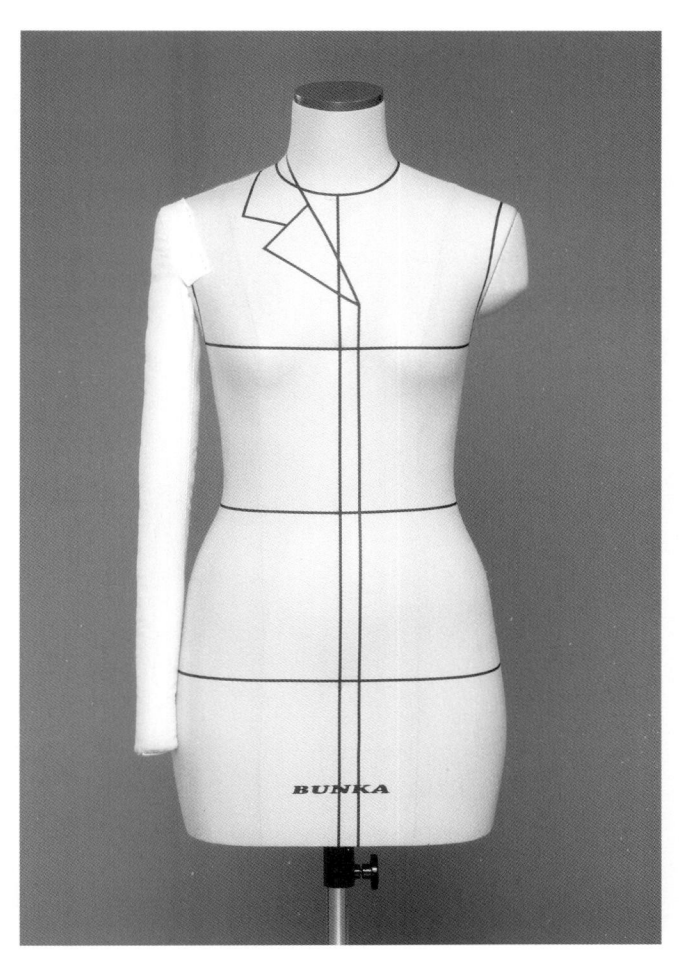

ドレーピング

1 前身頃の中心線をボディの中心線に合わせ、バストのガイドラインを水平に合わせて垂直、水平を確認し、中心に切込みを入れる。

2 バストポイント位置から矢印の方向に布目を通してそわせ、軽くピンで止め、衿ぐりを整理する。衿ぐりのゆとりを確認し、肩先をなじませ、胸幅側面のゆとりを作る。

肩、袖ぐり上部の余分な布をカットし、胸幅のゆとりを確保した状態のまま自然に下ろし、ヒップラインあたりにピンを打つ。

脇側面の布を後ろに回しておく。胸ぐせ分量が裾に移動して、バストラインとウエストラインが傾斜する。

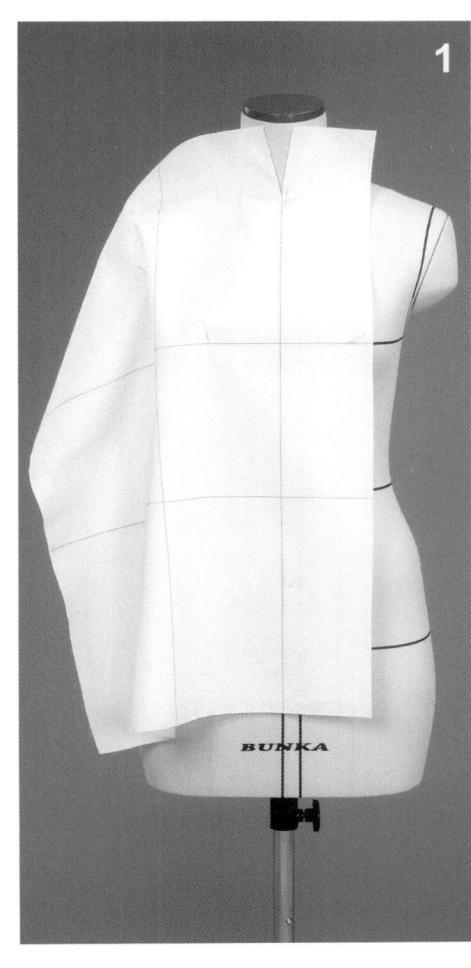

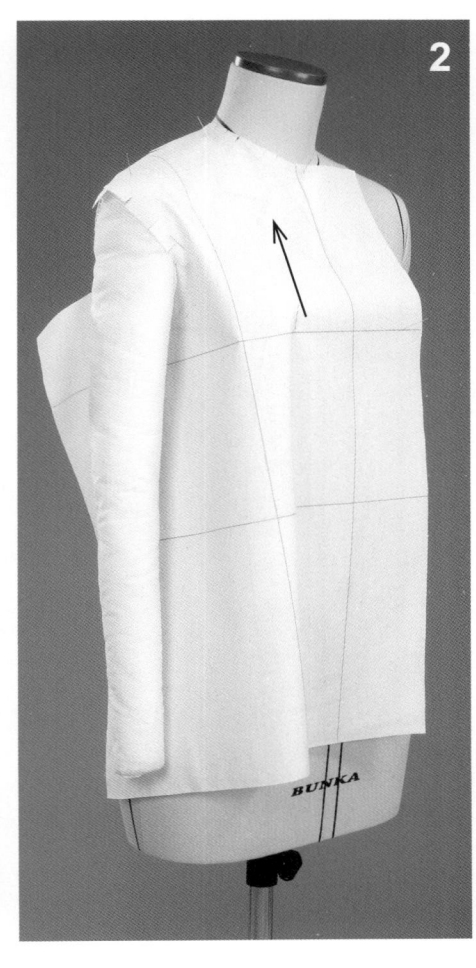

第4章 基本アイテムのドレーピング

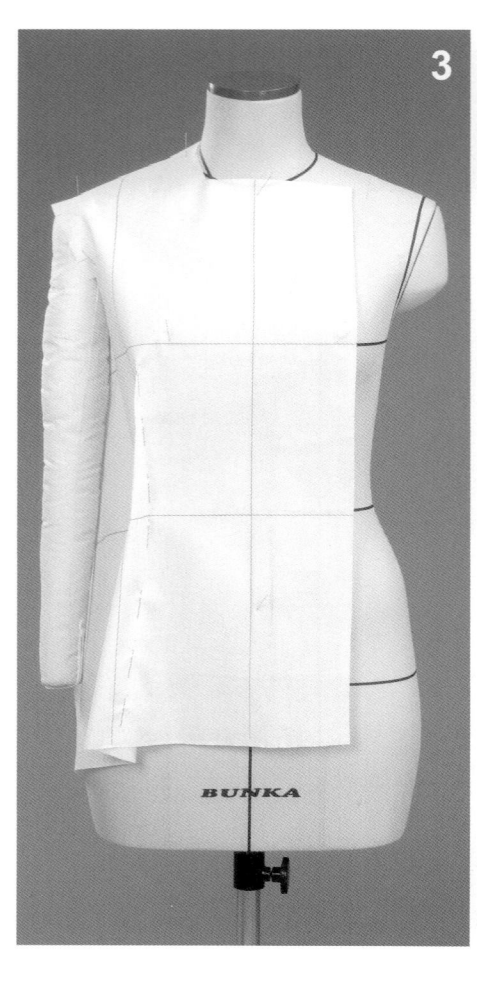

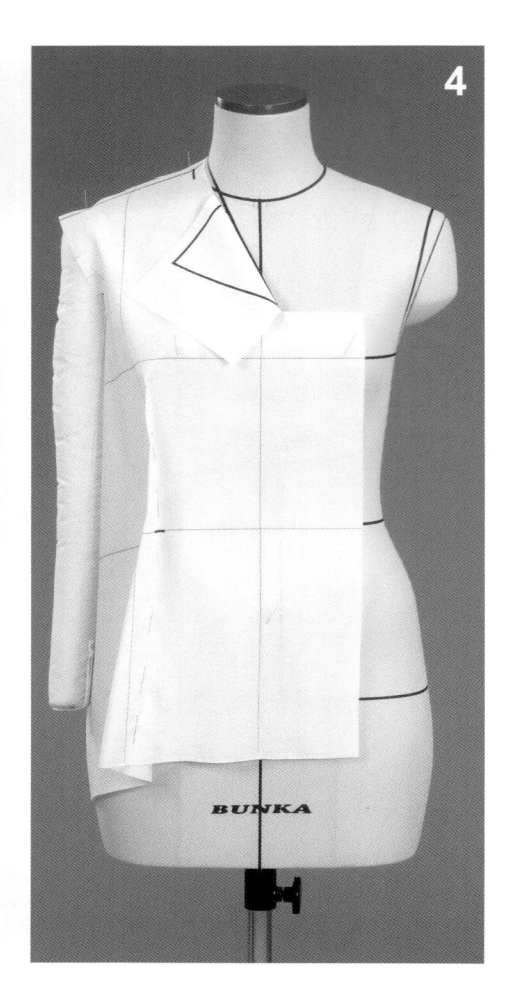

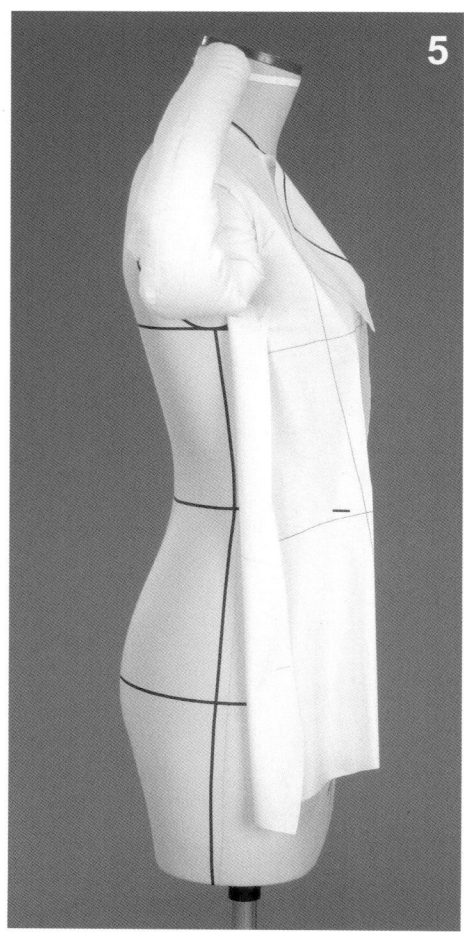

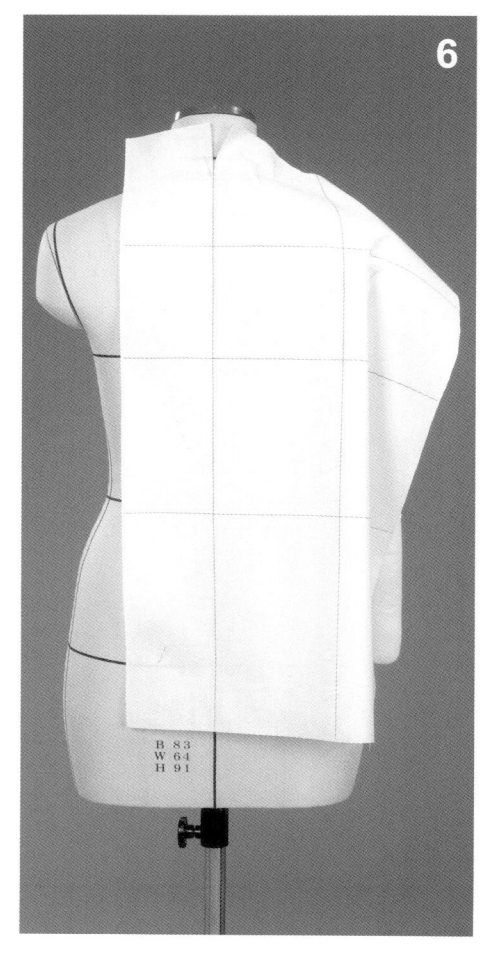

3 ダーツを構成する位置、方向を検討し、まず、ウエスト位置でややシェープしてつまみピンを打ち、ダーツ止りを決定し、上部に向かってピンを打つ。

　ヒップライン上でボトムを考慮したゆとり分を残し、余った分量をつまんでウエスト位置までピンを打つ。このダーツはデザイン線として大切なので、位置、方向、止りのバランスを充分確認する。

4 肩線を決定し、ラインを入れる。

　サイドネックポイントとウエストポイント位置に印を入れる。前端に返り止り位置まで水平に切込みを入れ、ボディの返り線のガイドラインに合わせて折り返す。ガイドラインを目安にラペルの形をしるす。

5 後ろ身頃に入る前に、脇側の布を前に返して軽くピンで止めておく。

6 後ろ身頃の中心線をボディの中心線に合わせ、バストラインと肩甲骨位置のガイドラインを水平に合わせる。

　垂直、水平を確認し、中心に切込みを入れる。

7 サイドネックポイントに向かって布目を通してそわせ、衿ぐりを整理する。肩甲骨を覆うゆとりを作り、そのまま側面まで水平に布をなじませる。軽く肩先までなで上げ、肩先にゆとりを入れて肩線に余った分量を肩ダーツとする。ダーツ位置、方向、止りのバランスを見て肩甲骨あたりに向かってダーツをつまむ。

肩は前に重ねて前肩線のラインの際に直角に重ねピンを打ち、余分な布をカットする。

背幅にゆとりを入れて、脇側のガイドラインを垂直にセットする。

肩甲骨位置から裾にかけて生じた分量を、ヒップライン上でボトムを覆うゆとり分を残して仮ピンを打つ。肩ダーツ位置からの流れを読み取り、ウエストダーツの位置、しぼり分量、止りを検討する。このとき後ろ中心には縫い目線がないことを把握したうえで、バランスよく設定する。ダーツをつまみピンにし、ウエスト位置に印を入れ、袖ぐりの余分な布をカットする。

8 前後の脇を合わせる（作業がしやすいように腕を上げている）。身幅のゆとりを加え、ウエスト位置では1.5cmくらいしぼり、ヒップライン上でゆとりを確認してつまみピンを打ち、余分な布をカットする。

ウエスト位置に印を入れ、前後ウエスト位置とのバランスを検討する。

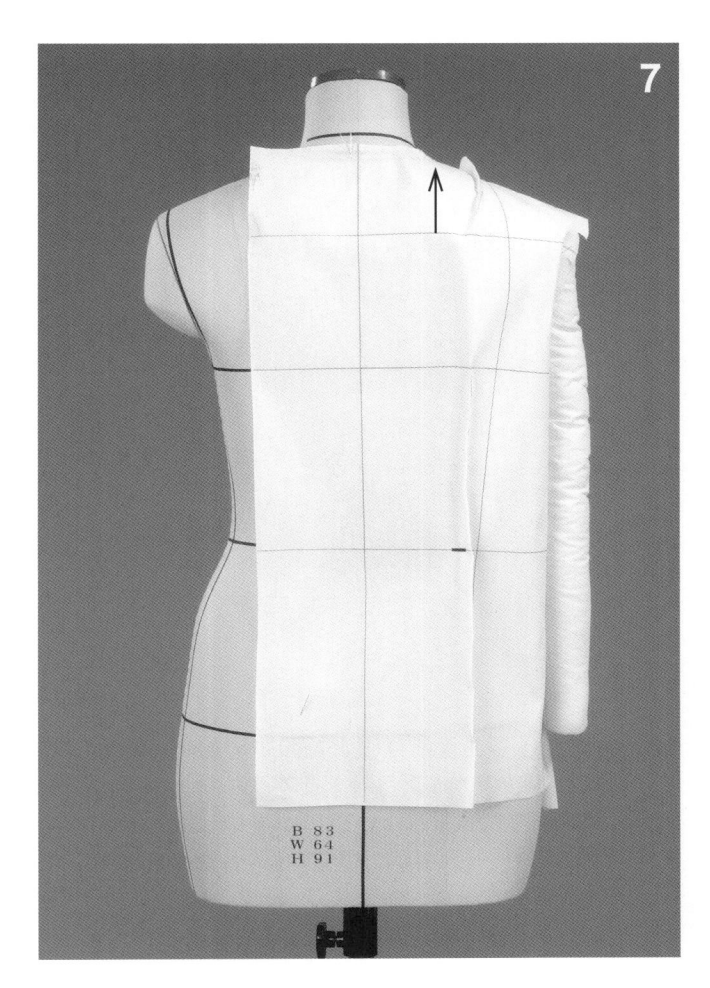

9 身頃のピン仕上げ。

肩ダーツと前後ウエストダーツは、それぞれ中心側に片返してピンを打つ。肩は後ろ身頃側に、脇は前身頃側に片返してピンを打つ。裾は余分な布をカットして出来上りに折り、縦にピンを打つ。前端を整え、ラペルの縫い代を整理する。

後ろ中心からサイドネックポイントを通り、3cmくらいまでボディラインで衿ぐりをしるす。袖ぐり上部に出来上りのラインを入れ、袖ぐり底を決定し、印をつける。

前中心にボタンをつける。第1ボタンの位置はラペルの返り止りに決め、ウエストラインあたりにもボタンがつくように、バランスを見て間隔を決定する。

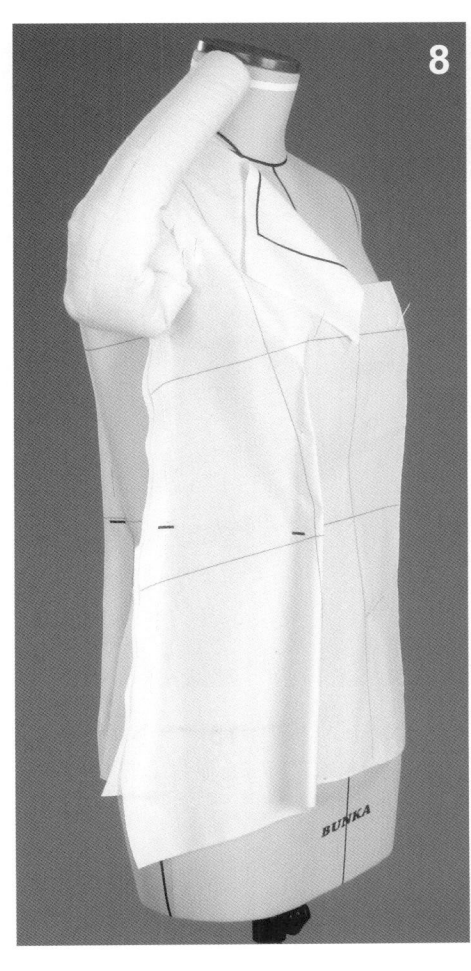

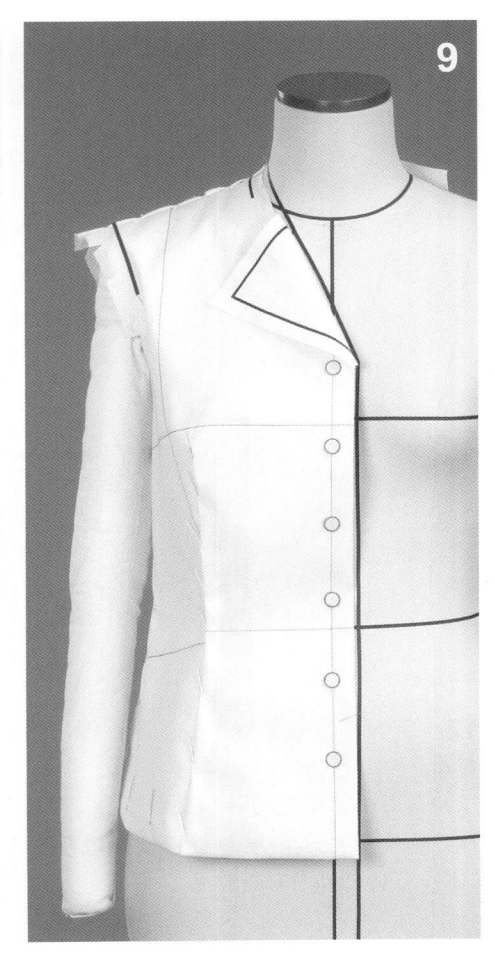

第4章　基本アイテムのドレーピング

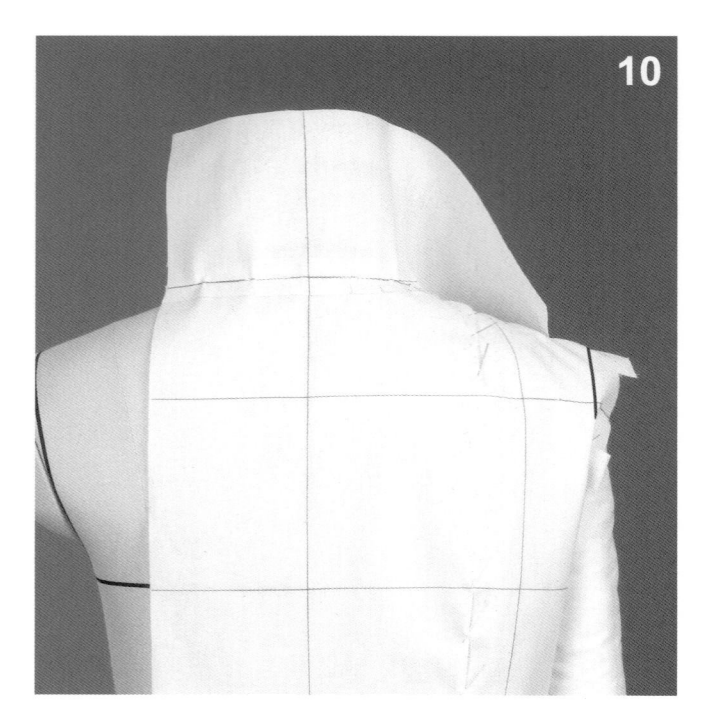

10 衿をつける。後ろ身頃と衿の中心線を合わせ、衿ぐり線に衿つけのガイドラインを水平に合わせてピンを打ち、さらに2.5cm離れた位置に水平にピンを打つ。衿布を首にそわせ、縫い代に切込みを入れながらサイドネックポイントまでピンで止める。

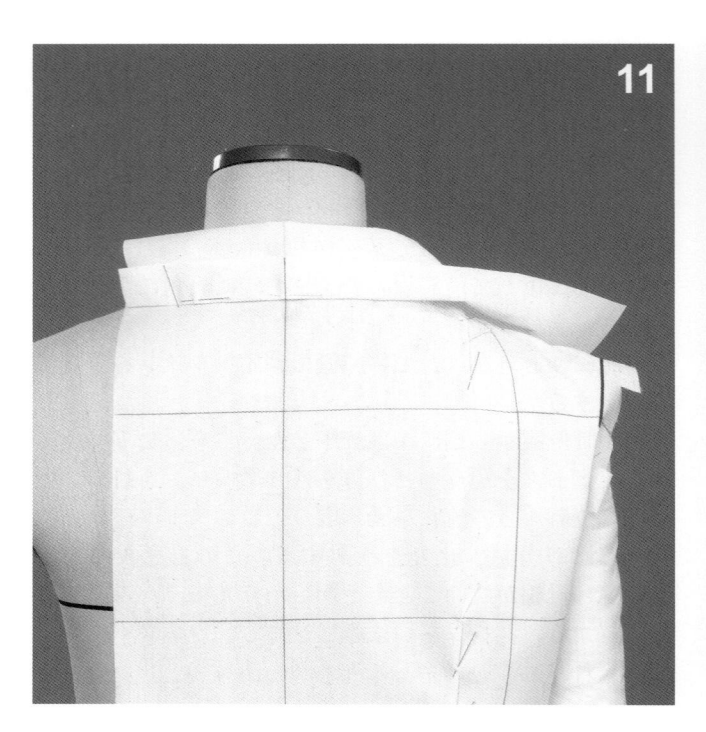

11 後ろ中心で衿こし、衿幅を決定し、水平にピンを打ち、衿布を前に回す。

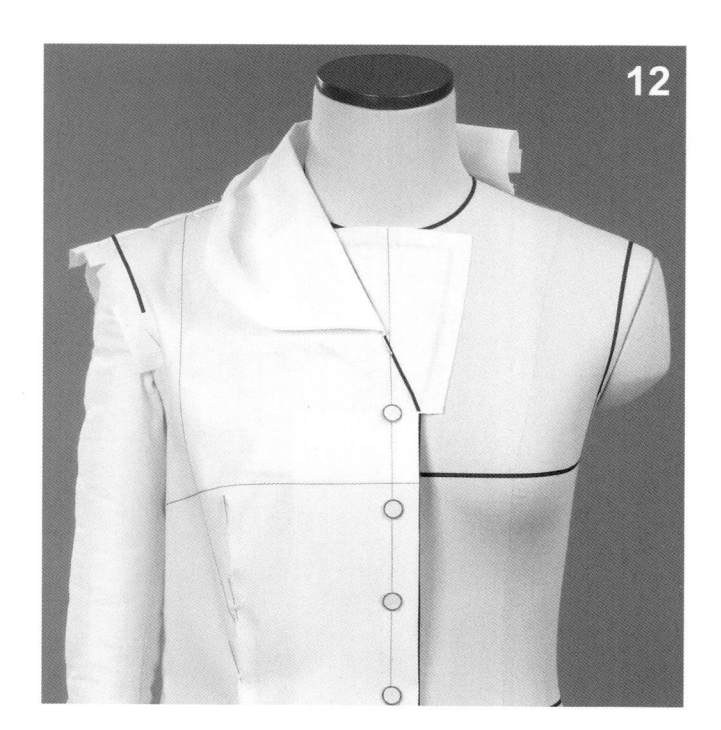

12 ラペルの布をおこし、返り線にボディラインを入れる。

衿こし、衿幅を吟味しながら衿ぐりにそわせ、上衿の返り線をラペルの返り線につなげる。首の周囲には指1本くらいのゆとりを作る。

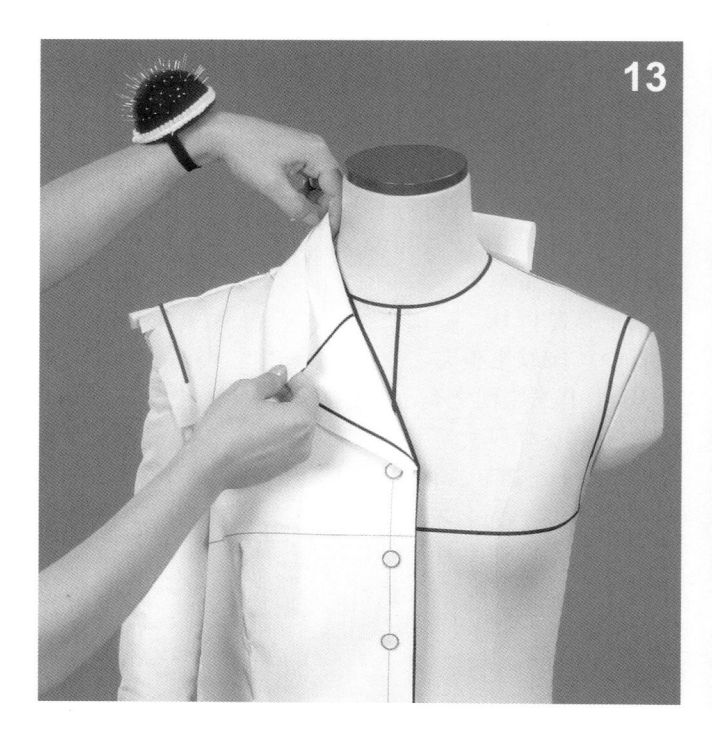

13 ラペルを折り返して上衿に重ね、首回りのゆとりを確保して再度返り線のつながりを確認する。

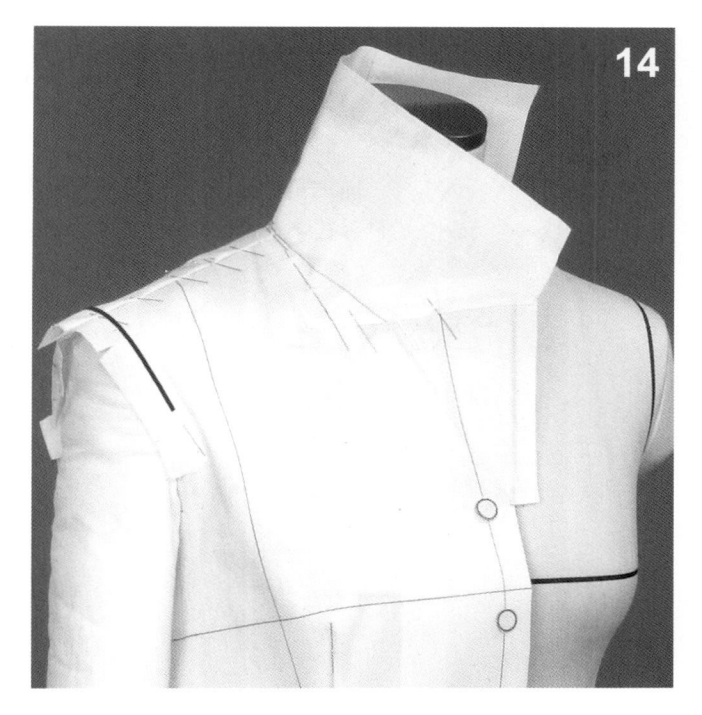

14　衿布とラペルをおこす。上衿をサイドネックポイントあたりでやや伸ばし、縫い代に切込みを入れながら上衿つけ止り位置までピンを打つ。

ゴージライン位置では、返り線と平行にピンを打つとよい。

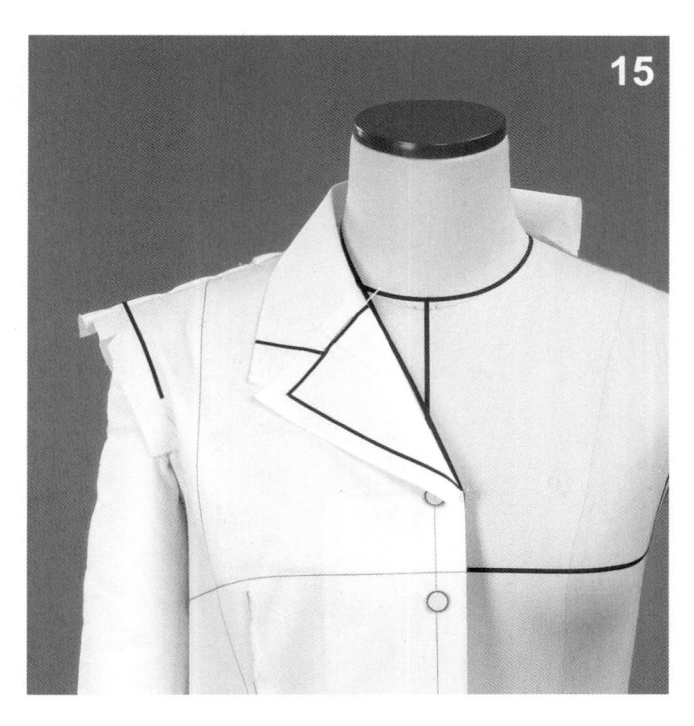

15　衿を折り返し、肩位置の衿の外回りを伸ばして過不足を確認し、整える。

衿形を決定し、ボディラインを入れて縫い代を整理する。

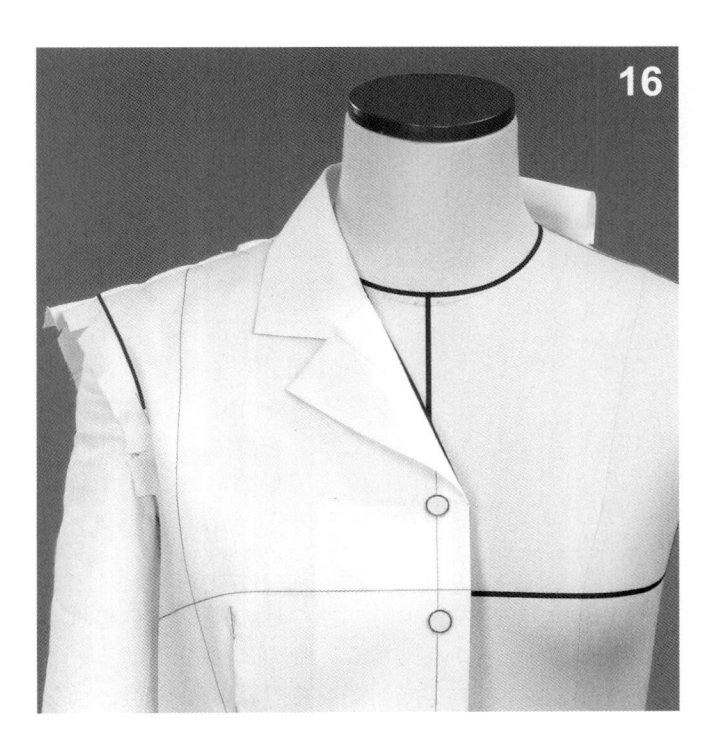

16　衿とラペルのピン仕上げ。

首回りのゆとり、衿とラペルの返り線のつながり、ゴージラインと刻みのバランス等を再確認する。

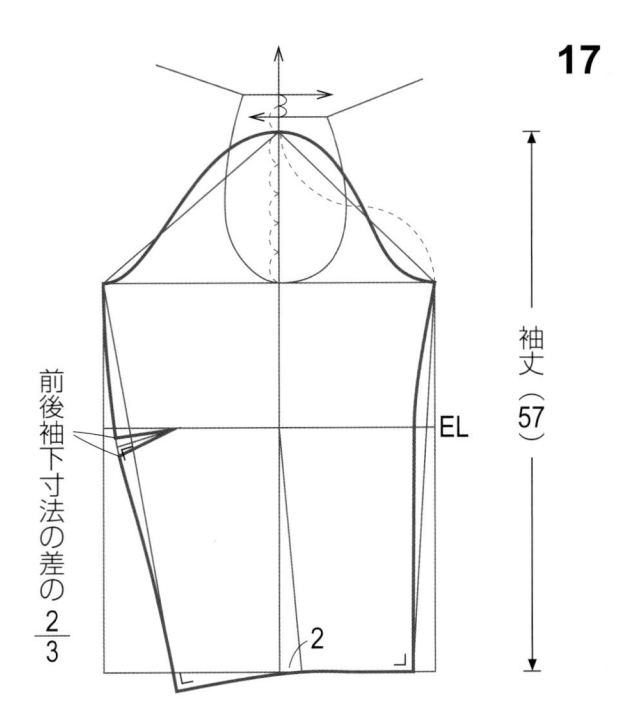

17　袖は平面作図で組み立てる。袖山の高さは前後の平均肩先高から袖ぐり底までの $\frac{5}{6}$ であらかじめ決めておき、袖丈、袖口寸法、肘ぐせのダーツ分量も想定して、つけた結果により決定する。

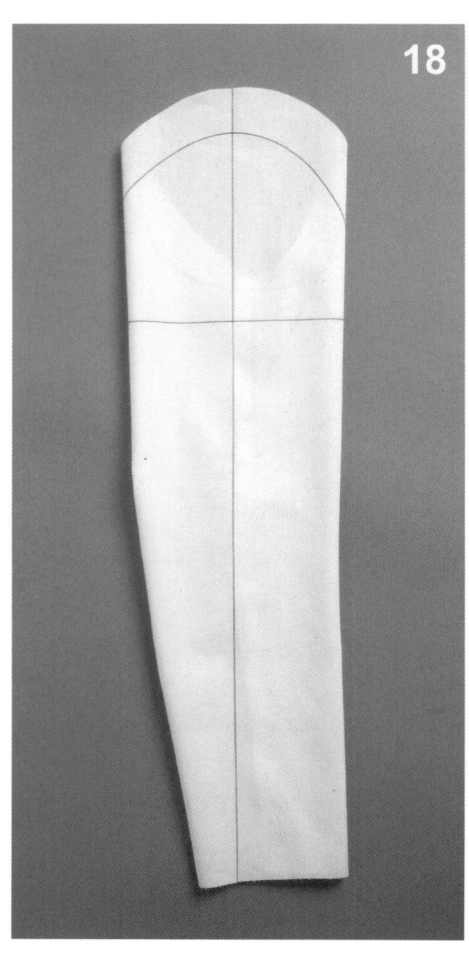

18、19 袖布に袖のパターンをうつし取り、筒状に組み立てた外袖側と内袖側。

肘ダーツは下に片返し、袖下はいせの配分を見ながら後ろに片返してピンを打つ。

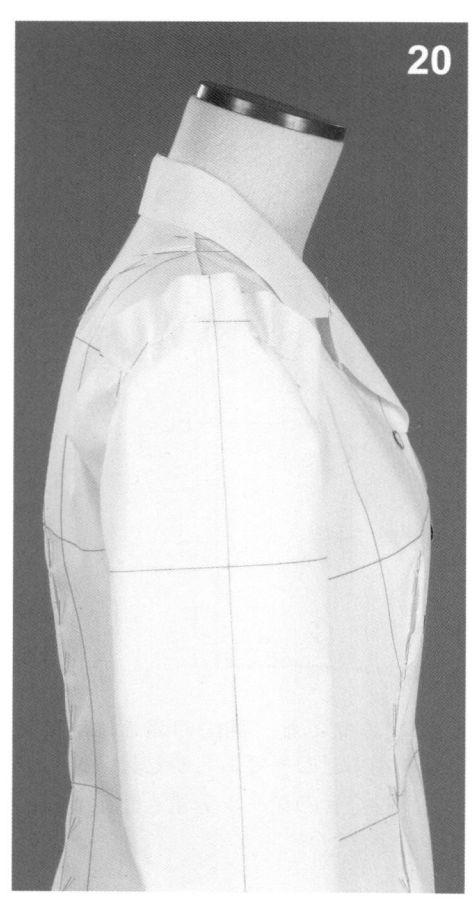

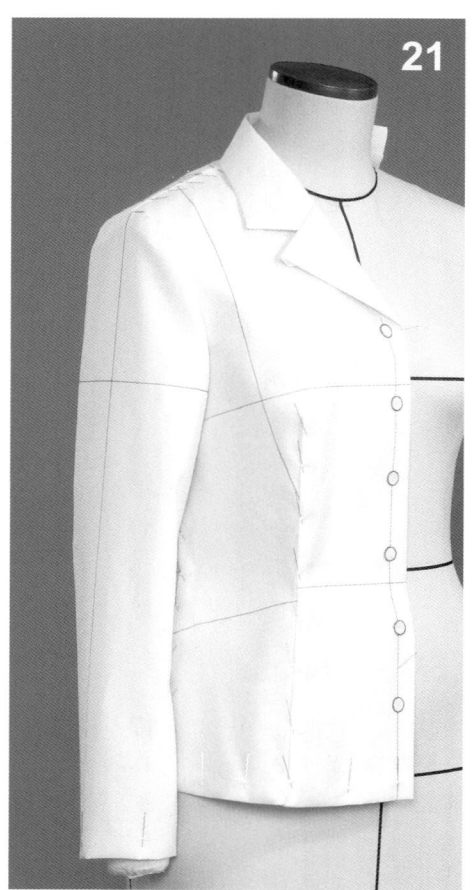

20 袖をつける。タックインブラウスと同様に袖底にピンを打ち、袖ぐりの肩先位置に袖山の中央を重ね合わせてピンを打つ。身頃の前後腋点あたりに袖のすわりを確認してピンを打つ。

袖ぐり上部にいせを大まかに配分し、肩先の丸みや厚み感を作る。改めて細かくピンを打ち直し、前後のいせ分量のバランスを確認する。

21 袖つけのピン仕上げ。

袖つけの縫い代を整理して、身頃に袖をつける。まず袖ぐり底、袖山点、前後腋点あたり（合い印）にピンを打ち、くけピンでまとめる。

肘ダーツの位置、方向、長さ、袖丈と袖口幅とのバランスを検討し、修正する。

出来上り

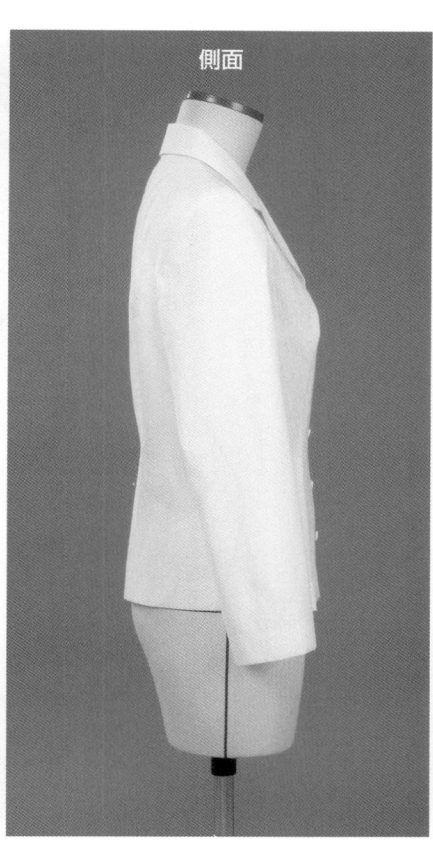

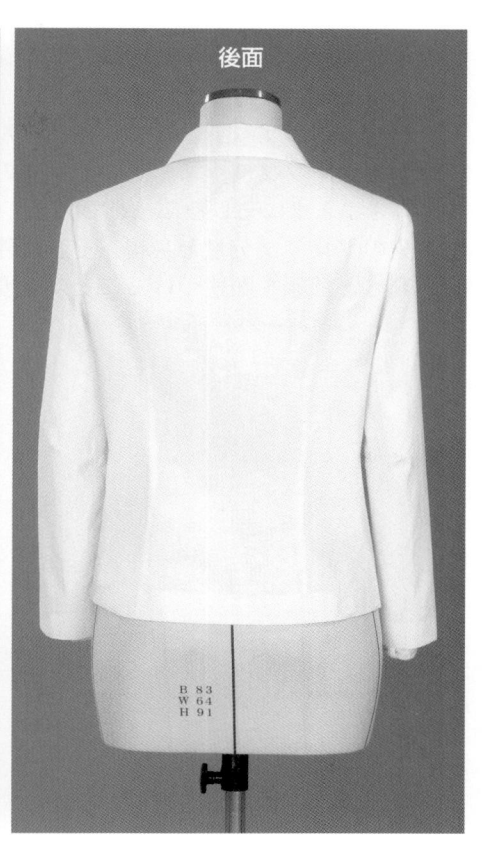

前面　側面　後面

トレースパターン

　ボトムの外に出して着用する基本的動作に伴うゆとり量を有している。胸ぐせ分量とウエストのしぼり分量が含まれたウエストダーツにより、前脇側が傾斜し、布目が変化していることがわかる。後ろ身頃の肩ダーツとウエストダーツは、1本につながる流れの位置に設定されている。

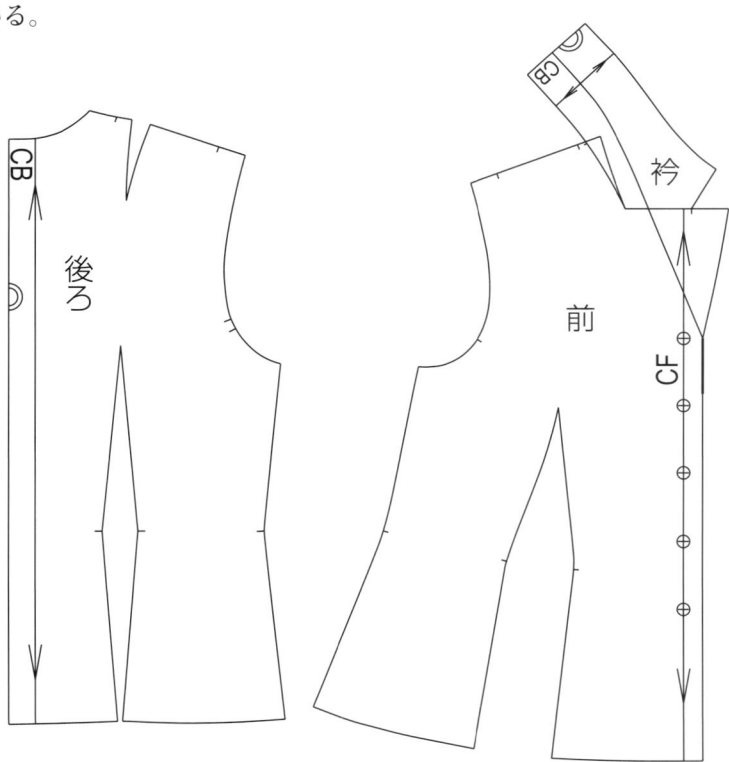

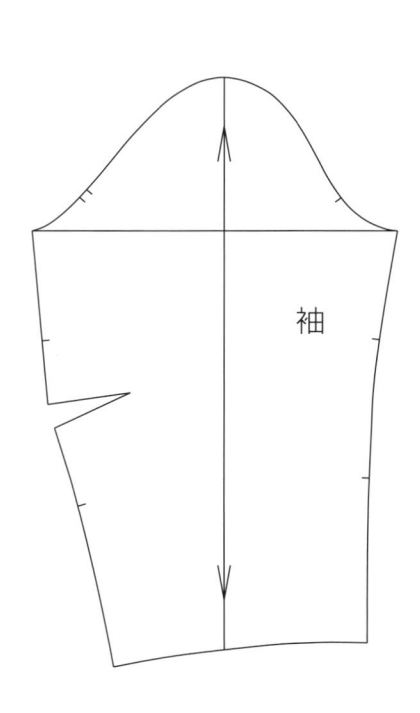

第4章　基本アイテムのドレーピング

3 シャツブラウス

ゆとりのたっぷり入ったドロップトショルダーの身頃で、台衿つきシャツカラー、ヨーク、前短冊、ポケットなどのディテールで構成されたシャツブラウス。ディテールの変化によりさまざまに楽しむことができる。

肩先のドロップ分量と身幅、それに伴う袖山の高さと袖幅を関連づけることが重要である。

トワルの準備

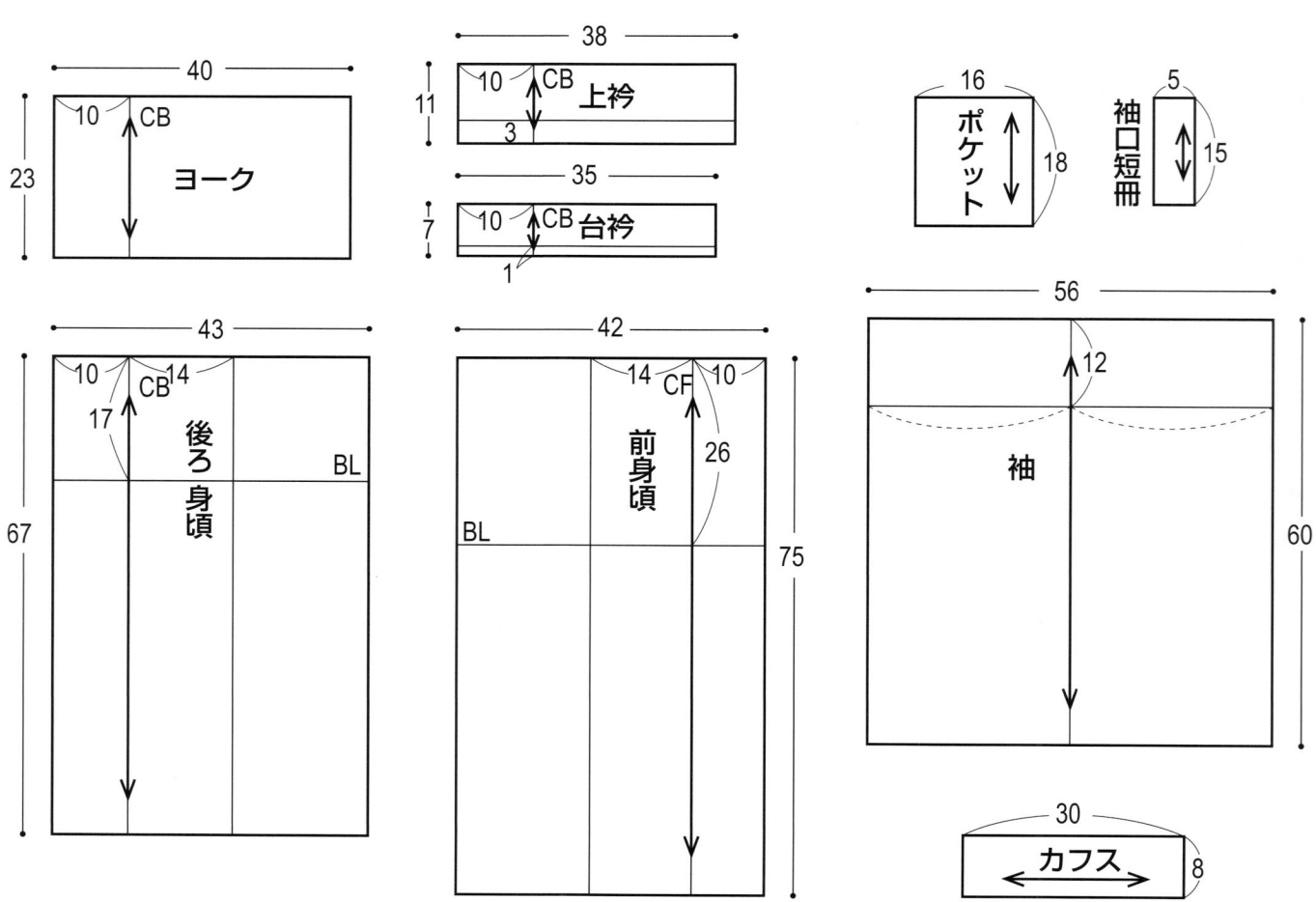

ボディの準備

ボディに短冊、ヨーク位置をしるす。

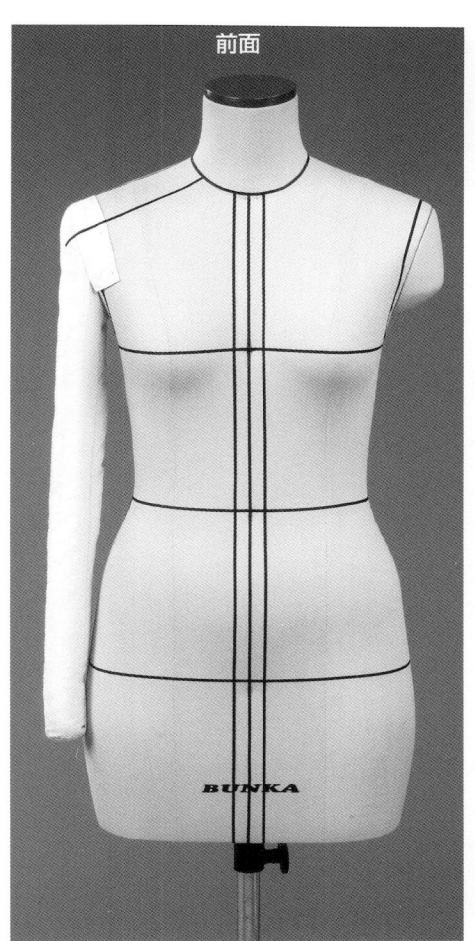

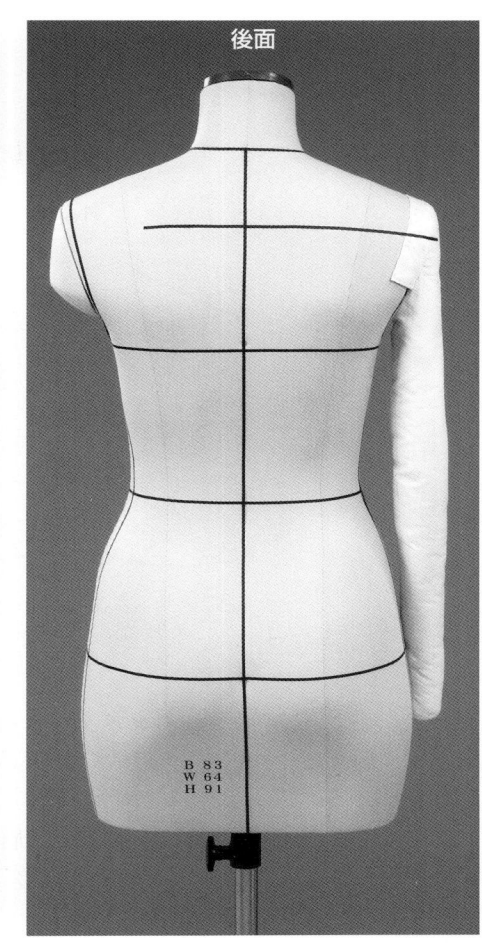

前面　　　後面

ドレーピング

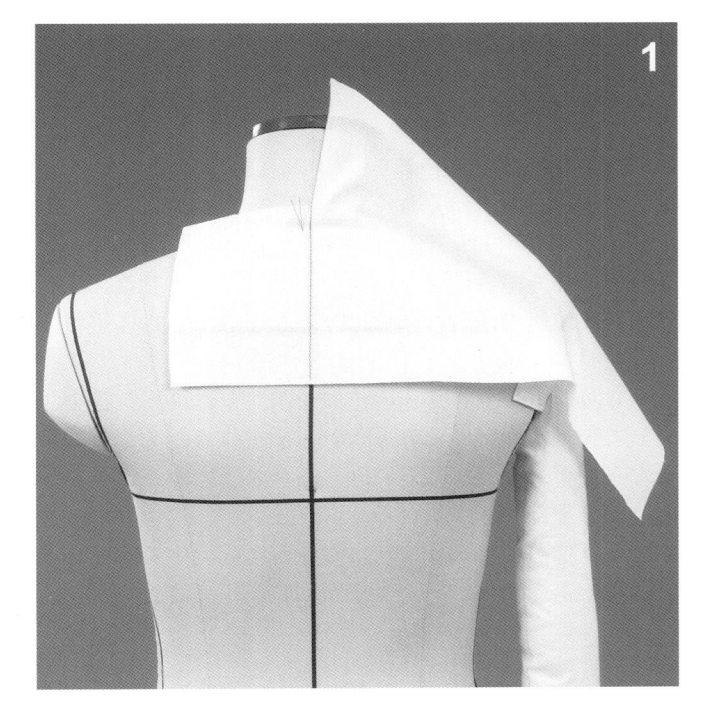

1 ヨークの中心線をボディの中心線に垂直に、肩甲骨位置を水平に合わせてピンを打ち、衿ぐりの中心に切込みを入れる。

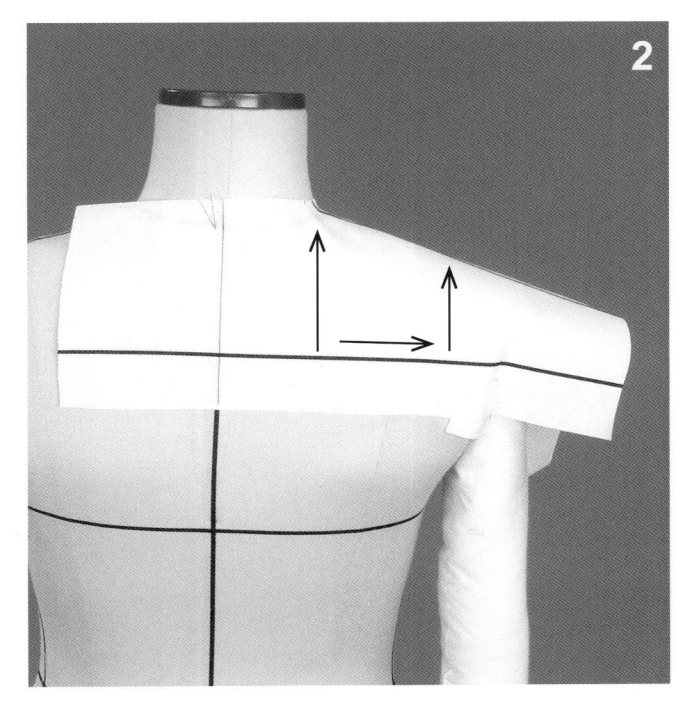

2 サイドネックポイントに向かって布目を通してそわせ、軽くピンを打ち、後ろ衿ぐりを整理して布を前に回しておく。肩甲骨を覆うゆとりを作り、肩先にゆとりを入れながら布をなじませる。

後ろヨーク位置にラインを入れる。

第4章　基本アイテムのドレーピング

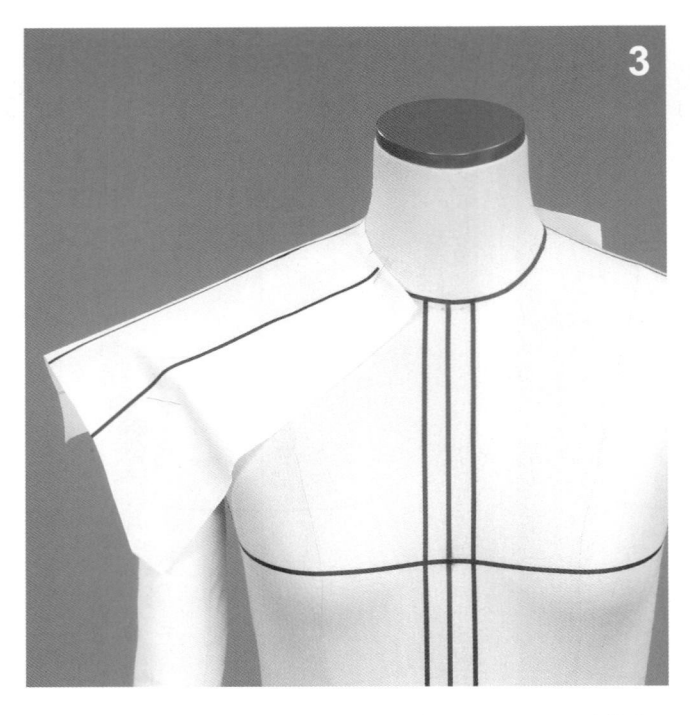

3 肩線は切替えがなく、サイドネックポイント周辺がつれやすいため、ほどよいゆとりと切込みを入れて前衿ぐりを整える。
　肩先のゆとり量を確保した状態で、肩線と前ヨーク位置にラインを入れる。このとき、肩先に薄手の肩パッドを入れてラインを引いてもよい。

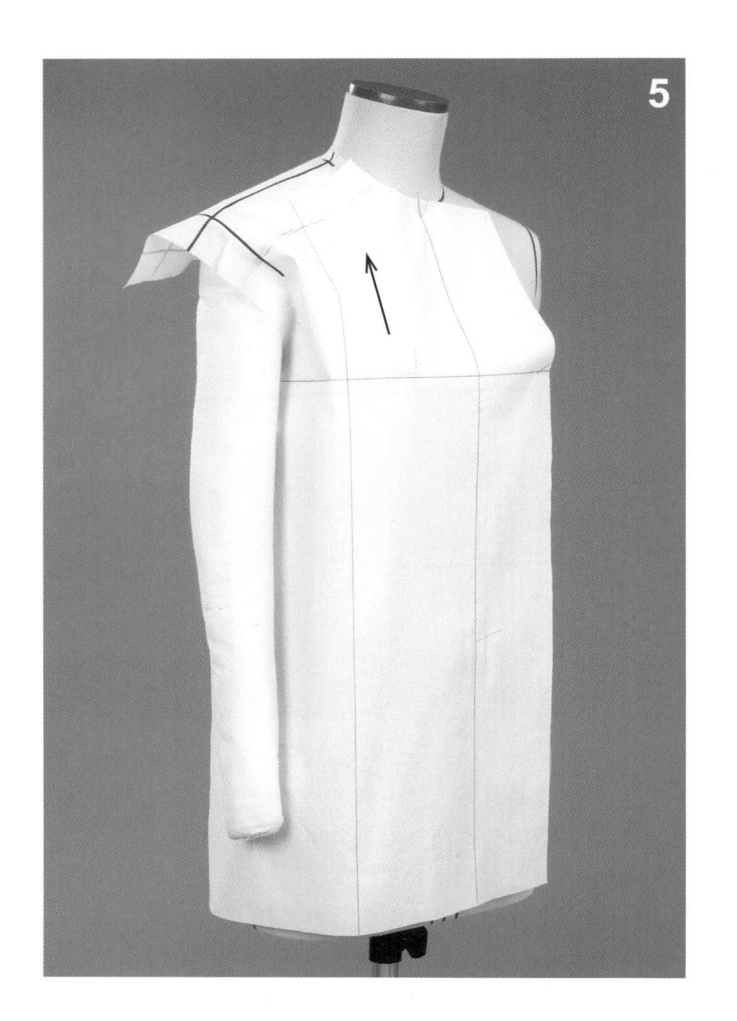

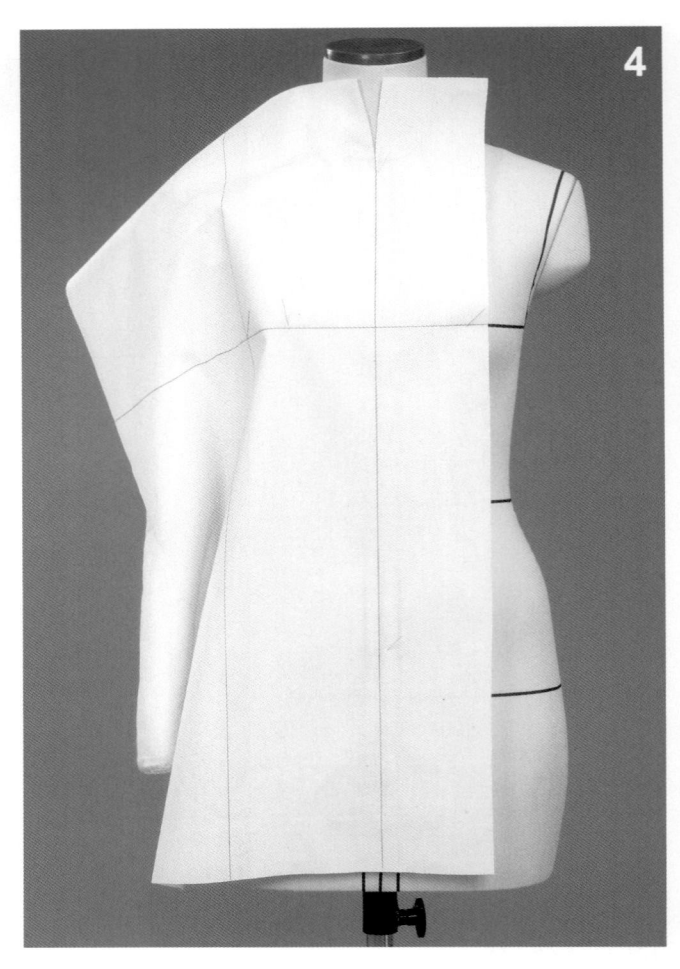

4 前身頃の中心線をボディの中心線に合わせ、バストのガイドラインを合わせて垂直、水平を確認し、衿ぐりの中心に切込みを入れる。

5 バストポイント位置から上部に布目を通してそわせ、ピンを打ち、衿ぐりを整理する。
　バストのガイドラインを水平に、側面のガイドラインを垂直に保ち、身頃をヨークに重ねてなじませる。ヨーク切替え位置の余分な布をカットしてヨーク布に重ね、ピンを打つ。
　ドロップトショルダーの位置を決定し、袖ぐり線を想定して胸幅側面でゆとりを入れ、面を作る。袖ぐりの余分な布をカットして後ろに回し、サイドネックポイントと袖ぐり上部に印を入れる。
　ヒップ位置でボックス状に作られた面の中に必要なゆとり量があるか検討し、大まかに脇を決めておく。

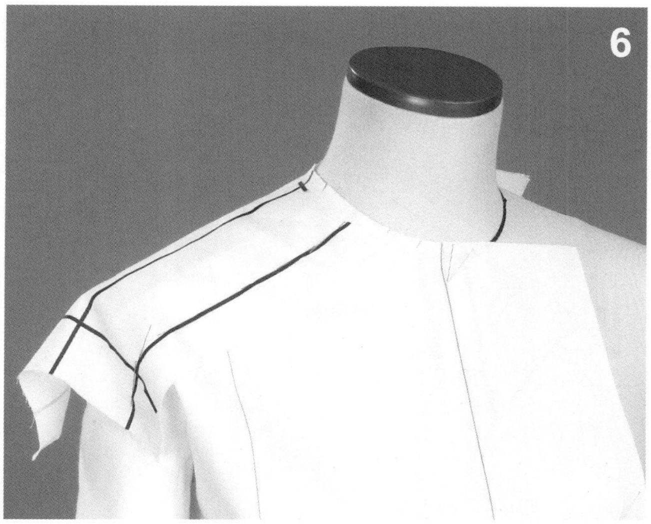

6　ヨーク布を身頃の上に重ねてピンを打ち直す。ラインを表に見せることでバランスが確認できる。

7　後ろ身頃の中心にタックを作り、ピンで止める。後ろ身頃の中心線をボディの中心線に垂直に合わせ、バストのガイドラインを水平にしてヨーク布に重ねる。

ヨークと同じように肩甲骨周辺にゆとりを入れてなじませ、袖ぐり位置まで仮ピンを打つ。

側面とバストのガイドラインの垂直、水平を確認し、ヨーク布を上に重ね直してピンを打つ。背幅側面でゆとりを作り、ボックス状に整え、袖ぐりの余分な布をカットする。

ヒップのゆとりを確認し、前後の脇を合わせ、袖ぐり底にボディラインで印を入れる。

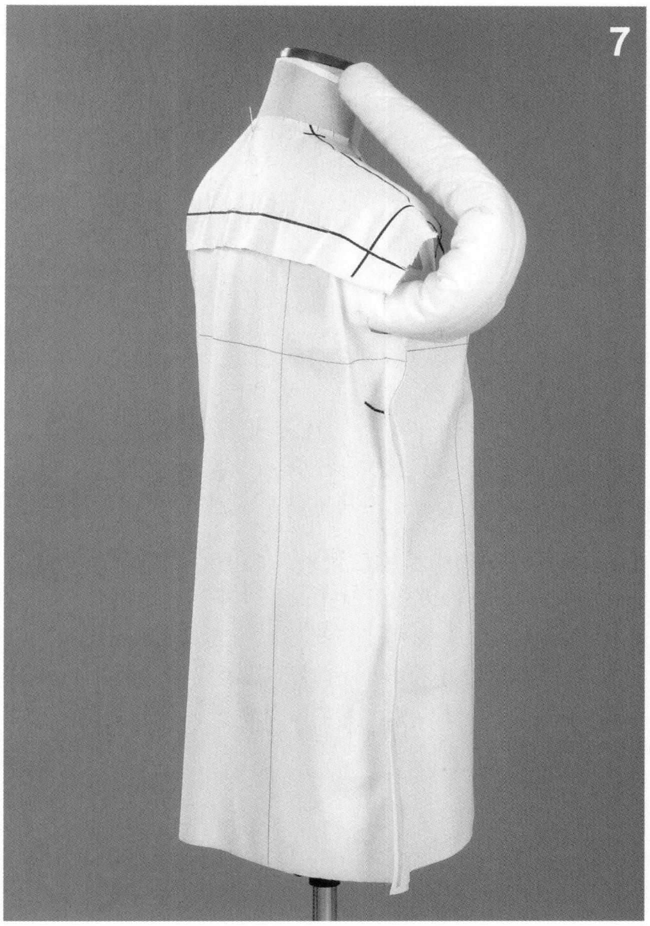

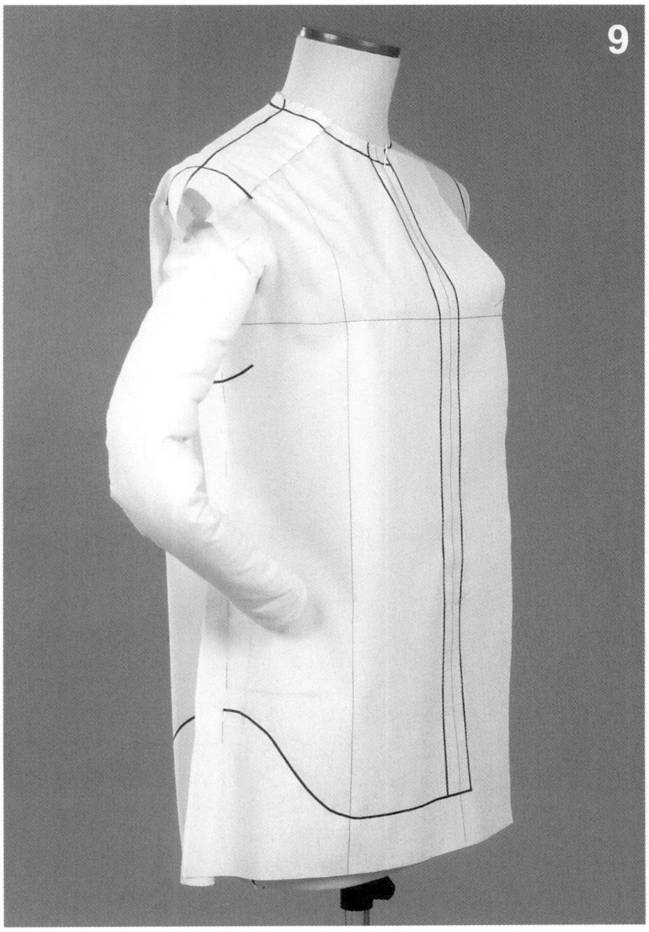

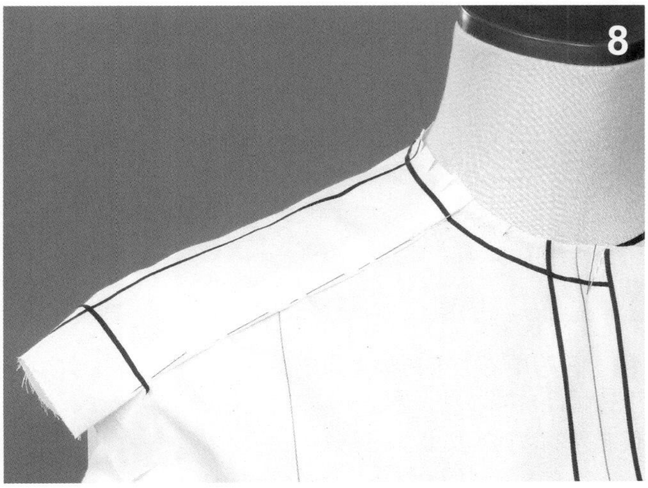

8、9　ヨークを出来上りに折り、伏せピンで整える。衿ぐり、前短冊、裾線をボディラインで入れる。

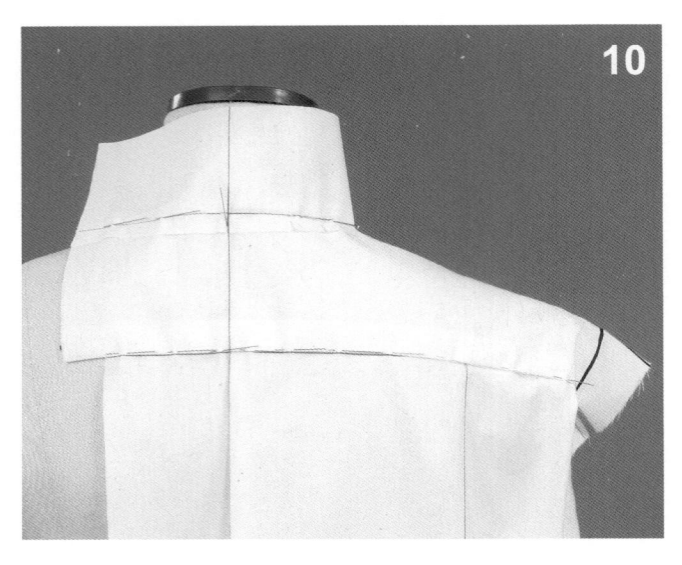

10 後ろ身頃の中心線に台衿布の中心線を合わせ、衿ぐり線に衿つけのガイドラインを水平に合わせる。
　中心に重ねピンを水平に打ち、さらに2.5cm離れた位置に水平にピンを打つ。台衿の縫い代に切込みを入れながら首にそわせ、サイドネックポイントまでピンで止める。

11 前に回した布を台衿の高さを吟味しながら衿ぐりにそわせ、同時に首の周囲に指先1本くらいのゆとりを作り、ピンを打つ。余分な布をカットし、台衿の形をボディラインで入れる。

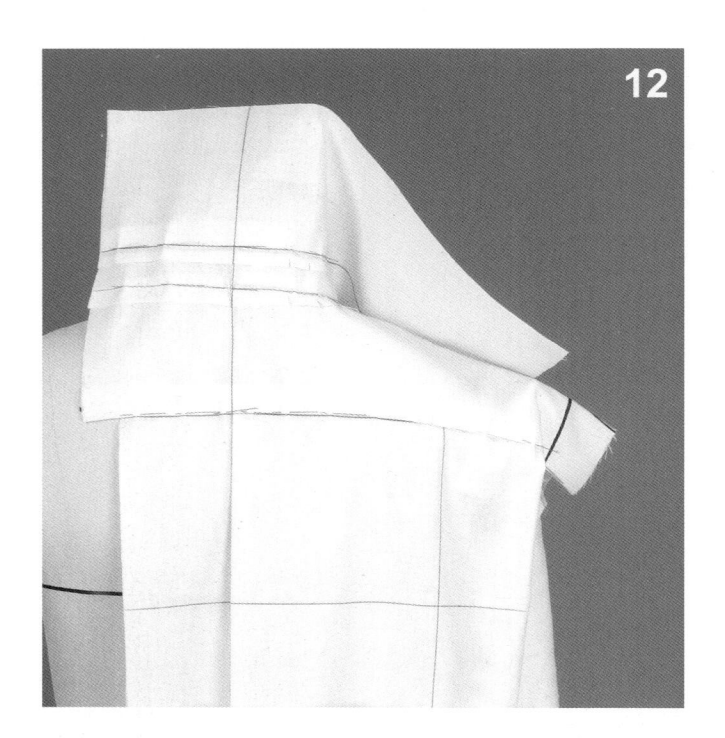

12 台衿の後ろ中心線に上衿の後ろ中心線を合わせ、台衿に衿つけのガイドラインを水平に合わせて重ねピンを打つ。さらにサイドネックポイントまで台衿になじませピンを打つ。

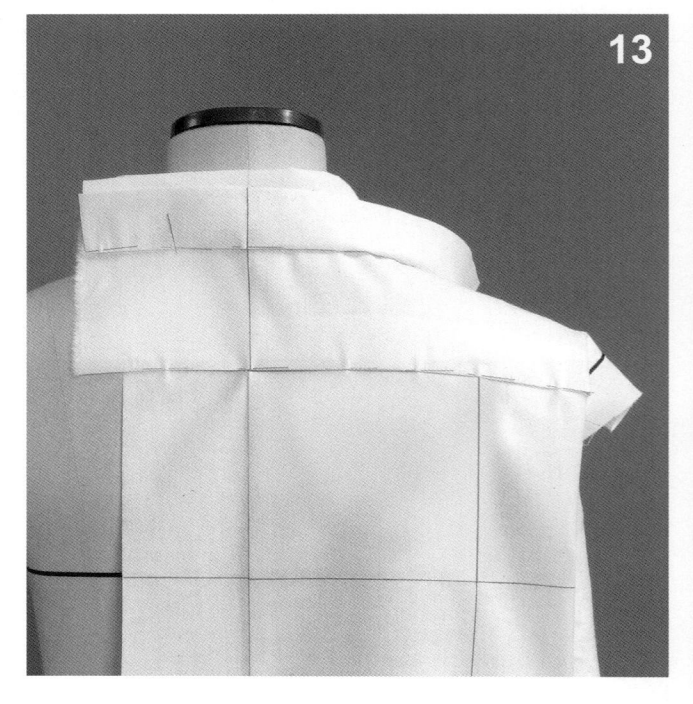

13 後ろ中心で上衿幅を決定し、水平にピンを打つ。上衿幅は台衿の衿つけ線が見えないように決めて、縫い代を外側に返してピンを打つ。
　上衿布を前に回す。

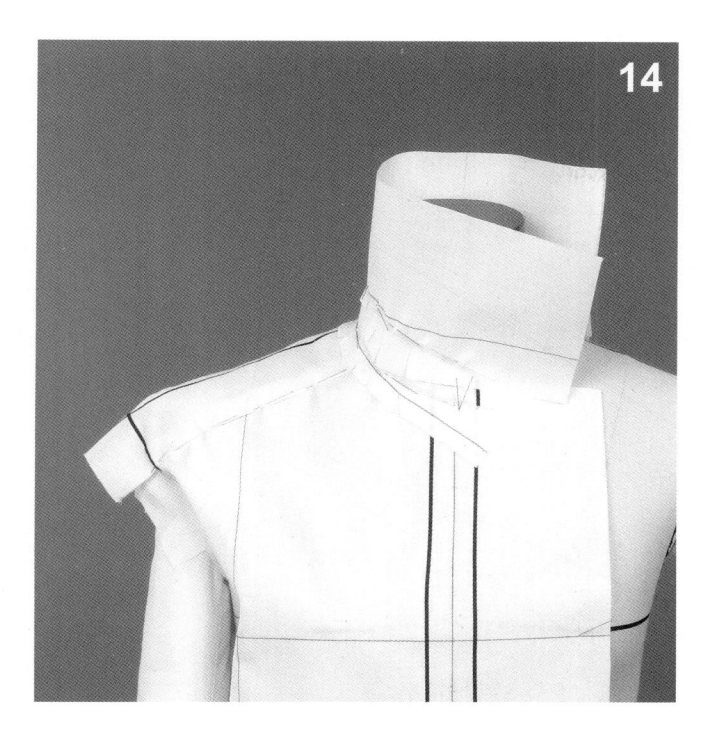

14 上衿布をおこし、つけ側縫い代に切込みを入れながら台衿にそわせて前中心までピンを打つ。

15 上衿を出来上りに折り返して衿の形をボディラインで入れる。

16 衿と身頃を仕上げピンでまとめる。身頃の脇は前に片返して伏せピンを打つ。袖ぐりをしるす（ここでは、はっきりわかるようにボディラインを使用）。
　台衿つきシャツカラーは、まず台衿周囲の縫い代を裏面に折り、出来上りに整える。次に上衿の周囲を整え、上衿（裏面）のつけ線に合い印を合わせて台衿を重ね、ピンを打ち、台衿のつけ線を身頃衿ぐりの合い印に合わせてピンを打つ。

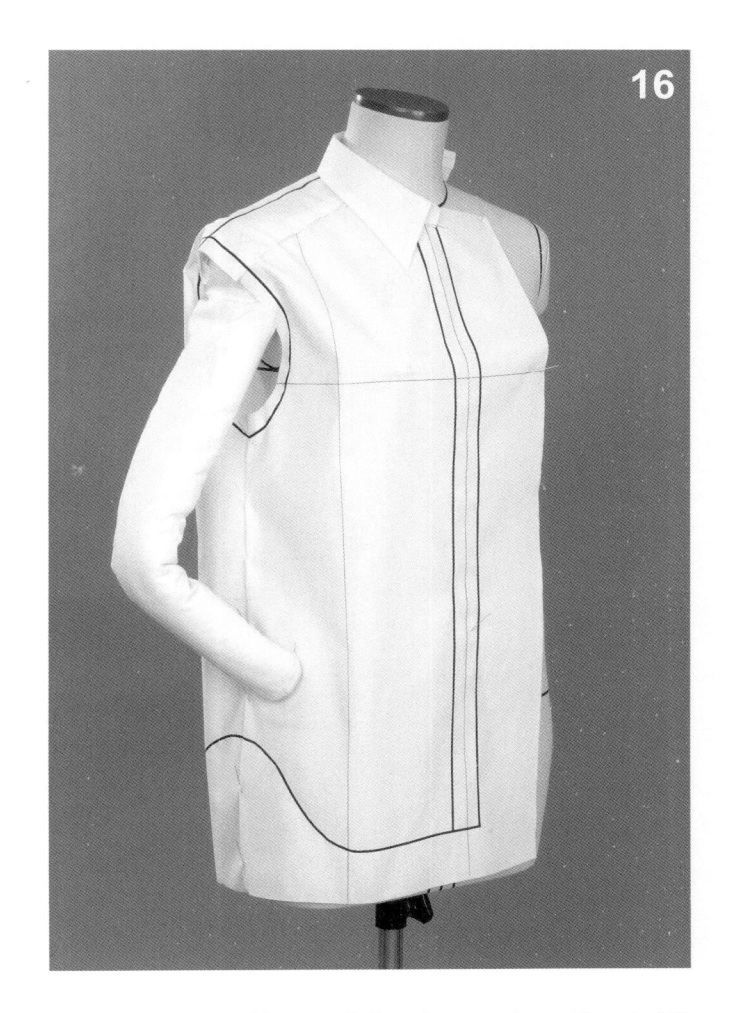

17 袖は平面作図で組み立てる。

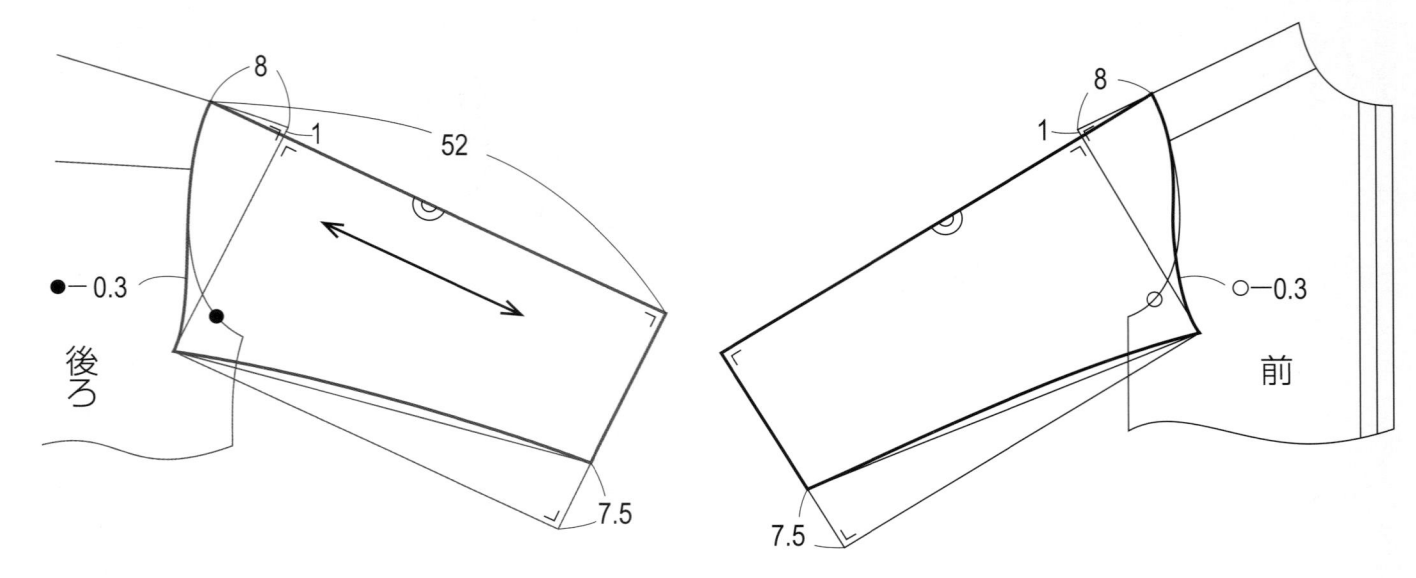

袖ぐりは身頃とヨークを突き合わせた状態にする。肩先から8cm延長し、1cmの角度をつけて袖丈寸法（カフス分を除いた寸法）をとる。袖山の高さを決め、その位置から直角に袖幅の案内線を引き、身頃袖ぐり寸法より0.3cmマイナスした寸法を案内線上に求める（袖つけは最終的に身頃側に片返して仕上げるのでその分少なくする）。

袖つけ線はすわりの位置からややカーブをつけてかく。

後ろと同様にかく。

袖つけ線はすわりの位置あたりで腕の方向性をだすため、後ろ袖つけ線より深くくり、カーブでかく。

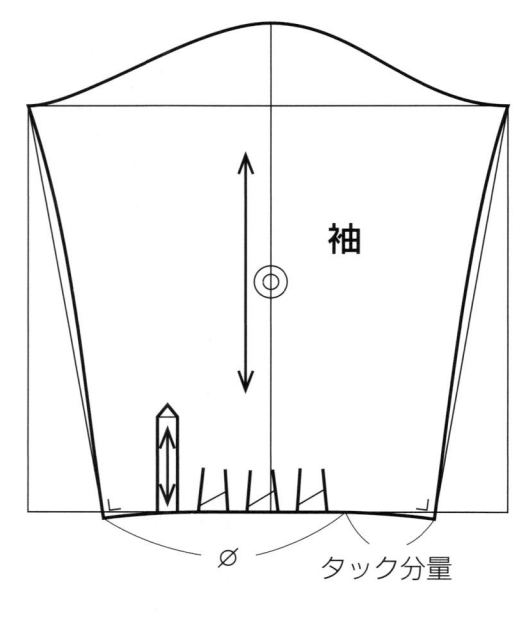

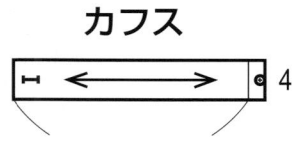

24（手首回り+8）＝∅

前後の袖を突き合わせ、カフス寸法を決めて短冊、タックをかく。

18、19 袖布に袖のパターンをうつし取り、筒状に組み立てた外袖側と内袖側。袖下は前に片返しをする。

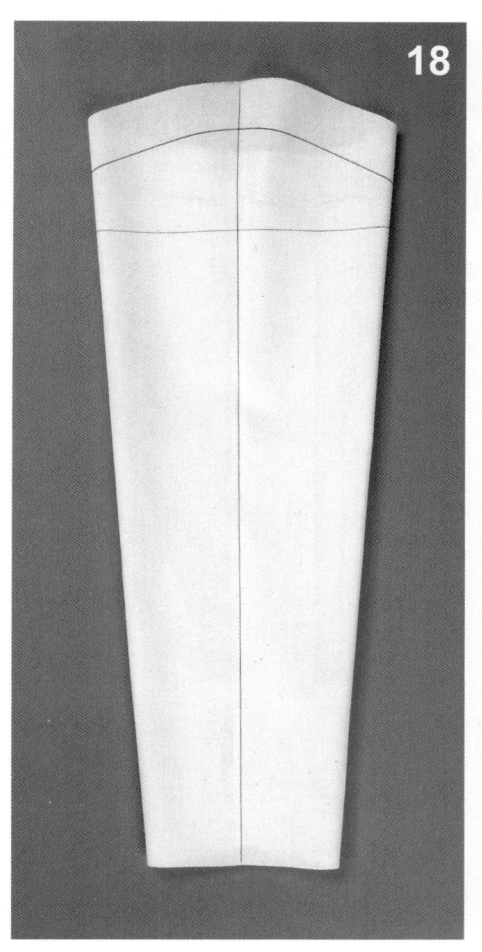

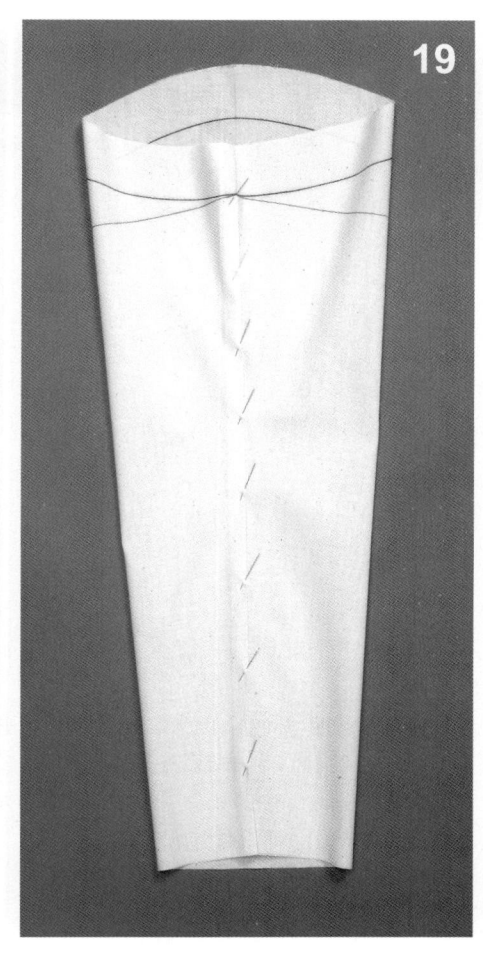

20 身頃に袖をつける。
　身頃の袖ぐり底に袖底を合わせてピンを打つ。腕をやや前方に45度くらいの角度にして、袖つけ線を目安に身頃の前後腋点あたりにすわりを確認してピンを打つ。
　袖山の高さが適切であるか検討する。
　作図の袖つけ線はあくまで仮定であり、身頃にすわりよくセットされた結果を最終の袖つけ線として修正する。

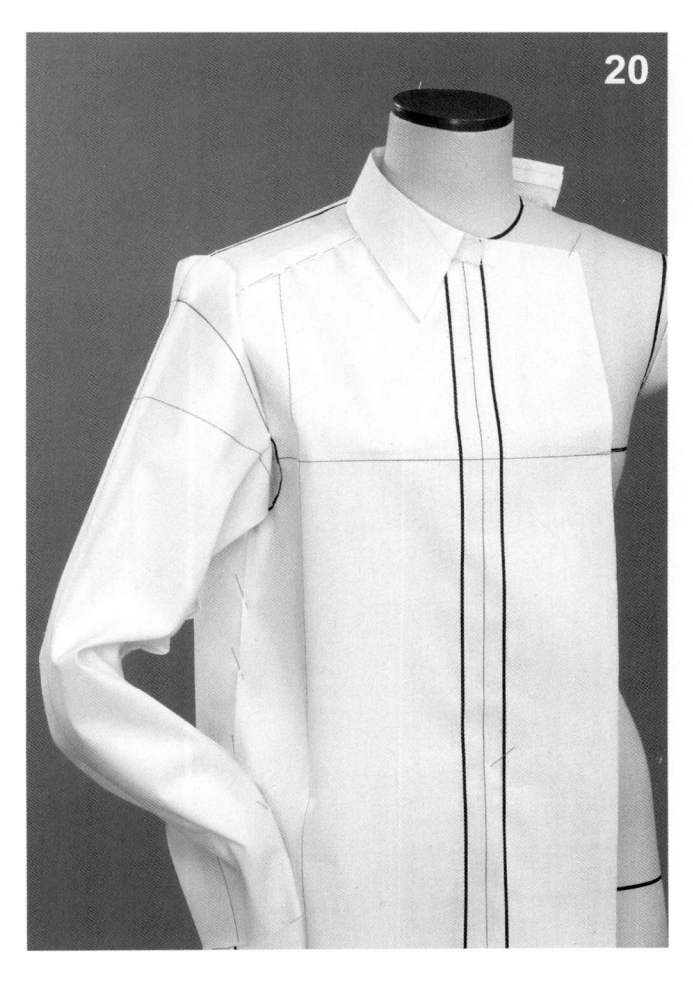

第4章　基本アイテムのドレーピング

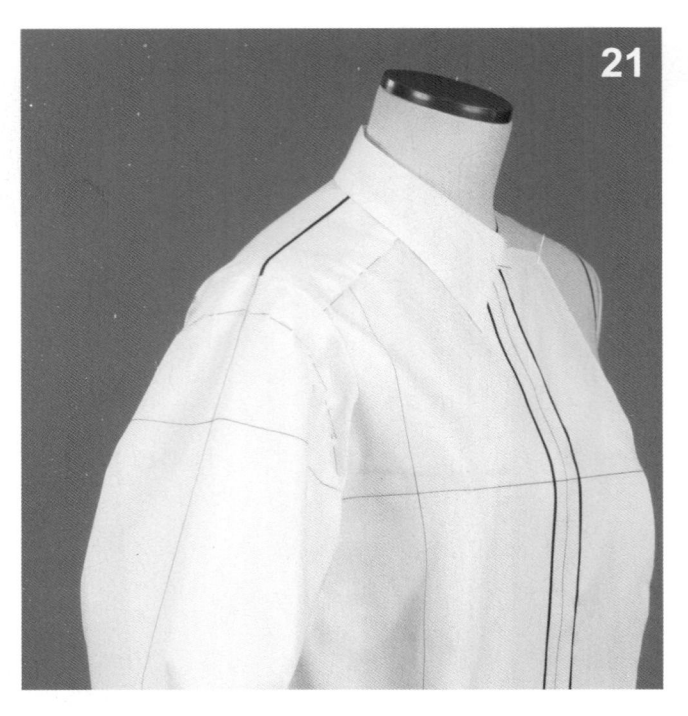

21 シャツ袖は袖山が低く、いせ分を必要としない。身頃の肩先位置に袖山点を重ね合わせてピンを打つ。袖山上部も合わせてピンを打ち、つけ寸法を確認する（袖側がやや引かれる状態がよい）。

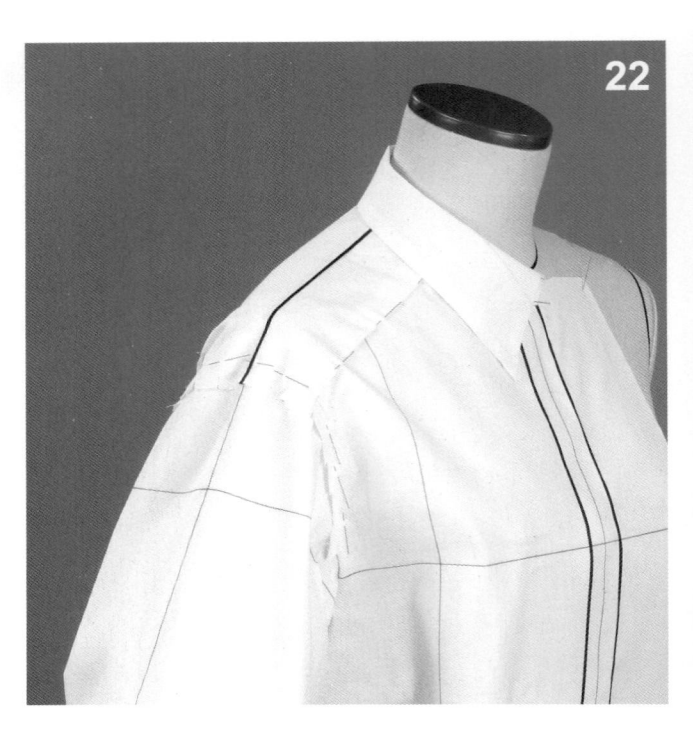

22 袖に身頃を重ねて出来上りの状態にピンを打ち直す。袖のすわり、袖山の高さを確認する。

23 袖つけのピン仕上げ。
袖ぐりの縫い代を整理し、縫い代を身頃側に片返してピンを打つ。

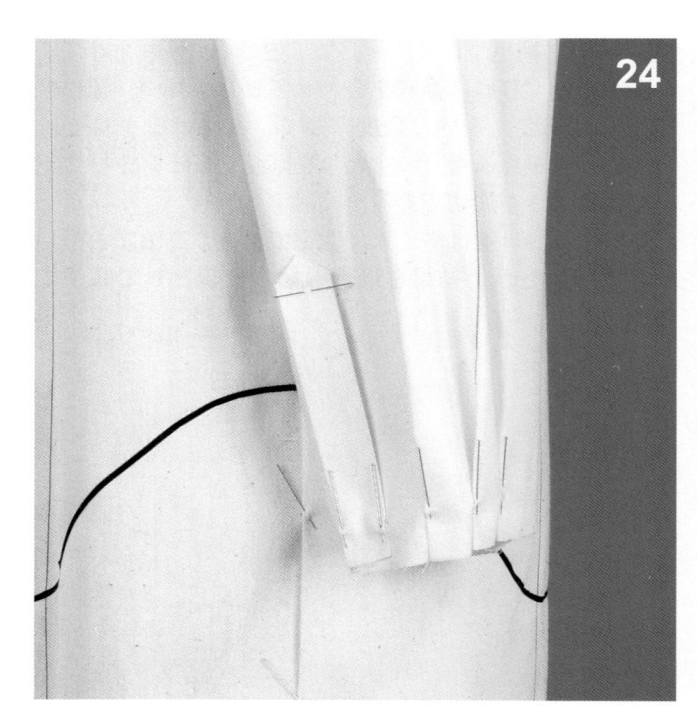

24 後ろ袖の側面に短冊をつける。袖口寸法は手首回り寸法にゆとり分8cmを加えて残りを3本のタックに分散する。タックは前袖側に片返して縦にピンを打つ。短冊位置、タック位置のバランスを確認する。

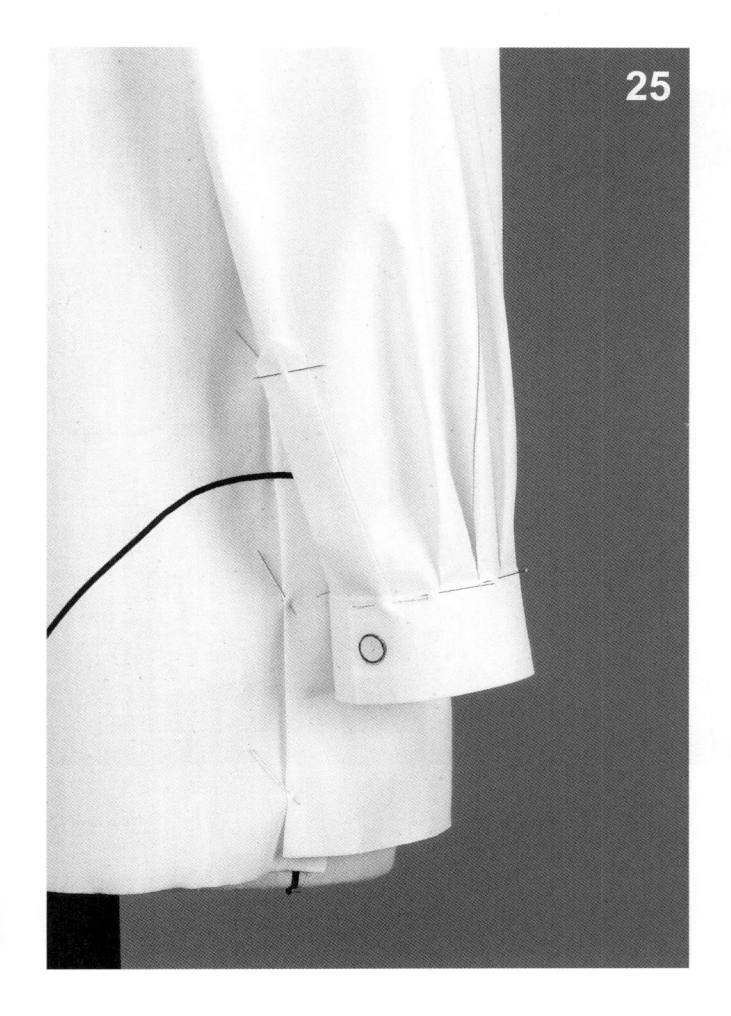

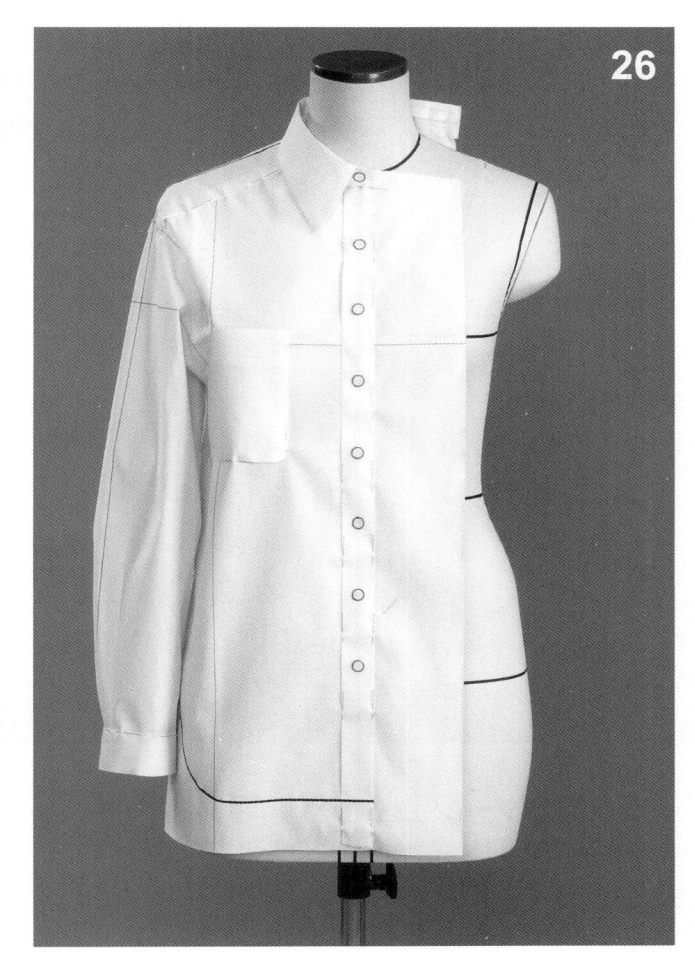

25 カフスを出来上りに折って袖口につける。

26 前短冊を出来上りに折ってつける。
　ボタンとポケットの大きさを決めてバランスのよい位置にピンで止める。

27 ピン仕上げ。
　布目が垂直、水平に通り、ボックス状のシルエットが構成され、身頃と袖のつながりがよいか検討し、修正する。

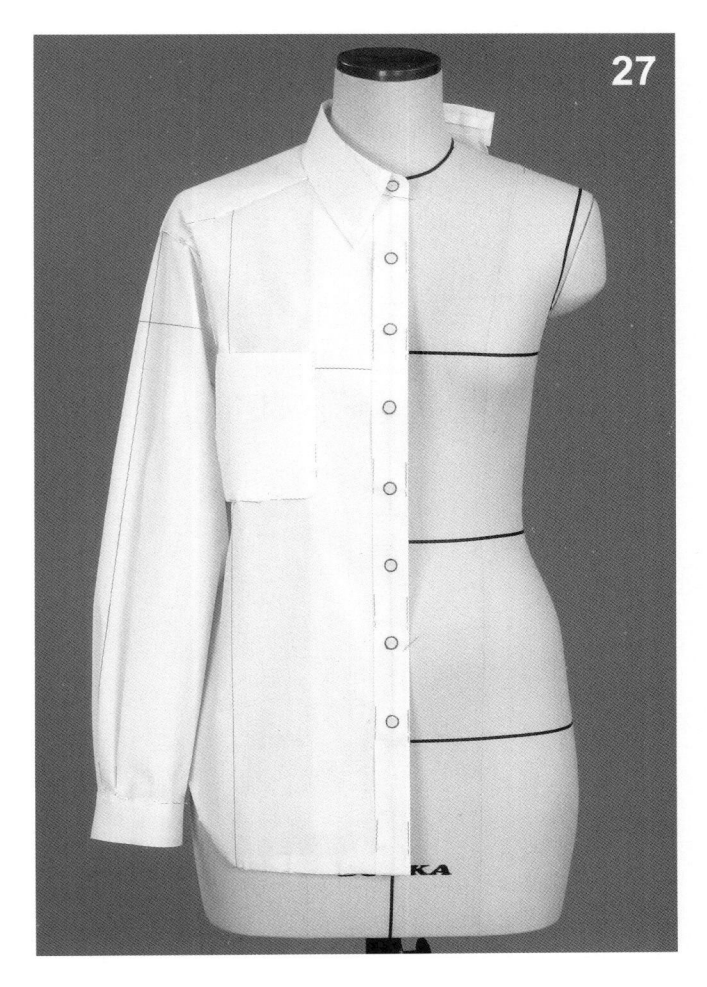

出来上り

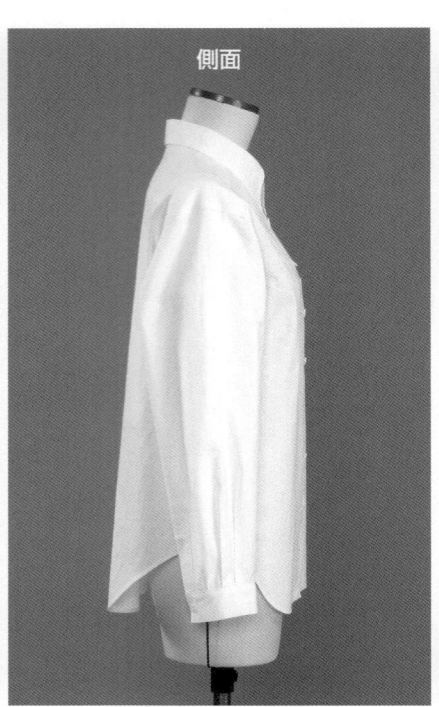

前面　側面　後面

トレースパターン

　身頃肩先のドロップ量に対して袖ぐりが深くなり、袖は袖山が低く、袖幅が広くなっている。身頃と袖の関係が理解できる。

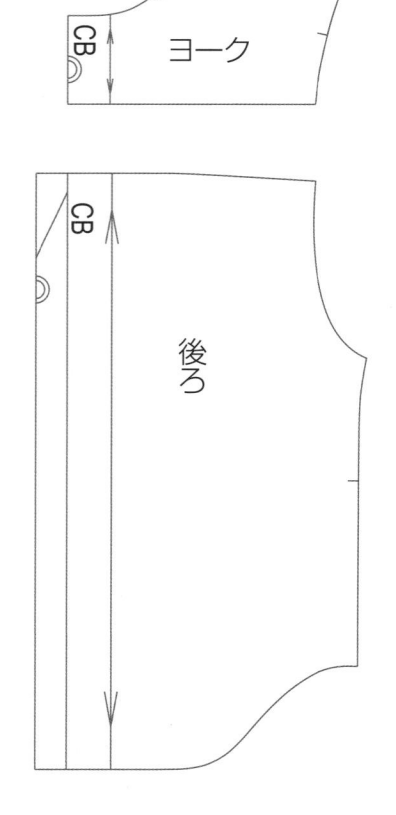

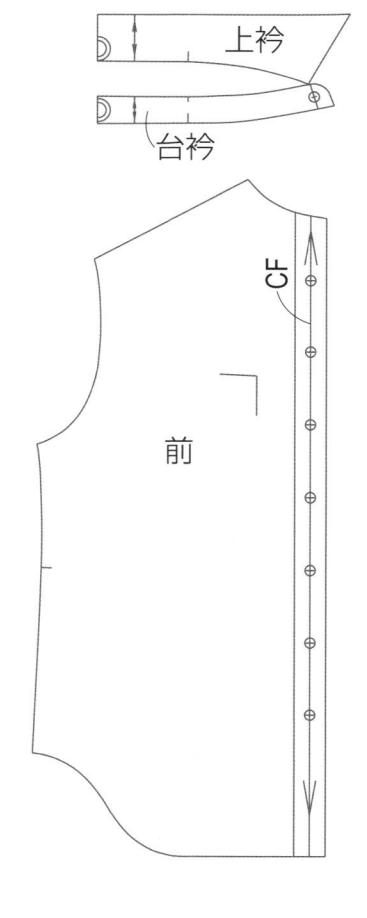

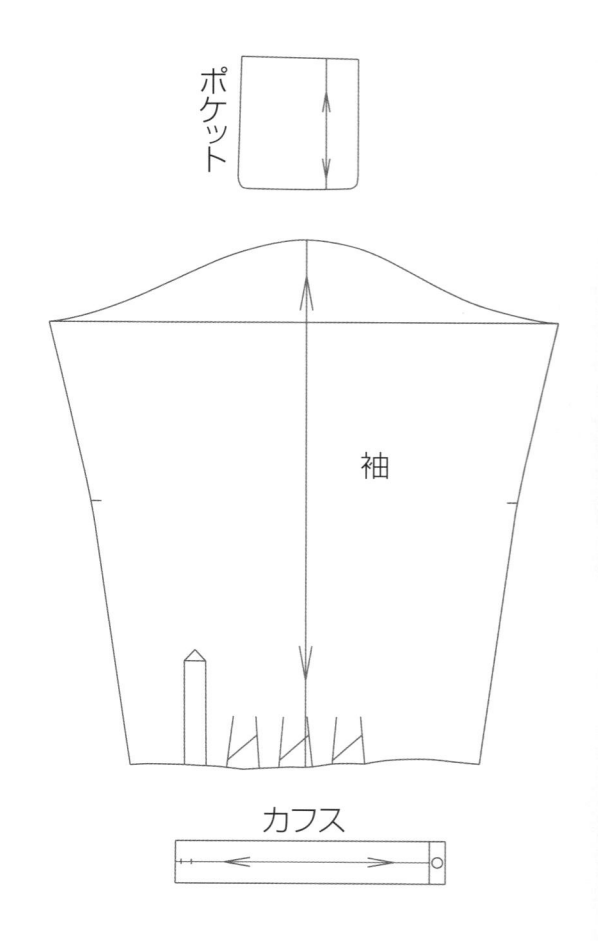

セットインスリーブとシャツスリーブの比較

袖山の高さと袖幅		
	セットインスリーブ （基本的肩幅）	シャツスリーブ （ドロップトショルダー）
身頃	基本的な袖ぐり幅。 基本的な袖ぐり底。	袖ぐり幅が狭くなる。 袖ぐり底が深くなる。
袖	基本的な袖山の高さと袖幅。	袖山が低くなり、袖幅が広くなる。

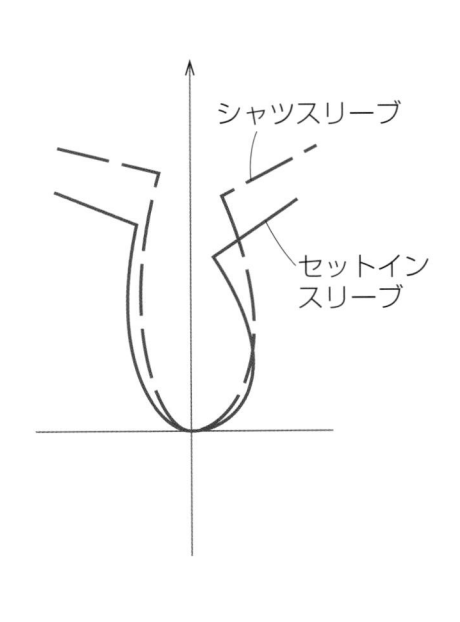

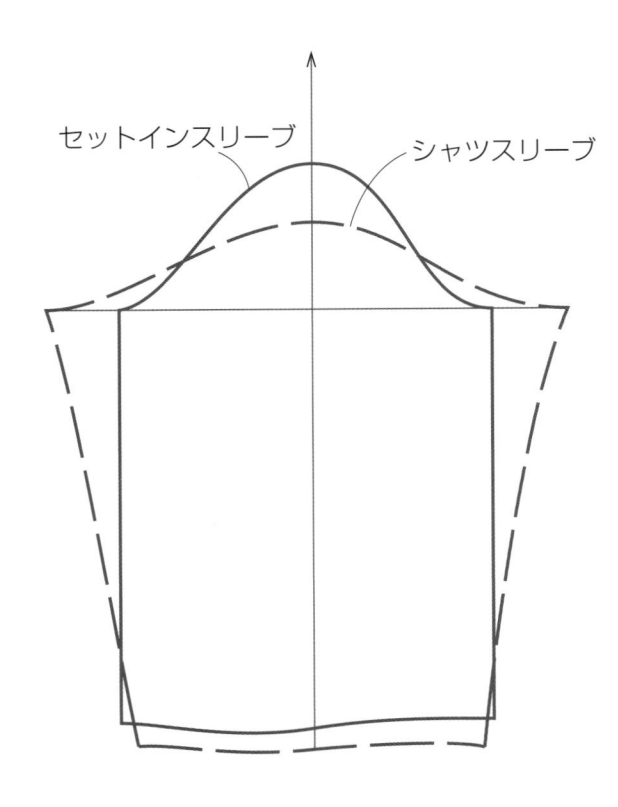

Ⅱ　スカート

スカートの構造原理

　スカートを造形する原点として重要なことは、人体の下肢の形態と機能を理解することである。

　女性の体型に無理なく適合させ、はき心地のよいスカートを作るためには、スカートの構造原理を明確に把握し、合理的なパターンを作ることがポイントであり、それが結果として美しいシルエットを作り出す基本的条件になるのである。

　この構造原理を理解するために紙（ソーイングペーパー使用）を、ボディの腰回りにそわせて水平に巻き、筒の状態にして説明する。筒型にするとウエスト周辺に空間ができる（写真1）。これは図1の人体の横断面重合図を見てもわかるように、ウエスト寸法とヒップ寸法の差によるもので、この空間を体にフィットさせるためには、余り分をつまんでダーツにする。このつまむ分量は、ウエストとヒップ寸法の差が大きくなると分量も多くなり、反対に小さくなると分量は少なくなる。

　図1のA（体軸）を基点として放射状に空間部分を観察すると、後面の殿部と脇面の空間が広く、腹部の中心は最も少なく、腰骨のある前脇部分は腹部中心より広くなっていることがわかる。この構造によって空間の狭い部分のダーツ量は少なく、広い部分は多く必要になることが理解できる。すなわちダーツは、この比率によって余り分をつまむことで構成されているのである（写真2、3）。

　ダーツの長さはダーツ分量によって左右される。写真3を見ると、前ダーツよりダーツ量の多い後ろダーツのほうが長く、ダーツ止りの位置も微妙に変化していることがわかる。

　ダーツ止りを体型に合わせてはっきりとマークする場合と自然にぼかす場合の2通りがあるが、スカートのダーツは後者の明確にしない方法が好ましい。適度なゆとりとしての空間を残し、体型をことさらに強調しない範囲で理想的なダーツ止りを求めることが大切である。

図1

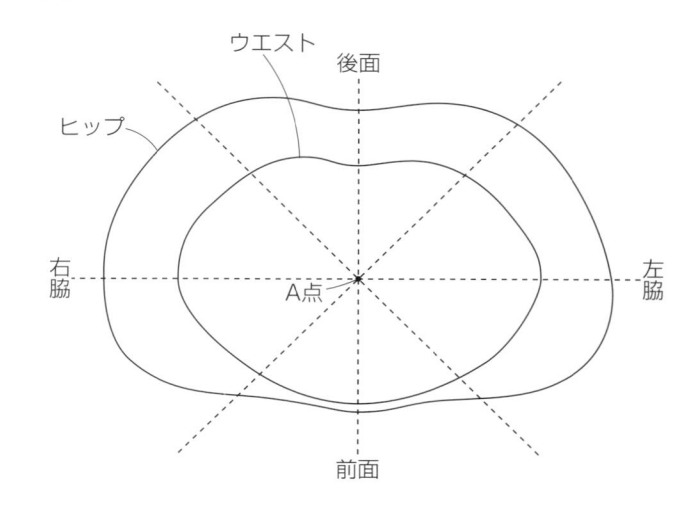

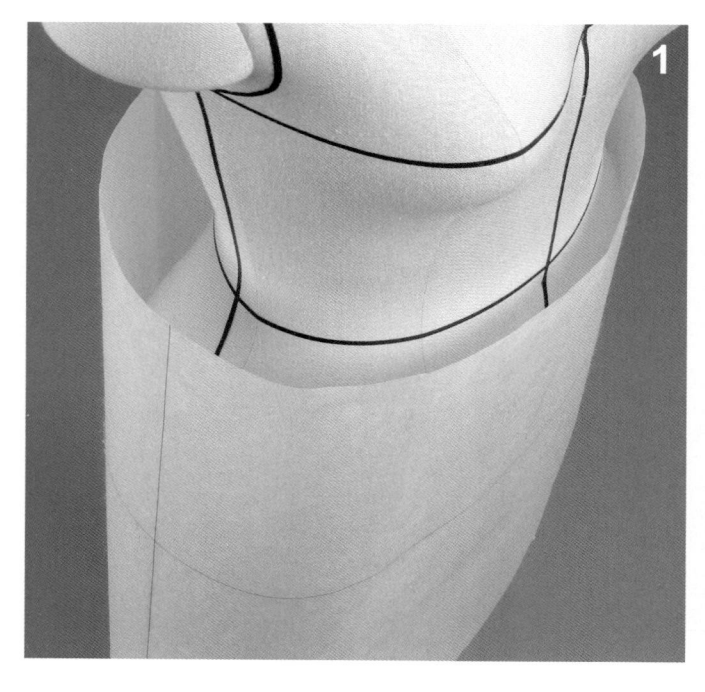

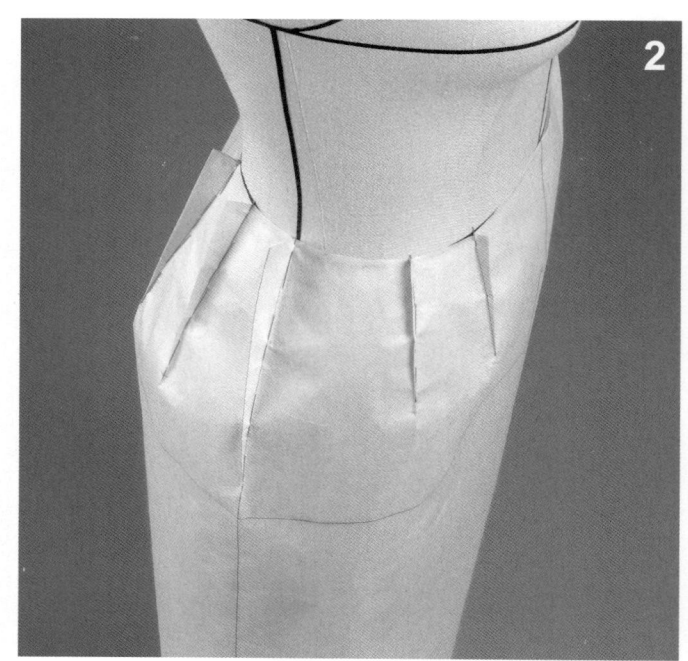

スカートの機能性

スカートはシルエットや丈による裾回り寸法に特に注意しなければならない。図2は歩行時の歩幅を表わしているが、スカート丈が長くなるほど裾回り寸法は多く必要となることがわかる。

タイトスカート（ストレートシルエット）の場合を想定すると、スカート丈が膝丈より長くなると歩行の動作に伴い裾回り寸法の不足が生じる。この不足分はベンツやスリットなどのあきや、プリーツなどで補う必要がある。フレアスカートのようにダーツ量をフレアとして裾回りに移動できるシルエットであれば、この問題は解決される。

スカート丈やベンツ、スリットなどのあき止り位置は、膝丈位置を基準にし、機能性を充分考慮して決めなければならないが、流行（トレンド）の影響も併せて意識することが大切である。

図2

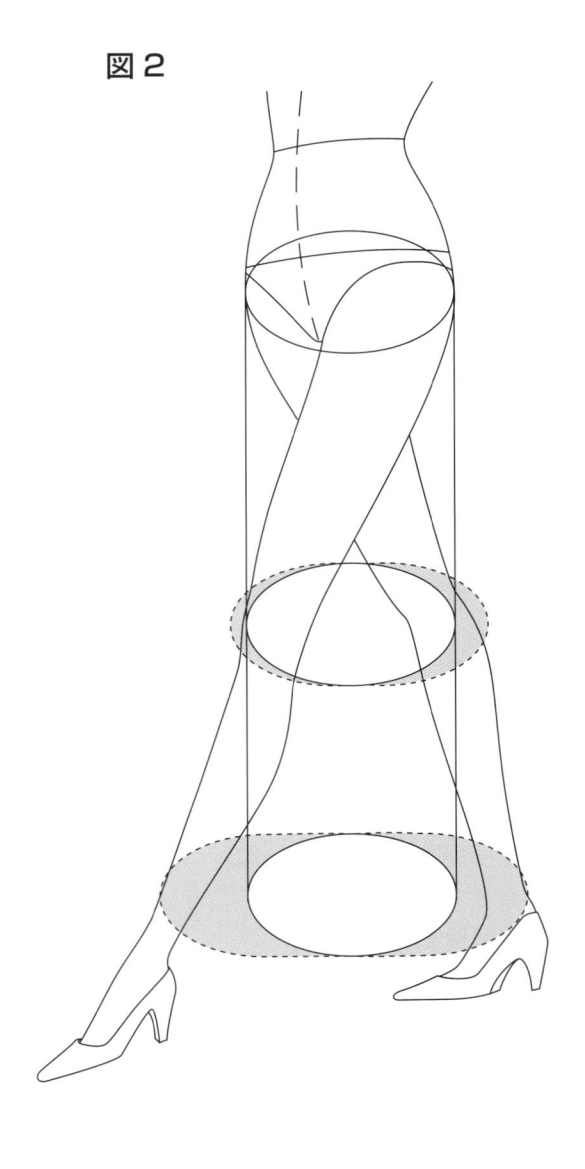

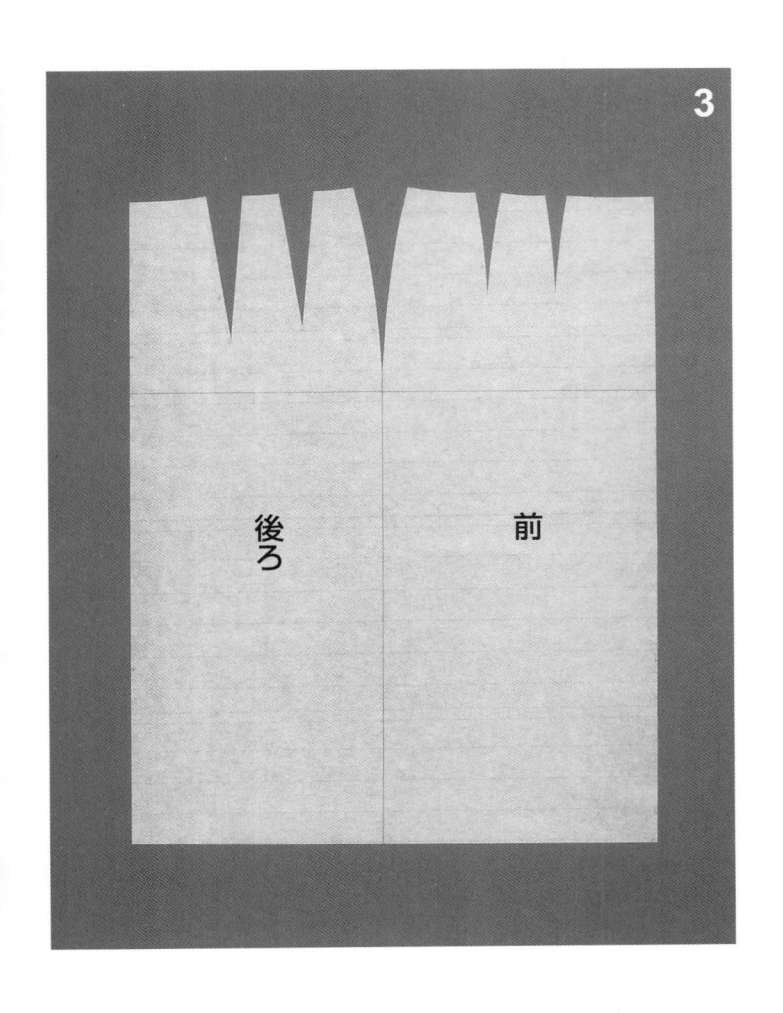

1　タイトスカート

　タイトスカートとは、ウエストからヒップにかけてフィットし、そのまままっすぐに下がったシルエットのスカートのことでストレートスカートともいう。ヒップ寸法とウエスト寸法の差によって、基本的に4本（前面2本、後面2本）のダーツで構成されている。ダーツの数や位置、分量、長さは体型によりさまざまに変化する。特にダーツ位置は、人体の曲面部位をカバーし、スカートを立体的に形よく見せる重要なポイントなので、バランスのよい位置を求めなければならない。

　タイトスカートの最も理想的なシルエットは、前面の腹部のふくらみ、腰骨の張り、後面の殿部の突出等をソフトに包み込みながら自然に布が落ち、脇線がウエストから垂直になっていることである。

　脇線の位置づけには以下のようにさまざまな観点がある。

①ウエスト寸法を半身で2等分し直下した線。
②ヒップ寸法を半身で2等分した位置を直上、直下した線。
③ヒップ寸法とウエスト寸法を半身で2等分した位置で前後差をつけ、脇線を後ろ側に移動する方法。

　目標基準をどこに設定するかは、側面から見てバランスのよい美しい脇線の位置を体型に合わせて決めるとよい。ここでは③の方法（2cmの前後差）にした。

　タイトスカートは、いろいろなシルエットのスカートに応用できる基本形なので、正確な知識と技術を習得したい。

トワルの準備

丈は仕上げ予定のスカート丈にウエストの縫い代分と裾の折り代分を加える。

幅は、ボディのヒップ寸法（半身）に、ヒップのゆとり分1〜1.5cmと脇の縫い代分、中心側に10cm加えた寸法にする。

前後中心とヒップラインに布目を通してガイドラインを入れる。

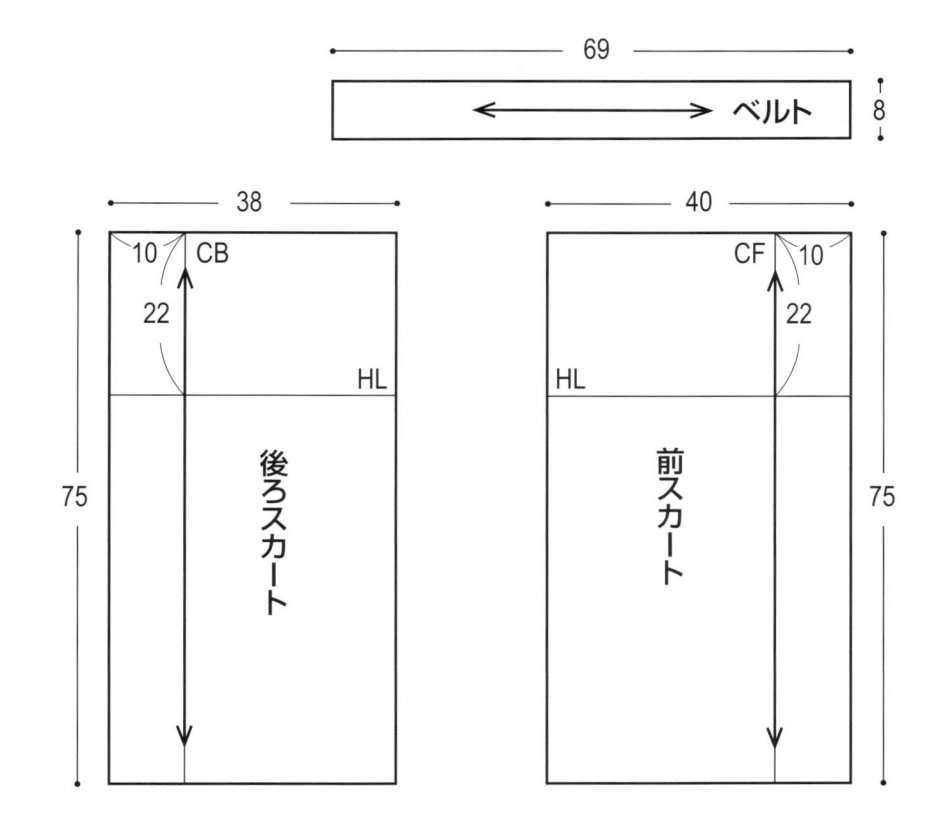

ボディの準備

ボディに必要なガイドラインを入れる。

ウエストラインは体型にもよるが水平でない場合が多く、後ろをくり下げてガイドラインを入れる。

また、ダーツ止りのガイドラインとして前から後ろへの流れを検討して入れておくとよい（「スカートの構造原理」参照）。ダーツ位置、長さを入れる方法もあるが、バランスを確認しながら決定する感覚を身につける意味でも、必要最小限度のガイドラインのみにして習得することが望ましい。

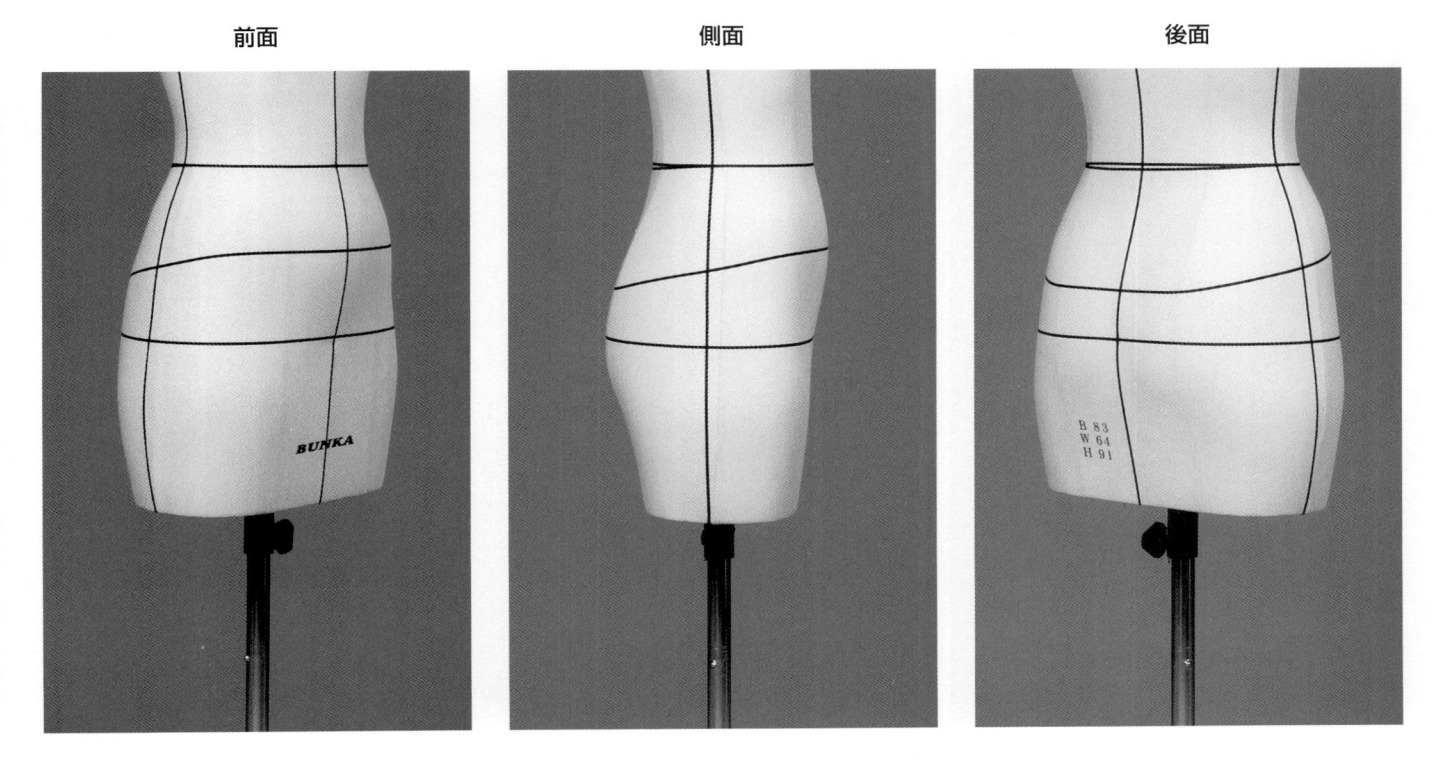

前面　　　側面　　　後面

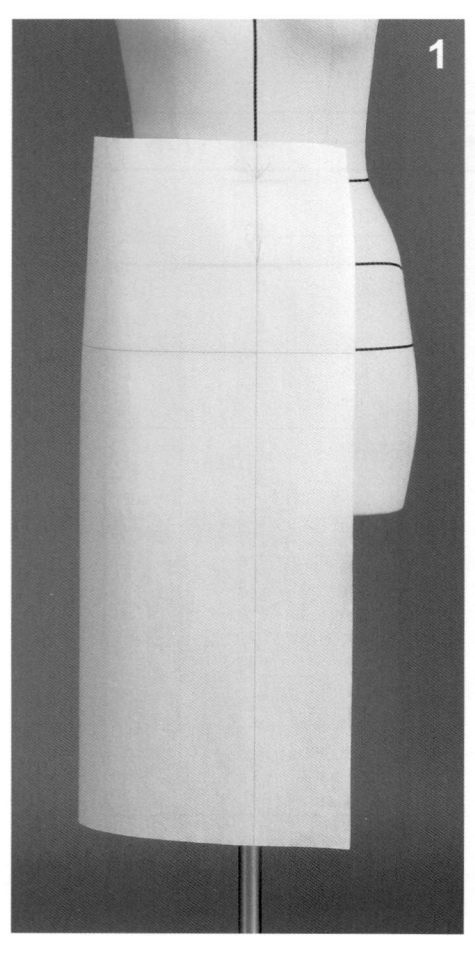

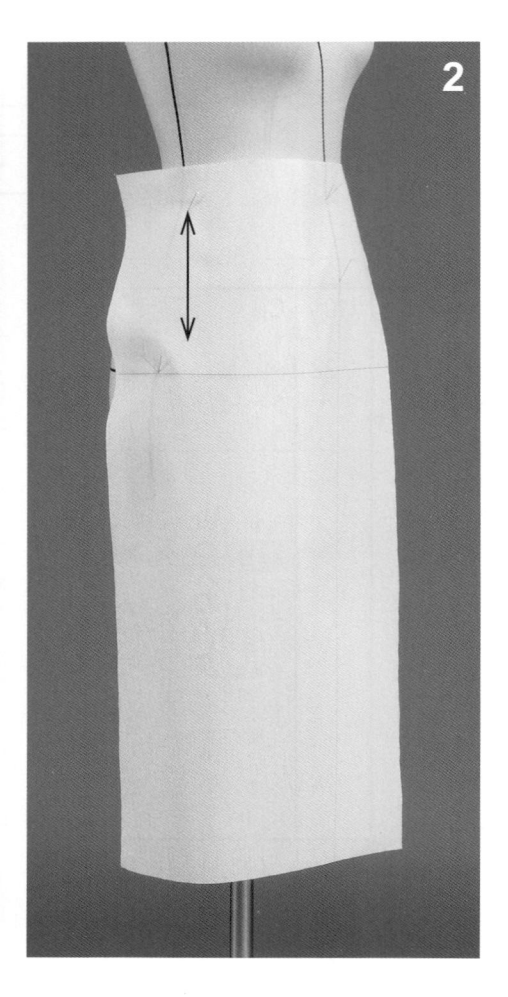

ドレーピング

1 前スカートの中心線をボディの中心線に垂直に合わせ、同時にヒップラインを水平にそわせながらゆとり分（1〜1.5cm）を入れてピンで止め、筒状のシルエットを形作る。

　腹部の突出と大腿部の張りは、トワルを安定させるポイントになるので、ピン打ち位置の目安とする。

2 ヒップラインより上の脇を、腰骨稜線より上に布目を通して腰部にそわせる。トワルはダーツをとるように後方に倒れる。脇に余り分が生じる場合は、素材と分量によりいせ分として処理する。

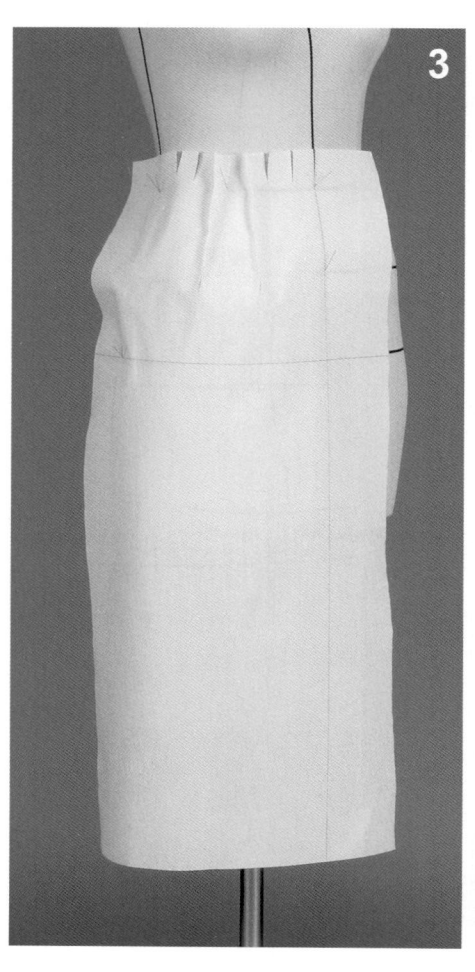

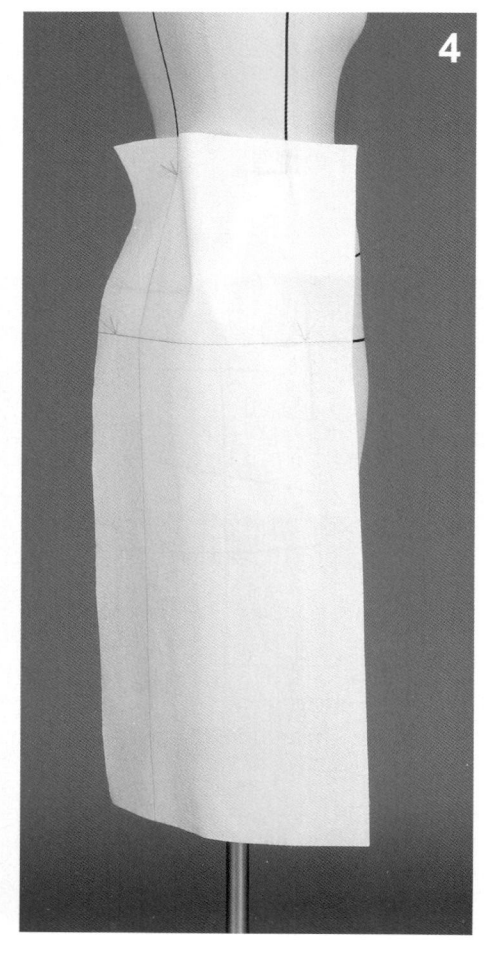

3 ウエスト位置の余り分を2本のダーツに配分する。体型の特徴を考慮して、位置、方向、長さ（ガイドラインを目安に）を検討する。腹部の張りをカバーするいせ分量は必要に応じて入れるとよい。

　ダーツはつまみピンで、ダーツの方向にそってピンを打つと、視覚的に方向、位置、長さを読み取ることができる。

　ウエストの縫い代に切込みを入れ、ウエスト寸法に過不足がないか確認する。

4 後ろスカートを前と同様、脇にゆとりを入れてピンを打ち、前とのバランスを考慮して脇傾斜をつける。

5 後ろのダーツをとる。ダーツの位置、間隔、長さは常に体型を意識して決めることが重要である。
　ウエストのいせはダーツ間より脇側に多めに入れる

6 脇を合わせる。ヒップラインから上は曲線で合わせ、下は布目が垂直になるように前後をつまみピンで止める。ここで前後ヒップのゆとり分量やダーツ位置のバランスを再確認する。

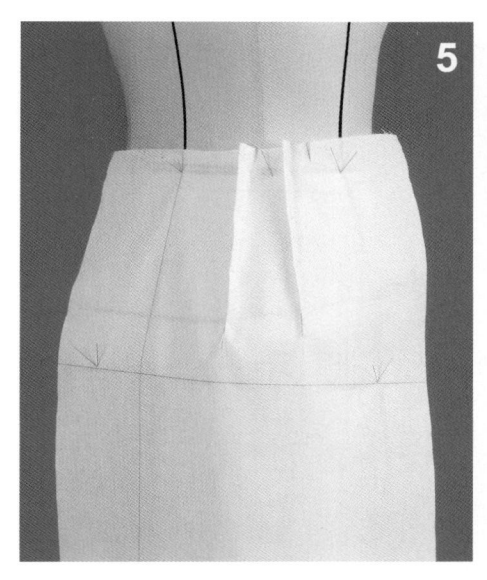

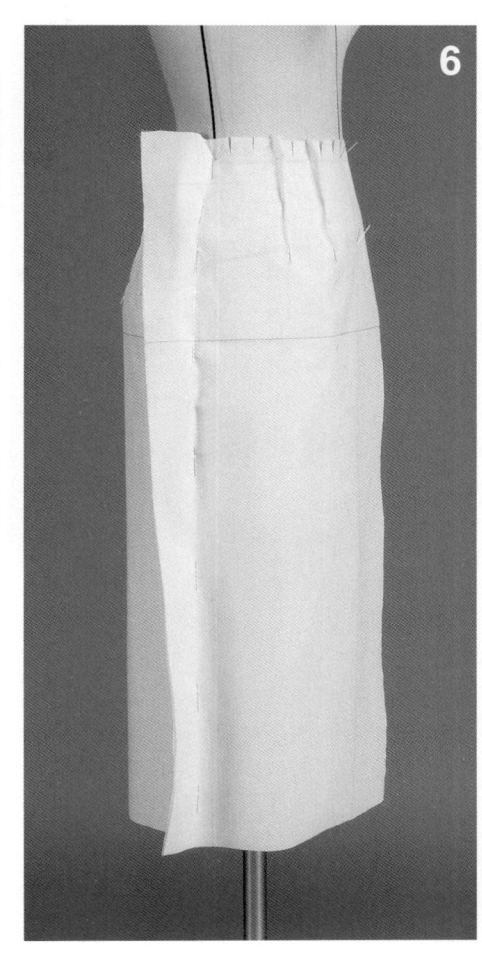

7 脇縫い代を整理して全体のシルエットを確認し、ダーツ、脇線にマーキング（印をつけること）をする。必要に応じて合い印も入れる。

8、9 ボディラインでウエストラインをしるす（準備段階でボディに設定済み）。

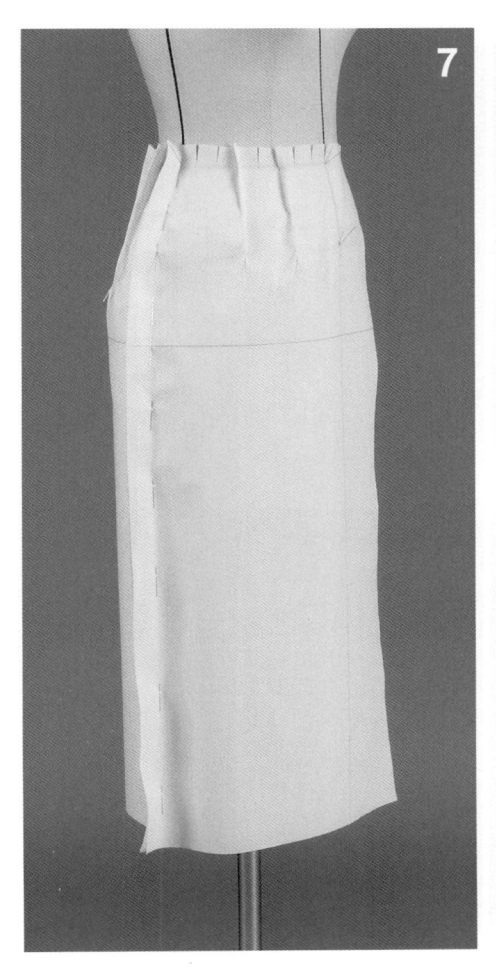

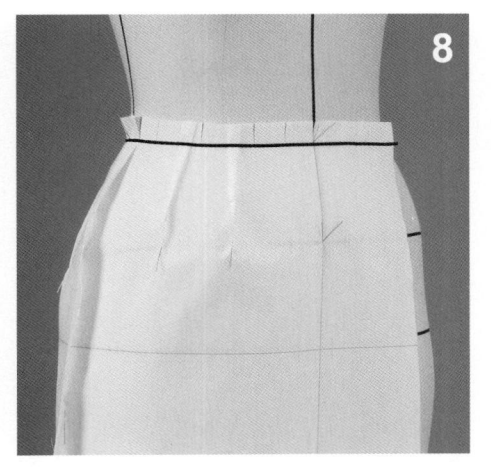

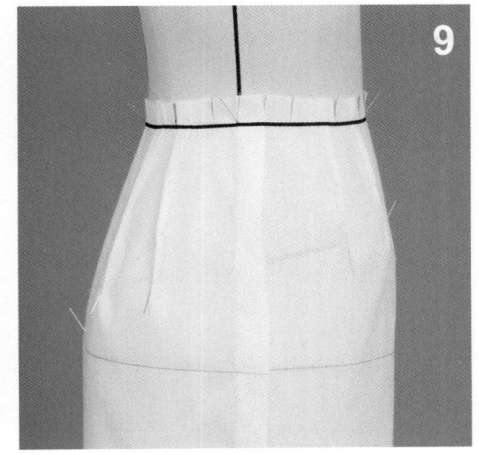

第4章　基本アイテムのドレーピング　111

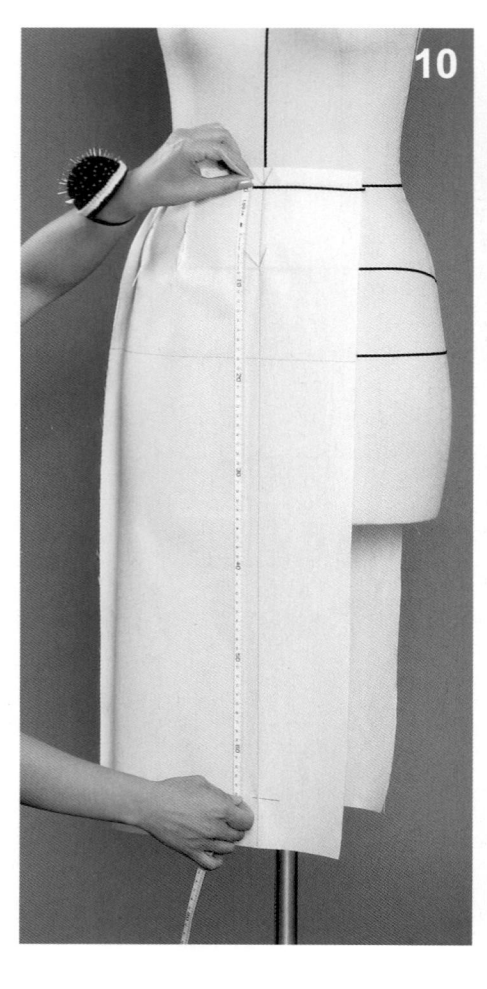

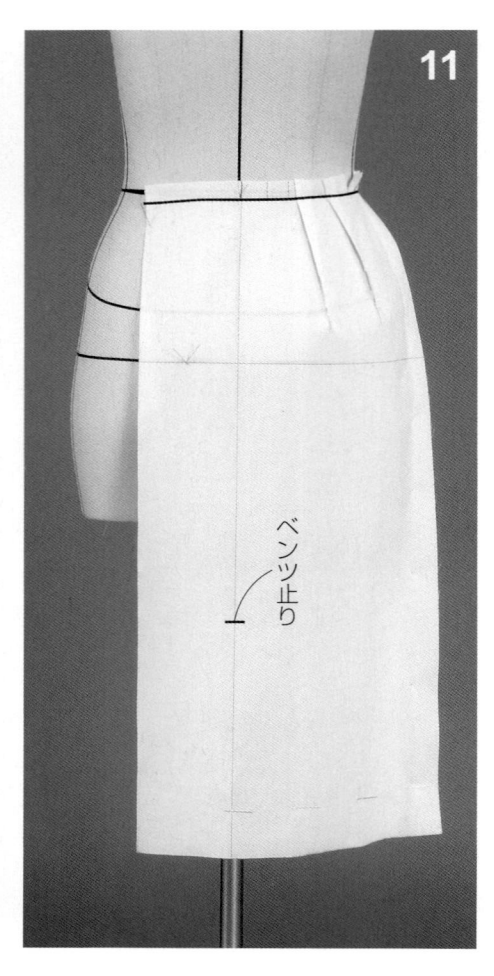

10、11 ウエストライン決定後、スカート丈を決めて裾線をピンで印をつける（写真10）。後ろはウエストラインをくり下げて設定している場合、ヒップラインから裾までの寸法で印をする。

また機能性を考慮し、裾回りの不足分をベンツやスリットなどで補うため、あき止り位置を歩行動作と裾回り寸法の関係を考慮して入れる（写真11）。

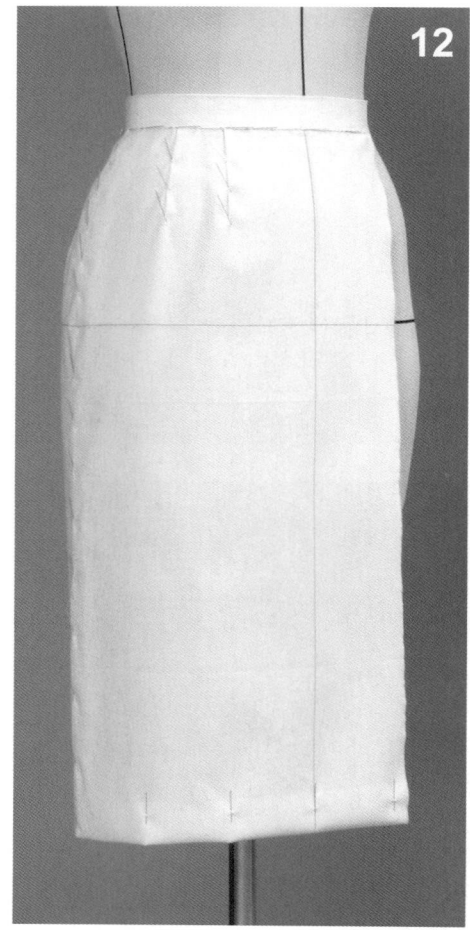

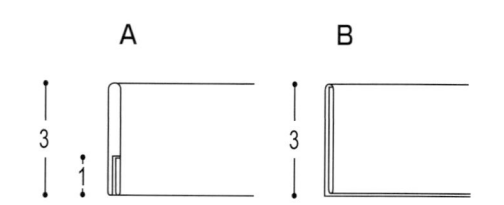

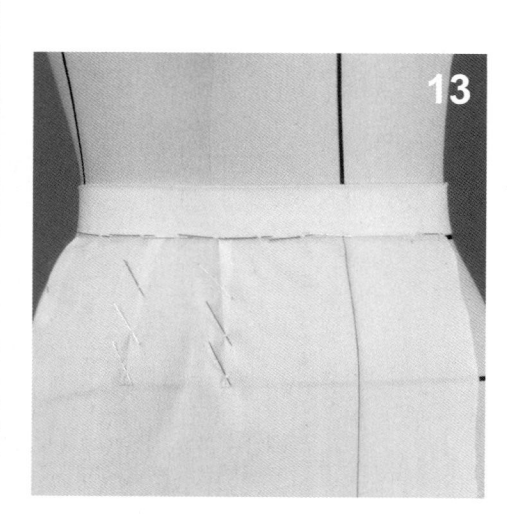

12 スカートをボディからはずしてマーキングを目安に出来上り線の印つけをし、ピン打ちで仕上げる。

ダーツは中心側に、脇は前スカート側に縫い代をそれぞれ片返して出来上り線に斜めにピンを打つ。裾はシルエットに影響がでないように、縦にピンを打つ。

13 ピンで仕上げたスカートをボディに着せ、ウエストベルトをつける。

ベルト用トワルを図A、Bいずれかの方法（ここではAの方法）で止めつける。このときピンはウエストラインが確認できるように水平に打つ。

出来上り

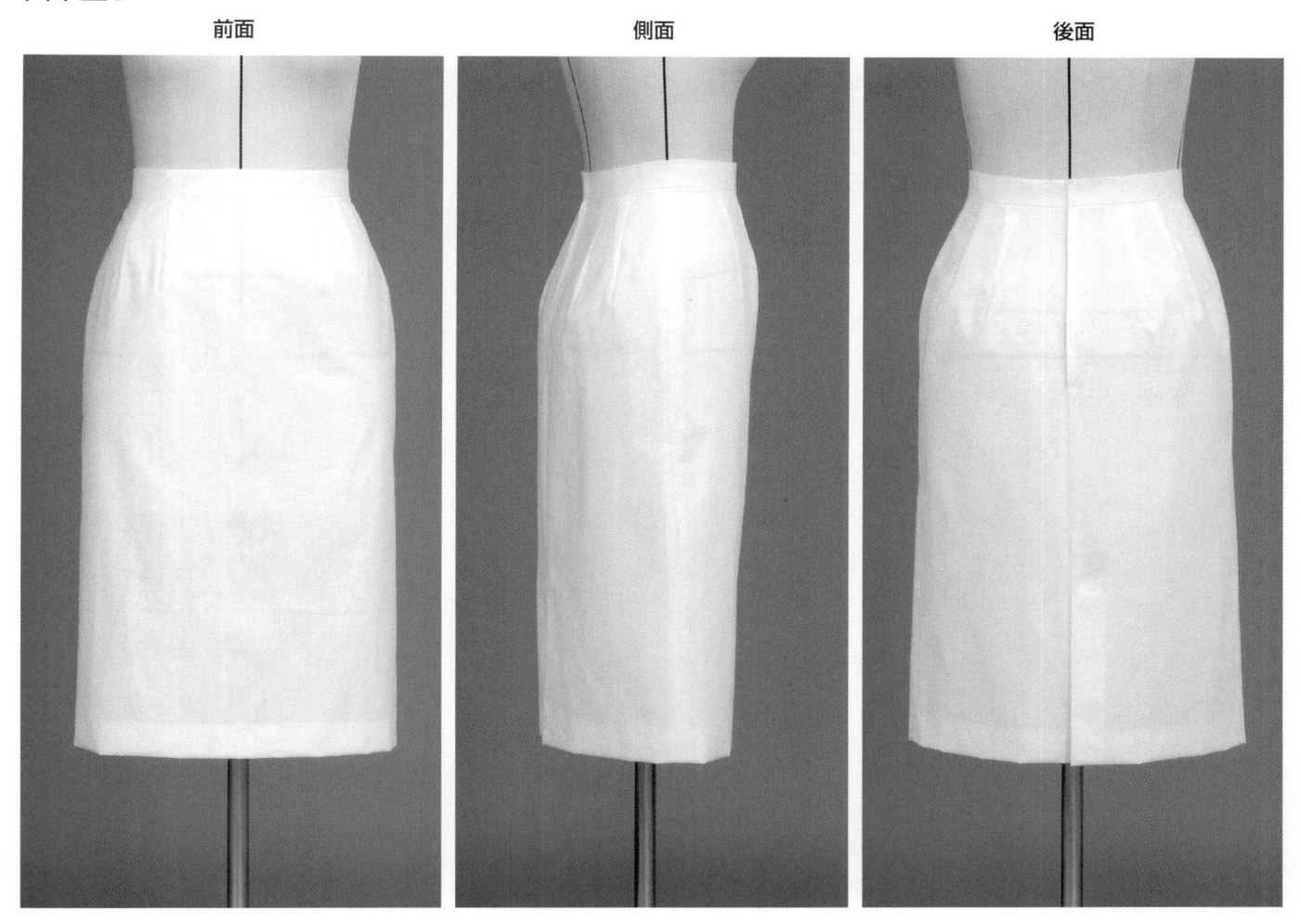

前面　　　側面　　　後面

トレースパターン

ドレーピングしたものをパターンに置き換えたものである。

ダーツ分量は前より後ろのほうが多く、構造原理で述べた結果が表現されている。

前は中心側より、腰骨に近い部分の脇側のダーツのほうが分量が多い。

脇線は腰の丸みを包み込む分量が必要となり、結果として脇の腰丈が長くなっている。

脇のカーブ線は相似形を理想とするが、同傾斜でなくてもよい。

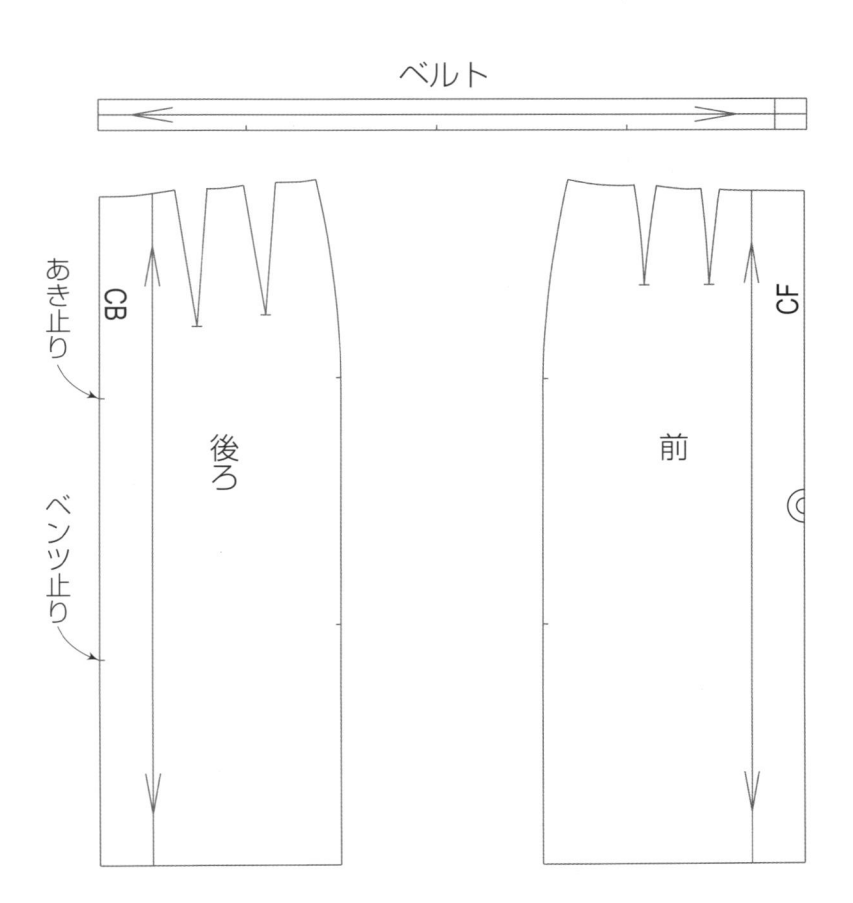

第4章　基本アイテムのドレーピング

2　セミフレアスカート

　セミフレアスカートは、セミタイトスカートより裾幅が広く、フレアスカートより狭いシルエットで、厳密な定義づけはない。

　ウエストダーツを必要とし、スリットやプリーツ等がなくても歩行に支障のない程度の裾幅を確保したスカートである。ゆるやかな裾広がりのシルエットを構成し、腹部や殿部のふくらみを美しくカバーする。

　ウエストダーツは一部フレアとして処理されるため、前後各1本となる。ダーツ量はシルエットが形成されると結果的に決まる。

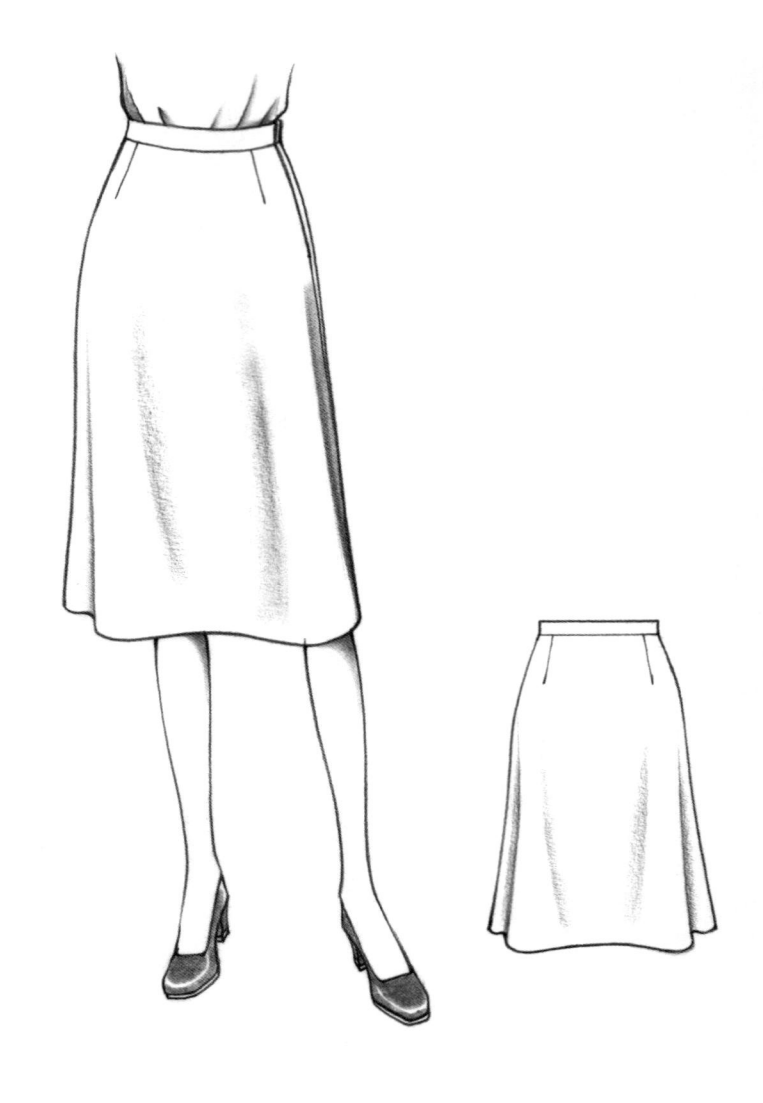

トワルの準備

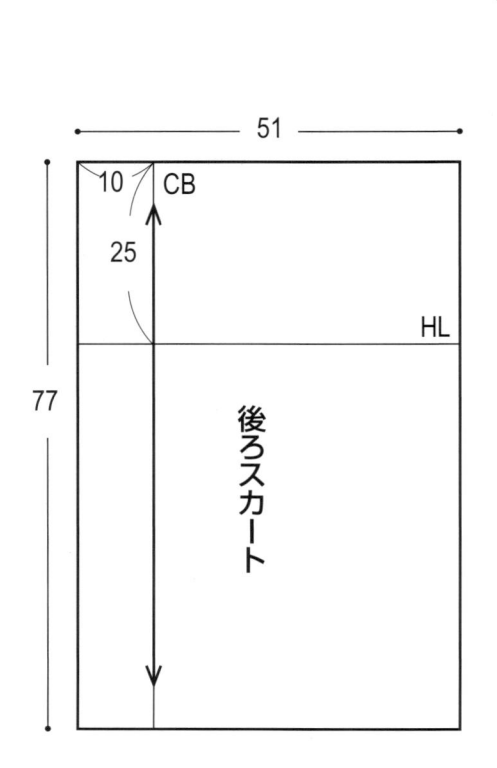

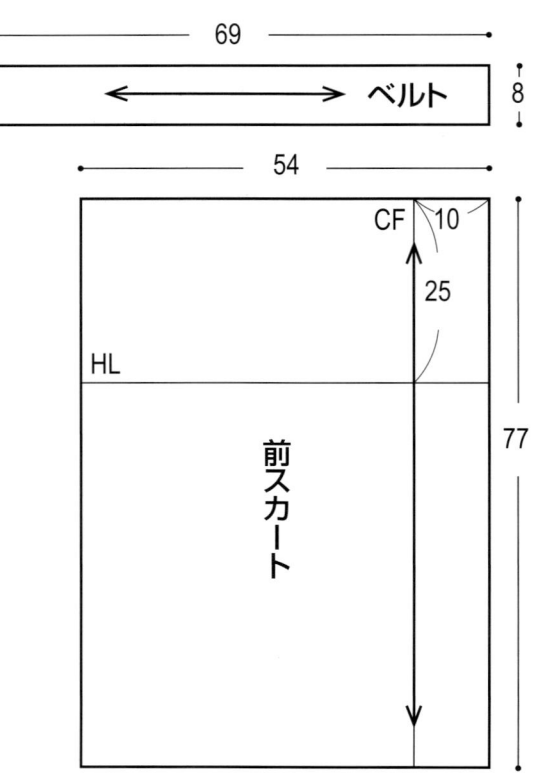

ドレーピング

1 前スカートの中心線をボディの中心線に垂直に合わせ、ヒップラインも水平に合わせる。

脇でトワルを傾斜させてヒップからウエストに向けてそわせ、裾のフレア分量を求める。フレア分量の中にヒップのゆとり分が含まれているが、必要に応じて追加する。

2 ウエストに残された余り分をダーツとするが、分量を検討し、1本のダーツで処理が無理な場合は、フレアの分量を再度調整する。

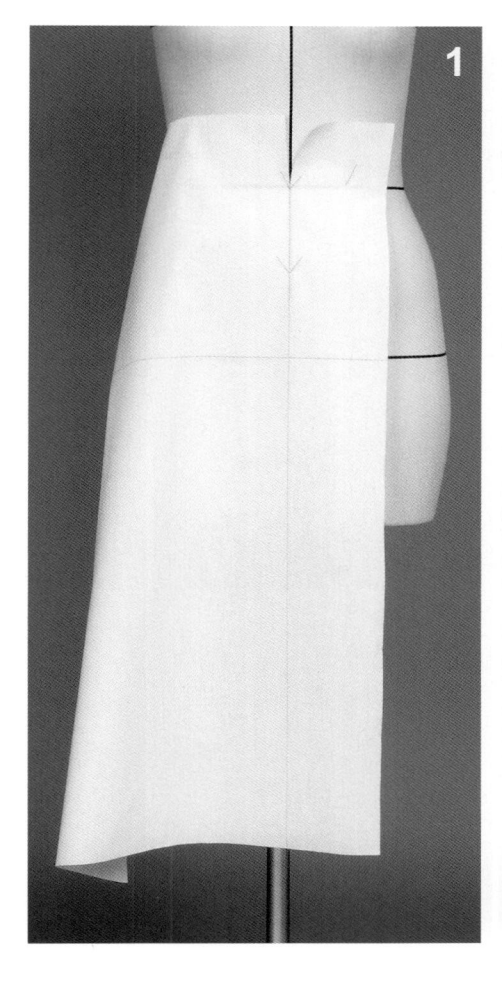

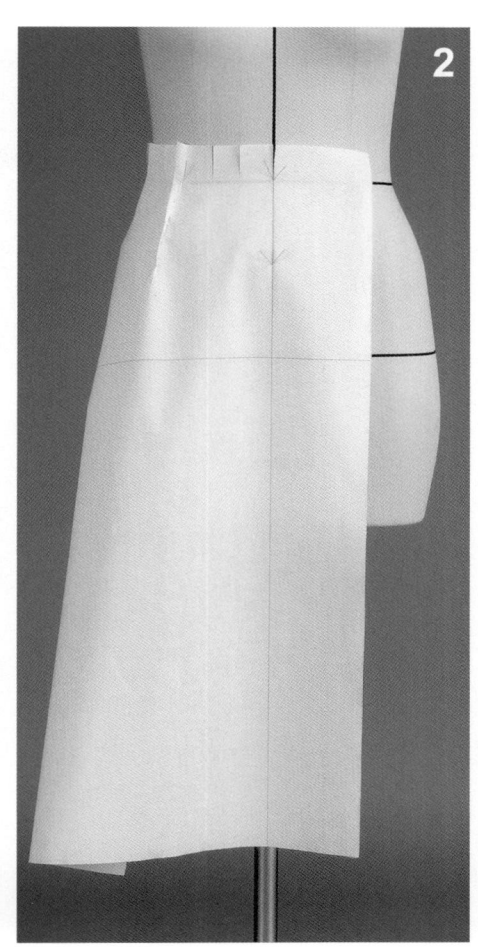

3 ダーツをとる。ダーツの位置、分量、方向、長さは、立体の面をとらえて決定する。

ウエスト縫い代に切込みを入れ、ウエスト寸法を確認する。

4 出来上りのシルエットを想定して脇線を決める。

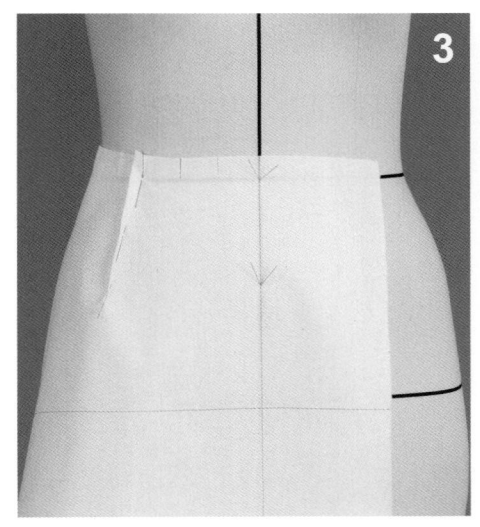

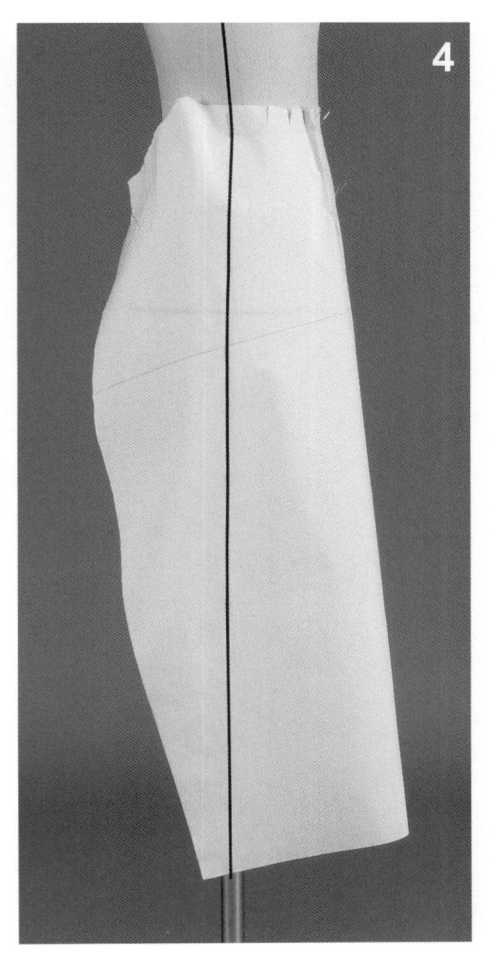

第4章 基本アイテムのドレーピング

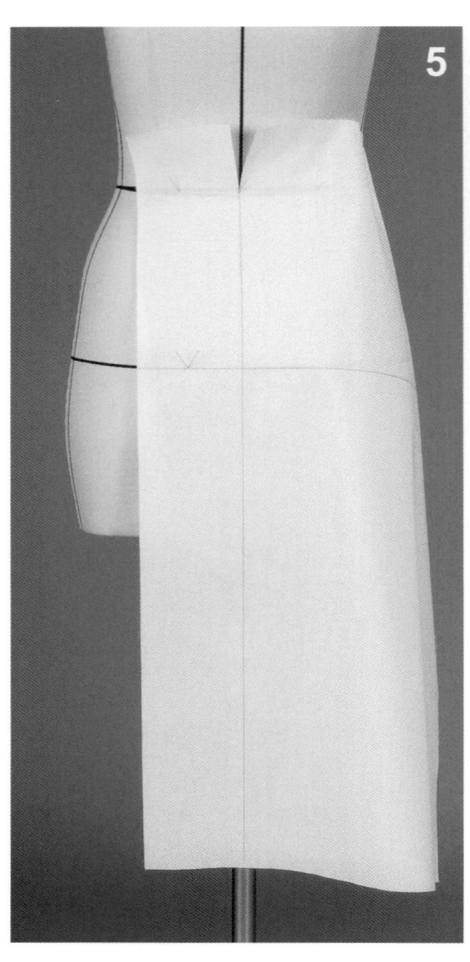

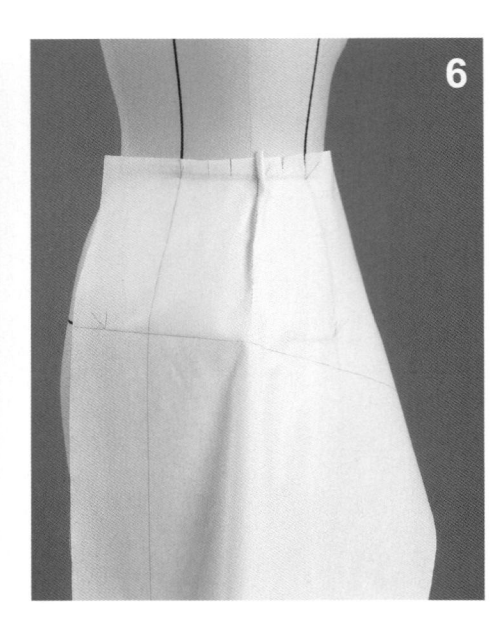

5 後ろスカートを前の1と同様にドレーピングをする。

6 前と同様、バランスのよい位置にダーツをつまみ、縫い代に切込みを入れてウエスト寸法を確認する。

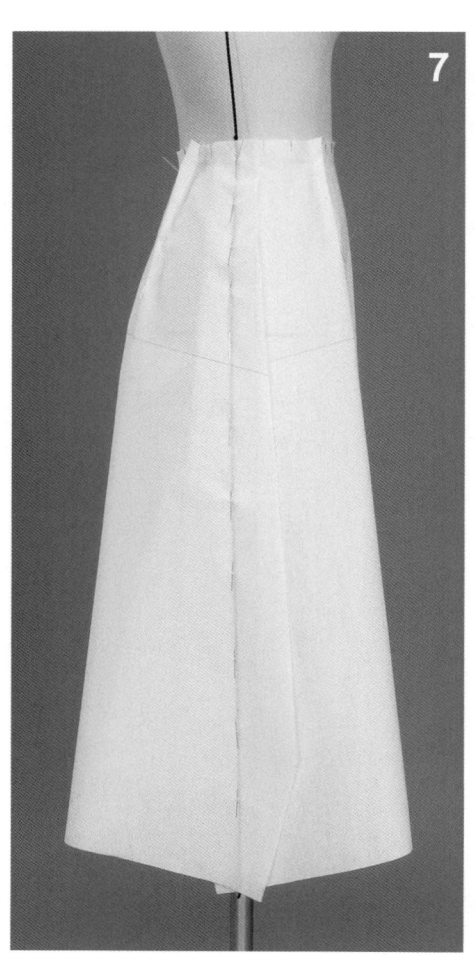

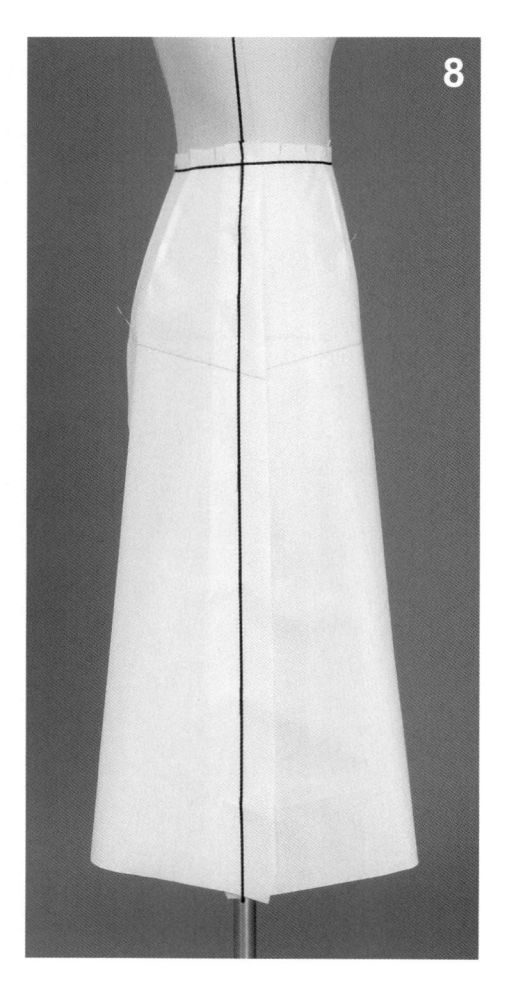

7 前後のフレアのバランスを見ながら脇を重ねてピンで止める。重ねピンは、側面からのシルエットを視覚的に確認しやすく、合理的な方法である。

8 側面からの立体感を確認し、脇線をボディラインでしるし、脇線がバランスのよい位置に通っているか確認する。

　ウエストラインをボディラインでしるす。

9 スカート丈を決め、裾線をピンでしるす。フレアの要素を含むものは、主として床上り寸法を基準にして丈を決める。

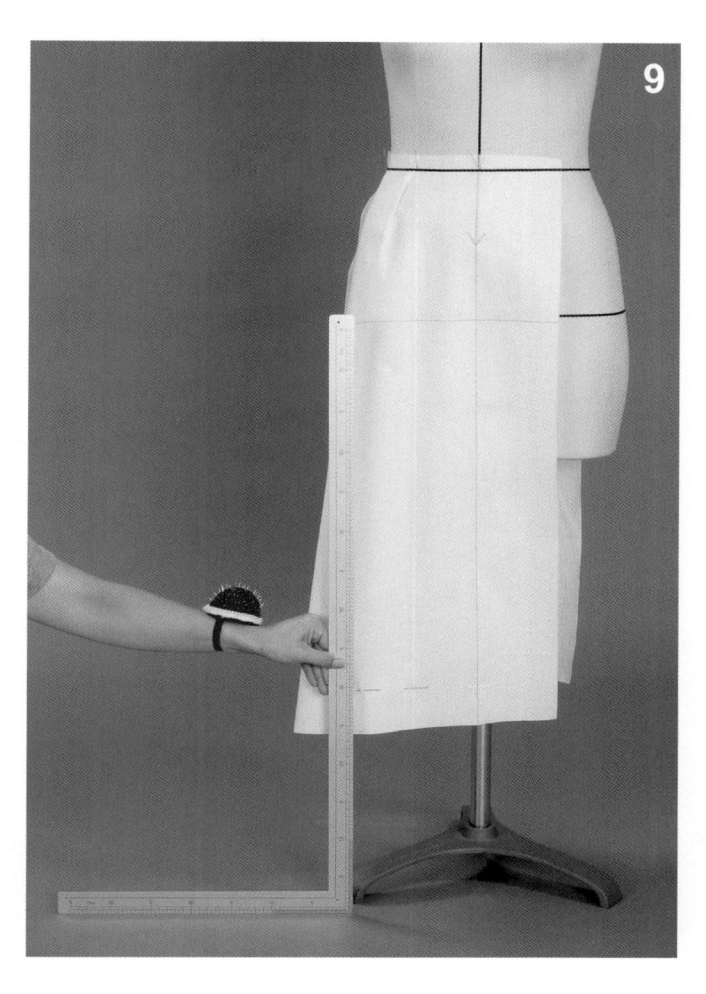

10、11 タイトスカートと同様、スカートをボディからはずしてマーキングし、ピン打ちで仕上げてからウエストベルトをつける。

　前後のダーツ位置やフレア分量、立体的に面が構成されているかバランスの確認をする。

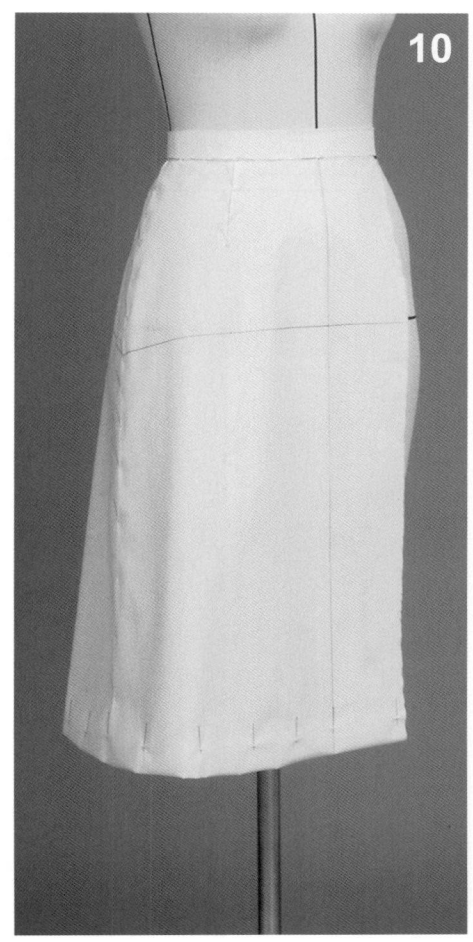

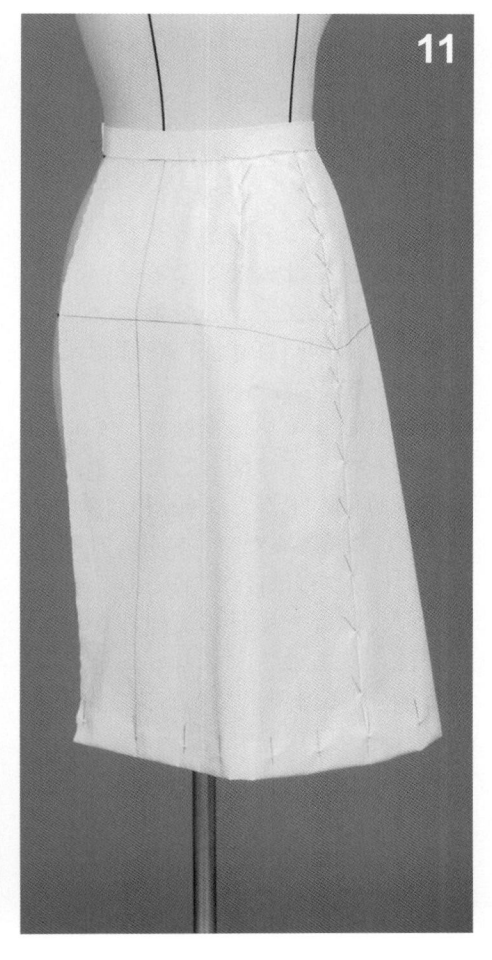

出来上り

前面　　　側面　　　後面

トレースパターン

　ダーツの長さと分量は、フレアと常に関連し、影響し合っている。フレアの分量が多くなるとダーツ分量は少なくなるという関係から、ダーツの分量はフレア分量（裾回り寸法）を確認する判断基準になる。

　ウエストラインと裾線は、ダーツ分をフレアに配分したことにより脇側が上がって傾斜し、カーブになる。またフレアが入ることでヒップには自然にゆとり分が入り、裾幅も歩行に支障のない寸法になるので、スリット等のあきを作る必要がなくなる。

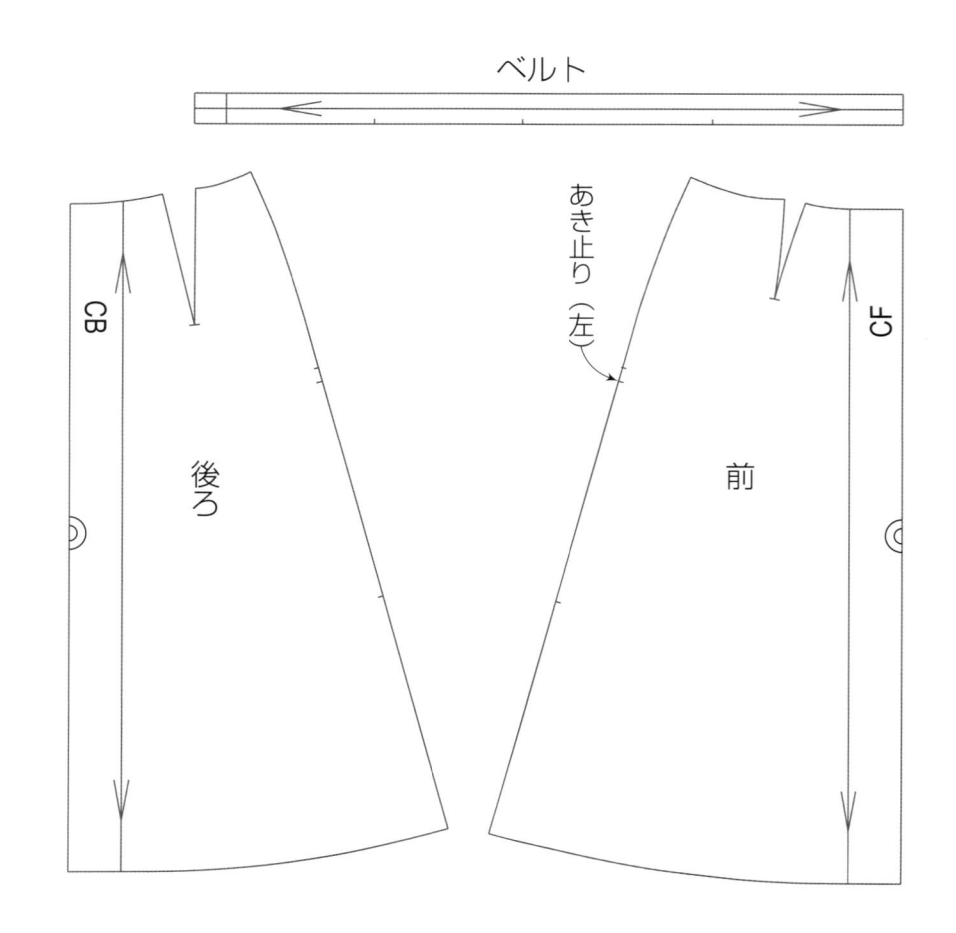

ベルト

CB　後ろ

あき止り（左）　前　CF

3　フレアスカート

　フレアスカートは基本的にはウエストにダーツをとらず、ウエストから裾にかけてフレアがゆるやかに波打って広がっているスカートで、フレアの分量を変化させることで、さまざまな表情のシルエットに表現できる。

　布地は、フレアが均等にでるもの（たて糸とよこ糸の弾力のバランスがよい布）を使用するとよい。また、はぎ目の数や布目の通し方でフレアの表情が変化するので、デザインや素材により適宜判断し、ドレーピングするとよい。

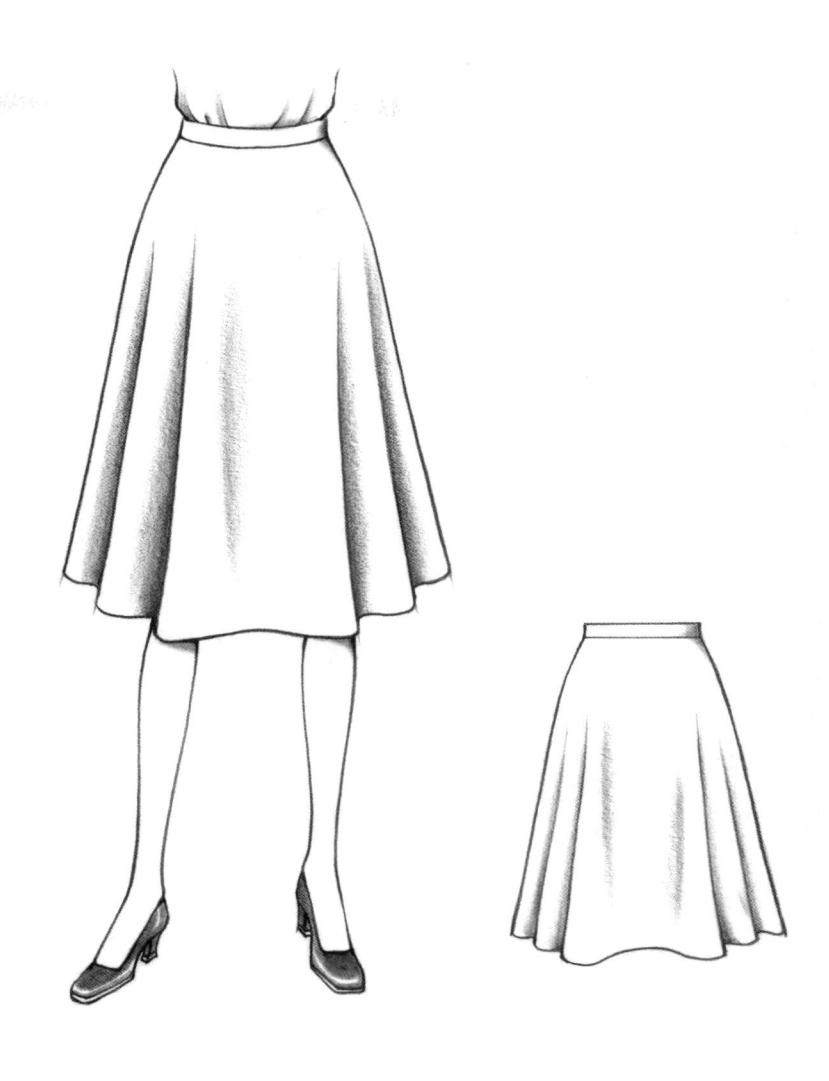

トワルの準備

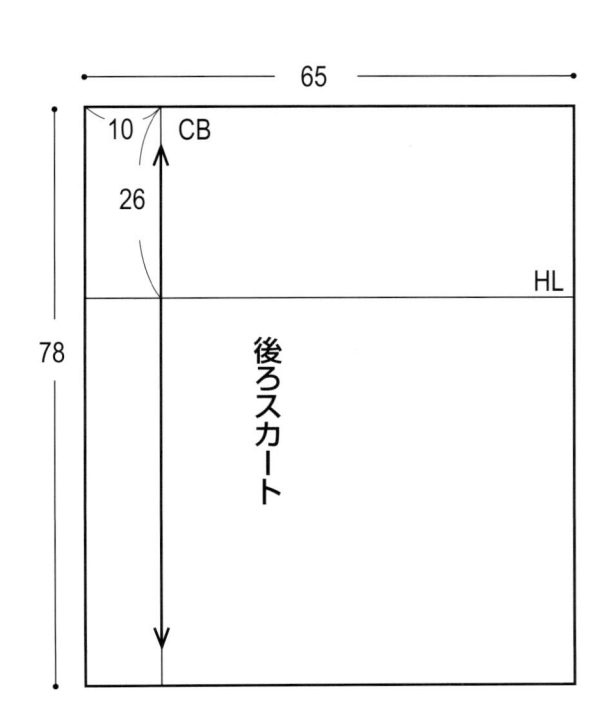

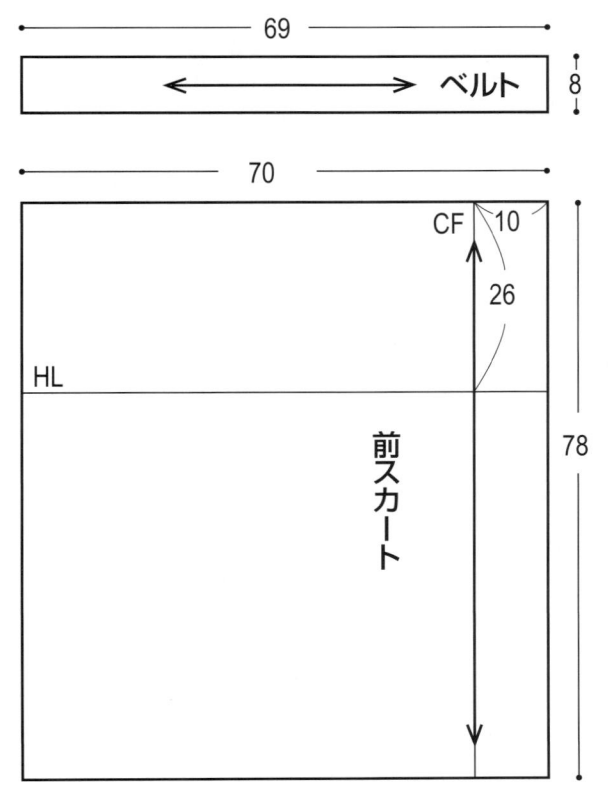

ベルト：69 × 8

後ろスカート：65 × 78、CB 10、26、HL

前スカート：70 × 78、CF 10、26、HL

第4章　基本アイテムのドレーピング

ボディの準備

ボディのウエストラインにフレアをだしたい位置（フレアポイント）に印をつける。
ここでは前2か所（A、B）、後ろ2か所（C、D）の計4か所とする。

前面　　　　　　　　　側面 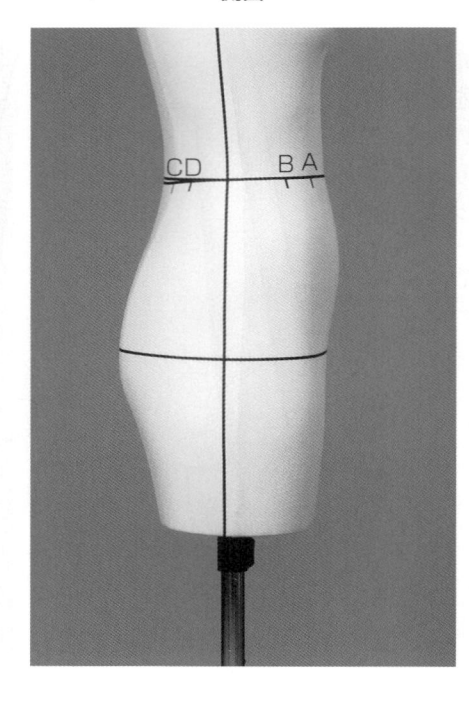　　　　　　　　　後面

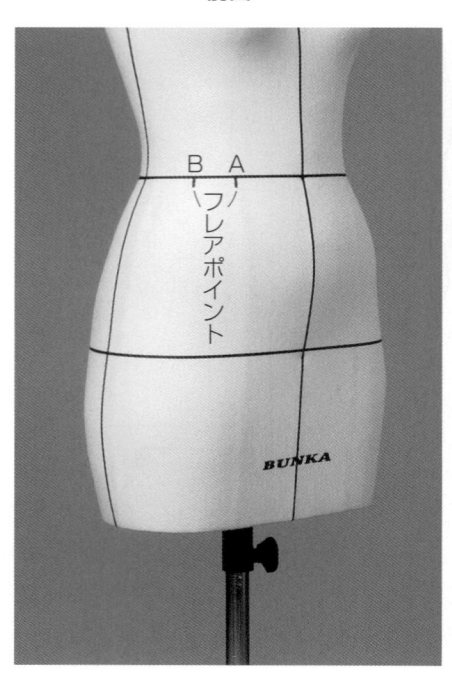

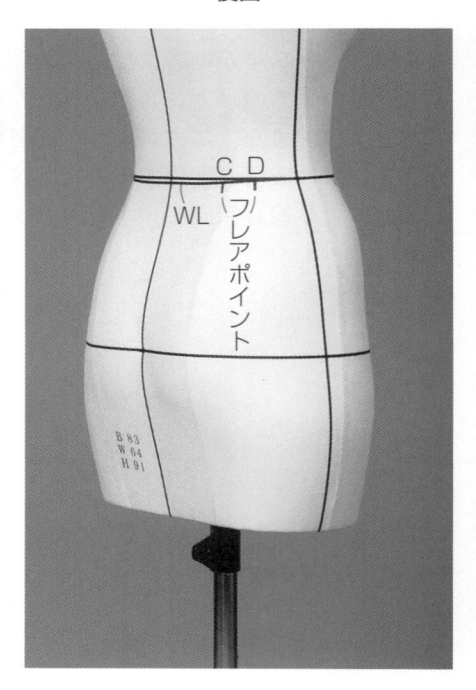

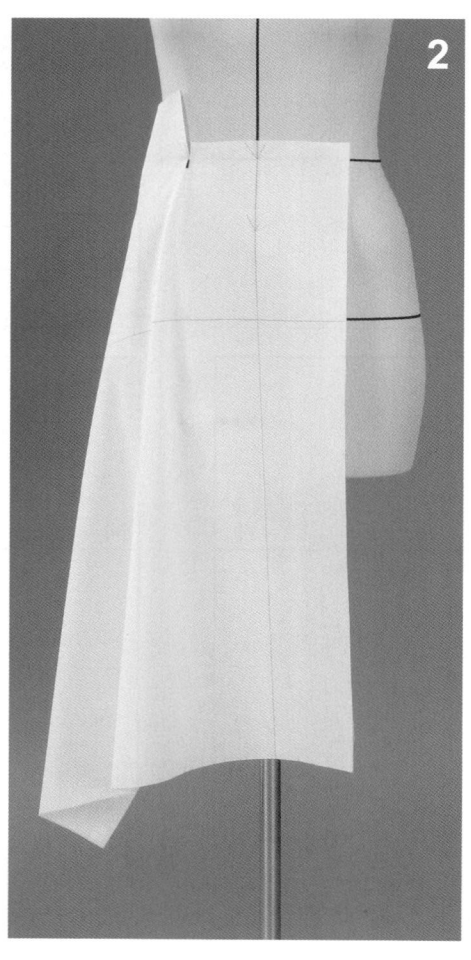

ドレーピング

1 前スカートの中心線をボディの中心線に合わせる。ヒップラインを水平に保ちながら、Aのフレアポイントに垂直に切込みを入れる。

2 片手でフレアポイントを引き上げながら、もう片方の手でトワルを操作してフレア分量をだす。

3 Bのフレアポイントに切込みを入れ、2と同様にフレアをだす。そのとき、最初に操作したフレア分量の移動を防ぐため、ヒップラインの位置でフレアの両側をピンで止めておくとよい。
　両方のフレアのバランスを見て、ウエストの縫い代を整理する。

4 後ろスカートを前と同様にドレーピングする。特に殿部の突出からフレア分量が多くでやすいので、前とのバランスを意識して分量を決定する。

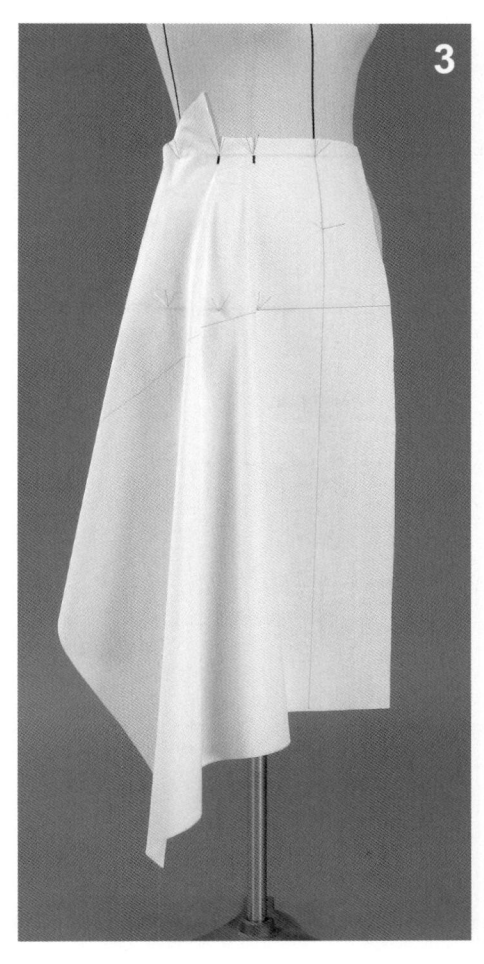

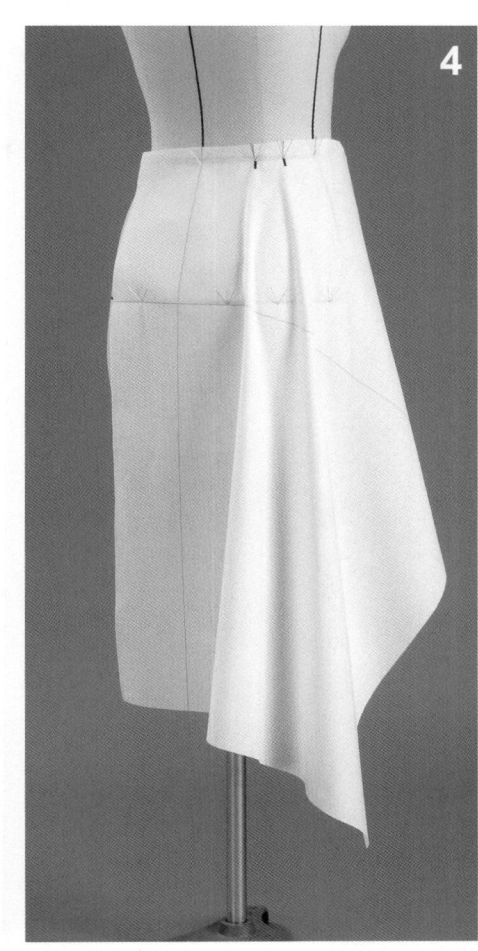

5 フレアポイントから立ち上がったフレア分量のバランスを、あらゆる角度から観察し、検討する。

6 前後のフレアのバランスを見ながら側面が台形になるように脇を重ねてピンを打ち、縫い代を整理する。
　脇線をボディラインでしるし、バランスのよい位置か確認する。
　ウエストラインを決め、セミフレアスカートと同様、床上り寸法から裾線を決めて印をつける。

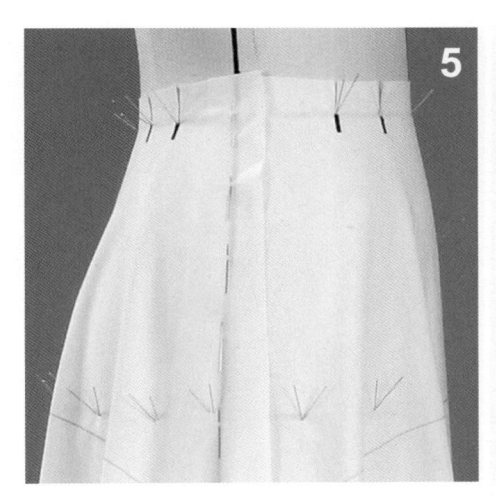

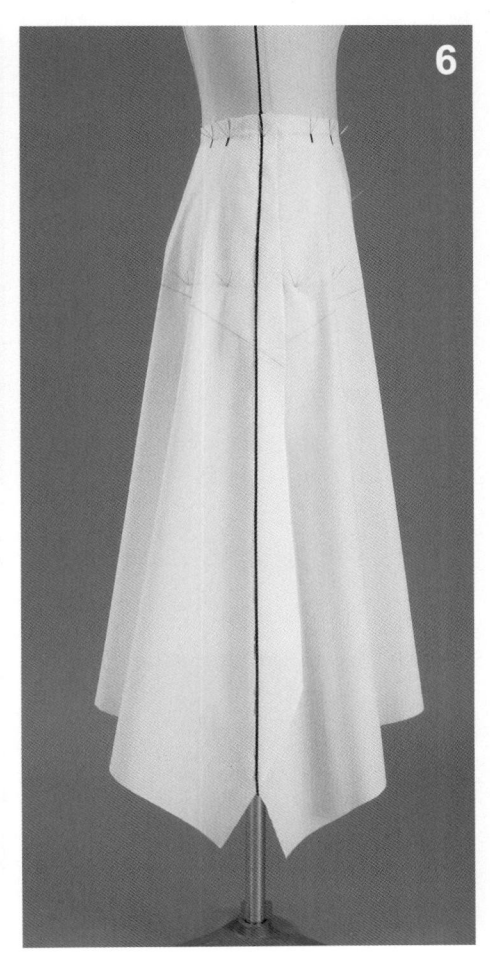

第4章　基本アイテムのドレーピング

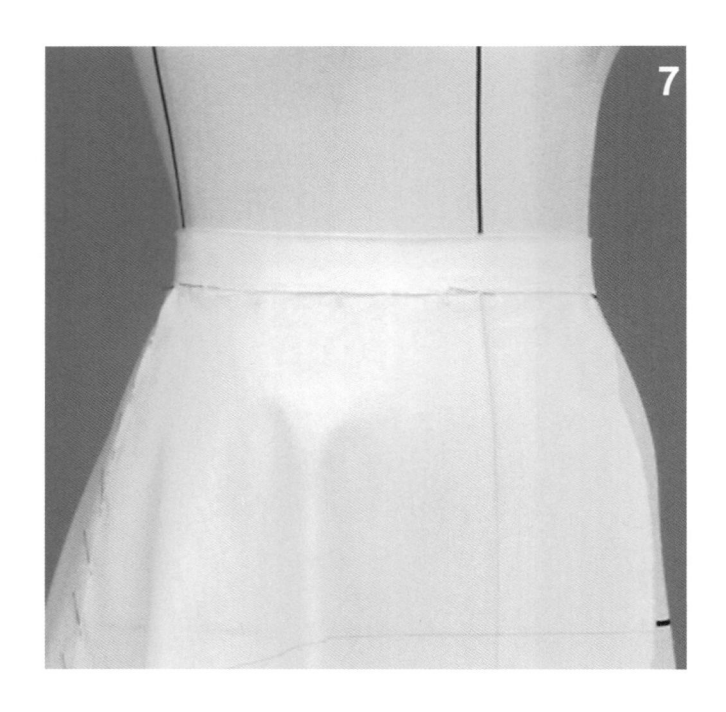

7 スカートをボディからはずし、マーキングしてピンで仕上げ、ウエストベルトをつけて再度シルエットを検討する。ウエストベルトの止め方でフレアの出方が微妙に左右されるので注意する。

出来上り

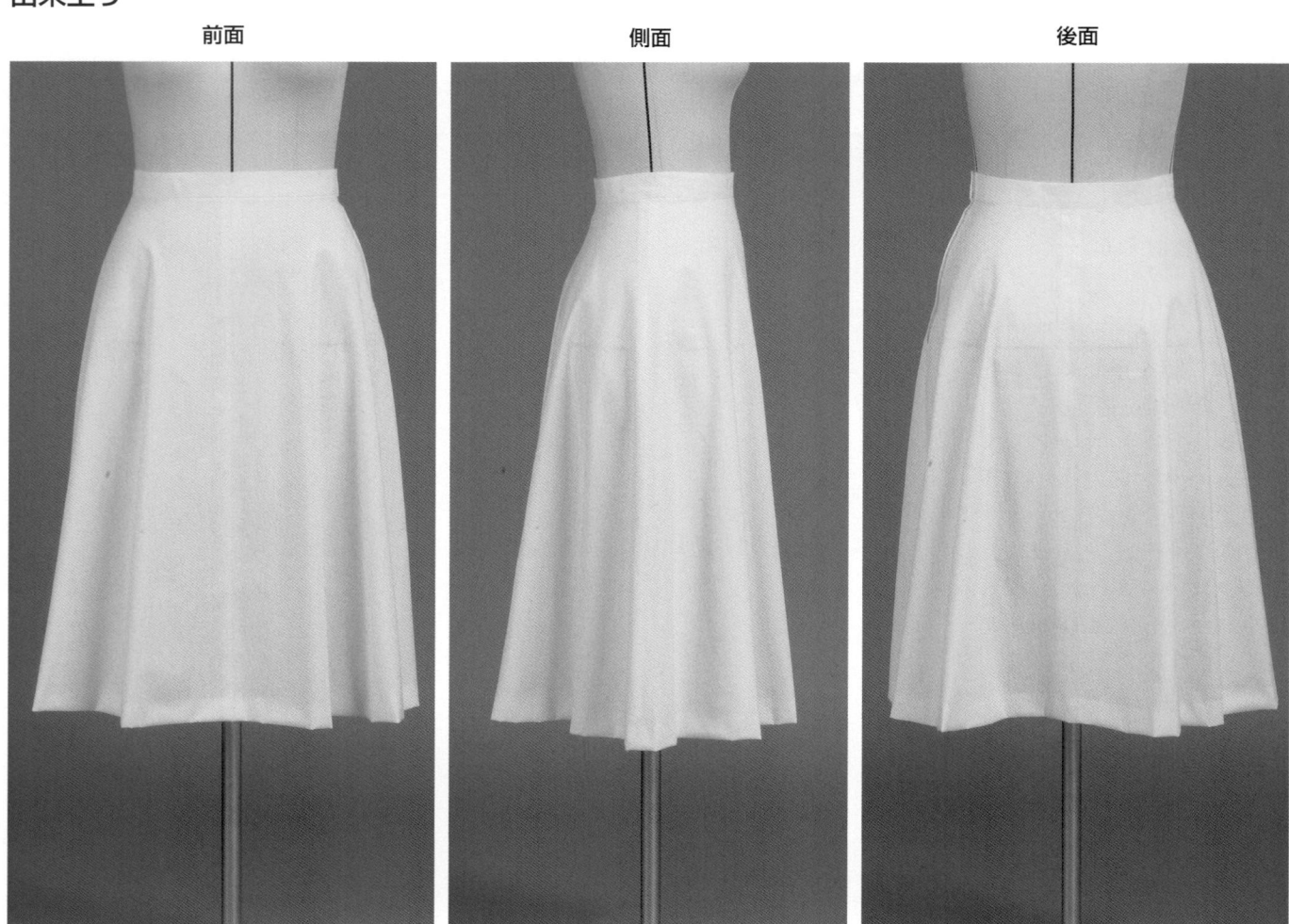

前面　　　　　側面　　　　　後面

トレースパターン

　ウエストラインにフレアポイントの合い印を入れるが、このときウエストラインを修正すると、フレアの表情を失うことになるので注意する。フレアをしっかり立たせたい場合は、ウエストラインは角っぽいほうがよい。さらにウエストベルトとスカートの合い印を正確に合わせることにより、フレアの波形を美しく保持することができる。

　すべてのダーツ量がフレアとして展開され、結果としてウエストラインと裾線は、セミフレアスカートより傾斜の強いカーブになっている。

　前後の幅に差が生じているが、面としてとらえた美しさを重視したパターンといえる。

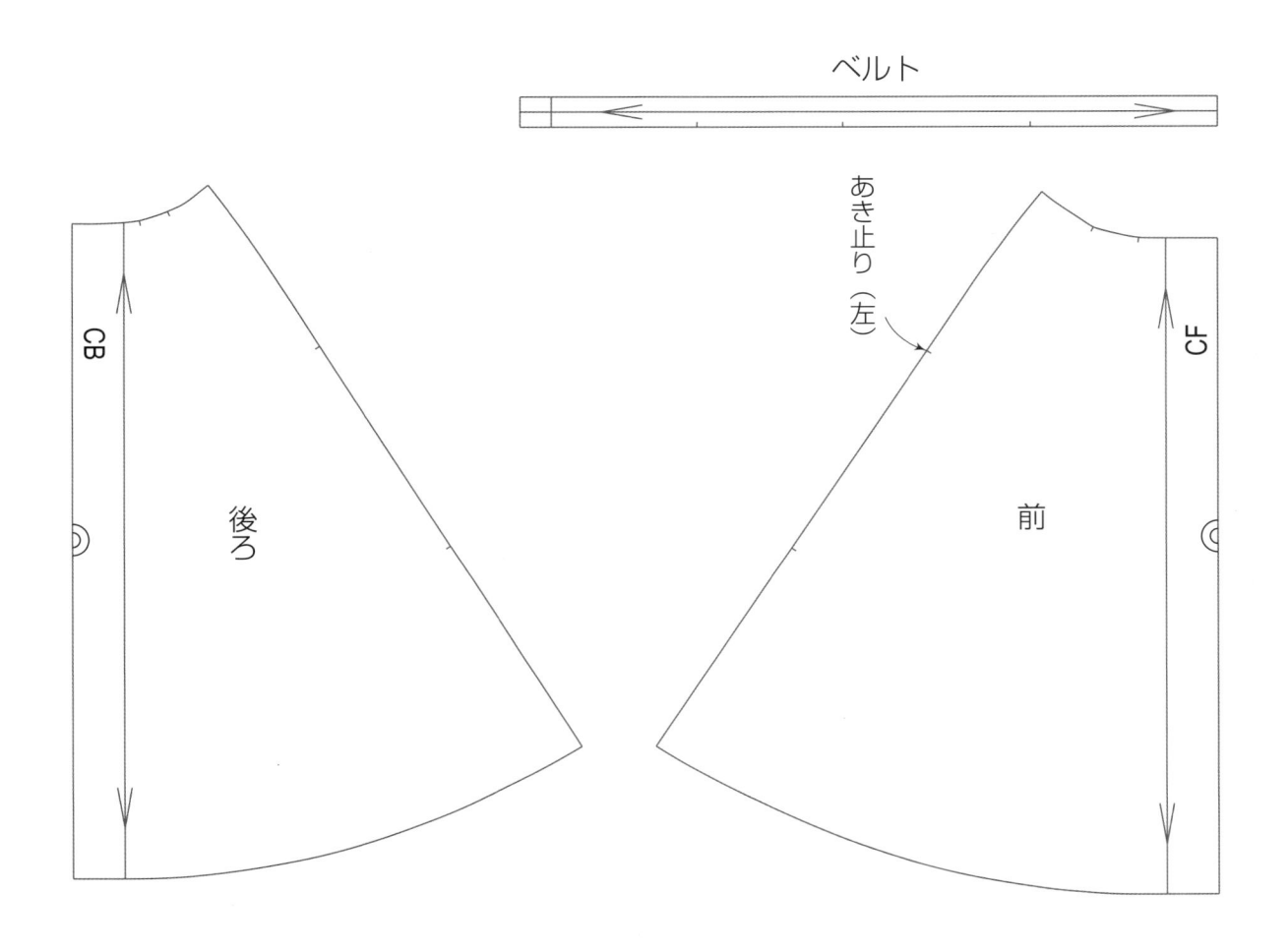

4 ゴアードスカート

デザインとして切替え線を入れ、何枚かの布をはぎ合わせて構成するスカート。切替え線は単にデザイン線という感覚面だけにとらわれず、体型を効果的にカバーする線として関連性を考慮したい。人体の曲面では切替え線の中にダーツ分量を取り込むことができ、平面部ではフレアやまちを入れてシルエットに変化をつけることが可能である。このように切替え線をたくみに変化させて多様に利用することができる。

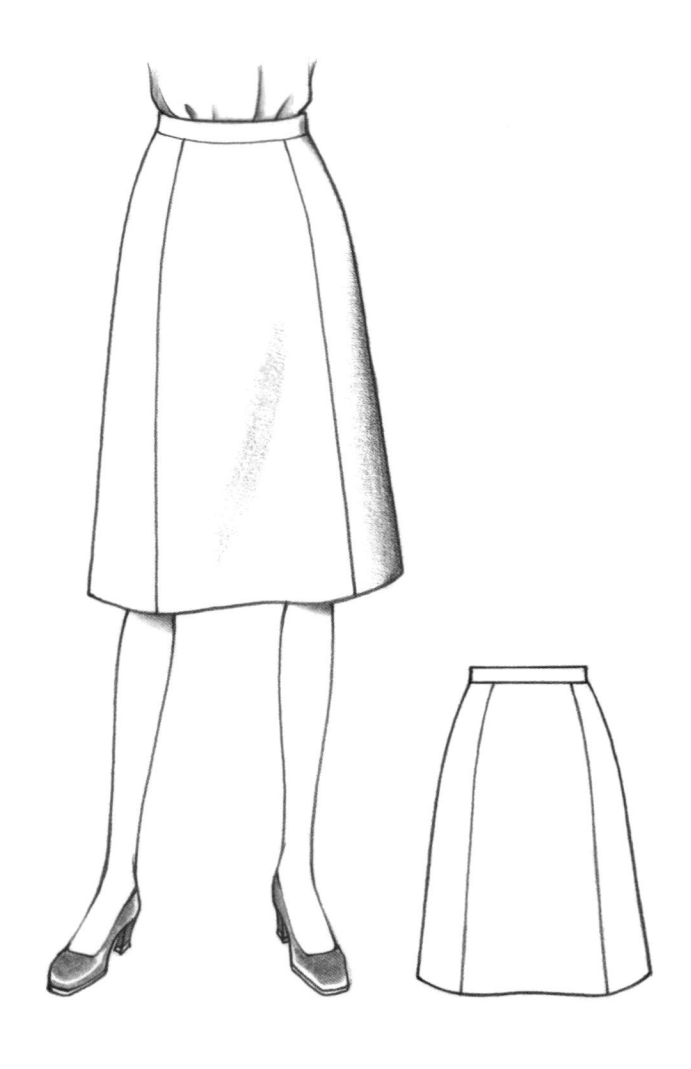

トワルの準備

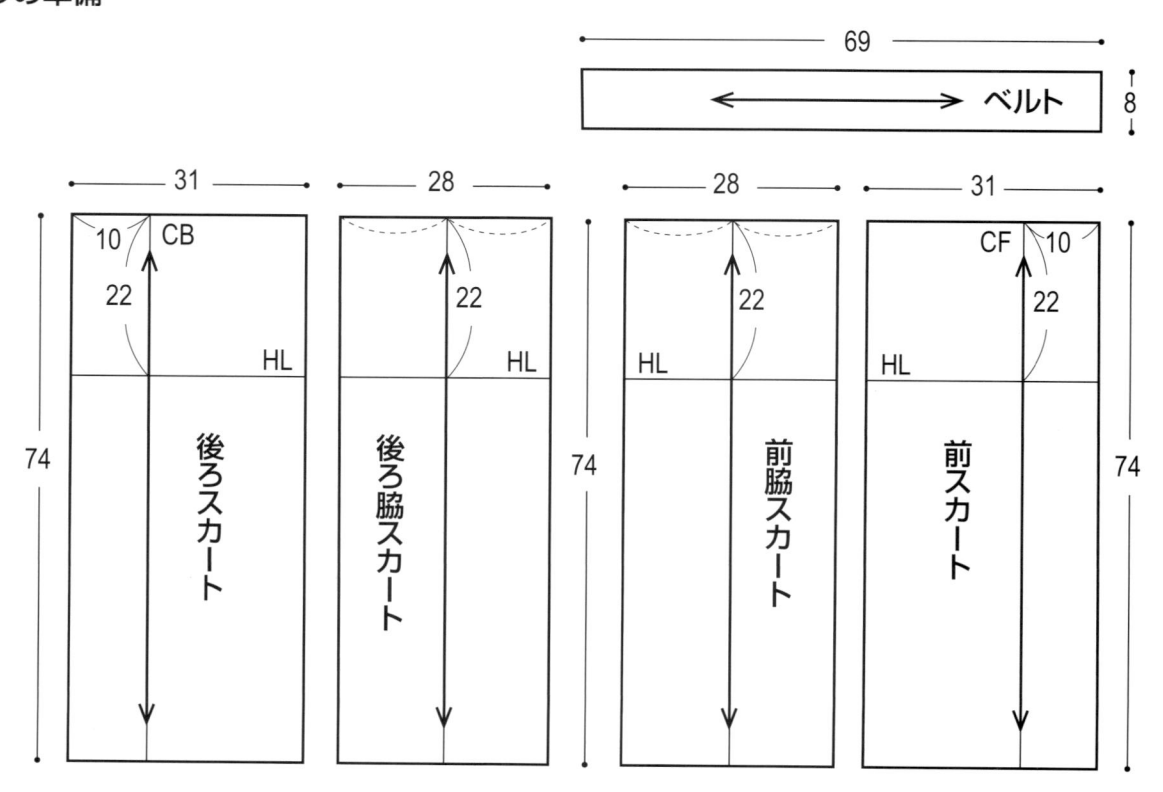

ベルト 69 × 8

後ろスカート	後ろ脇スカート	前脇スカート	前スカート
31 × 74、CB、10、22、HL	28 × 74、22、HL	28 × 74、22、HL	31 × 74、CF、10、22、HL

ボディの準備

ボディに切替え線のガイドラインを入れる。前面、側面、後面より観察して検討する。ヒップラインより下は、フレア分量を考えて多少傾斜させてもよい。

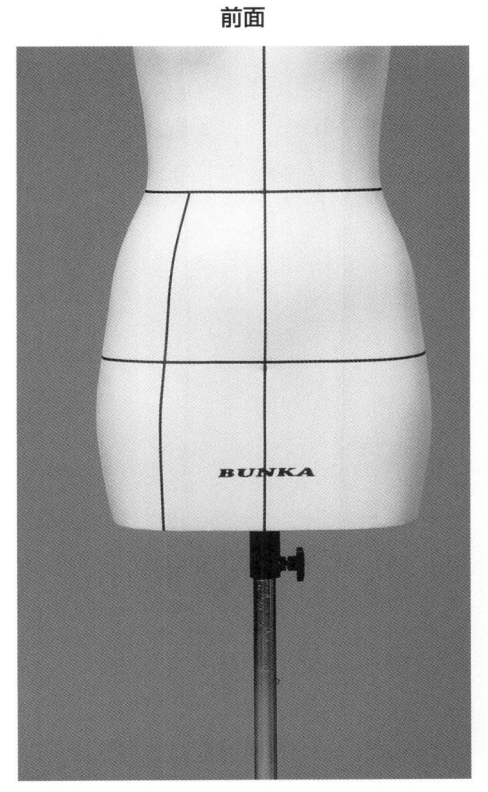

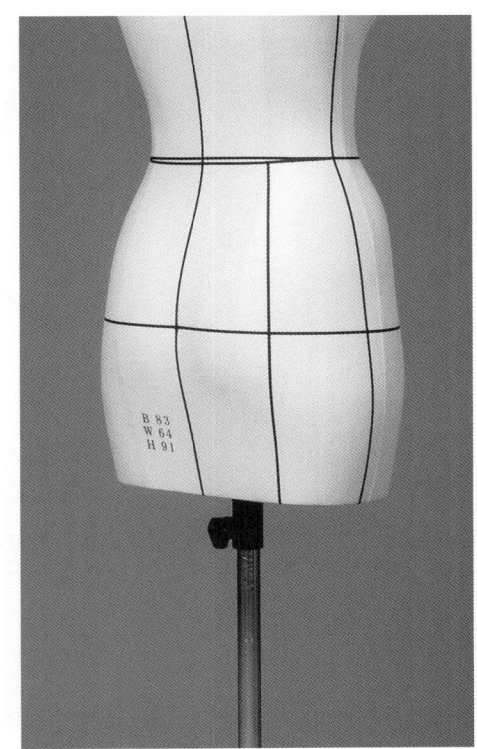

前面

後面

ドレーピング

1 前スカートの中心線をボディの中心線に合わせる。ヒップラインを水平にそわせてボディのガイドライン上でフレア分量をだす。

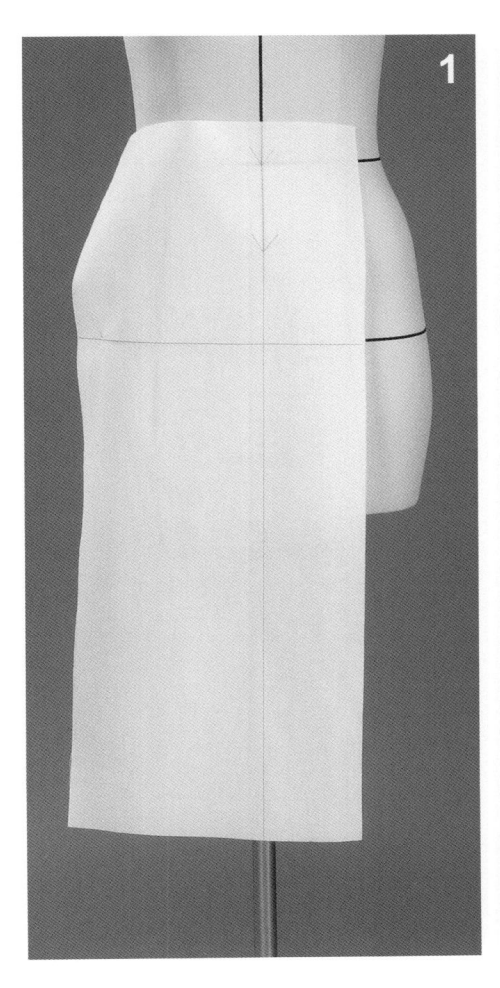

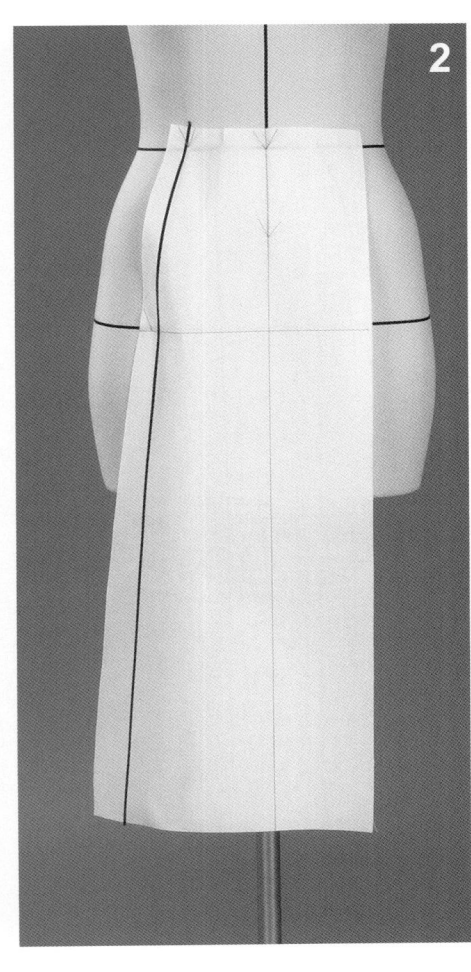

2 ヒップライン位置でゆとりを入れてピンで止め、ウエストに向かって腹部をカバーするゆとりを入れる。切替え線をボディラインでしるし、余分な縫い代をカットする。脇布がないためヒップライン上のゆとり分が逃げやすいときは、ゆとり分をつまみピンにしておいてもよい。

前面

後面

第4章 基本アイテムのドレーピング

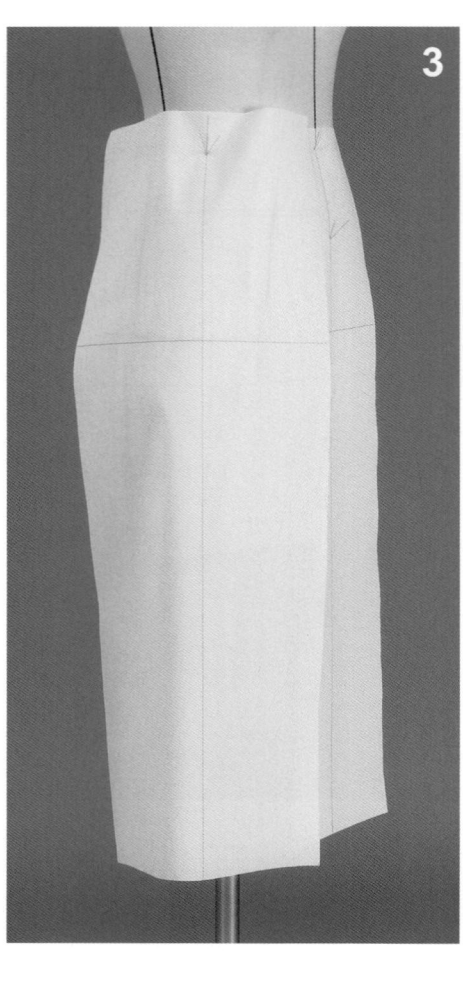

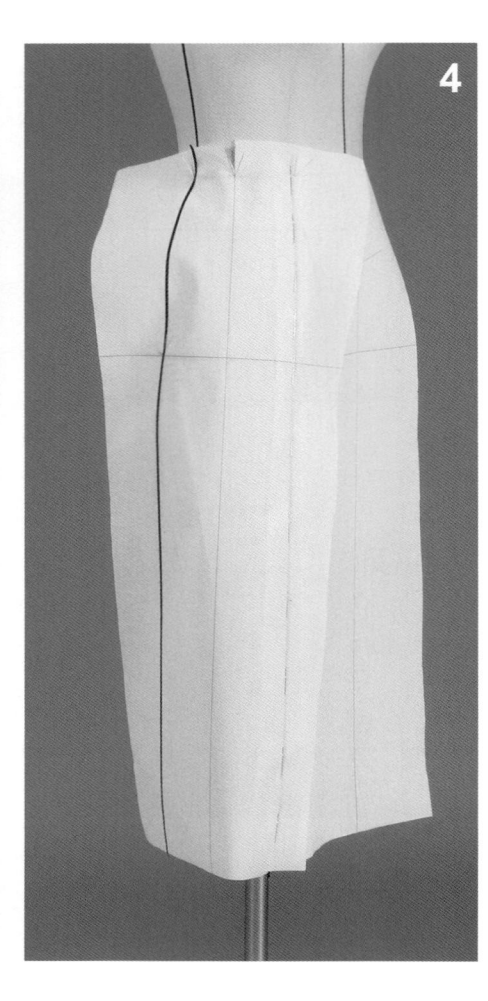

3 脇布を当てる。ボディの切替え位置のガイドラインから脇のガイドラインの中心に、脇布の布目を垂直に通して当てる。

4 ヒップラインでゆとりを入れ、合い印を合わせて重ねピンで止める。

切替え線側の布を、ヒップラインからウエストラインにかけてダーツをとるように中心側に布を倒してそわせ、腹部のゆとりを入れながら重ねピンを打つ。裾は広がりのバランスを見て止める。

脇線も同様にし、ボディラインで印を入れる。

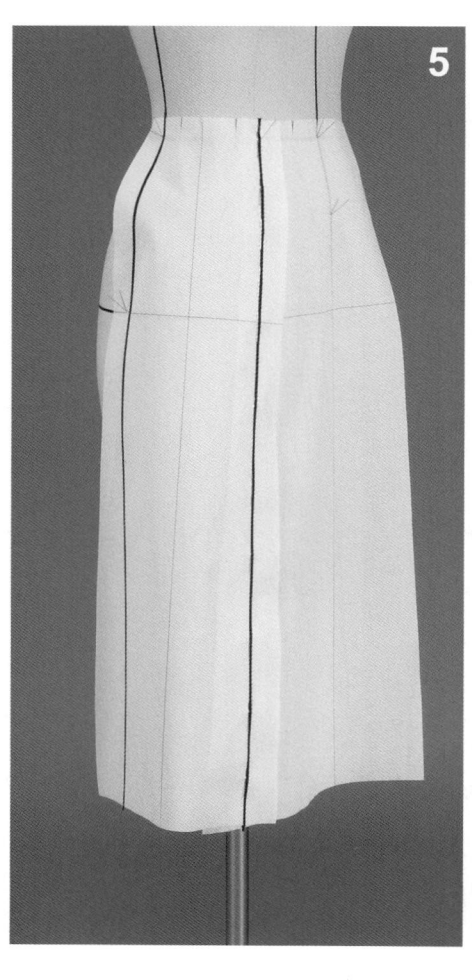

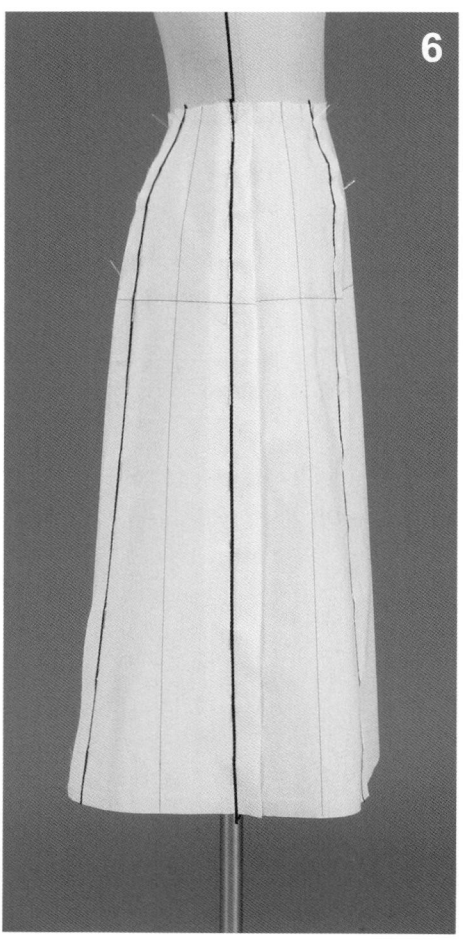

5 ウエストラインの余分な布をカットする。切替え位置が適切か、ゆとりとフレア分量のバランスがよいか検討する（切替え線のラインは不要であるが、位置を明確にするため入れてある）。

6 後ろスカートも前と同様にドレーピングをする。脇のヒップラインを合わせ、前と同様にウエストラインまでなじませ、裾はフレア分量のバランスを見て重ねピンを打つ（切替え線を明確に見せるためラインを入れてある）。

7 ウエストラインにボディラインで印を入れ、スカート丈を床上り寸法により決定する。

8 マーキングし、ピン仕上げをしてベルトをつける。
　ウエストからヒップにかけて体型を包み込むゆとりと切替え線のバランス、面をとらえたシルエットであるか再検討し、調整する。

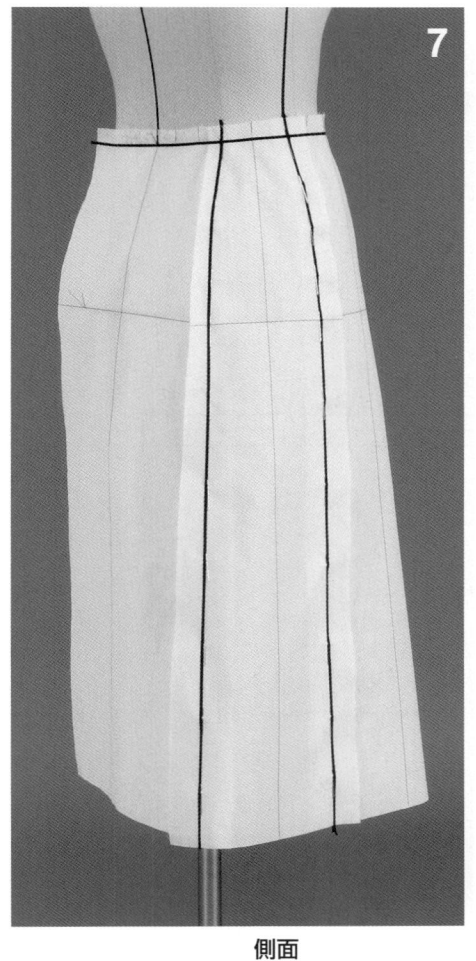

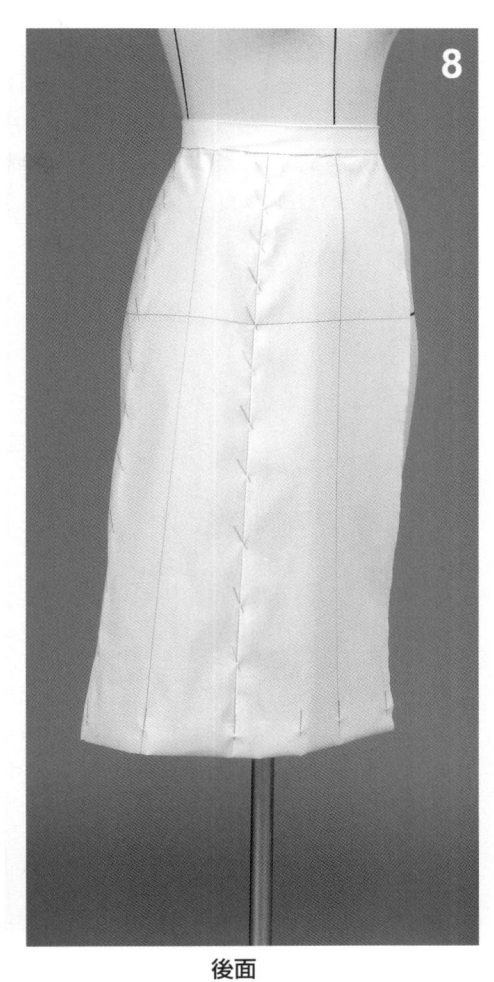

出来上り

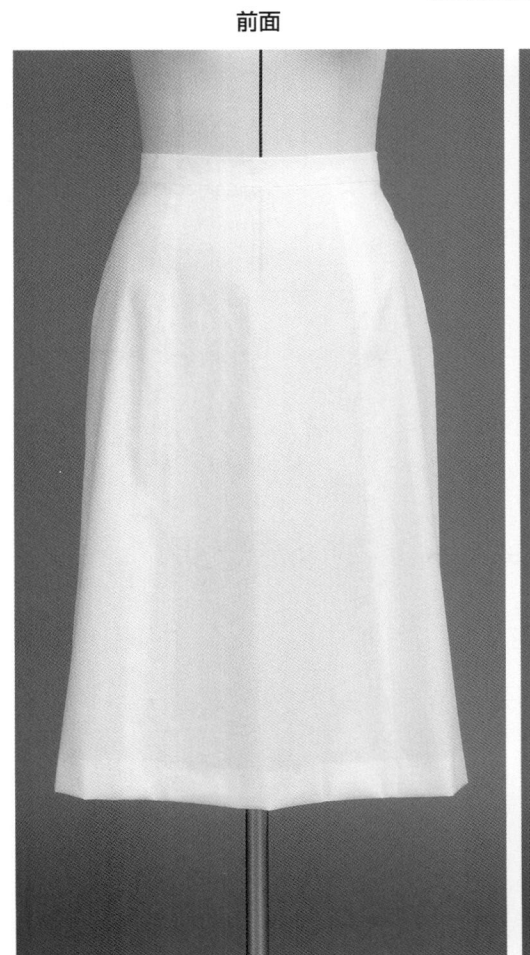

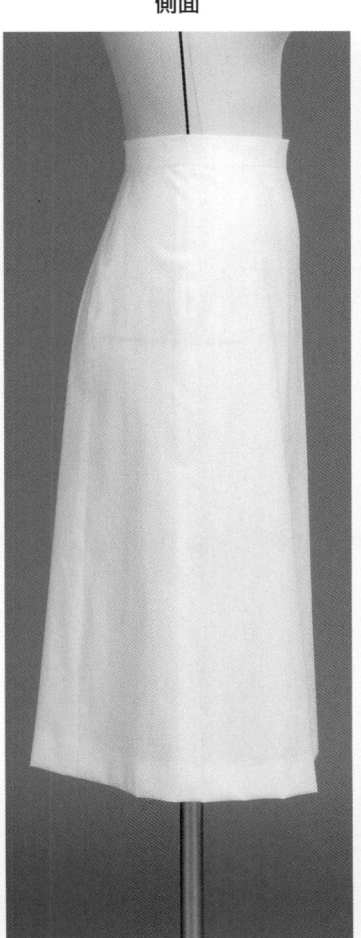

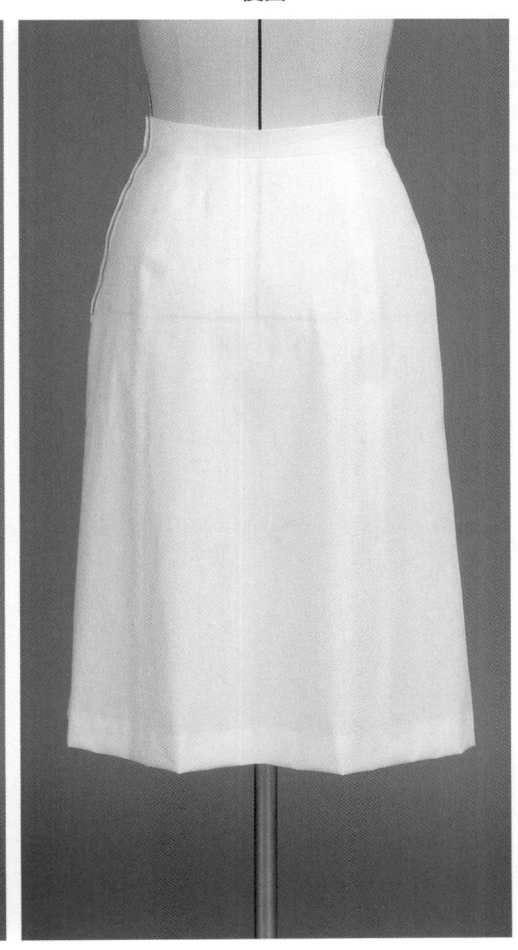

前面　　　　側面　　　　後面

第4章　基本アイテムのドレーピング

トレースパターン

　ウエストからヒップの切替え線の傾斜角度は、ほぼ対称的なバランスになっている。この構造線（デザイン線）の中に処理されたダーツ分量は、体型の構造原理に基づいたバランス配分になっていることが理解できる。

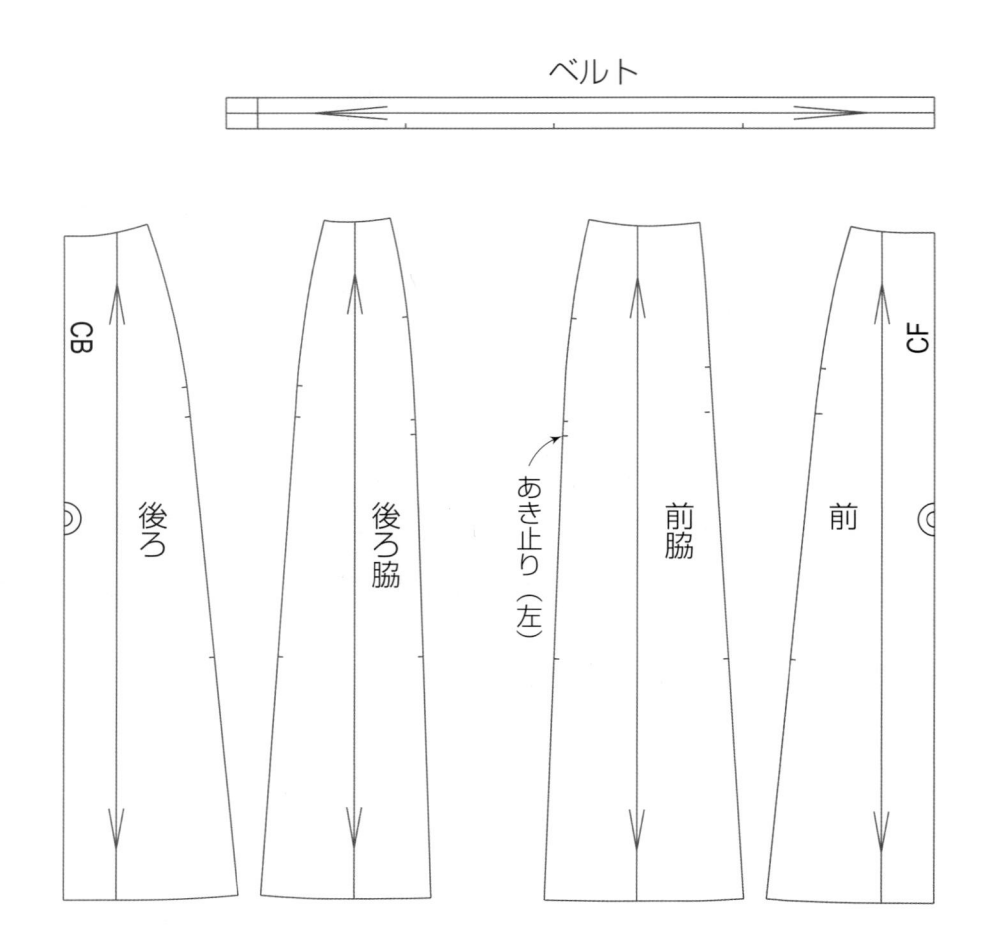

5　ヨーク切替えのボックスプリーツスカート

　ヨーク切替えにしてウエストダーツ分を処理し、前後にボックスプリーツを入れたスカート。ヨーク切替えの位置によって処理できるダーツ分量が異なり、接続する構造線に負担が生じるので、設定には充分注意する。

　プリーツを入れる位置も体型の曲面部位であるとプリーツが落ち着かず、陰ひだにダーツをとる必要が生じる。したがってヨーク幅、プリーツ位置、陰ひだ幅は相関関係にあるので、無理のないデザインに決めることが大切である。

トワルの準備

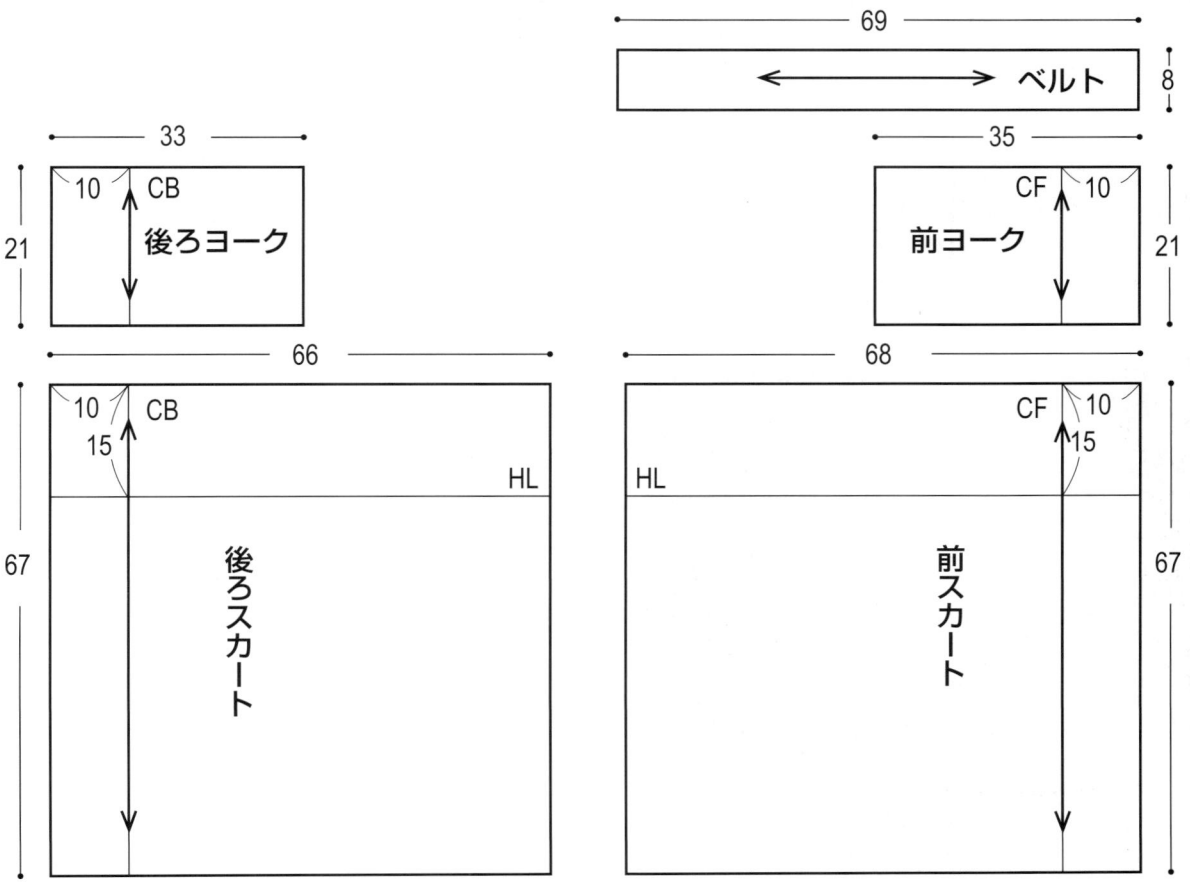

ボディの準備

ボディにヨークのガイドラインを入れる。右半身でドレーピングを行なうが、バランスを見るために全身に入れる。ヨークポイントは体型の角（前面は腰骨周辺、後面は殿突周辺）を利用する。

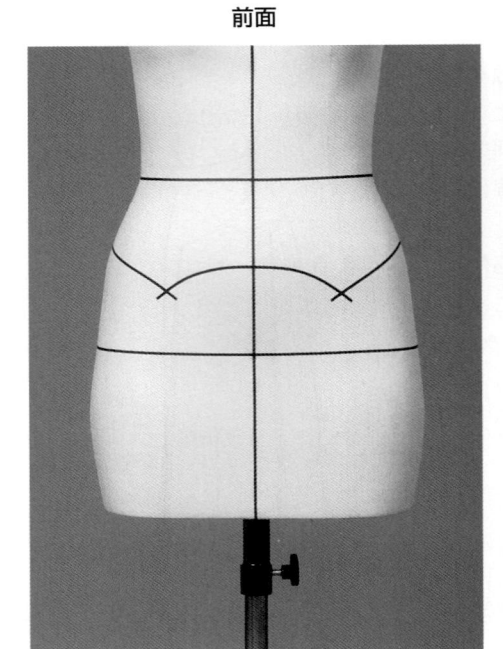

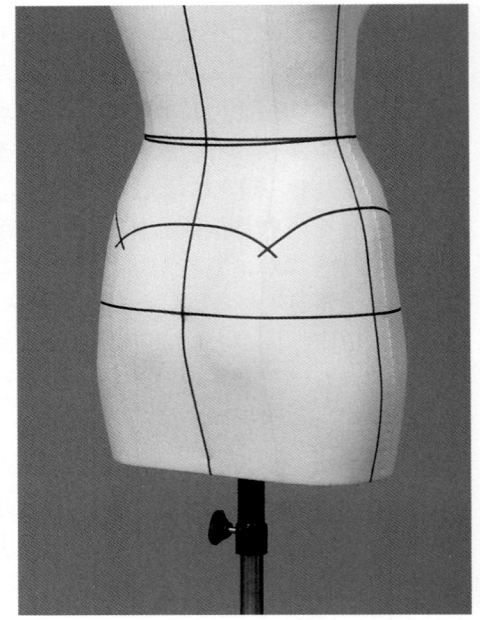

前面　　　　　　　　　後面

ドレーピング

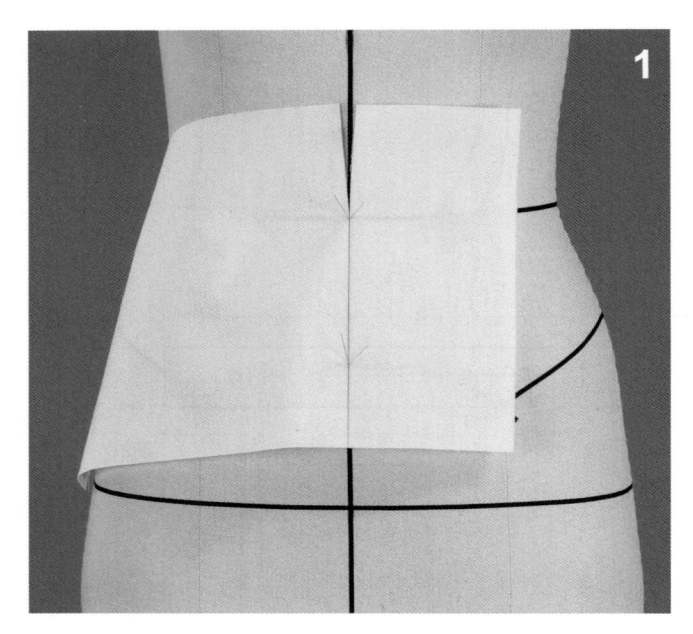

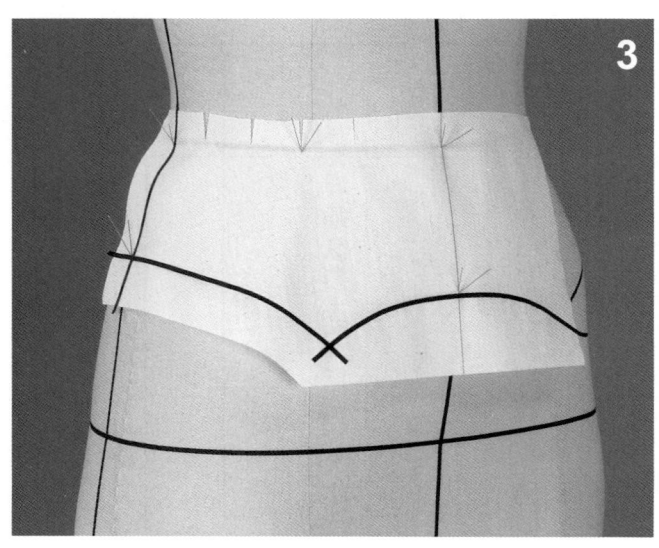

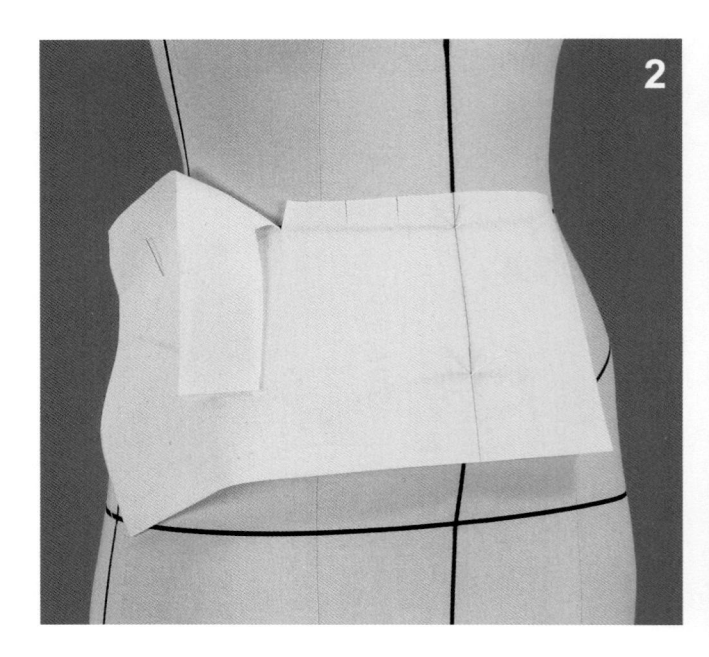

1 前ヨーク布の中心を合わせてピンを打ち、中心に切込みを入れる。

2 フレアスカートに準じたテクニックでウエストラインを決める（120、121ページ参照）。

3 ウエストの余分な布をカットし、ボディのガイドラインを目安にヨークの切替え線と脇線をボディラインでしるす。

切替え位置とボディの間にはプリーツの厚み分を想定して、ゆとりを作ることが必要である。

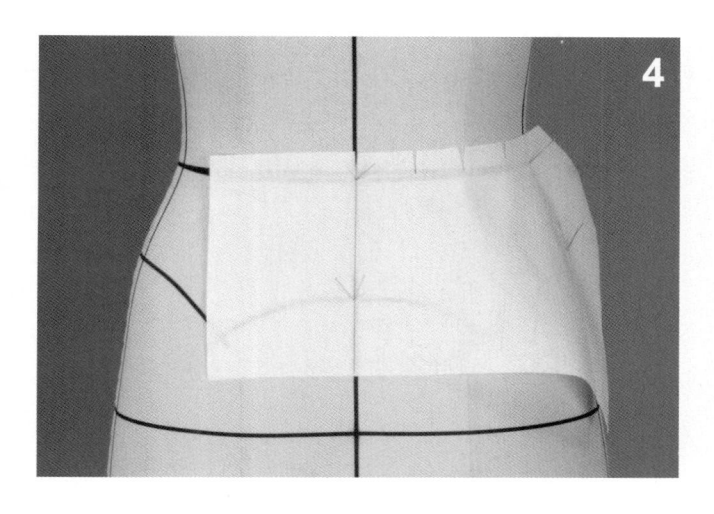

4、5 後ろヨークも前と同様にドレーピングをする。

6 ヨークの脇線を合わせる。前面、側面、後面が視覚的に台形のシルエットに作られているか確認する。

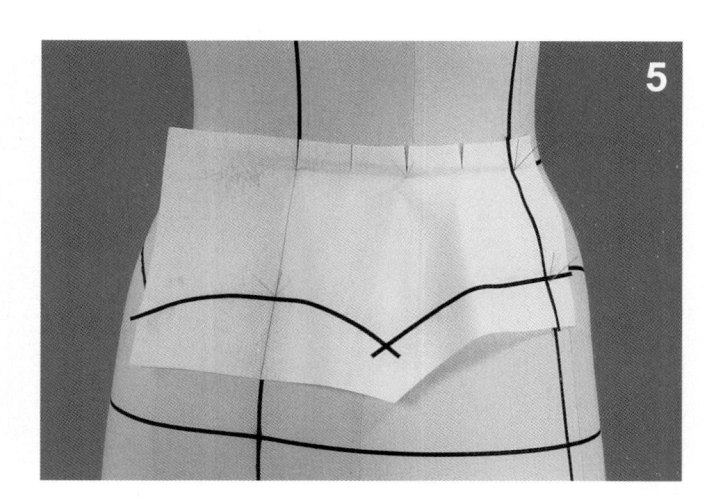

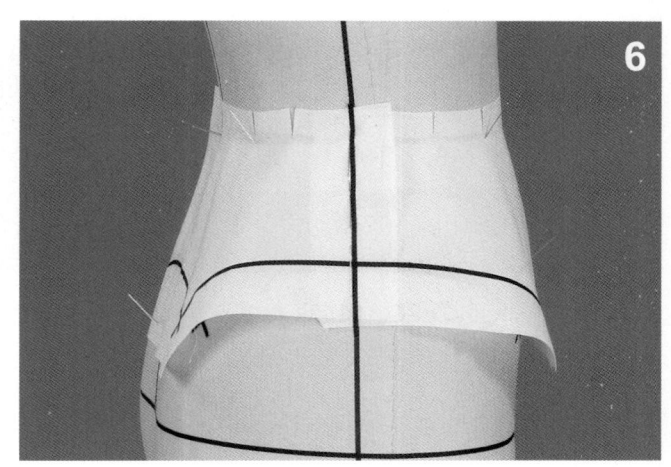

7 前スカートの中心を合わせ、ヒップラインを水平にして止める。

8 中心側のヨーク切替え位置にボディラインで印を入れ、裾に向かってプリーツを入れる位置を決める。
　スカート丈を決め、中心の裾に水平ピンを打つ。

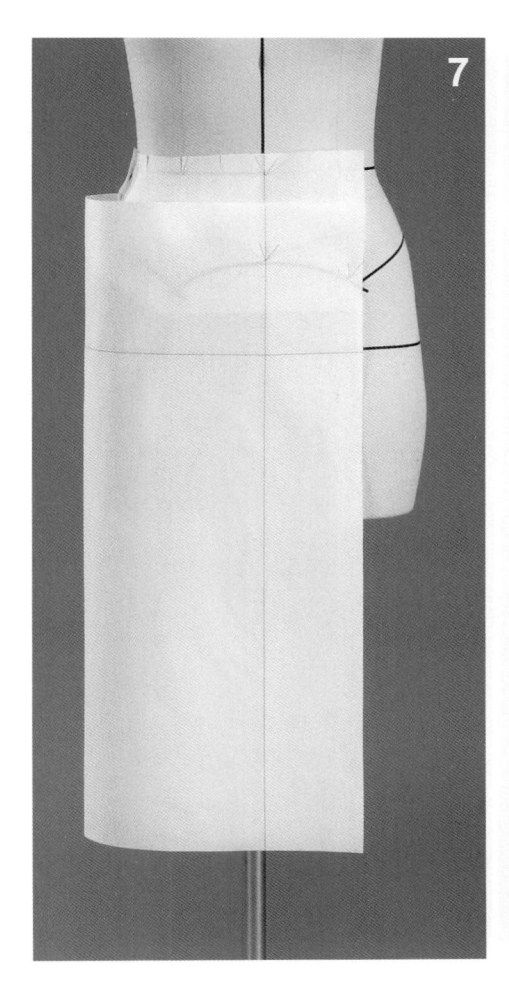

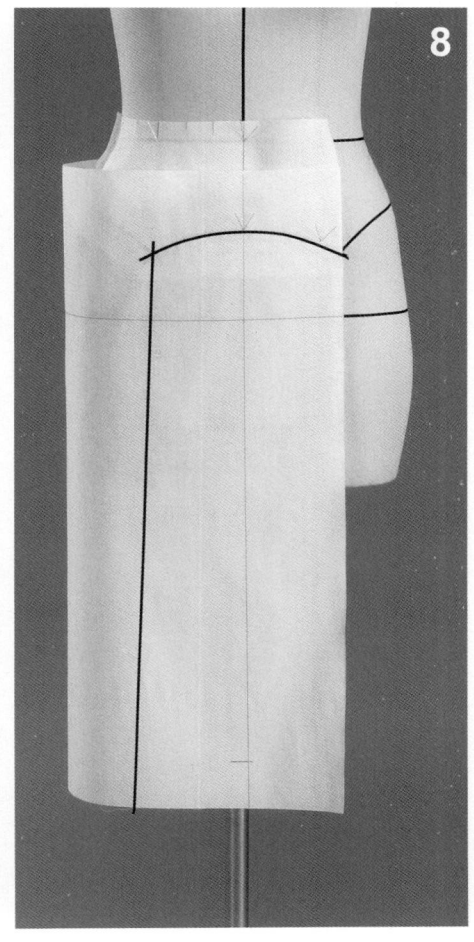

第4章　基本アイテムのドレーピング　131

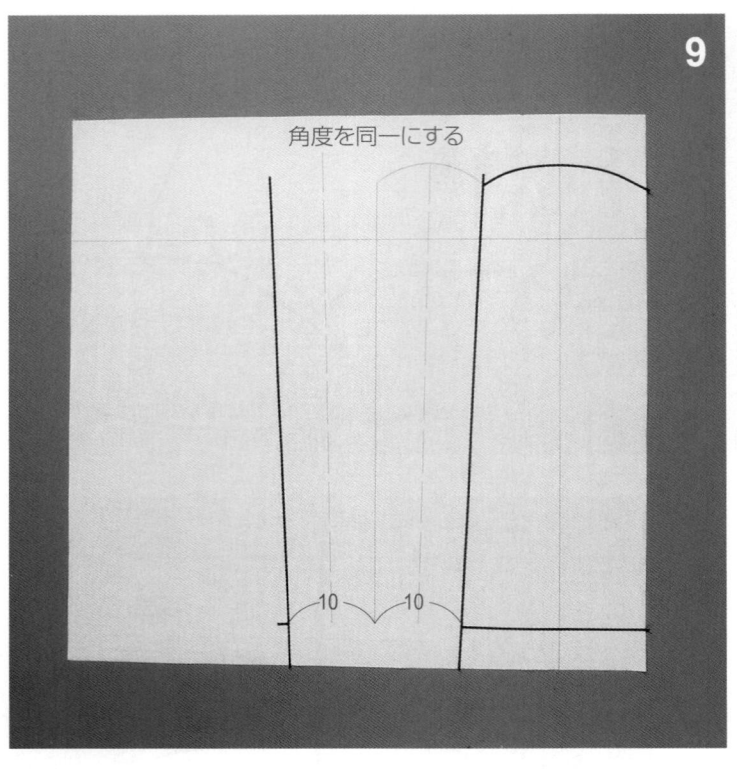

9 トワルを平面にして、想定したプリーツ幅をかき入れる。

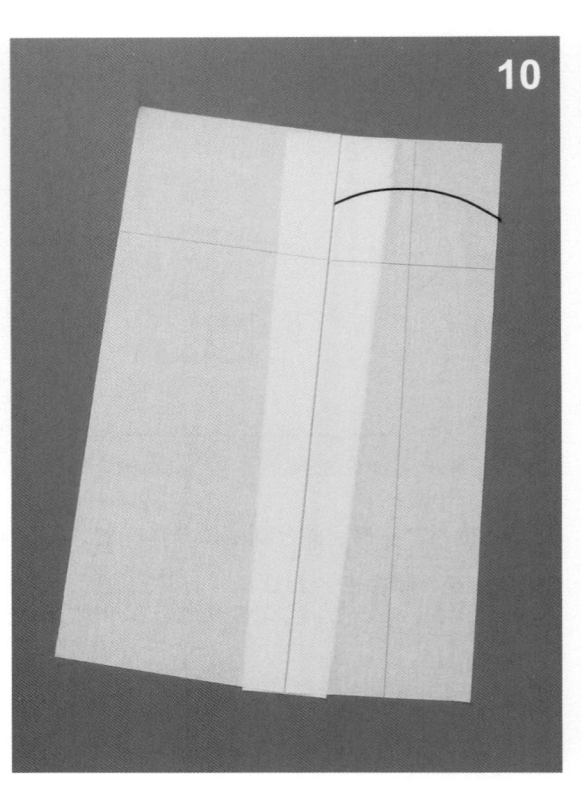

10 プリーツをたたむ。

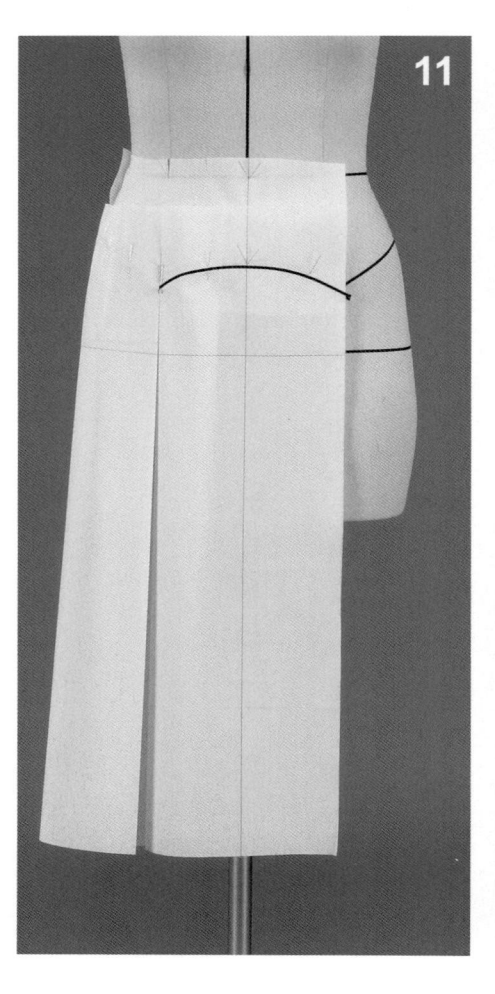

11 再度前中心とヨーク切替え線を合わせ、ヒップラインを水平にしてピンで止めるが、ヨーク切替え線上は布を縦にすくって止める。
　プリーツ幅と脇側のシルエットを検討する。
　プリーツ幅は立体で確認し、手直しする場合は平面で修正して再度組み立てる。

12 脇側のヨーク切替え線と脇線をボディラインでしるす。
　ミドルヒップとヒップライン位置のゆとりや裾幅など、全体のバランスを確認する。

13、14 後ろスカートも前と同様にドレーピングをする。なおシルエットを形出しした後、パターン上でプリーツを入れる方法もある。

15 脇線を合わせる。ヨーク位置、シルエットの最終調整をする。
　スカート丈は床上り寸法で確認する。

16、17 ピン仕上げをし、ベルトをつける。プリーツの裾上げは図のようにまとめる。
　またウエストにダーツの入らないヨーク仕立てのこのタイプは、ベルトレス仕上げにしてもよい。

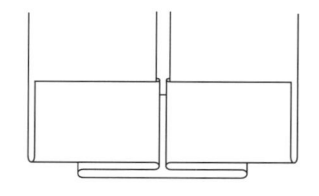

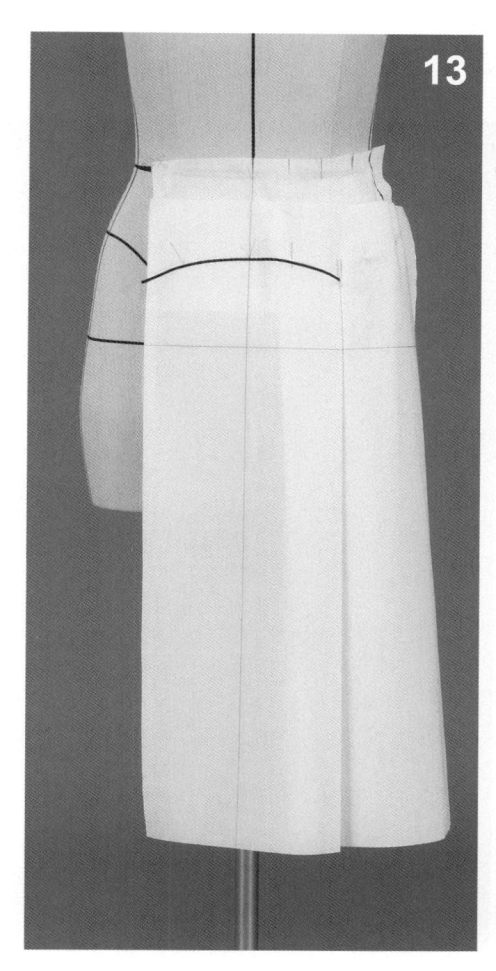

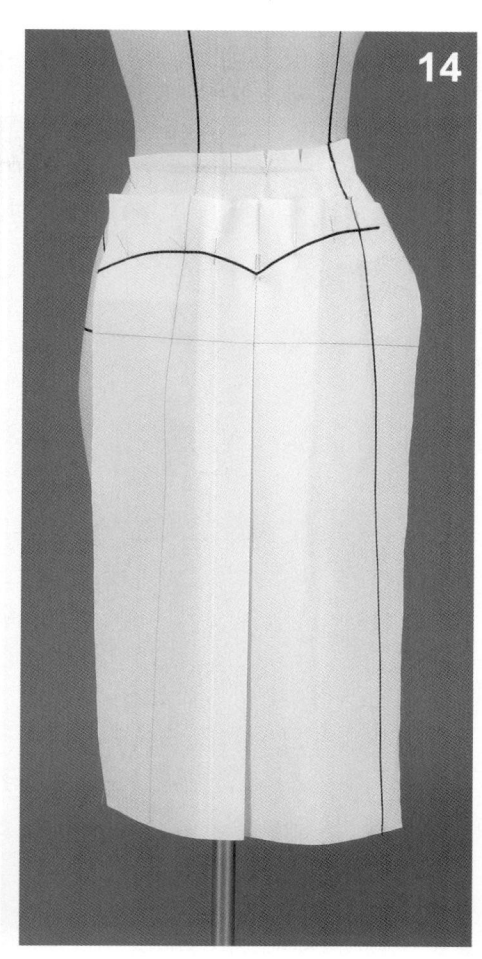

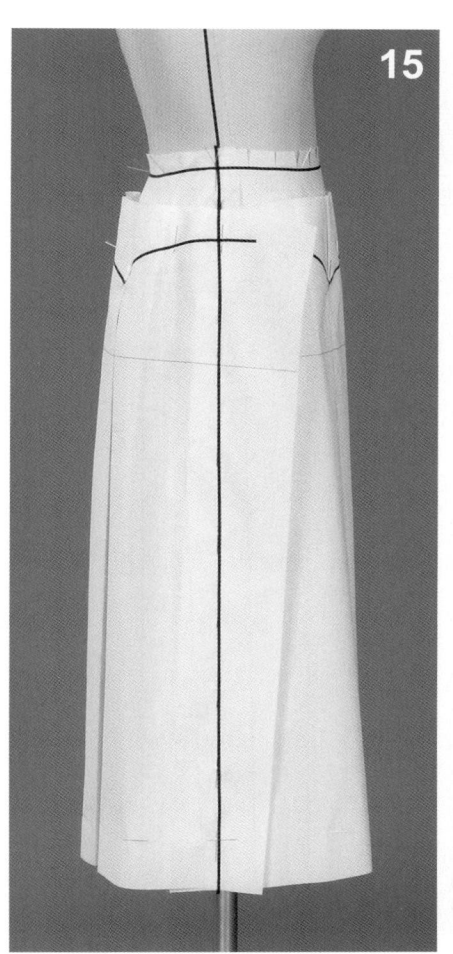

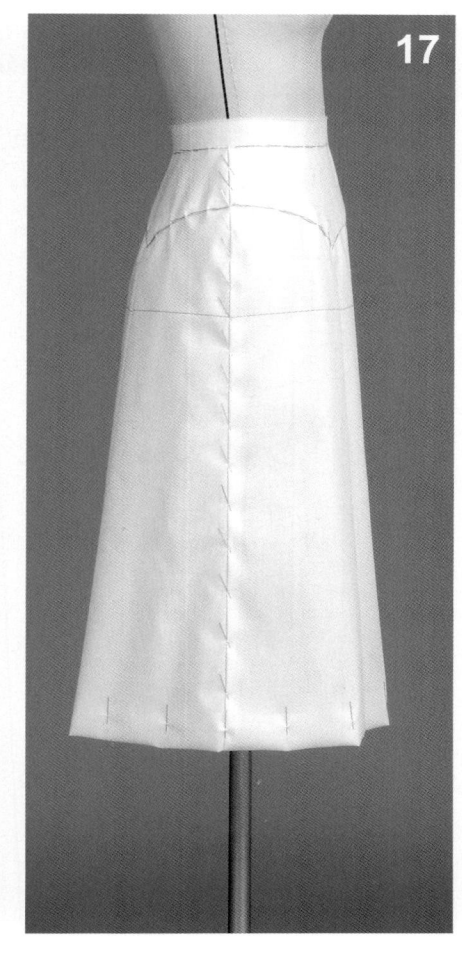

第4章　基本アイテムのドレーピング

出来上り

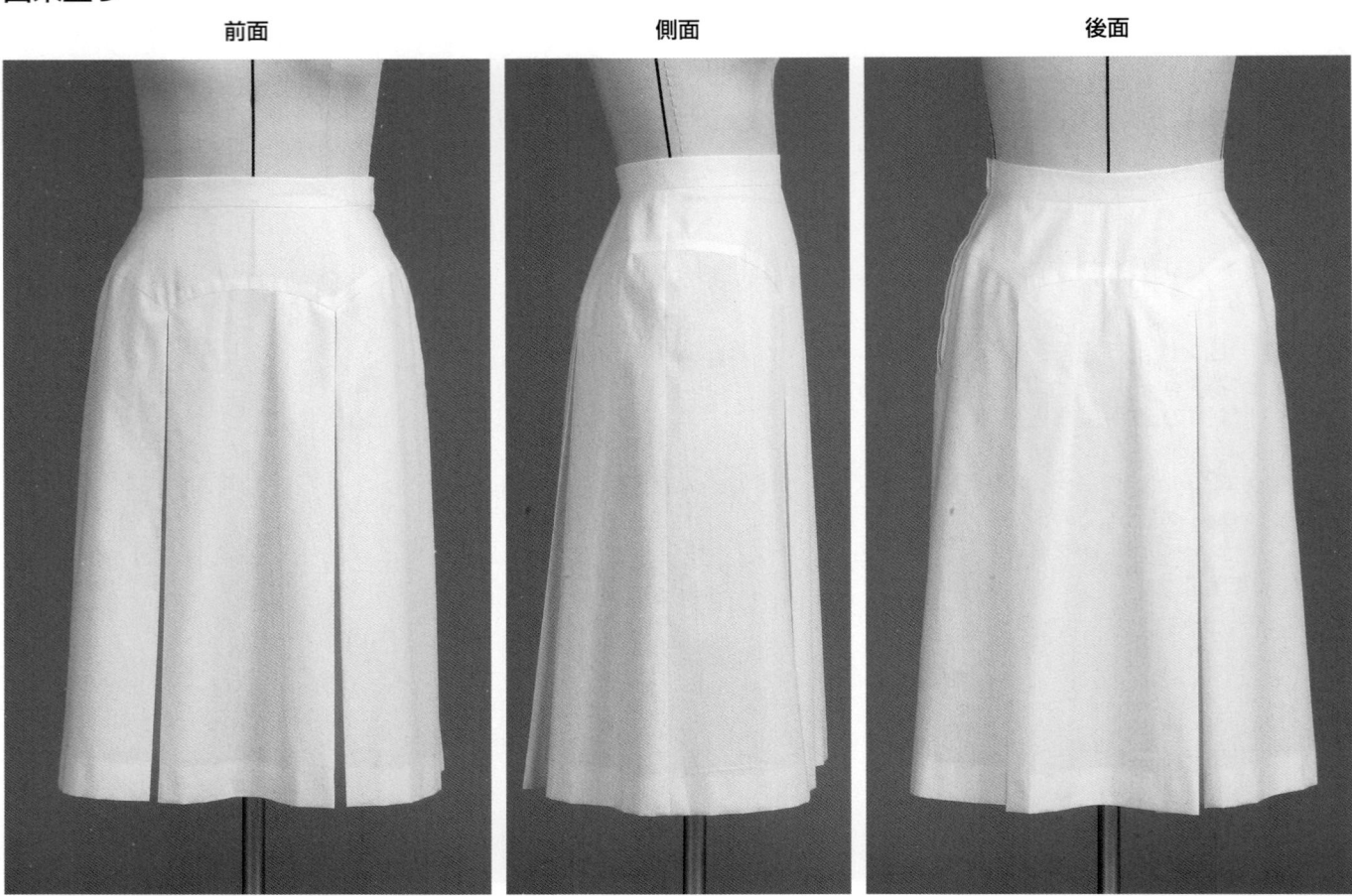

前面 　　　側面 　　　後面

トレースパターン

　ウエストとヒップの寸法差（ダーツ分量）が、ヨークの切替え線で処理されている。

　前後中心部と脇側が台形に構成され、明確に面として表現されていることがわかる。

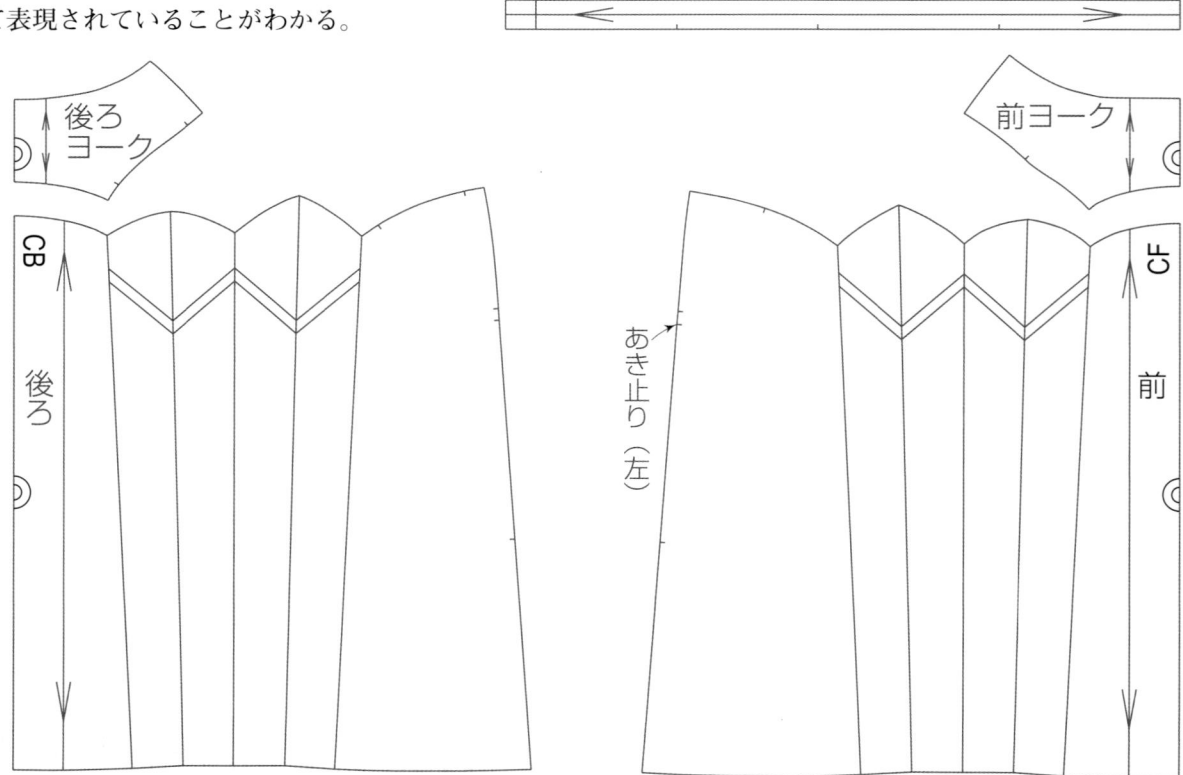

ベルト

後ろヨーク

前ヨーク

CB
後ろ

あき止り（左）

CF
前

6 タックトスカート

ウエストとヒップの寸法差をタックとしてデザイン化したスカートである。単純に寸法の差をタック分にしてもよいが、分量を追加することでボリューム感が生じ、効果的な表情を作り出すことができる。

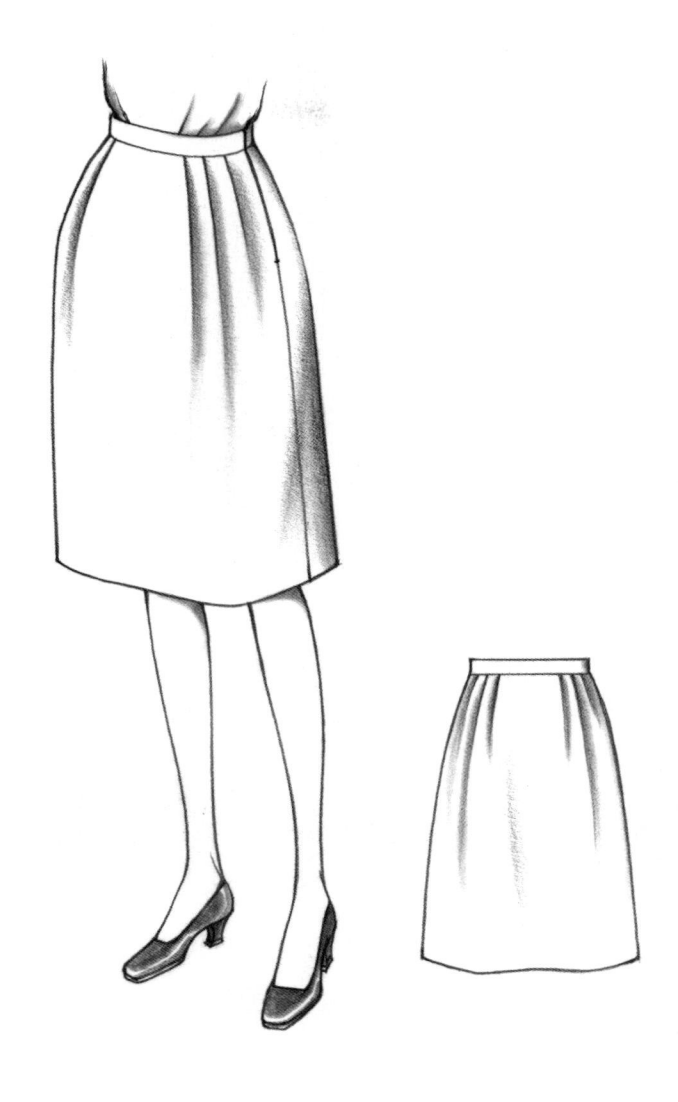

トワルの準備

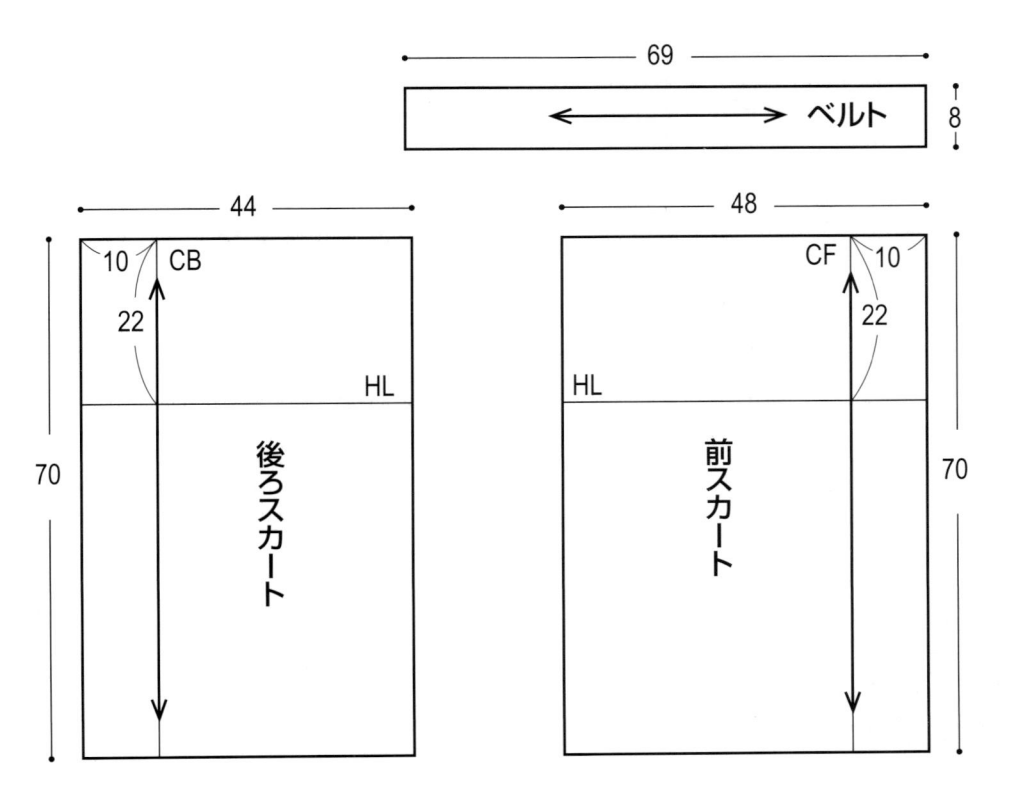

ベルト 69 × 8

後ろスカート: 44 × 70、CB、10、22、HL

前スカート: 48 × 70、CF、10、22、HL

第4章 基本アイテムのドレーピング

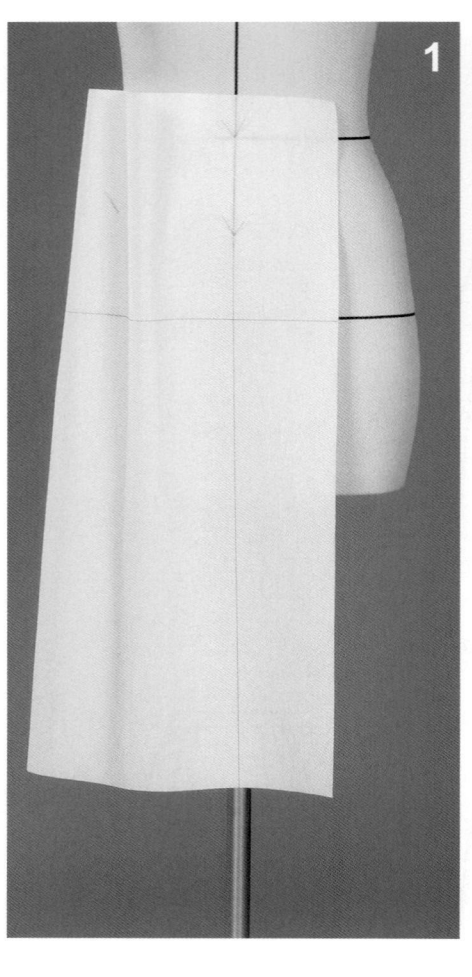

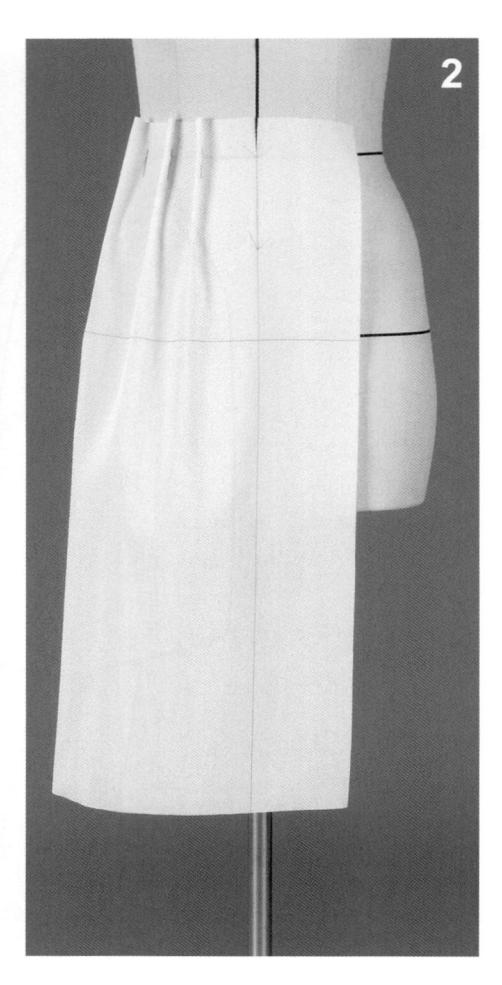

ドレーピング

1 前スカートの中心線をボディの中心線に合わせ、ヒップラインを水平に保ちながらタック分量を想定してゆとりを入れる。
　裾は歩行に支障のない裾幅であるか確認する。

2 ウエストに生じた分量を3本のタックに配分する。このとき、位置、タック分量、方向のバランスがシルエットに合っているか、ピンで止めて観察する。

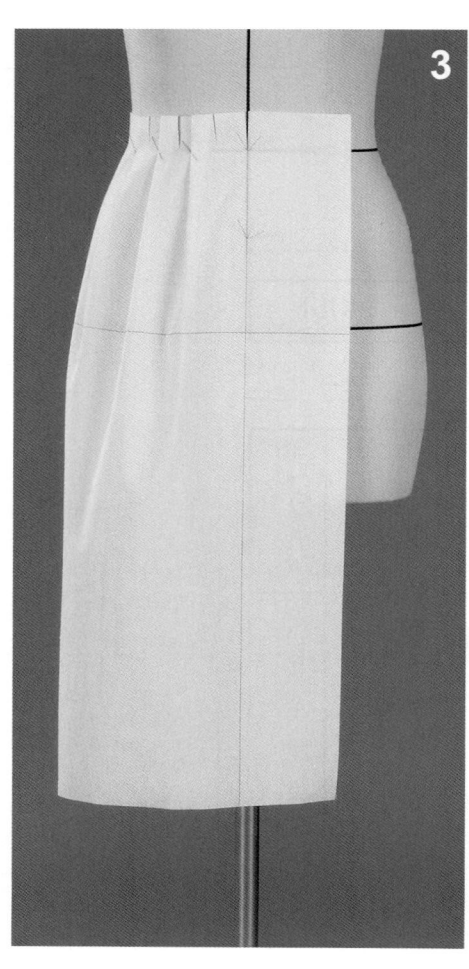

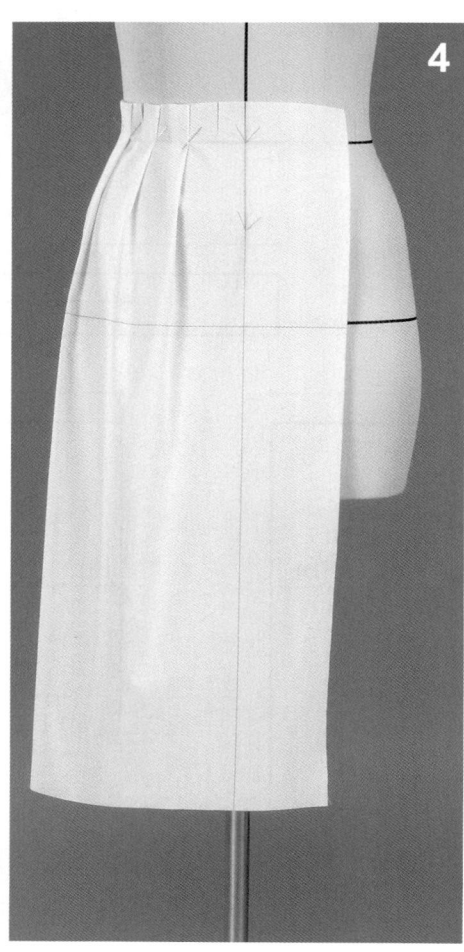

3、4 タックは倒す方向によって表情が変化する。
　タックを脇側に倒した場合は、一般的に開放感を与え、若々しいイメージになる（写真3）。
　中心側に倒した場合は、保守的な感じを与え、安定感のある落ち着いたイメージになる（写真4）。
　ここでは写真3の方法にした。

5 腰骨位置あたりから下の側面が、ボックス的な立体面になるように布を保ちながら、脇のヒップラインからウエストラインにかけてタックに相応した腰丈のゆとりを作る。

ボディラインで脇線をしるし、ウエストの余分な布をカットする。

6 後ろスカートの中心線をボディの中心線に合わせ、前と同様にドレーピングをする。

ウエストのタックも前と同じ3本とする。

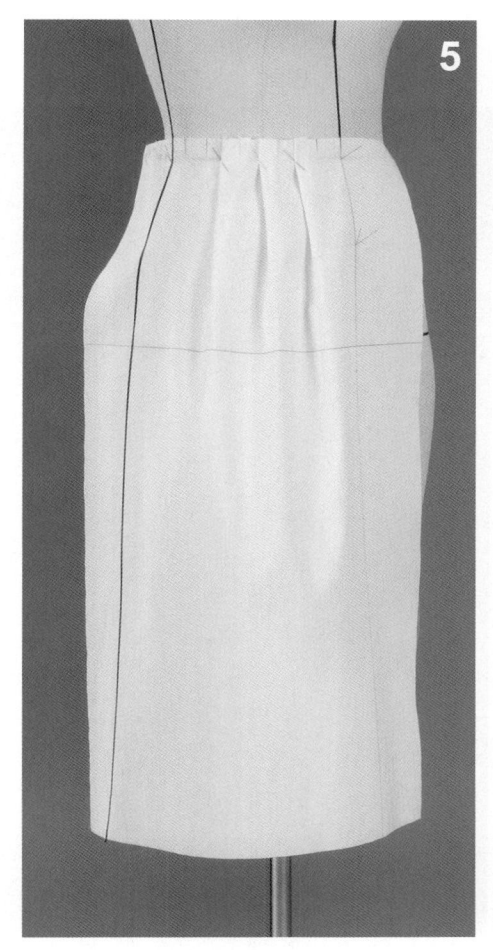

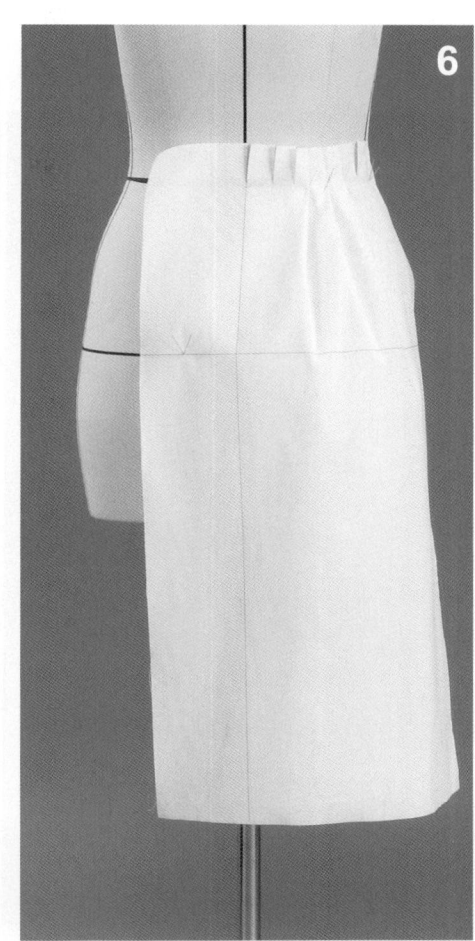

7 脇を重ねてピン打ちする（明確にするためボディラインを入れてある）。

前後のシルエットを検討し、ウエストをボディラインでしるし、スカート丈を決定する。

8 スカートをボディからはずしてマーキングし、ピン仕上げをしてからウエストベルトをつける。

再度全体のシルエットを確認し、調整する。

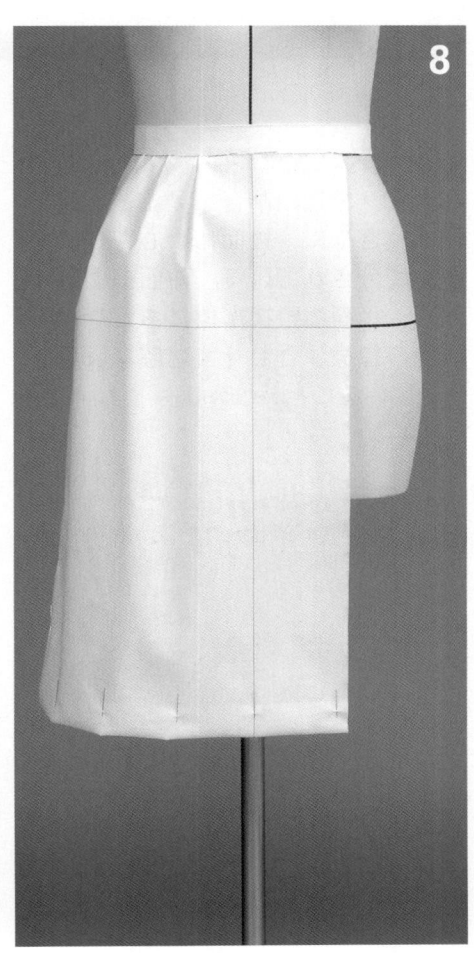

出来上り

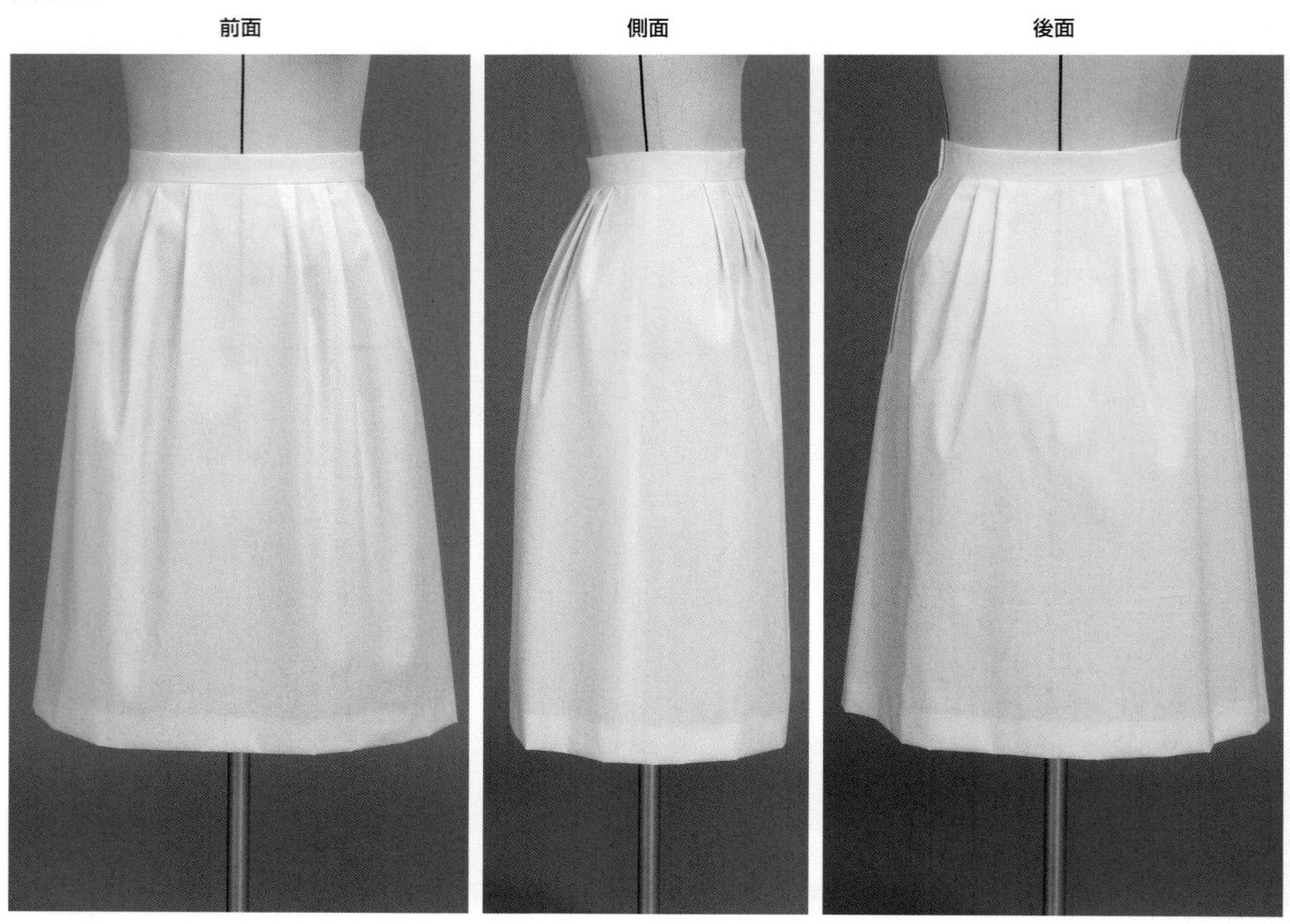

前面　　側面　　後面

トレースパターン

タック分量の割合を見ると、前面は脇寄りに、後面は中心寄りに多く配分されている。前面は腰骨周辺、後面は殿突部位にあたり、体型の特徴に合わせて適確に表現されていることがわかる。

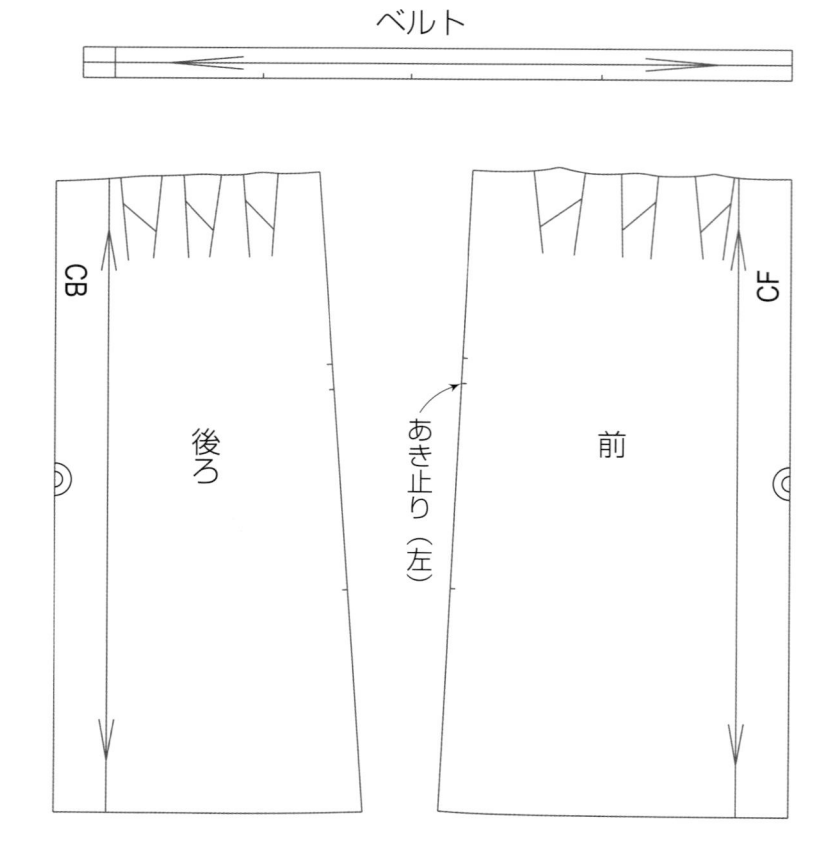

ベルト

後ろ　　前

CB　　あき止り（左）　CF

Ⅲ ワンピースドレス

1 ウエストライン切替えのシャツドレス

シャツ感覚のカジュアルさを表現したワンピースドレス。女性の美しさのポイントであるウエストをマークして、めりはりのあるシルエットになっている。ヨークや衿、ポケット、カフス等ディテールを変化させたり、ベルトを締めてコーディネートを楽しむことができるワンピースドレスである。

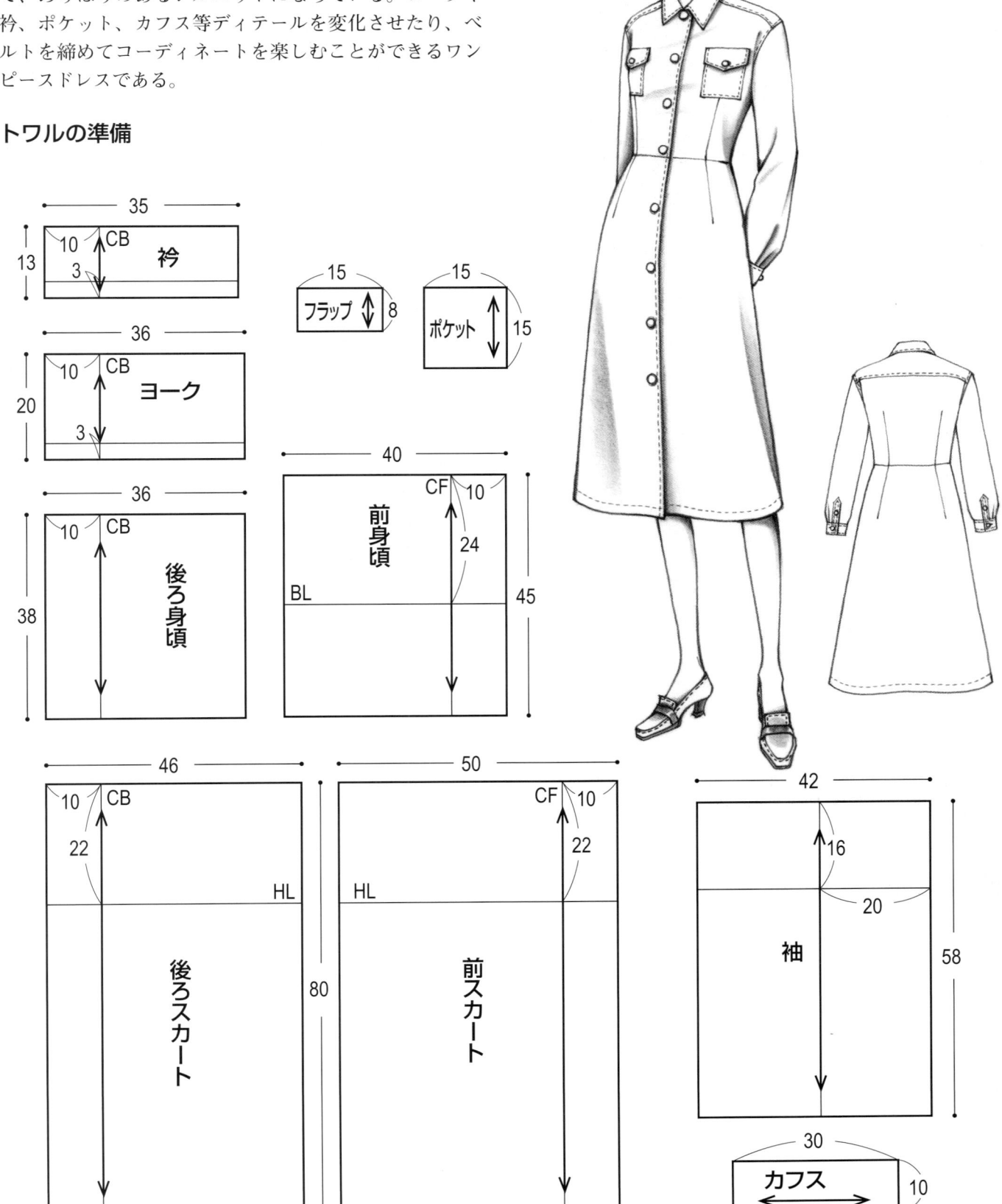

トワルの準備

衿: 35 × 13、CB 10、3

フラップ: 15 × 8

ポケット: 15 × 15

ヨーク: 36 × 20、CB 10、3

後ろ身頃: 36 × 38、CB 10

前身頃: 40 × 45、CF 10、24、BL

後ろスカート: 46 × 80、CB 10、22、HL

前スカート: 50 × 80、CF 10、22、HL

袖: 42 × 58、16、20

カフス: 30 × 10

第4章 基本アイテムのドレーピング

ボディの準備

ボディに、ネックライン、前端、袖ぐり線、ヨーク位置のガイドラインを入れる。

袖ぐり線は、ショルダーポイントより少しドロップしている。

ウエスト切替え線は、ベルト等を締めて着装する場合も考え、身頃丈のゆとり分として対応できるように、ウエストラインよりやや下げておく。

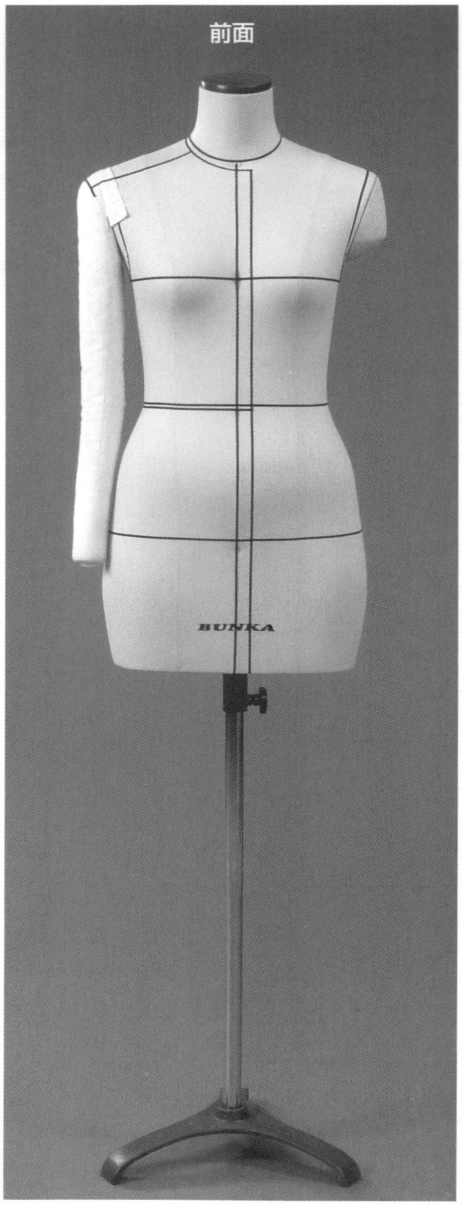

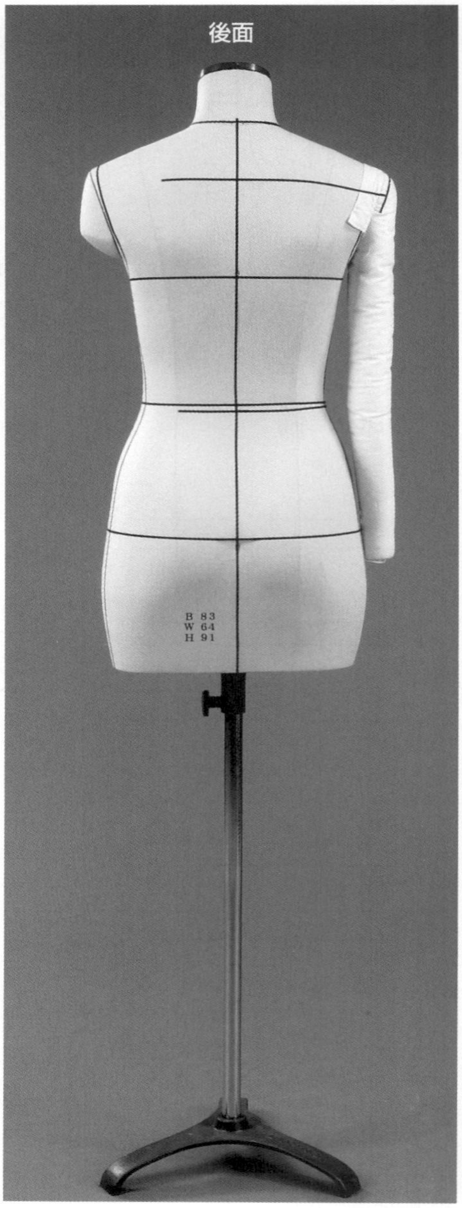

ドレーピング

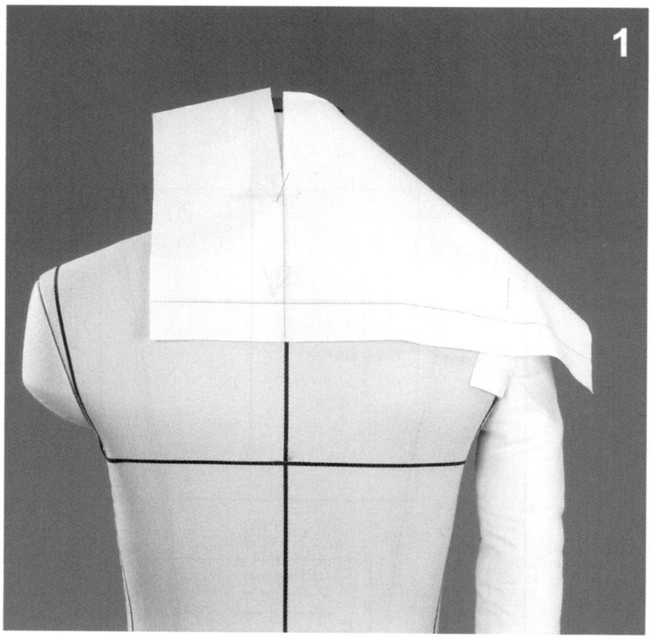

1　ヨーク布の後ろ中心線を垂直に、ヨーク切替えのガイドラインを水平にそわせて、ピンを打つ。ネックの中心に切込みを入れる。

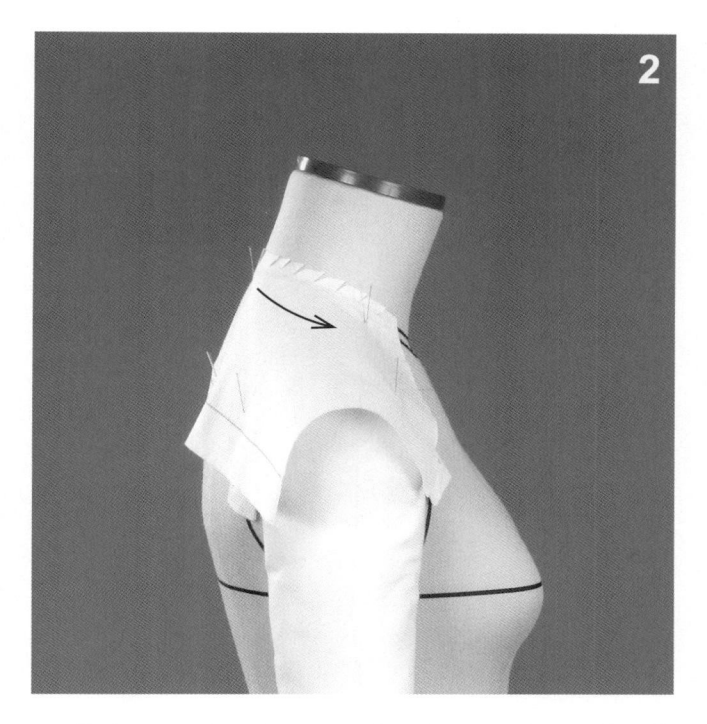

2 衿ぐりのつれる部分に切込みを入れ、余分な縫い代を整理しながら、ヨーク布を前に回す。衿ぐりのサイドネック周辺には、首の動きに対するゆとりを入れ、肩先は、指1本程度の運動量を入れておく。

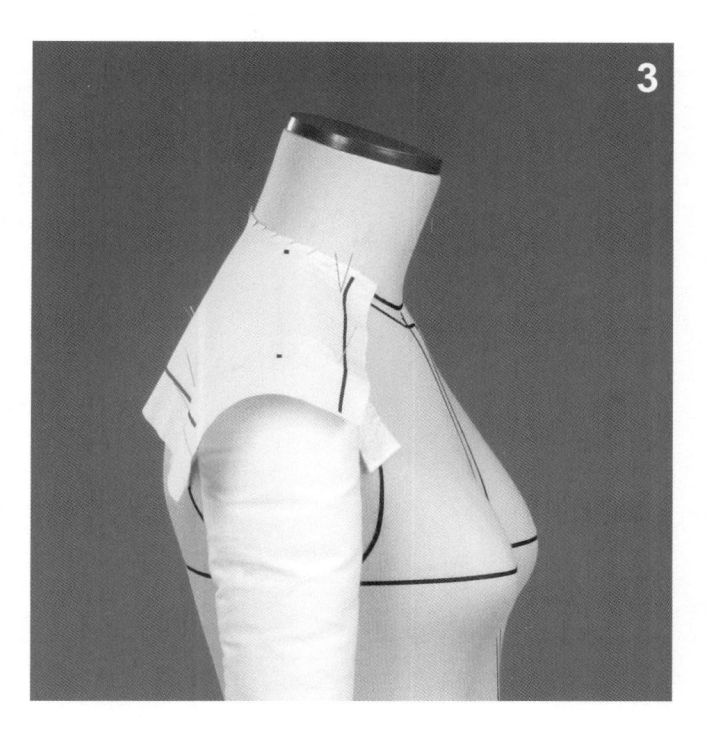

3 前後ヨーク切替えのガイドライン、サイドネックポイント、ショルダーポイントをしるす。

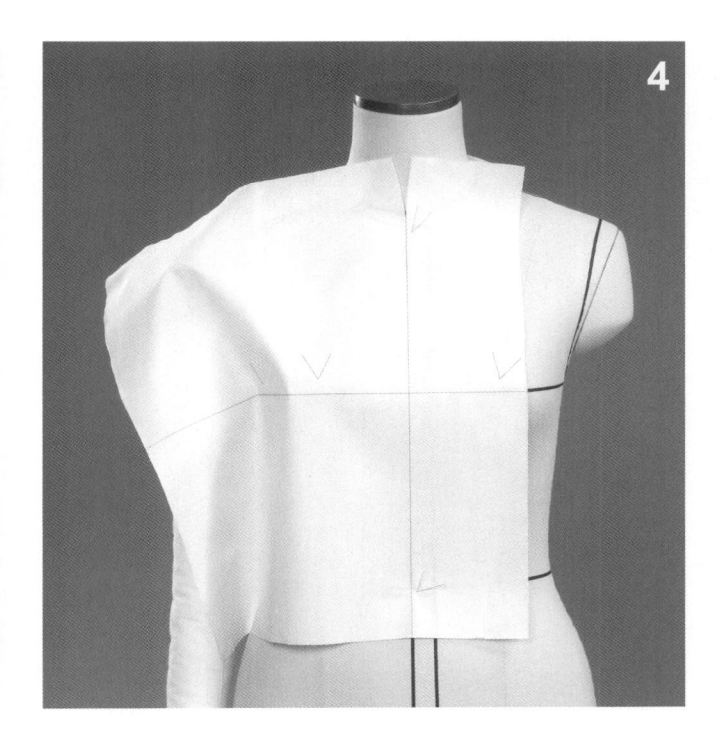

4 前身頃の中心線、バストラインを合わせ、ネックの中心に切込みを入れる。バストラインは水平にして、ゆとりを入れ、仮ピンを打つ。

5 バストポイント位置より上に布目を通してピン打ちし、衿ぐりを整える。

ヨーク布の上に身頃布を重ねてピンを打ち、余分な布をカットする。

胸幅の運動量を確認する。自然に布をそわせると、ウエストに胸ぐせの分量が生じる。

第4章 基本アイテムのドレーピング 141

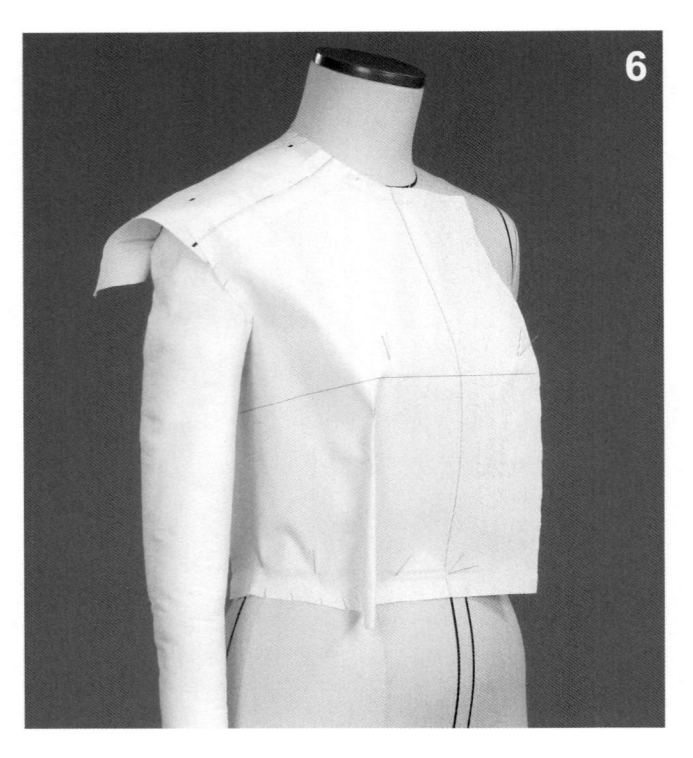

6 袖ぐりの余分な布をカットして、なじませる。
　ウエストに生じた胸ぐせ分量は、ウエストのゆとりと、ダーツ分量とに分散する。上下切替えのワンピースや、さらに袖がついたときなどは、身体の動きに対応できるゆとりが必要となる。

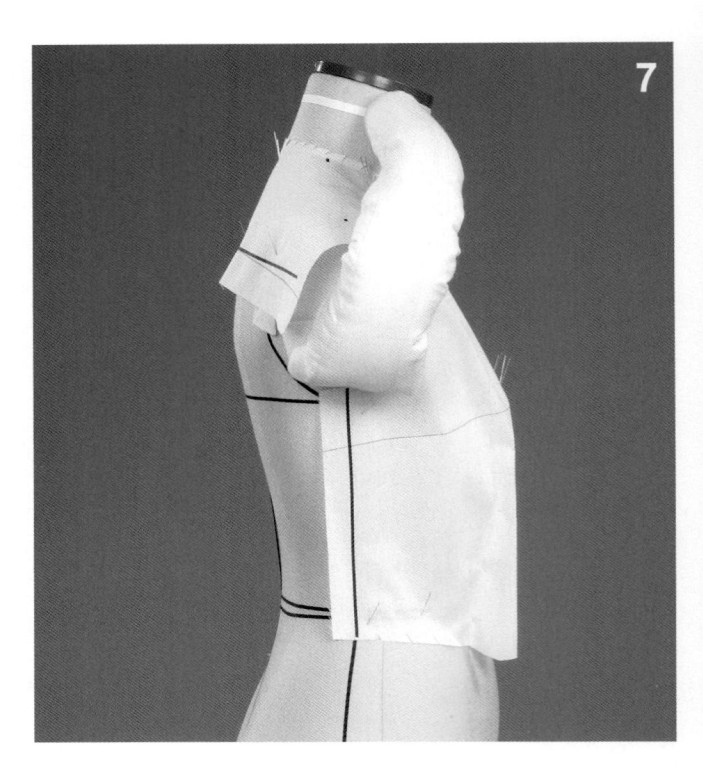

7 身頃側面のゆとりを追加し、脇線のガイドラインを入れる。

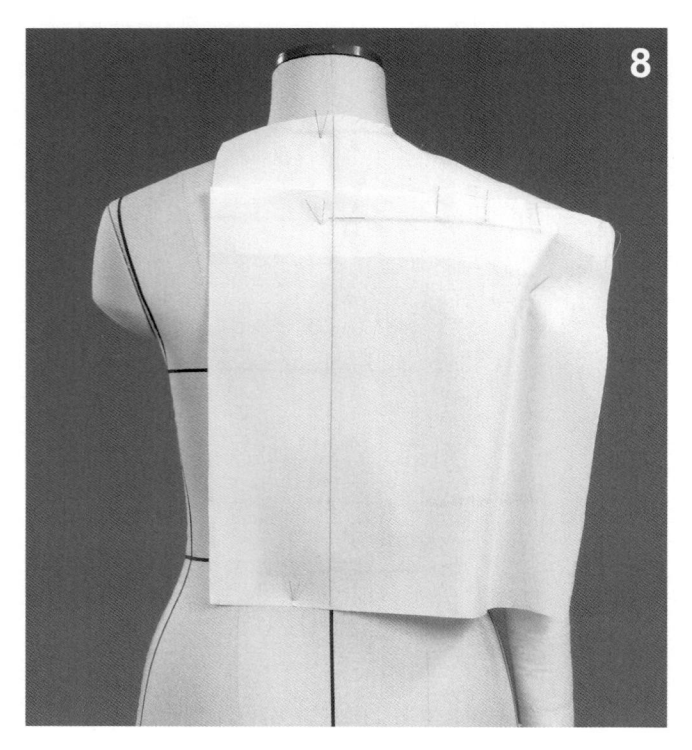

8 後ろ身頃の中心線を合わせ、さらに、ヨーク切替え線に対して、布目を水平にそわせる。背幅のゆとりを入れてヨーク布と重ね、ピンを打つ。

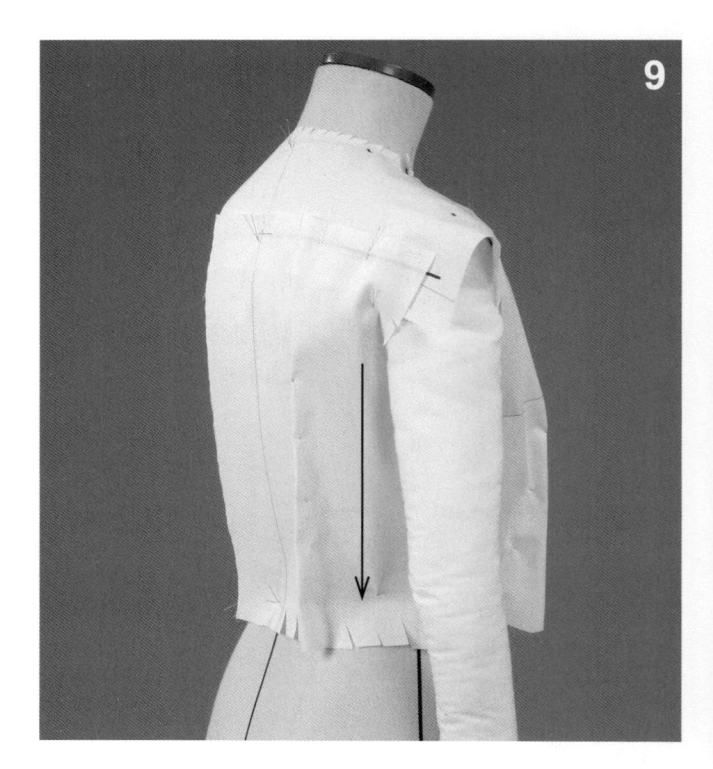

9 袖ぐりの余分な縫い代をカットし、側面を見て、体型を読み取りながら、布目が垂直になるように脇にそわせる。ウエストは前と同様に、ゆとりとダーツ分量に分散する。

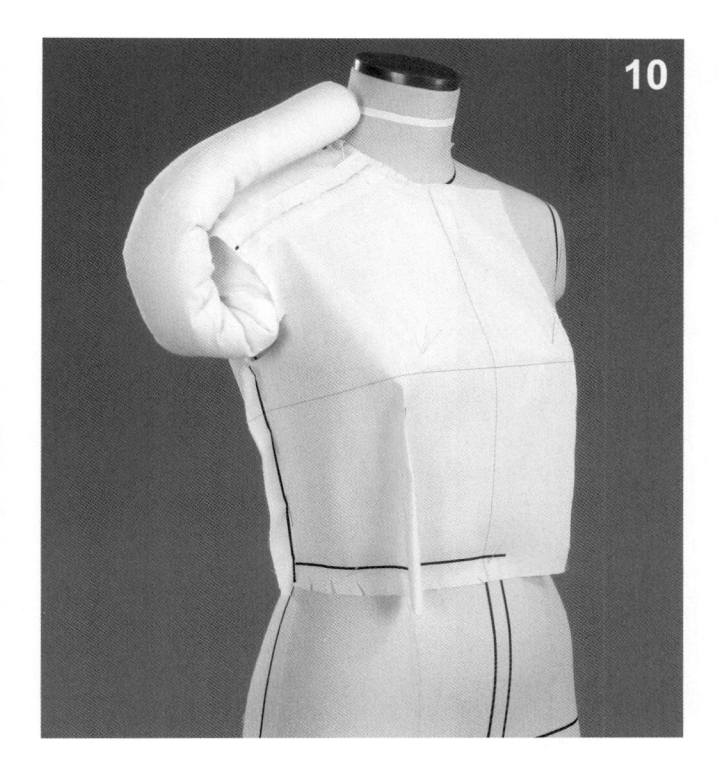

10 ゆとりを追加し、前後の脇線を合わせる。ウエスト切替えのラインをしるし、身頃全体のバランスを確認する。この後、ヨーク布が上に重なるように、ピンを打ち直す。

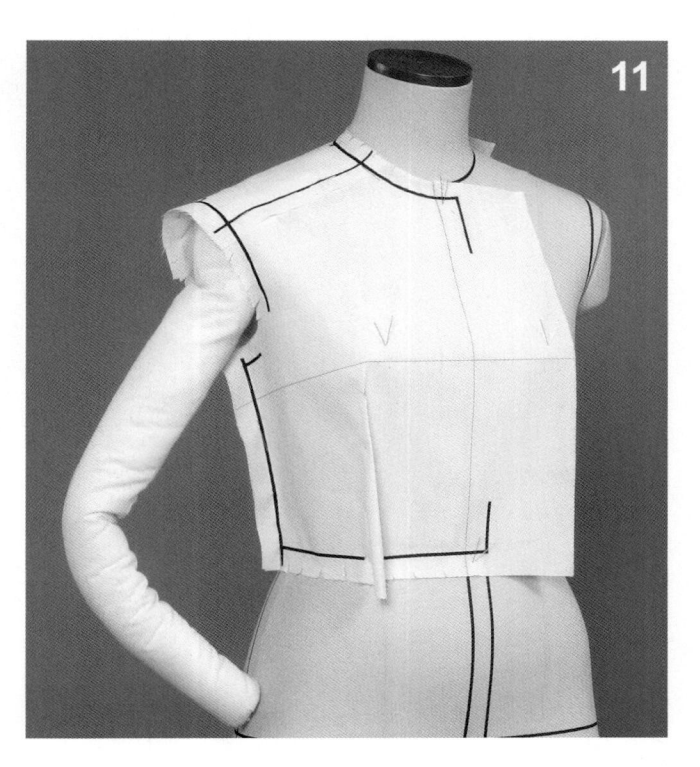

11 衿ぐり線、袖ぐり線をしるす。前衿ぐり線の決め方で、衿の返り線の表情はさまざまに変化する。袖ぐりは肩先をややドロップさせ、胸幅のゆとりをにがさないようにしるす。肩傾斜（角度）を見て、袖ぐり下を決める。

また、前重ね幅（打合せ分）を決めておく。

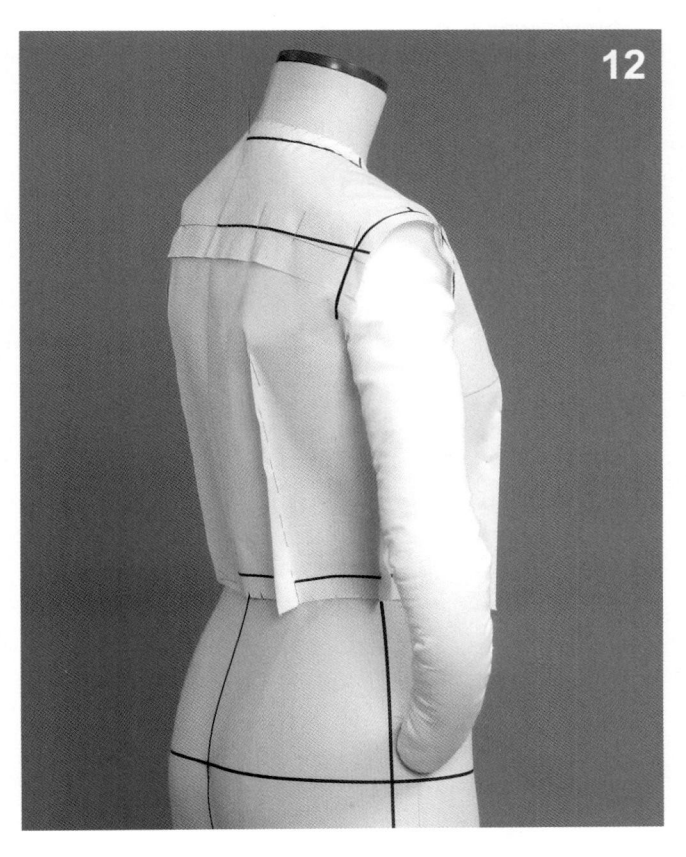

12 後ろ袖ぐりも、背幅のゆとりを確保しながらしるす。

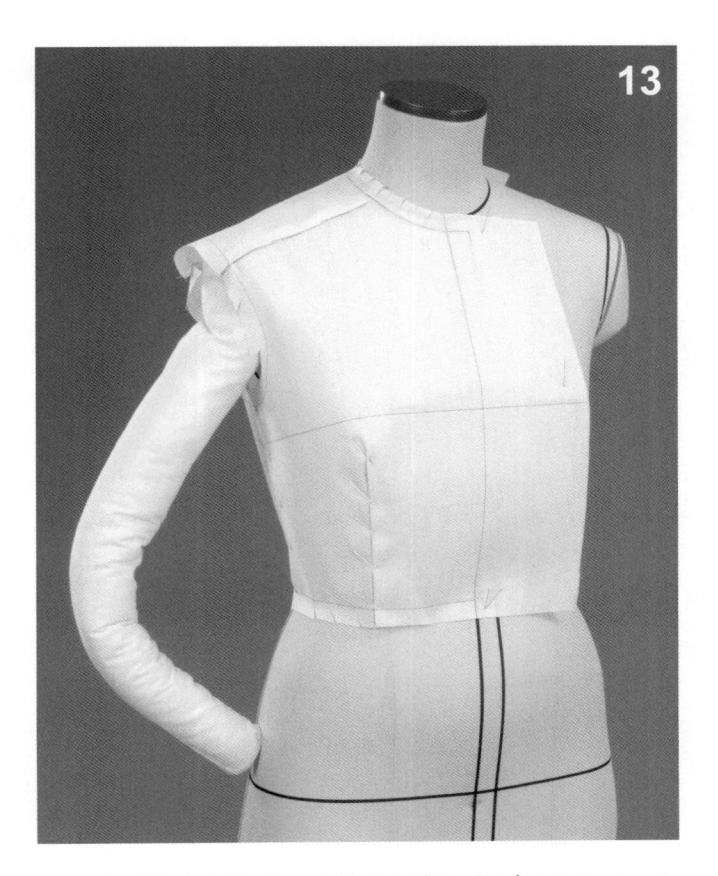

13 身頃をまとめる。立体的に身体を覆うシルエットを確認する。

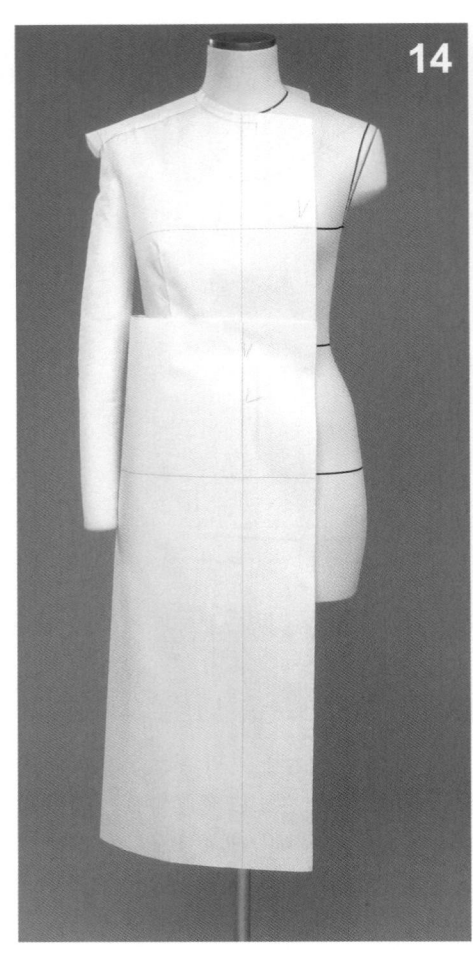

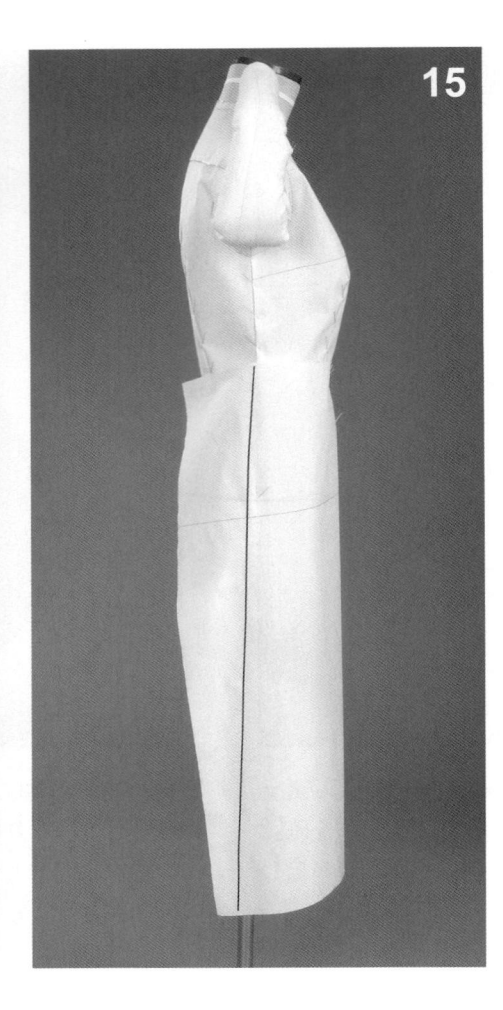

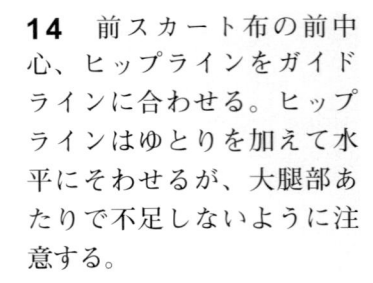

14 前スカート布の前中心、ヒップラインをガイドラインに合わせる。ヒップラインはゆとりを加えて水平にそわせるが、大腿部あたりで不足しないように注意する。

15 脇から見て面を作り、腰骨周辺からフレアをだす。ヒップのガイドラインの下がる寸法をフレア分量の目安にする。
　脇線に印を入れる。

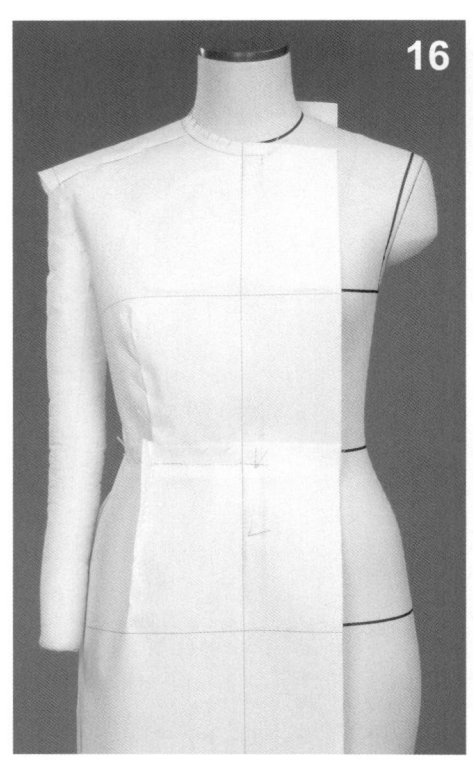

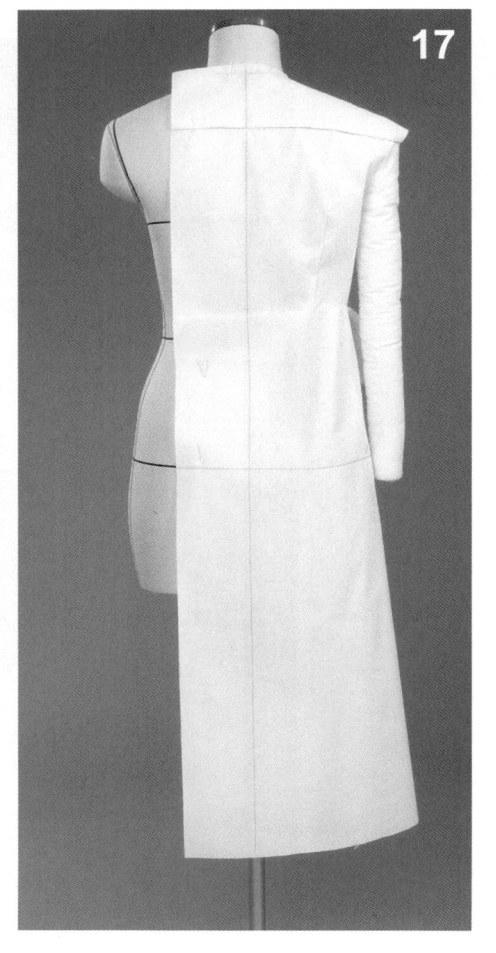

16 ウエストの切替え線を重ねピンで止める。ダーツ止りは、ダーツ量に応じて調整する。

17 後ろスカート布を当てる。後ろ中心線、ヒップのガイドラインを合わせ、ウエストの中心を安定させたうえで、ヒップでゆとりを入れて水平にそわせる。

18 脇から見て面を作り、殿突のあたりからフレアをだす。フレア分量は前スカートとのバランスを見ながら決める。このときウエストに生じる余り分量を確認する。

脇のヒップラインからウエストラインまでに余りが生じた場合は、いせ込みながら脇線を止める。

19 ウエストの切替え線を、重ねピンで止める。ダーツは構造線にあたり、面を構成する方向にとる。ダーツ止りは、ダーツ量に応じて調整する。

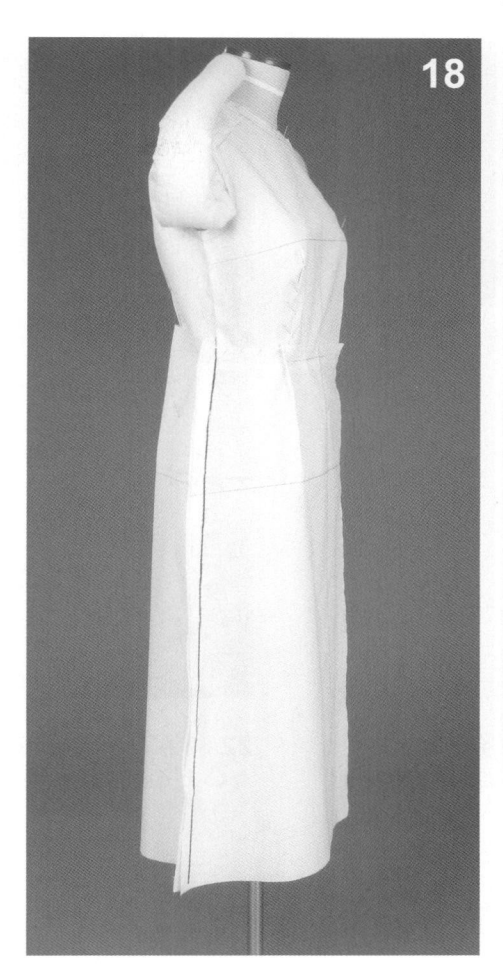

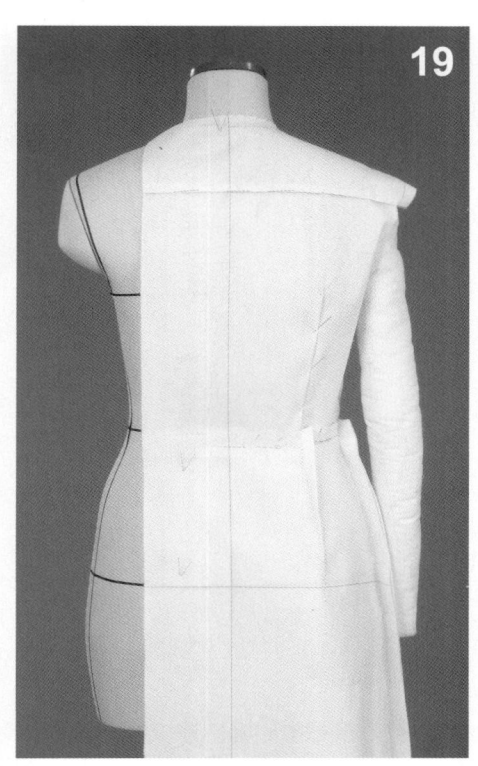

20 前端線を入れ、着丈、ボタンの位置を決める。着丈は、フレアが入っているため、床上り寸法で決める。ボタンは、しぼられているウエストのあたりには必ずつけておく。

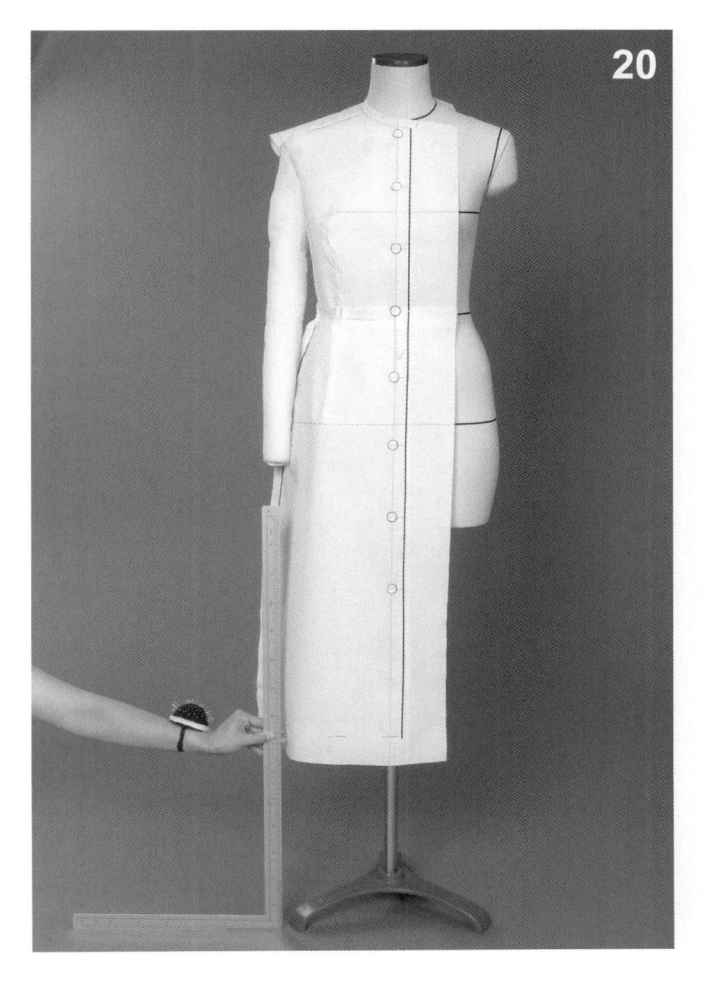

第4章　基本アイテムのドレーピング

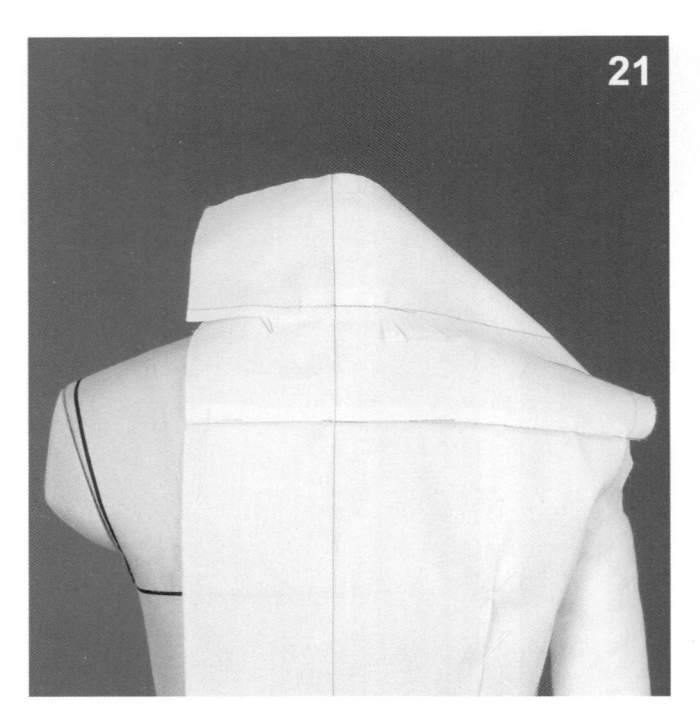

21 衿の後ろ中心線、衿つけのガイドラインを合わせ、衿つけの余分な縫い代をカットし、切込みを入れておく。後ろ中心と2cmほど離れた位置に水平にピンを打つ。

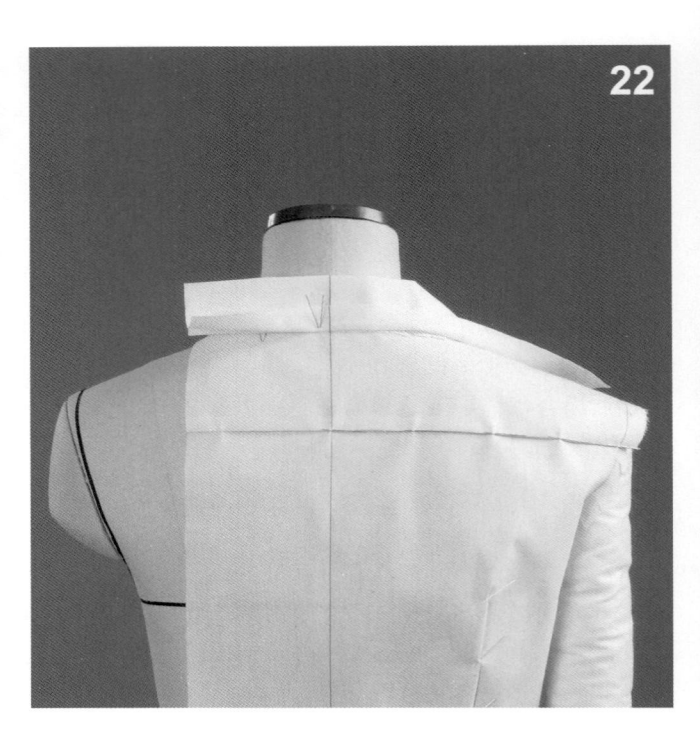

22 衿こしと衿幅を決める。衿幅は、衿つけ線が見えないように寸法を決めて、布を前に回す。

23 衿こし、衿幅、衿外回り寸法の三つのバランスを確認して、衿つけ線を決めていく（80ページ参照）。

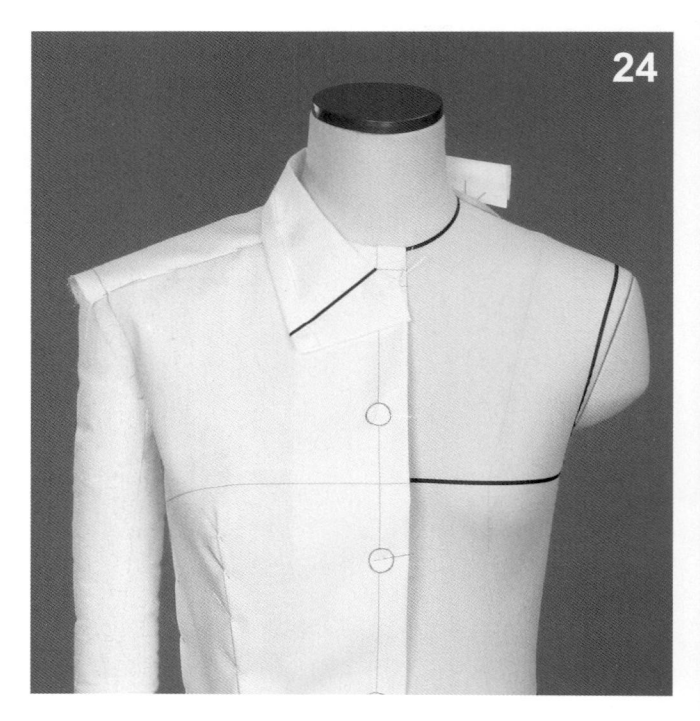

24 衿外回りの縫い代を内側に折り、形を整える。返り線のつながりを再確認し、衿つけのピンを打ち直しながらまとめる。

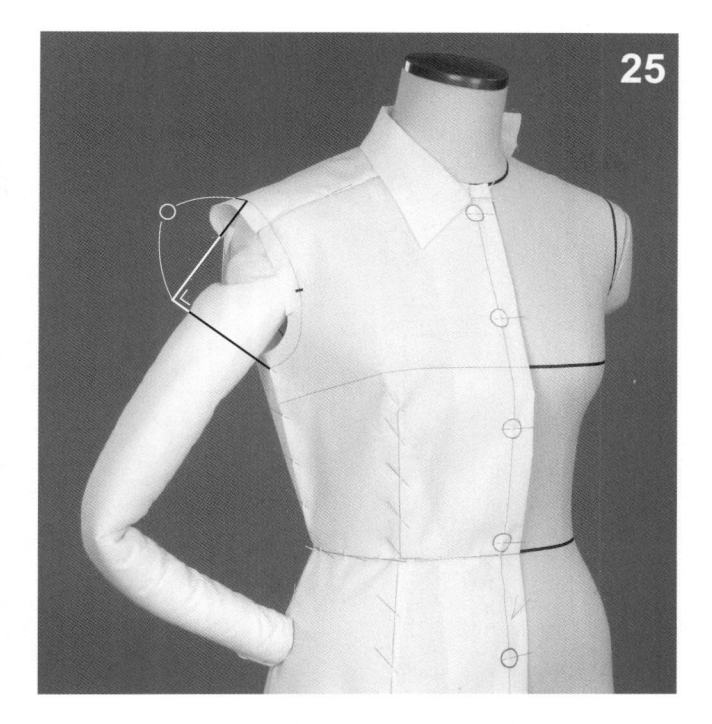

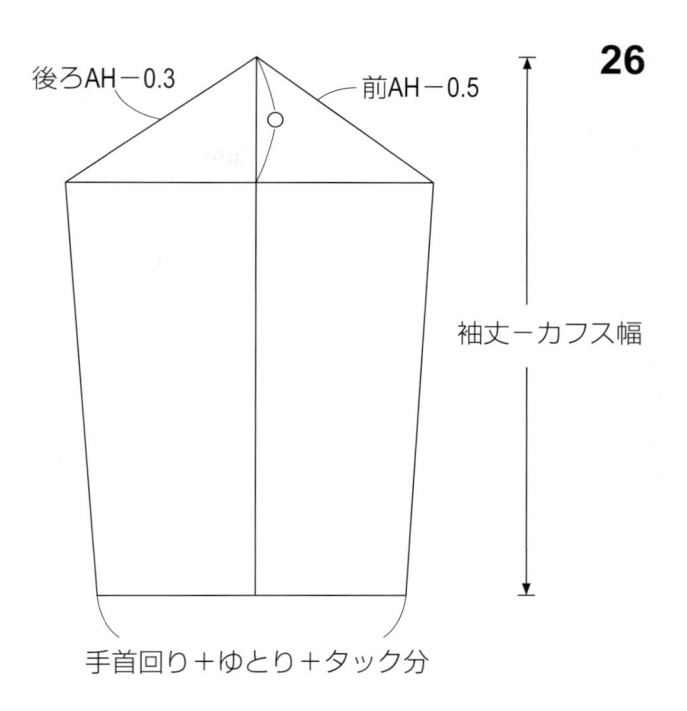

25 袖山の高さの目安を決める。腕を腰にあて、約45度の角度をとり、袖山線に対して袖ぐり底まで直角となる寸法を求める。これを袖山の高さの目安とする。

平面作図で形出しする場合は、前後肩先高の差を2等分した位置から袖ぐり底までの寸法の$\frac{3}{4}$を目安とする。

26 布上に袖山の高さ、予測した袖丈、袖幅、袖口寸法をしるしておく。

袖つけは、いせが入らないため、あらかじめアームホール寸法からマイナスしておく。このとき、前後袖幅のバランスを確認しておく。

袖丈は、カフス幅を引いた長さでとり、袖口寸法は、タック2本分を加える。

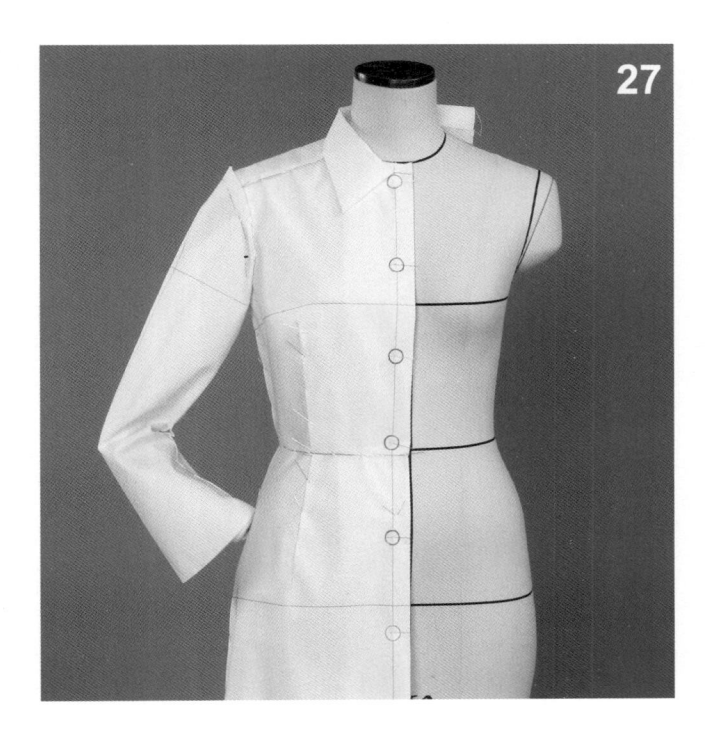

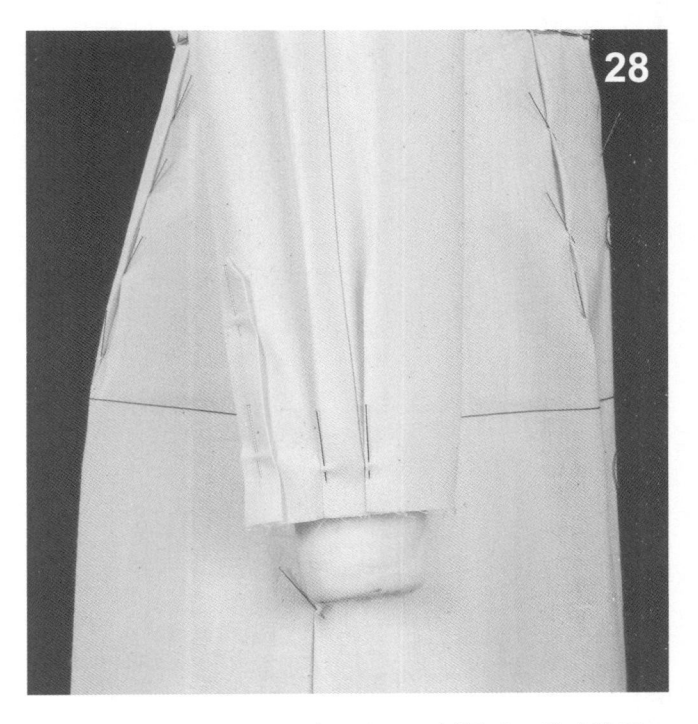

27 袖下線を止め、筒にする。袖ぐり底に、袖の内側からピンを打つ。袖に腕を通し、約45度に保ちながら袖つけをする。

28 袖口に2本のタックをつまむ。短冊は、後ろ袖幅の側面につける。

第4章　基本アイテムのドレーピング　147

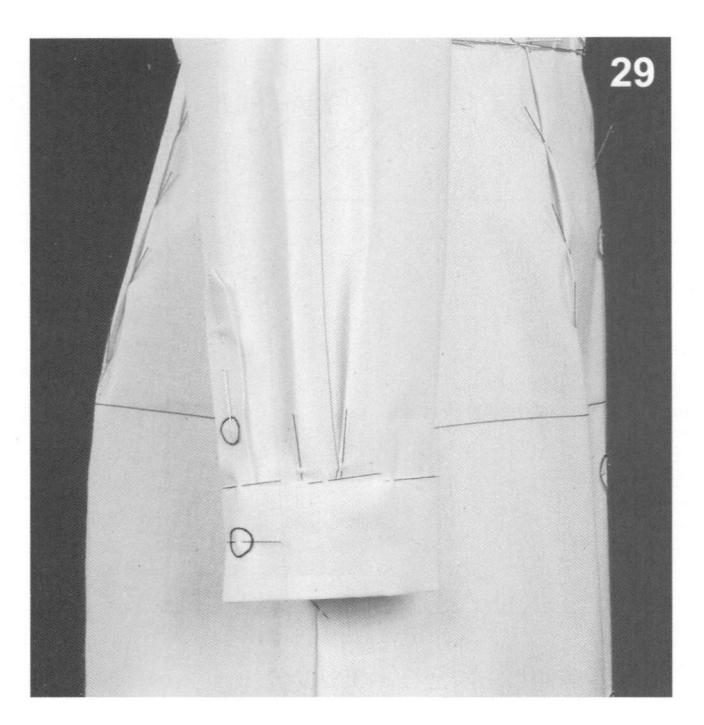

29 カフスをつける。袖丈のバランスを見て決定し、ボタンをつける。

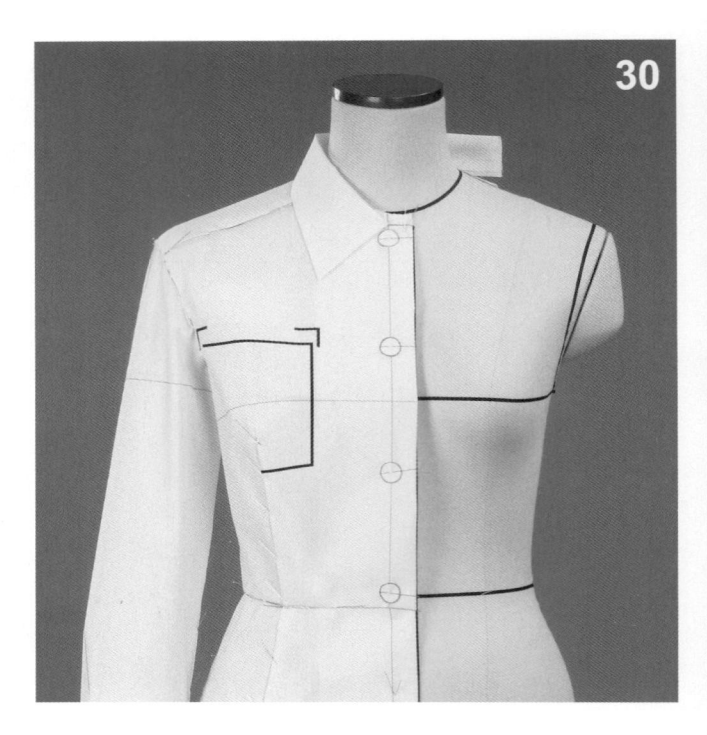

30 ポケット位置をしるす。ポケットは、フラップつきアウトポケットのため、フラップを含めてポケットの大きさを考え、位置、口寸法、深さを決める。フラップは、ポケット口寸法よりやや広めにしておく。

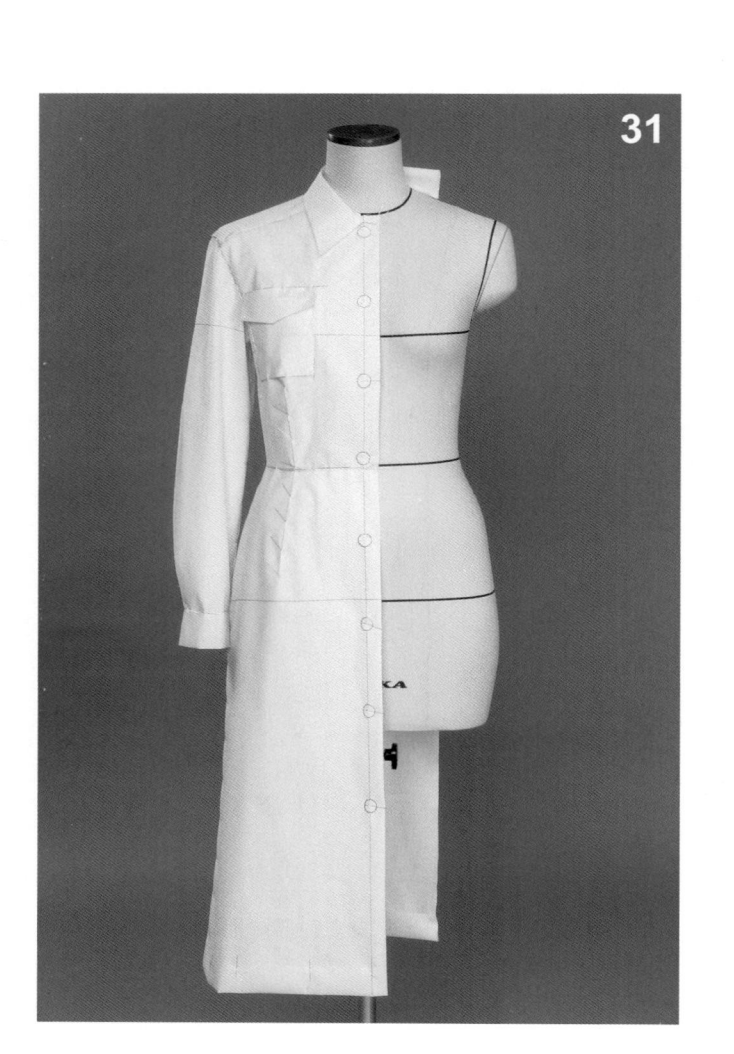

31 ピン仕上げ。

出来上り

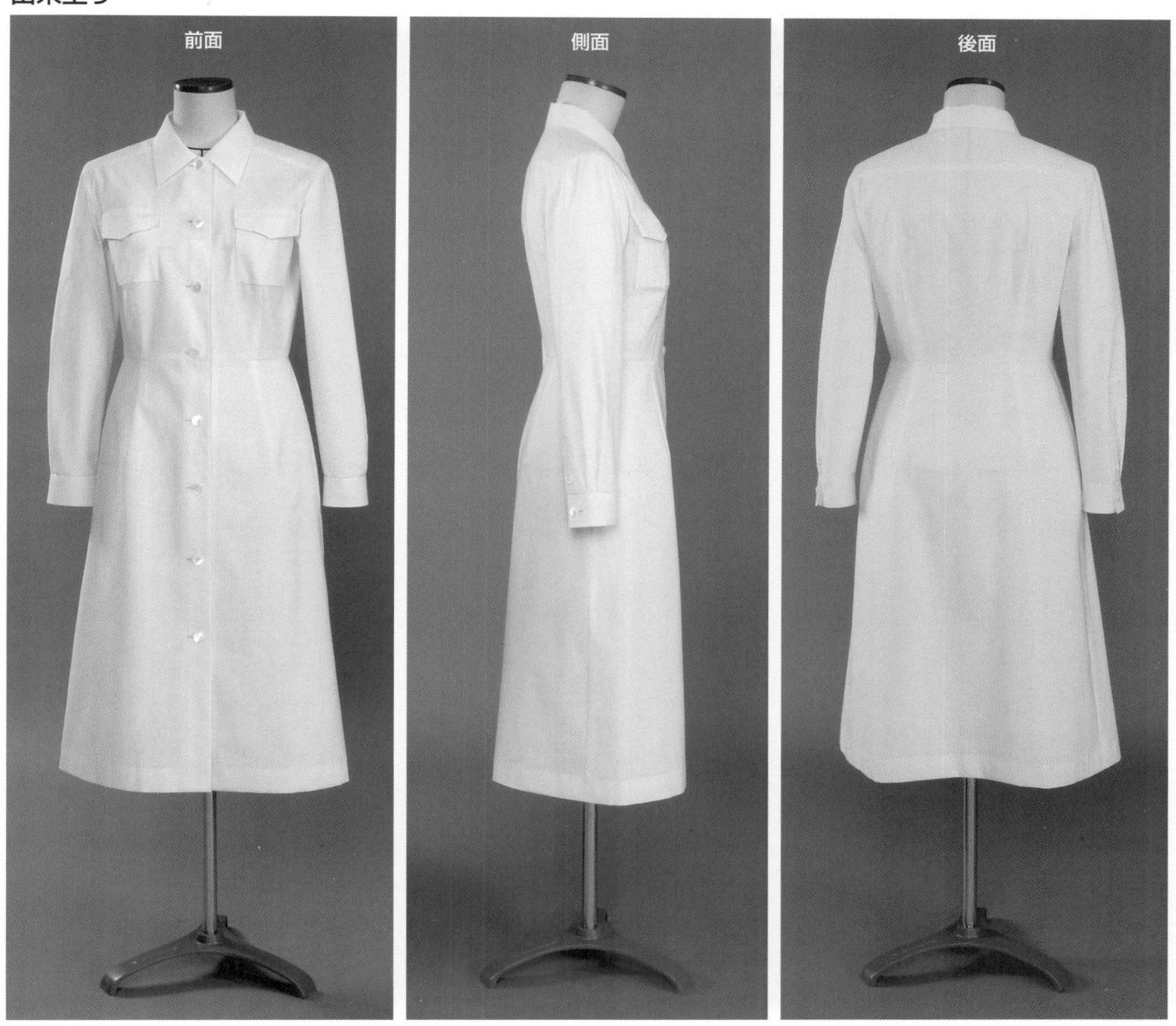

前面　側面　後面

第4章　基本アイテムのドレーピング

トレースパターン

身体で最も特徴を表わしている胸部、腰骨、肩甲骨、殿突のポイントとなる部位にダーツがとられ、立体に構成されているのが読み取れる。

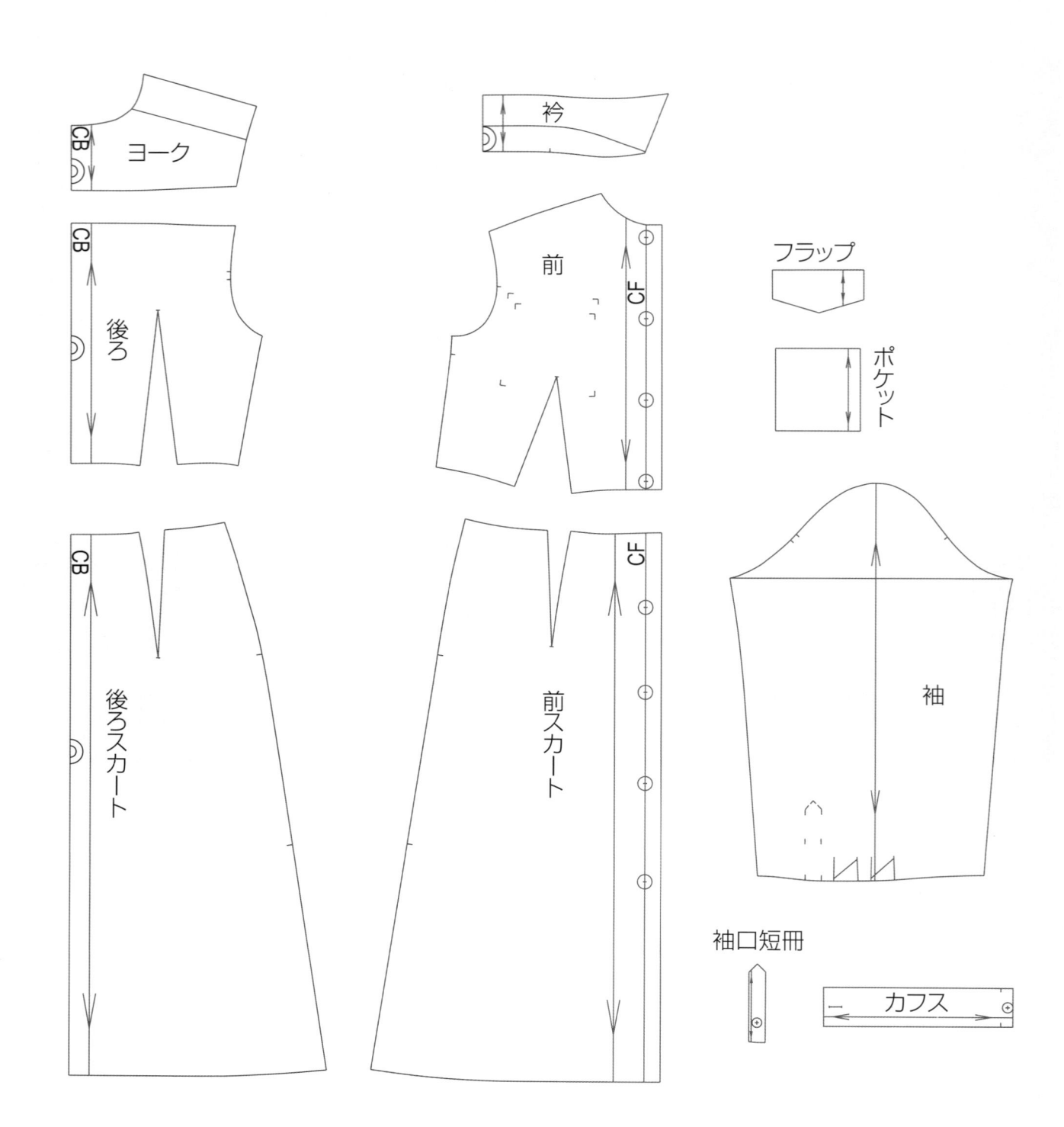

2　ハイウエスト切替えのワンピースドレス

　胸部のふくらみを強調した、ハイウエスト切替えのワンピースドレス。エンパイアスタイルに見られるデザインである。

　このようなワンポイントの表情を生かすデザインには、ストレートなラインや、フィット感を持たせたシルエットが適切である。

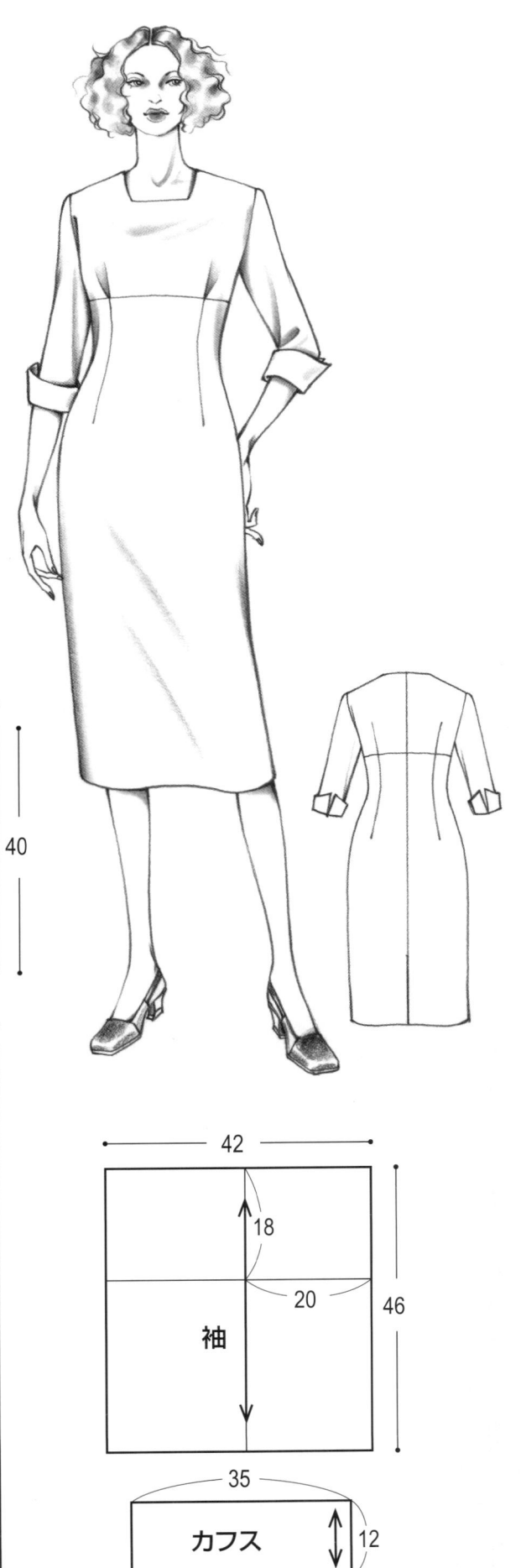

トワルの準備

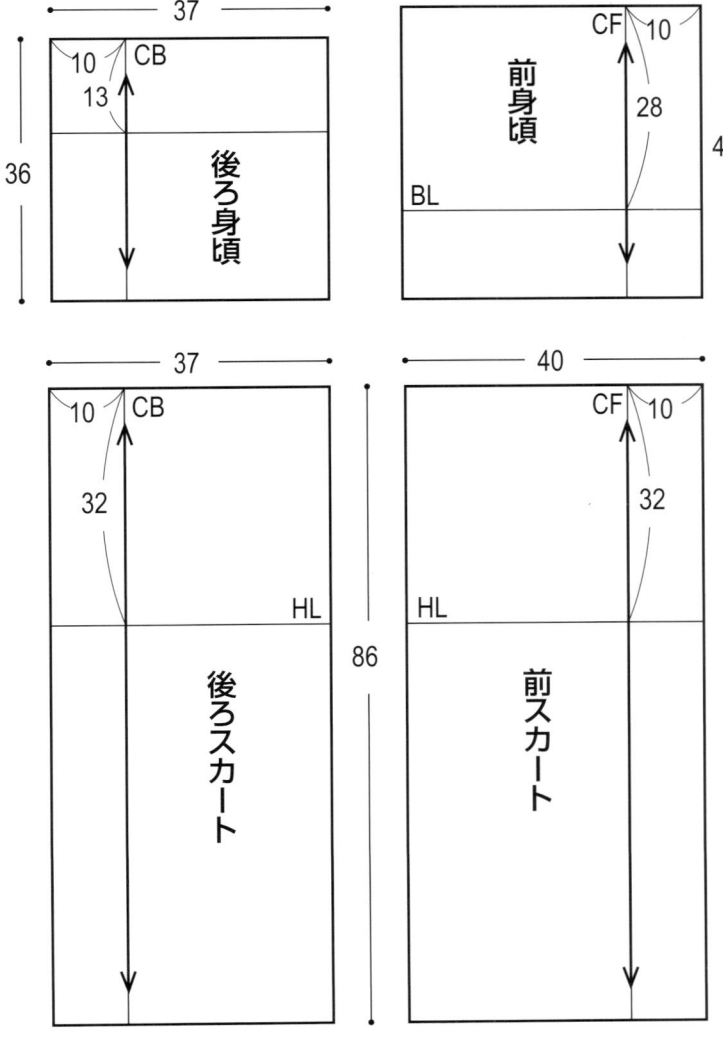

後ろ身頃：37 × 36、CB、10、13

前身頃：40 × 40、CF、10、28、BL

後ろスカート：37 × 86、CB、10、32、HL

前スカート：40 × 86、CF、10、32、HL

袖：42 × 46、18、20

カフス：35 × 12

第4章　基本アイテムのドレーピング

ボディの準備

ボディにガイドラインを入れる。ハイウエストの切替え線は、アンダーバストラインに入れ、ウエストラインの位置をやや高めに設定する。スクエアネックラインは、左右衿ぐりのあきぐあいを検討して決定する。

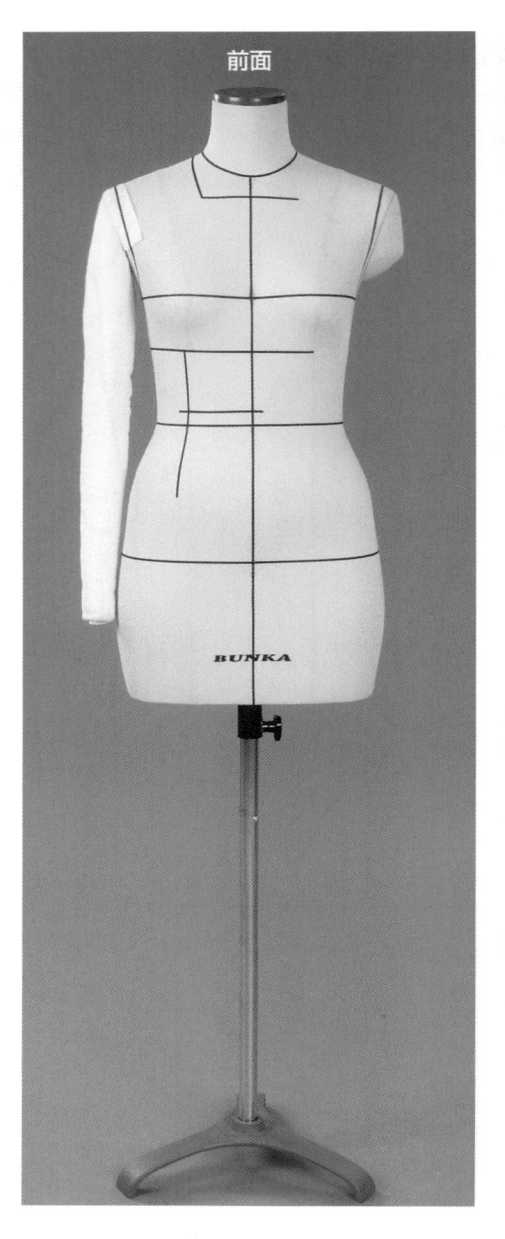

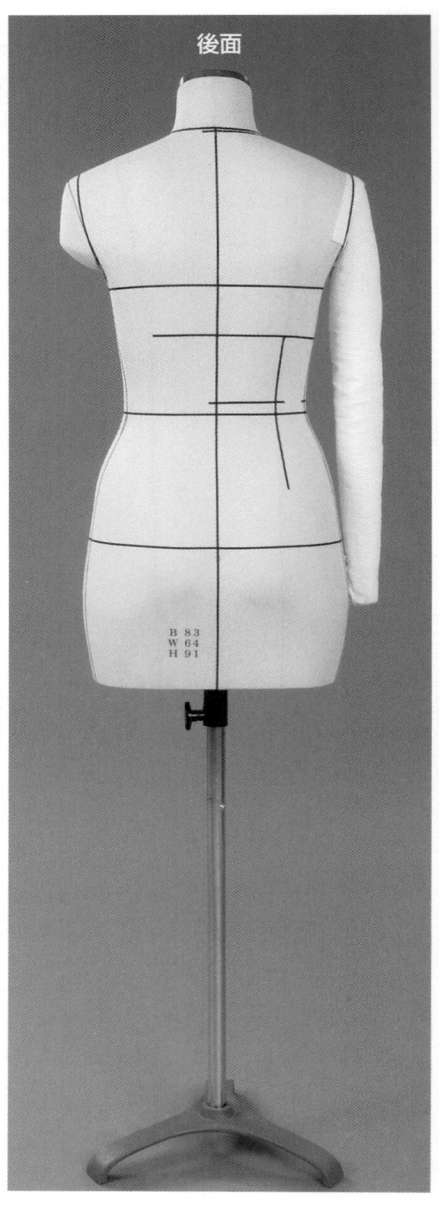

前面　　後面

ドレーピング

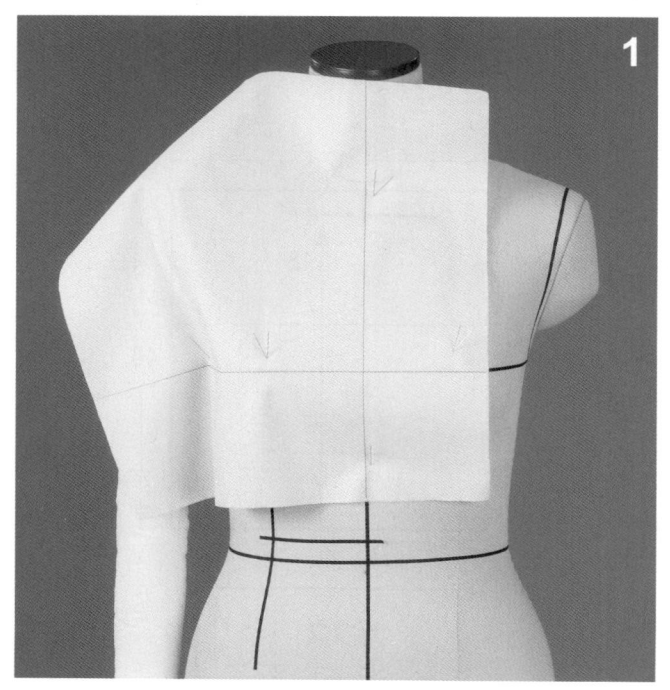

1 前身頃の中心線、バストラインを合わせ、ピンを打つ。

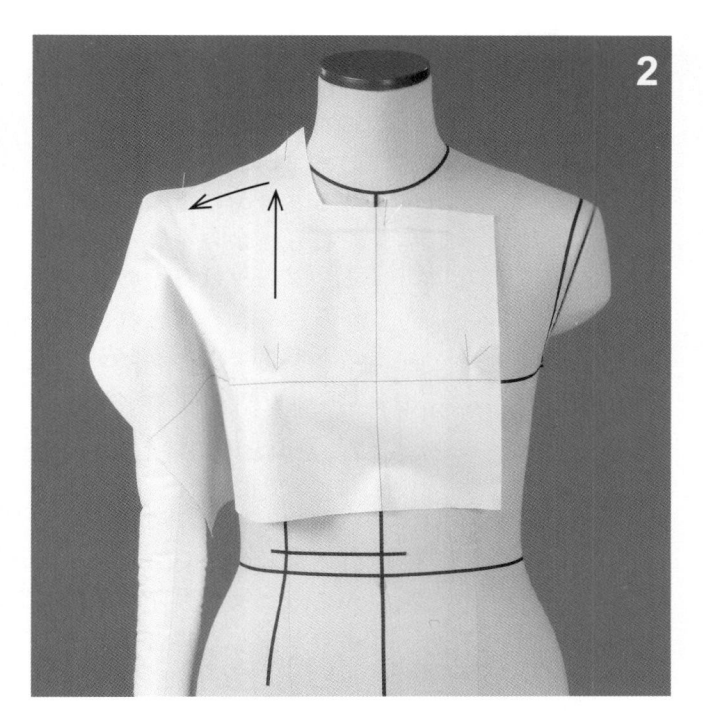

2 バストポイントあたりで布目を垂直に通してピンを打ち、衿ぐりの余分な布をカットする。
　肩線に布をそわせる。

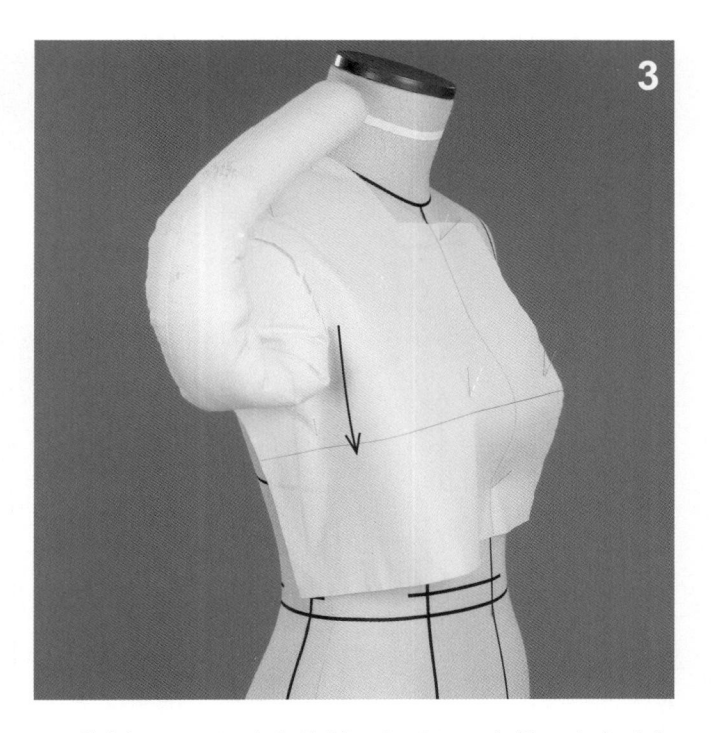

3 胸幅でゆとり分を確認しながら、自然に布をそわせ、袖ぐりの余分な布をカットし、なじませる。このとき、バストの下に生じた分量をタックにする（側面が確認できるように腕を上げている）。

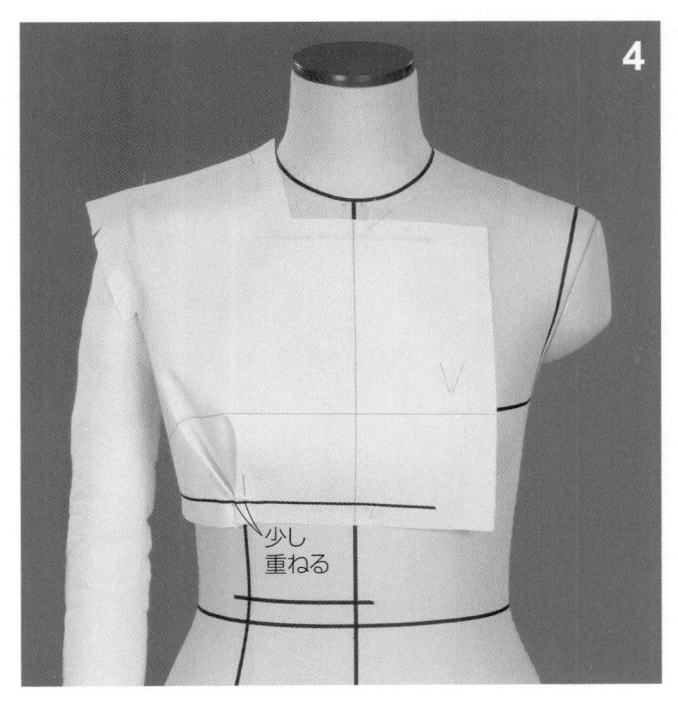

4 タックを作る。前中心に対して、やや外向きに胸部のふくらみを強調して、タックの方向を形作る。
　ボディのガイドラインを目安に、切替え線を入れる。タックのボリューム感を消さないように注意する。

5 前スカート布を当てる。
　中心線、ヒップラインをガイドラインに合わせる。このとき、大腿部あたりでもゆとりが確保できているか確認してピンを打つ。

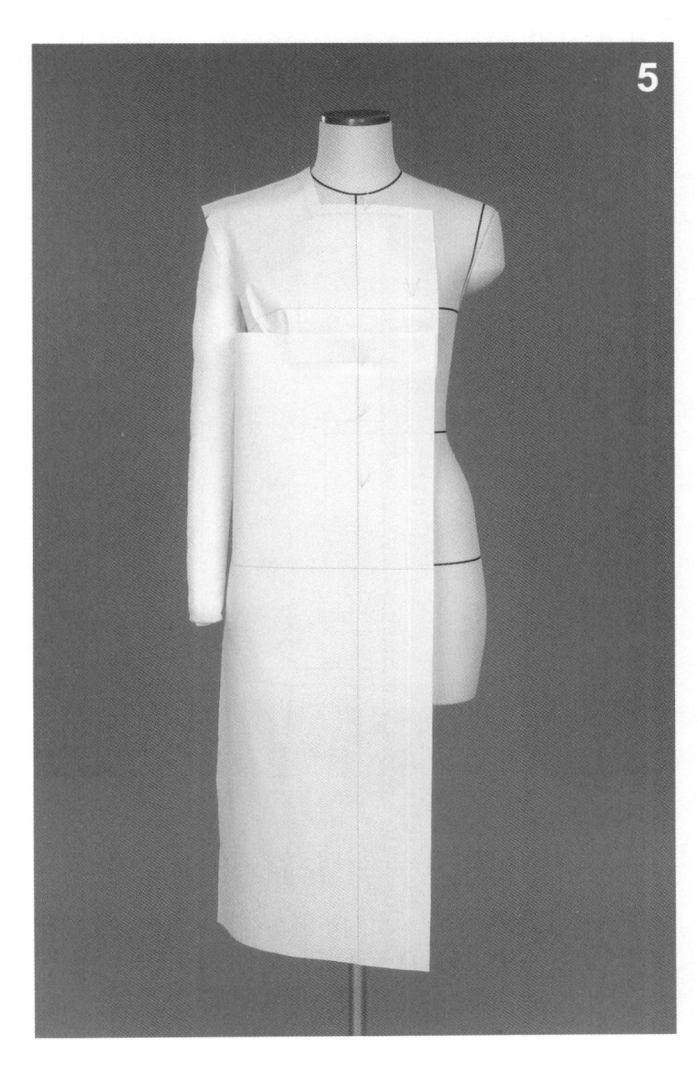

第4章　基本アイテムのドレーピング　153

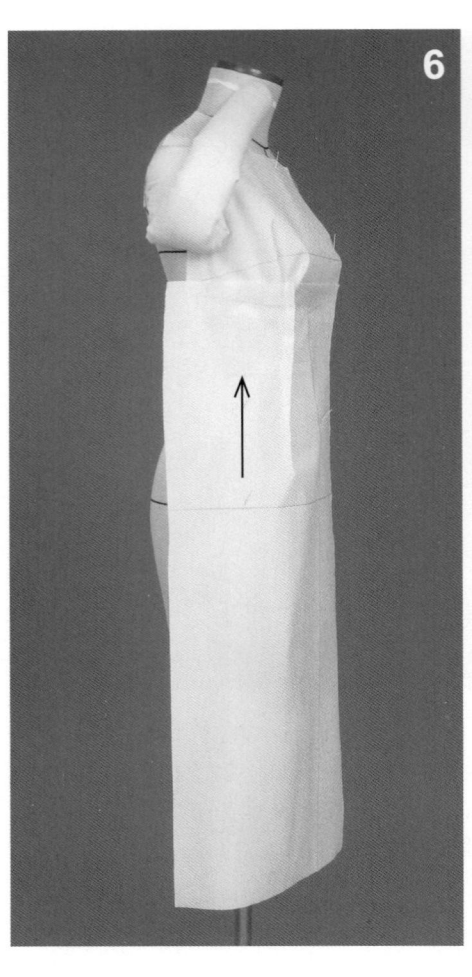

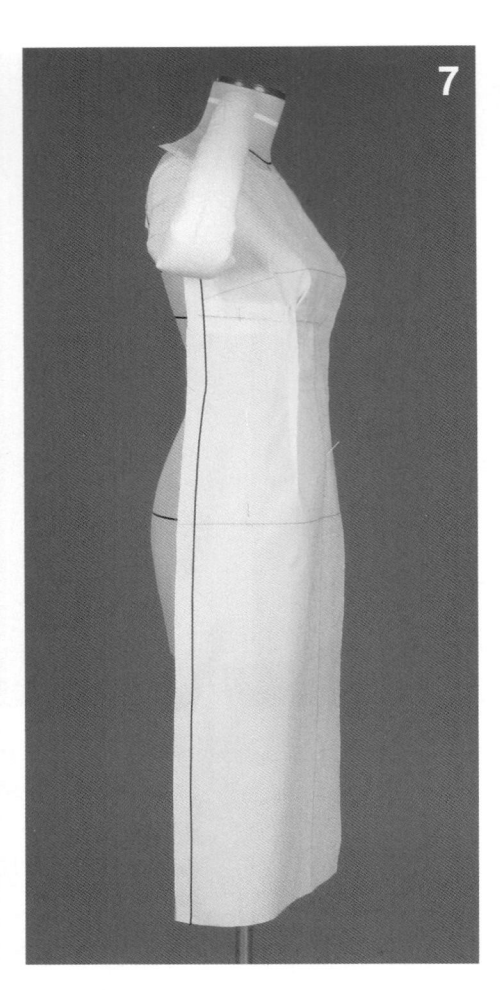

6 脇線から3〜4cmくらいの位置で、ヒップラインから布目を垂直に通して、そのまま切替え線までなで上げる。身頃に重ねて仮ピンを打ち、余りをダーツにする。ダーツは身頃のタックから続くように入れ、ウエストでしぼり分量に応じて、長さと方向を調整する。

7 身頃との切替え線を、重ねピンで止める。
　脇線をボディラインで入れる。脇線のヒップラインからウエストラインの間に余りが生じた場合は、ミドルヒップあたりでいせる。

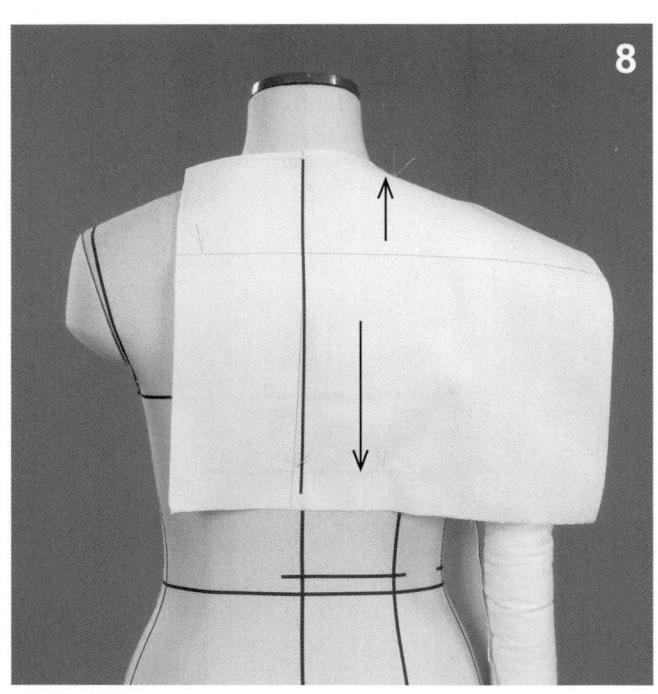

8 後ろ身頃布を当てる。
　切替え線に向かい、自然に布をなで下げ、移動した後ろ中心線を入れる。
　サイドネックポイントに向かい布目を垂直に通して仮ピンを打ち、衿ぐりの余分な布をカットする。

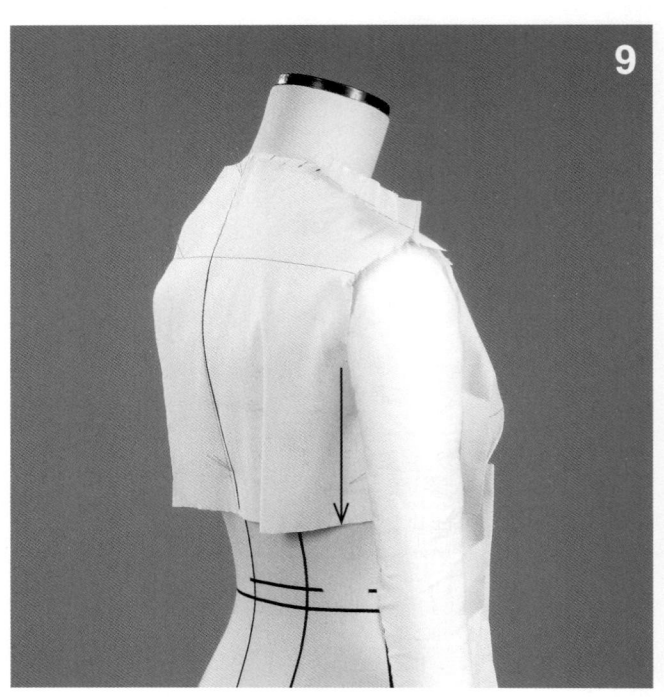

9 肩甲骨位置のガイドラインを水平にし、背幅のゆとりを作る。肩先に布をそわせ、仮ピンを打つ。肩線に生じたいせ分量を確認し、つまみピンで肩線を止める。肩先には指先程度のゆとりを加えておく。
　袖ぐりの余分な布をカットして、ボディの側面に布目を通してそわせる。

10 切替え線に適切なゆとりを残してダーツをつまみ、ボディラインで切替え線を入れる。

11 後ろスカート布を当てる。後ろ身頃中心のガイドラインと、ヒップラインを合わせ、ウエストに向かって布をなで下げ、しぼり分量を確認する。ヒップラインはゆとりを加えながら水平にそわせ、ピンを打つ。

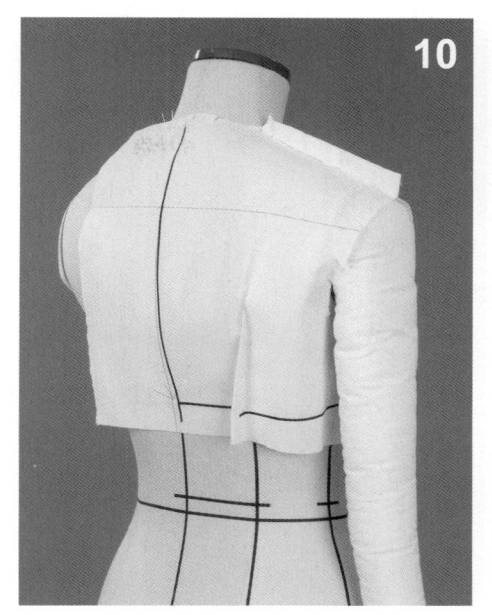

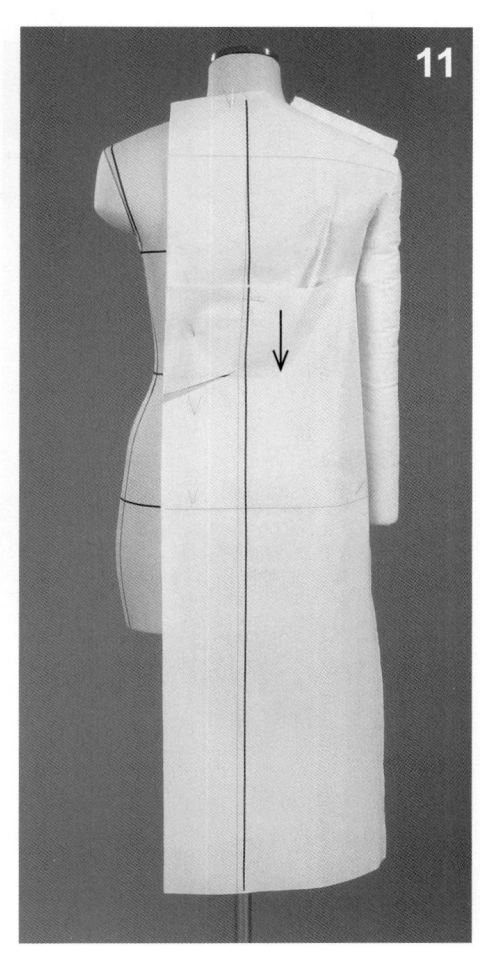

12 前と同様に、脇線から3〜4cmの位置で布目を垂直に通し、身頃との切替え線を重ねピンで止める。
　ダーツは身頃のダーツから続くように入れ、殿突あたりに面を構成する。ダーツ止りは、分量に応じて調整する。

13 ゆとりの不足分を追加して、脇線をつまみピンで止める。
　ドレス丈を決定し、基本動作の歩幅が可能なスリット位置を求める。

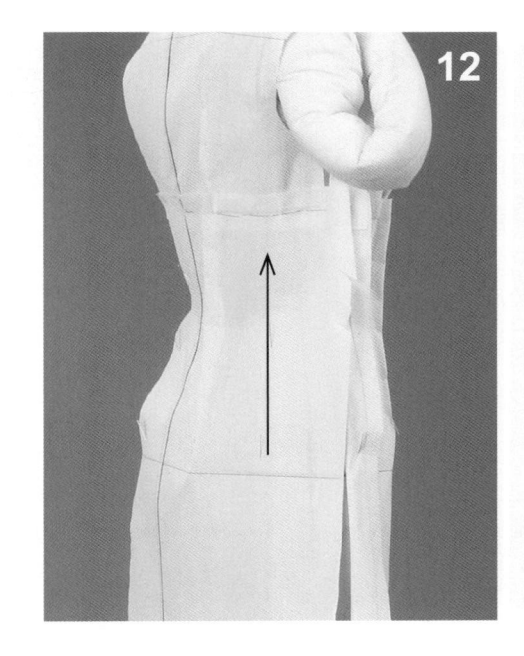

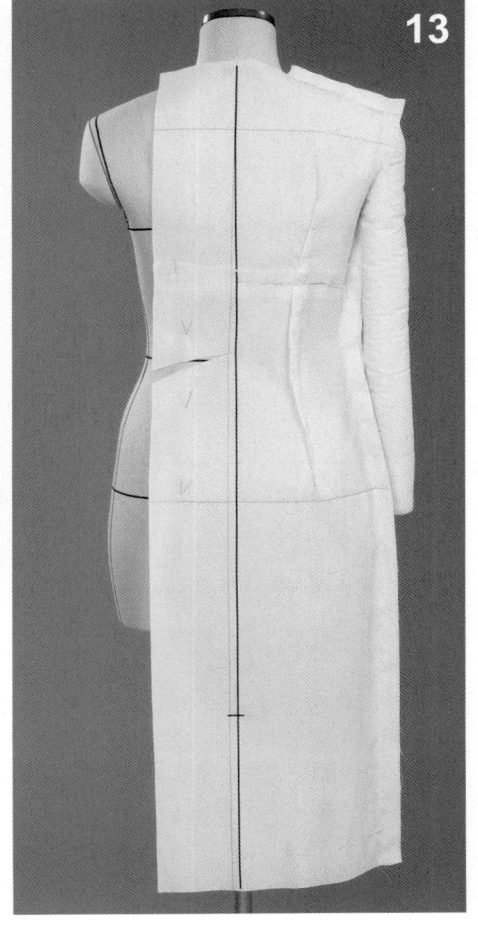

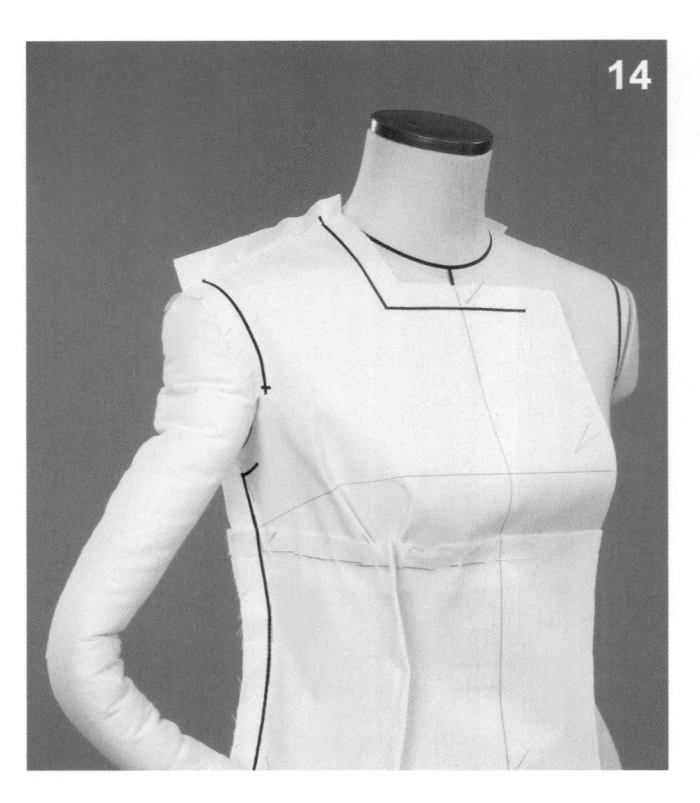

14、15 衿ぐり線、袖ぐり線を入れる。袖ぐりは、胸幅や背幅のゆとりがにげないように注意する。

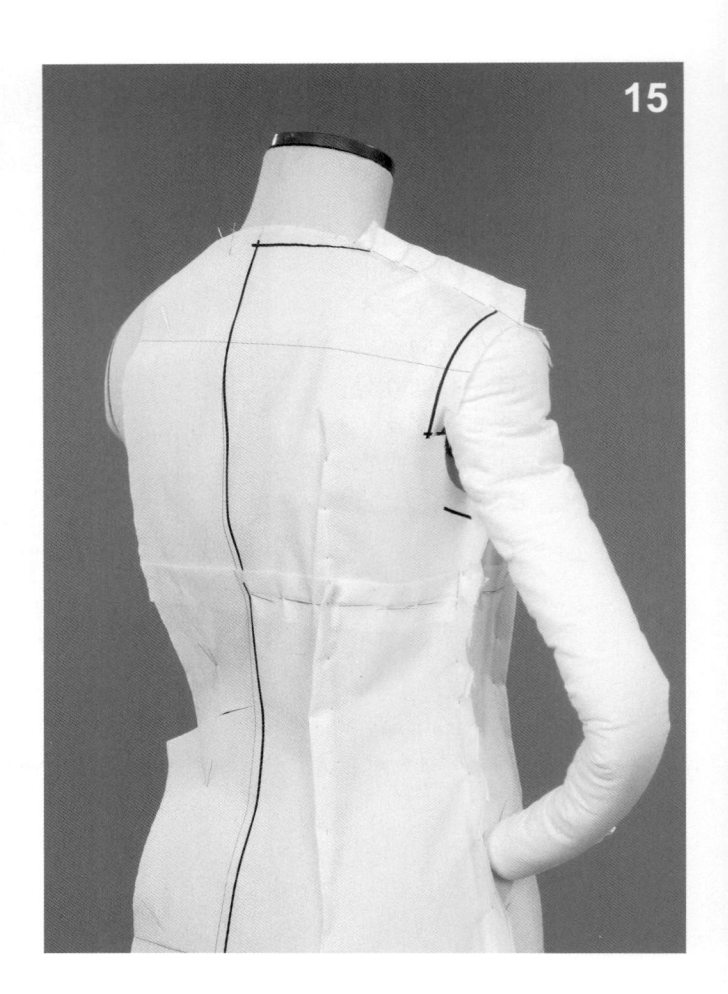

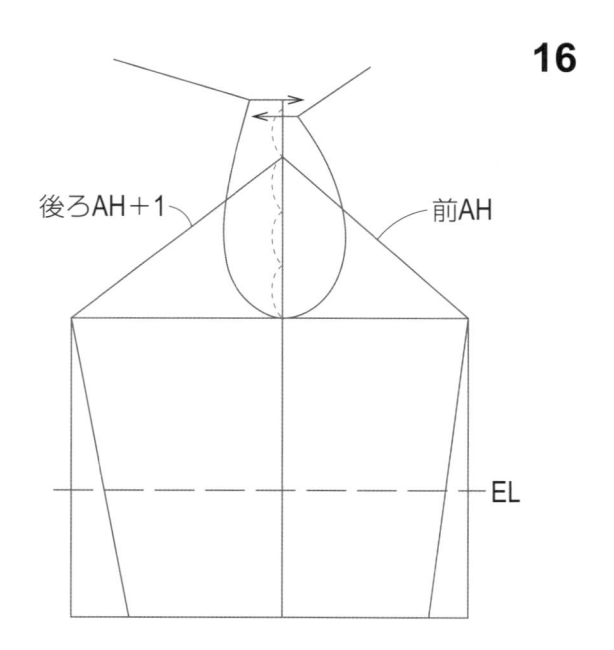

16 袖の作図をする。布上に袖山の高さ、袖幅、袖丈、袖口寸法をしるす。袖丈は、エルボーラインの位置から七分丈の予測をたて、袖口寸法は、カフスがつくのでカフスとのバランスを考慮してゆとりを入れる。

17 袖をつける。いせの配分、方向性、袖丈、袖口のゆとりを確認する。

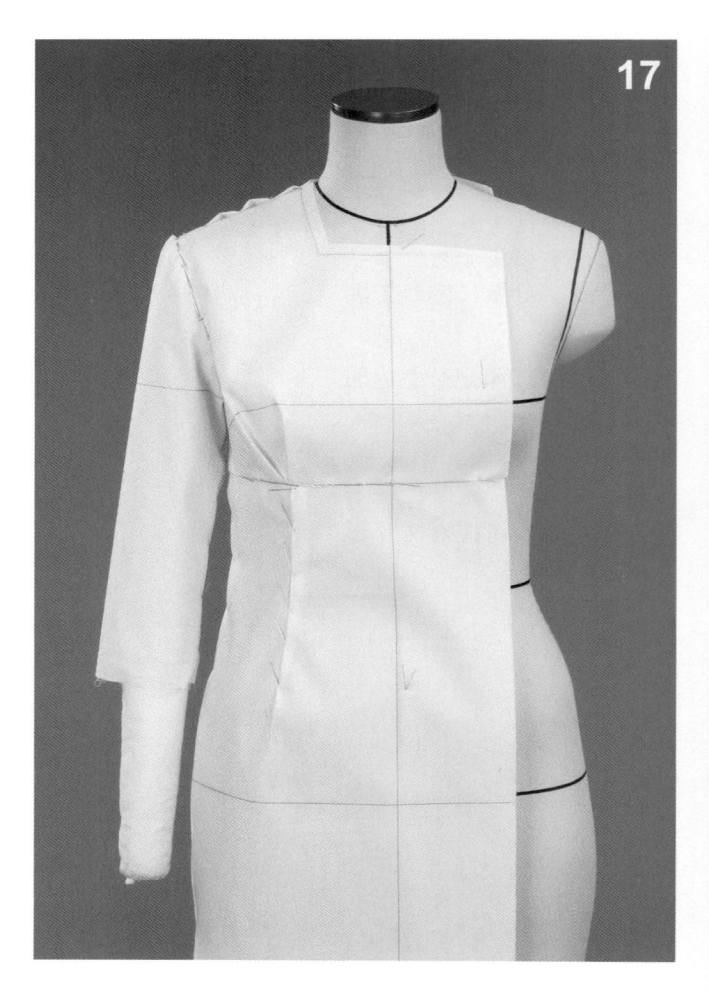

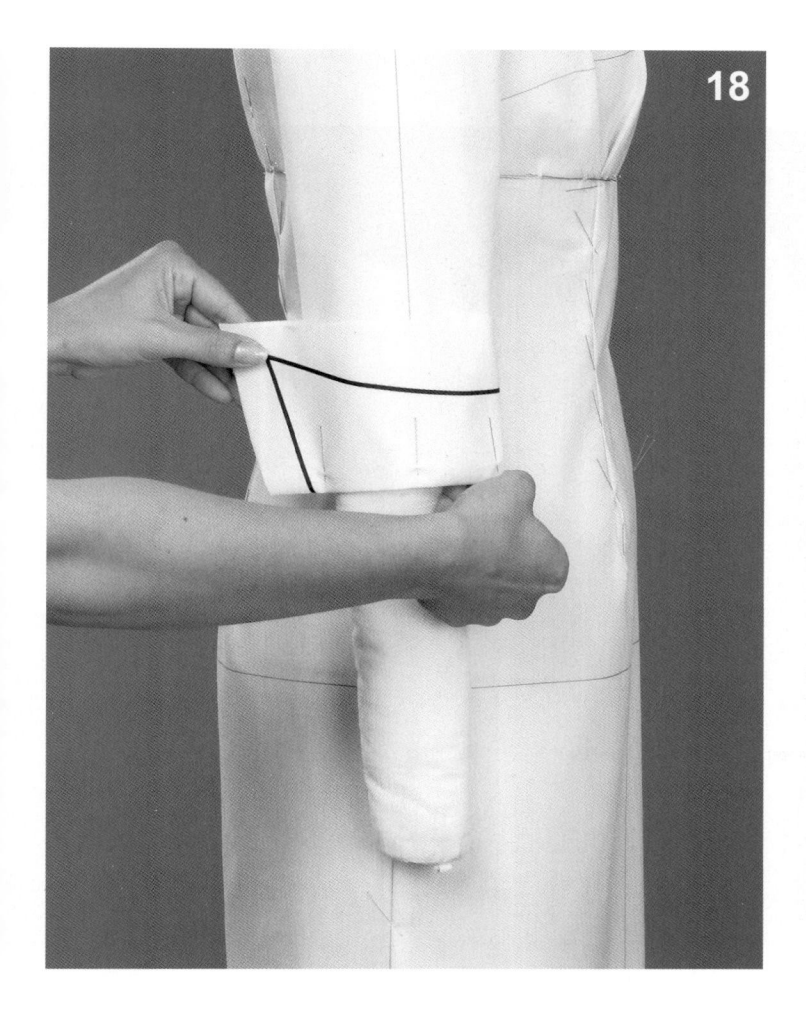

18 カフス布を袖口に重ね、布の厚み分を入れ、形をボディラインでしるす。後ろ袖側にポイントをつける。

19 カフスのまとめ。

20 ピン仕上げ。

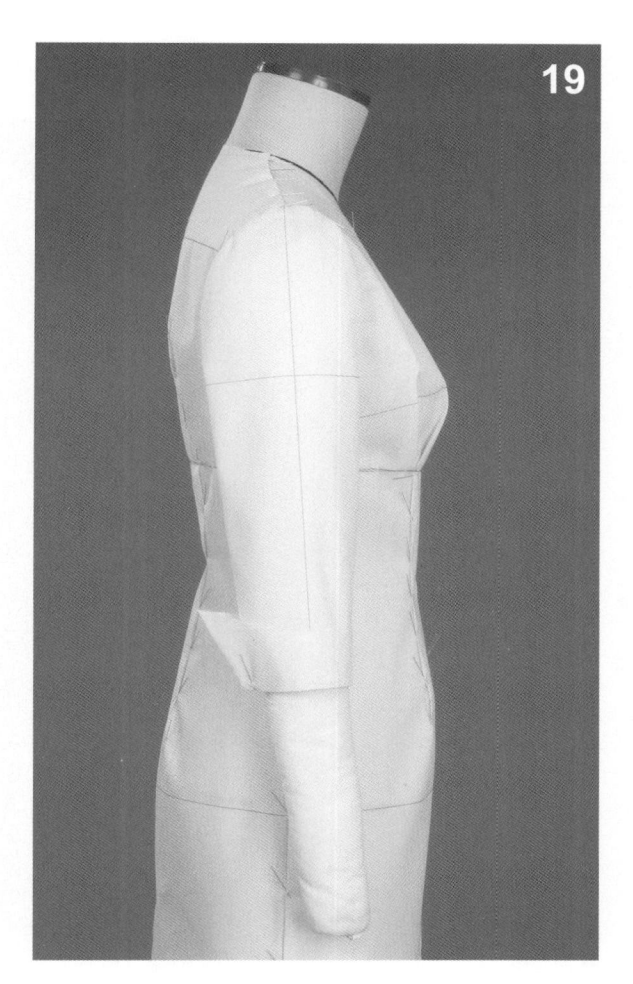

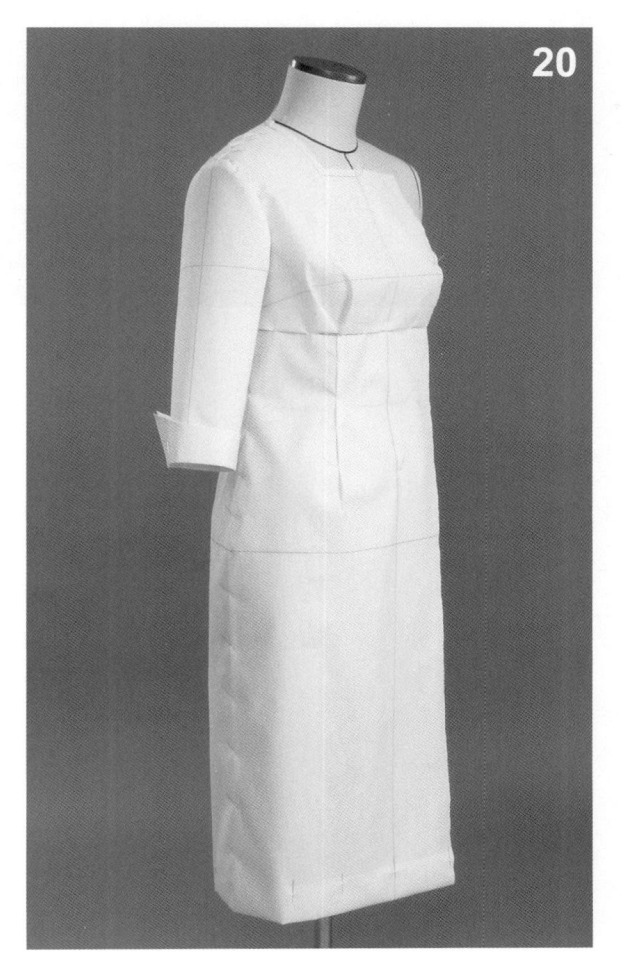

出来上り

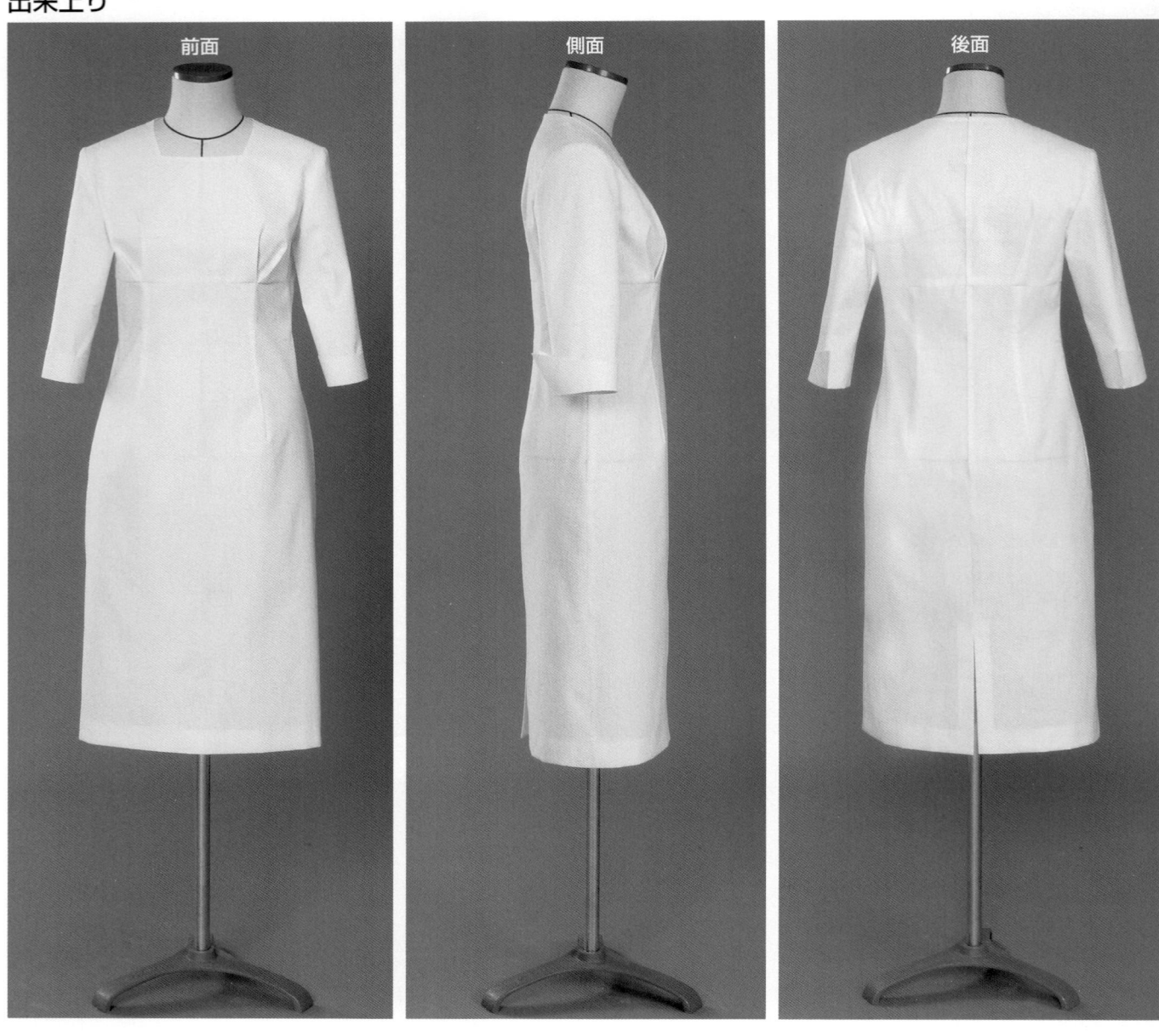

前面　　側面　　後面

トレースパターン

身頃上部にアクセントをつけた横切替えと縦のシルエットとのバランスがとれているのがわかる。

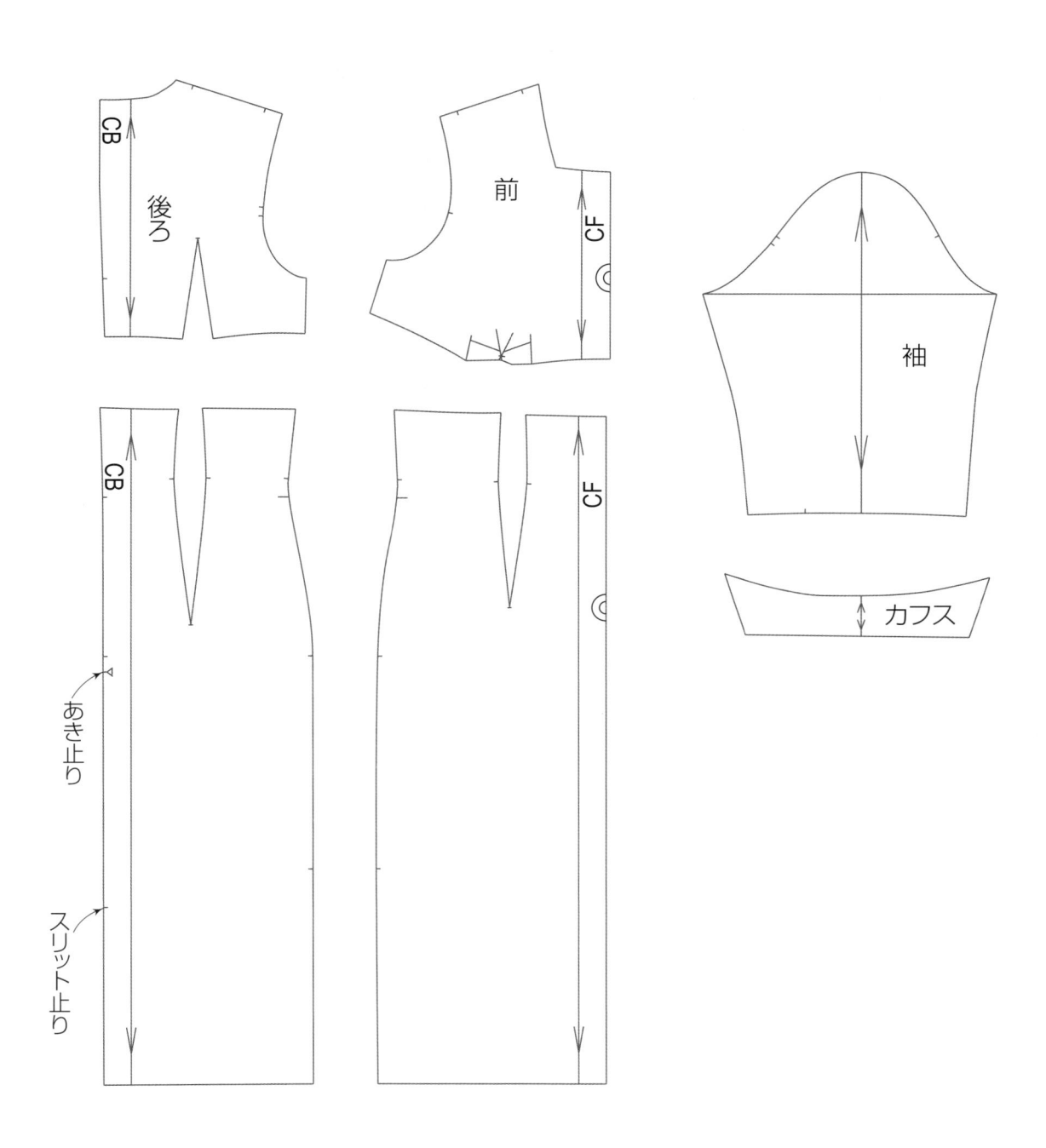

3　ローウエスト切替えのワンピースドレス

　身頃はパネルライン切替えでフィットさせた細身のシルエット、スカートは、ストレートやフレアなど、さまざまに変化を楽しめるローウエスト切替えのワンピースドレス。

　ギャルソンヌモードの特徴で、切替えのバランスは4：6や3：7など、位置を変えることでバリエーションを広げることができる。衿はロールカラー、袖ぐりはスクエアラインで女性らしいシルエットを表現している。

トワルの準備

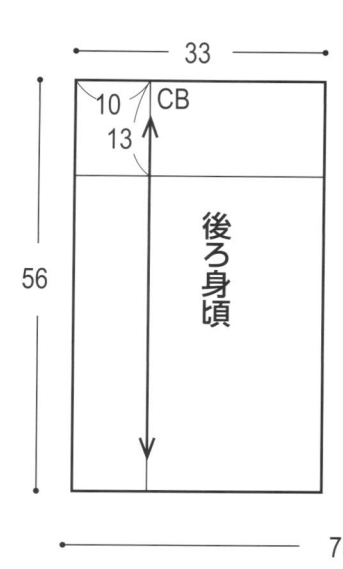

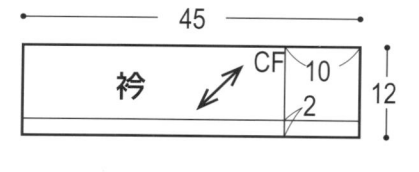

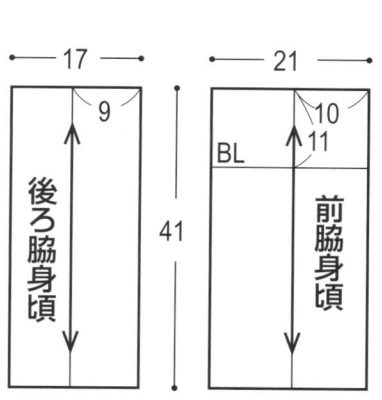

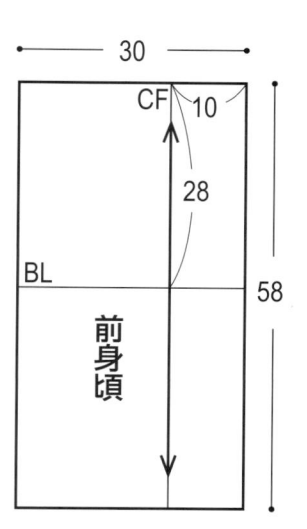

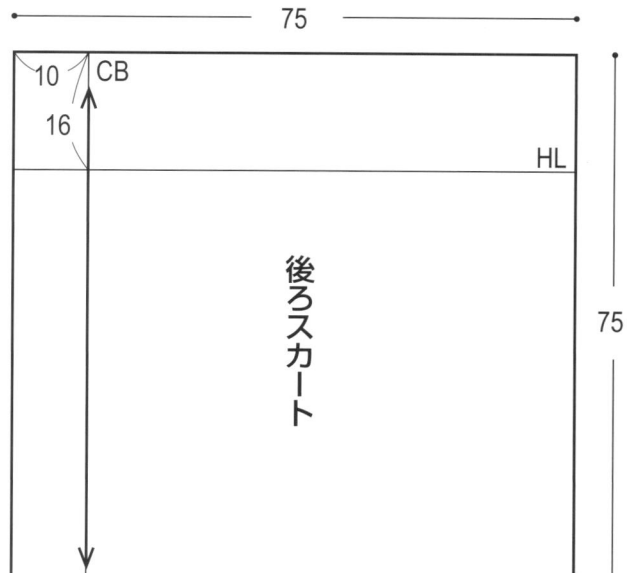

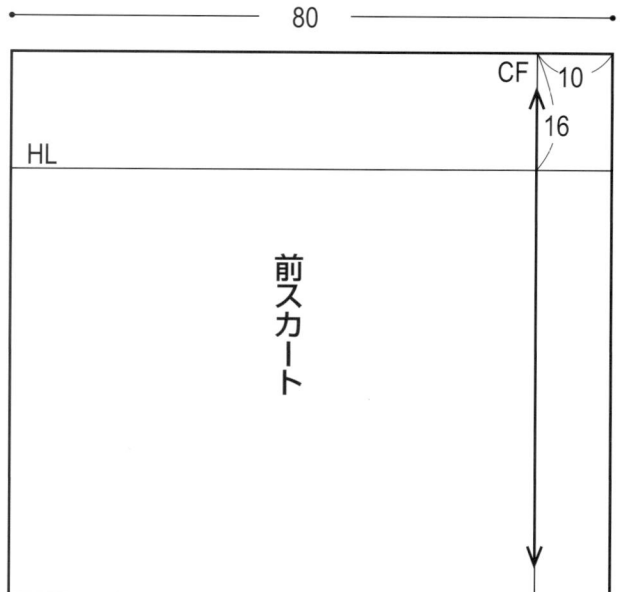

衿: 45 × 12、CF 10/2

後ろ身頃: 33 × 56、CB 10、13

後ろ脇身頃: 17 × 41、9

前脇身頃: 21 × 41、BL、10/11

前身頃: 30 × 58、CF 10、28、BL

後ろスカート: 75 × 75、CB 10、16、HL

前スカート: 80 × 75、CF 10、16、HL

ボディの準備

ボディにガイドラインを入れる。

ローウエストの切替え線位置は、出来上りの丈を想定し、決定する。

パネルライン位置は、前はほぼバストポイント、後ろは肩甲骨の下端あたりを通り、身体の立体感を表現する。

衿ぐり線はややオフネックラインにする。

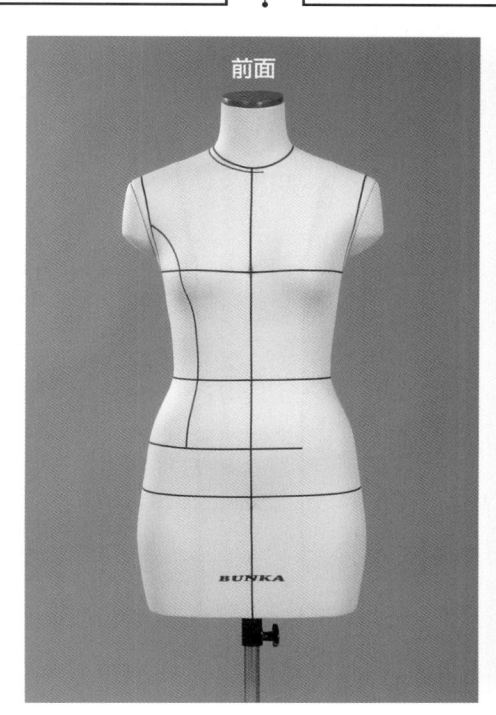

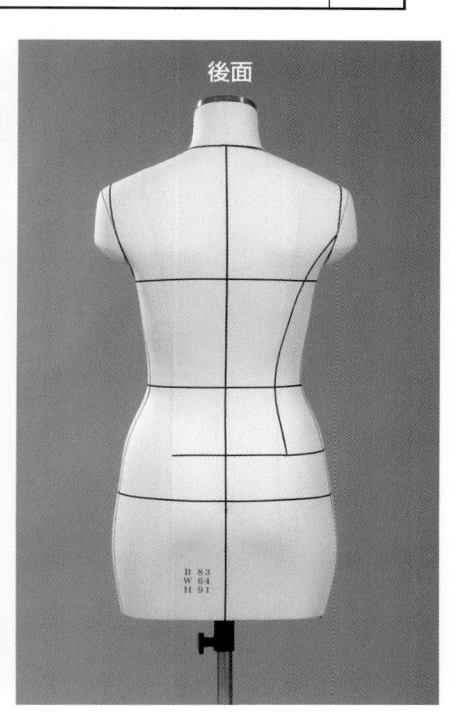

前面　後面

第4章　基本アイテムのドレーピング

ドレーピング

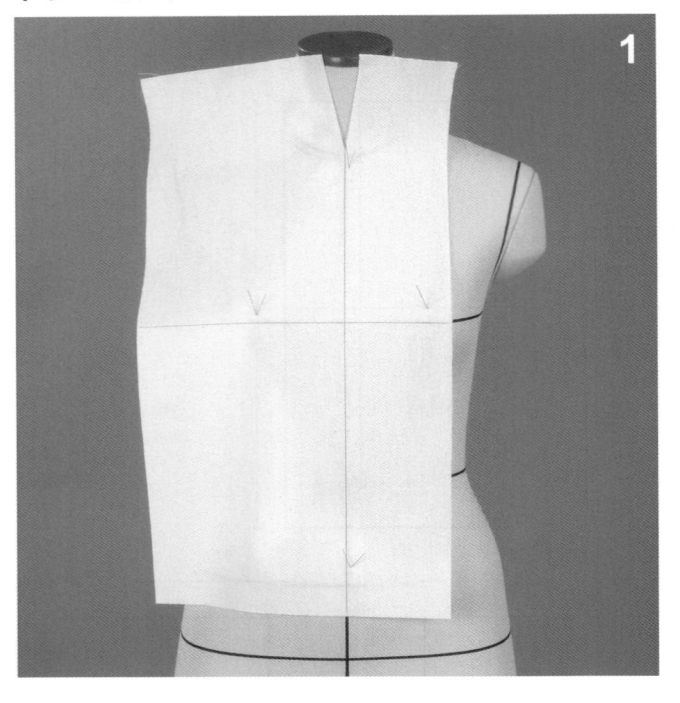

1 前身頃を布目を通して正しく当て、中心に切込みを入れる。

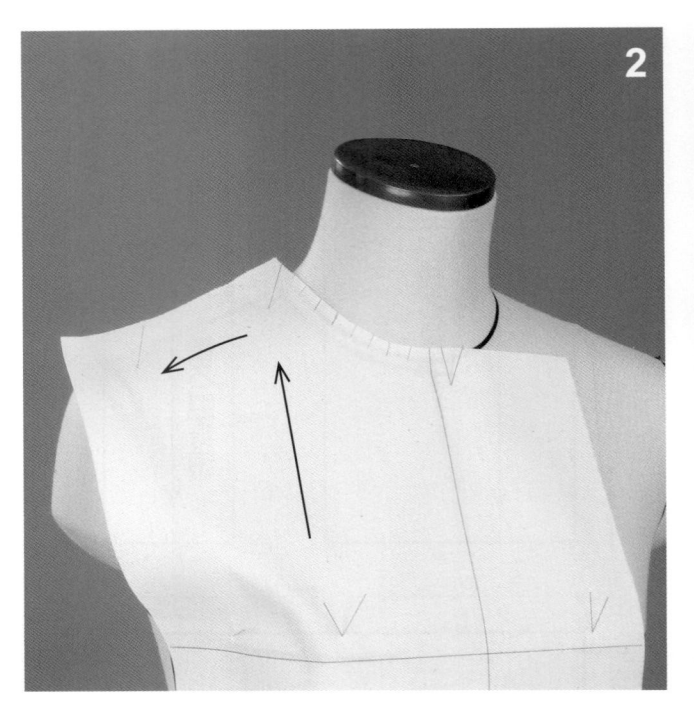

2 バストポイントあたりより上に布目を通してピンを打ち、衿ぐりを整える。
肩を自然になじませる。

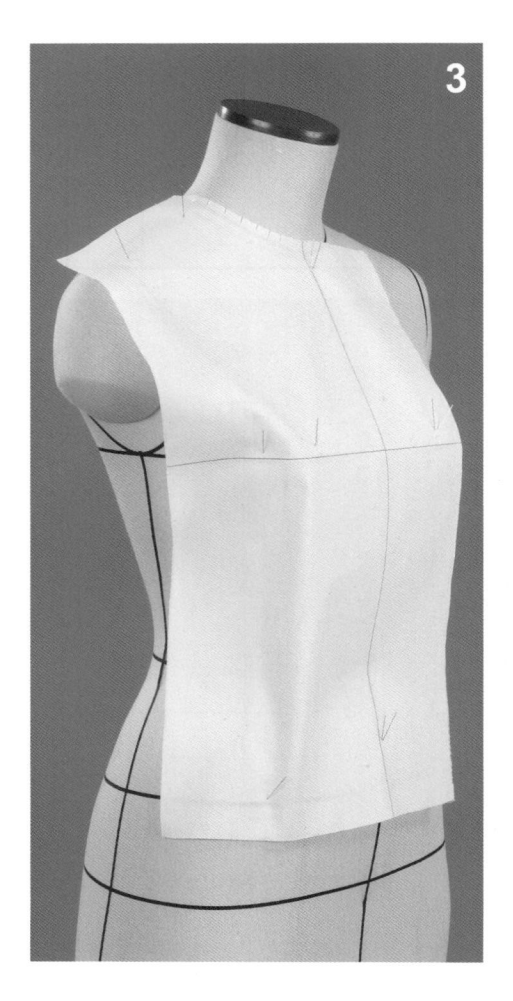

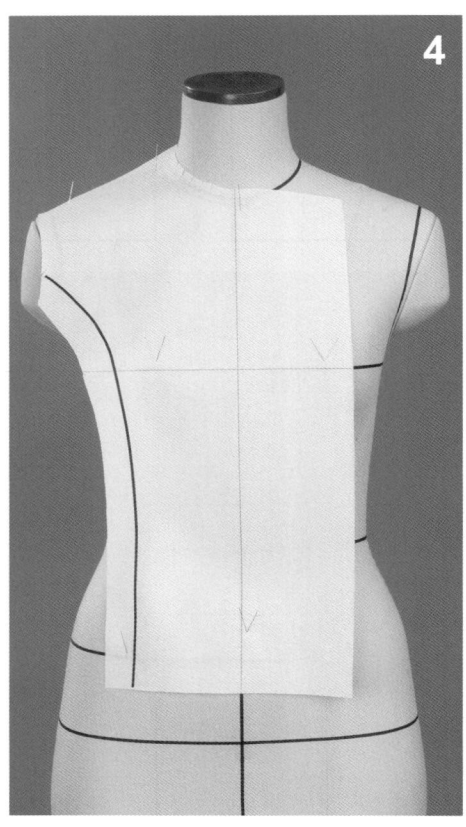

3 バストライン上とローウエスト切替え線上でゆとりを入れて、仮ピンを打つ。

4 ボディのガイドラインを目安に、入れたゆとりをにがさないようにパネルラインをボディラインでしるす。
袖ぐりと切替えの余分な布をカットする。

5 前脇布を当てる。ボディの前側面中央に布のガイドラインを垂直に当てる。

6 袖ぐりをボディにそわせ、前脇布が面で構成されるようにゆとりを入れ、重ねピンで切替え線を止める。
　袖ぐりの余分な布をカットする。

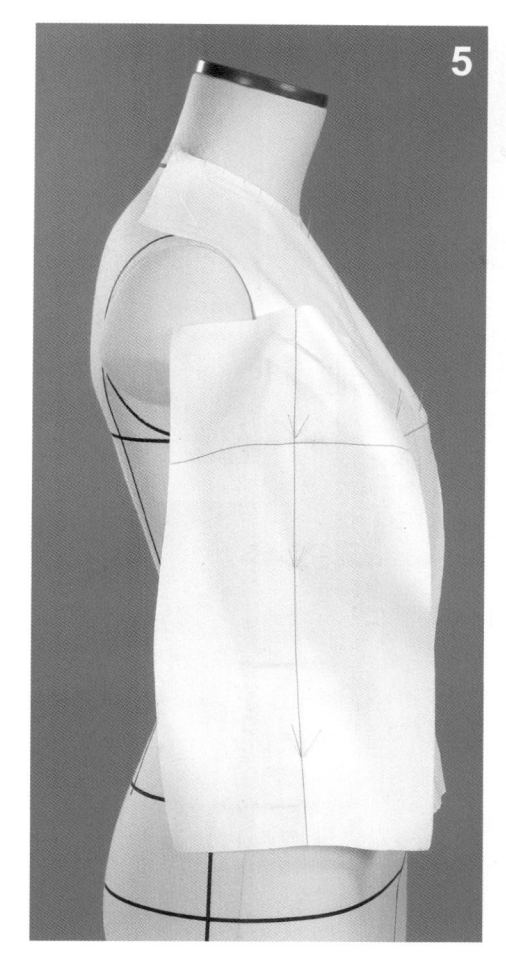

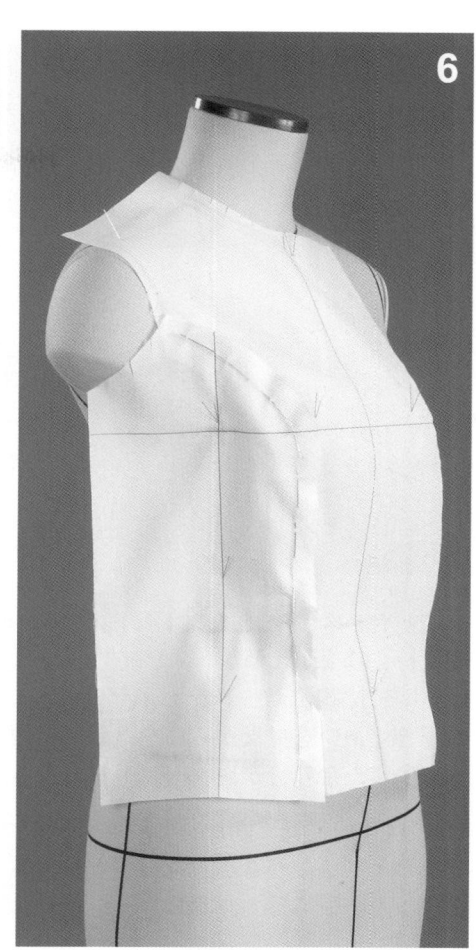

7 肩線をしるし、余分な布をカットする。
　脇でゆとりを入れ、脇線をしるす。ゆとりを入れすぎると、ノースリーブの場合袖ぐりが大きくなりすぎるので注意する。

8 後ろ身頃を当てる。
　肩甲骨位置のガイドラインを水平にして、布をボディにそわせて軽くなで下げ、移動した後ろ中心の位置をしるす。

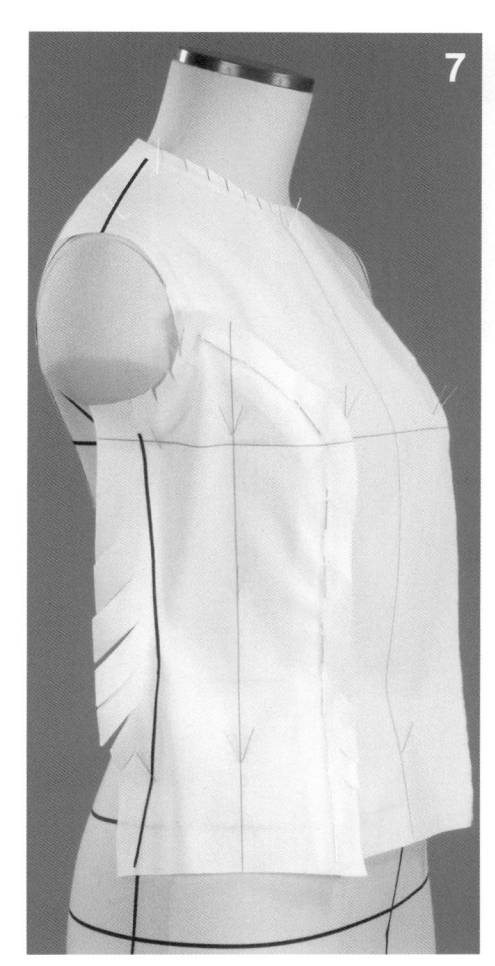

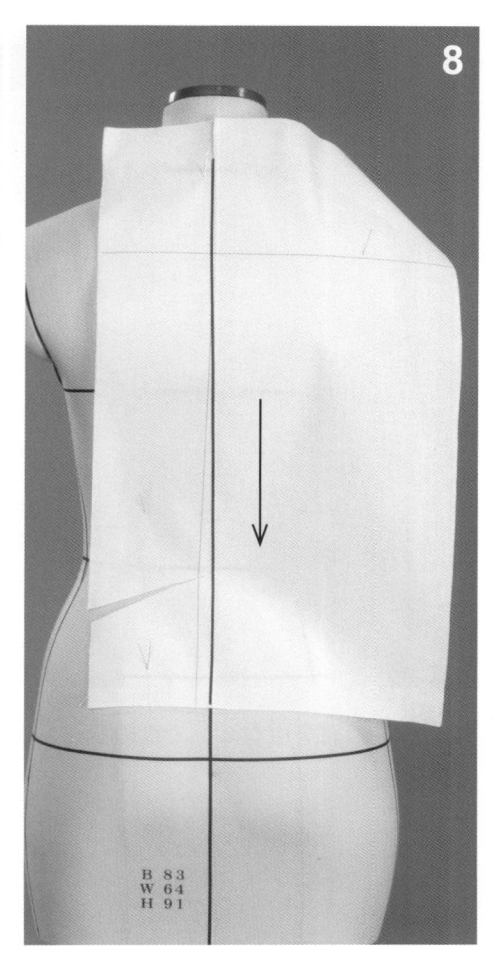

第4章　基本アイテムのドレーピング　163

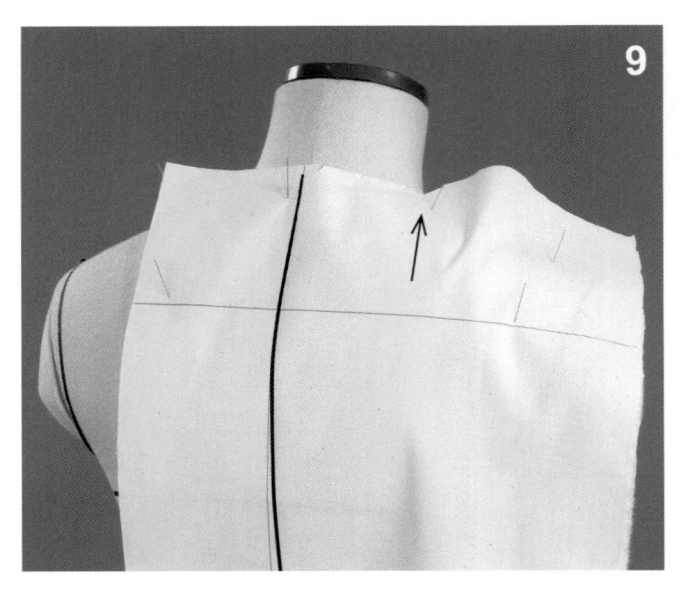

9 サイドネックポイントに向かって布目を垂直にして、衿ぐりを整える。
　肩甲骨位置のガイドラインから肩先にかけて、袖ぐりの浮きぐあいを見ながら布をそわせ、仮ピンを打つ。肩線に生じた余り分が肩ダーツ分量となる。

10、11 肩甲骨に向かって肩ダーツをつまむ。
　またデザインバリエーションとしてネックラインに移動する方法もある（写真11）。

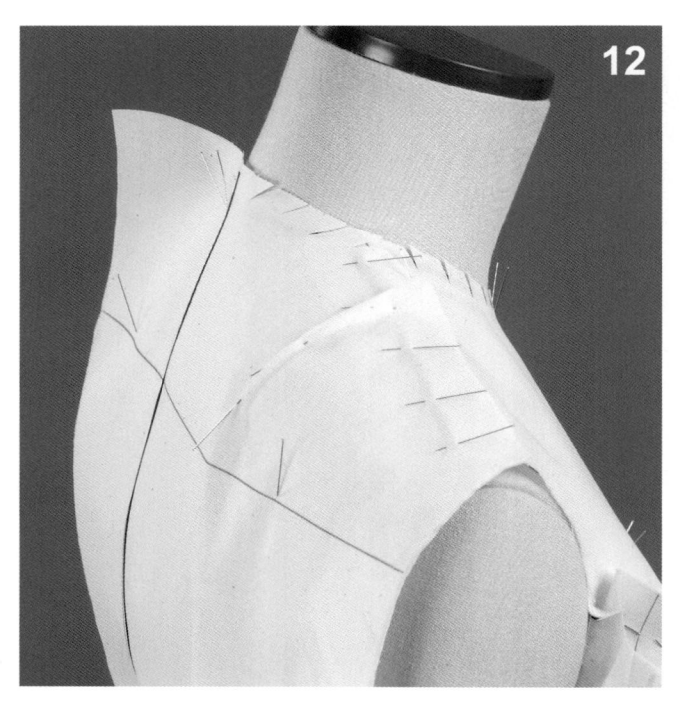

12 前後の肩を重ねピンで止める。

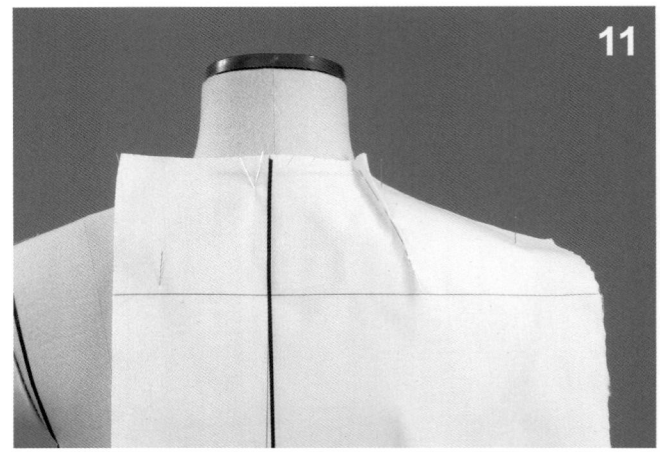

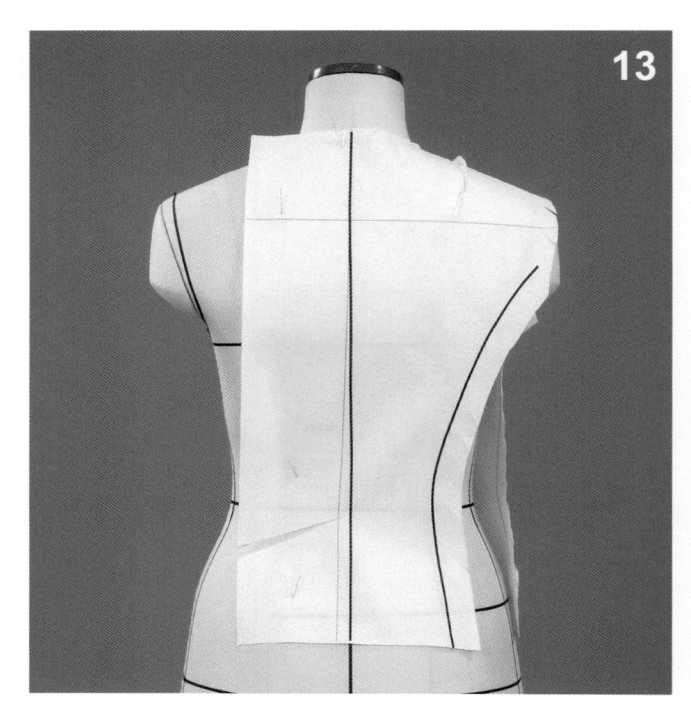

13 袖ぐりの余分な布を整理して、ボディのガイドラインを目安にパネルラインを入れる。ウエストライン位置のしぼりは、強くする。

14 後ろ脇布を当てる。ボディの後ろ側面中央にガイドラインを垂直に通す。

15 後ろ身頃で面が構成されるようにゆとりを入れ、重ねピンで切替え線を止める。
　袖ぐりの余分な布を整理する。

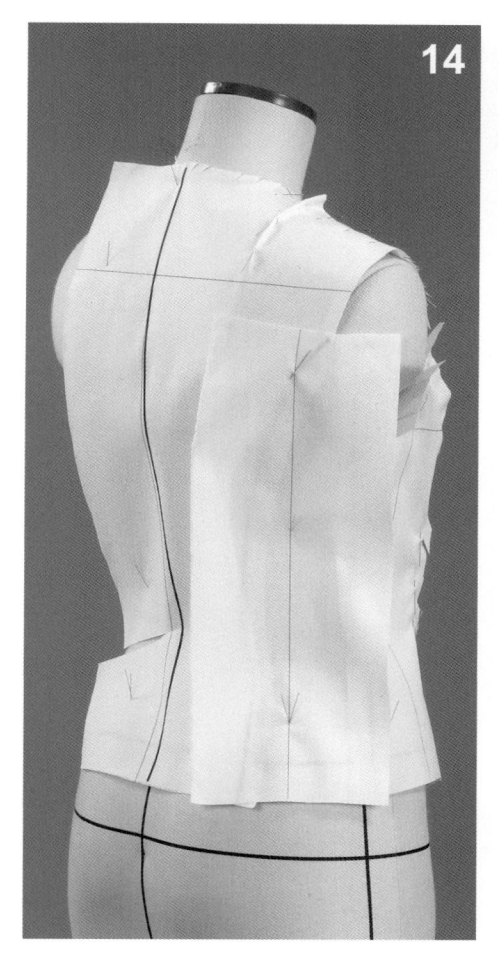

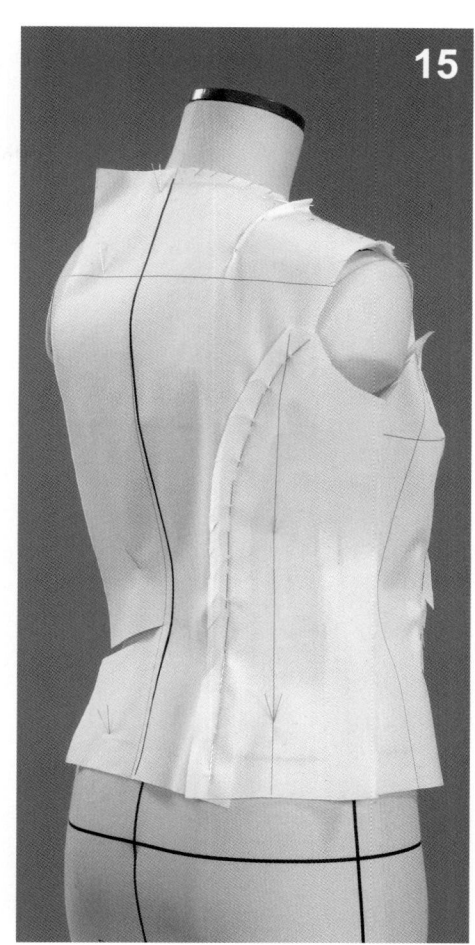

16 前後の脇を重ねピンで止める。
　再度ノースリーブとしての袖ぐりのゆとり分量を検討する。袖ぐりが浮くようなことがないか、見極める。
　ボディのガイドラインを目安にスカートとの切替え線を入れる。

17、18 衿ぐり線、袖ぐり線をボディラインで入れる。
　衿ぐり線は、サイドネックポイントよりややオフネックラインにしるす。
　袖ぐりは、パネルラインの位置でポイントをつけ、袖ぐり底に向かい直線的に入れる。ノースリーブの場合、袖ぐりが深くなりすぎないよう、バストラインより1.5～2cm上に袖ぐり底を設定する。

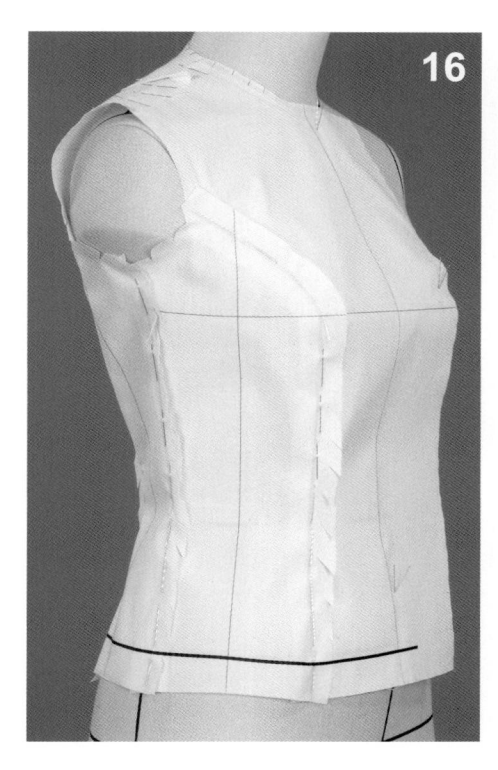

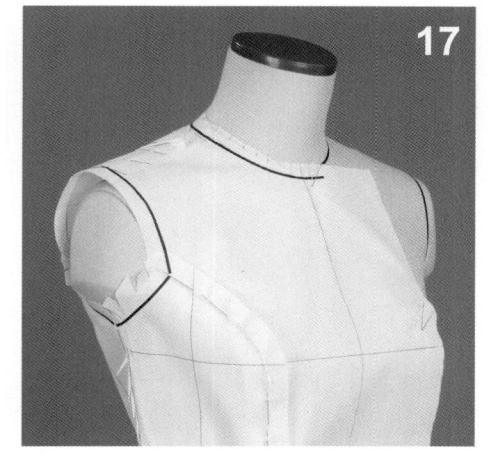

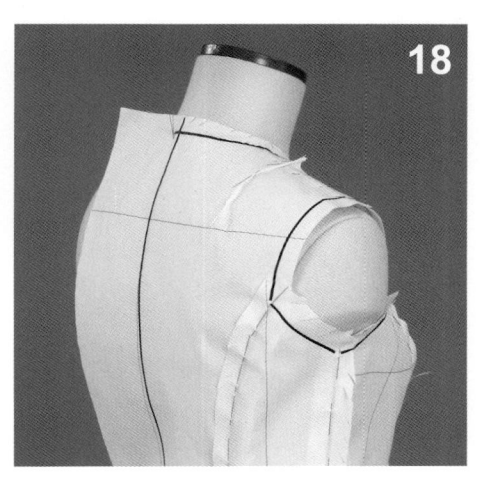

第4章　基本アイテムのドレーピング　165

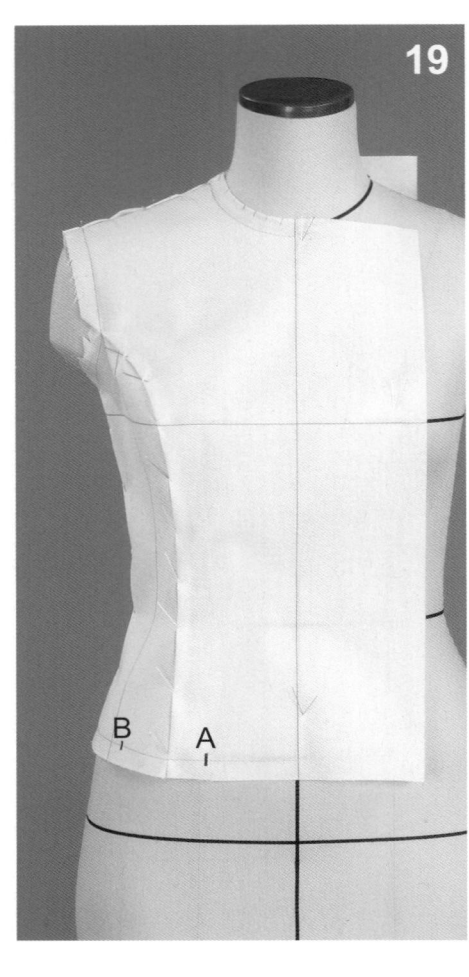

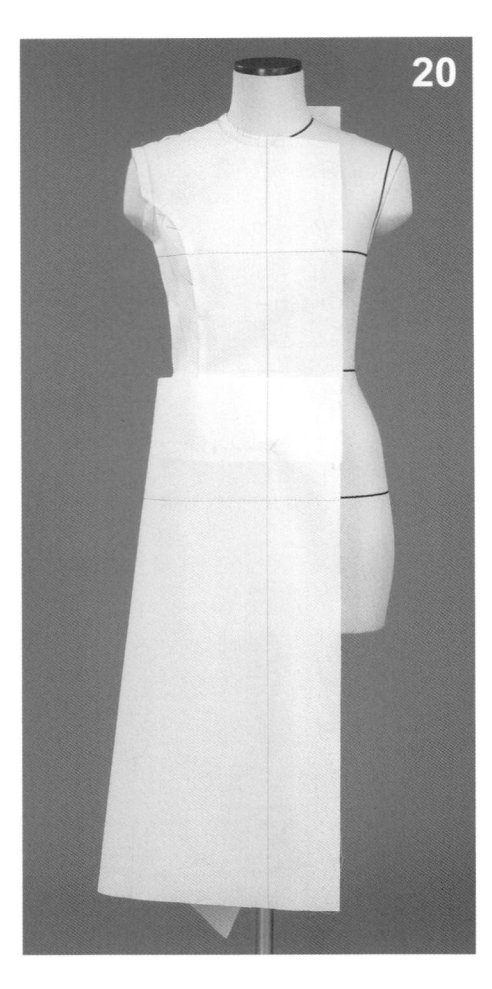

19 身頃をまとめる（ピン仕上げ）。

立体的に身頃を覆うシルエットか確認する。

スカートのフレアをだすポイント（A、B）をしるす。

20 前スカートを当てる。中心線とヒップラインをボディのガイドラインに合わせ、布をヒップにそわせる。

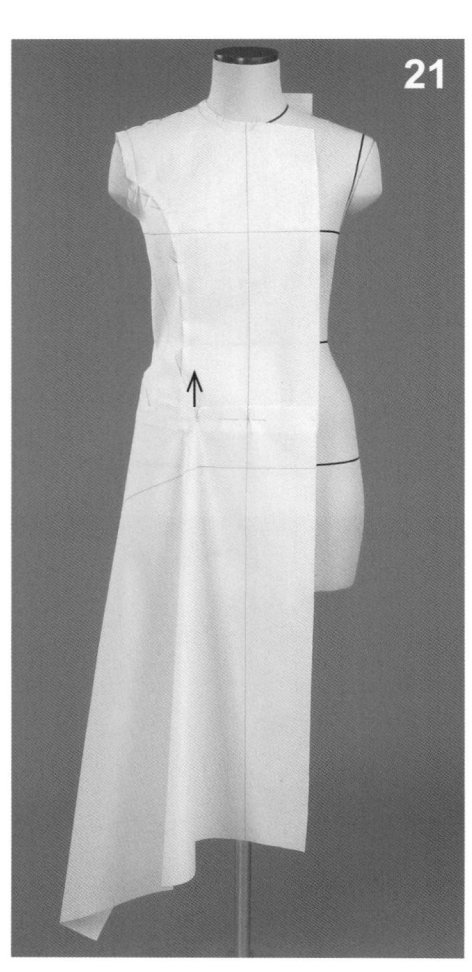

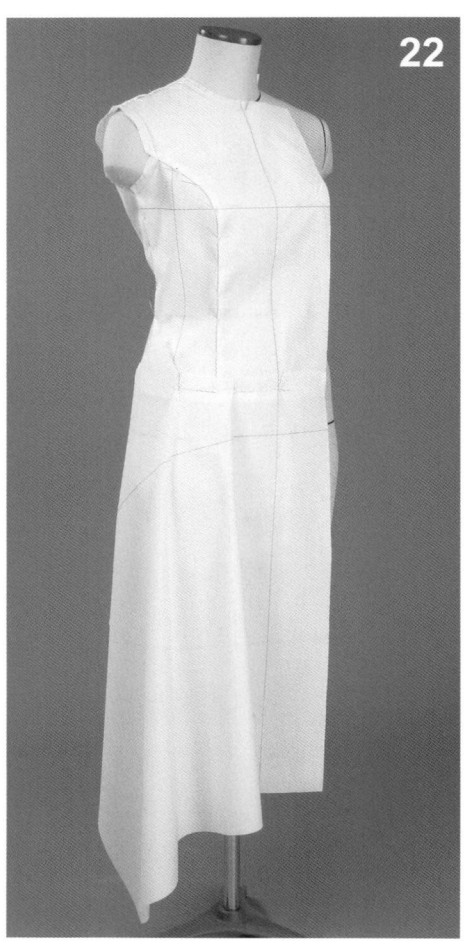

21 Aのフレアポイント位置まで切替え線をピンで止め、余分な布をカットする。

Aのポイント位置に切込みを入れ、フレアをだす。

ポイント位置で布を引き上げるようにすると、フレアが立ち上がる。

22 切替え線の布を整理しながら、Bのフレアポイントに切込みを入れ、最初と同量のフレアをだす。

23 脇にフレアをだす。全体のフレアが放射状にでるよう、流れに注意する。

ローウエスト切替え線のピンは、スカートを支える打ち方にすることが重要である。

脇線は脇フレアの山よりやや後ろ側に設定する。フレアの山に縫い目が入ると、フレアの美しさを損なうので注意する。

24 後ろスカートを当てる。中心線とヒップラインをボディのガイドラインに合わせ、布をヒップにそわせる。

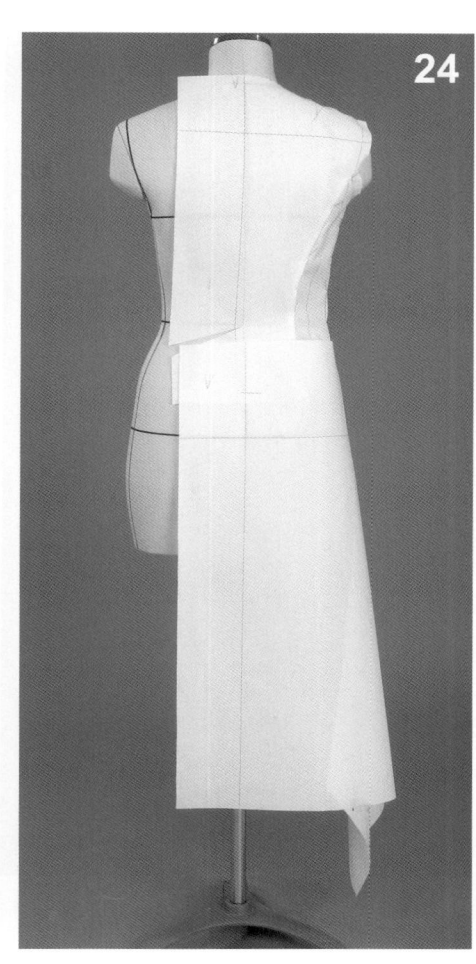

25 前スカートと同様に、2か所でフレアをだす。分量は前とのバランスを検討して決める。

26 前脇に後ろスカート布を重ね、前後のバランスを見てフレア分量を決める。

前脇線位置を重ねピンで止め、余分な布を整理する。

再度、フレア全体の流れが放射状になっているかを確認する。

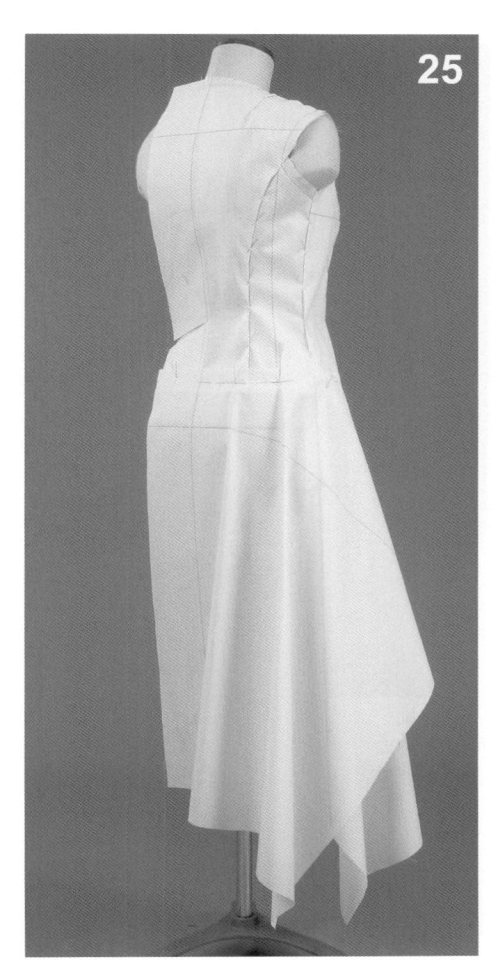

第4章 基本アイテムのドレーピング 167

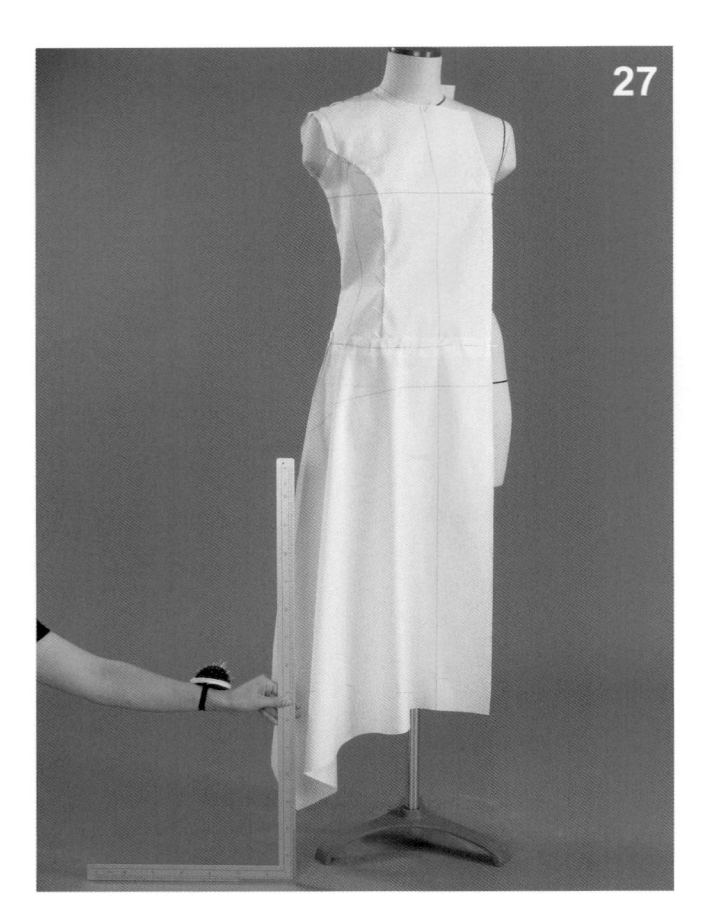

27 ドレス丈を床上り寸法で決定する。

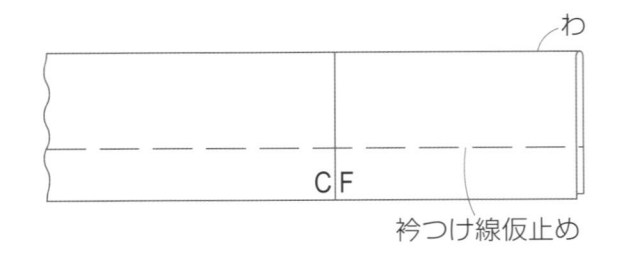

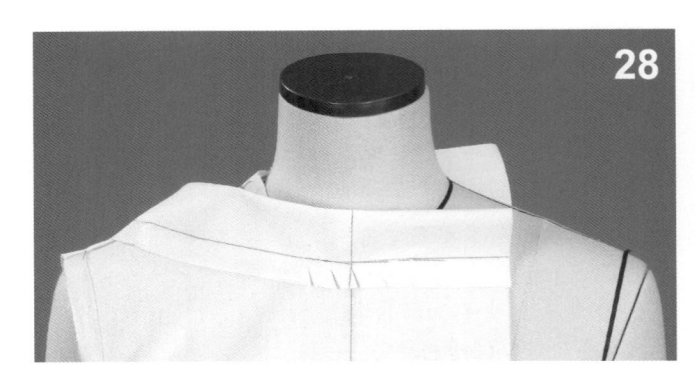

28 バイアスに裁断した衿布を図のように半分に折り、衿幅を決めて衿つけ線を仮止めする。折り山は折り目をつけないでおく。
　前中心から衿つけのピンを打つ。衿つけ縫い代に切込みを入れながら衿ぐり線に止め、衿布を後ろに回す。サイドネックポイントあたりで衿布をわずかに伸ばしながら止めると、衿が立ち上がる。

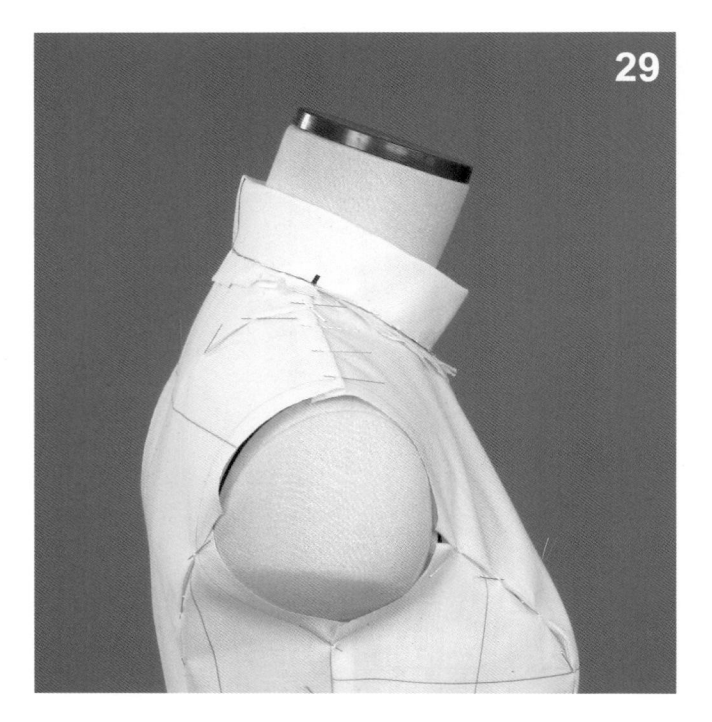

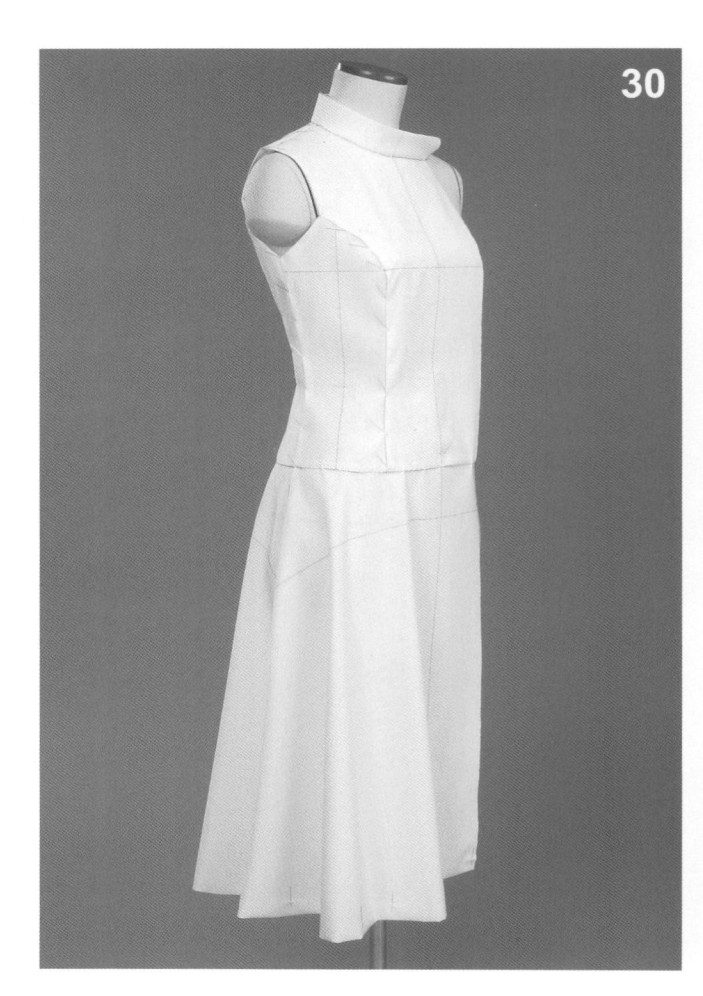

衿つけ線仮止め

29 首からの離れぐあいや衿の立上りぐあいを見る。サイドネックポイントをしるす。

30 ピン仕上げ。

出来上り

前面　　　　　　　側面　　　　　　　後面

第4章　基本アイテムのドレーピング　169

トレースパターン

　身頃はパネルラインや肩ダーツにより、身体にフィットした立体的なシルエットを表現している。
　ローウエストで切り替えたスカートは、フレアポイントが角張ることにより、フレアが立ち上がる状況を示している。

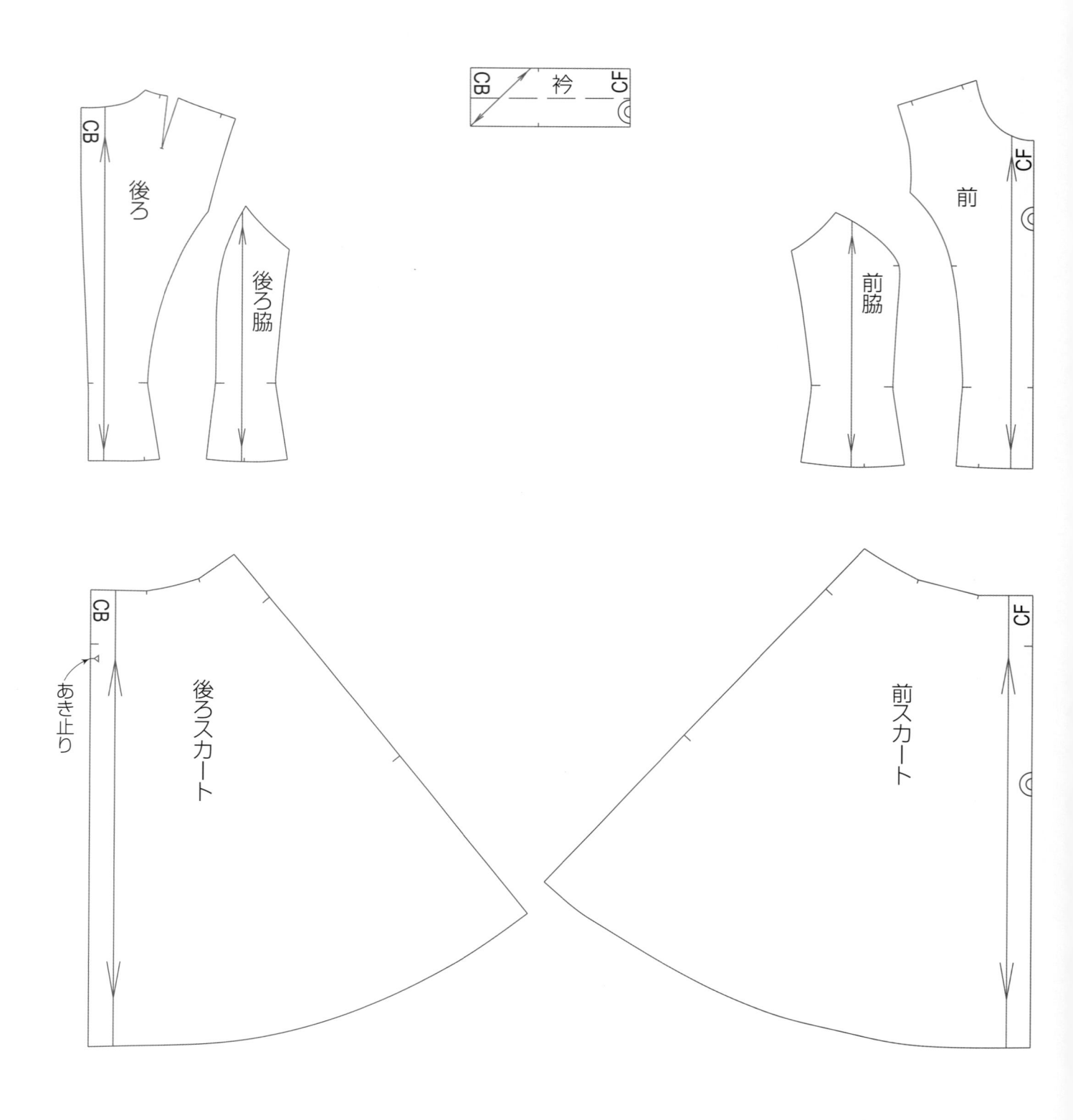

4　プリンセスラインのワンピースドレス

　身頃の肩から裾にかけて縦に切り替えたデザイン。

　プリンセスラインは、英国の皇太子妃が好んで着用したことから生まれた名称であるため、そのシルエットは上品で若々しい感覚を持っている。

　ウエストラインのしぼりにより、胸部や背面を立体的に見せ、さらにヒップから裾にかけてやわらかなフレアをだす。ネックの中心にポイントを作り、袖にはタックをあしらっている。ディテールを変化させて、デザインバリエーションを広げることができる。

トワルの準備

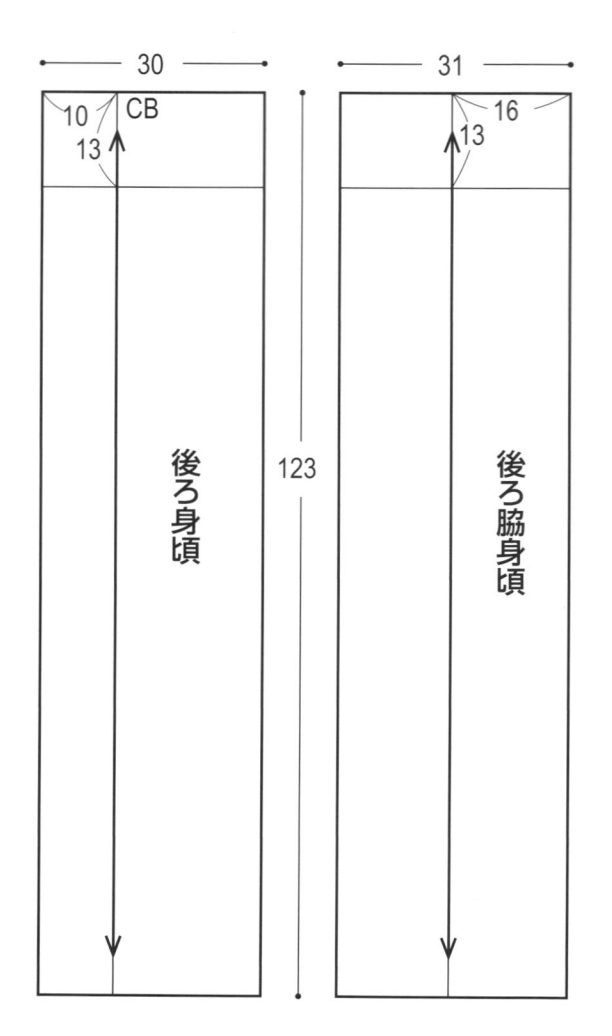

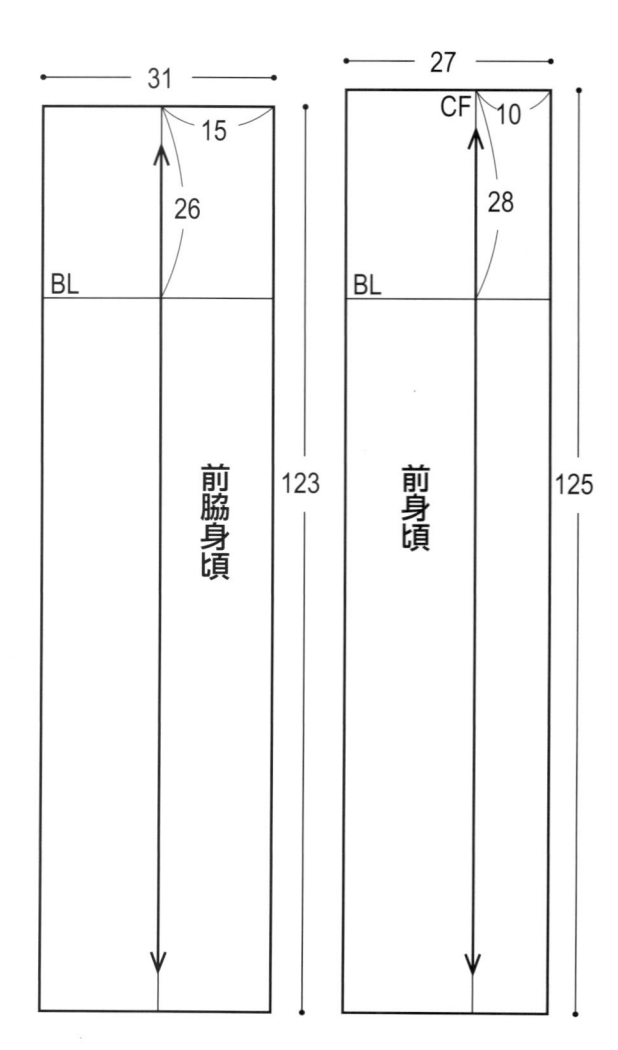

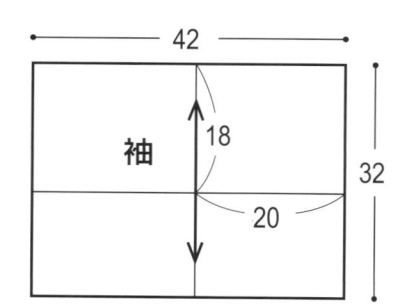

後ろ身頃 30 / 10 CB / 13 / 123

後ろ脇身頃 31 / 16 / 13 / 123

前脇身頃 31 / 15 / 26 / BL / 123

前身頃 27 / CF 10 / 28 / BL / 125

袖 42 / 18 / 20 / 32

ボディの準備

ボディにガイドラインを入れる。

身頃の切替え線は、身体の凹凸感を生かしながら縦方向に入れる。肩幅の約 $\frac{1}{2}$ から、バストや肩甲骨位置を通り、ウエスト、ヒップ位置のバランスを見て入れる。

衿ぐりの前中心にポイントをつける。

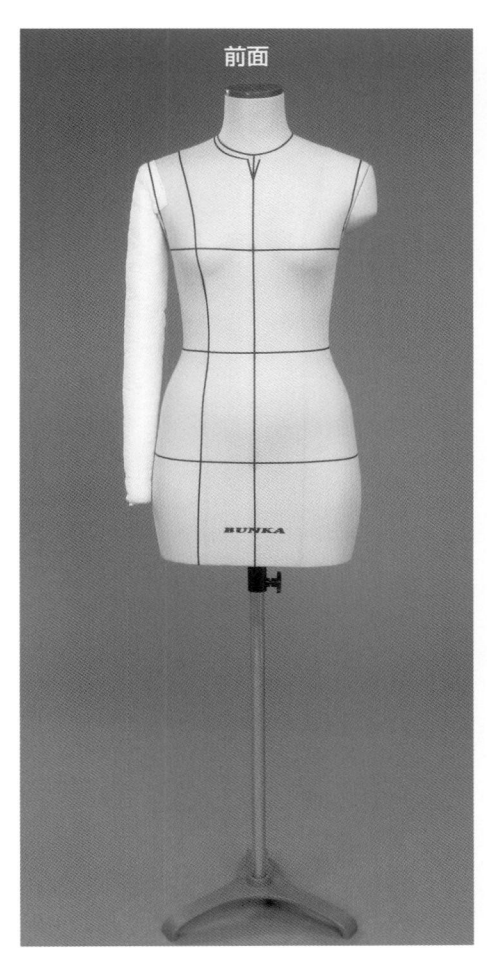

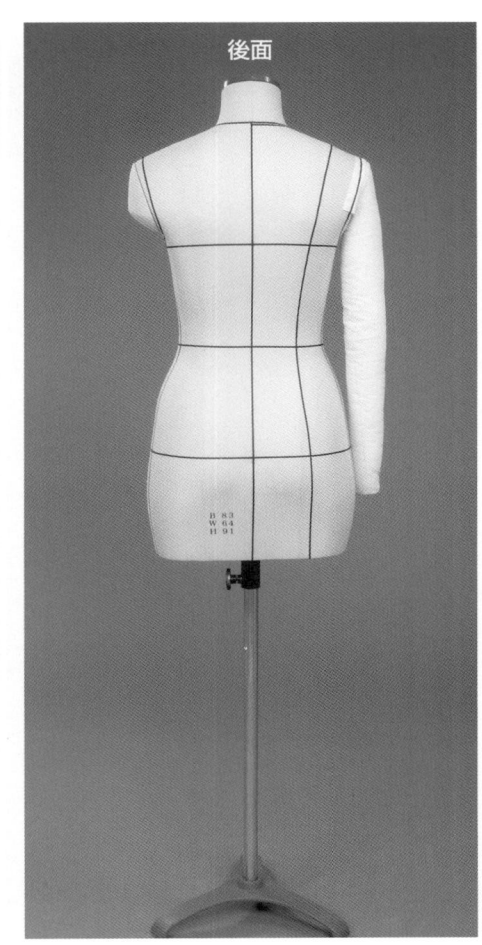

ドレーピング

1 前身頃布を当てる。

前中心線、バストラインを合わせ、前中心に切込みを入れる。

2 バストポイントの位置で布目を垂直に通し、衿ぐりの余分な布をカットする。

切替え線をボディのガイドラインを目安に入れる。ウエストのゆとり、裾のフレア分量のバランスを確認する。肩は布をそわせ、粗裁ちする。

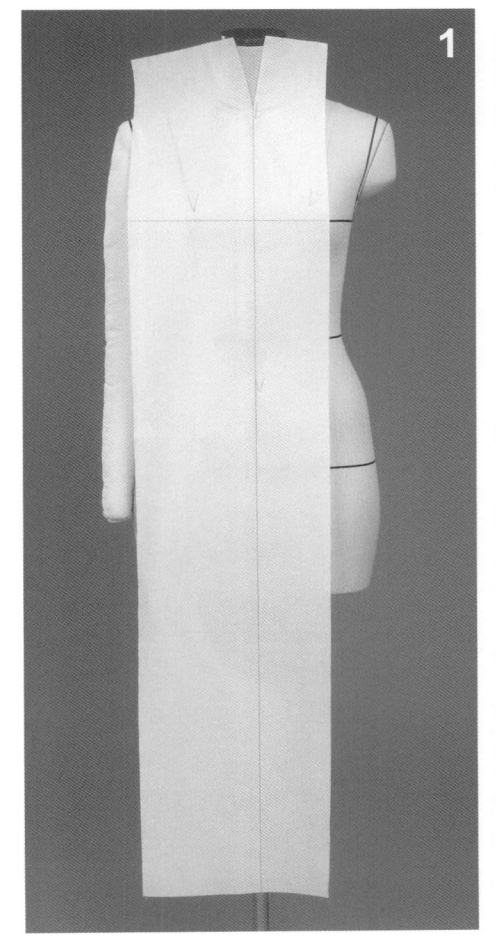

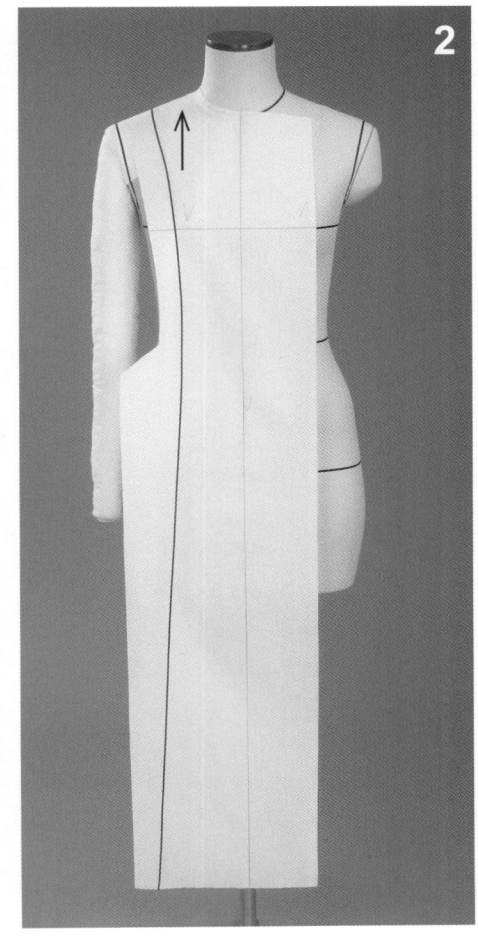

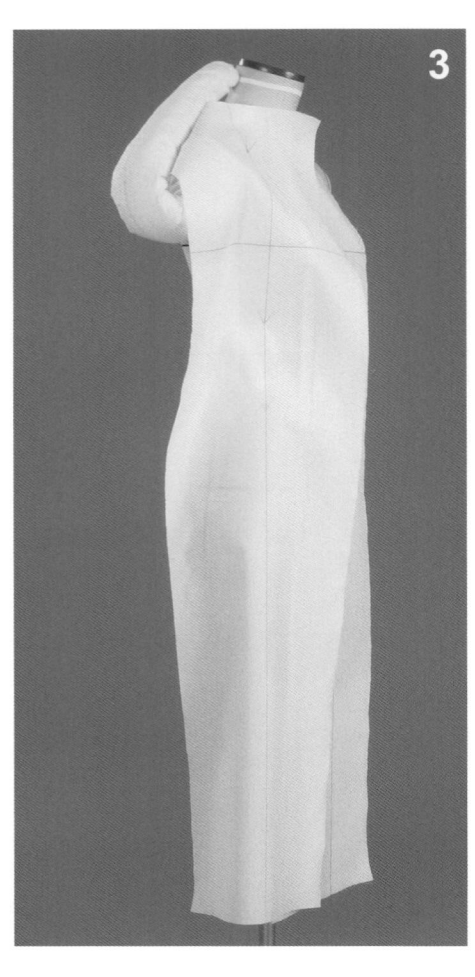

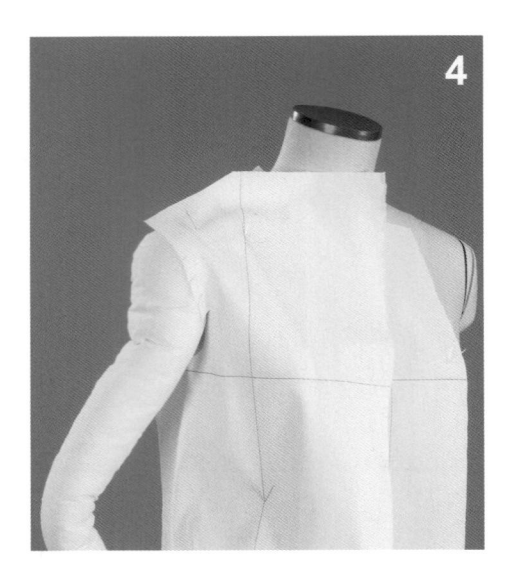

3 前脇布を当てる。ボディの斜め前より見て、脇面の中心にガイドラインを垂直に当てる。

4 前身頃の側面を形作る。
　胸幅のゆとりを入れ、袖ぐりの余分な布をカットして、布目が正しく垂直に通っているか再確認する。
　肩の余分な布をカットする。

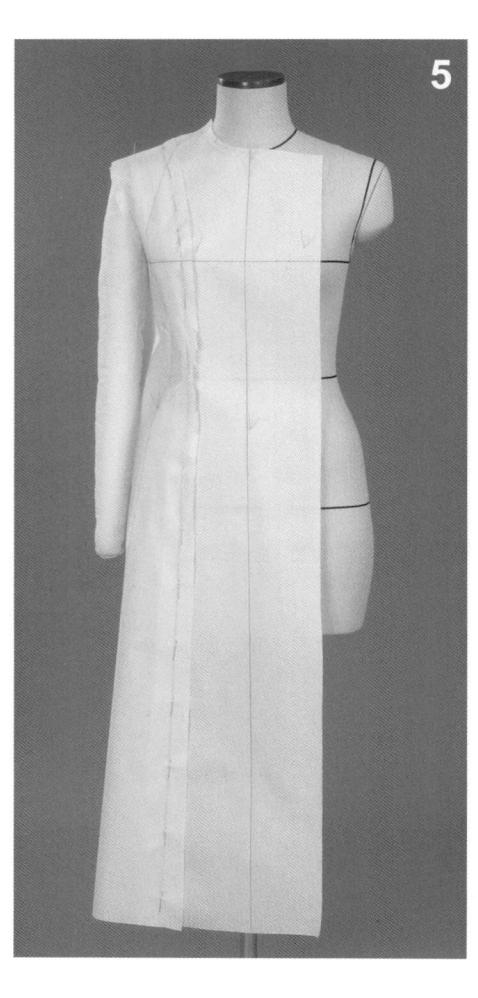

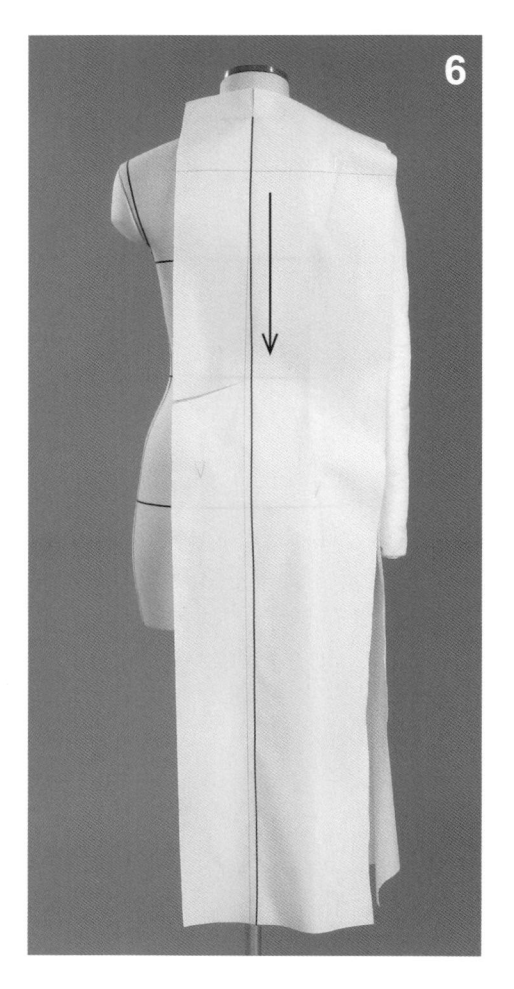

5 バスト周辺のゆとり、ウエストのフィット分量、ヒップのゆとりを入れ、切替え線を重ねピンで止める。
　ウエストの位置に切込みを入れ、切替え線の流れを確認し、余分な布をカットする。

6 後ろ身頃の中心線を垂直にして、肩甲骨位置のガイドラインを水平に当てる。布を軽くボディにそわせ、垂直になで下げる。ウエスト位置で移動した分量をしぼり、裾まで垂直にしてボディラインで印を入れる。

7 サイドネックポイントに向かって布目を垂直に通し、衿ぐりの余分な布をカットして、縫い代に切込みを入れる。

　前身頃と同様に、ボディのガイドラインを目安に切替え線のラインを入れ、流れのバランスを確認する。

8 後ろ脇布を当てる。

　斜め後ろより見て、側面の中心にガイドラインを垂直にして、肩甲骨位置のガイドラインを水平に当てる。

9 後ろ身頃の側面を形作る。

　背幅のゆとりを入れ、袖ぐりの余分な布をカットして布目を再確認する。

　身頃のゆとり、ウエストのフィット分量、裾のフレア分量のバランスを見て、切替え線を重ねピンで止め、余分な布をカットする（脇布のガイドラインが確認できるように、ここでは腕を上げている）。

10 肩、脇線を重ねピンで止める。

　肩線は、肩先に指先程度のゆとりを入れて止める。脇線では、身幅のゆとりの不足分を追加する。

　ウエストのしぼりは、前後切替え線のしぼりのバランスにより決定するが、基本動作をするうえで必要なゆとり分量を確保する。

　フレア分量は、前後フレア分量のバランスが面として構成できているか確認して決定する。

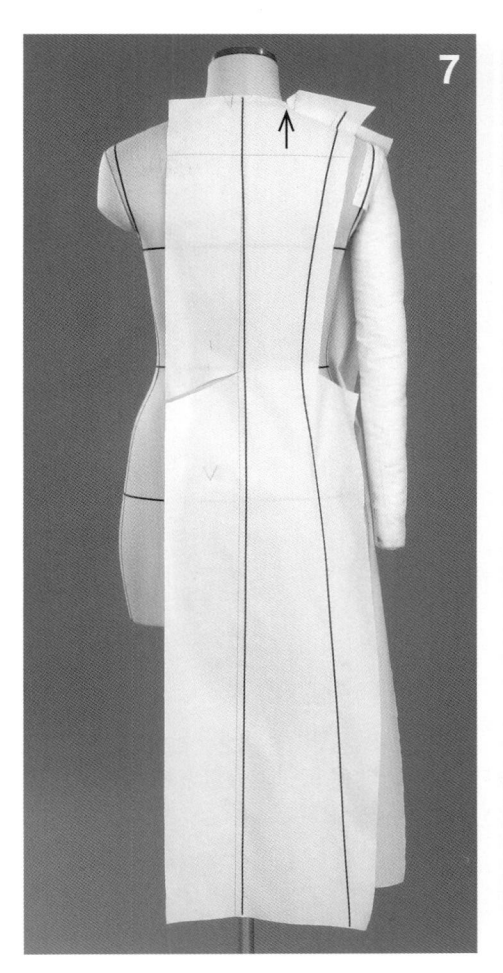

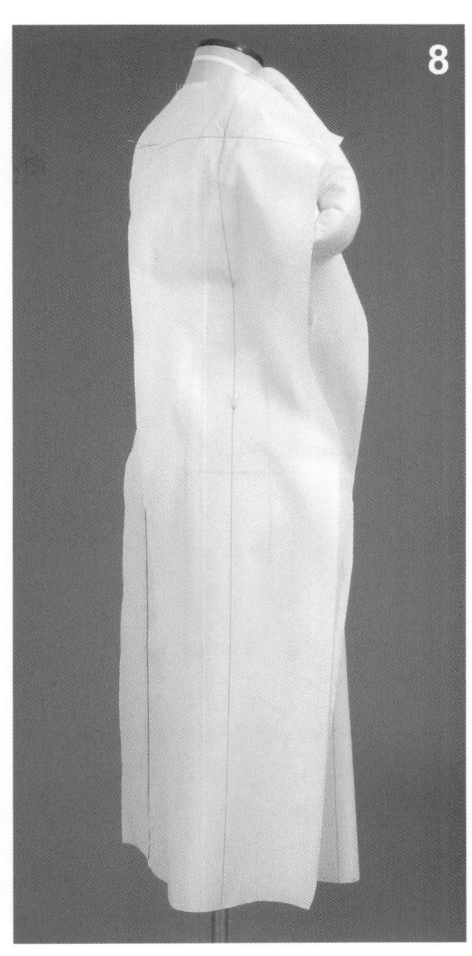

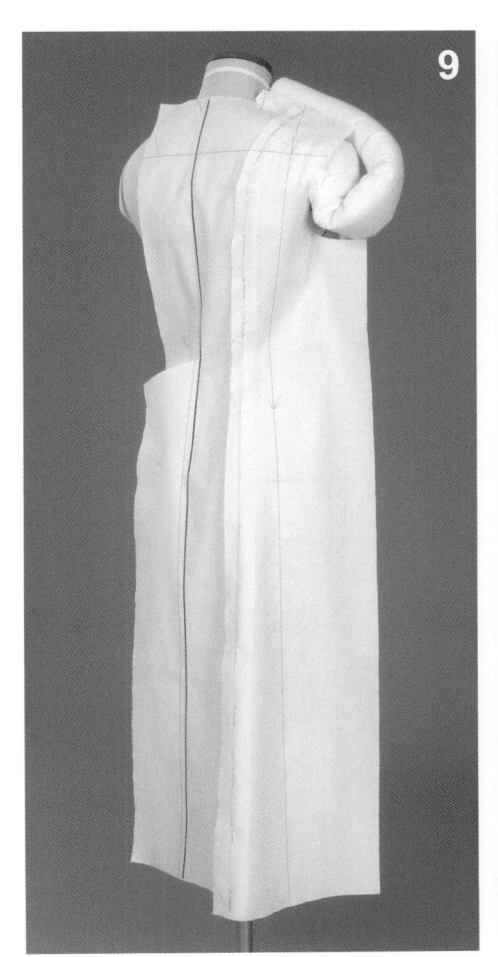

第4章　基本アイテムのドレーピング　175

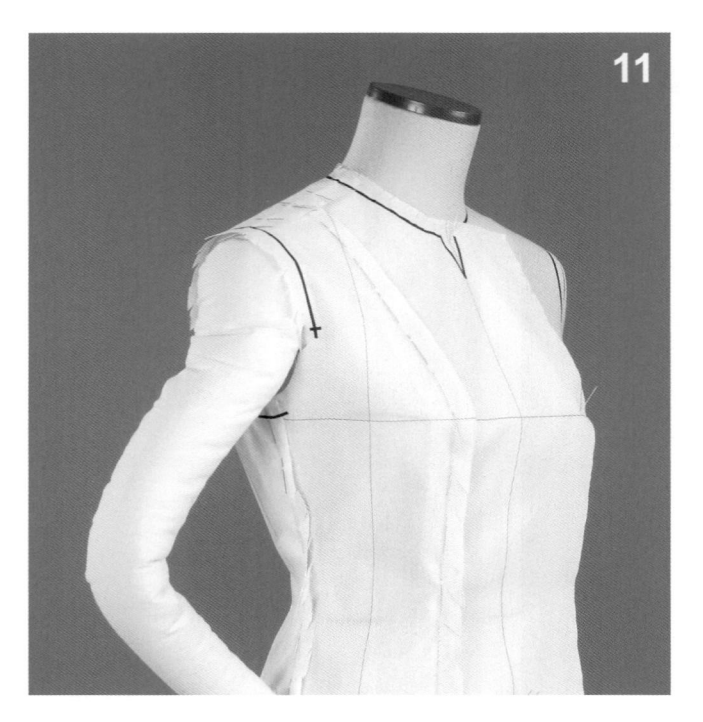

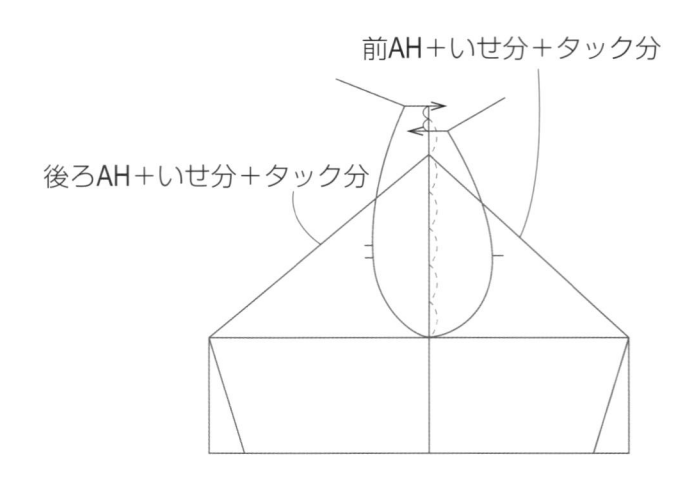

11 衿ぐり線、袖ぐり線をしるす。

　袖ぐり線をしるす場合、袖山にタックが入るため肩先はボディのガイドライン程度とする。このとき、胸幅、背幅のゆとりがにげないように注意する。

　袖ぐり底をバストライン位置にマークする。

12 袖布に袖山の高さ、袖幅をしるす。袖幅はタック分量と縫い代を片返しにすることを想定し、いせ分も加える。

　タック分量は、タックの数やボリューム感を見ながら判断する（ピン仕上げは289、290ページ参照）。

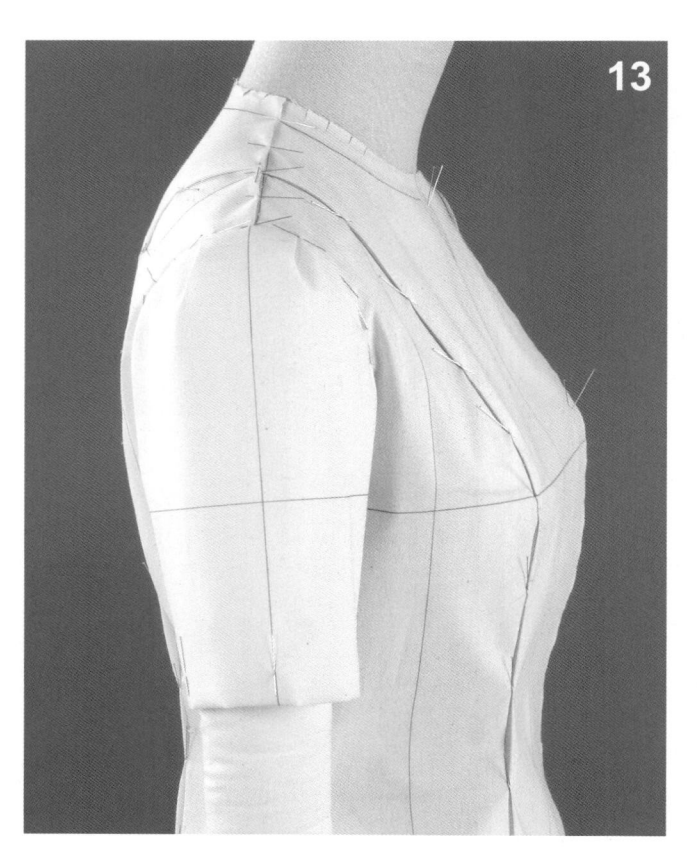

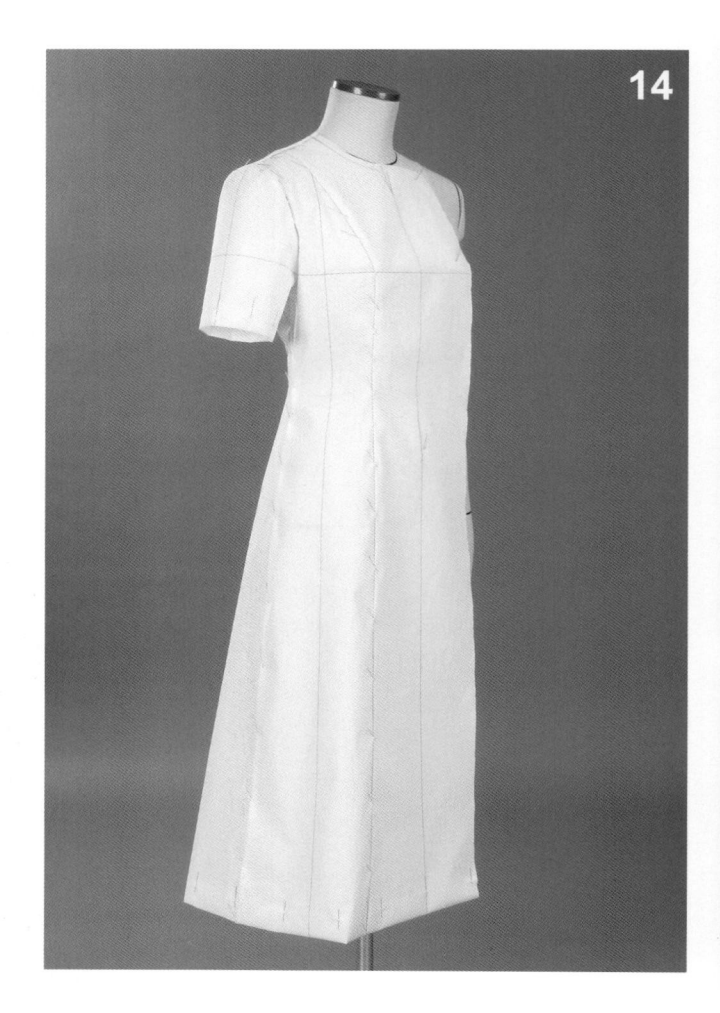

13 袖をつける。

　タックの方向を外向き（ハの字形）に整える。

14 ピン仕上げ

出来上り

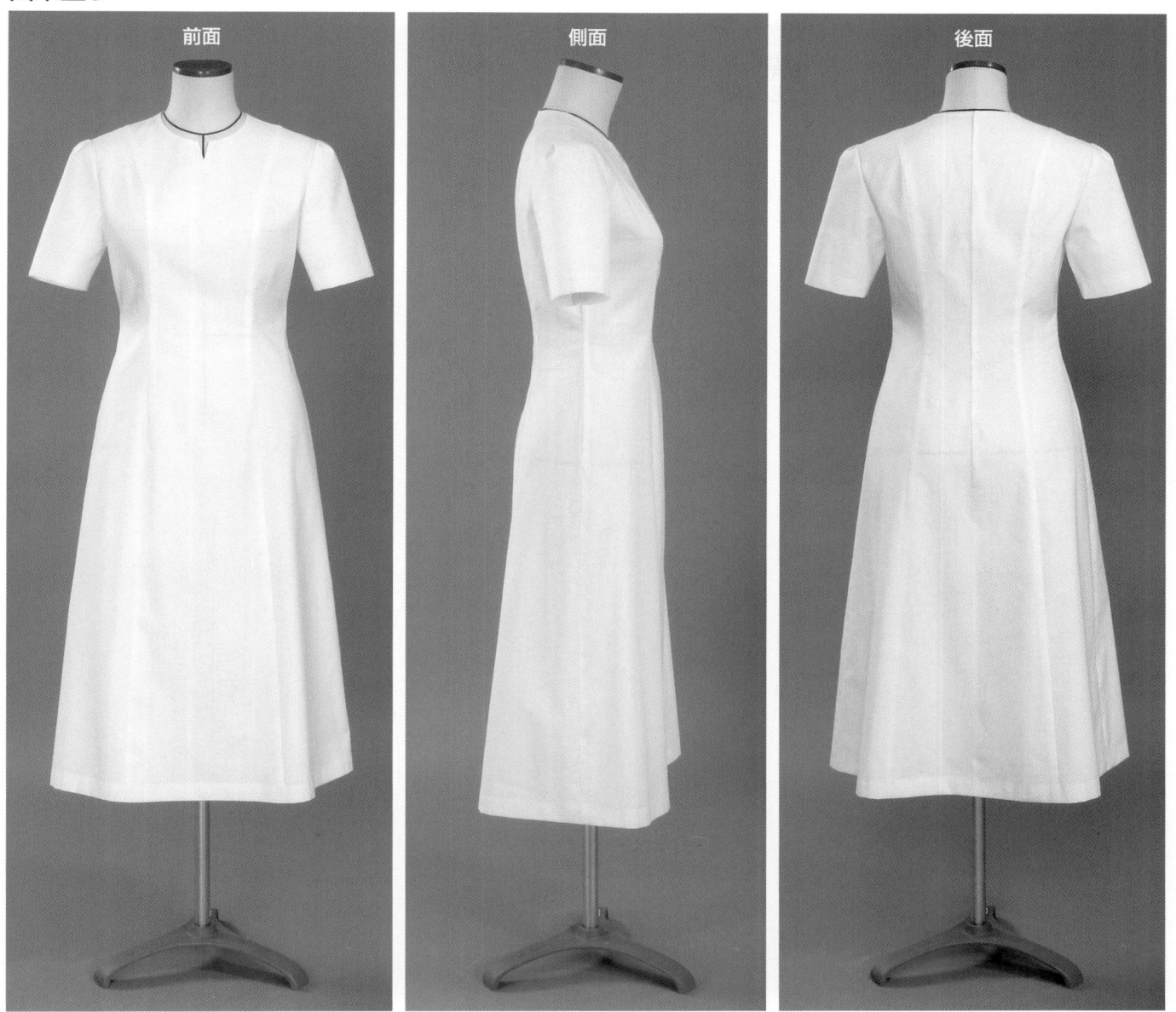

前面　側面　後面

第4章　基本アイテムのドレーピング　177

トレースパターン

前はバストポイント周辺、後ろは肩甲骨位置を通り、ウエストから裾にかけて各パーツがほぼ同一角度であり、バランスのよい面としての構成が読み取れる。

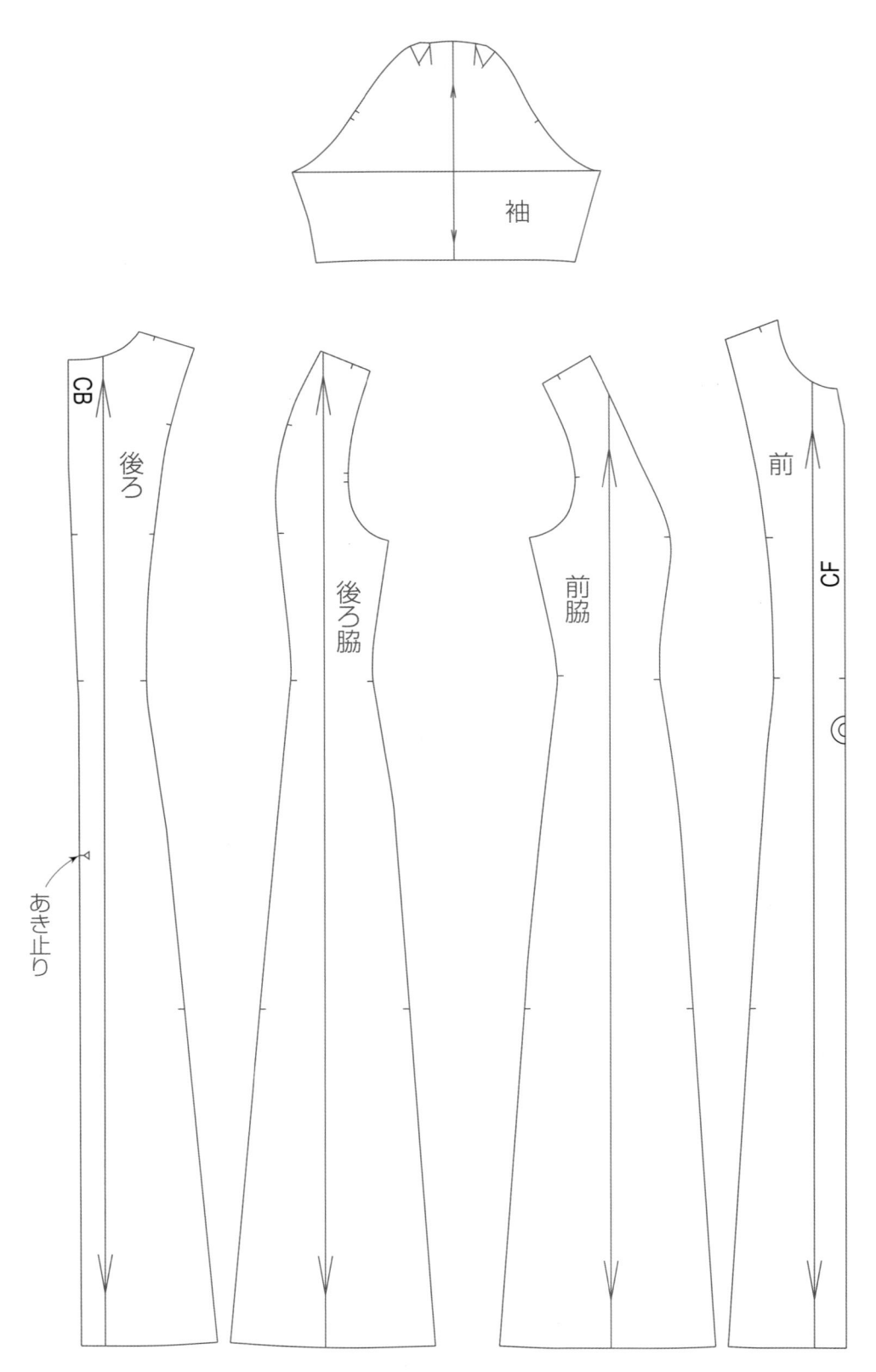

Ⅳ ジャケット

1 テーラードジャケット

パネルラインで構成された、基本的なシングルブレストのテーラードジャケットで、少し方向性をもたせた2枚袖がついている。パネルラインで切り替えることによって、バストのふくらみや、ウエストのしぼり、ウエストからヒップにかけての裾の広がりをだすことができる。切替え線位置を中心寄りにすると厚みのあるシルエットになり、反対に脇寄りにすると扁平なシルエットになる。またアームホールの上部から切り替えると、直線的なラインになるため、若々しいシャープな印象を与える。

トワルの準備

シーズン、素材によっても異なるが、ここでは重衣料としてのジャケットの見積りをする。外衣としてのジャケットなので、セーターやシャツ、また、スカートやパンツなどのボトムを着用することを想定してゆとりが加えてある。

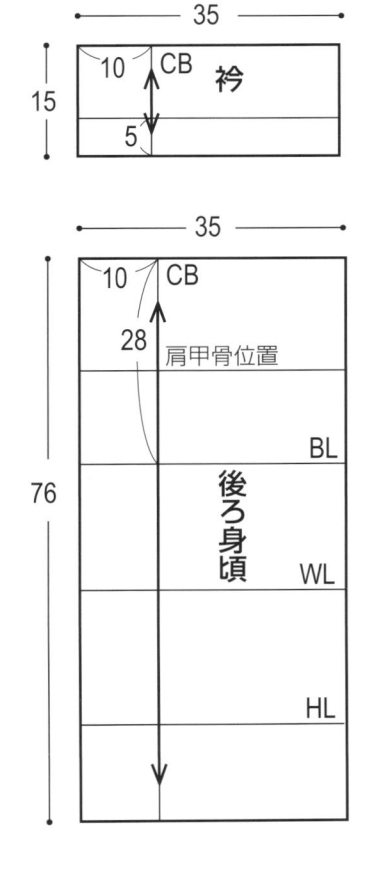

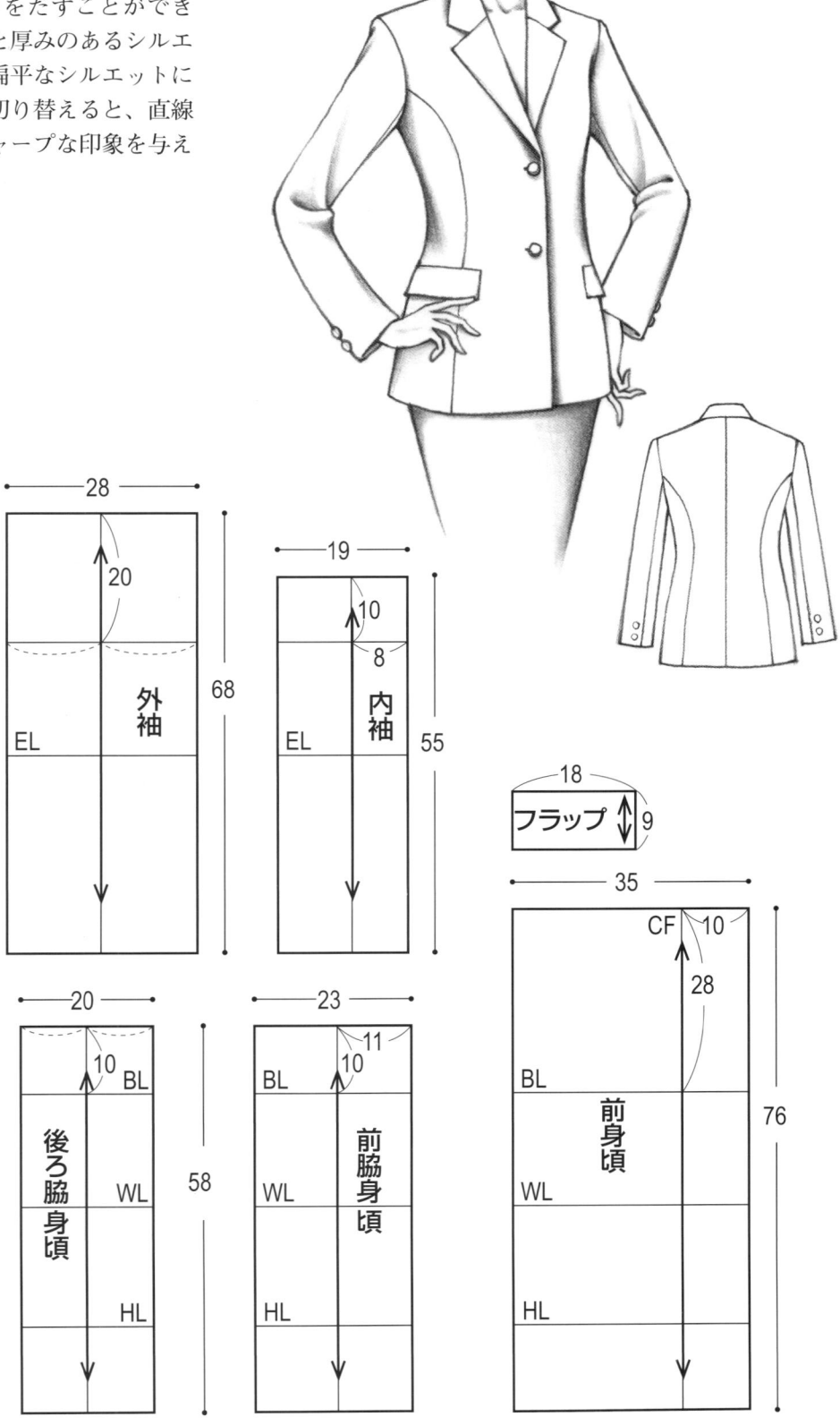

衿: 35 × 15、CB 10、5

外袖: 28 × 68、20、EL

内袖: 19 × 55、10、8、EL

フラップ: 18 × 9

後ろ身頃: 35 × 76、CB 10、28 肩甲骨位置、BL、WL、HL

後ろ脇身頃: 20 × 58、10 BL、WL、HL

前脇身頃: 23、11、10 BL、WL、HL

前身頃: 35 × 76、CF 10、28、BL、WL、HL

ボディの準備

● ボディに肩パッドをつける（写真1〜3）。

　肩パッドは、シルエットを美しく形作るためには不可欠なものである。種類はいろいろあるが、ここでは厚さ1cmのベーシックなセットインスリーブ用の肩パッドを使用する。

　バックネックポイントからメジャーを当て、背肩幅を少し広めに設定する。肩パッドは設定した肩幅より1cm腕側に出し、後方が広くなるようにすえて、しっかりピンで固定する。

　肩線を決め、袖ぐり位置上部にボディラインで印を入れる。

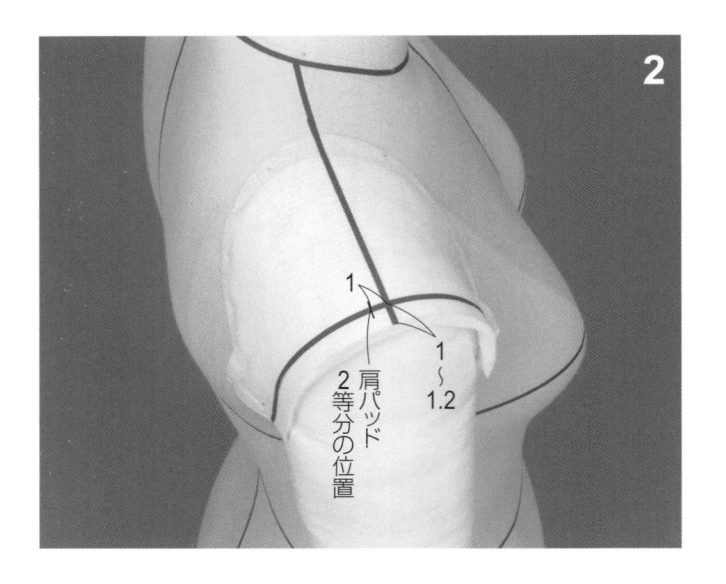

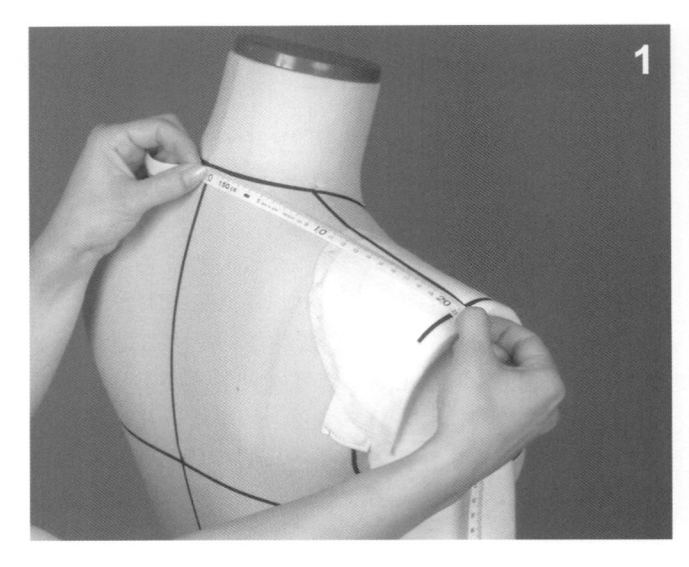

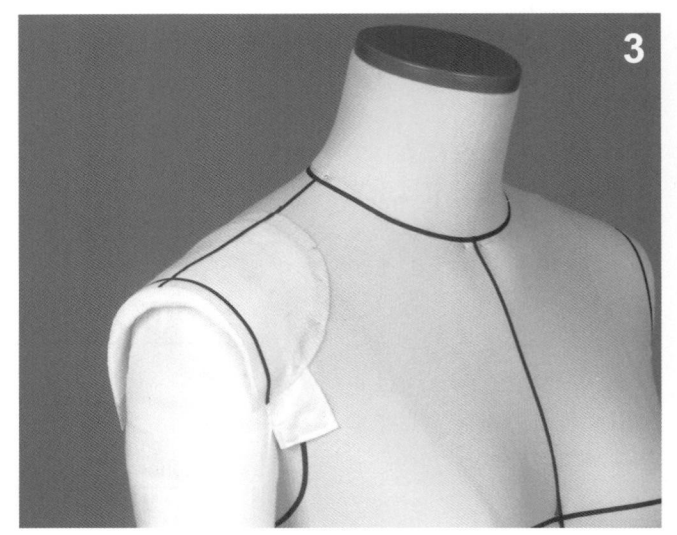

● ガイドラインを入れる（写真4）。

　重衣料の布の厚み分として、前中心を0.5cm移動する。前端の重ね幅（打合せ分）、ラペルの返り止りを決定する。

　衿の返り線は、後ろ中心の衿こしの高さからサイドネック、ラペルの返り止りへとつながりよく入れる。衿形のバランスを検討し、ラペルと上衿をボディラインでしるす。

　なお切替え線、ボタン、ポケット位置などを入れる場合もあるが、ここではドレーピングを進めていく中で決定していく。

　ガイドラインを入れ終わったら、ボディから少し離れて、全体のバランスを確認する。

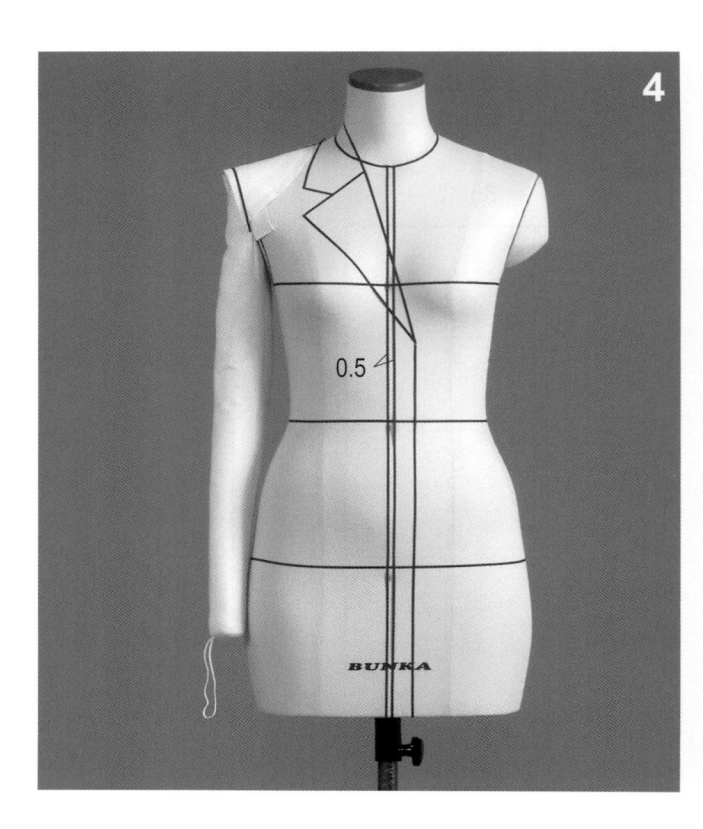

ドレーピング

1 前身頃の中心線を移動した前中心に垂直に合わせ、バストラインも水平に合わせてピンを打つ。

フロントネックポイントよりやや手前まで中心に切込みを入れる。

バストポイントから上に向かって軽くボディにそわせながら、布目を通してピンを打つ。衿ぐりには、鎖骨を覆うゆとりや、ラペルの重なり分に応じたゆとりが生じる。

2 衿ぐりにそって余分な布をカットし、つれる部分は切込みを入れ、衿ぐりと肩をなじませる。

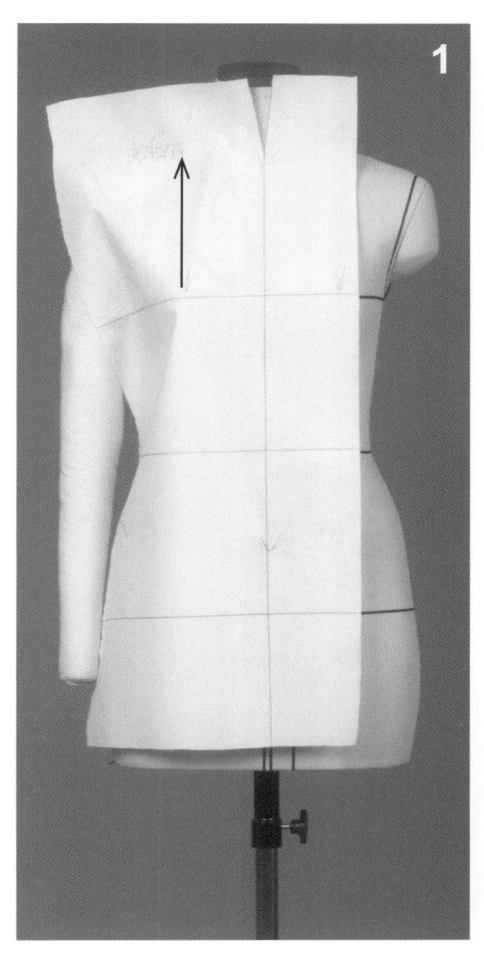

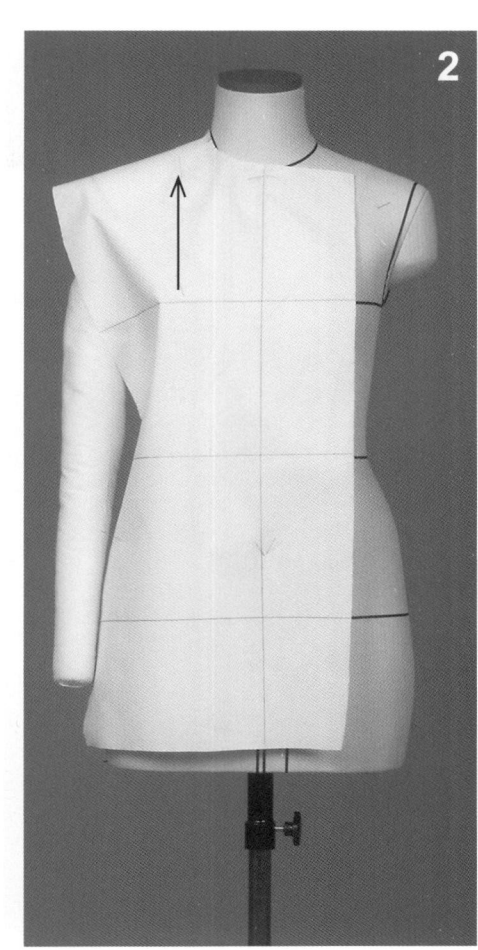

3 ラペルの返り線位置を、ボディのガイドラインを目安に、ボディラインで入れる。布端から返り止りまで切込みを入れる。

4 胸幅にゆとりを入れて面を作り、肩と袖ぐり上部の余分な布をカットする。

袖ぐりのラインを意識しながらウエストのダーツをつまみ、パネルの位置が適切か検討する。衣服を構成するパネルラインの位置や形状は、シルエットや雰囲気が大きく変わるので充分観察する。

返り線から布を折り返し、ラペルの形をボディラインでしるす。

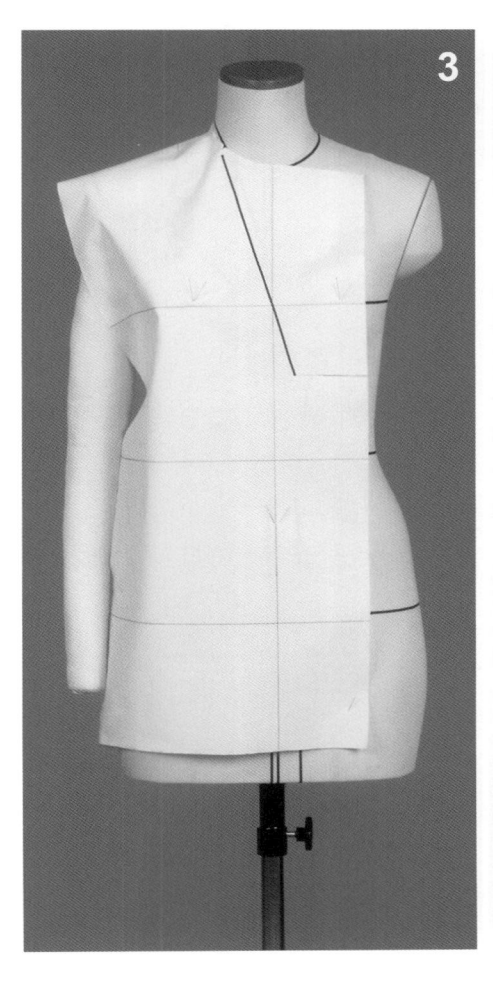

第4章　基本アイテムのドレーピング

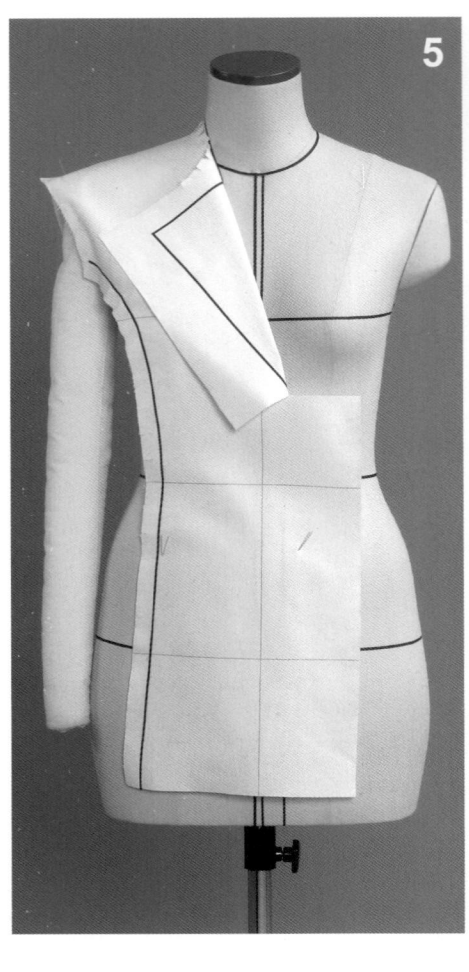

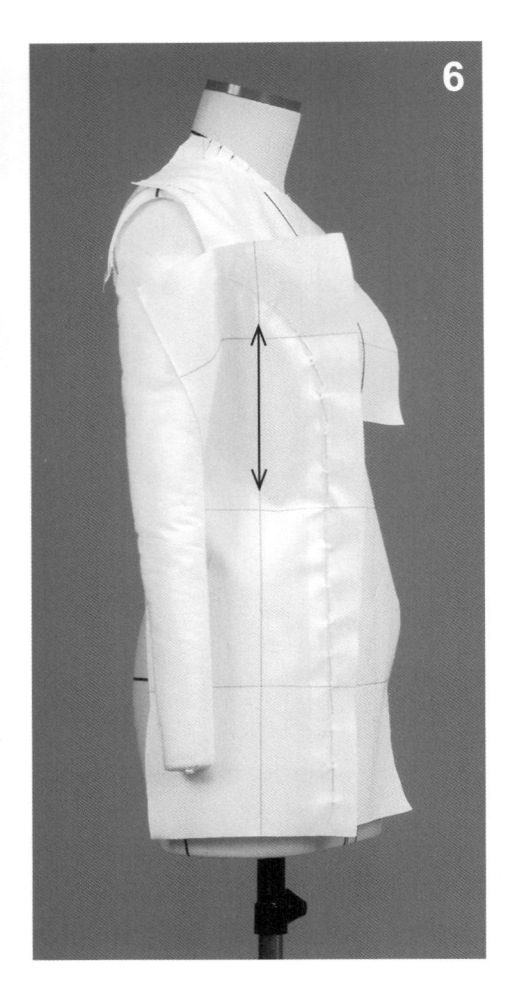

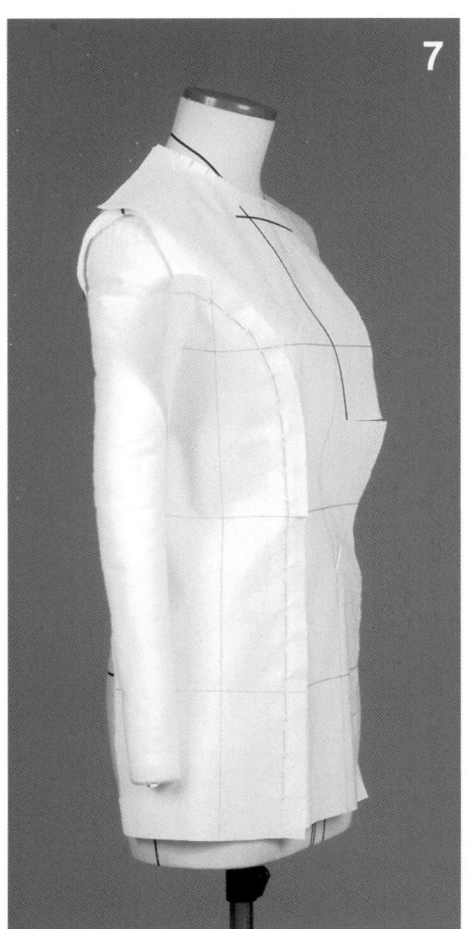

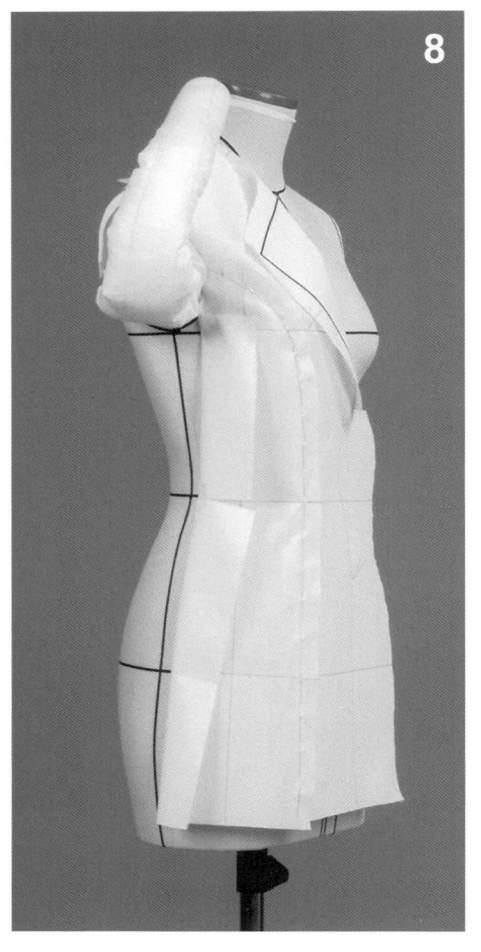

5 パネルラインはバストポイントより脇側に通るように決める。バストポイント周辺で余る分量をいせ込みながらふくらみを作り、パネルラインの位置をボディラインで入れる。このとき、胸幅のゆとりをにがさないように注意する。脇側の余分な布はカットする。

6 前脇布を合わせる。側面の中央に前脇布のガイドラインを垂直に当て、バスト、ウエスト、ヒップのガイドラインを水平にしてピンを打つ。ウエストラインのフィット感を検討し、胸幅位置では、ゆとりに連動させて重ね、ヒップライン位置では、運動機能に支障のないゆとりを確保しながら前身頃の布と合わせて重ねピンで止め、パネルラインを整える。
　ボディと布との間にゆとりが生じ、面として構成されているか確認し、調整する。

7 パネルラインの余分な布をカットする。ボディラインでゴージラインを返り線奥2cmまで延長して入れる。

8 袖ぐり下の余分な布をカットし、脇側のウエスト位置に切込みを入れ、脇布を軽く前に返しておく。

9 後ろ身頃の中心線をボディの中心線に垂直に合わせ、肩甲骨位置のガイドラインを水平に合わせてバックネックポイントよりやや手前まで中心に切込みを入れる。

サイドネックポイントに向かって布目を通してなで上げ、衿ぐりに首の運動量としてのゆとりを入れる。

矢印のようにウエストに向かって布目を通し、ボディにそわせながら軽くなで下げると、後ろ中心のガイドラインが傾く。ボディの後ろ中心線と傾斜した布のガイドラインの間に生じた分量が、ウエストのダーツ分量となる。

10 後ろ中心線を決める。後ろウエストラインのダーツ位置まで、切込みを入れる。バックネックポイントから垂直に下ろして、バストラインのやや上からウエストにかけて傾斜し、ウエストから下は垂直にラインを入れる。衿ぐりの余分な布はカットする。

肩甲骨位置のガイドライン上に背幅のゆとりを入れ、軽くなで上げる。肩幅に余りがでた場合いせ分とする。

袖ぐりのラインを意識しながらウエストのダーツをつまみ、パネルライン位置を検討する。

11、12 肩の余分な布をカットし、肩になじむようにいせを配分して前肩と合わせる。肩は、肩甲骨位置から首にかけて筋肉のふくらみが強いため、いせ分量はそれらをカバーする位置に配分する。ピン打ちはいせ分があるため、後ろ側からつまみピンにする。

背幅のゆとりをにがさないようにしてパネルラインを入れ、余分な布をカットする。

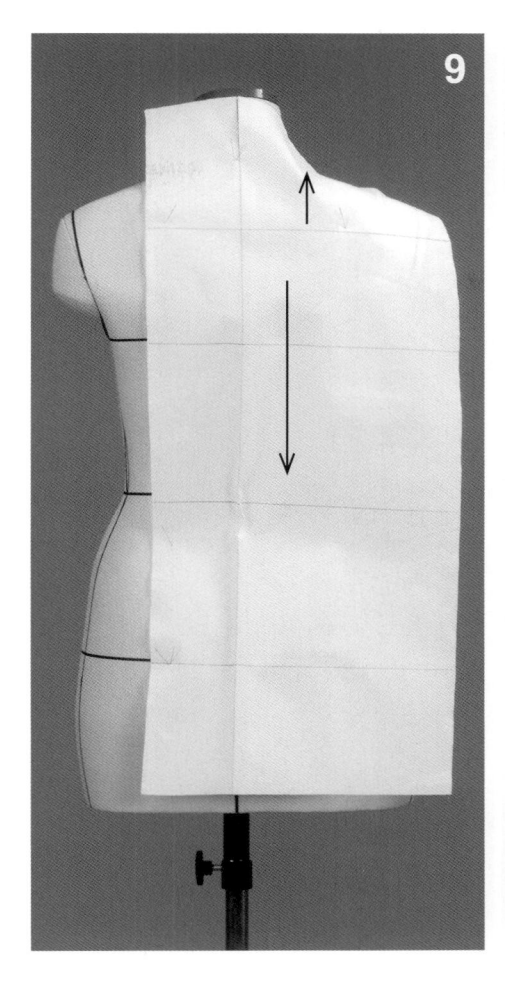

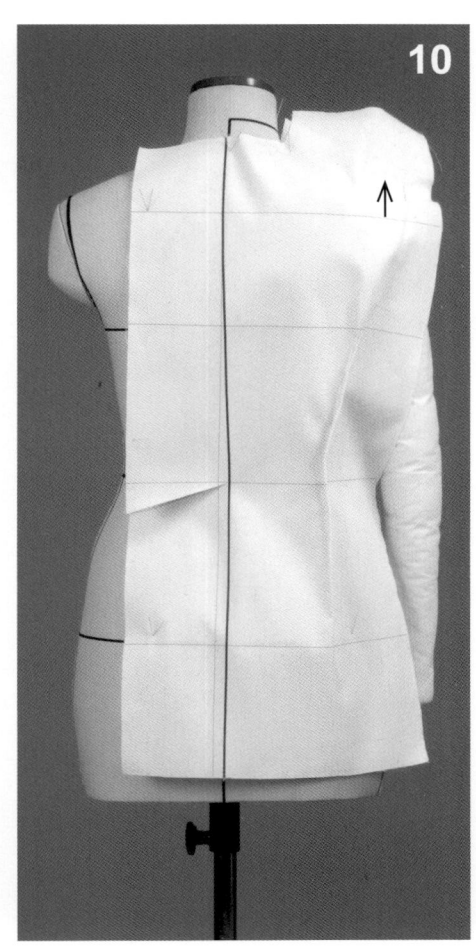

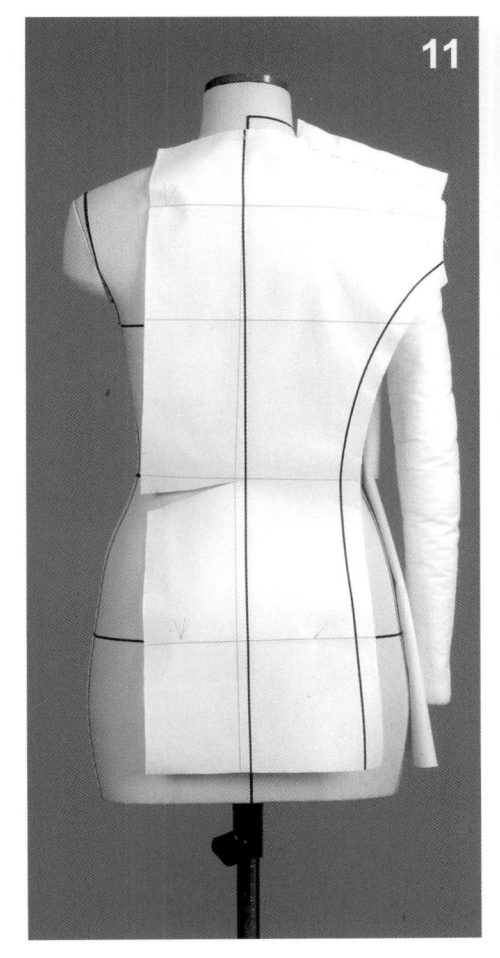

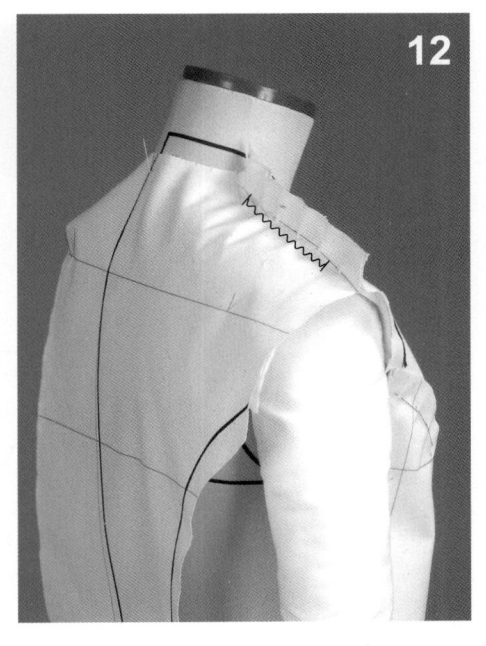

第4章 基本アイテムのドレーピング

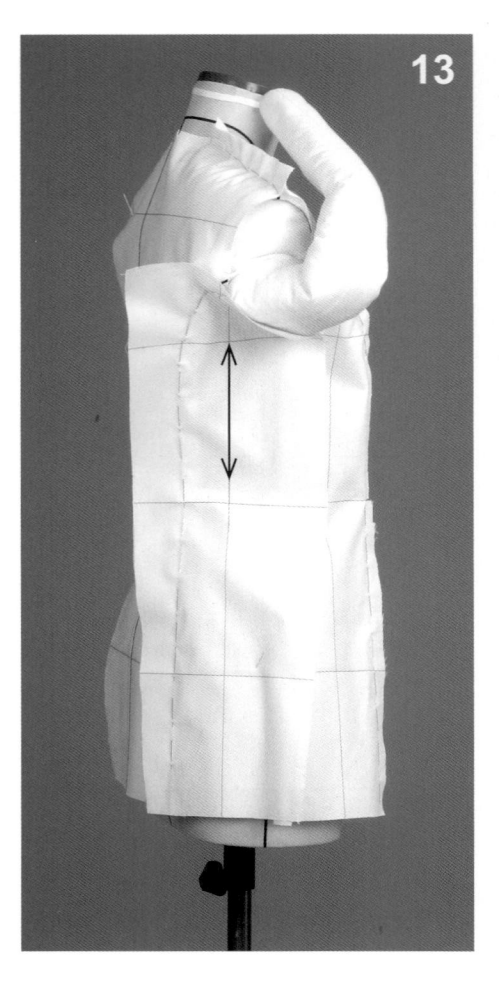

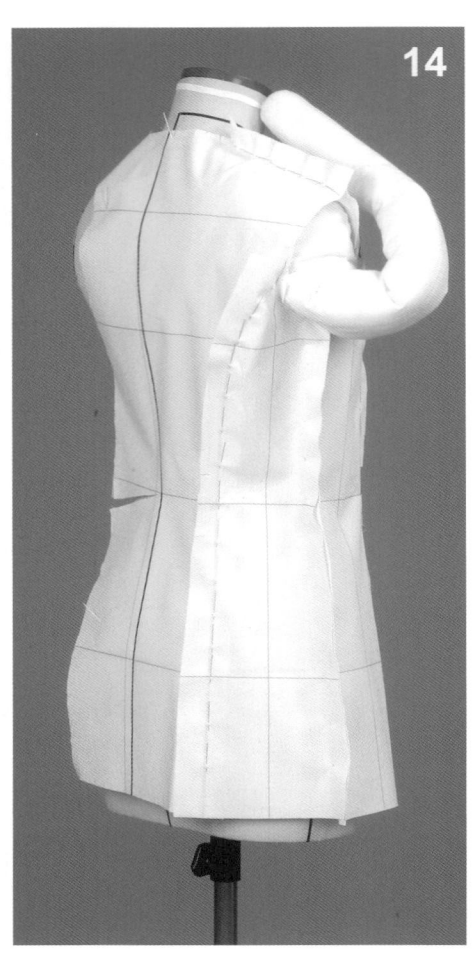

13 後ろ脇布を前と同様に側面の中央に合わせる。ウエスト位置のしぼり分量を検討し、背幅のゆとり、ヒップライン位置のゆとりを確保して、パネルラインに重ねピンで止める。ボディと布との間にゆとりがあり、面として構成されているか確認し、調整する。

14 パネルラインと袖ぐり下の余分な布をカットする。前後脇布のバスト、ウエスト、ヒップのラインを合わせる。バストライン位置で身幅のゆとりを入れ、ウエストはしぼる分量を検討し、ヒップライン位置でゆとりを入れる。脇をつまみピンで合わせ、余分な布をカットする。

　前後、側面からジャケットとしてのゆとりや面として構成されているか、パネルライン位置のバランスが適切か、再度観察し、調整する。

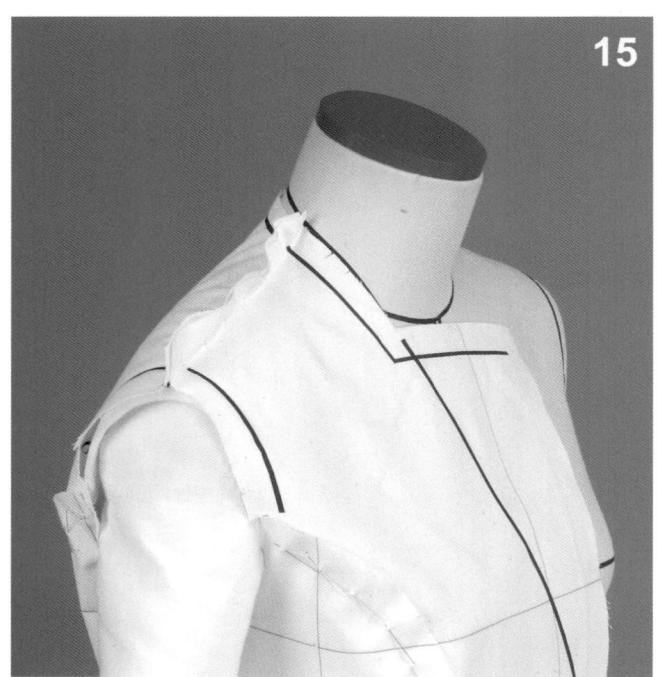

15 衿ぐりを決める。衿ぐりのラインは、前後のつながりを確認しながら、ボディラインで入れる。
　袖ぐりはボディのガイドラインを目安に、前後とも上部のみにラインを入れる。

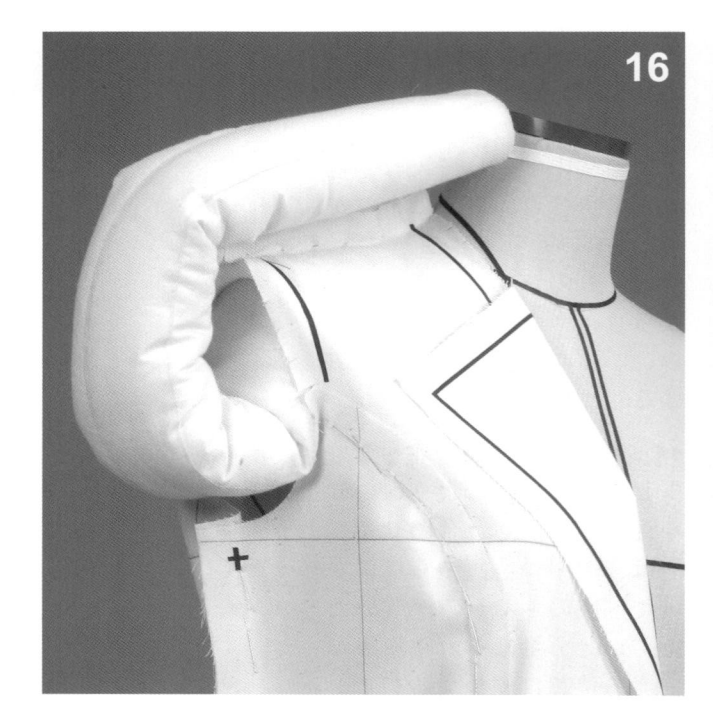

16 袖ぐり底に印をつける。袖ぐり底は、バストラインから下がりすぎないように注意する。バストラインより下げすぎると、結果として袖山が高くなり、腕が上がりにくく、機能性が失われる。

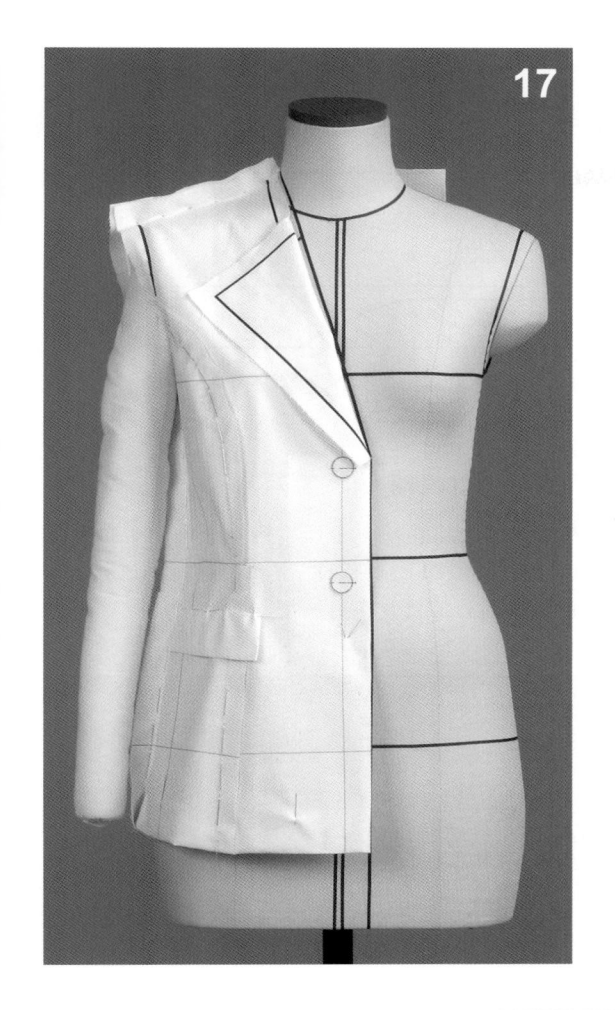

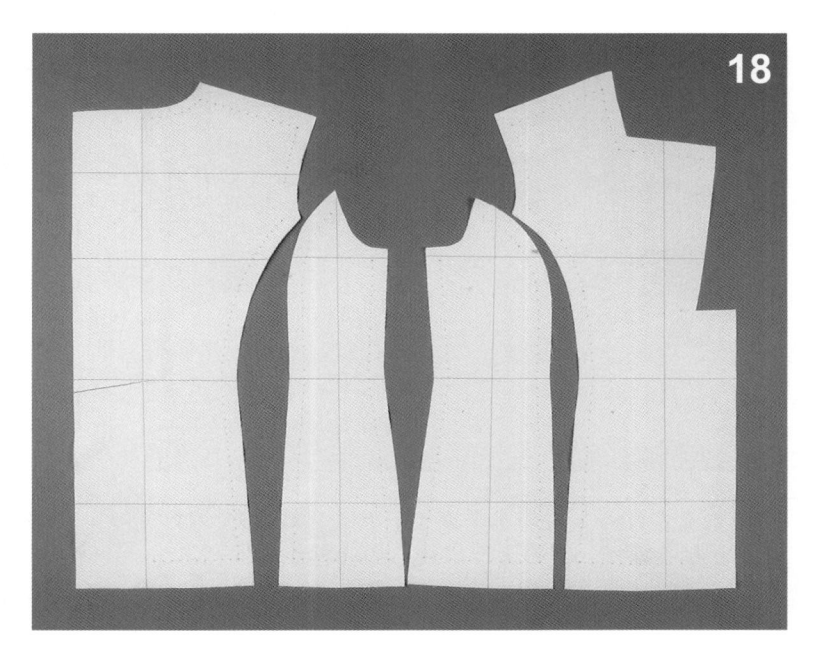

17 前端を折り、ボタン位置、ポケット位置と大きさを決め、裾を上げる。ボディから離れて、全体のバランスを確認する。
　身頃にマーキングし、ピン仕上げの準備をする。

18 マーキングをした布をボディからはずし、アイロンをかける。幅と丈のバランスとゆとりの確認をする。

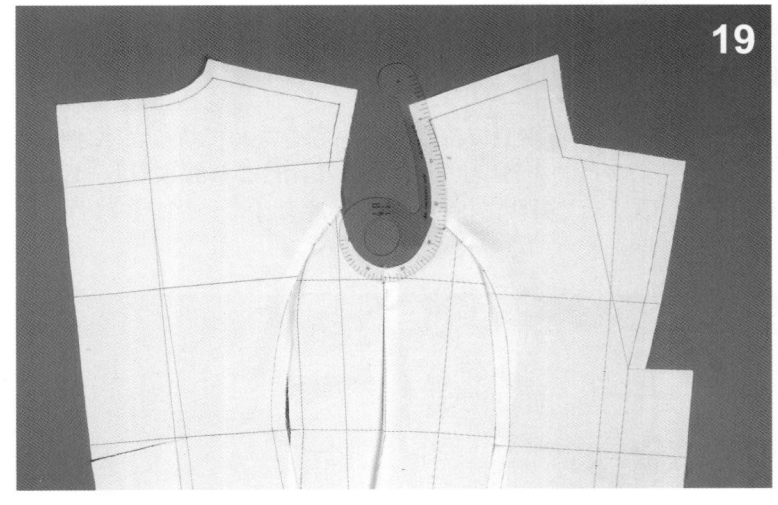

19 マークした部位のラインをかき、縫い代を整理する。パネルラインと脇線の上部を、それぞれ出来上がりにピンで止め、袖ぐりの形状をかく。腕は前方向に動作することが多いので前の袖ぐりは、後ろ袖ぐりよりカーブが強いことを意識しながら、Dカーブルーラーを動かし、上部袖ぐり線に合わせてつながりよくかき入れる。

20 身頃をピンで仕上げる。

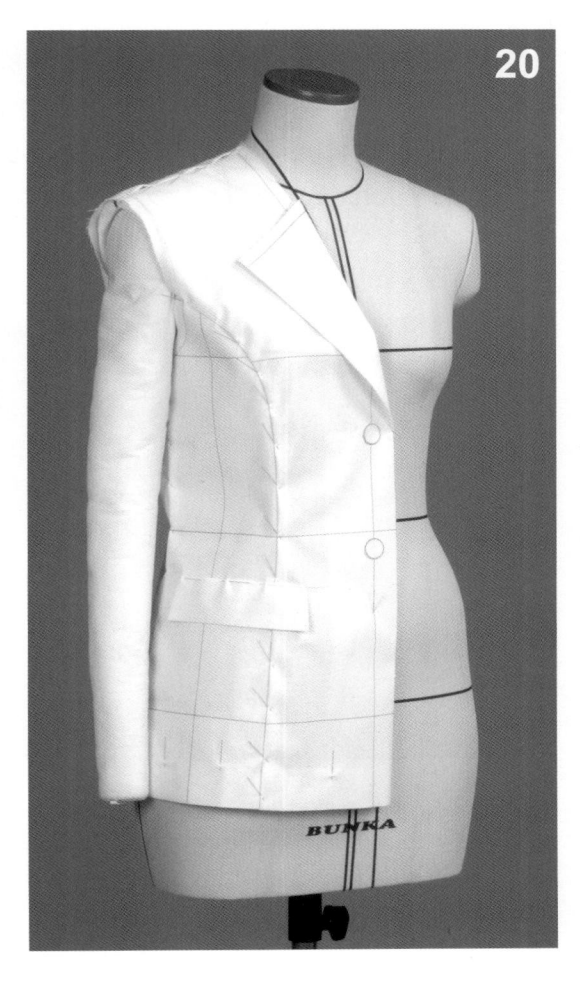

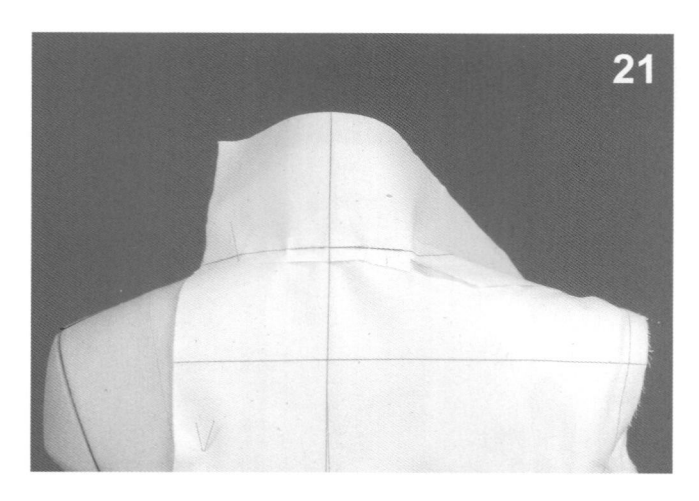

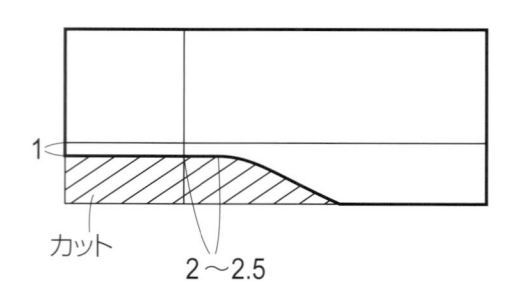

21 衿をつける。衿の水平ガイドラインは、衿つけの目安となる線で、図のように後ろ中心線から2〜2.5cmくらいまで1cmの縫い代を残して自然にカットしておく。

身頃のバックネックポイントに、衿の後ろ中心を垂直に合わせ、水平に重ねピンを打つ。さらに2〜2.5cm水平に横の布目を通してピンを打っておく。

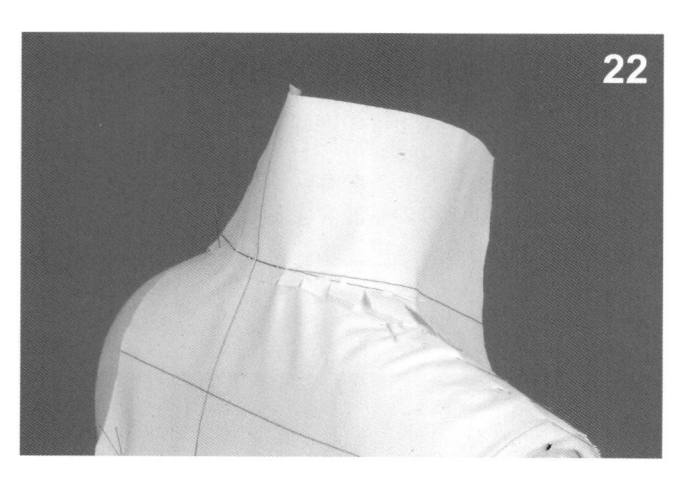

22 サイドネックポイントまでは、衿が首にそうように、切込みを入れながらピンを打つ。サイドネックポイントあたりでやや伸しぎみに衿つけをすると、首にそったシャープなラインの衿になる。

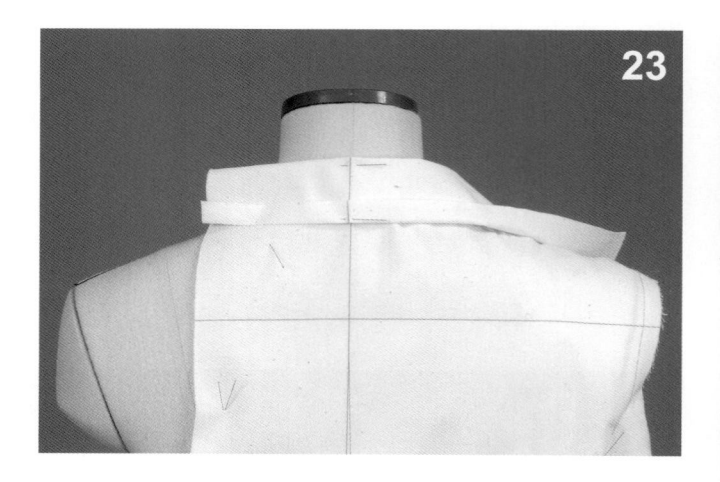

23 後ろ中心で衿こしの高さを決めて折り、水平にすくいピンを打つ。後ろ衿幅は、衿こし幅より1〜1.5cm広くして外側に折り返し、水平にすくいピンを打つ。

24 衿を後ろから前に回し、ラペルとの返り線のつながりや首と返り線との離れぐあいを、衿の形をイメージしながら、検討する。

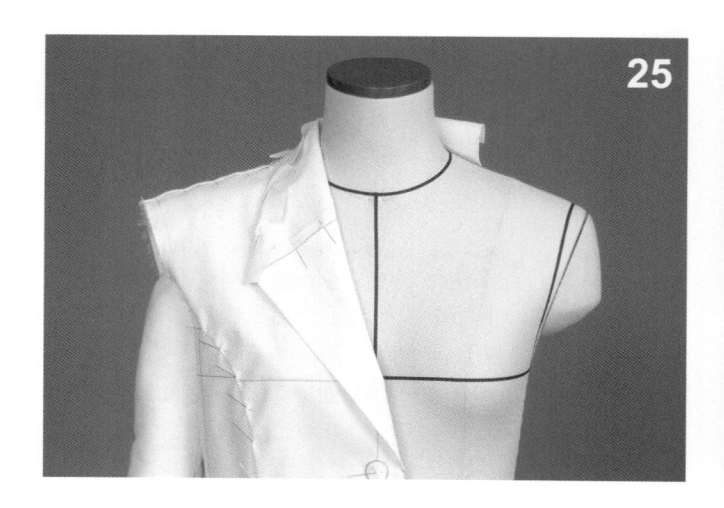

25 衿の外回りの縫い代に切込みを入れながら形を決め、ラペルを衿の上にのせてゴージラインにピンを打つ。このとき衿の外回り寸法が不足したり余ったりすることがあるので注意し、調整する。

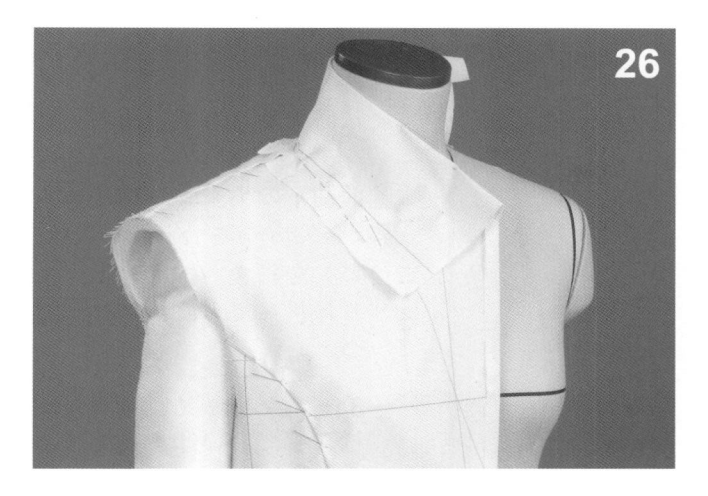

26 衿とラペルをおこしてつれる部分に切込みを入れながら、サイドネックポイントから前衿ぐりにピンを打つ。返り線奥にもピンを打つ。

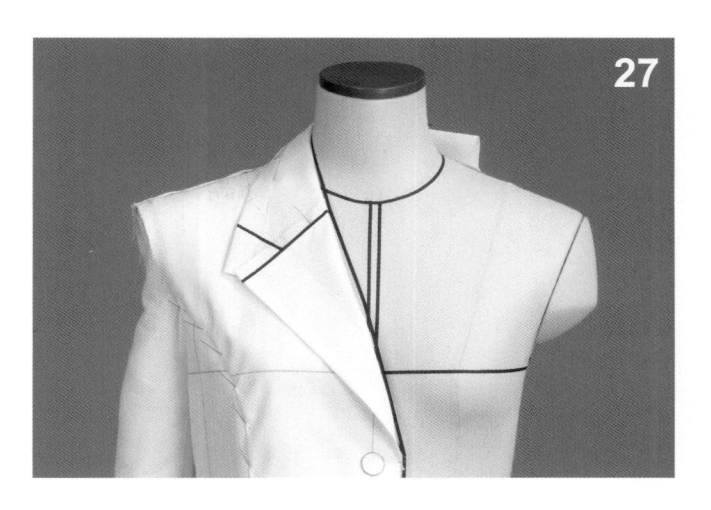

27 刻みの位置を決め、衿の形を確認する。

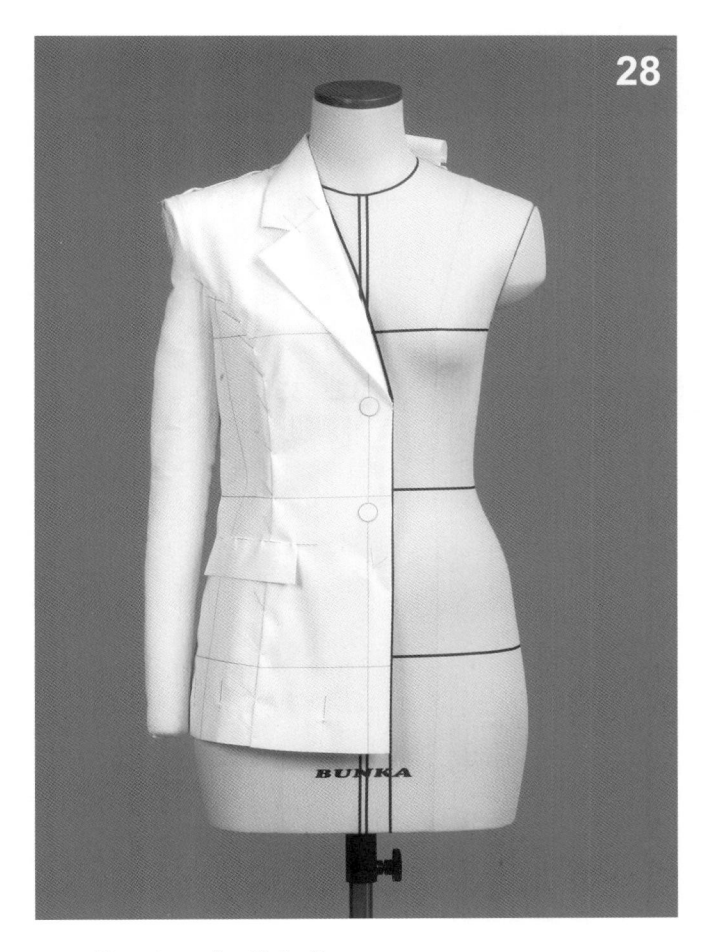

28 衿つけのピン仕上げ。

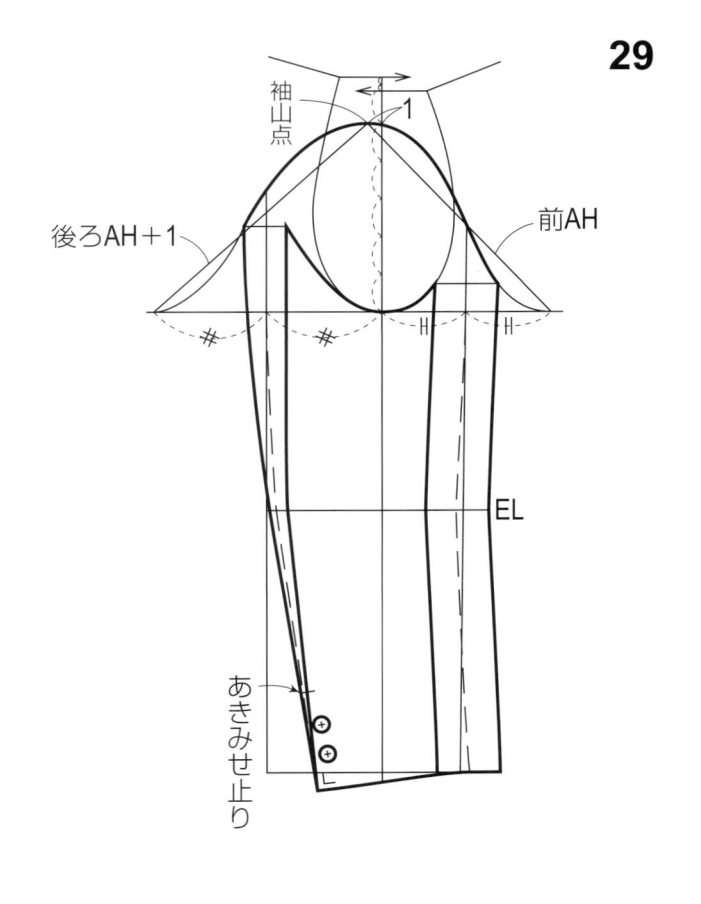

29 袖は2枚袖で平面作図で組み立てる。袖山の高さは、前後の平均肩先高から袖ぐり底までの$\frac{5}{6}$の寸法とし、袖丈は身頃とのバランスを見て決定する。
　袖山点を1cm後ろに移動して方向性をだす。

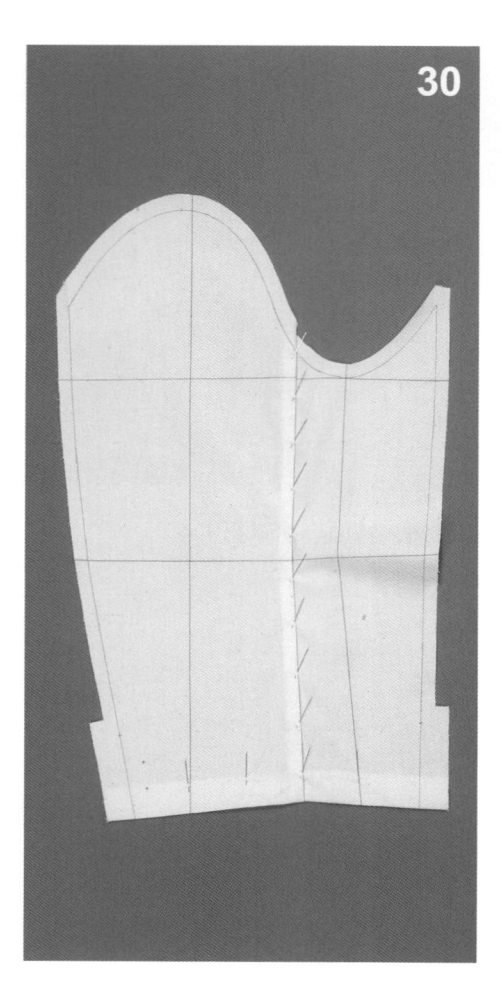

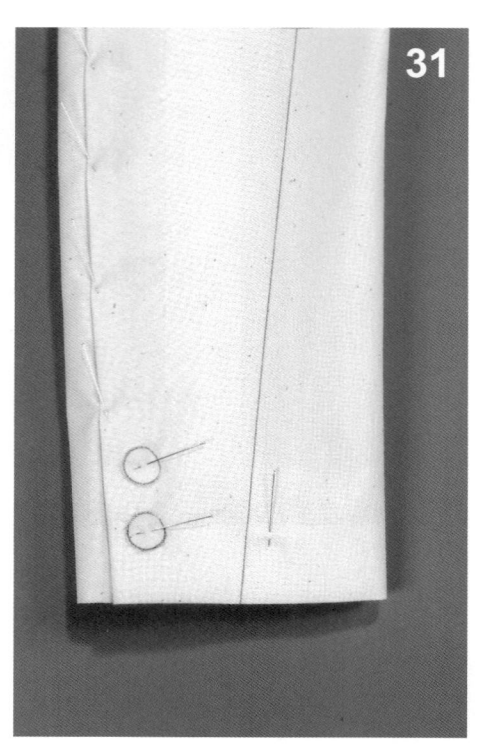

30 写真のようにあきみせ部分の縫い代を多めにして裁断する。外袖の前袖下線を出来上りに折って内袖の前袖下の出来上り線にエルボーラインを合わせて重ね、ピンを打つ。袖口も出来上りに折って垂直にピンを打つ。

31 後ろ袖下も前袖下と同様にして合い印を合わせてあき止りまでピンを打ち、ボタンをつける。袖が筒の状態になるので、定規を中に入れてピンを打つと、下の布をすくうこともなく、作業がしやすい。

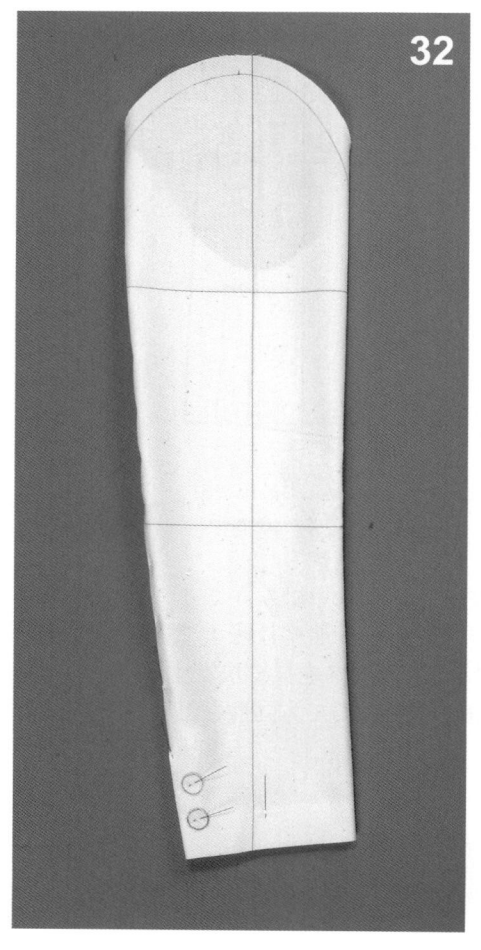

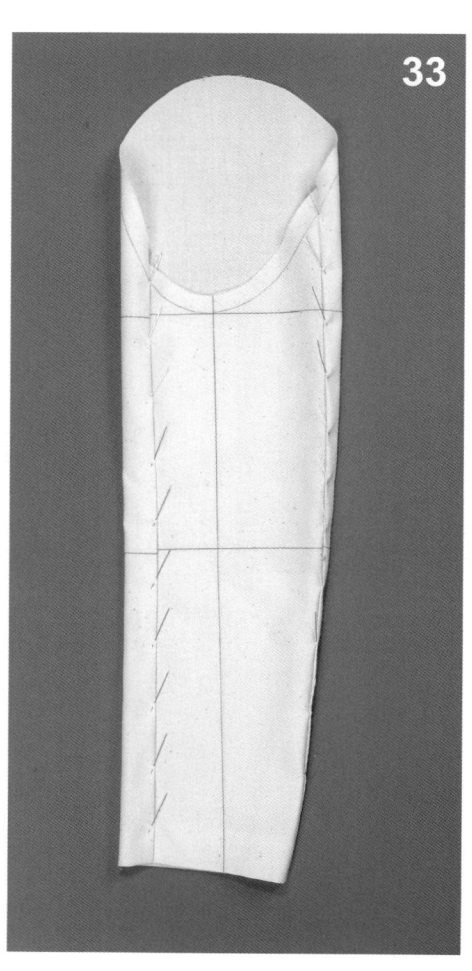

32、33 袖のピン仕上げの外袖側と内袖側。

34 袖をつける。身頃の袖ぐり線に合わせて、袖底のポイントと、前後2〜3cmのところにピンを打つ。

35 腕を袖の中に入れる。

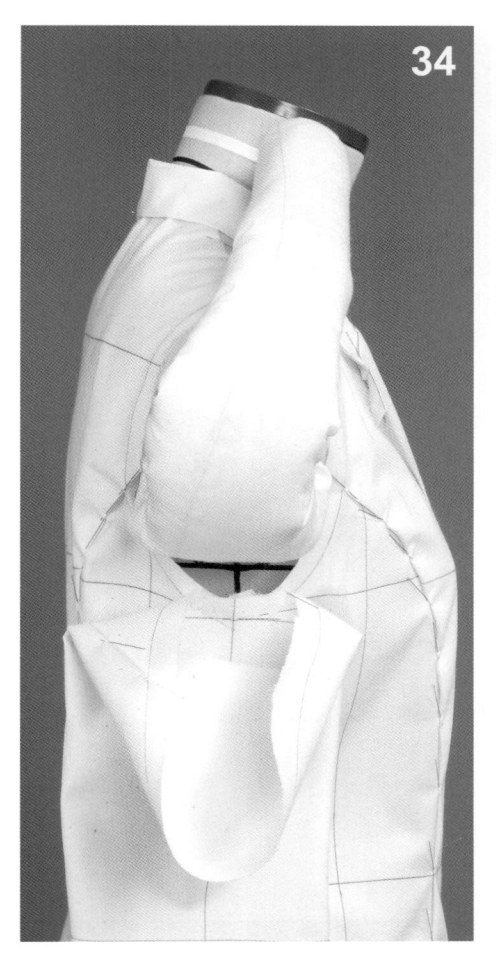

36 すわりのよい状態に袖をセットする。袖つけの縫い代を折り込み、ショルダーポイントと袖山点を合わせてピンを打つ（くけピン）。前後腋点付近で袖のすわりを見て、くけピンを打つ。

37 方向性を考えて少し前寄りに腕を曲げ、袖ぐり底が見える状態で、袖ぐり下部の前後をくけピンで止める。

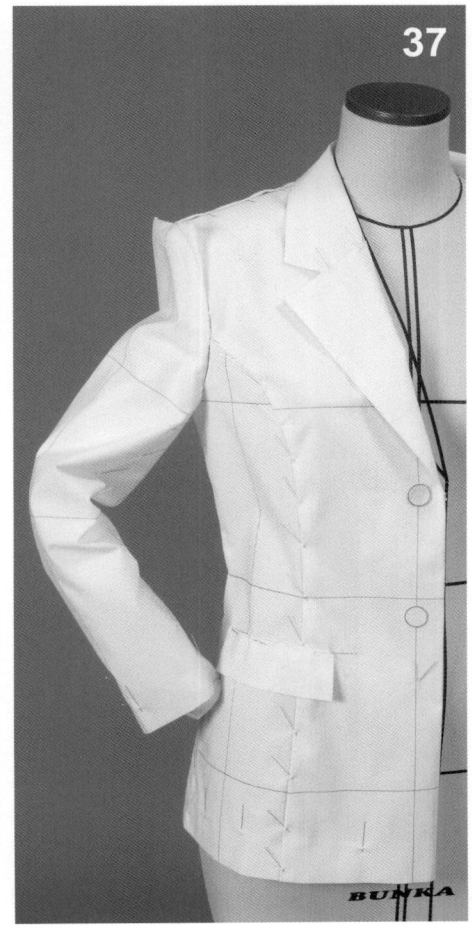

第4章 基本アイテムのドレーピング　189

38 腕を下ろして、袖ぐり上部の前後をくけピンで止める。いせは上腕の形やシルエットを考えて、バランスよく配分する。袖つけ線は、必ずしも作図どおりになるとはかぎらない。袖山の高さや上腕部の外袖幅は、いせの配分により変化したときは修正する。

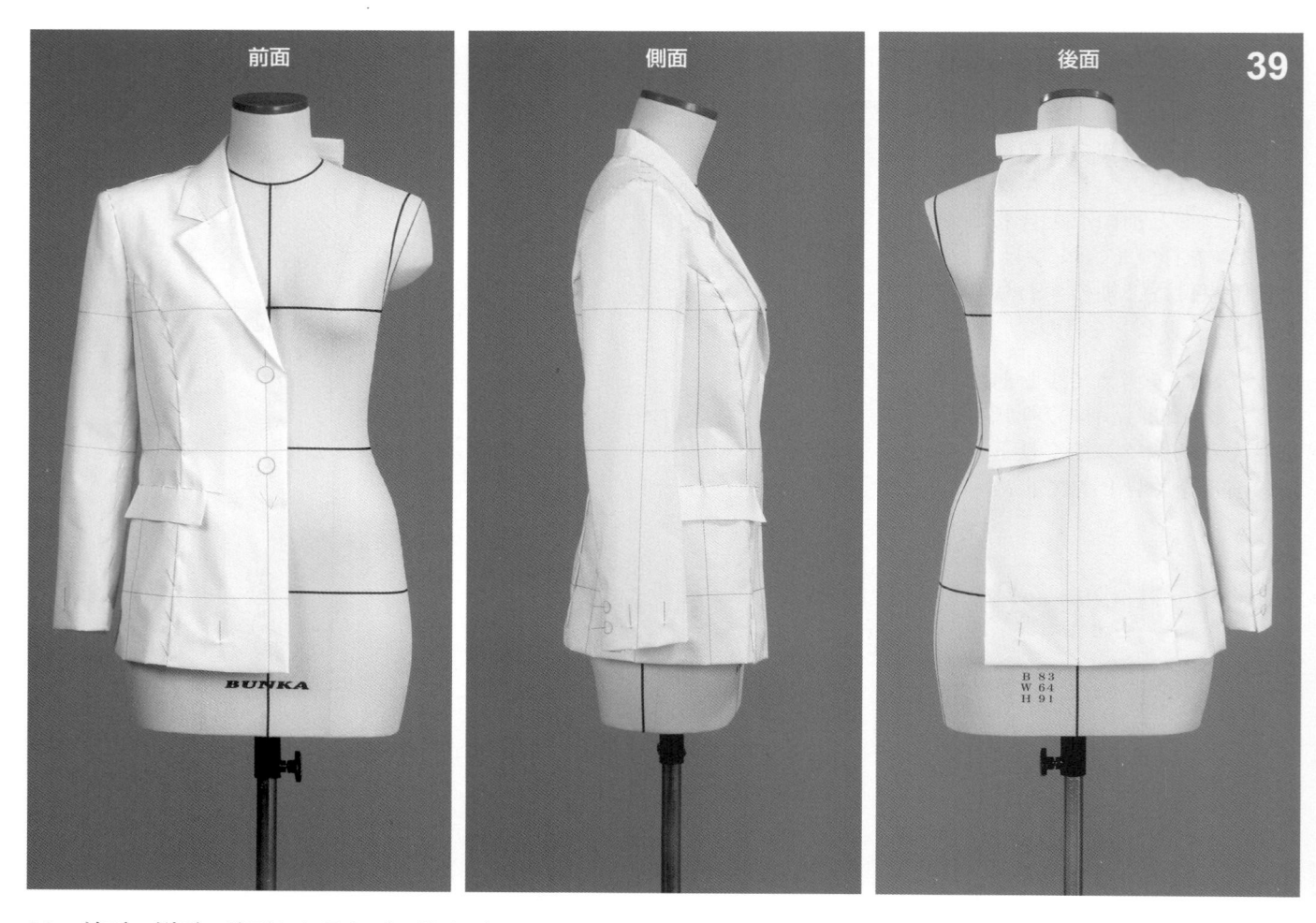

39 前面、側面、後面から見たピン仕上げ。

出来上り

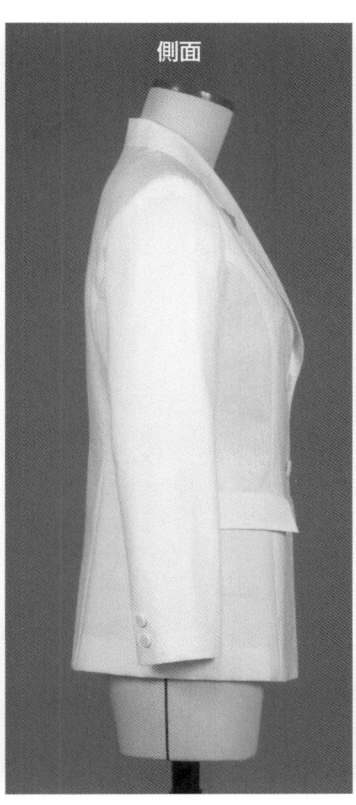

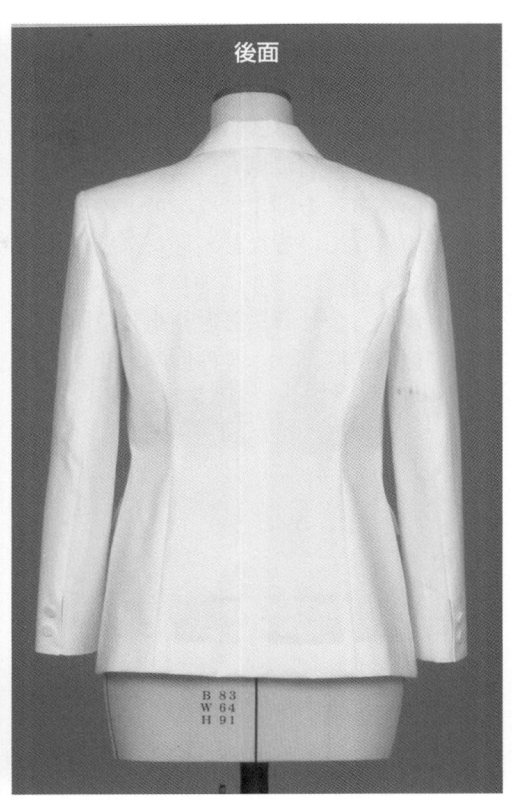

前面　側面　後面

トレースパターン

　ジャケットは、背肩幅の設定により、シルエットや表情に変化をもたらす。ここでは、ベーシックなシルエットの特徴が結果としてでている。ゆとりは、ウエストからヒップにかけて、前後とも同じくらいの分量が入っているが、ダーツ分量は前が少なくなっている。これは上半身が後傾で、肩甲骨から殿部に向かうカーブが強いボディの特徴を表わしている。

　前パネルラインの位置は、バストポイントよりやや脇寄りにあり、バストポイント周辺にいせ分が入っている。パネルラインは、バストポイントを通ると中心に寄りすぎてバランスがよくないため、脇寄りに設定することが多い。また、各パーツの構造線角度がほぼ同一で、無理のない組立てと、バランスのとれたシルエットになっていることがわかる。

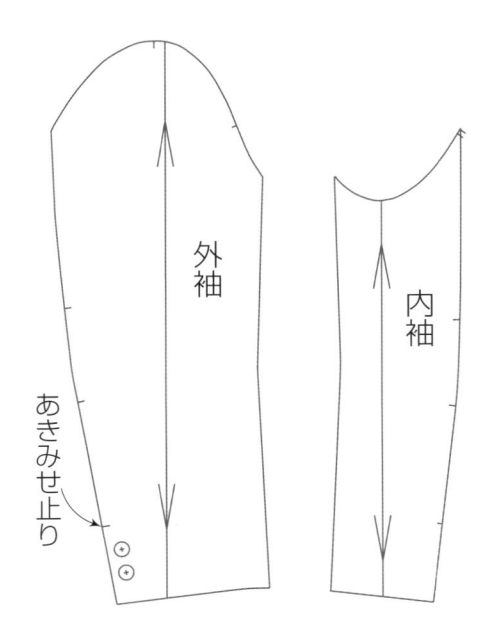

第4章　基本アイテムのドレーピング　191

2　マンテーラードジャケット

　ダブルブレストで、ピークドラペルのマンテーラードジャケット。袖は方向性の強い2枚袖がついている。メンズの特徴である広めの背肩幅に、厚めの肩パッドを使用していかり肩に見せ、また、女性らしさの象徴である胸のふくらみを抑え、ウエストのしぼりを少なくし、腰を細めにしているなど、メンズ感覚を取り入れたシルエットである。

　ダブルの打合せ分量と返り止り位置、ゴージライン位置と剣衿の角度、ラペルの形のバランスなどが大切な要素である。

トワルの準備

　ダブルブレストなので、打合せ幅が不足しないように注意して見積もる。脇縫い目線を後ろに回すため、前身頃の幅は広くする。

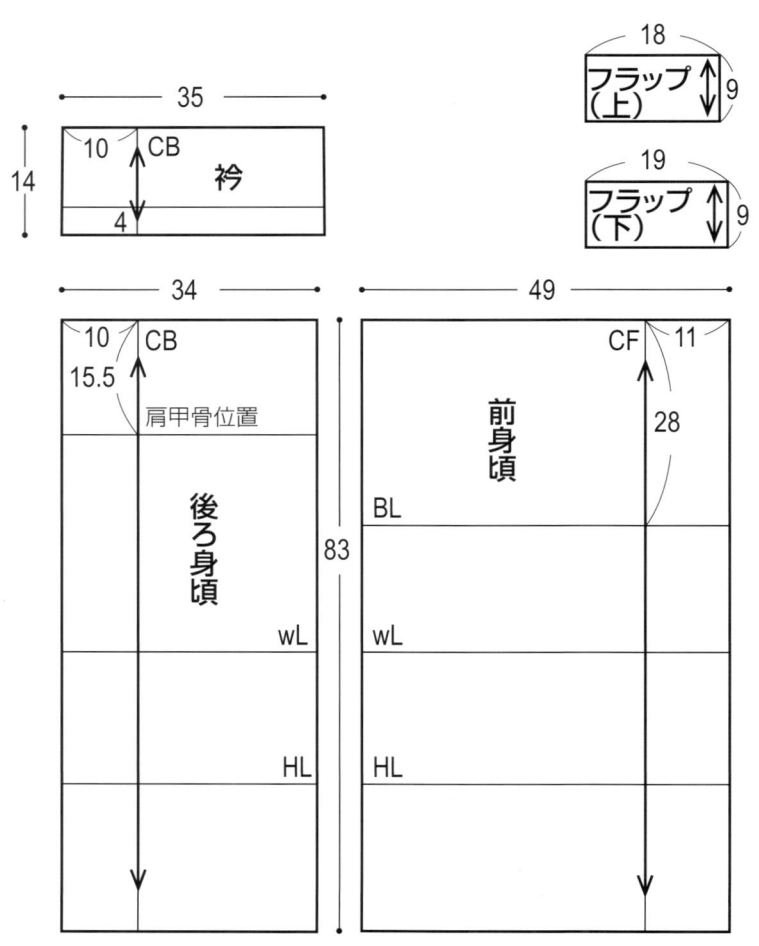

ボディの準備

厚み1.5cmの肩パッドを使用し、背肩幅をやや広めに決める。

ボディの前中心線平行に布の厚み分を入れて中心線とし、打合せ分はボタン位置を想定して、返り止りと併せて決定する。ダブルブレストのボタン位置は、中心線をはさんで対称にとる。

衿の返り線は、後ろ中心からつながりよく、返り止りと結び、衿形をしるす。

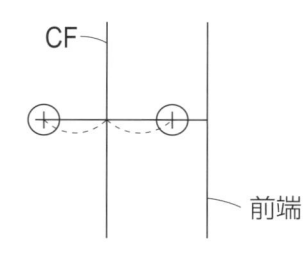

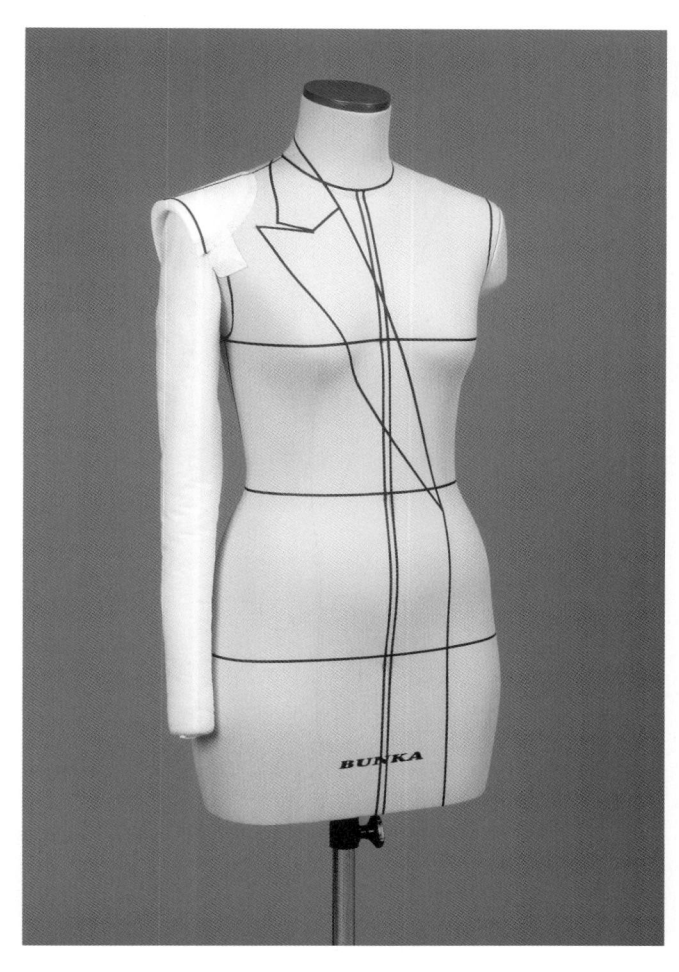

ドレーピング

1 移動した前中心線に、前身頃の中心線を合わせ、バストラインを水平にしてピンを打ち、フロントネックポイントの手前まで中心に切込みを入れる。バストラインを水平にして胸幅にゆとりを入れ、肩先をなじませて面を作り、シルエットを確認してピンを打つ。肩先から衿ぐりにかけて布を自然にそわせ、衿ぐりに生じた分量を、衿ぐりのゆとり分を除いてつまみ、ダーツにする。

ウエストダーツはバストポイントよりやや脇寄りにつまむ。

2 布端から返り止りまで切込みを入れ、ボディのガイドラインを目安にして折り返し、ラペルの形をボディラインで入れる。

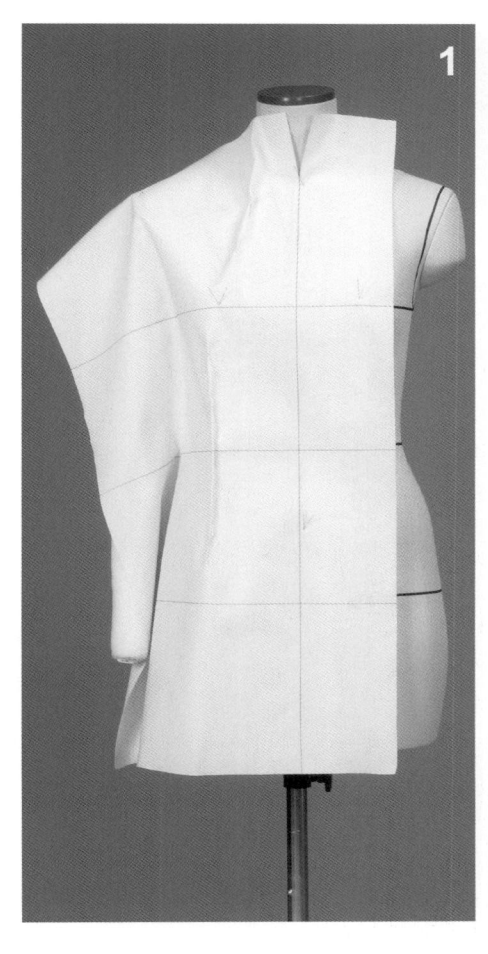

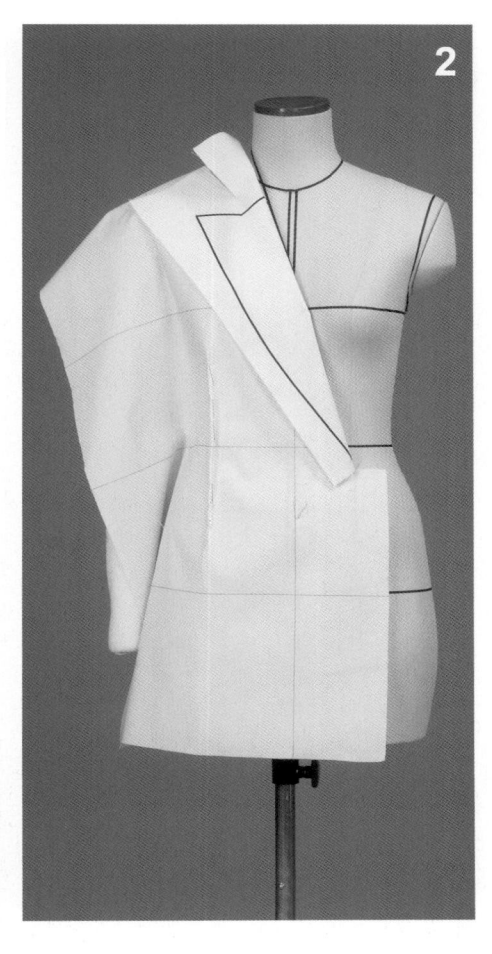

第4章 基本アイテムのドレーピング

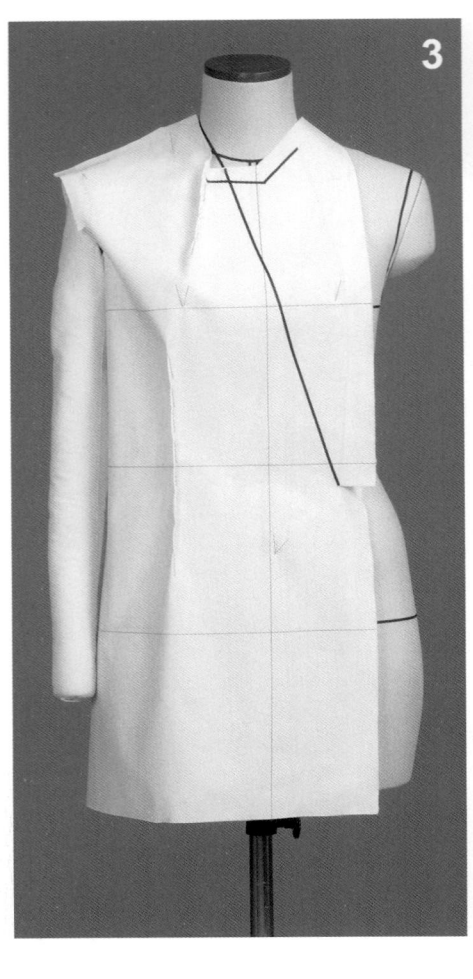

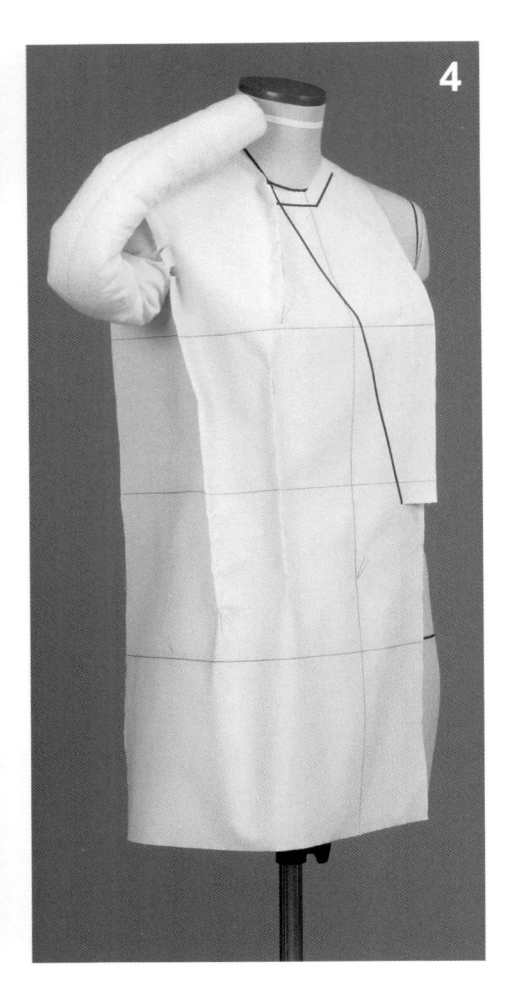

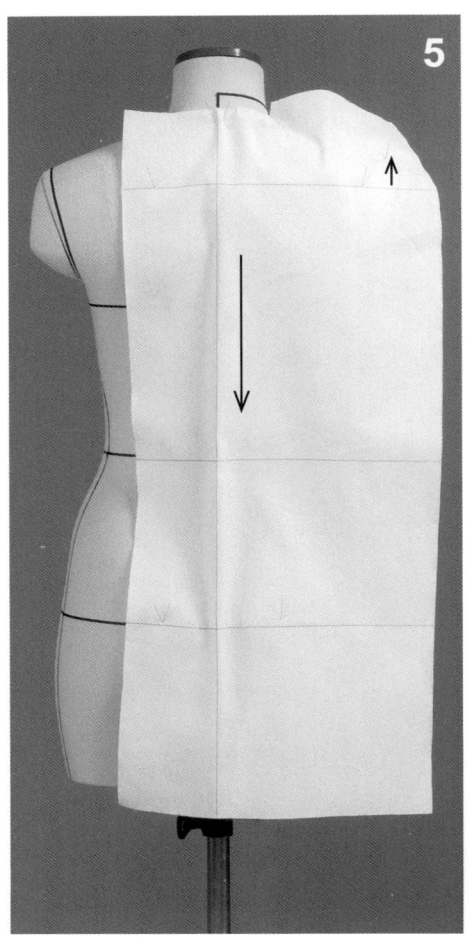

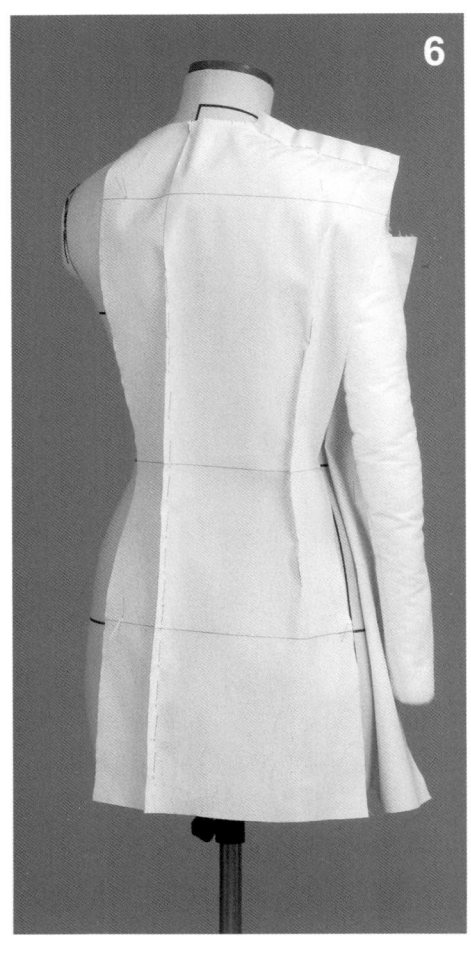

3 ラペルを元に戻し、返り線を入れる。ゴージラインを返り線奥2cmまで延長して入れ、衿ぐりの余分な布をカットする。衿ぐりと肩を安定させる。衿ぐりのダーツは、返り線から2cm奥に移動し、ラペルで隠れる範囲でバストポイント方向につまむ。胸幅のゆとりを再度確認し、肩と袖ぐりの余分な布をカットし、脇側の布を後ろに回しておく。

4 メンズ風なシルエットは、ヒップ幅の形状を軸にして、バストに向かってデザインを読み取る。ゆとりを抑えぎみにして脇のヒップラインから布をなで上げると、バストにヒップ幅との余りがでる。この余りをアームホールダーツとして、袖ぐりから腰骨位置に向かってつまみピンを打つ。アームホールダーツは傾斜するが、後ろ寄りに脇縫い目があることを想定して、デザイン線としての方向づけをする。後ろ身頃に入る前に脇側の布をよけておく。

5 後ろ身頃の中心線とボディの中心線を垂直に合わせ、肩甲骨位置のガイドラインを水平にしてピンを打ち、バックネックポイントの手前まで後ろ中心に切込みを入れる。サイドネックポイントに向かって布目をなで上げ、衿ぐりを整理する。矢印のようにウエストに向かって布目をそわせ、余った分を後ろ中心のダーツとする。背幅にゆとりを入れて肩先に向かって軽くなで上げる。背にやや丸みをだすため、肩のいせ分を後ろ衿ぐりにも分散する。衿ぐりにゆとりを入れ、残りを肩のいせ分とする。

6 後ろ中心で背の丸みをだすための衿ぐりダーツと、ウエストをしぼるダーツをつまむ。ウエストから下は平行につまみ、後ろ中心を作る。

　前後の肩を合わせる。いせを適切に配分し、つまみピンして縫い代を整理する。袖ぐりのラインを意識しながら、後ろ側面にダーツをつまみ、切替え線位置とする。2面構成なので、布目に無理のない位置に設定する。

7 背幅とヒップのゆとりをにがさないようにして、切替え位置にボディラインを入れ、余分な布をカットする。

8 前身頃の脇バストライン上で身幅のゆとりを入れ、バスト、ウエスト、ヒップのガイドラインを水平にして後ろ身頃に重ねる。ヒップのゆとり、バストとヒップのバランス、ウエストのしぼり分量等、全体に面として構成されているか確認し、調整する。

9 ラペルの余分な布をカットし、前端を折る。ボディラインで、衿ぐりのラインをつながりよく入れ、袖ぐり上部と袖ぐり底にも印をつける。裾を上げてボタンとポケットの位置と大きさを決定し、ボディから離れてバランスをチェックする。

　マーキングし、ピン仕上げの準備をする。

10 身頃のピン仕上げ。

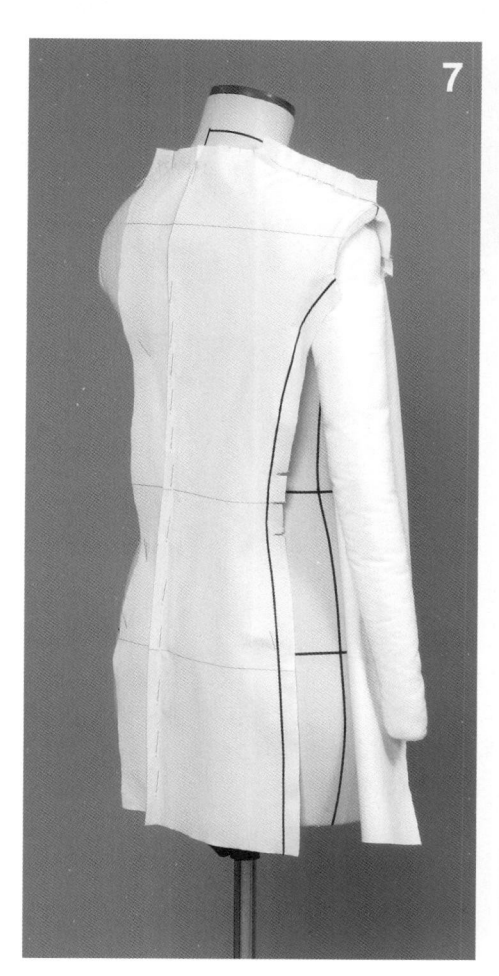

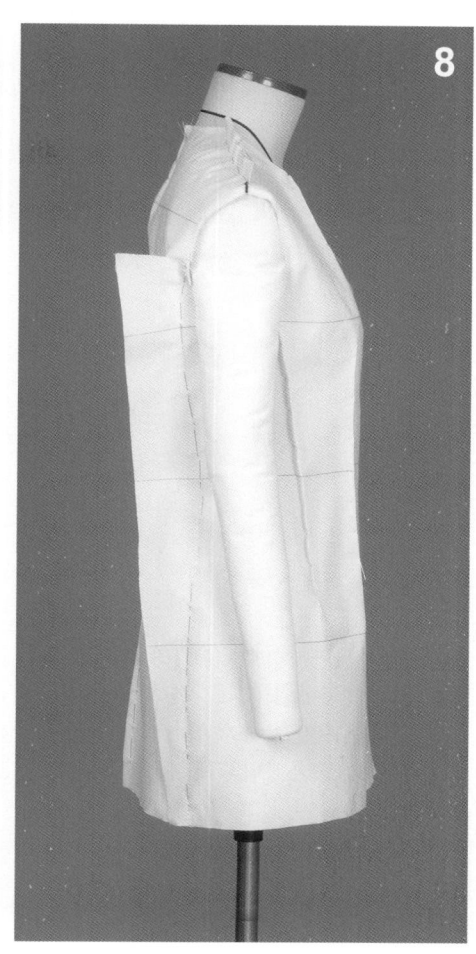

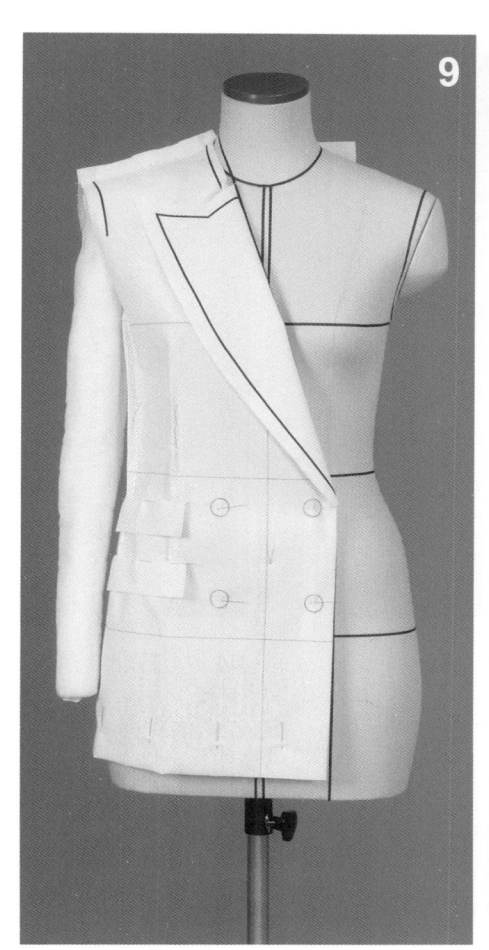

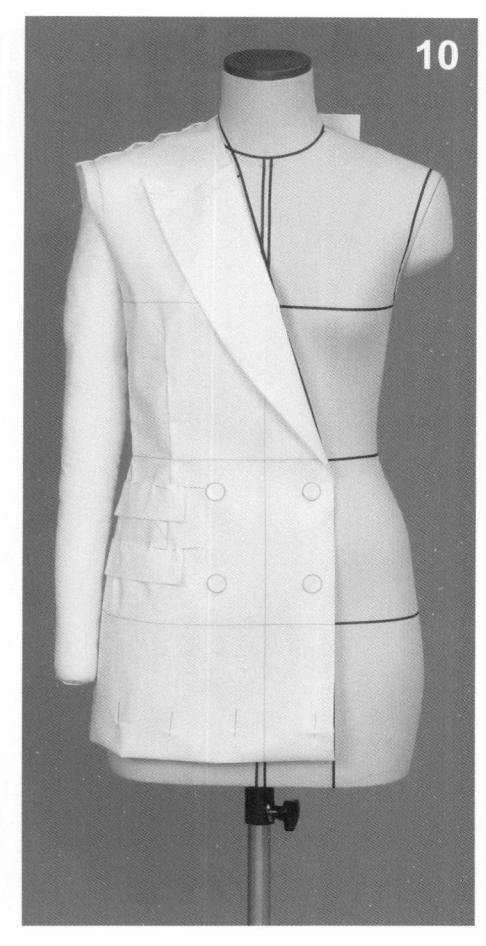

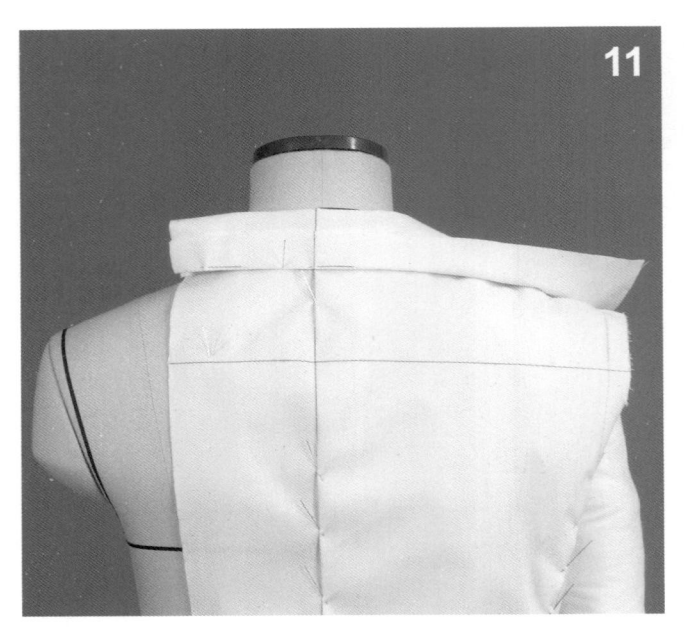

11 衿の後ろ中心を身頃のバックネックポイントに垂直に合わせて水平にピンを打ち、衿が首にそうように縫い代に切込みを入れながらサイドネックポイントまでピンを打つ。後ろ中心の位置で、後ろ衿こしと衿幅を決めて整える。

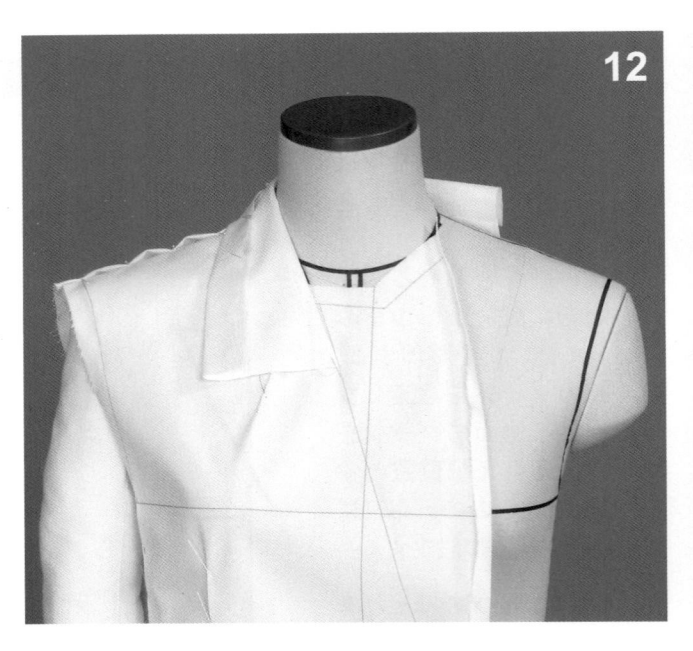

12 衿を前に回し、衿外回りや首との離れぐあいを見ながら、ラペルの返り線上に合わせて止める。

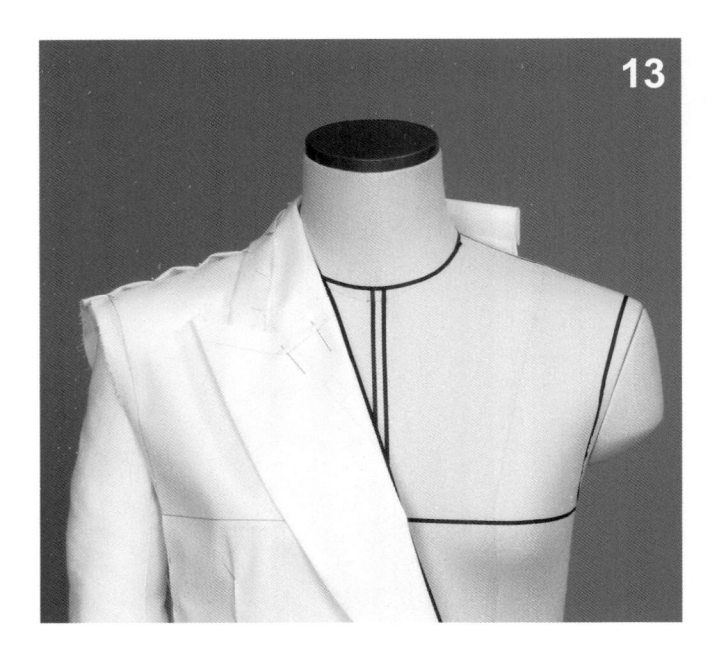

13 ラペルを折り返して上衿の上にのせ、ゴージラインにピンを打つ。

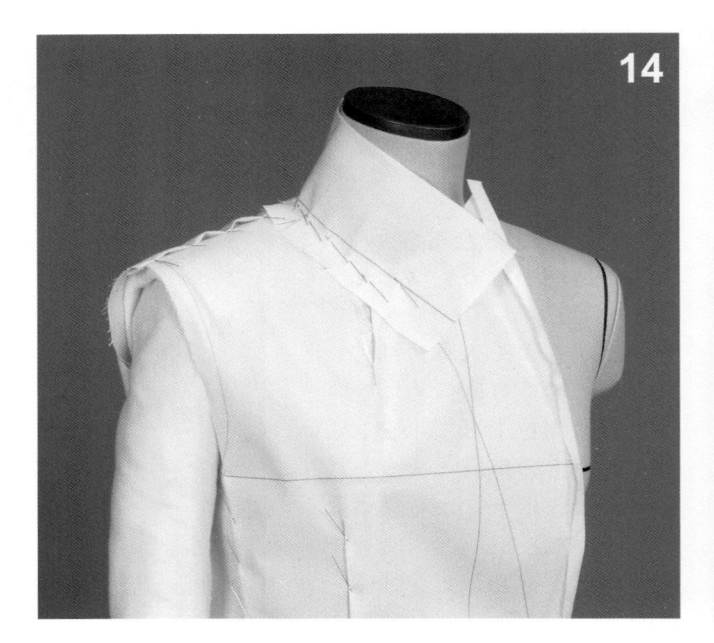

14 上衿とラペルをおこして、つれる部分に切込みを入れ、サイドネックポイントから前衿つけのピンを打つ。返り線の奥にもピンを打つ。

15 上衿とラペルを返り線から折り返し、衿の刻みを決める。刻みの間隔は、完成すると広くなりやすいため、少なめに決める。

衿をつけた身頃のピン仕上げ。

16 袖は2枚袖で平面作図で組み立てる。袖山の高さは、前後の平均肩先高から袖ぐり底までの$\frac{5}{6}$の寸法とし、袖丈は身頃とのバランスを見て決定する。袖山点を1.5cm後ろに移動して方向性をだす。

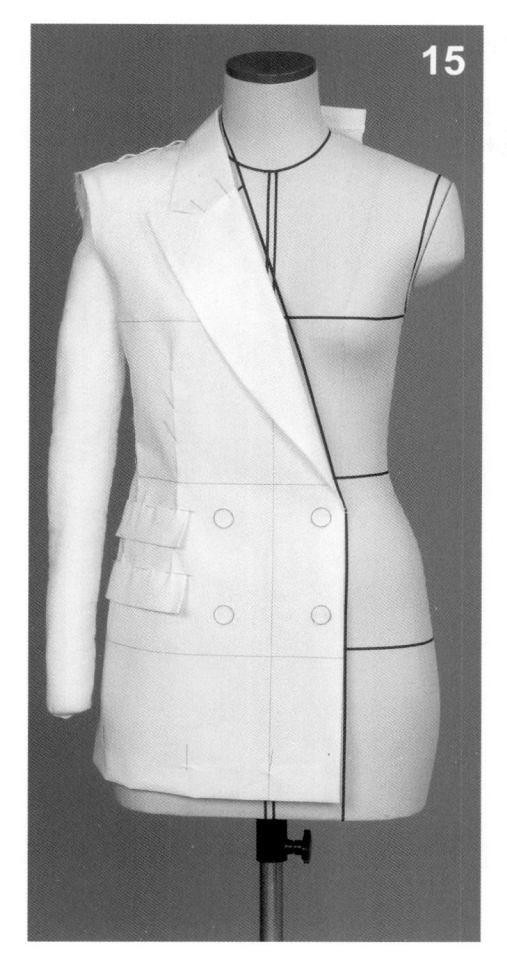

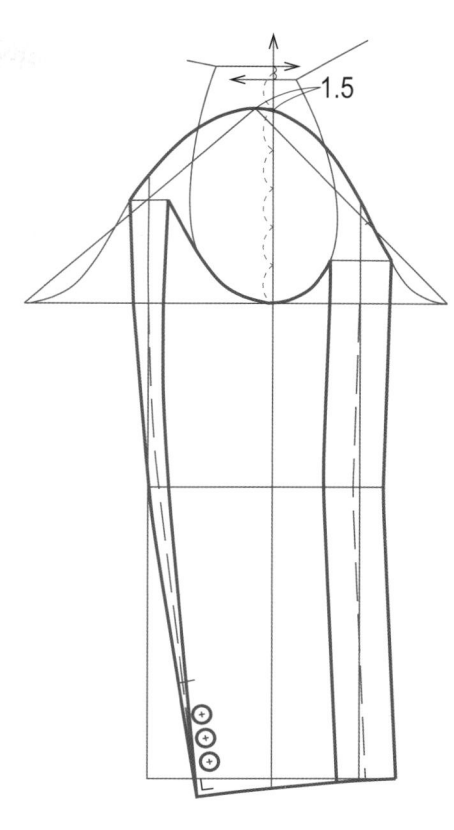

17、18 袖のピン仕上げの外袖側と内袖側。

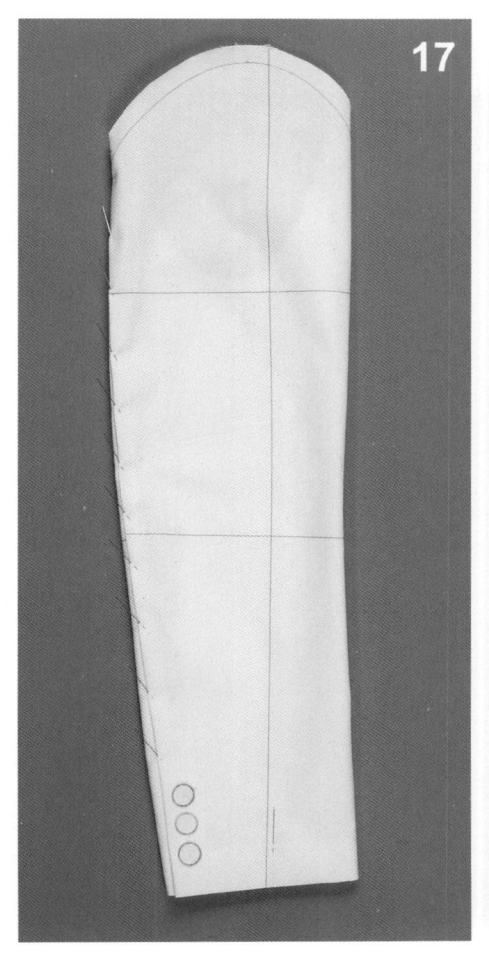

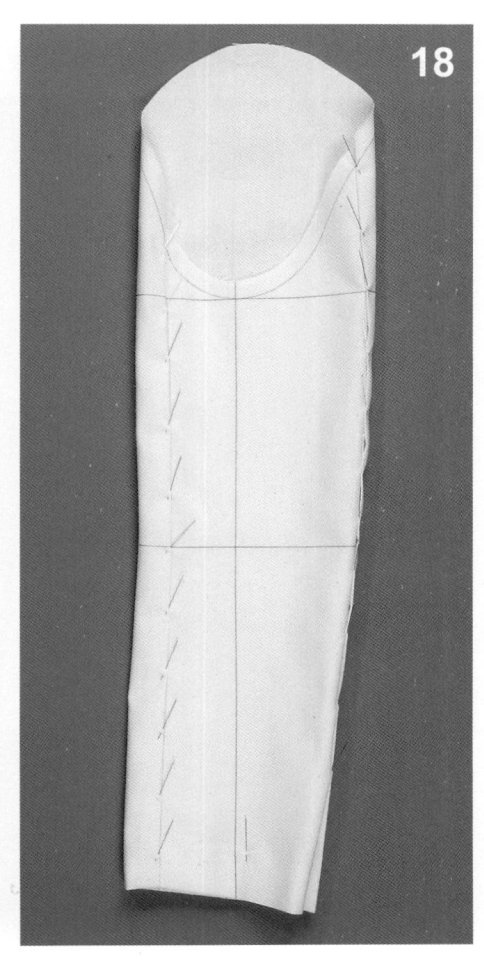

第4章 基本アイテムのドレーピング

前面　斜め側面　後面

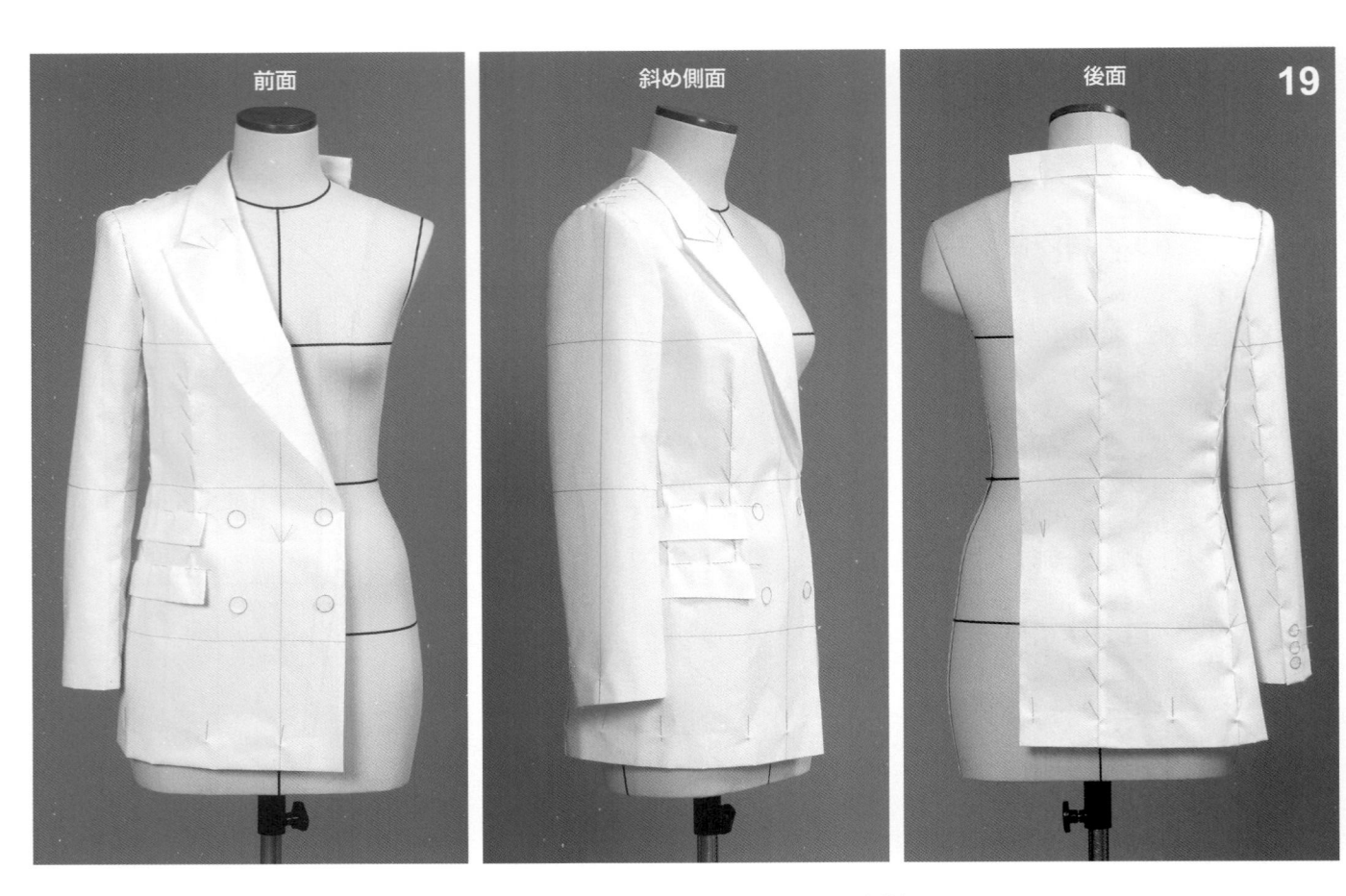

19 完成のピン仕上げ。袖つけは189、190ページのテーラードジャケット参照。

出来上り

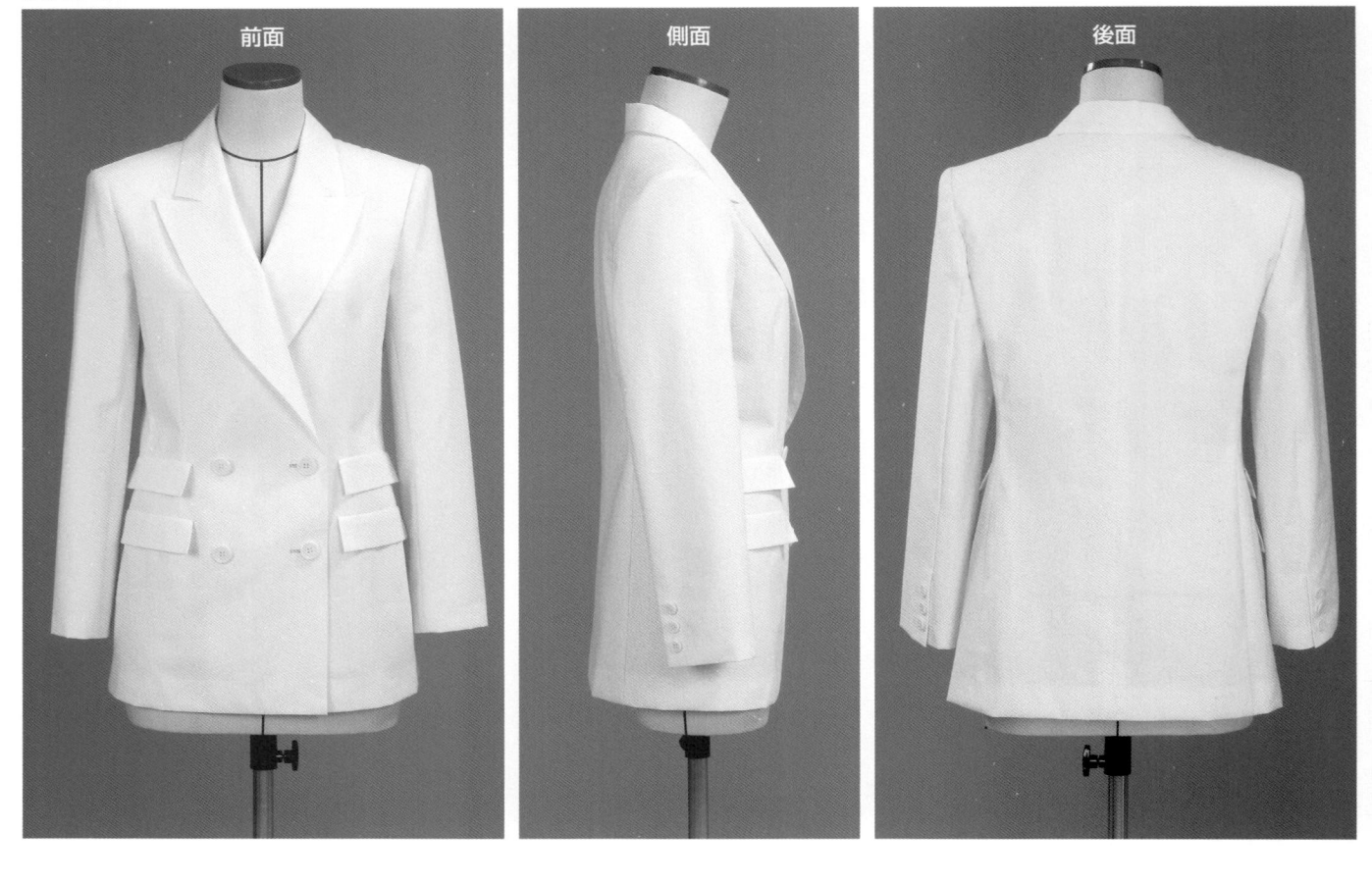

前面　側面　後面

トレースパターン

　背肩幅が広く、胸ぐせ分量のぼかしや背の丸みのダーツ、ヒップを基準として構成しているシルエット、前袖ぐりの深いくりと方向性の強い袖等、メンズ風の表現が随所に取り込まれているのがわかる。

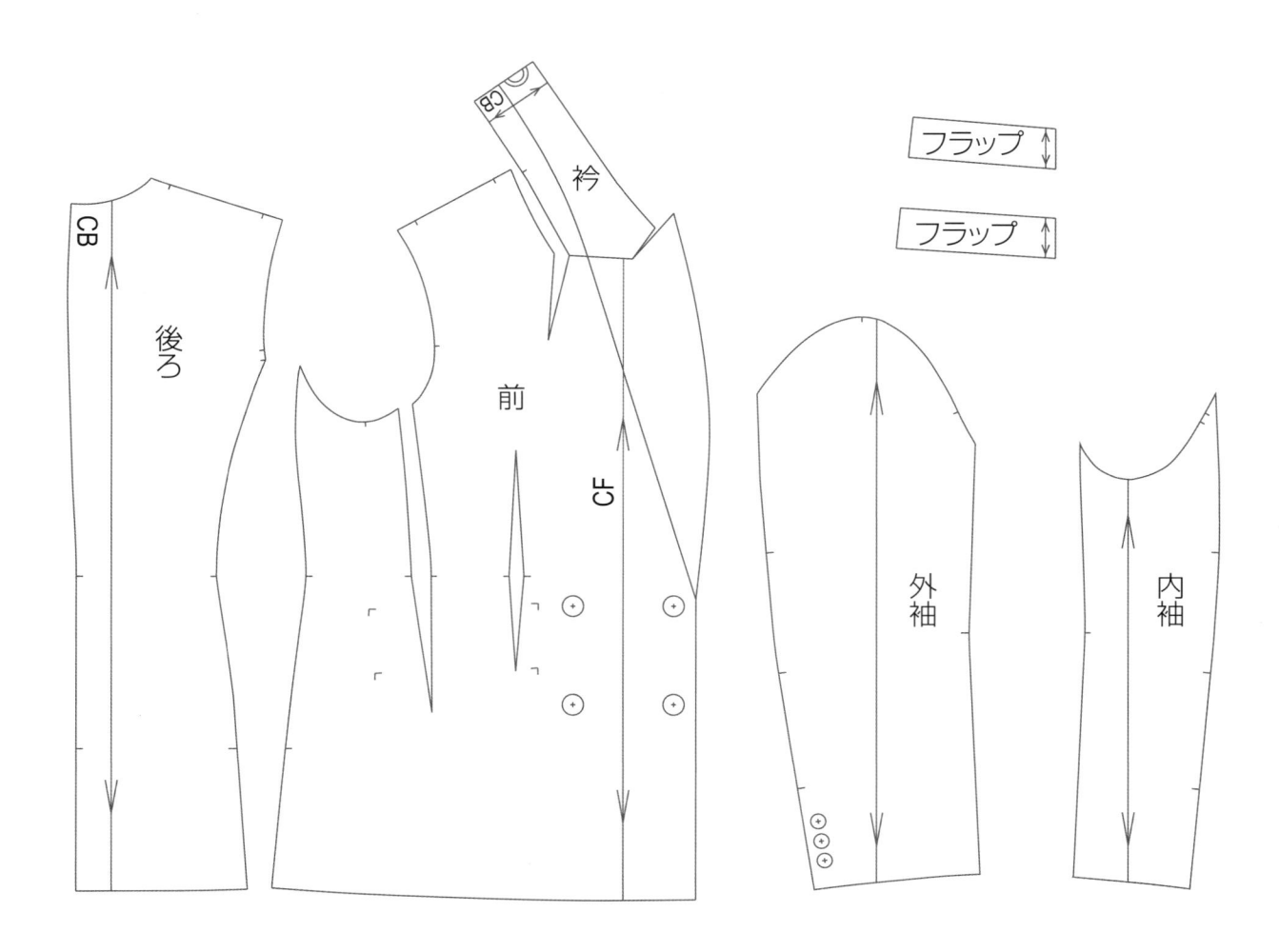

3 プリンセスラインのジャケット

プリンセスラインで構成され、ショールカラーで袖口にダーツのあるジャケット。

肩から裾にかけて縦に切り替えたプリンセスラインは、体の凹凸部位を通ることによって表情豊かなシルエットに表現できる。バストのふくらみからウエストのしぼり、ヒップにかけてのラインは、ショールカラーとともにフェミニンで、かつ知性的であり、着こなしのバリエーションを楽しめるシルエットでもある。

トワルの準備

インナー着用を想定し、ゆとりを加えて布の見積りをする。4面構成なので前後身頃は肩幅を等分した幅が充分入るように見積りをする。脇布はややゆとりを考慮して23cm前後の幅とする。

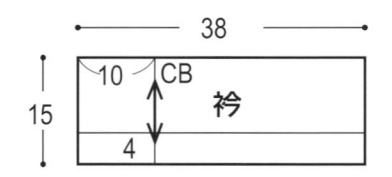

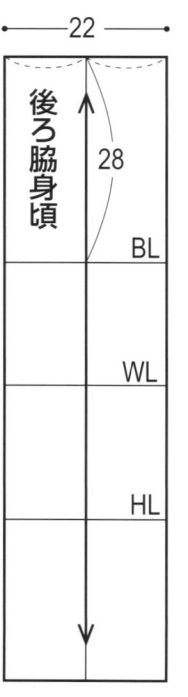

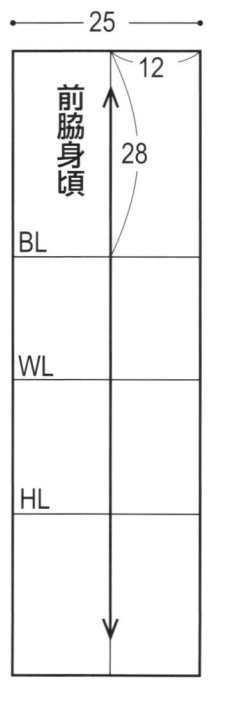

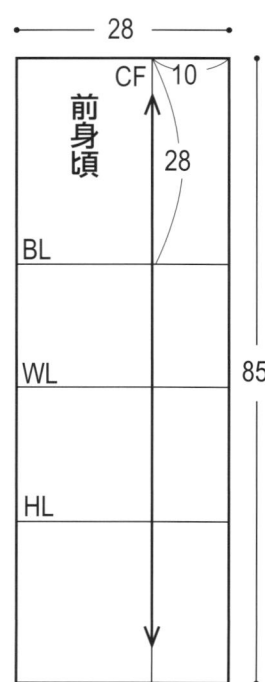

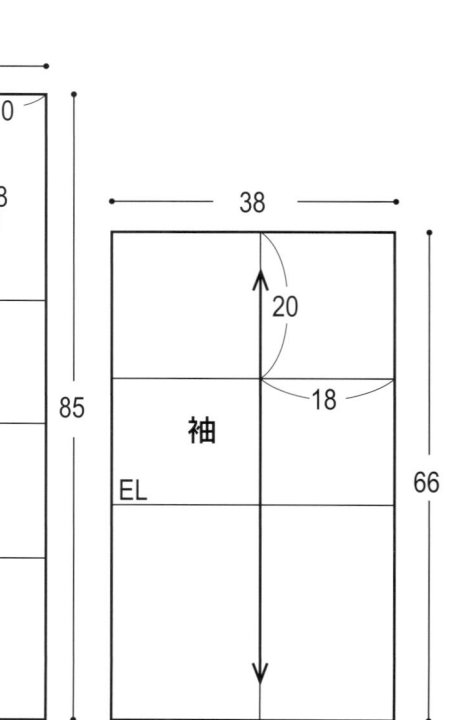

ドレーピング

1 ボディに厚み1cmの肩パッドをつけ、ウエストを1cm上に設定してボディラインを入れる。

前身頃の中心線を、ボディの中心線より布の厚み分移動して垂直に合わせ、バストラインを水平にしてピンを打つ。衿ぐりに首の運動量としてのゆとりを入れ、衿ぐりの余分な布をカットする。

2 返り止りを決め、切込みを入れて前端を出来上りに折る。後ろ衿こしの高さをイメージしながら、つながりよく返り線を入れる。

肩幅を意識して肩線上に切替え位置を求め、バストポイント周辺、ウエスト、ヒップにかけて、縦のプリンセスラインの流れを検討し、ボディラインを入れる。縫い代を整理してウエスト位置に印をつける。

3 ボディ側面の中央に、脇布のガイドラインを垂直に合わせ、バスト、ウエスト、ヒップのガイドラインを水平にしてピンを打つ。ウエストのフィット感を検討し、バストラインでゆとりを入れる。ヒップラインでは、ボトムを考慮して、ウエストから裾にかけてバランスのとれたゆとりを入れる。胸幅側面で面を作り、脇布を身頃に重ね、ガイドラインを目安に重ねピンで切替え線を止める。

4 プリンセスラインの余分な布をカットし、ウエストをマークする。肩線をしるし、肩、袖ぐり上部の縫い代を整理して、脇布を前に返しておく。

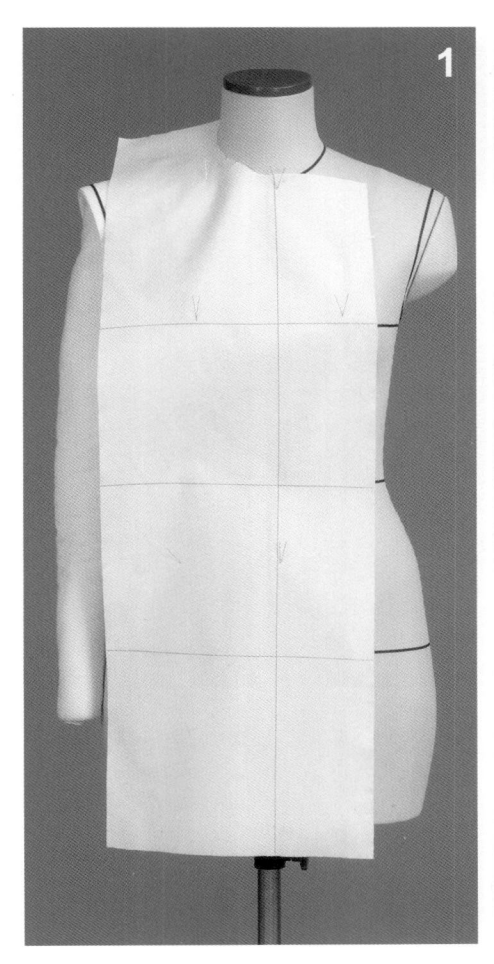

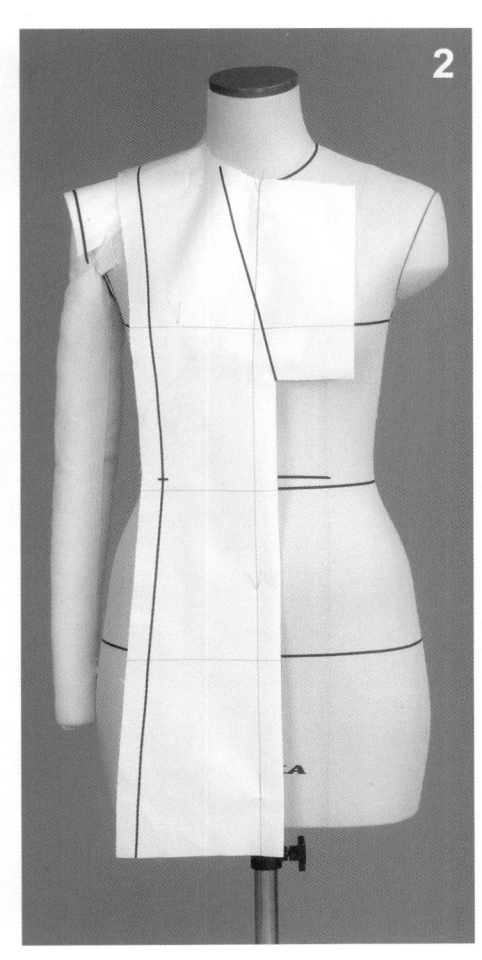

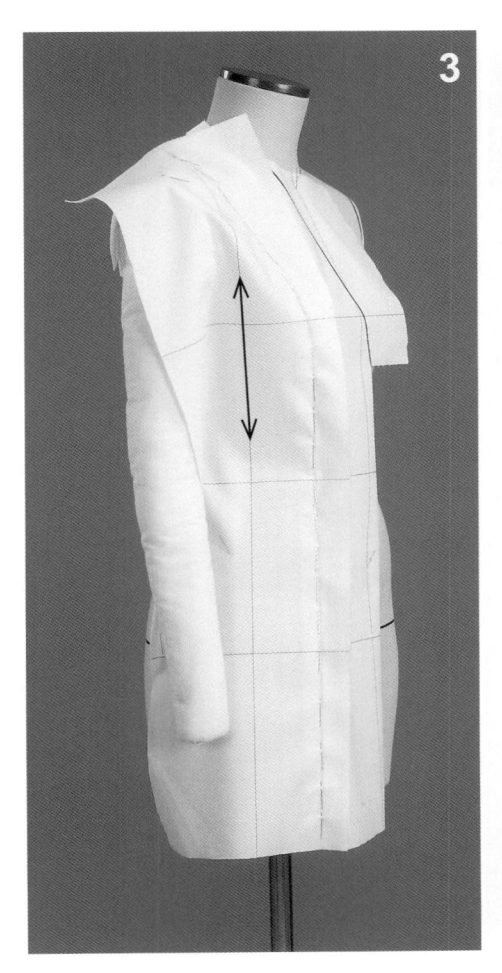

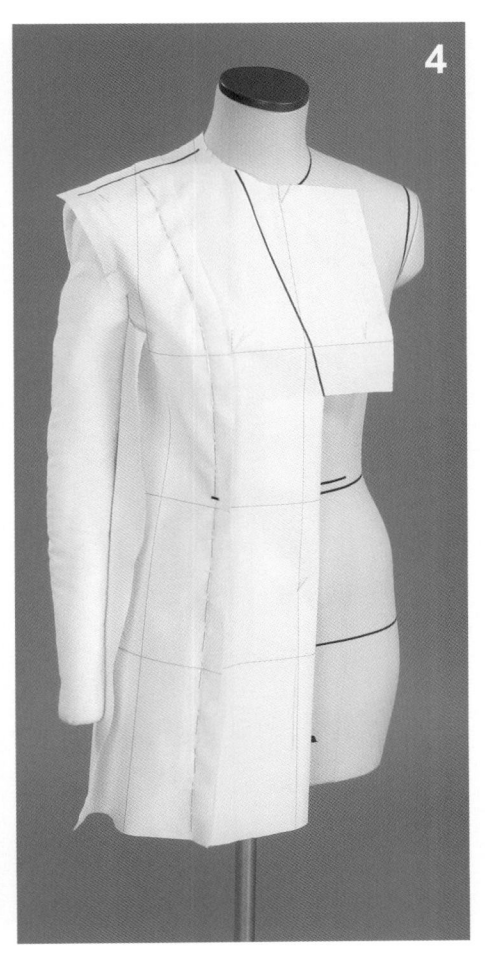

第4章 基本アイテムのドレーピング

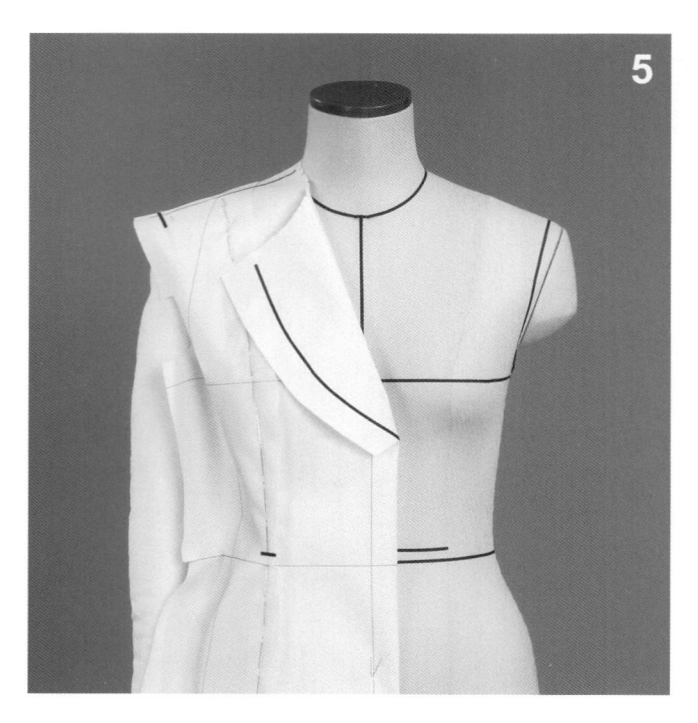

5 返り線からラペルを折り返し、プリンセスラインとのバランスを見て、ラペルの形をしるす。ショルダーポイントをマークする。

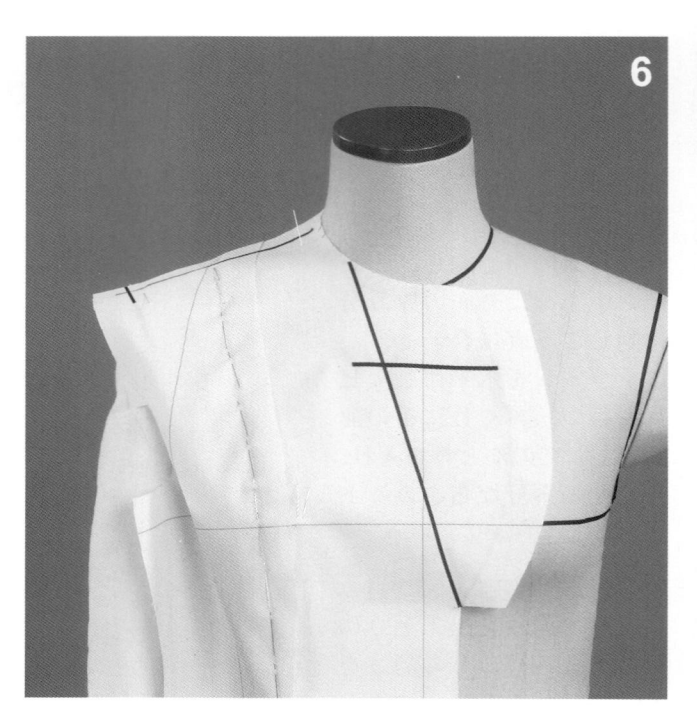

6 ゴージラインの位置を決め、返り線奥2cmまでラインを入れる。ショールカラーは出来上がった状態ではゴージラインが見えないため、位置はどこでもよいが上衿と縫い合わせる場合を考慮し、縫いやすい角度で決める。

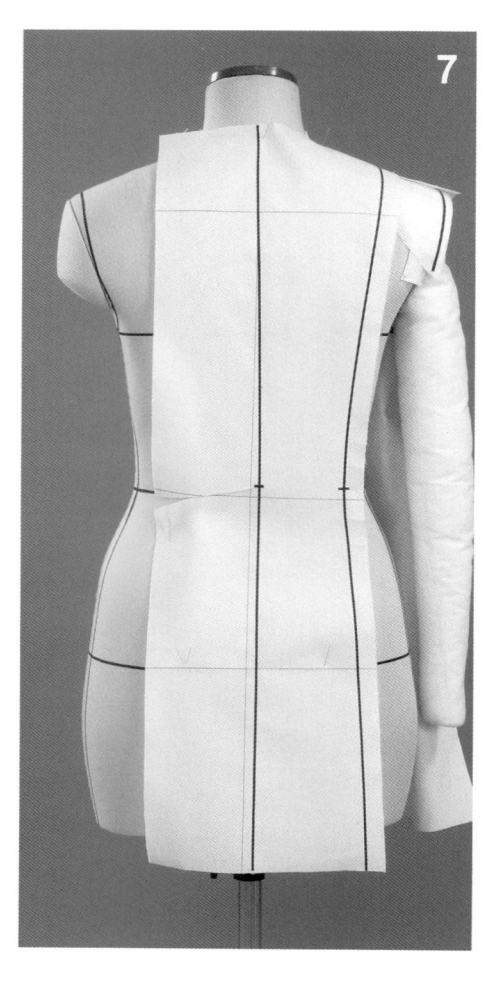

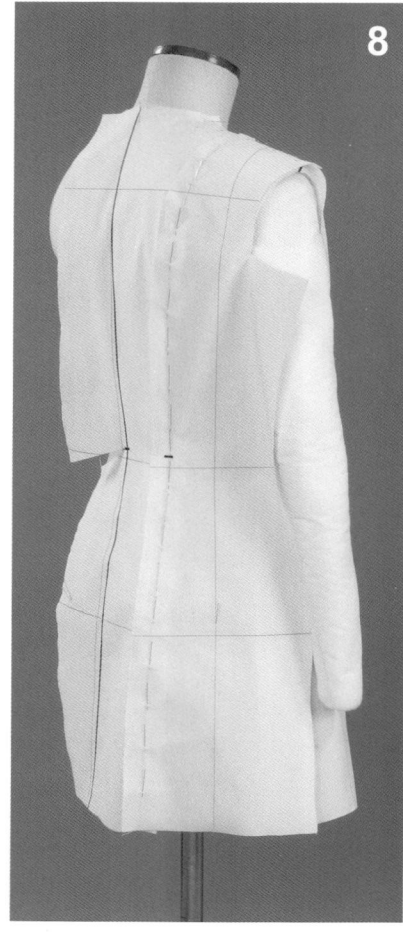

7 後ろ身頃の中心線をボディの中心に垂直に、肩甲骨位置のガイドラインを水平に合わせる。衿ぐりに首の運動量としてのゆとりを入れ、衿ぐりを整理する。ウエストに向かって布をなで下げ、余った分量を後ろ中心のダーツとする。ウエスト位置をマークし、ダーツ位置まで切込みを入れる。ウエストから下は平行にボディラインで後ろ中心線を入れる。プリンセスラインは、前肩線上の切替え位置よりつないで、肩甲骨周辺、ウエスト、ヒップにかけて、縦の流れを検討し、ラインを入れる。縫い代を整理してウエスト位置に印をつける。

8 前と同様に後ろ脇布をセットする。切替え線上のウエスト位置でしぼり、背幅とヒップラインのゆとりを確保して、後ろ身頃に脇布を重ねてピンを打ち、縫い代を整理してウエストをマークする。肩を重ねてピンで止め、肩、袖ぐり上部の縫い代を整理する。

9 脇を合わせる。腕を上げて、ウエストのしぼり分量を検討し、身幅のゆとりをバストラインの脇で追加する。ヒップラインでゆとりを入れ、シルエットのバランスを見て、脇をつまみピンで止める。

衿ぐりのラインを入れ、余分な布をカットする。

10 袖ぐり上部と袖ぐり底をマークする。裾を上げて前端裾のカーブをしるす。

ボタンの位置と大きさ、ポケット位置をボディから離れてバランスがよいか確認し、決定する。

マーキングし、ピン仕上げの準備をする。

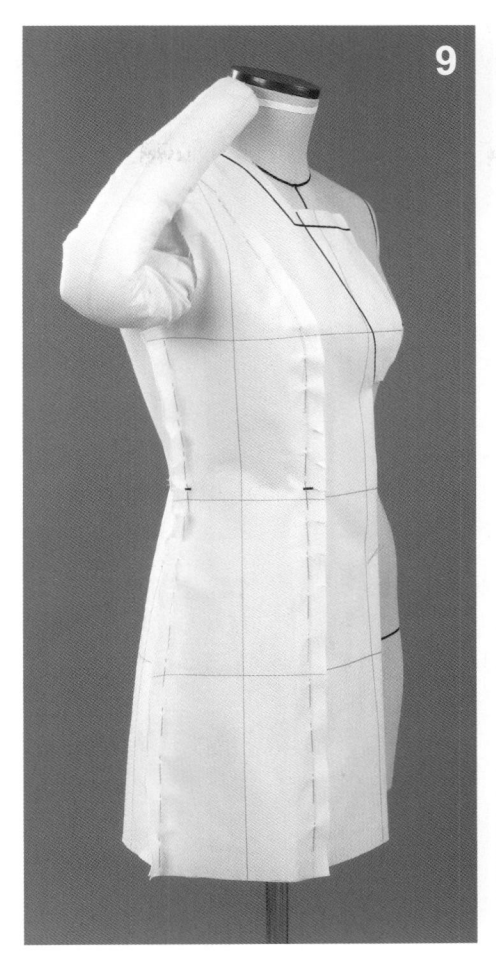

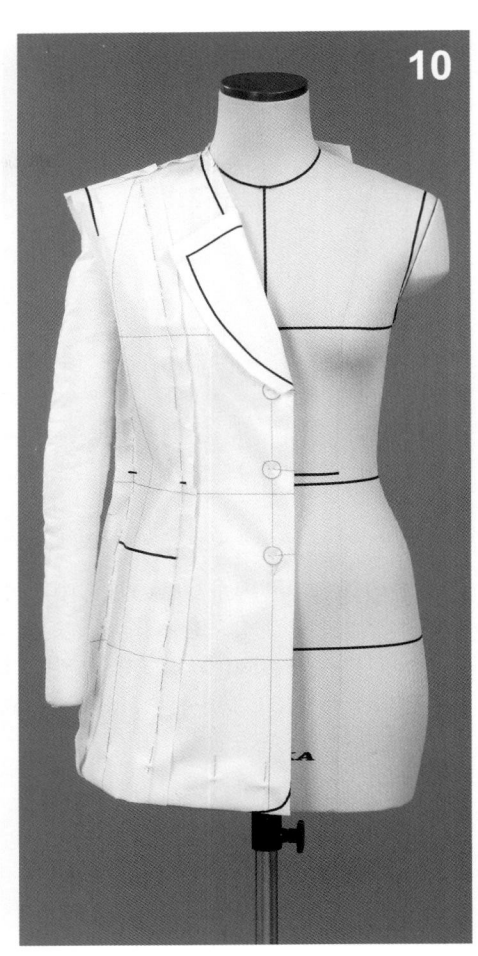

11、12 身頃のピン仕上げ。ボディラインで表現したポケット位置を、仕上げピンの段階で写真のように切り替え、上回るゆとり分を入れて組み立てる。

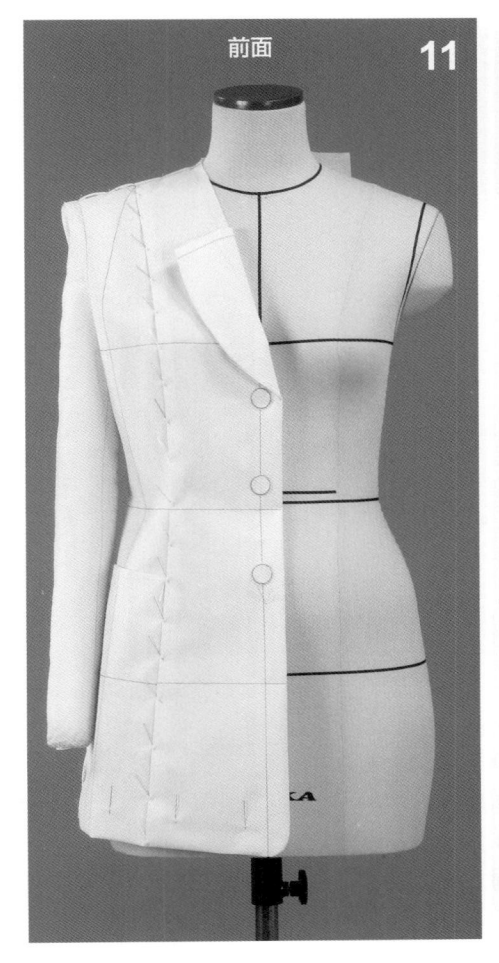

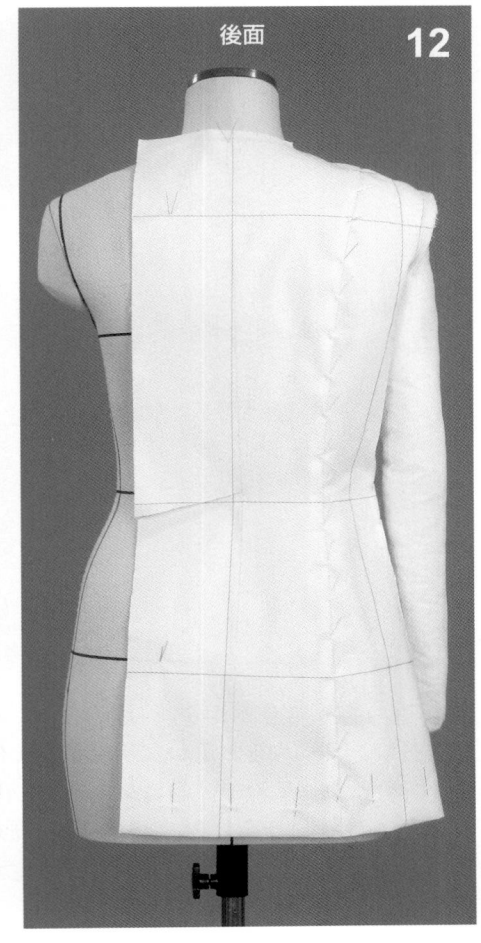

第 4 章　基本アイテムのドレーピング　203

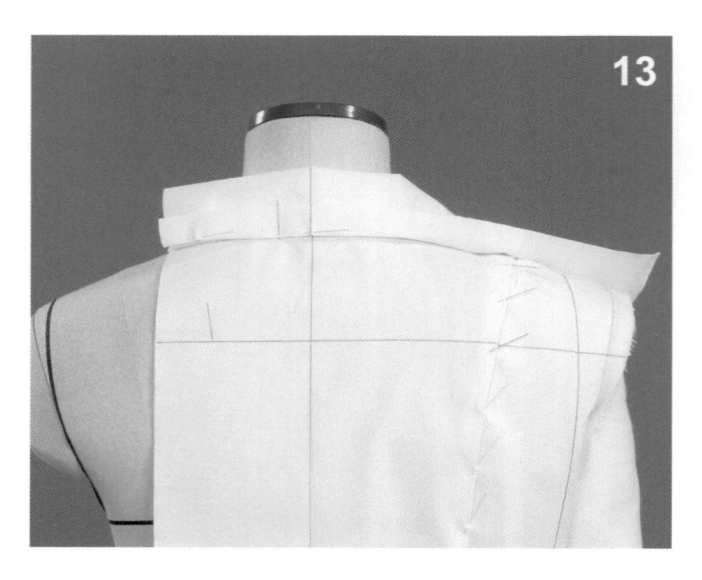

13 衿の後ろ中心線を身頃の後ろ中心に垂直に合わせ、衿つけのガイドラインを水平にして衿つけのピンを打つ。サイドネックポイントまで縫い代に切込みを入れながら首にそわせてピンを打ち、後ろ中心で衿こしと衿幅を決める。

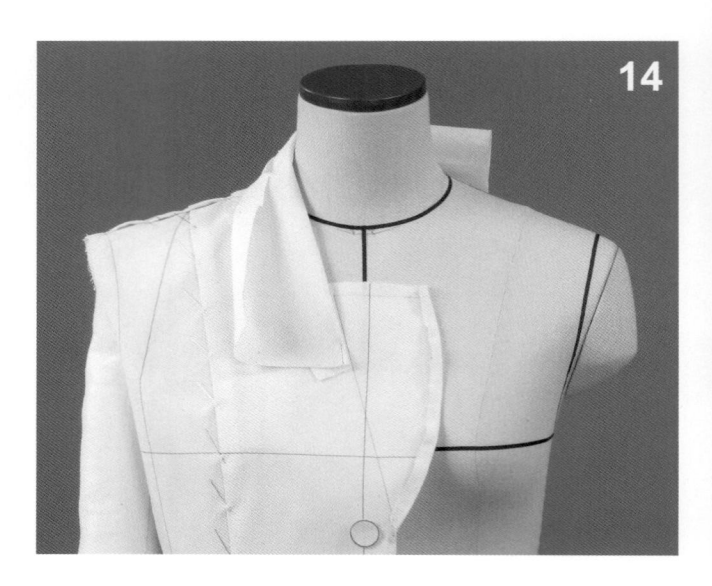

14 衿布を前に回して、つながりよく返り線に合わせ、首からの離れぐあいと衿外回り寸法の過不足をチェックする。

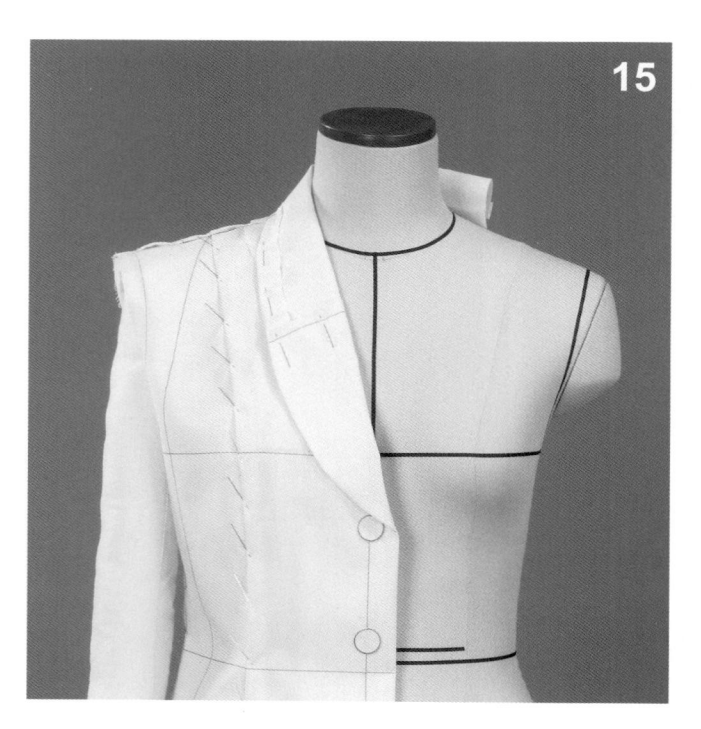

15 返り線からラペルを折り返し、ゴージラインにピンを打つ。ラペルをおこし、サイドネックポイントからゴージラインまで衿つけのピンを打つ。再度ラペルを折り返し、衿外回りをピンで整え、衿の形を作る。14、15の作業を繰り返しながら調整し、決定する。

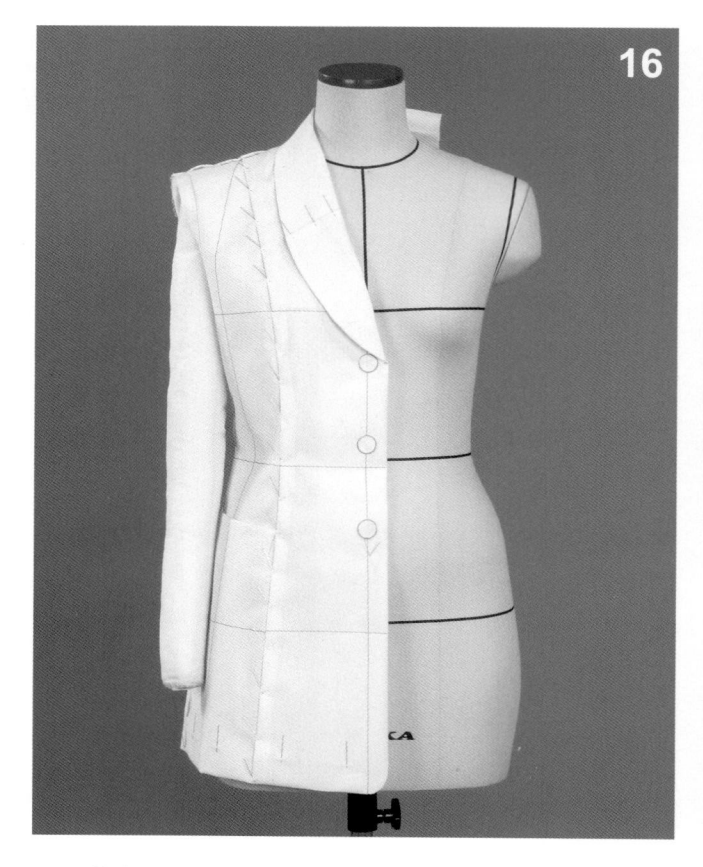

16 衿をつけたピン仕上げ。

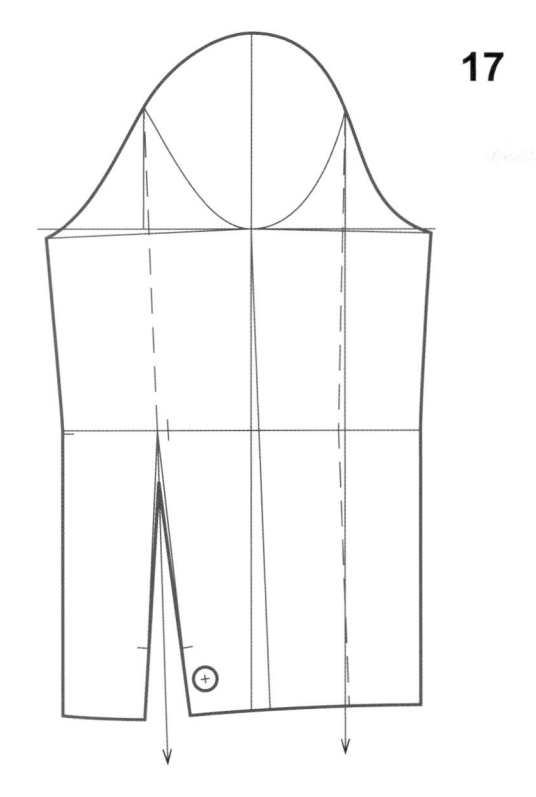

17 袖口にダーツのある袖で、平面作図で組み立てる。袖山の高さは前後の平均肩先高から袖ぐり底まで⊕の寸法とし、袖丈は身頃とのバランスを見て決める。

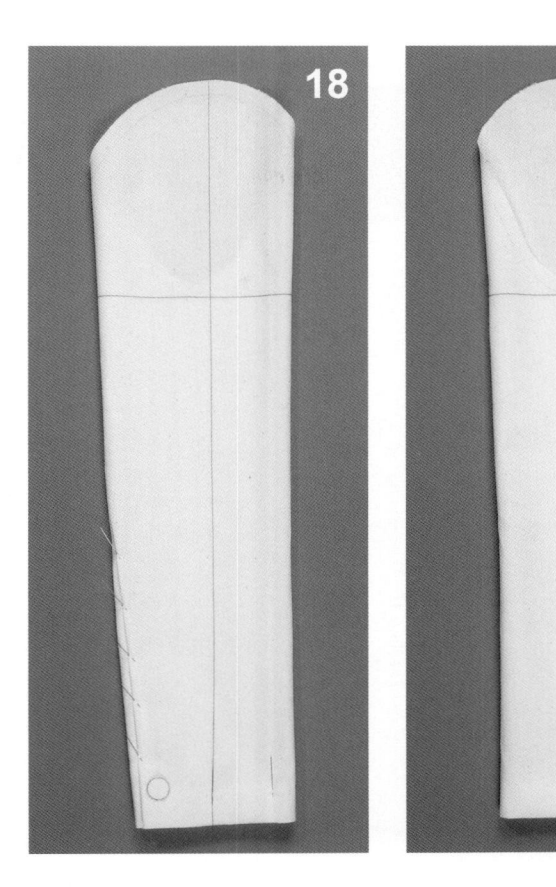

18、19 袖のピン仕上げの外袖側と内袖側。

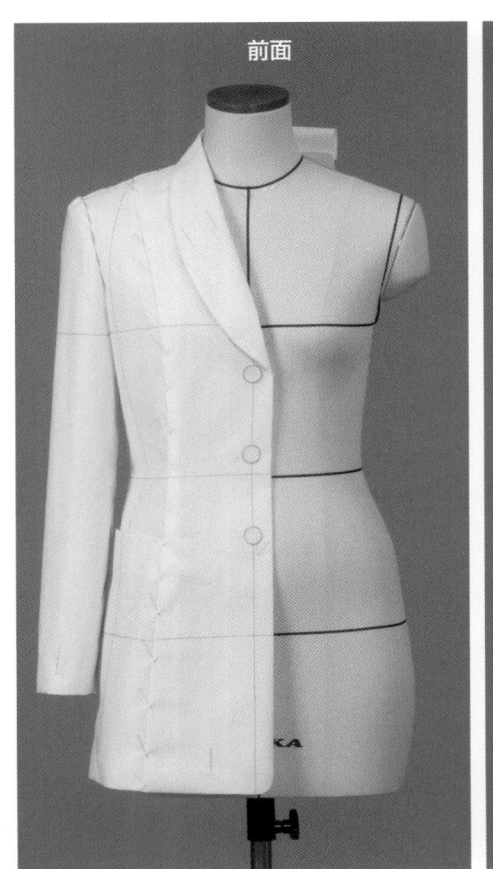

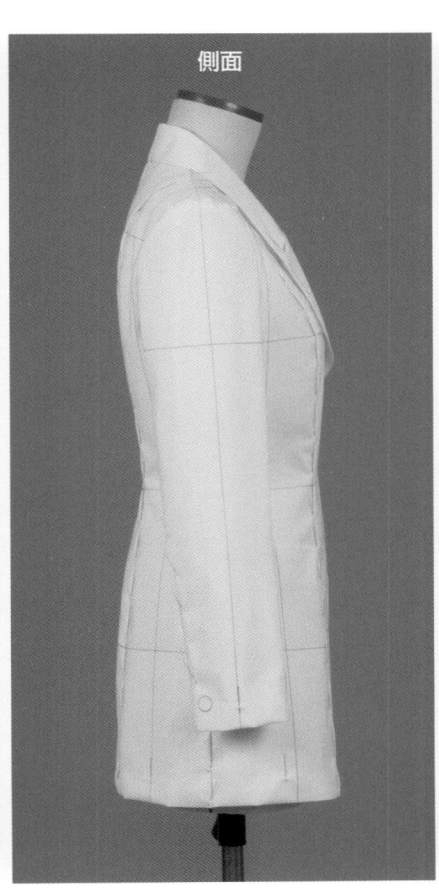

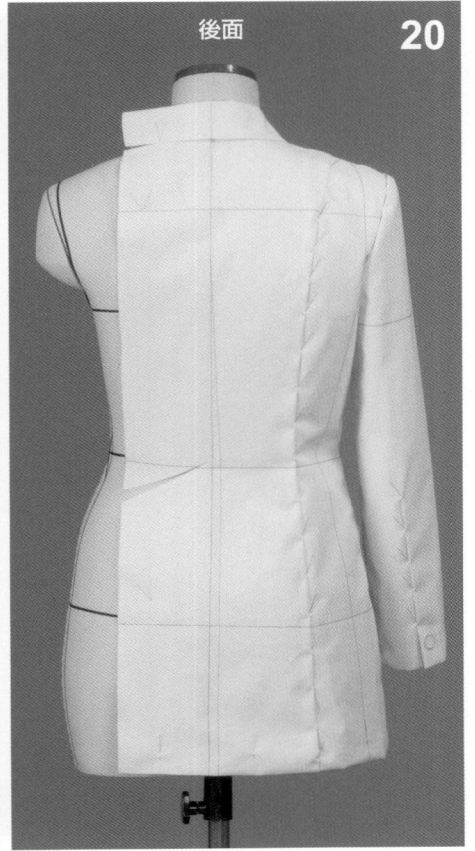

20 完成のピン仕上げ。袖のつけ方は189、190ページのテーラードジャケット参照。

出来上り

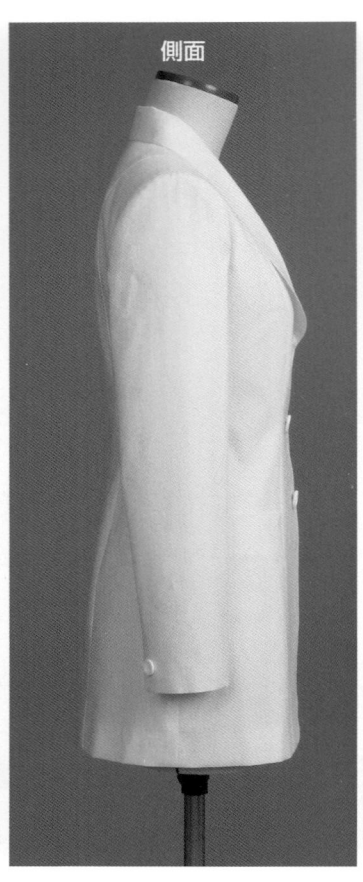

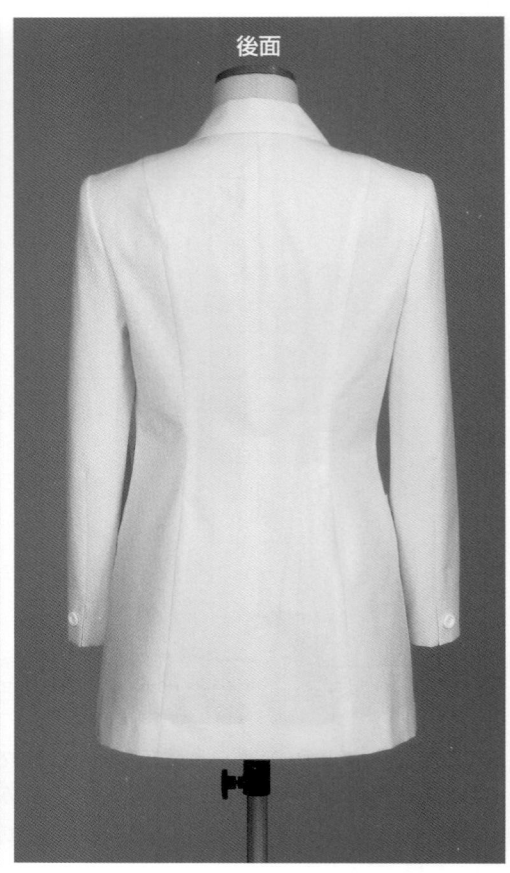

前面 側面 後面

トレースパターン

切替え位置を体の凹凸部位に求めて、めりはりのある美しい流れのシルエットに構成されているのが読み取れる。

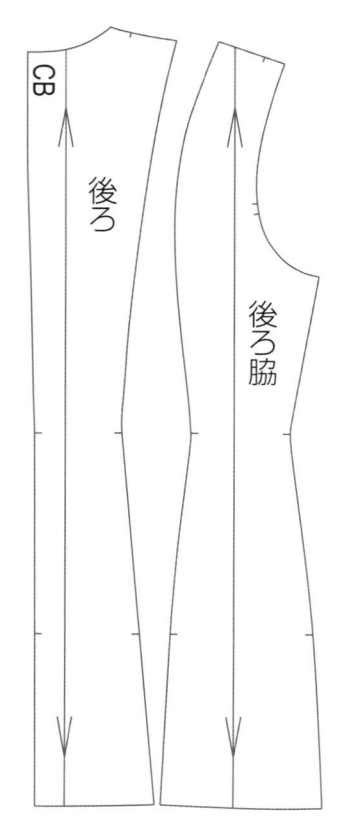

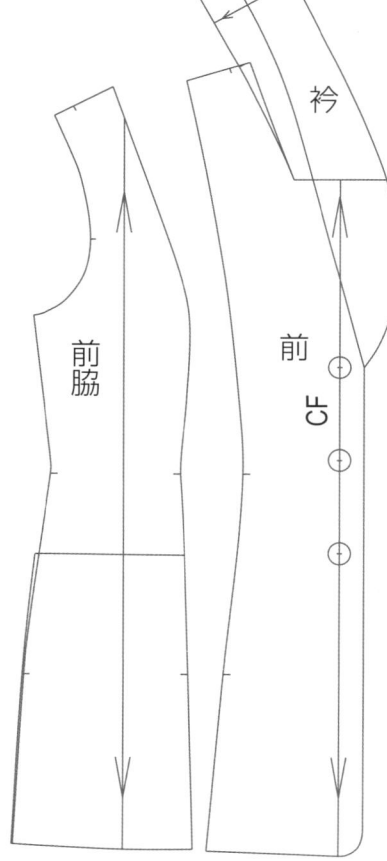

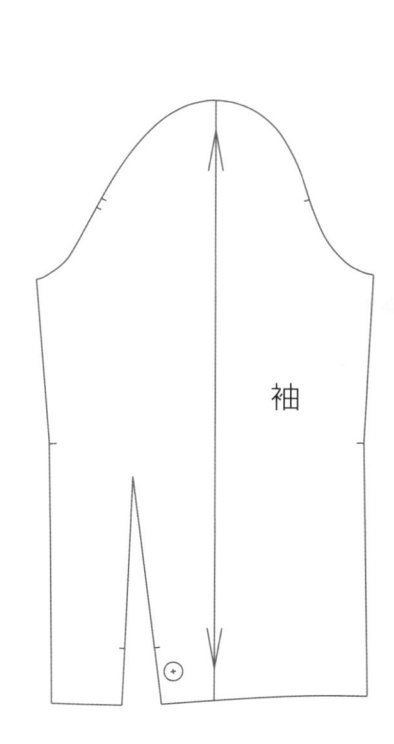

CB 後ろ 後ろ脇 前脇 衿 前 CF 袖

袖をドレーピングで組み立てる方法

1 袖布のガイドラインの交差する位置を腕の中心線と身頃のバストラインが交差する位置に合わせ、垂直、水平にセットしてピンで止める。袖山中央とエルボーラインにもピンを打つ。

2 身頃とのバランスを見て、袖幅、袖丈を検討する。水平のガイドライン位置（腕つけ根位置）とエルボーライン位置の前後側面で、前側1.5cm、後ろ側2cmのバランスでゆとりをつまむ。エルボーラインから袖口にかけては腕の形にそって布を操作する。上記と同様のバランスで前後袖口の側面でゆとりをつまみ、後ろ袖の側面に袖口からダーツをとって腕の方向性をだす。ダーツはエルボーラインの手前で止める。

前後腋点（すわりのよい位置）にピンを打ち、袖山のいせ分をタックで配分しながら、袖山の形を検討する。

3 袖山の余分な布をカットして、再度いせの配分と袖山の形を調整する。前後腋点から袖山中央にかけて、袖つけ線をマークする。前袖下に後ろ袖下を重ねてピンを打つ。縫い代を整理してエルボーラインをマークしておく。

ダーツと袖口にラインを入れ、ボタン位置をしるす。

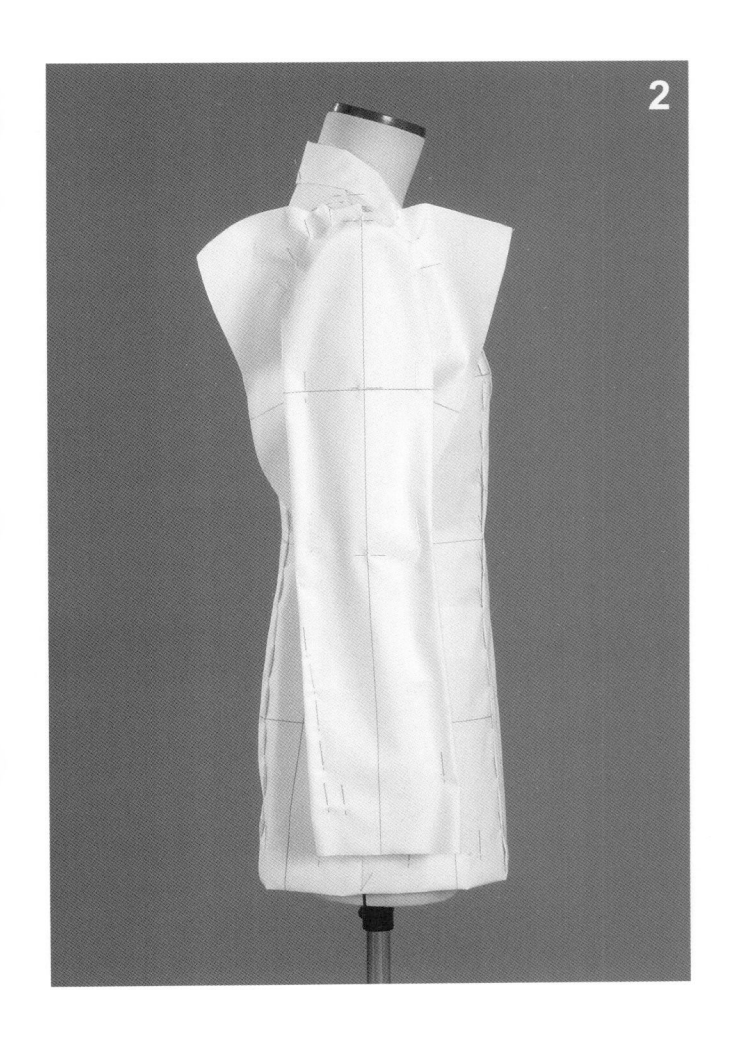

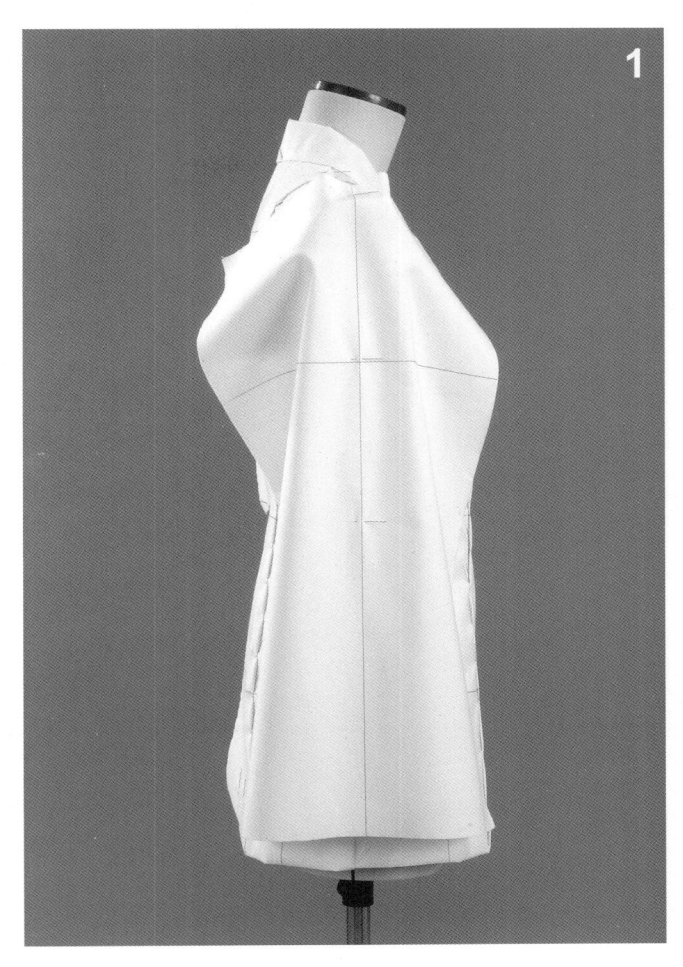

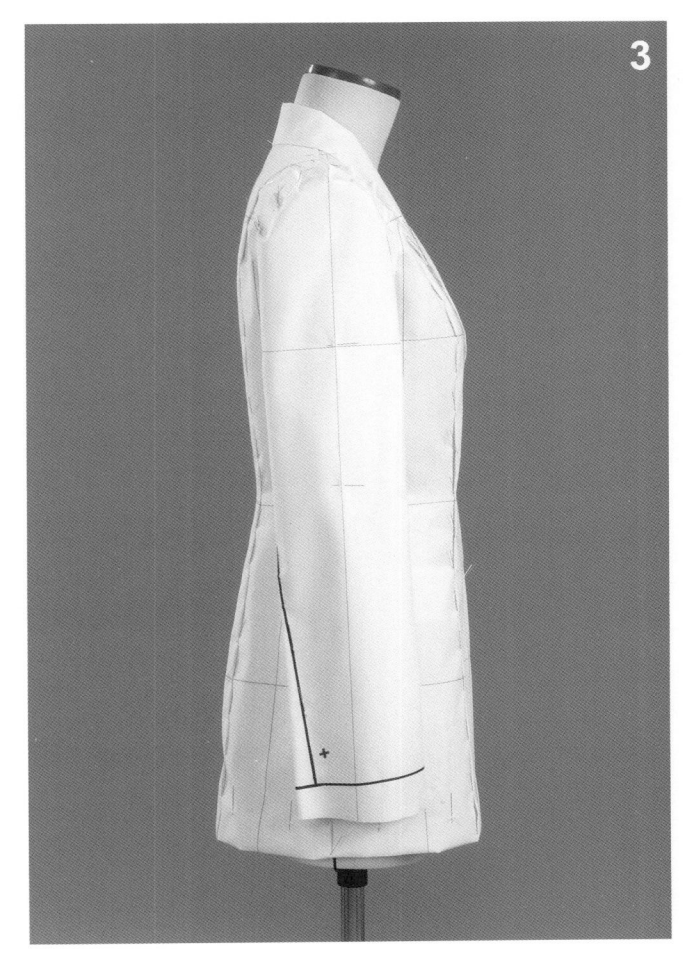

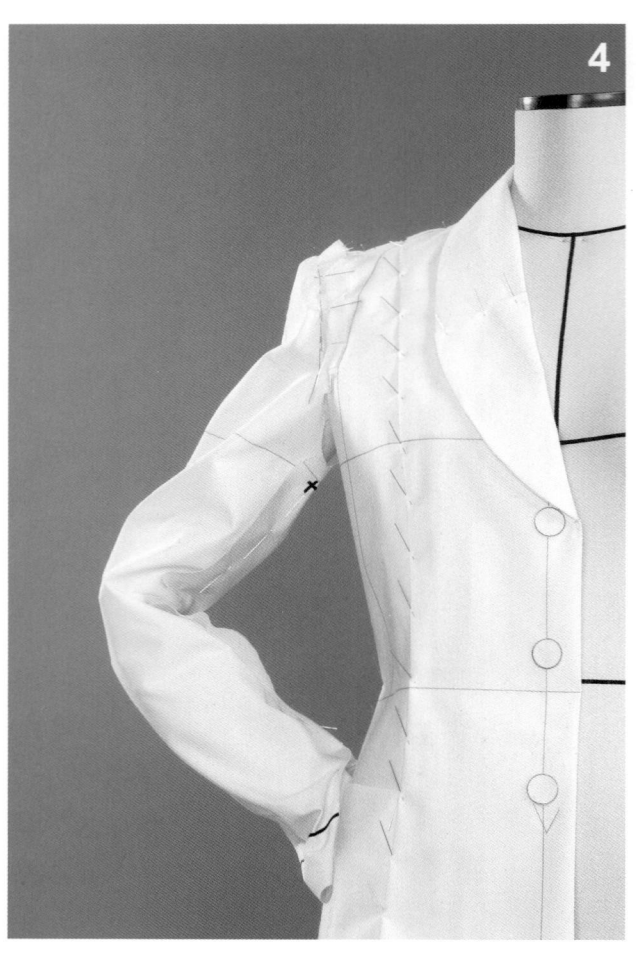

4 少し前寄りに腕を35度ぐらいに曲げ、袖底をマークし、身頃と袖に前後腋点の合い印をつける。

5 袖を腕からはずし、マーキングする。

6 ピンをはずして平面にする。袖底位置を前後とも身頃の袖ぐり底位置に合わせて2.5cmくらい袖ぐりのラインをうつし取る。残った部分のラインをDカーブルーラーを使用し、袖山上部からつながりよくかき入れ、袖つけ線の形状をチェックする。袖下線、ダーツ、袖口線、合い印等をかいて縫い代を整理する。

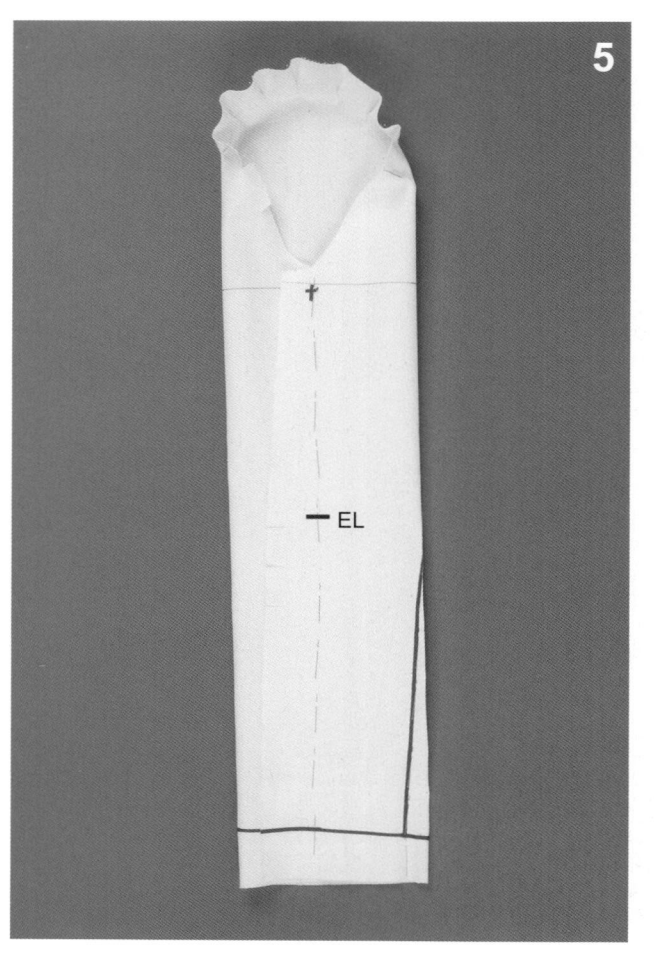

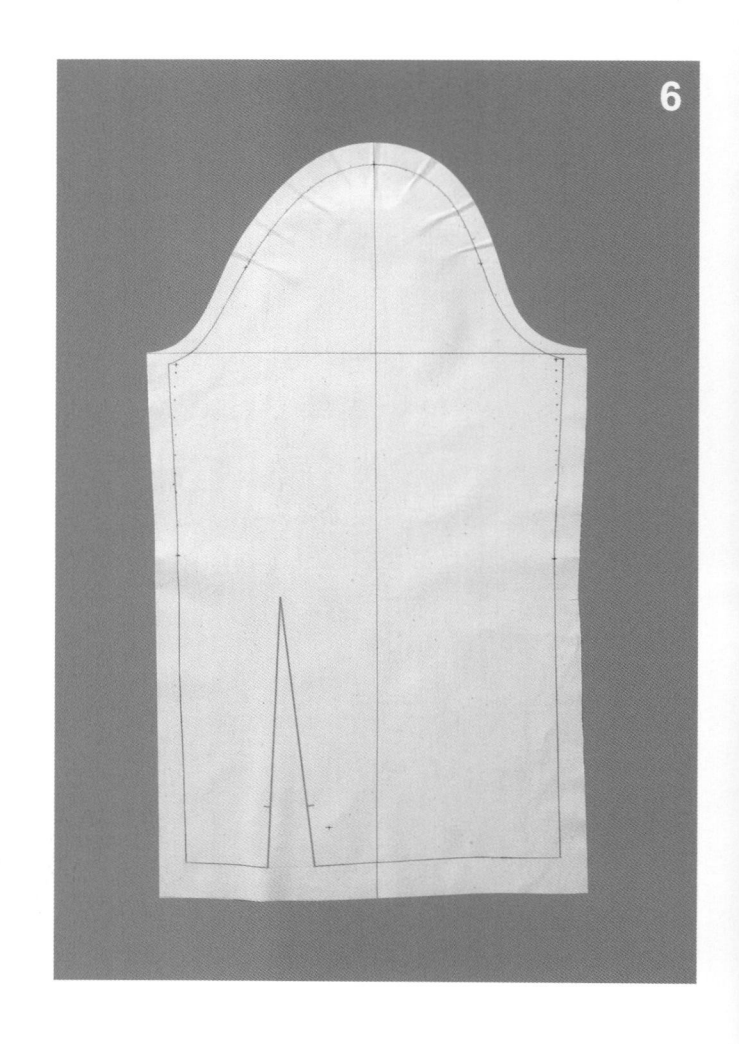

4 ボックスシルエットのジャケット

体の線をあまり強調しない2面で構成されたボックス型シルエットのジャケット。胸ぐせ分量をウエストダーツに展開し、デザイン線として生かしている。シャツカラーで1枚袖がついている。

トワルの準備

身頃は上衣としての身幅のゆとりを加えて見積もる。前身頃は胸ぐせをウエストダーツで処理するので、その分量を見越して充分な見積りをする。

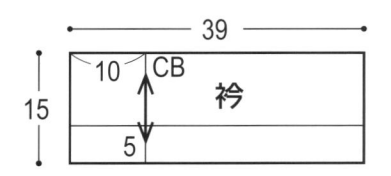

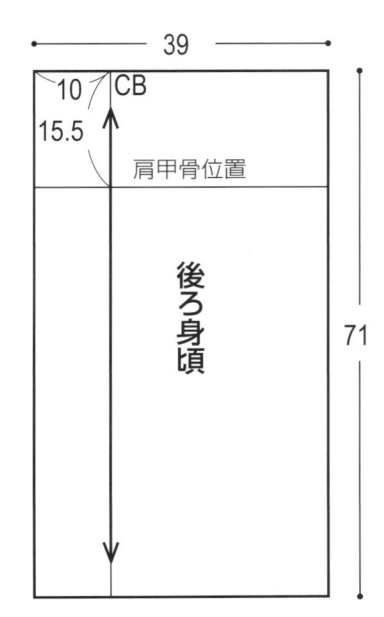

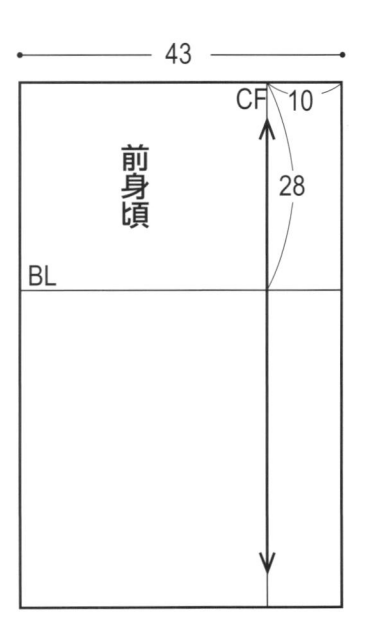

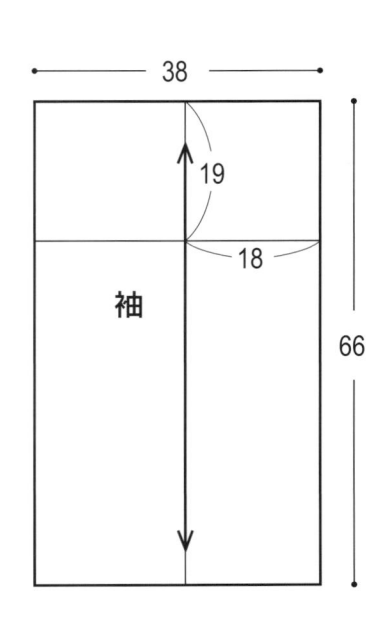

衿: 39 × 15、CB 10/5

後ろ身頃: 39 × 71、CB 10、15.5 肩甲骨位置

前身頃: 43 × 71、CF 10、28 BL

袖: 38 × 66、19、18

第4章 基本アイテムのドレーピング

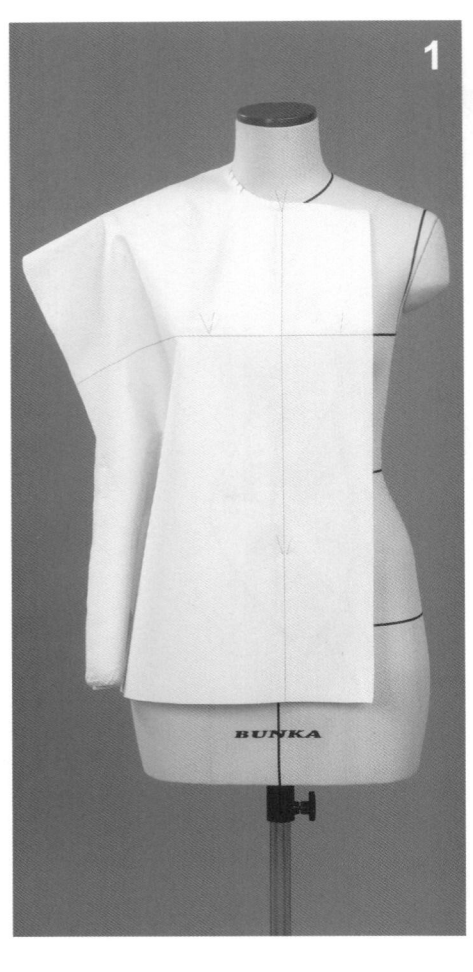

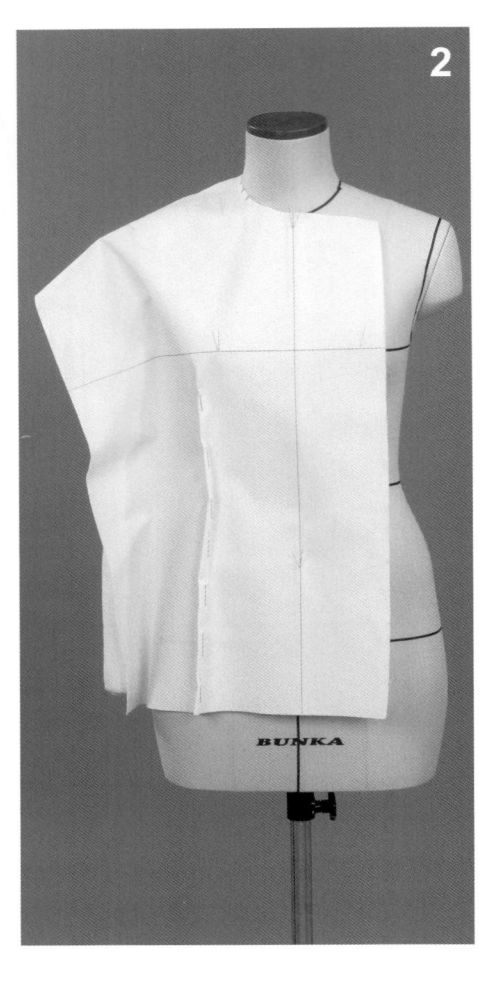

ドレーピング

1 肩パッドは厚さ0.7cmの薄手を使用する。

前身頃の中心線を、ボディの中心線から布の厚み分を移動した位置に垂直に当て、バストラインを水平にセットする。衿ぐりは首の運動量としてのゆとりを入れ、余分な布をカットする。

2 肩を安定させ、胸幅でゆとりを入れて、自然に布をなで下げる。バストのガイドラインは、ボディのバストラインより下がり、胸ぐせ分量が裾に移動して余りが生じる。その分量をヒップラインで上衣としてのゆとりを残してダーツにとり、分量、方向、ウエスト位置を決定する。

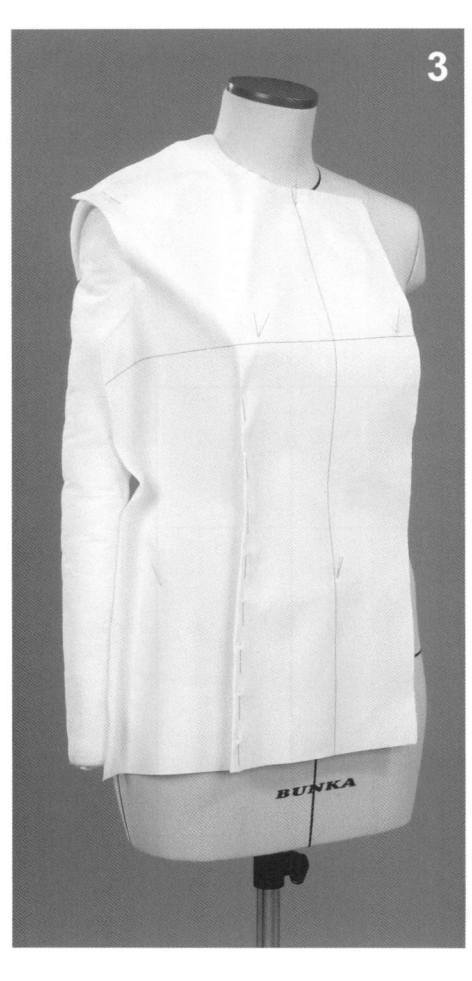

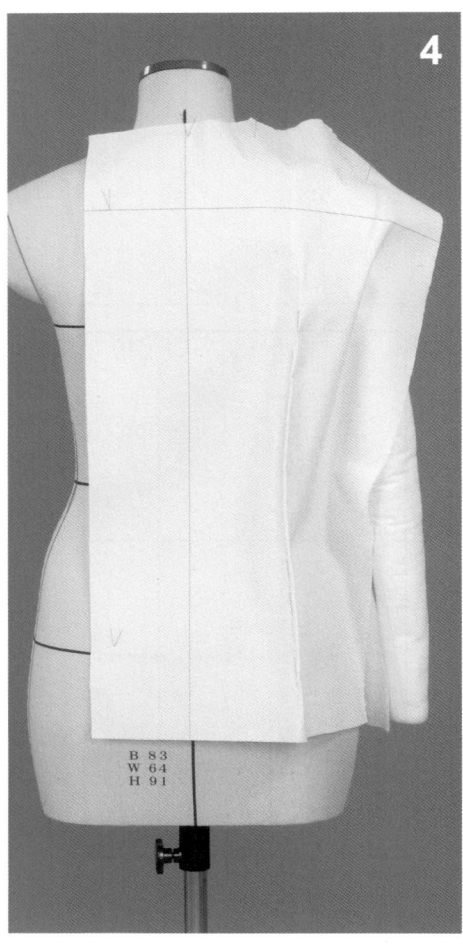

3 肩と袖ぐり上部の余分な布をカットし、胸幅と身幅のゆとりを整えて面を作る。後ろ身頃に移る前に脇側の布を前に軽く返しておく。

4 後ろ身頃の中心線をボディの中心に垂直に、肩甲骨位置のガイドラインを水平にセットする。衿ぐりは首の運動量としてのゆとりを入れ、余分な布をカットする。背幅にゆとりを入れて軽くなで上げ、余った分量は肩のいせ分とする。後ろ中心には縫い目線が入らないことを認識したうえで、ヒップのゆとりを残してウエストダーツの位置、分量、方向を決定する。

5 肩の余分な布をカットし、バランスよくいせを配分し、つまみピンで肩を合わせる。袖ぐり上部の余分な布をカットする。背幅側面からヒップにかけて、面として形作られているかチェックする。
　脇はボディのバストライン上で身幅のゆとりを追加してピンを打ち、余分な布をカットする。

6 前端、衿ぐり、袖ぐり上部と底にボディラインで印を入れる。裾を上げ、ボタンとポケット位置のバランスを検討して決定する。

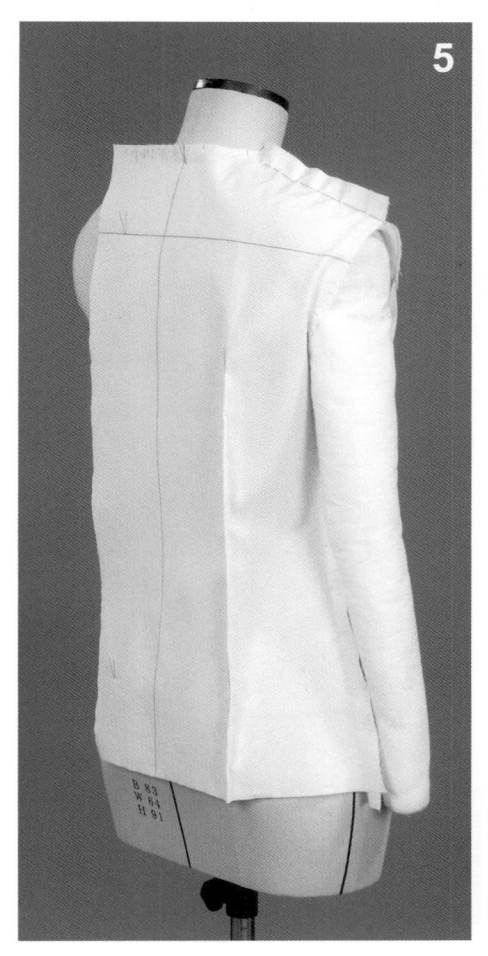

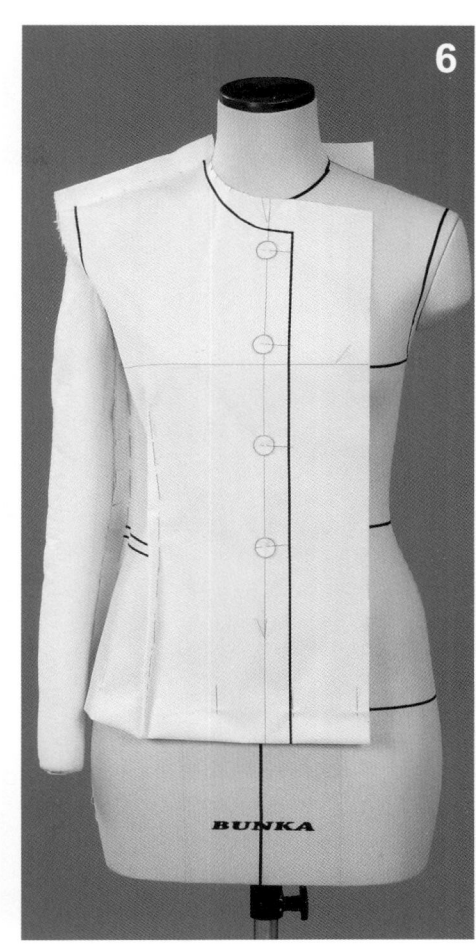

7 衿をつけたピン仕上げ。衿のつけ方は79～81ページ参照。

8 袖は平面作図で組み立てる。袖山の高さは前後の平均肩先高から袖ぐり底までの$\frac{5}{6}$の寸法とし、袖丈は身頃とのバランスを見て決定する。肘のダーツは、分量が多いと袖側面で突き出た形になるのでやや抑えた方向性にしてある。

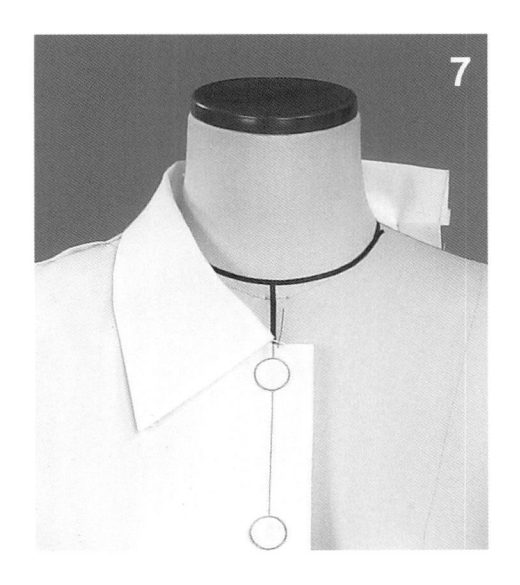

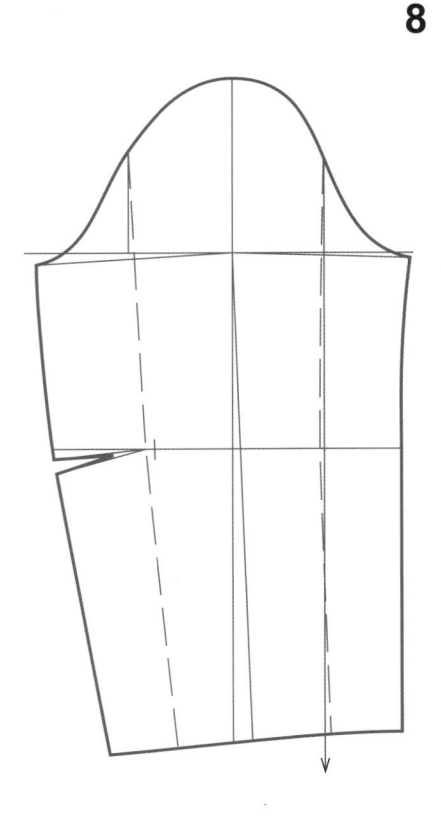

第4章　基本アイテムのドレーピング　211

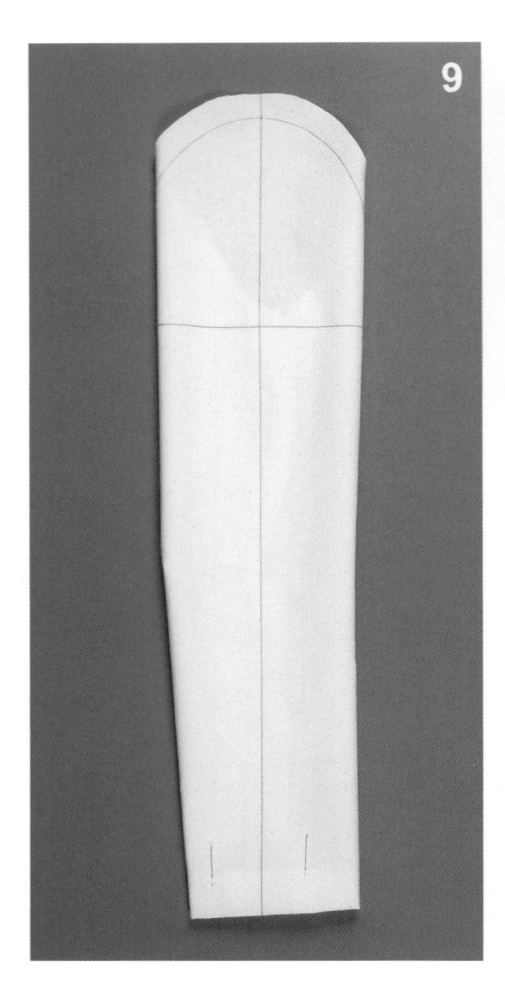

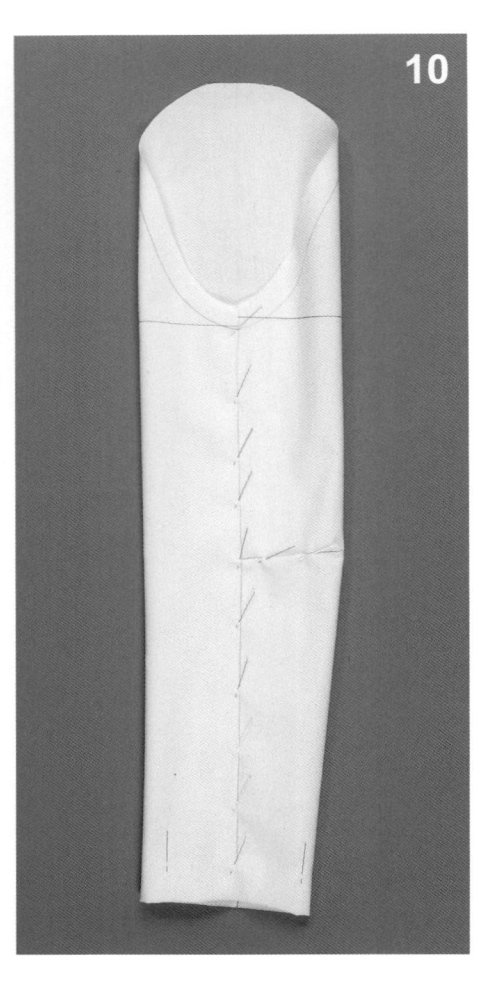

9、10 袖のピン仕上げの外袖側と内袖側。

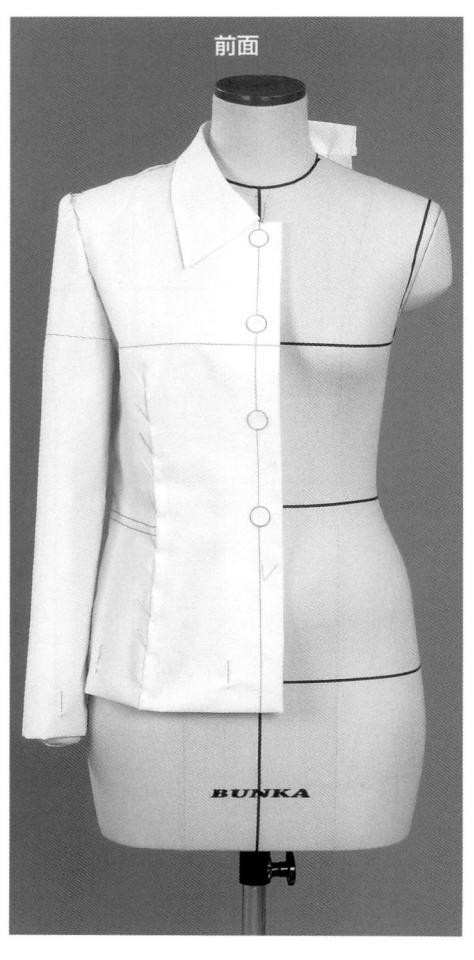

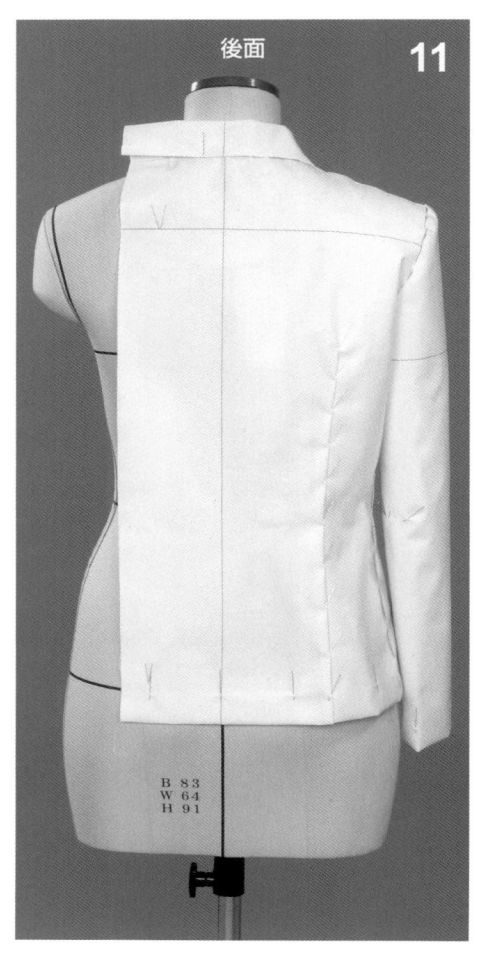

前面

後面

11 身頃のピン仕上げ。
　袖のつけ方は189、190ページのテーラードジャケット参照。

出来上り

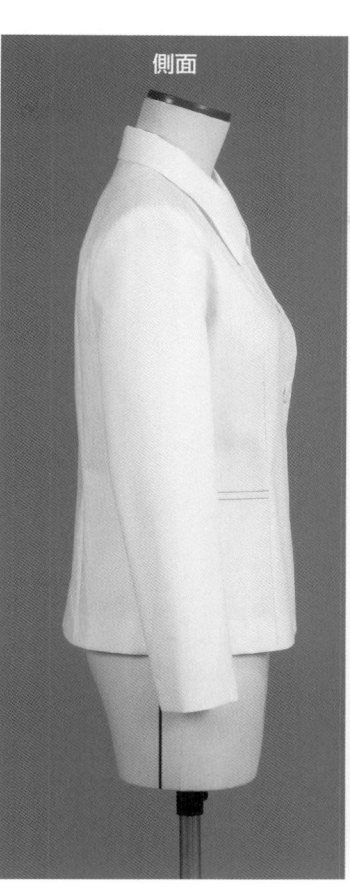

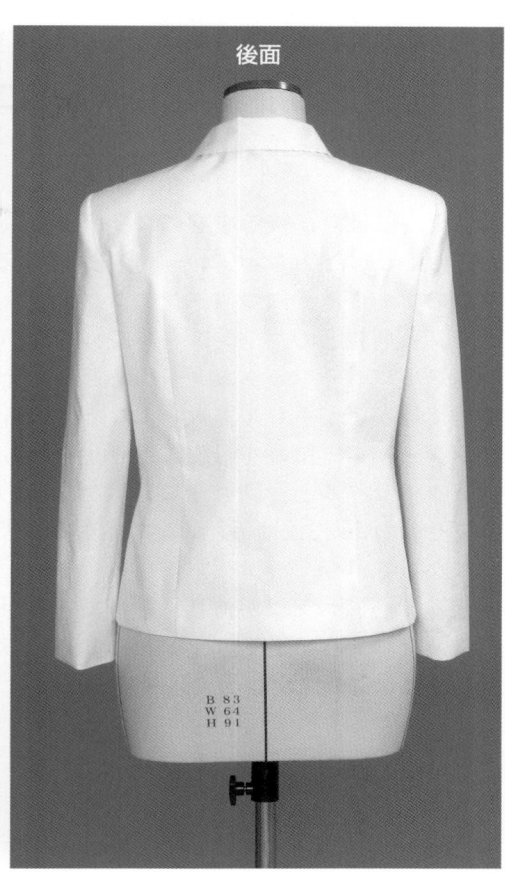

前面　側面　後面

トレースパターン

　胸ぐせの処理により、前脇部分の布目が傾斜している。ウエストダーツと脇のしぼりがゆるやかで、ボックス型のシルエットを構成しているのがわかる。

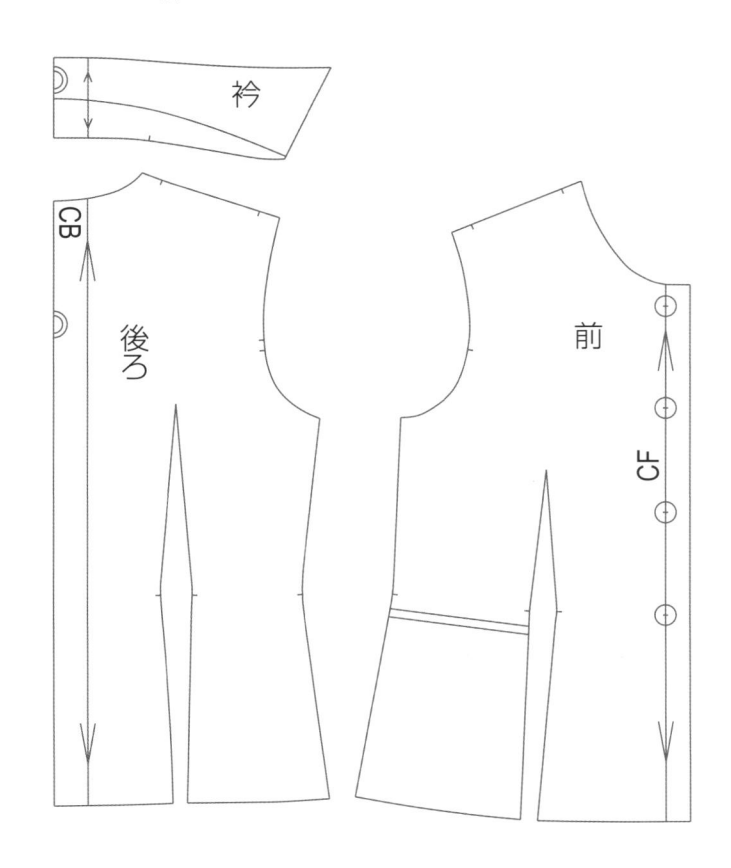

衿　後ろ　CB　前　CF　袖

第4章　基本アイテムのドレーピング　213

Ⅴ コート

1 ルダンゴトシルエットのコート

　ルダンゴト（redingote）は、もとは男子の乗馬コートのことで、自然なシルエットでウエストをしぼり、後ろ中心にスリットを入れたほっそりしたラインのコートの総称である。

　このコートは、六つボタンのダブルブレストで、背肩幅とのバランスを見て、ややハイウエストにベーシックなダーツをとり、その流れで裾が広がるシルエットになっている。アンダーバスト位置を目安に返り止りとしたピークドラペルと、胸もとに箱ポケット、あき見せのついた2枚袖等、メンズ感覚のデザインになっている。

　後ろ中心にベンツがあり、細身であるが、コートとしての必要なゆとりを入れることが、ドレーピングの大切なポイントである。

トワルの準備

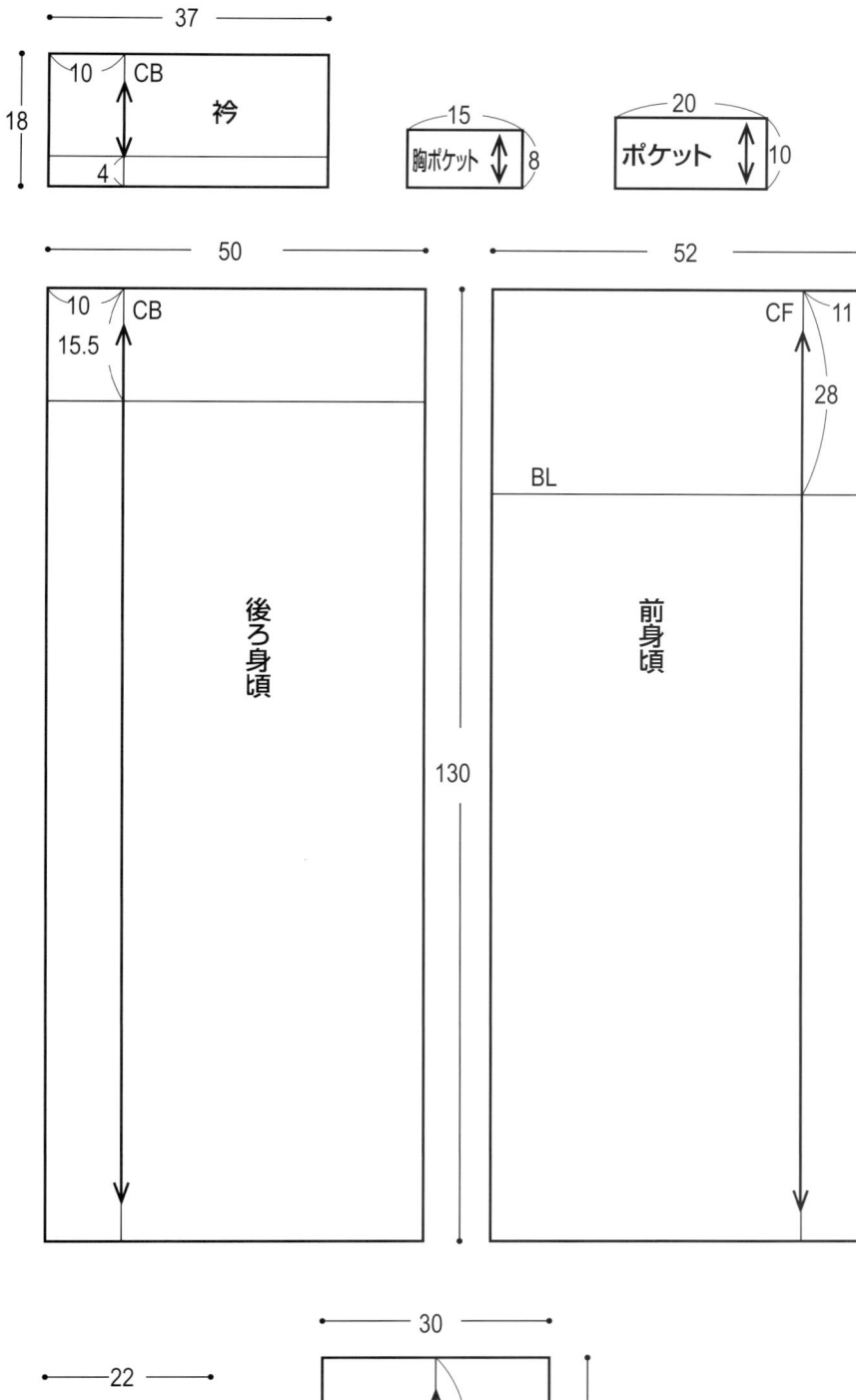

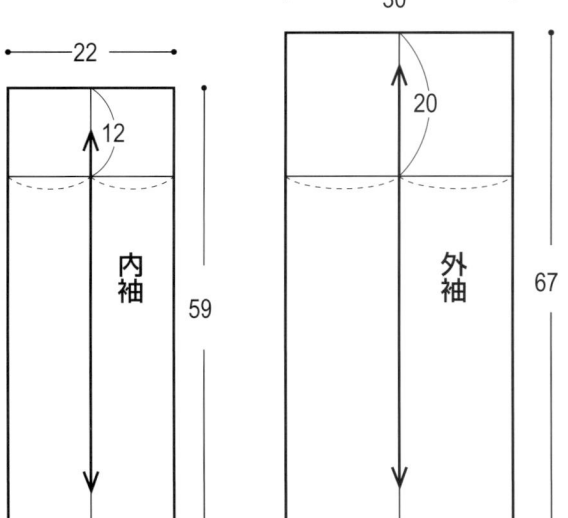

衿：37 × 18、CB 10、4
胸ポケット：15 × 8
ポケット：20 × 10

後ろ身頃：50 × 130、CB 10、15.5
前身頃：52 × 130、CF 11、28、BL

内袖：22 × 59、12
外袖：30 × 67、20

ボディの準備

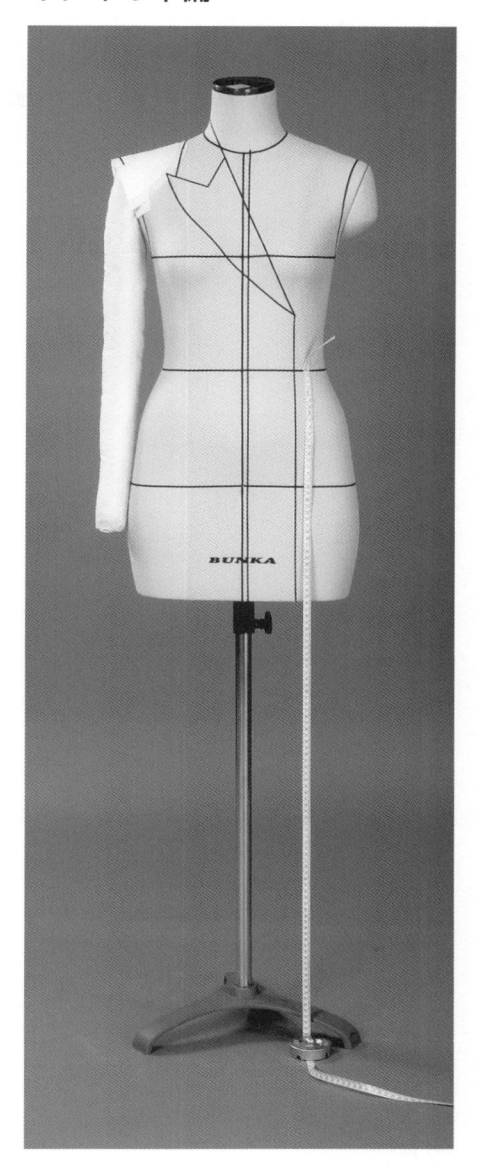

ボディに肩パッドをつける。肩のラインがシャープにでる形で、シルエットに合った肩傾斜になる厚さのもの（ここでは1cm使用）を、肩幅のバランスを考えてセットし、ピンで止める。

ボディの前中心線にゆとり分として0.7cm平行にラインを入れ、コートの中心線とし、その線から、打合せ寸法を決めてラインを入れる。

衿は、サイドネックポイントからの衿こしの高さを見て、ラペルの返り止りまでラインを入れる。目安としてボディに衿のデザイン線を入れてあるが、手慣れたらなくてもよい。

なお丈を決めるとき、メジャーを使うとコーディネートするスカート等との寸法の確認ができる。

第4章 基本アイテムのドレーピング

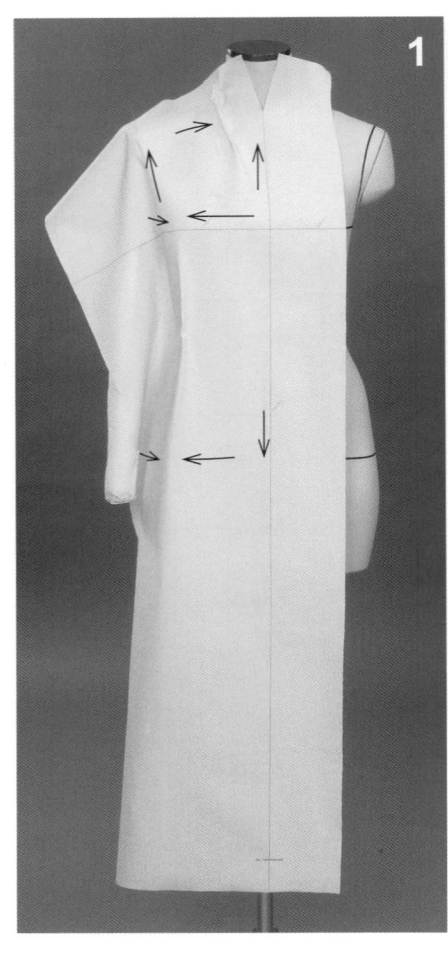

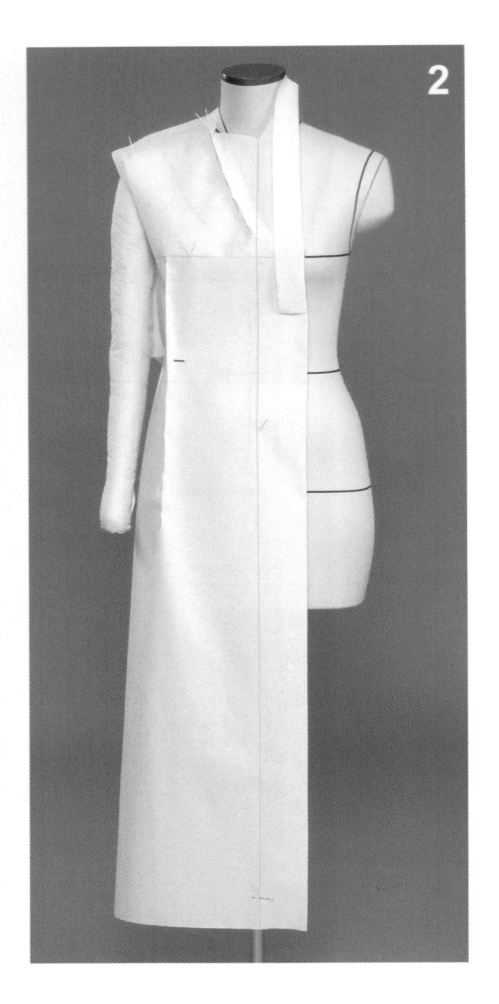

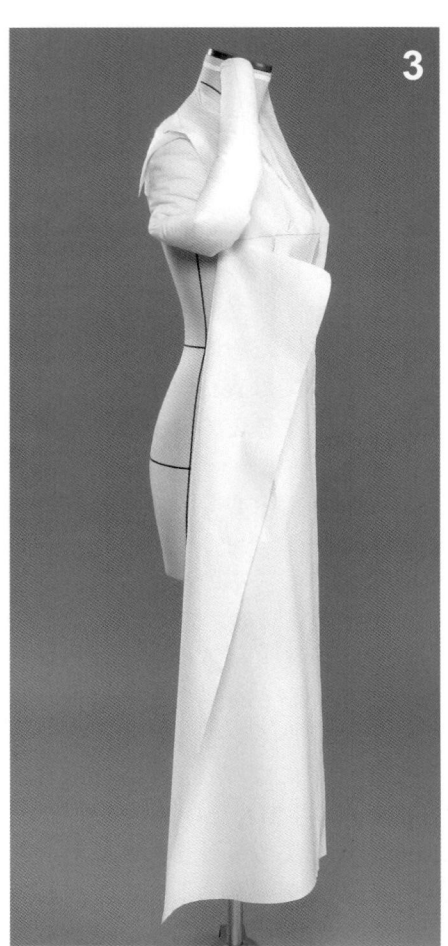

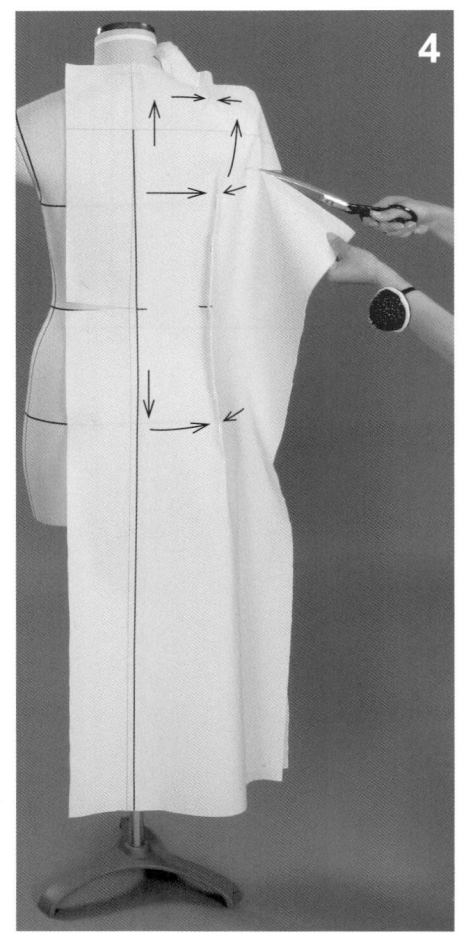

ドレーピング

1 前身頃の布のガイドラインをボディのバストラインと中心線に合わせ、左右のバストポイントを止め、水平、垂直を確認する。胸ぐせ分量をネックダーツとして軽くつまみ、サイドネックポイント、ショルダーポイントを止める。

袖ぐりから脇、裾へ立体感のあるゆとりを見ながら大まかなシルエットを作る。ラペルとゴージラインの位置を確認してからネックの中心に切込みを入れる。

前中心の裾に決定した丈のピンを止める。

2 サイドネックポイントからラペルの返り線にそうように、ネックダーツをラペルに隠れる位置と長さに注意してつまみ、衿ぐりの縫い代を整理する。ラペルは返り止りに切込みを入れて、前端を折る。肩、袖ぐりの縫い代を粗裁ちし、シルエットを見ながら少しハイウエストにダーツをつまむ。前面から側面への奥行きを見せる稜線になじむ方向のダーツで、先がとがらない分量と長さに注意する。

3 ゆとり量、シルエットが決まったら脇線の手前で布を前側によけて、軽くピンで止めておく。

4 後ろ身頃の布のガイドラインを、中心線と肩甲骨位置に合わせ、水平、垂直を確認する。矢印位置を指先で軽くボディにそわせ、布目を通しながらややフィットさせる。ウエストは少し後ろ下がりにマークし、切込みを入れる。ゆとりを見て衿ぐりの縫い代をカットし、サイドネックポイントを止める。ガイドラインを水平に保ちながら背中を包み込むようにして肩のいせ分量をとり、ショルダーポイントを止め、背と脇のゆとりを確認して袖ぐりの縫い代をカットする。ダーツは側面から見て、立体的な面の構成が成り立つ位置と分量を求める。

5 前後の肩を合わせ、縫い代をカットする。

脇は前とのバランスを見て合わせる。布をカットしていないので合わせると差がでて、前後の裾幅の違いが確認できる。

6 脇の縫い代を整理し、ウエストラインの位置をチェックする。

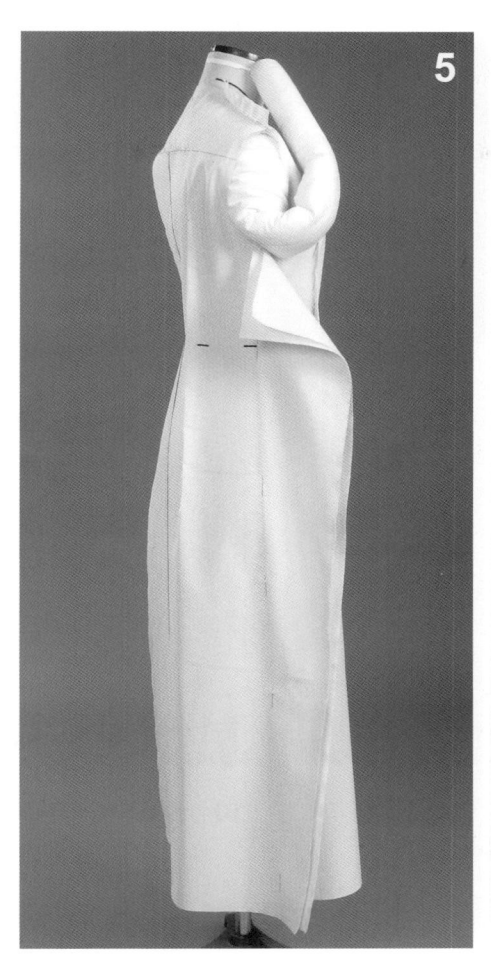

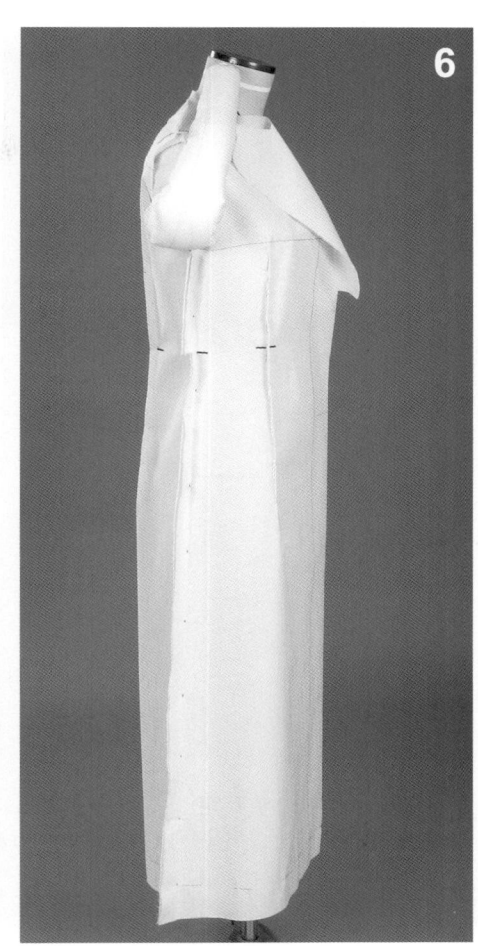

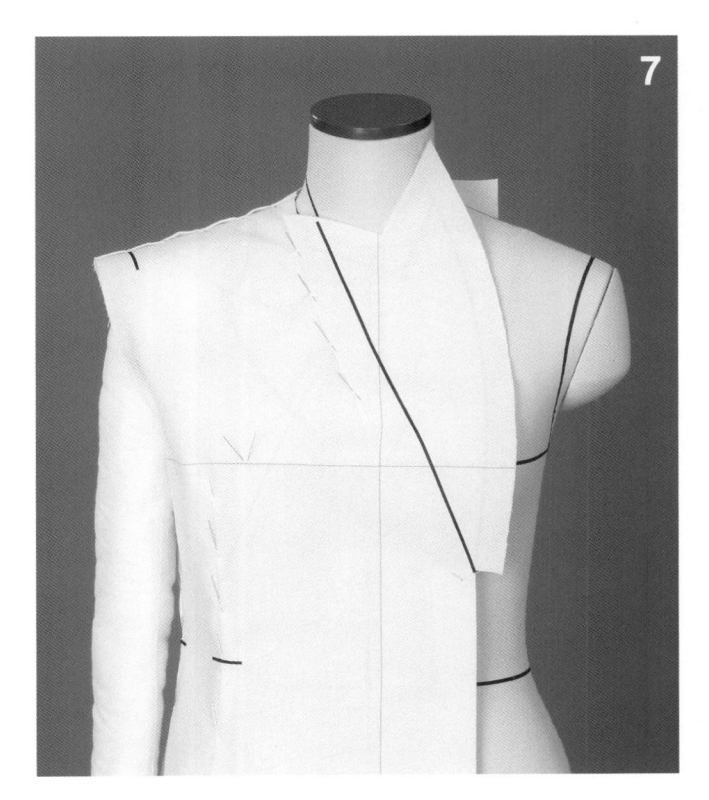

7 肩、脇線、ネックダーツを折伏せピンで整える。返り線と肩先に印を入れる。

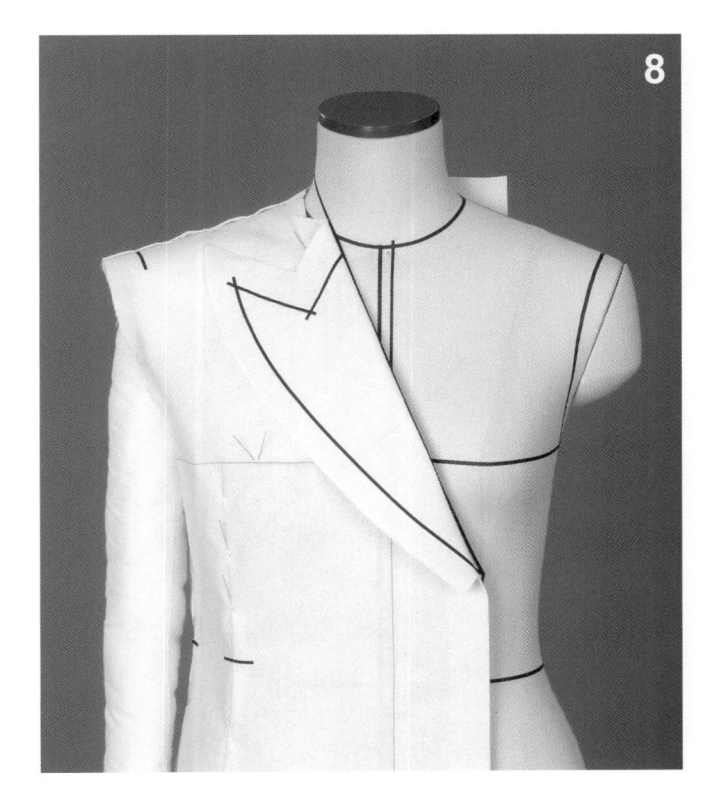

8 ラペルを折り返して、ラペルの形とゴージラインに印を入れる。

第4章 基本アイテムのドレーピング 217

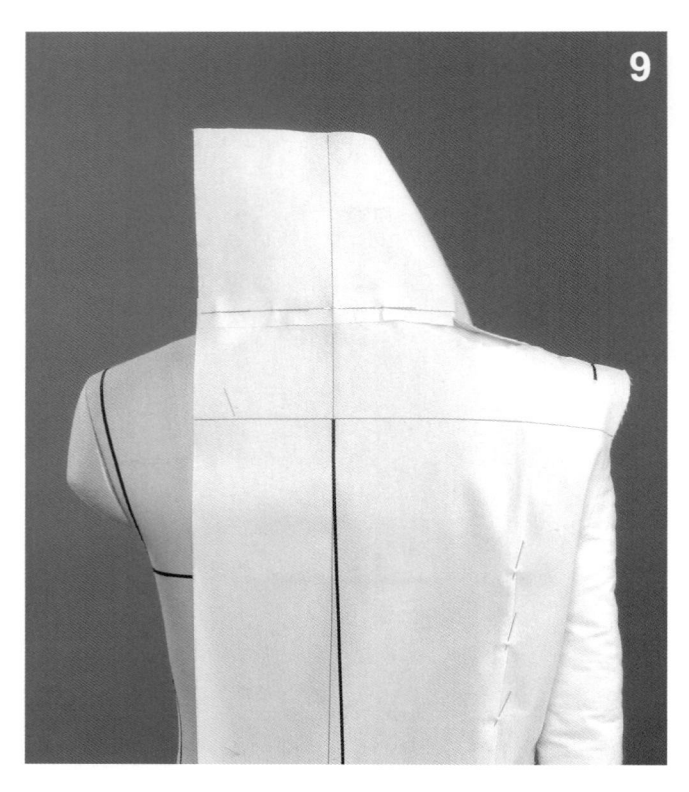

9 衿の後ろ中心が安定してつくように、中心を垂直に合わせて水平にピンを打ちしっかり止める。

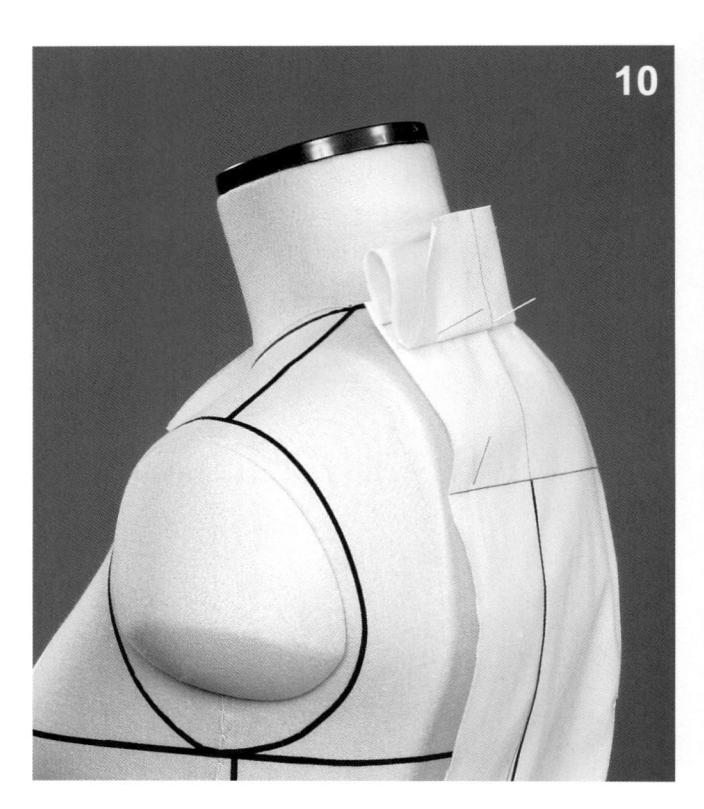

10 後ろ中心の衿こし、衿幅を見積もる。

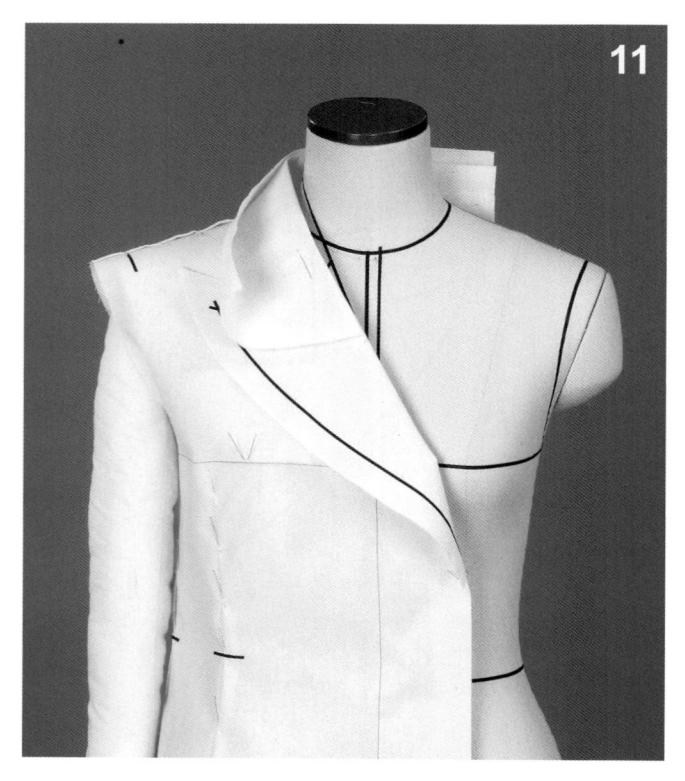

11 衿つけ線になじませながら衿幅と外回りのぐあいを見てラペルと合わせ、返り線のつながりがよいかを見る。同時に、首と上衿のゆとりを確認する。

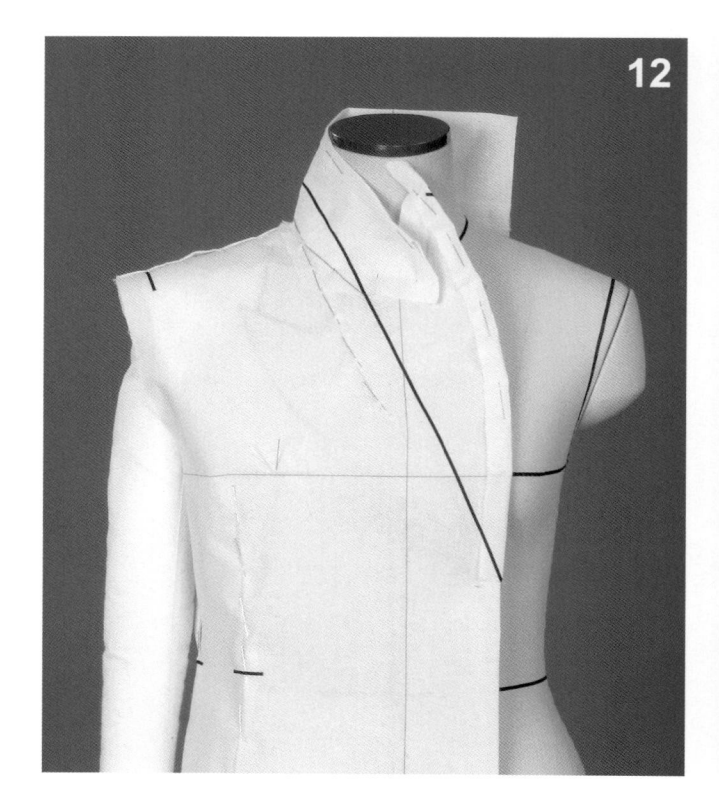

12 縫い代に切込みを入れながら衿つけをする。返り線のつながりとネックダーツの位置などを確認し、衿の外回りを折り返してピンを打つ。

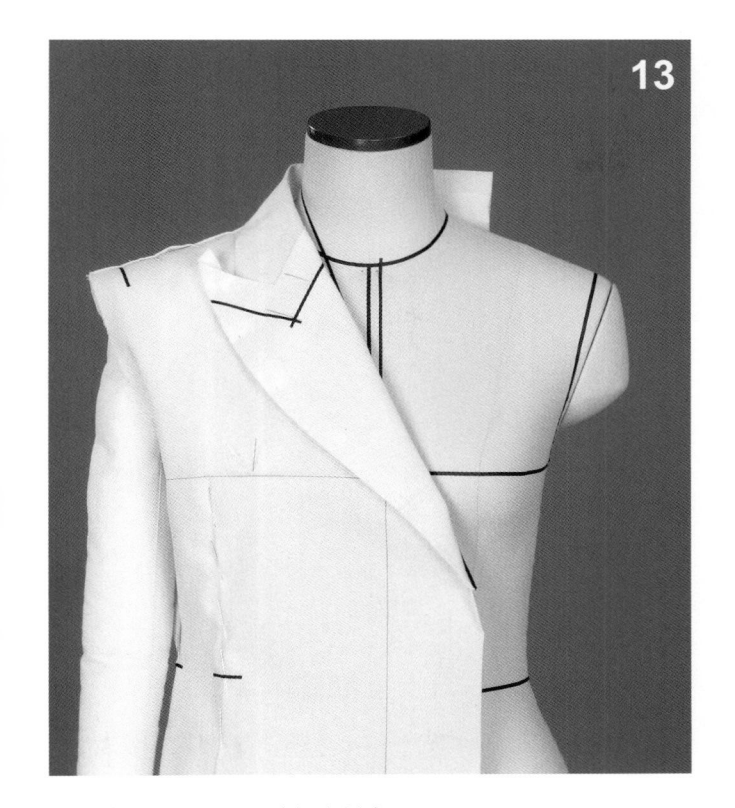

13 衿とラペルの形を確認する。

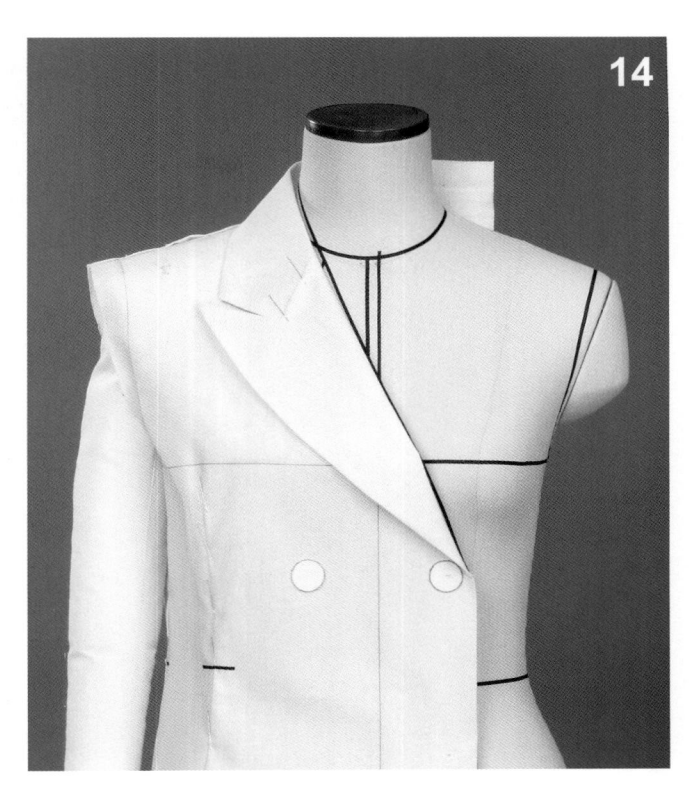

14 衿の出来上り。返り止りに第1ボタンをつける。
袖ぐりの位置をしるす。外衣なので袖ぐりの底は、バストラインより下げて寸法を確認しておく。

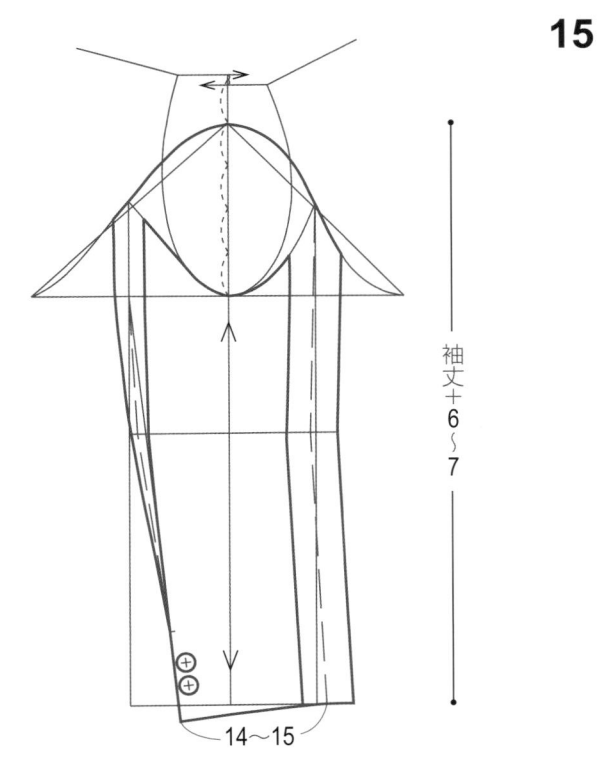

15 身頃の袖ぐりに合わせて袖の作図をする。袖ぐりが深いので袖山の高さは$\frac{4}{5}$の割出しにしている。

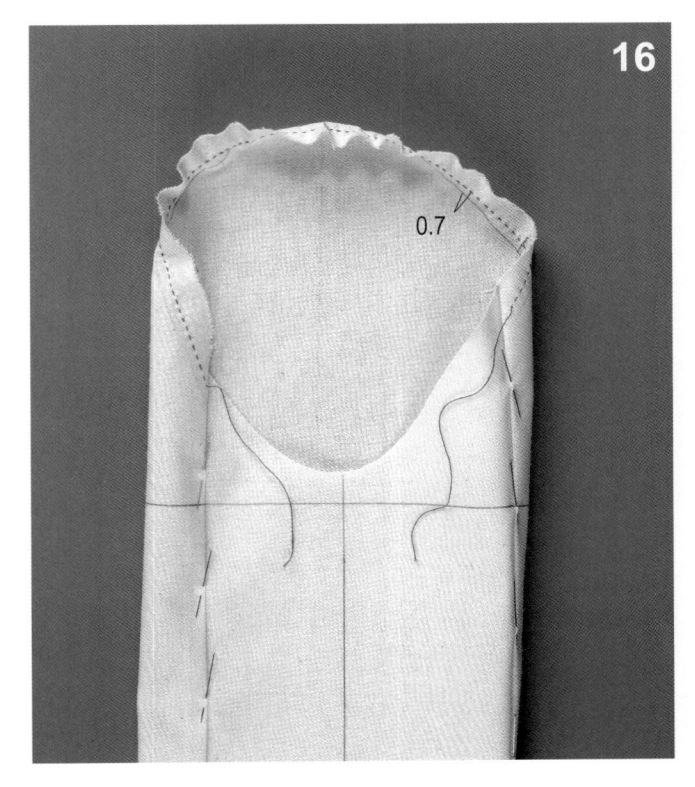

16 袖を作る。袖山に袖つけの調整がしやすいように0.7cmほど離してぐし縫いをし、糸端は表に出しておく。

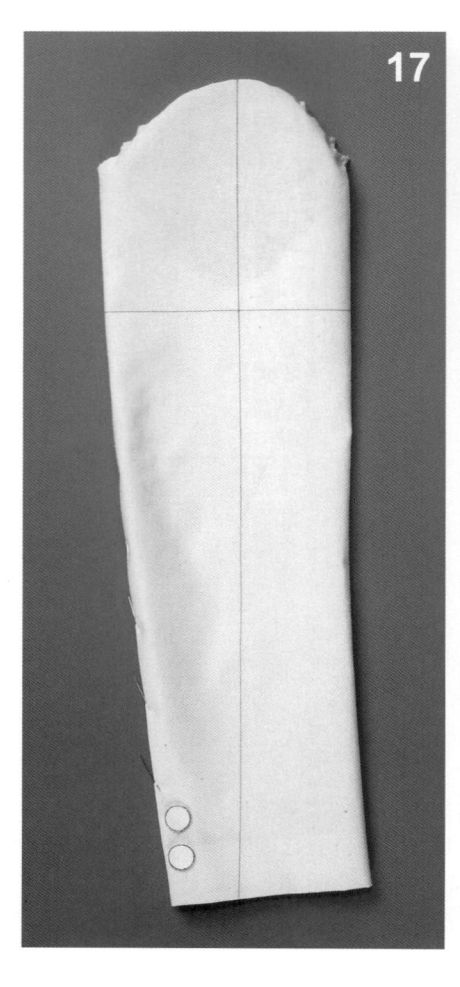

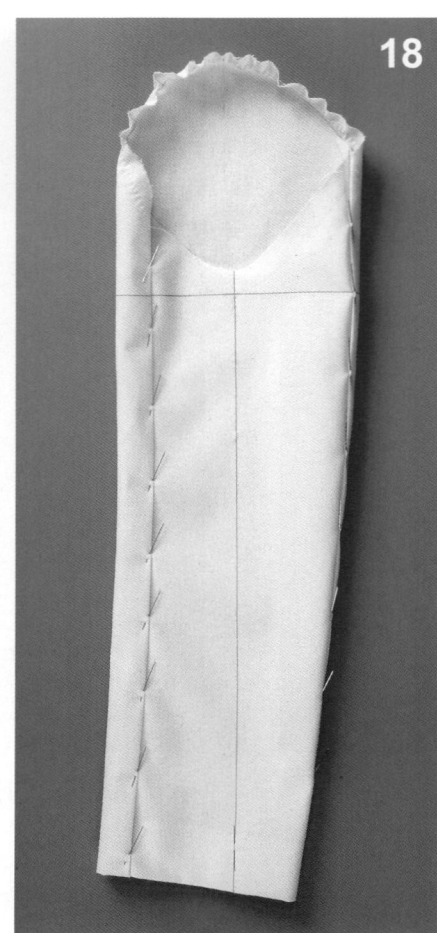

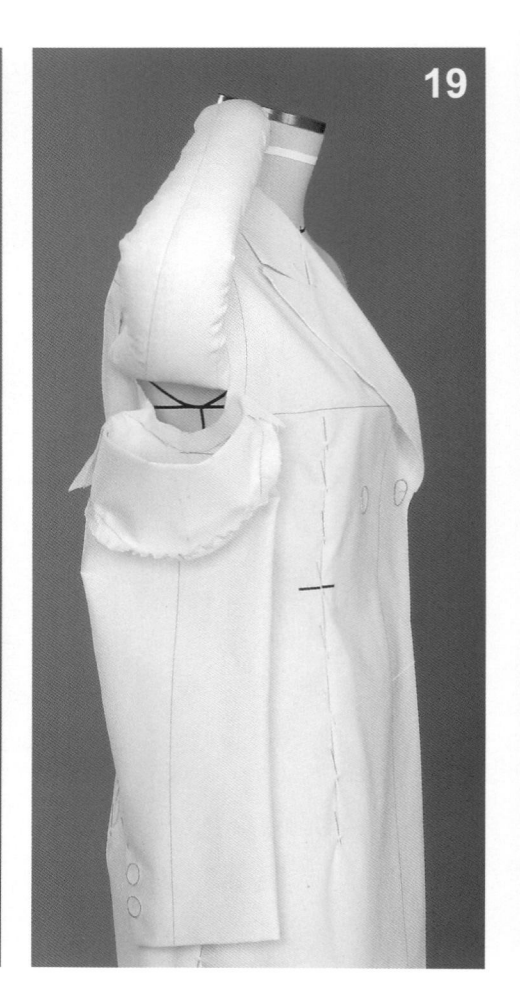

17、18 袖のピン仕上げの外袖側と内袖側。

19 合い印を合わせて袖ぐり底にピンを打つ。

20 作図による袖は目安であるため、使用する素材を考慮していせ分量を見ながら袖山の形を整える。肘を曲げて袖下の運動量が不足していないかをチェックし、幅、袖山の高さ、いせ分量等に変化が生じたときは修正する。

21 袖つけの出来上り。
太さと前後のゆとりのバランス、方向性、袖山等を再チェックする。

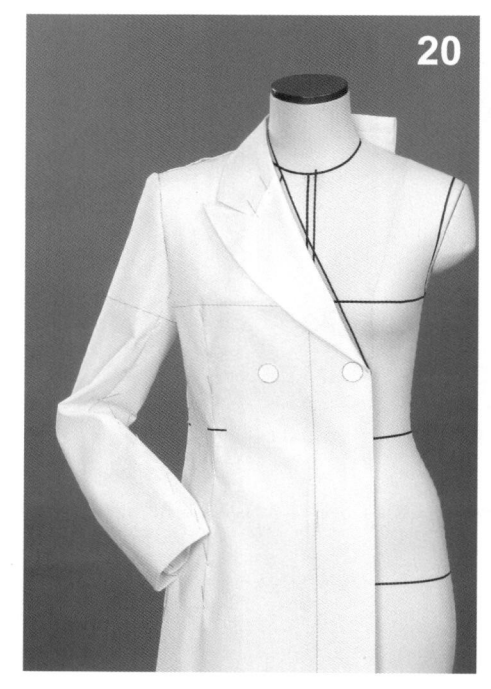

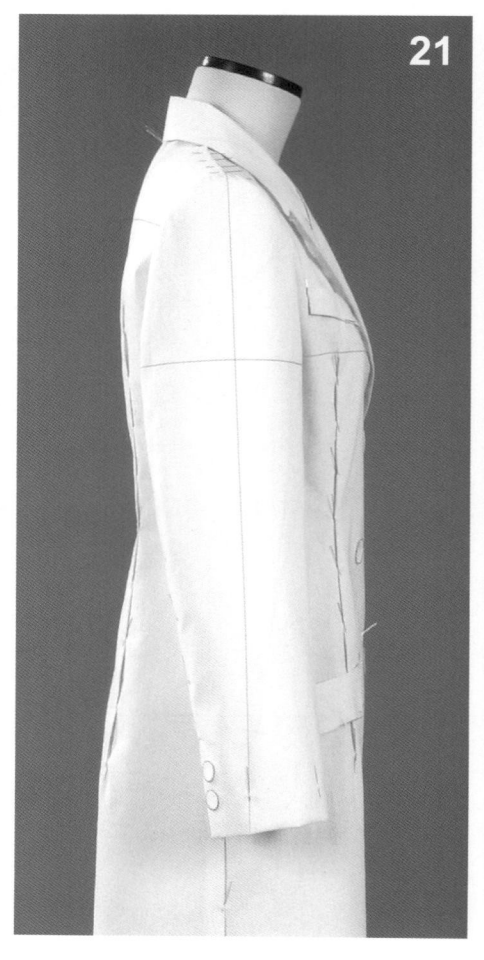

22 ヘムを上げる。ベンツの位置をしるす。

全体のバランスを見て第2・第3ボタンをつける。

コートに合ったサイズで手の出し入れの位置も考慮し、胸と腰にポケットをつける。

23 斜め後ろから見たピン仕上げ。

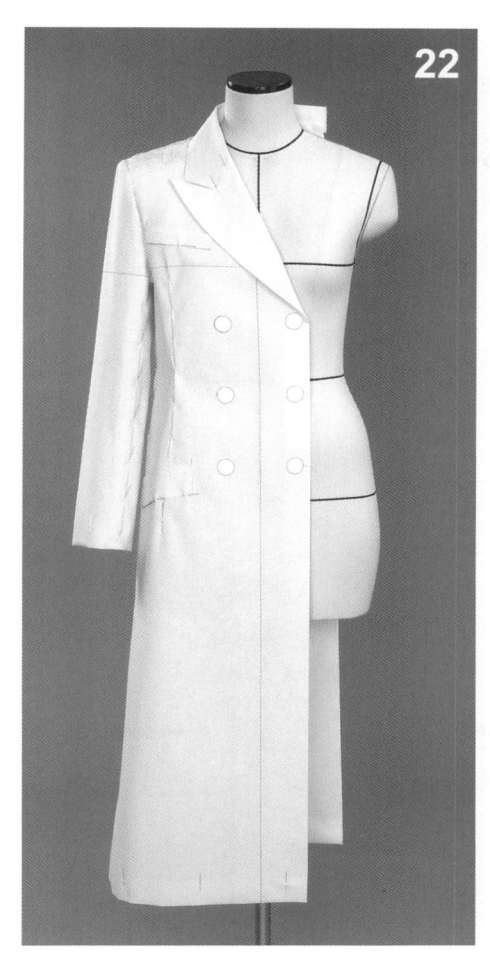

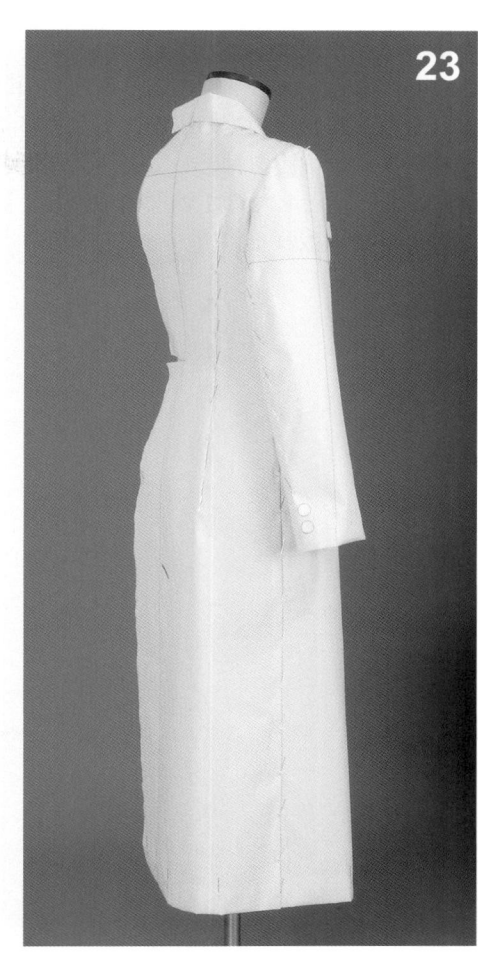

出来上り

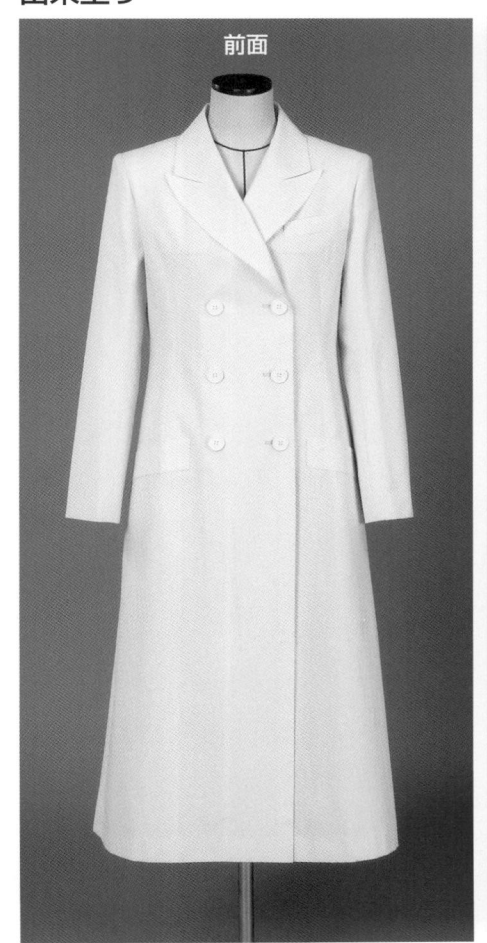

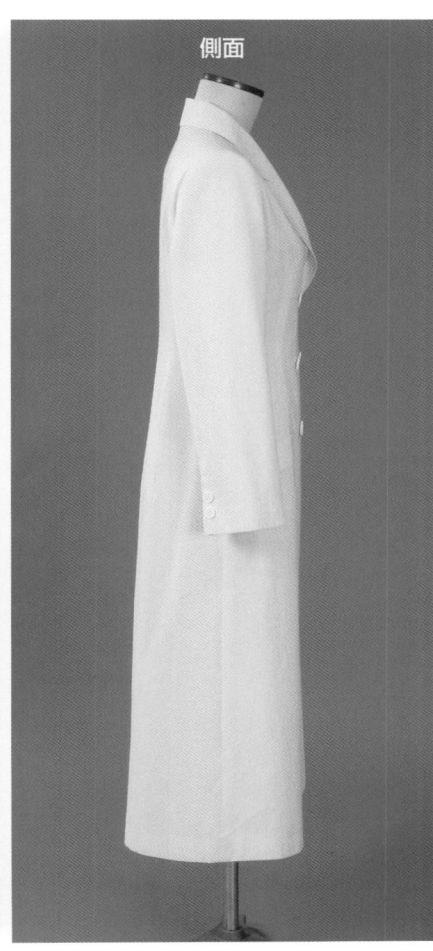

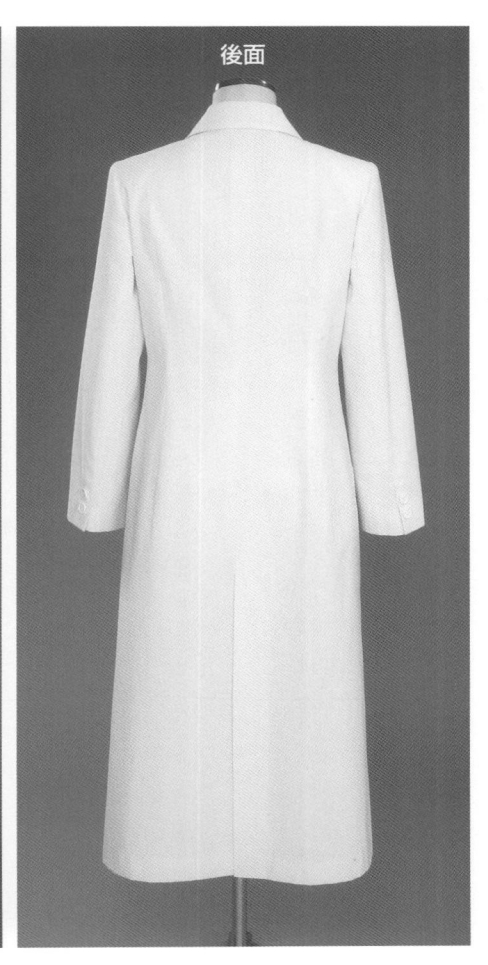

前面　　側面　　後面

第4章　基本アイテムのドレーピング

トレースパターン

　前身頃よりフィット感のある後ろ身頃は、ダーツ分量が前より多く、脇の裾の広がり分量も多くなっている。前後のダーツ位置を軸として立体的な面の構成であることや、コートとしての上腕部の袖幅と、袖口幅の関係、方向性が読み取れる。

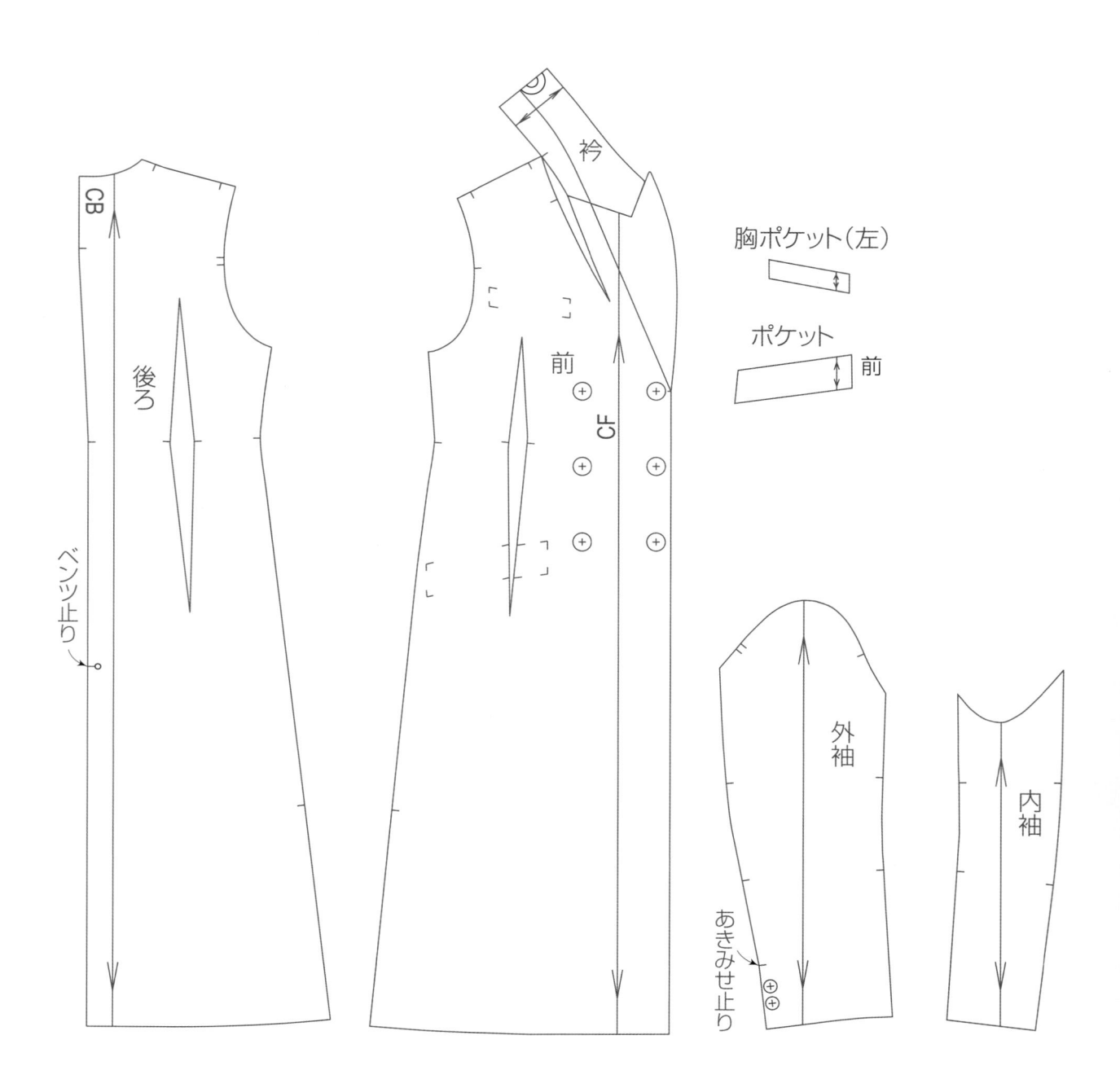

2　ストレートシルエットのコート

　ストレート（straight）コートは、ウエストをほとんどしぼらず、裾もあまり広げない直線的で細身のコートをさすが、このコートは、外衣として着やすいゆとりのあるシルエットにしている。アームホールダーツと、後ろへ回した切替え線で構成した身頃は、前後から見るとストレートに見えるが、脇に立体的な奥行きと、裾幅は、運動量を加えて広くしている。

　衿こしの低い大きめのテーラードカラーで、フラップつきパッチポケットをつけ、前中心はすっきりとした比翼仕立てである。後ろ中心にベンツがある。袖は、袖口からダーツをとって、あきみせを作っている。

　ボックスシルエットを構成するように、ボディからゆとり分を浮かしてドレーピングするのがポイントである。

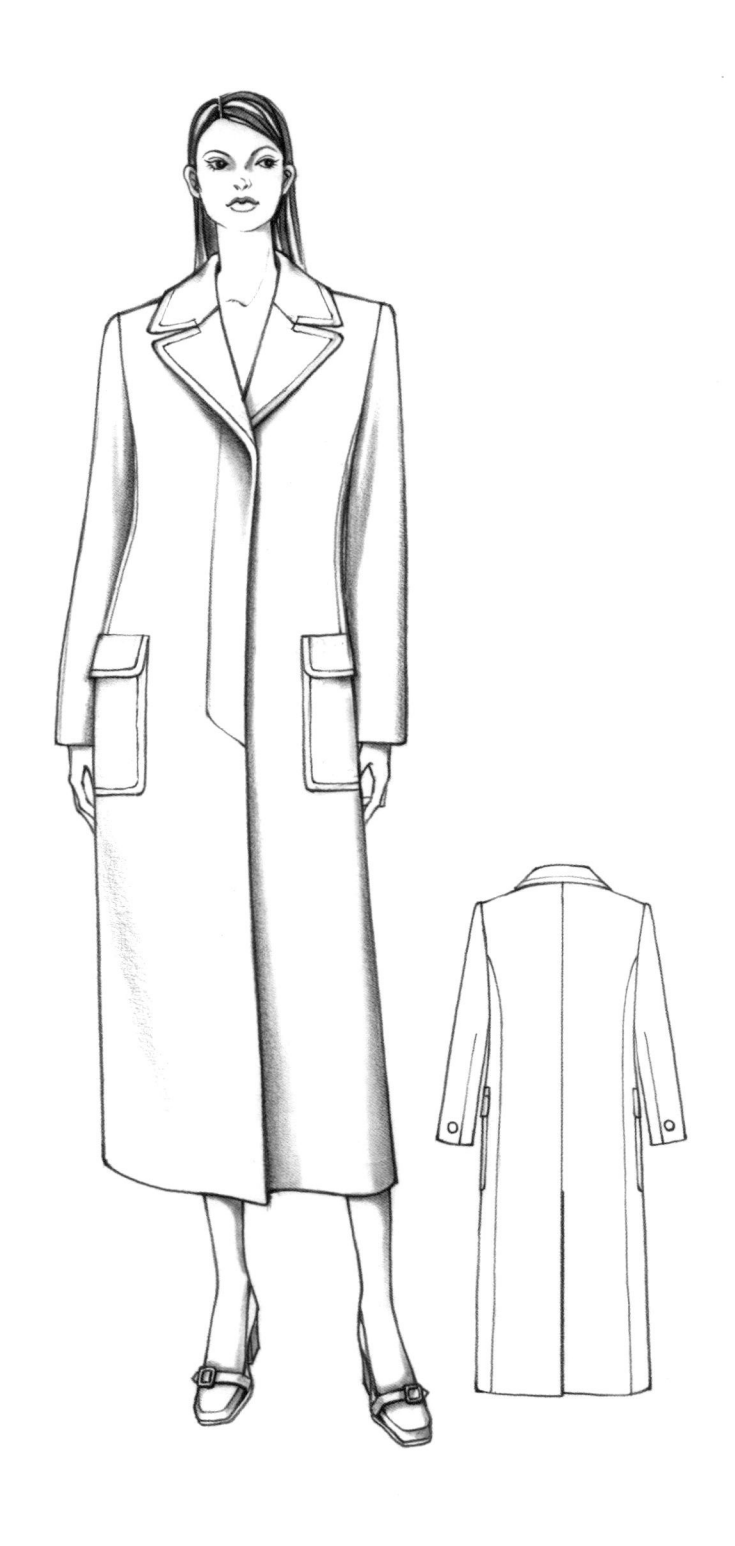

第4章　基本アイテムのドレーピング　223

トワルの準備

衿: 38 × 20、CB 10、8

フラップ: 25 × 12

ポケット: 25 × 25

後ろ身頃: 37 × 130、CB 10、15.5

前身頃: 63 × 130、CF 10、28、BL

袖: 46 × 68、20、22

ボディの準備

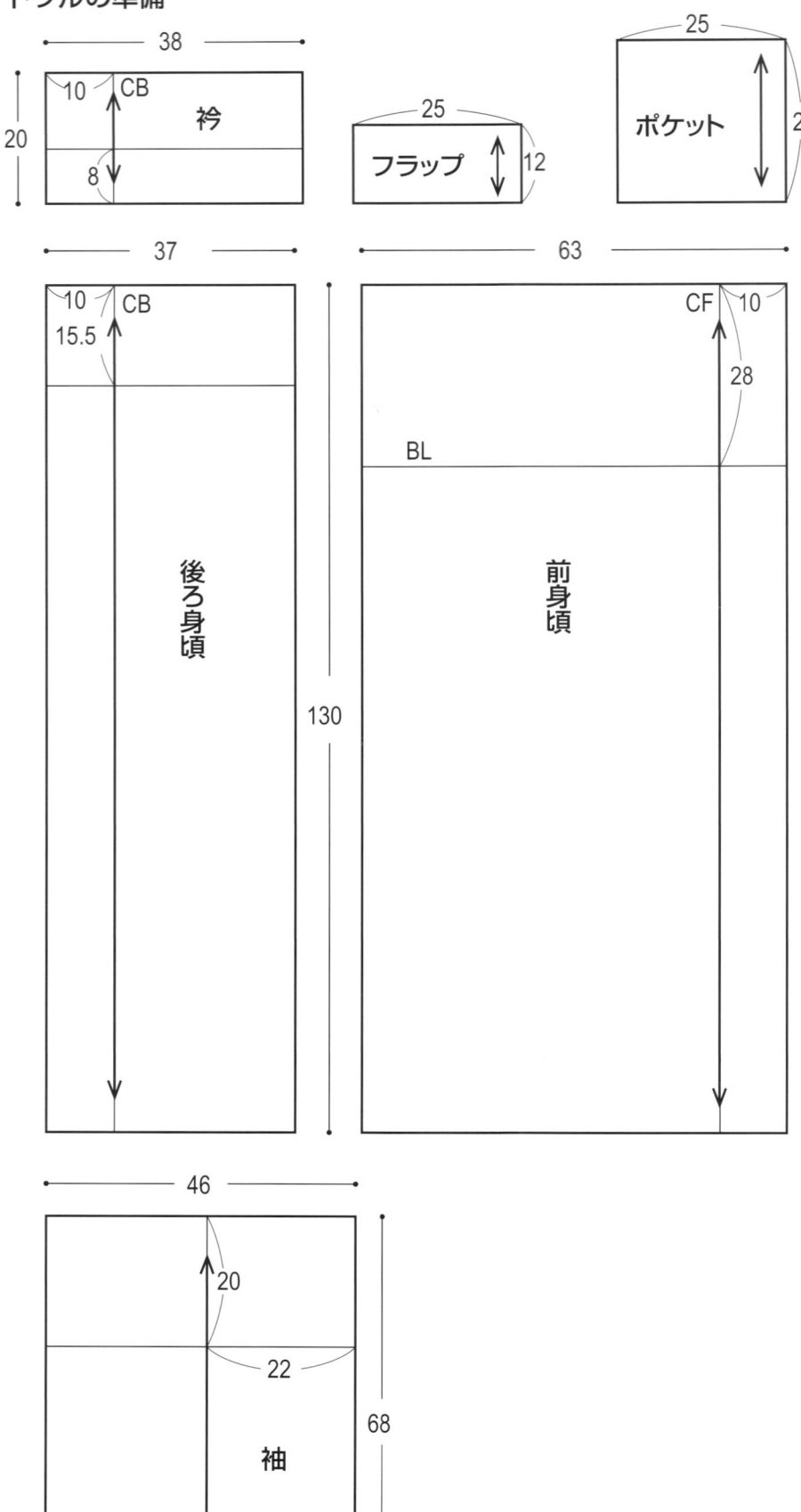

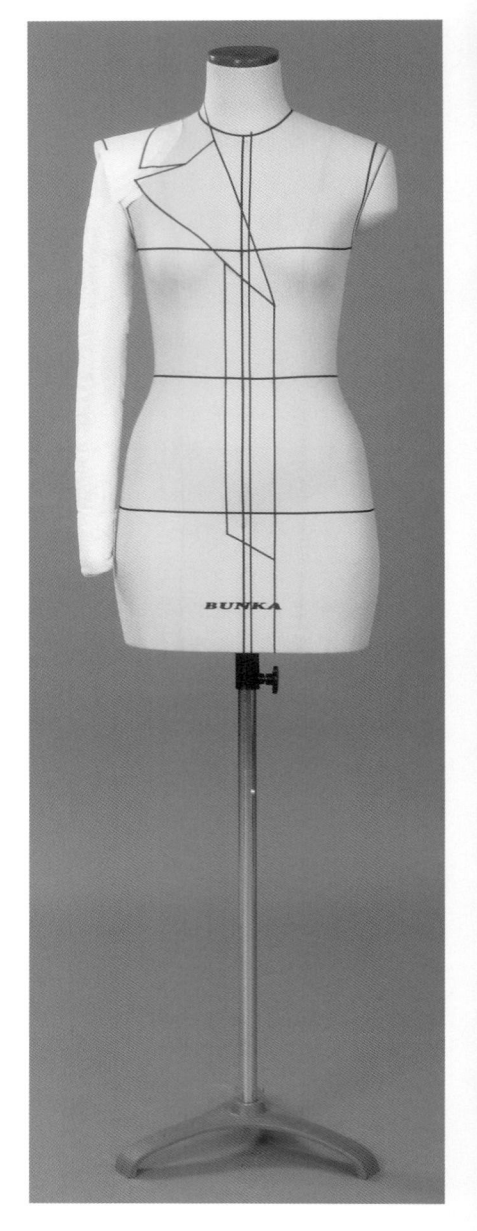

ボディに肩パッドをつける。低めのなだらかな衿に続く肩のラインになる厚さ（ここでは1cmを使用）のものを用意し、背肩幅を確認してピンで止める。

ボディの前中心線にゆとり分1cmを平行に入れて中心線とし、打合せ寸法のラインを入れる。

サイドネックポイントから低めの衿こしを決め、ラペルの返り止までラインを入れる。衿のデザイン線は、手慣れてきたらなるべくドレーピングの過程で、バランスを見ながら決める。

比翼は、打合せ寸法の倍の幅にし、ラインを入れる。

ドレーピング

1 前身頃のガイドラインをボディの中心線とバストラインに合わせ、左右のバストポイントを止め、水平、垂直を確認する。胸ぐせをぼかすようにネックに少しゆとりを入れ、サイドネックポイント、ショルダーポイントを止める。はさみを入れすぎないようにラペルを折り返して位置を確認してから、衿ぐりを粗裁ちする。

　返り止りに切込みを入れ、前端を折る。

　前袖ぐり（肩から10cmくらい下がった位置）に切込みを入れ、前身頃のシルエットを整えて脇線を後ろに回し、止めておく。

　前中心の裾に丈のピンを打つ。

2 前身頃のストレートなラインを保ちながら、シルエットの稜線に袖ぐりダーツをとる。脇でゆとり分を1cmくらいつまみ、脇の面を作りながら布を後ろに回し、袖ぐりの縫い代を整理する。

3 脇でつまんでおいたゆとり分のピンを外し、前と脇のシルエットを確認する。脇の布を前側によけておく。

4 後ろ身頃のガイドラインを、ボディの中心線と肩甲骨位置に合わせ、水平、垂直を確認する。背幅のゆとりを見ながら矢印の方向に指先で軽くそわせる。後ろ中心のウエスト位置で少ししぼり、切込みを入れて軽くフィットさせ、ラインを入れる。

　前後の肩を合わせ、縫い代を整理する。

　稜線を意識しながら切替え線のラインを入れる。

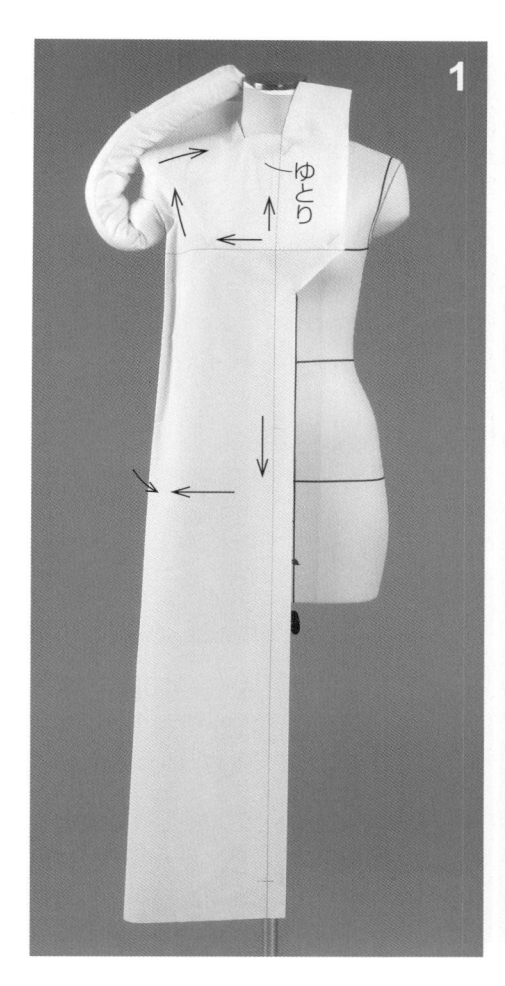

第4章　基本アイテムのドレーピング

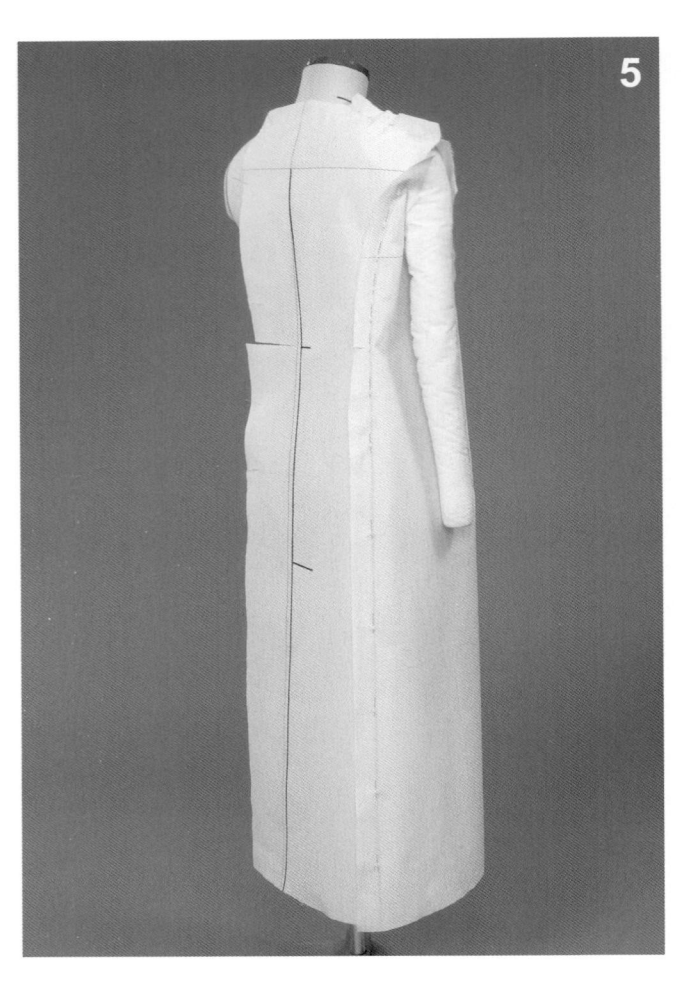

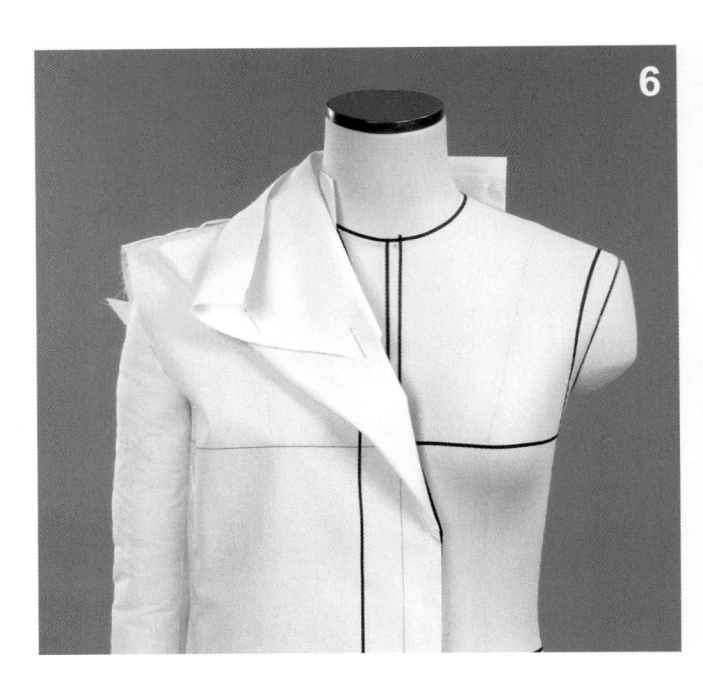

5 後ろ切替え線の余分な布をカットし、その上に、脇布を重ねてピンを打ち、縫い代を整理する。バランスを見てベンツの位置をしるす。

6 肩を折伏せピンに打ち直す。比翼のラインをしるす。後ろ中心に衿布を合わせ、衿こしの高さと衿幅の感じを見ながら外回りをなじませ、ラペルと合わせて返り線のつながりをチェックする。

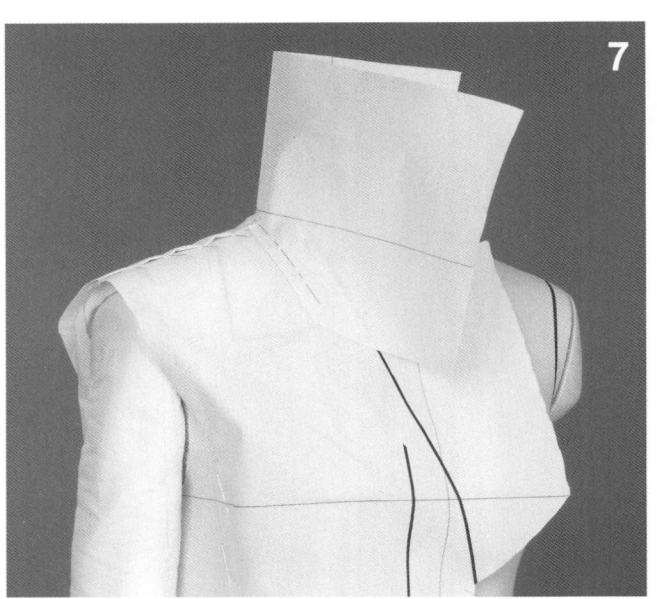

7 衿つけのピンを打つ。サイドネックポイントからの衿つけ線は、返り線に平行にそうようにする。衿がしわもなく立つと、折り返してもきれいな衿になる。

8 衿とネックとの離れぐあい、衿こしの高さ、ゴージラインと刻みなど、衿とラペルの形を確認し、ラインを入れる。ボディの準備のときにデザイン線を入れなくても、ここで決めることができる。ショルダーポイントに肩幅の印を入れる。

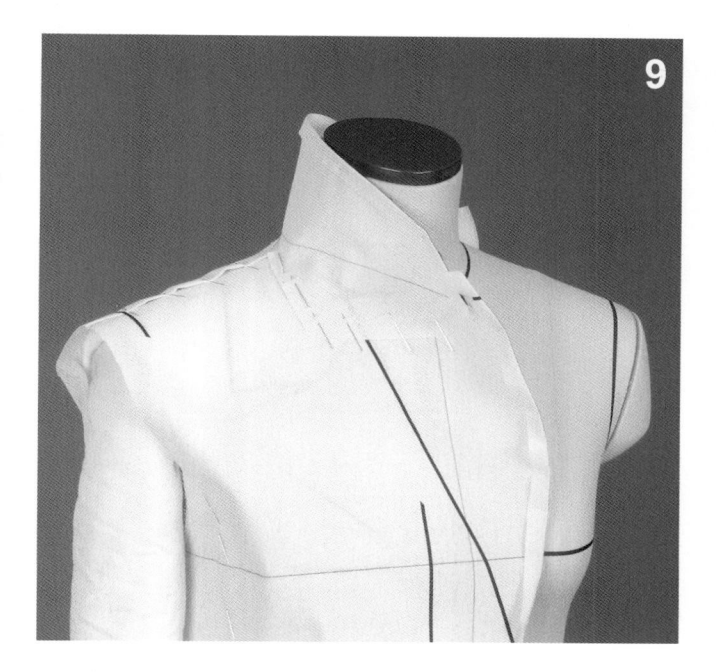

9 縫い代を整理してピンを打つ。

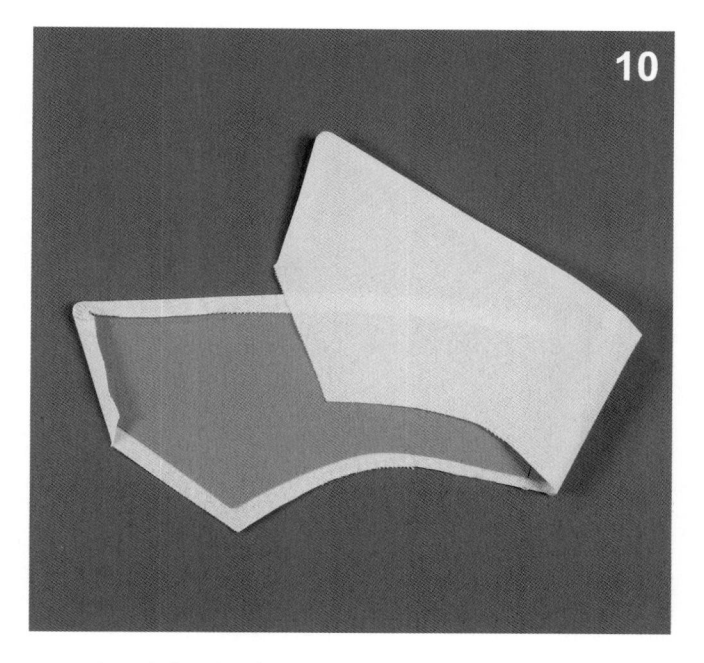

10 丸の角処理が多いデザインのコートなので、厚紙（テンカラー等）で型紙を作る。写真のように、細かく目打ち等でひだを寄せながらアイロンの先で厚紙に合わせて押さえると、きれいに仕上がる。

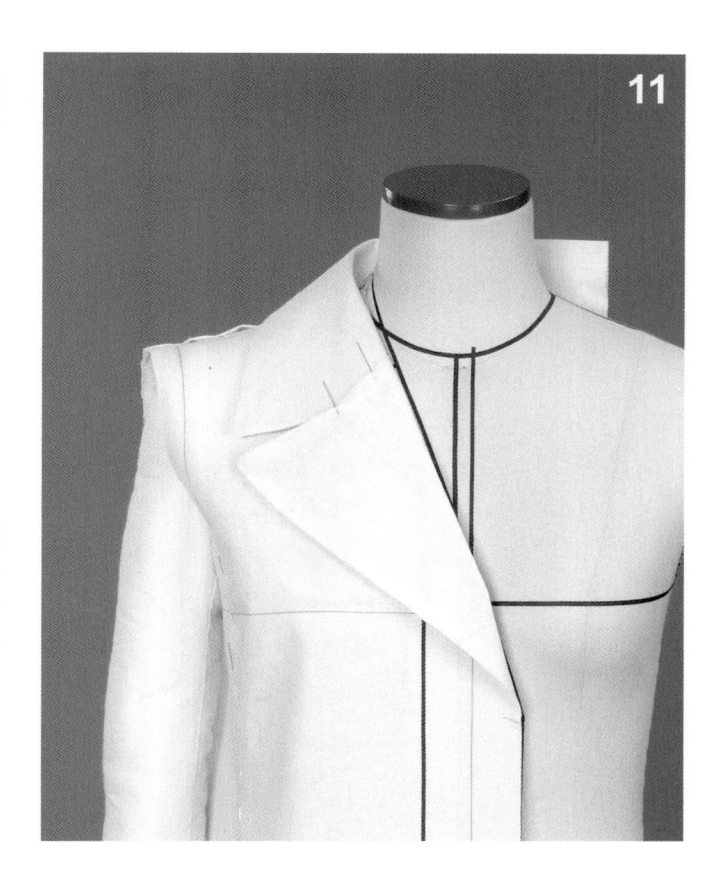

11 衿のピン仕上げ。袖ぐりのラインを入れる。コートとしてのアームホール寸法を目安にして、袖ぐり底を設定する。

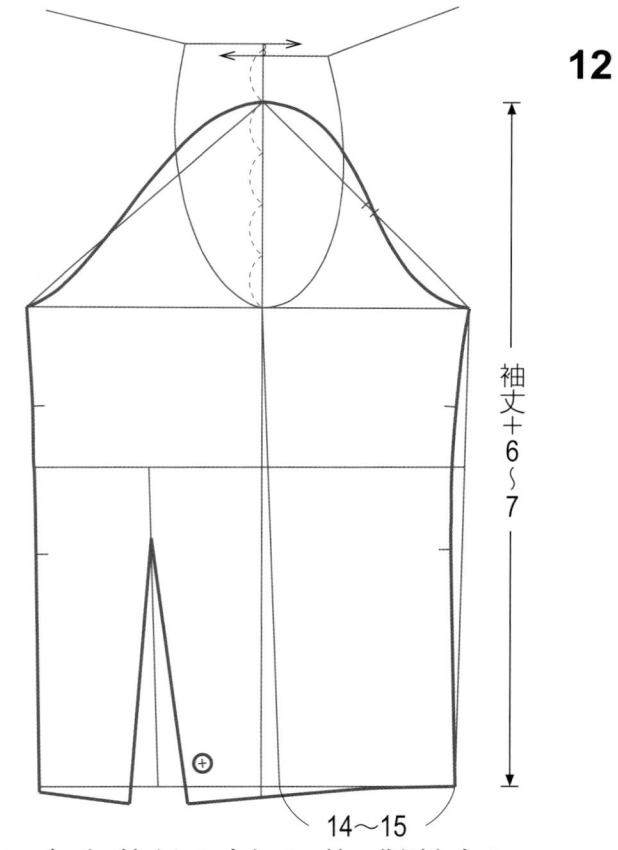

12 身頃の袖ぐりに合わせて袖の作図をする。

第4章 基本アイテムのドレーピング

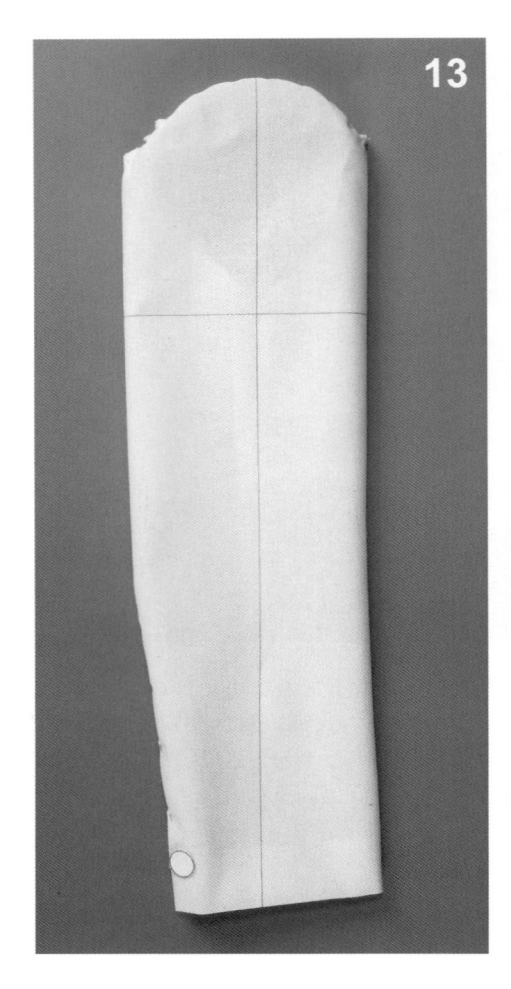

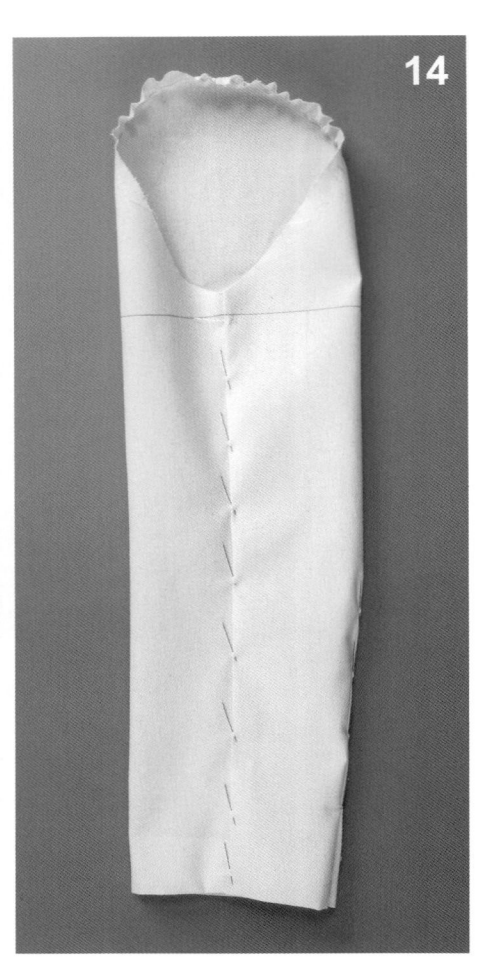

13、14 袖のピン仕上げの外袖側と内袖側。

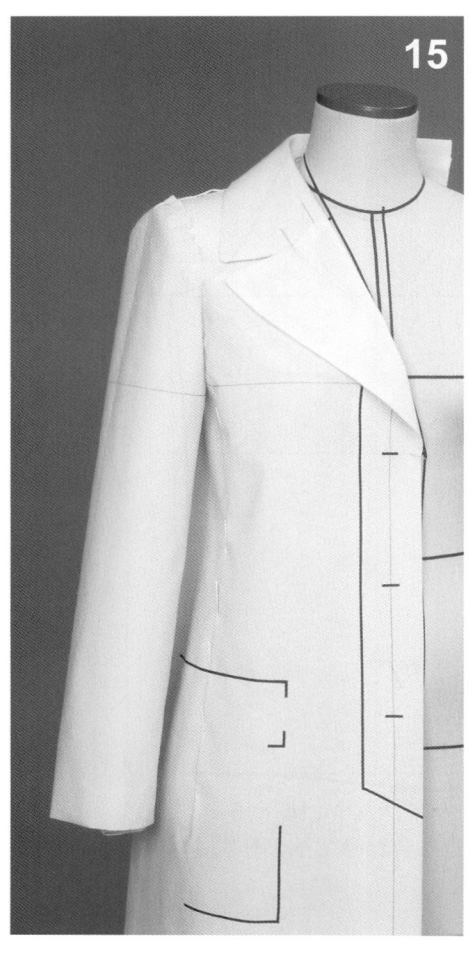

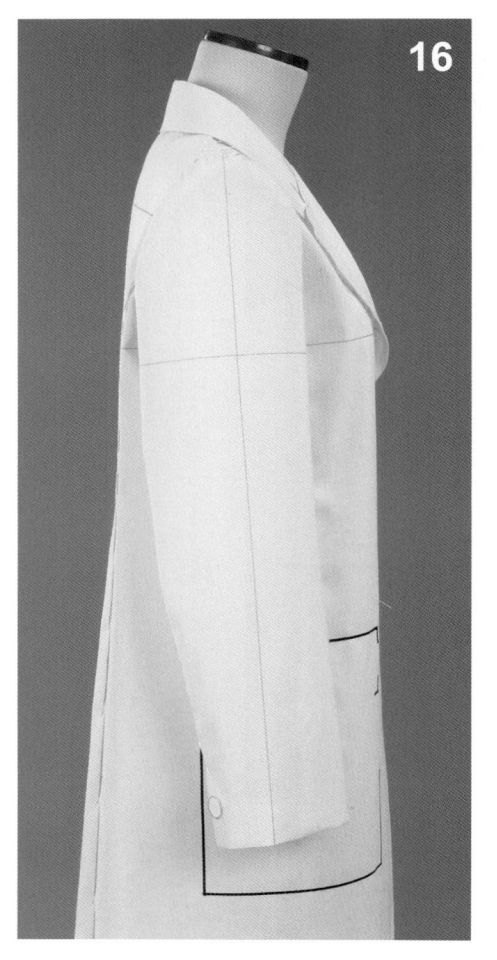

15 袖つけをする（220ページ参照）。

バランスを見ながらパッチポケットとフラップの位置をしるす。

比翼あきのボタンは内側につけるが、留めやすい位置と数を考えて印をつける。

16 袖つけの出来上り。袖山のいせ分量は、実際に使用する素材により異なるので考慮する。

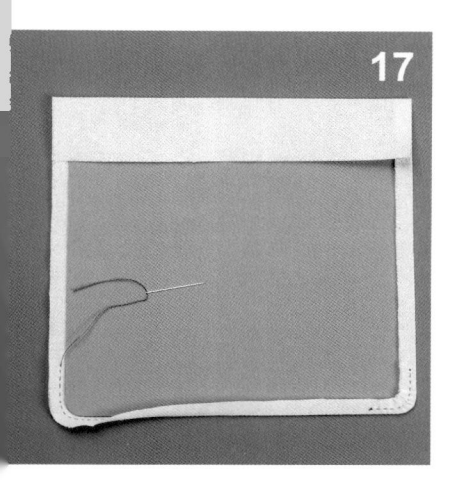

17 ポケットの角処理は、衿と同様でもよいが、大きめの丸い角の場合は、ぐし縫いをしてから厚紙に合わせ、アイロンの先で押さえながら形を整える。

18 裾を上げてコートの丈を整え、比翼、ポケットのバランスを再チェックする。

19 斜め後ろから見たピン仕上げ。

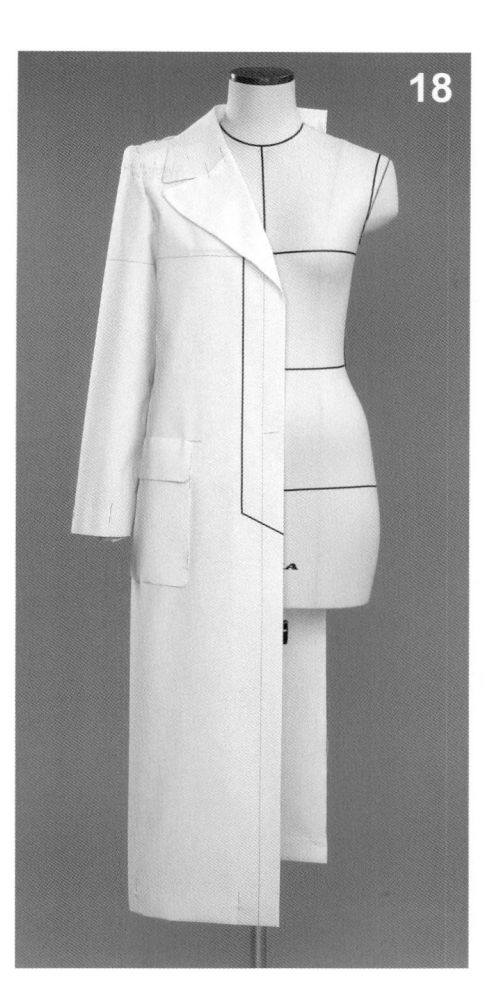

出来上り

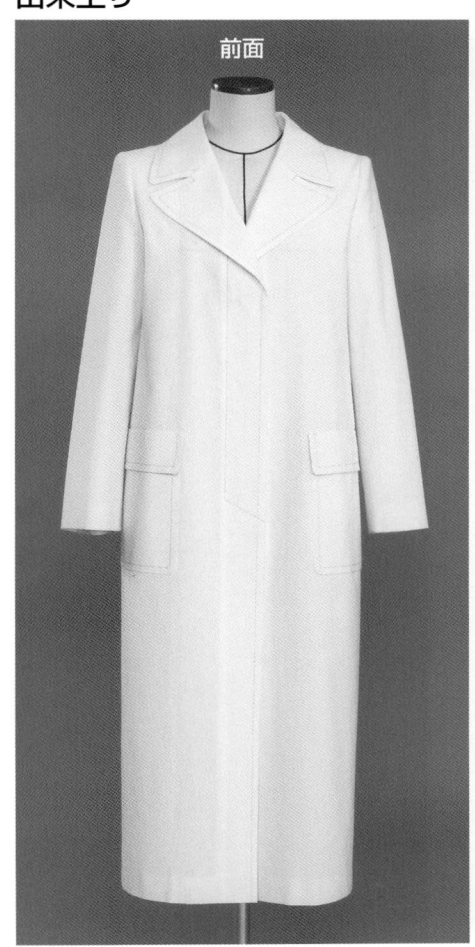

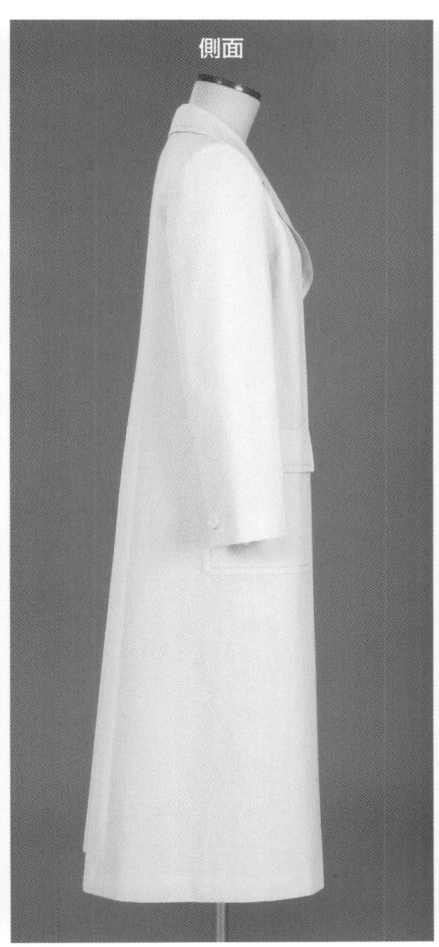

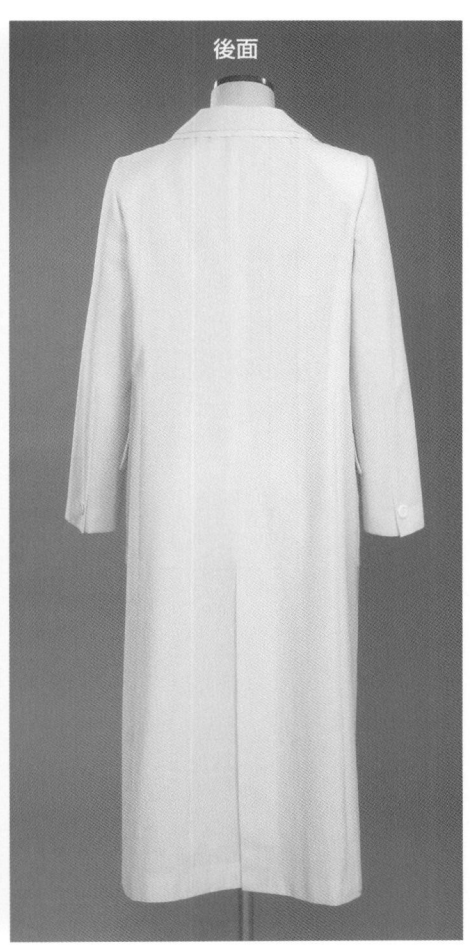

前面　　側面　　後面

第4章　基本アイテムのドレーピング

トレースパターン

　前後のシルエットは、ストレートに見えるが、側面では台形の構造で、奥行き感が読み取れる。衿の強いカーブがフラット感を見せている。

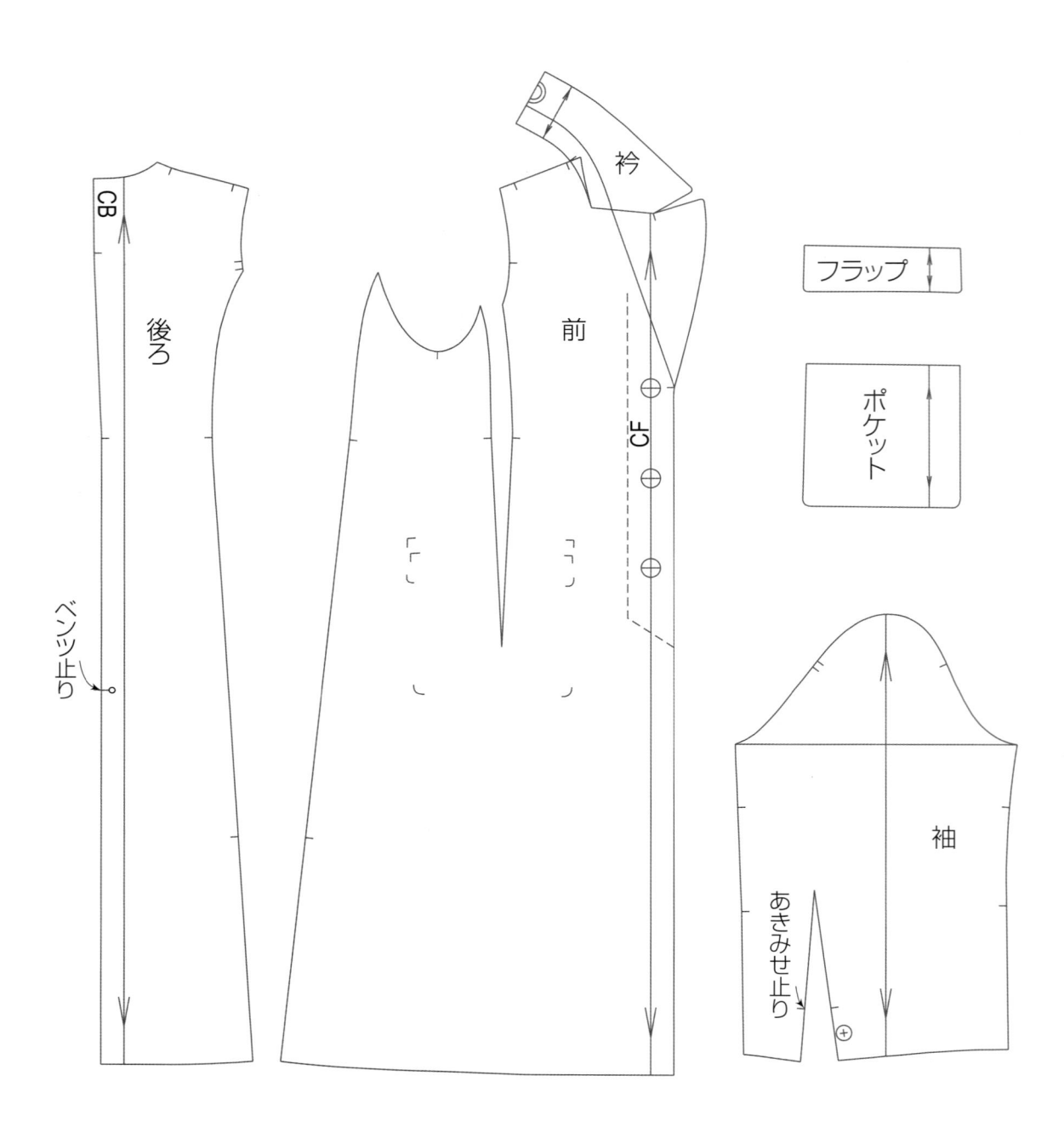

3　テントラインのコート

　テント（tent）ラインのコートは、三角形のテントのようなシルエットで、肩から裾に向かって広がりのあるコートのことである。

　このコートは、身頃に入り込んだ袖ぐり線が、背と胸もとを狭く見せ、裾に向かって広がるフレアのラインがテントラインを形成している。

　袖山に大きくダーツをとり、袖口のカフスは続け裁ちで、広く折り返している。ステンカラーで、取りはずしのできるフードがつく。

　ハイショルダー位置と併せてテントシルエットを表現するフレアの配分と方向等、布の流れを見極めながらドレーピングすることがポイントである。

トワルの準備

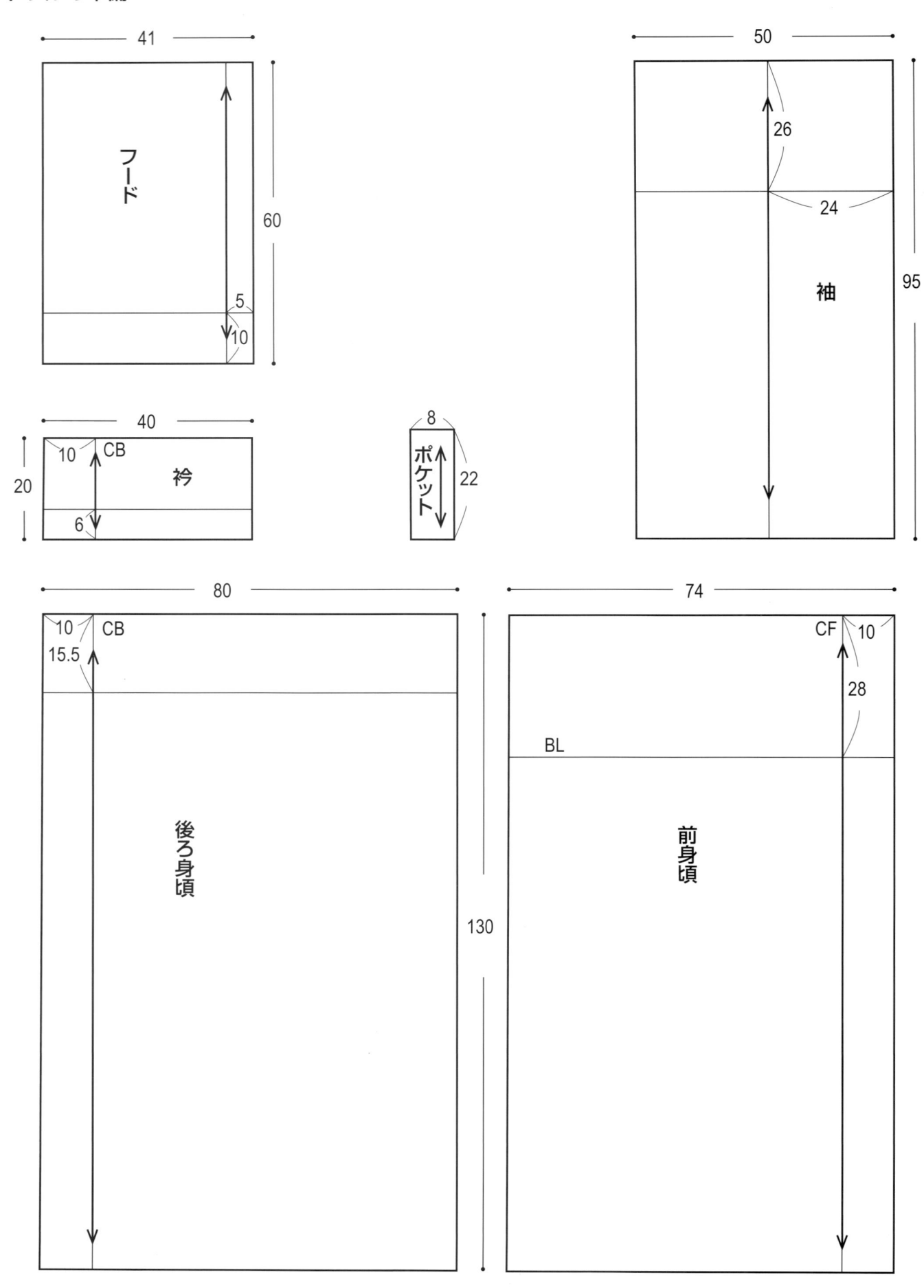

フード 41 × 60、5、10

袖 50 × 95、26、24

衿 40 × 20、10 CB、6

ポケット 8 × 22

後ろ身頃 80 × 130、10 CB、15.5

前身頃 74 × 130、CF 10、28、BL

232

ボディの準備

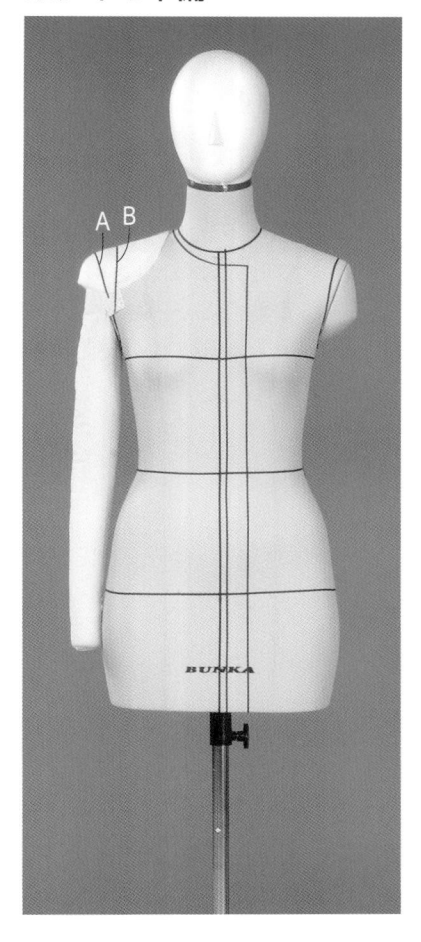

ドレーピング

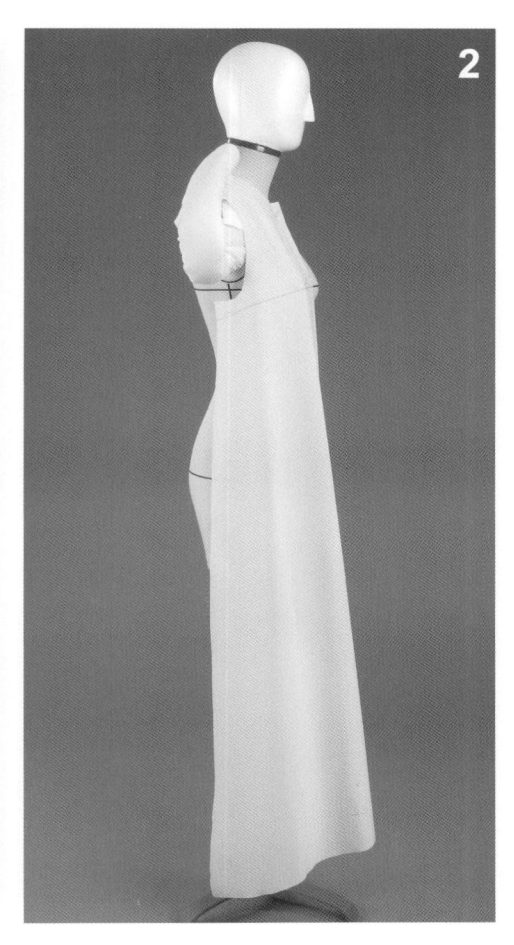

フードをつけるため、頭部を用意する。ここでは、市販のものを使用。サイズが小さいので、バランスが悪いが首が長めになっている。

ボディに肩パッドをつける。肩先のラインに合うカーブと厚さで、肩におさまりのよいものを用意する。背肩幅を確認してセットし、ピンで止める。

ボディの前中心線にゆとり分1cmを平行に入れて中心線とし、打合せ寸法のラインを入れる。衿ぐりは、タートルネックのセーターなどを着ても無理のないゆとりをみてラインを入れる。袖ぐり線は、基本的なセットインスリーブの袖つけ線（A）と、デザインされたライン（B）の両方の印をつけておく。

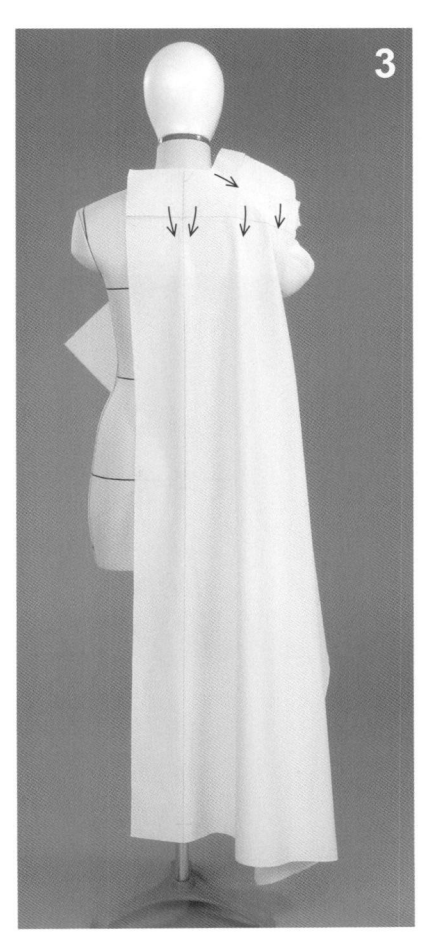

1 前身頃のガイドラインをボディの中心線とバストラインに合わせ、垂直、水平を確認し、ピンを打つ。ネックの前中心に切込みを入れ、衿ぐりにゆとりを入れ整理する。

肩から胸もとをなで下ろしてでたフレア分を、バストポイントと胸幅側面に振り分けて、シルエットを整える。

前中心の裾に丈のピンを打つ。

2 肩、脇の縫い代を粗裁ちする。肩線のラインを入れる。

3 後ろ身頃のガイドラインを、ボディの中心と肩甲骨位置に、垂直、水平に合わせてピンを打つ。左端から肩甲骨位置のガイドラインに切込みを入れ、切り口が開くようになで下げ、中心に適宜フレアをだす。フレア分を落ち着かせるために、ヒップラインあたりに浮かしピンを打つ。衿ぐりにゆとりを入れ、サイドネックポイントにピンを打つ。

肩からなで下ろしてでたフレア分を、肩甲骨と背幅側面に振り分けてシルエットを整える。

第4章 基本アイテムのドレーピング

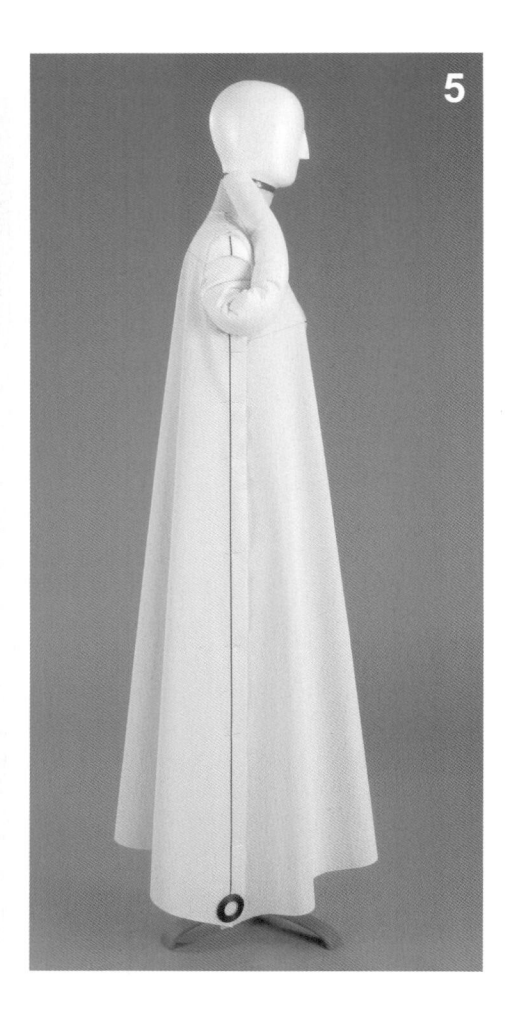

4 前後のシルエットを確認し、後ろ脇を前脇になじませるように重ねて、大まかにピンで止める。

5 肩を折伏せピンでまとめる。

　袖ぐり下からテープの巻きをつけたままおもりに利用して垂らし、脇線を決める。余分な縫い代を整理する。

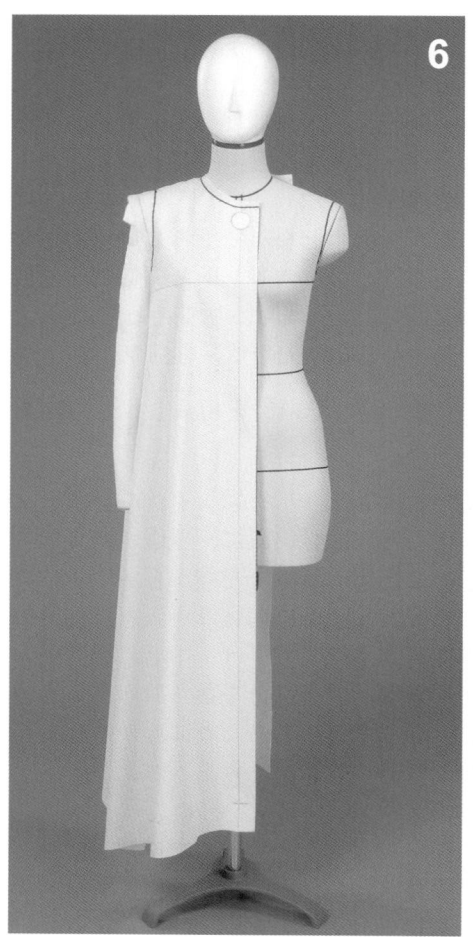

6、7 前端を折る。

　脇を折伏せピンでまとめる。

　衿ぐりと袖ぐりの縫い代を整理してラインを入れる。袖ぐりはA、B 2本の袖ぐり線をしるしておく。

　ボタンの位置を決める。

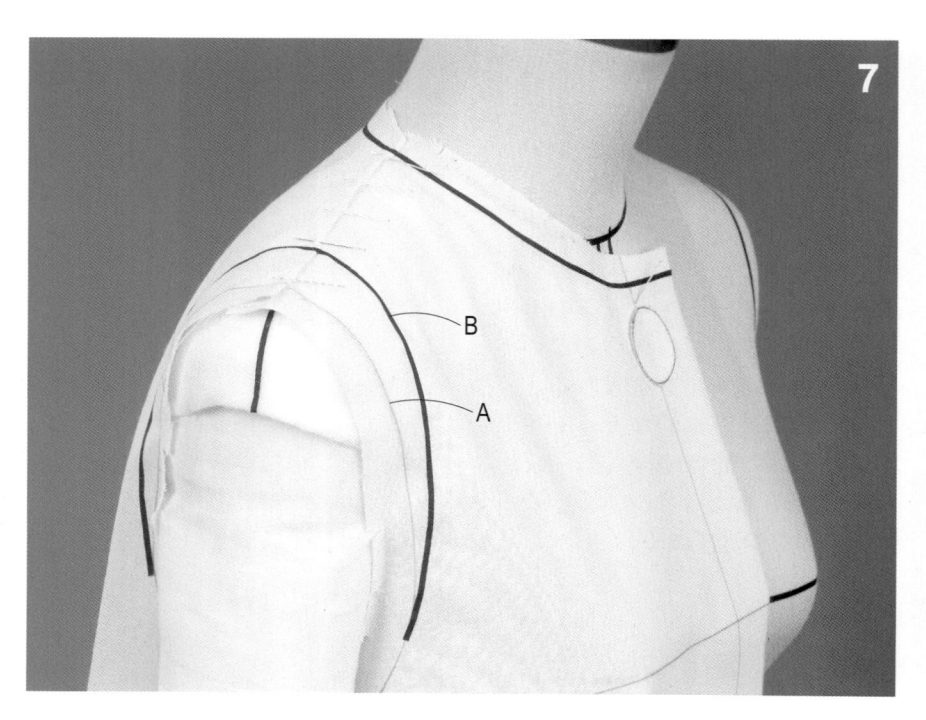

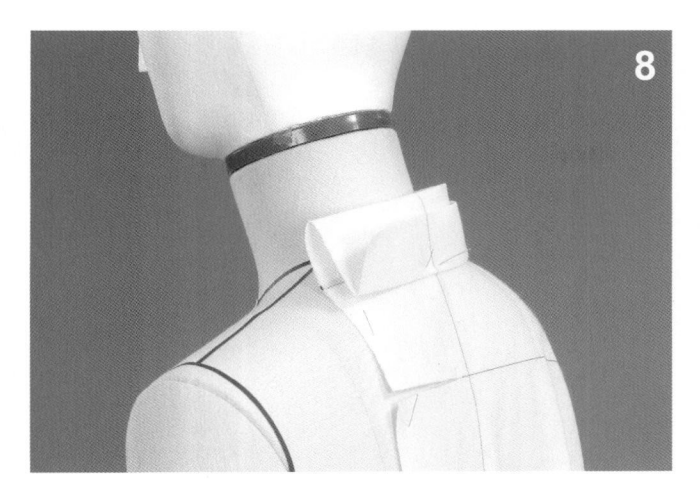

8 衿の後ろ中心を身頃に合わせ、衿こし、衿幅を見積もる。

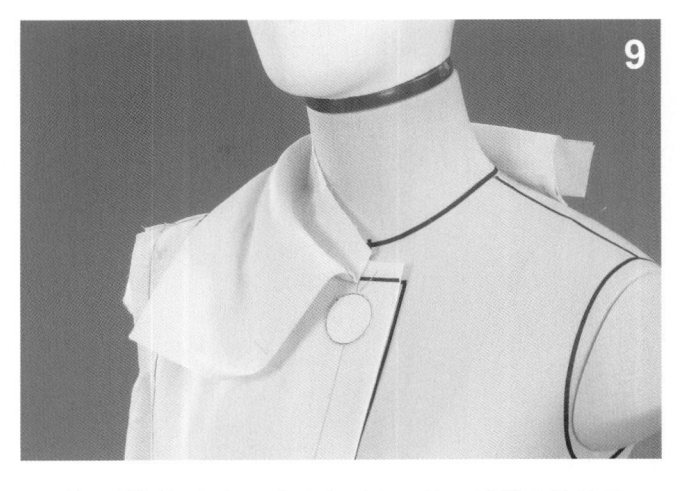

9 衿の外回りをなじませながら、衿つけ線を決める。

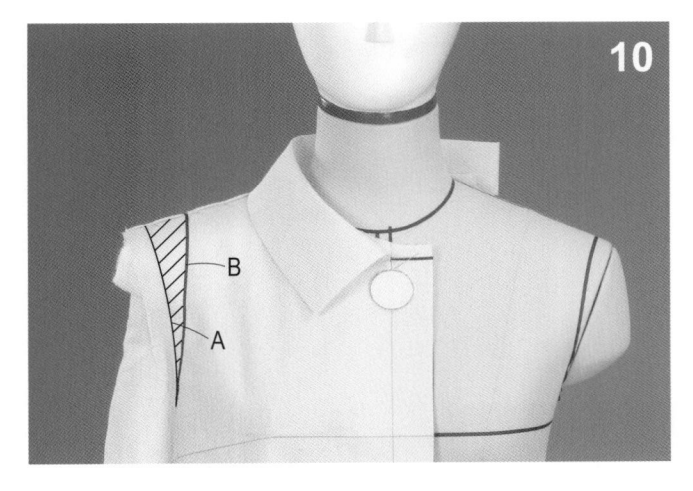

10 衿の仕上り。ここで示したAの袖ぐり線と、Bの袖ぐり線の間の斜線の部分が袖の作図に必要となる。

11 袖の作図をする。
①の基本の袖ぐり寸法を基にして作図する。前後とも、袖ぐり寸法の中間点を袖との合い印にする。
②①の斜線の部分を合い印に合わせて袖山に加え、袖のパターンを作る。袖山と斜線部分との空間はゆとりになる。袖山のダーツをかき入れる。袖山線を基準にして、後ろ側より前側のダーツ分量が多いと、方向性のある袖になる（③図）。ここでは、身頃と袖の角度の関係を理解して作図する。
③袖のパターンの出来上り。

　要所に合い印をつける。袖口が続け裁ちのカフスなので、袖幅はほぼストレートで、筒状になる。

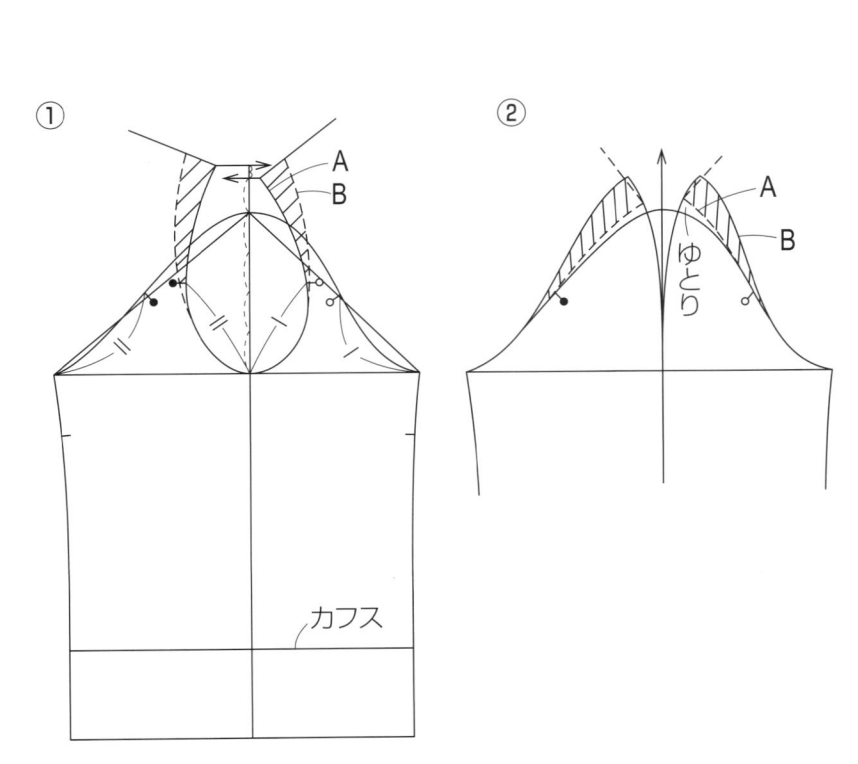

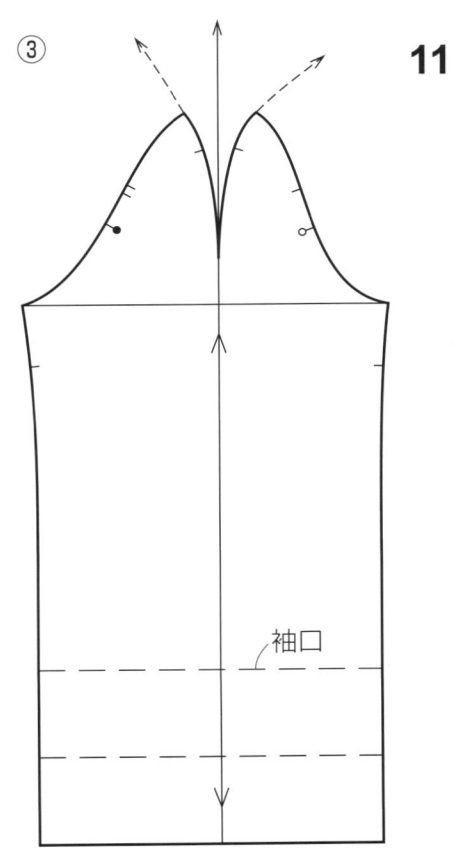

第4章　基本アイテムのドレーピング

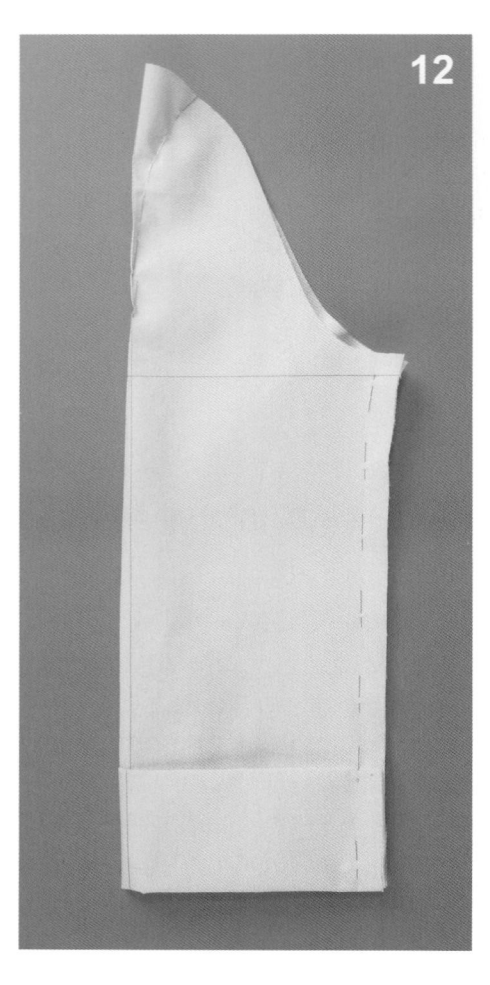

12 袖は、補正がしやすいようにカフスを図のように折ってから、袖下と袖山ダーツを表に出してピンで止めておく。

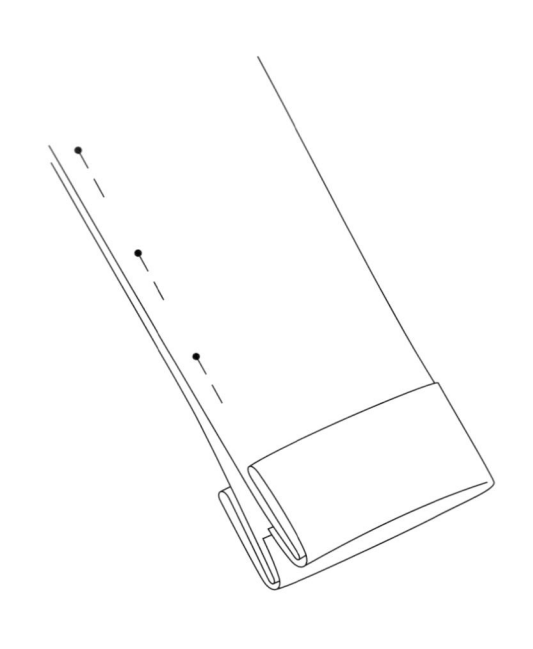

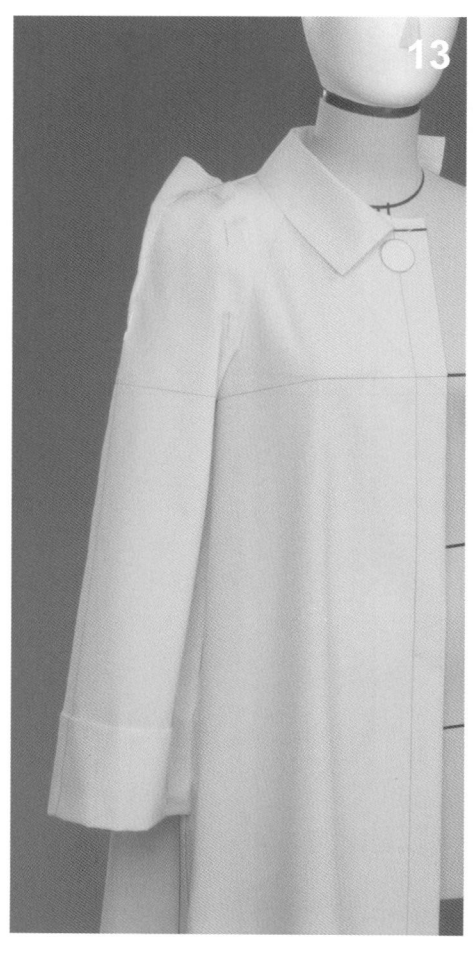

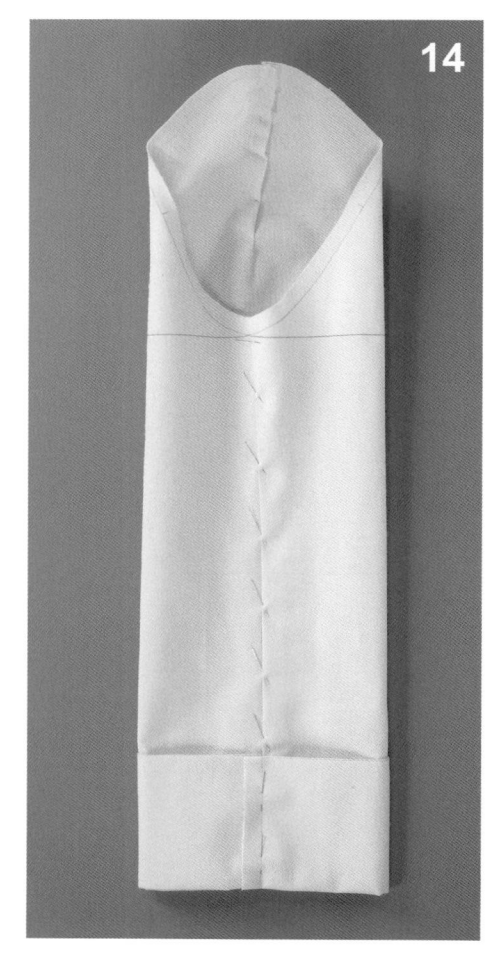

13 身頃に袖つけ縫い代を重ねて、仮ピンを打つ。袖山のいせ分量は少なめにする。肩のラインから袖のダーツへのつながりと、袖幅のバランスを検討する。

14 袖の形が決定したら、一度はずし、袖下とダーツを仕上げピンでまとめる。カフスの部分は厚くなるので、奥で切込みを入れ、重ねピンにする。

15 袖つけのピン仕上げ。

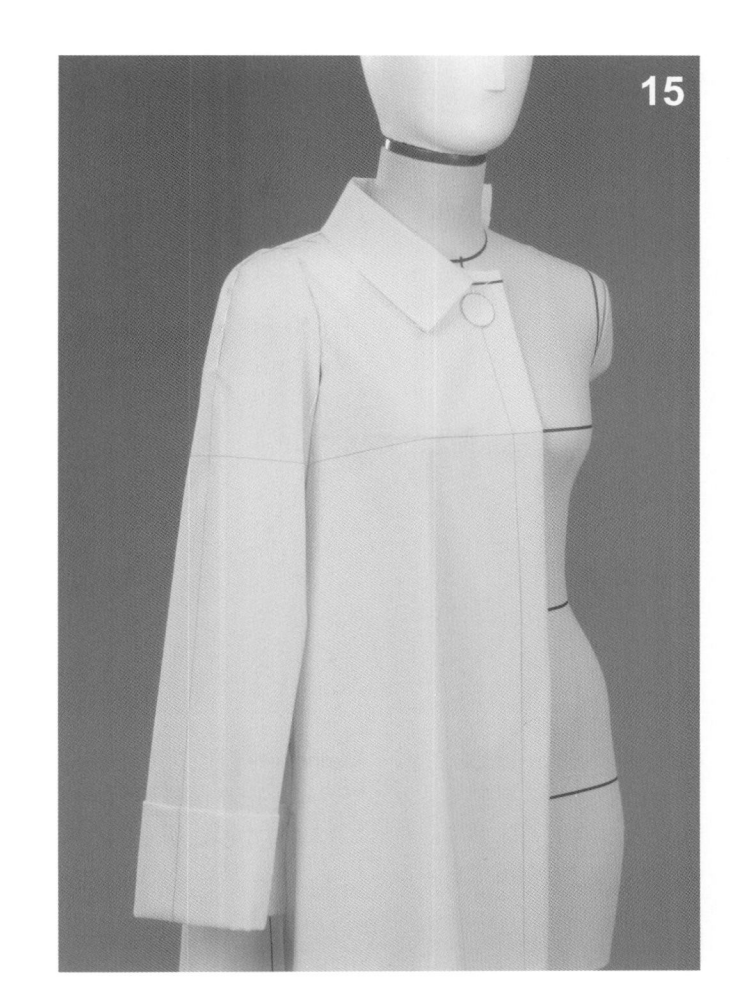

16 フードに必要な寸法は、頭部の高さと奥行きの幅である。必要な部位の寸法をはかる。

頭回り寸法は額から耳の上を水平に1周はかる（図1）。

フード丈は、頭頂点から耳の上を通りサイドネックポイントまでをはかる（図2）。

フードの前端の丈は、頭頂点から耳の上を通りフロントネックポイントまでをはかる（図3）。頭を傾けるなど、動作の運動量は4〜5cm加える。

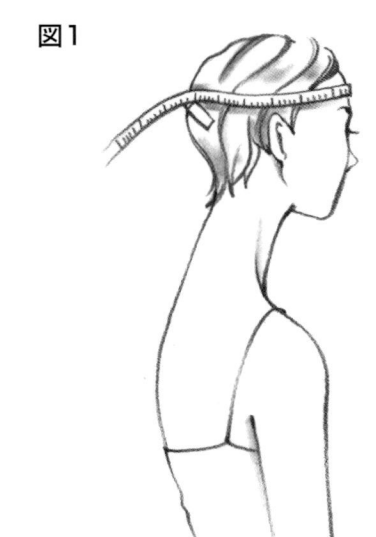

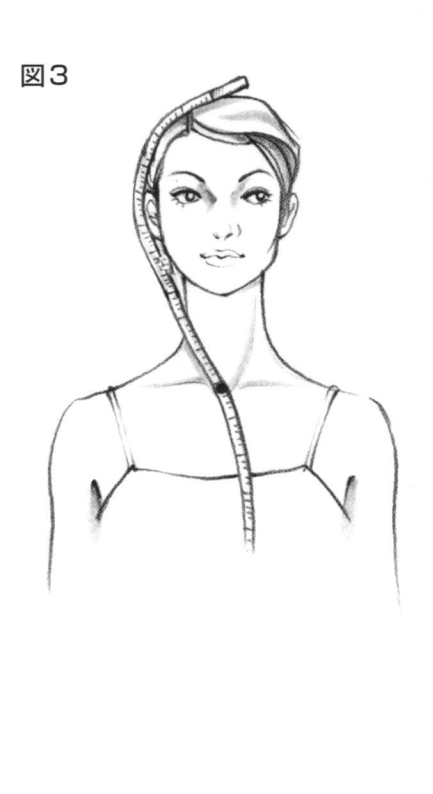

図1

図2

図3

17 衿は立てておく。フードの前端を軽く折り、側面からのバランスを見て、ガイドラインを水平に保ち、サイドネックポイントに合わせてピンで止め、切込みを入れる。縫い代を粗裁ちする。

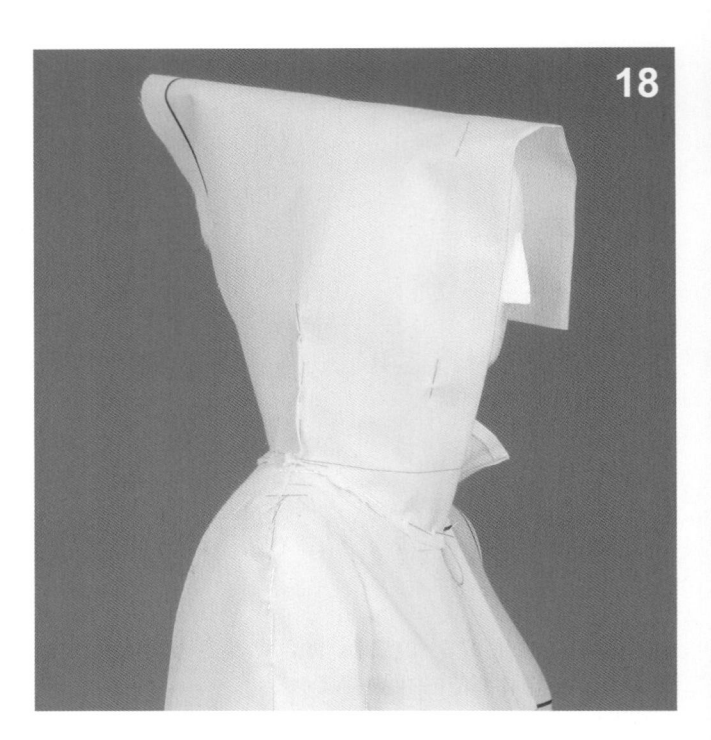

18 サイドネックポイント位置にダーツをとり、立体感をだす。衿ぐり線に合わせながらピンを打ち、縫い代を整理する。

前端を整え、フード幅を決めて後ろ中心に印を入れる。

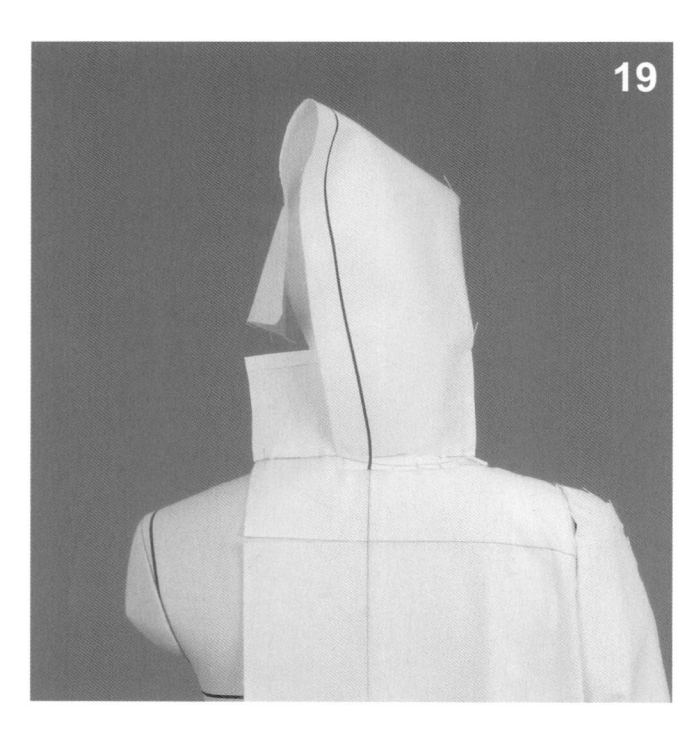

19 後ろ中心にラインを入れ、縫い代を整理する。

20 衿を折り返して正し、フードが落ち着く丈に調整する。後ろ中心からフードの形を決めながら頭頂にピンを打ち、印をつける。

フレアの流れをくずさない位置を考えてポケットをつけ、裾上げのピンを打つ。

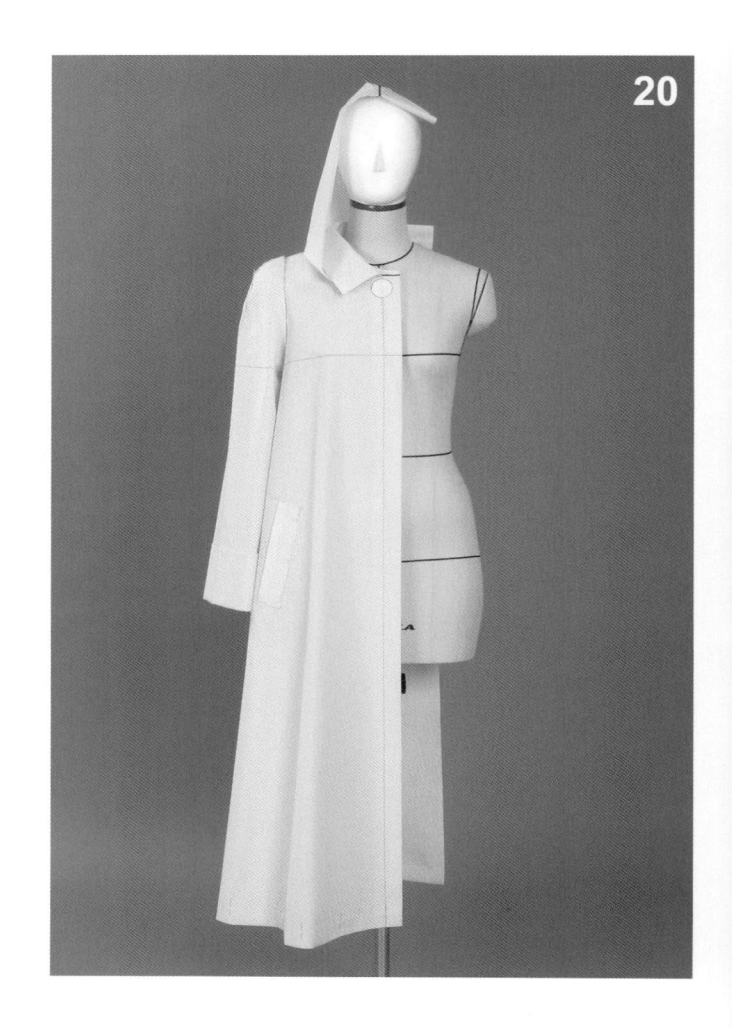

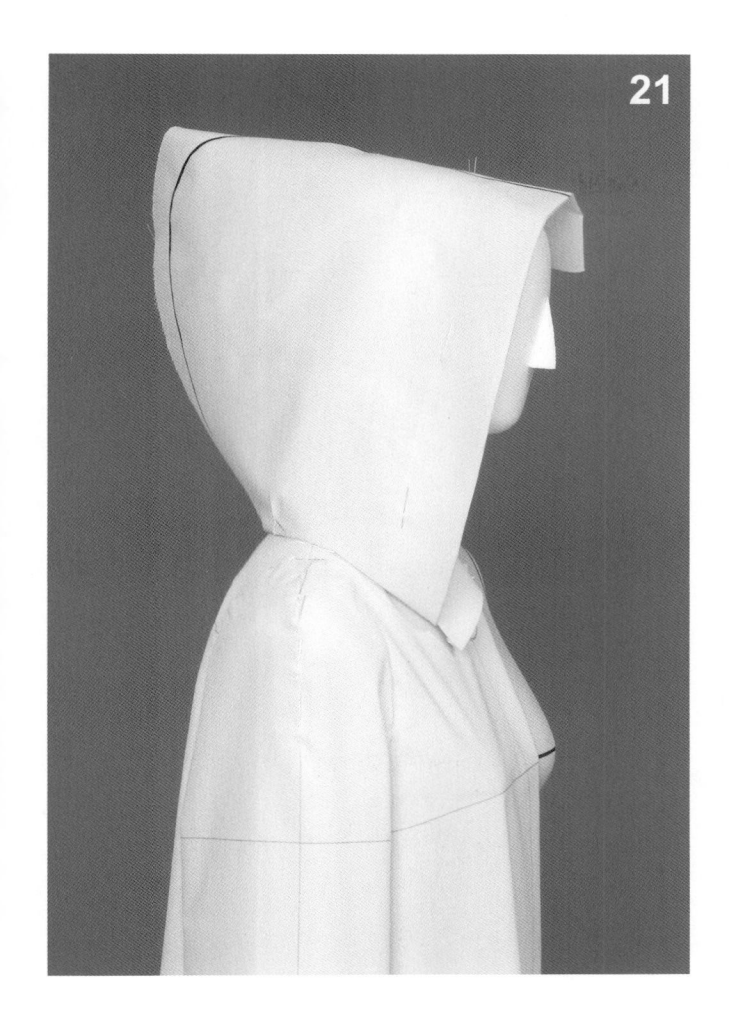

21、22 フード側面と後面。フードをはずした表情もデザインの要素である。

23 斜め横からのピン仕上げ。

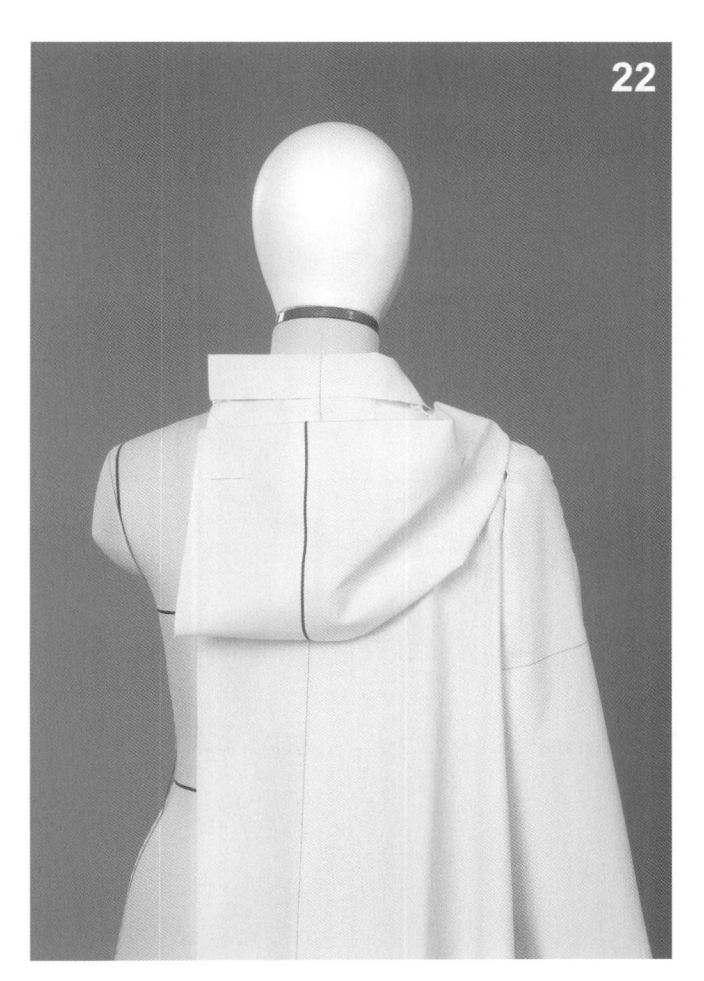

第4章 基本アイテムのドレーピング

出来上り

前面　　側面　　後面

トレースパターン

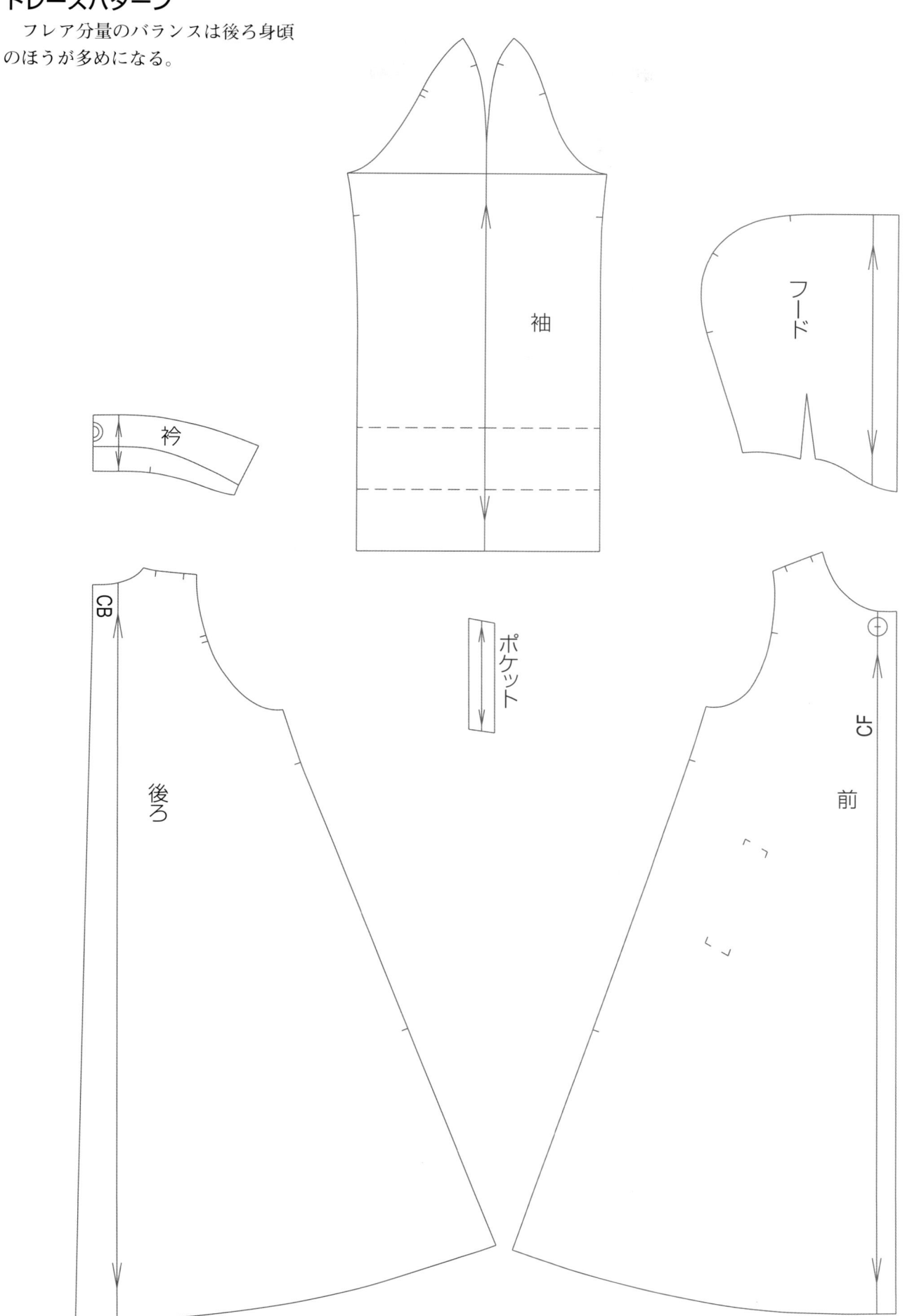

フレア分量のバランスは後ろ身頃のほうが多めになる。

第4章　基本アイテムのドレーピング

4 トレンチコート

トレンチ（trench）コートは、軍事作戦に防水用コートとして着たものが流行したもので、随所にその機能性を備えている。ダブルブレストの打合せで、覆い布がつき、衿、ラペルは、暴風雨用にしっかりカバーでき、肩章やDかんつきのベルトなどは機能的で特徴のあるディテールとなっている。

このコートは、ゆとりのある身頃にラグランスリーブで、覆い布や肩章などをつけ、基本的なトレンチコートの雰囲気をもたせながら、着やすいデザインにアレンジしている。

トワルの準備

前後身頃はラグランスリーブであるが、仕事のしやすさと、構成を理解するため、肩の部分も加えて見積もる。

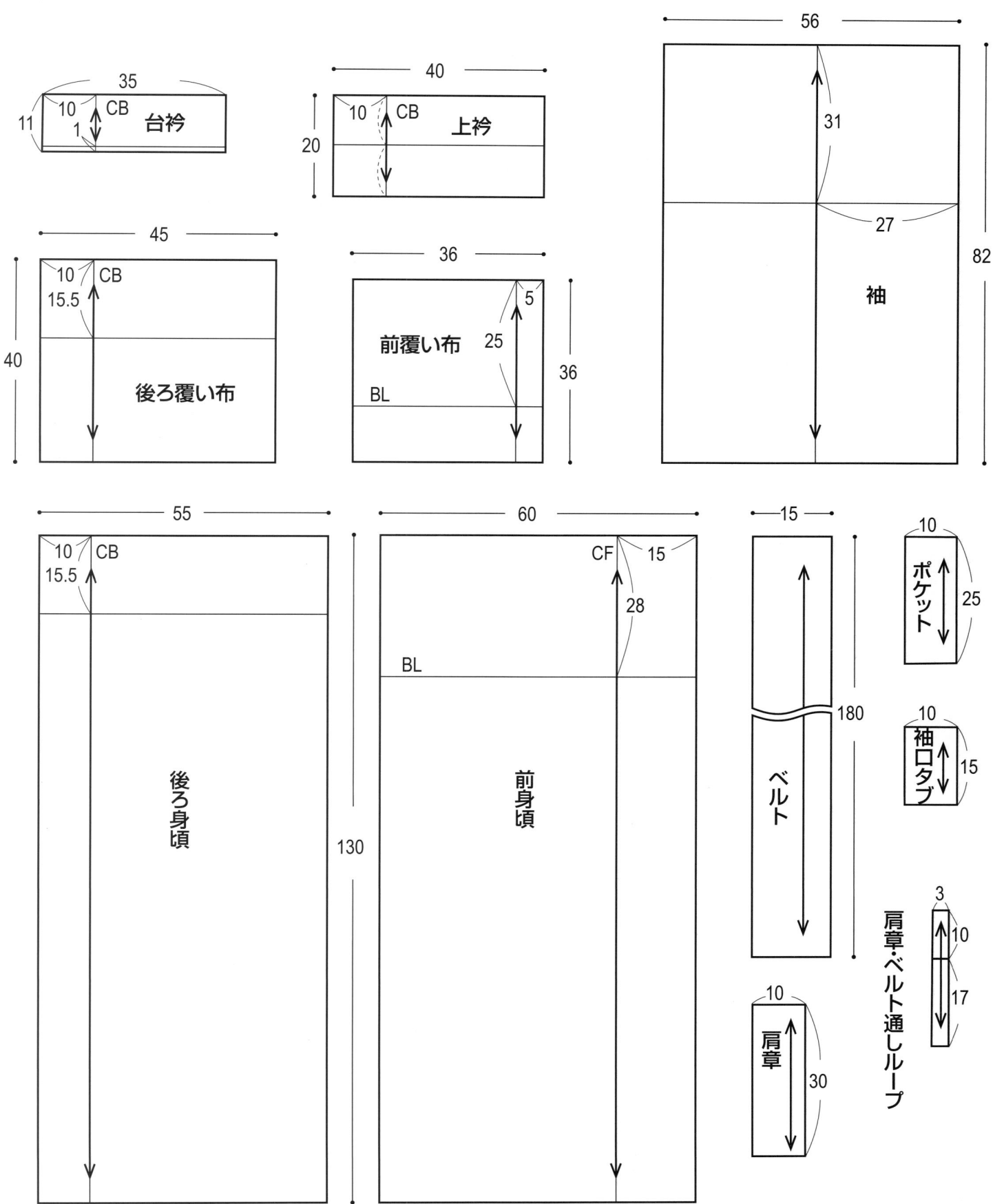

ボディの準備

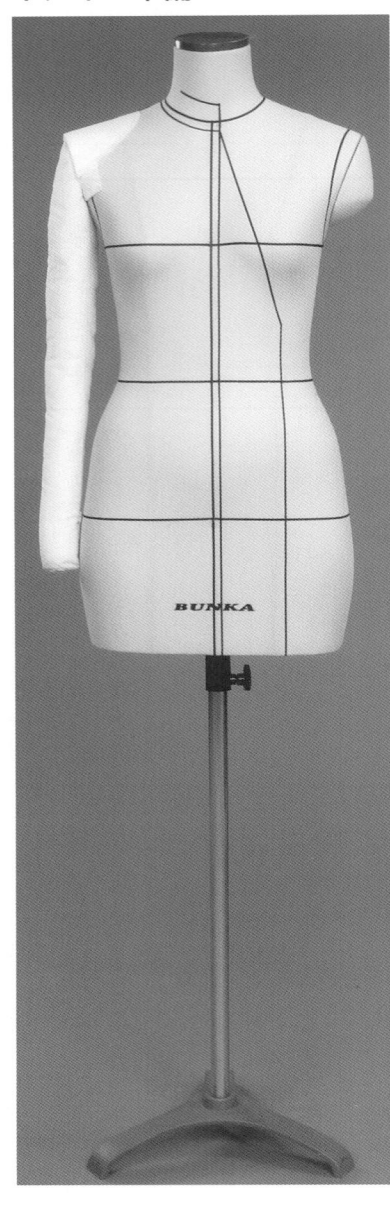

ドレーピング

ボディに厚さ0.5cmの肩パッドをつける。実際のコートには使用しないが、ドレーピング用にゆとりを加えるためである。ボディの前中心線にゆとり分1cmを平行に入れて中心線とし、打合せ寸法と、ラペルの返り線のラインを入れる。ボディのネックラインにゆとりをみて衿つけ線を入れ、台衿の位置をしるす。

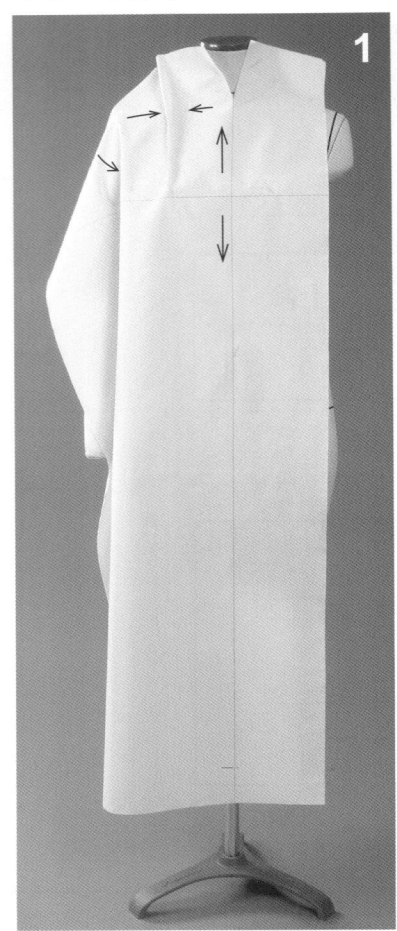

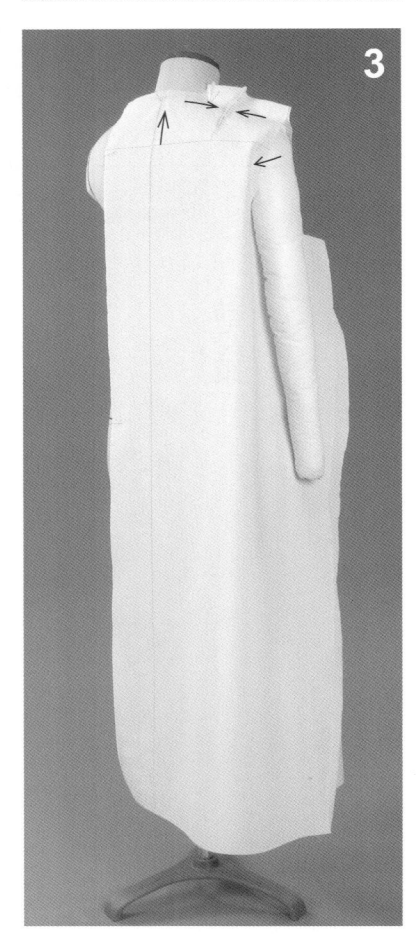

1 前身頃のガイドラインを、ボディの中心線とバストラインに合わせ、垂直、水平を確認する。前中心に切込みを入れ、左右のバランスを見る。衿ぐりにゆとりを入れサイドネックポイントを軽くピンで止める。

バストラインの側面をなで上げて肩をなじませ、胸ぐせ分を肩からのダーツにする。

前中心の裾に丈のピンを打つ。

2 肩ダーツをつまみ、衿ぐり、肩、袖ぐりの縫い代を整理し、少し裾を広げた台形のシルエットを作る。ラペルの返り止めに切込みを入れ、前端を折る。脇側の布を前によけておく。

3 後ろ身頃のガイドラインをボディの中心線と肩甲骨位置に合わせ、垂直、水平を確認する。衿ぐりにゆとりを入れ、縫い代を整理する。背幅にゆとりを入れ、そこから台形のシルエットを作り、肩先をなじませて肩ダーツをとる。肩をつまみピンで合わせて、肩、袖ぐりの縫い代を粗裁ちする。

4 前後の身頃を、脇の位置で垂直に下りるように合わせ、ピンを打つ。後ろの裾寸法が広めになっているのが、合わせた布のずれの差でわかる。

5 脇の縫い代を整理する。

6、7 ダーツ、肩、脇線を仕上げピンでまとめる。脇線とダーツは斜めの折伏せピンにし、肩は厚くならないように重ねピンにする。ここでは、横ピンだが、斜めピンもなじみがよい。

衿つけ線、ラグラン線、背肩幅の位置に印をつける。覆い布をつけるときのために、ラペルの返り線にも印をつける。

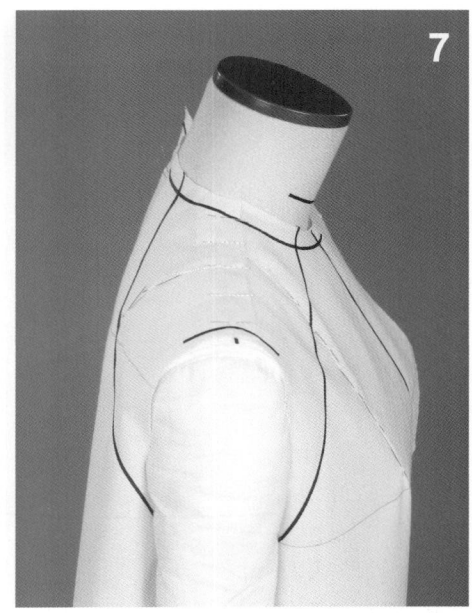

第4章 基本アイテムのドレーピング 245

ラグラン線の決め方

8

肩ダーツの先を通るライン

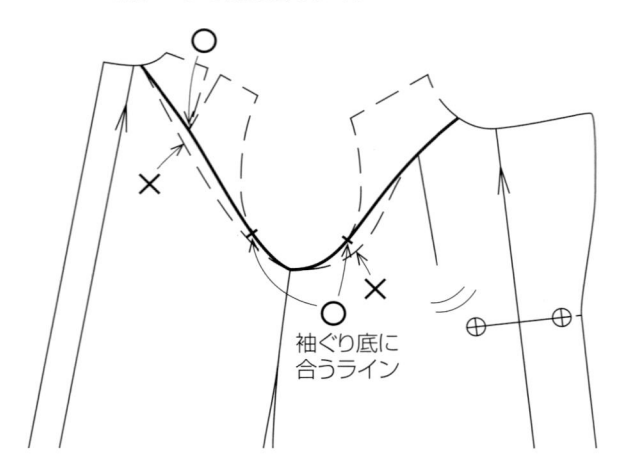

袖ぐり底に合うライン

8 ラグラン線は、図のように袖ぐりの底に合わせ、後ろ肩ダーツ先を通るようにすると、身頃と袖が無理なくつながり、肩のおさまりもよい。

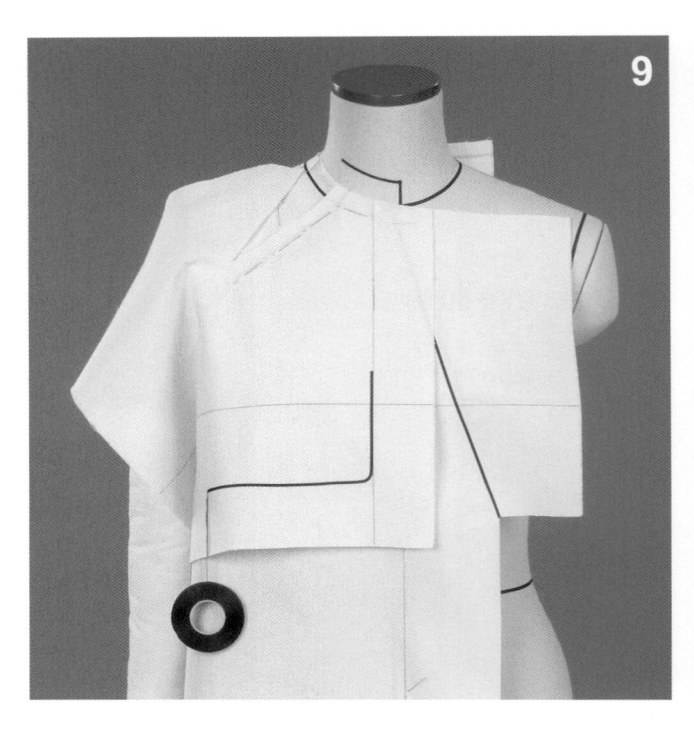

9 前の覆い布をつける。ラペルの返り線に重ならないようにし、上乗せになるゆとり分とバランスを見て、ラグラン線にピンで止め、仕上げ線をテープでしるす。

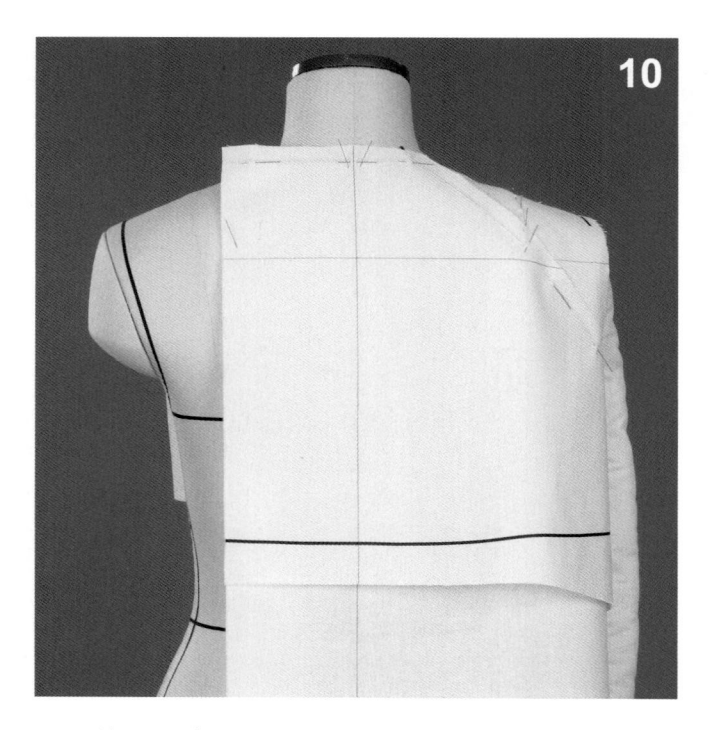

10 後ろの覆い布をつける。肩甲骨の張りの反動からのフレア分で立体感をだす。ラグラン線をピンで止める。前とのバランスを見て、後ろ丈をしるす。

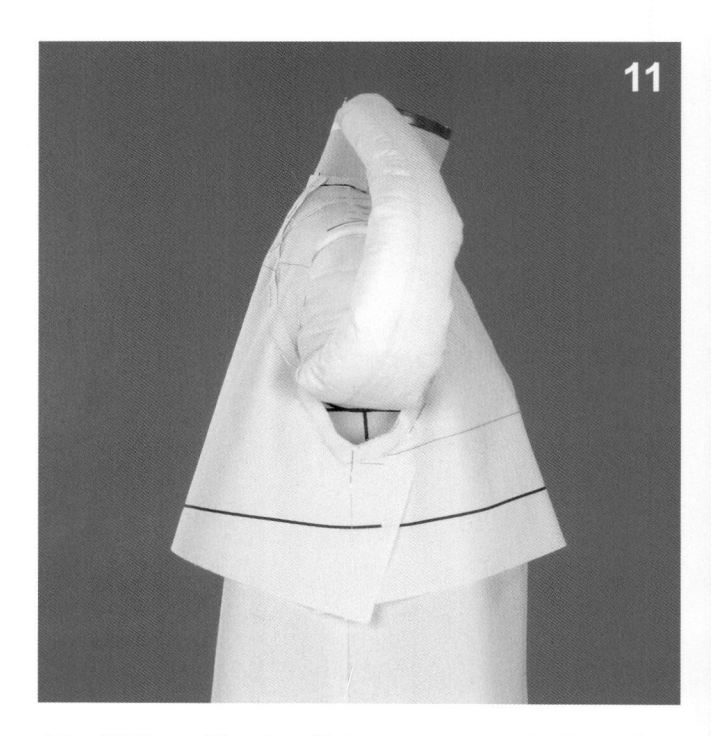

11 側面から覆い布の前後のシルエットを見る。身頃と覆い布の袖ぐりを合わせ、脇を重ねてつながりを確認し、ピンで止める。

12 袖つけをする。腕を少し前方にして30度くらい上げ、ドレーピングする（腕の先にひもをつけ、いすなどに結ぶとよい）。

身頃のバストラインに袖布の横のガイドラインを合わせ、縦のガイドラインの袖山線を腕の方向になじませて、ショルダーポイントと袖口にピンを打って止める。

13、14 袖幅を見積もる。前後袖幅のゆとり（前1.5cmくらい、後ろ2cmくらい）を袖口まで平行につまみ、腕つけ根あたりで自然に消えるようにする。

前肩からラグラン線にそってなで上げ、前肩をなじませて余りをダーツ分とする。後ろ肩から肩甲骨の張りを意識して衿ぐりまでなじませ、余りをダーツ分とする。

肩線上で前後のダーツを合わせ、ピンでつまむ。前ラグラン線は袖ぐり底のカーブになる手前までピンで止め、縫い代を整理する。後ろラグラン線も中ほどまでピンで止め、縫い代を整理する。

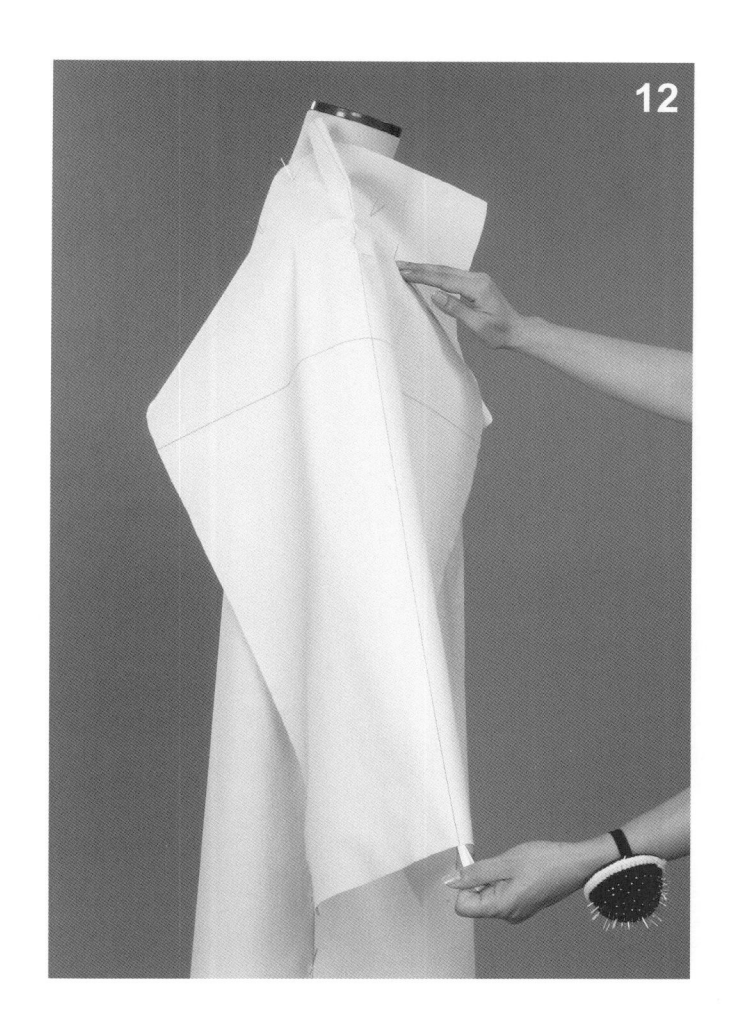

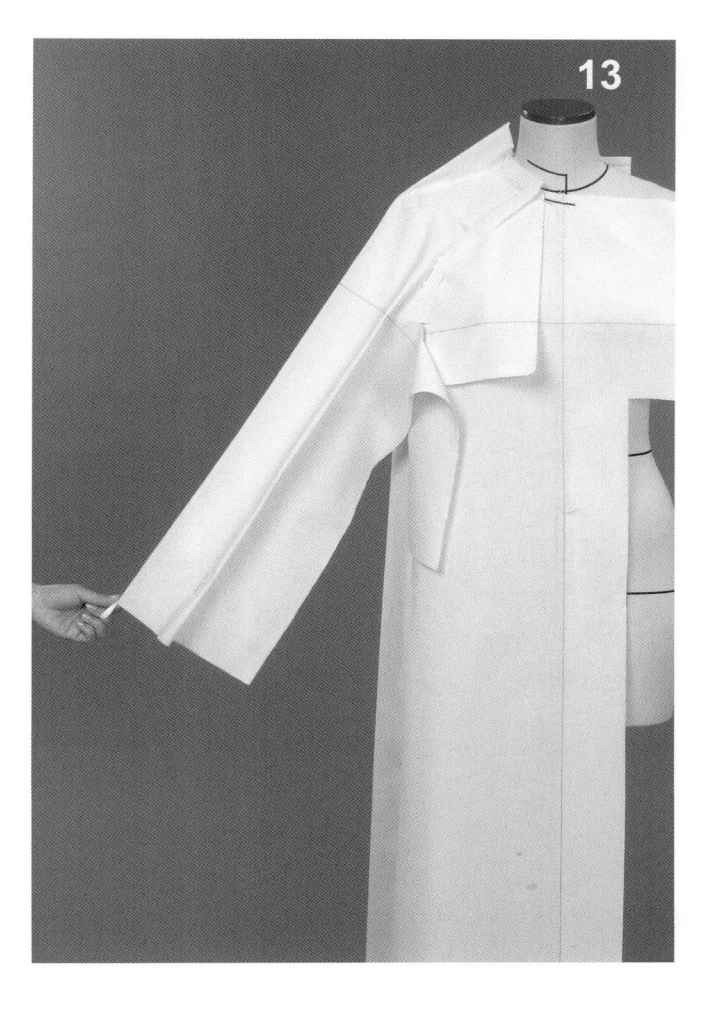

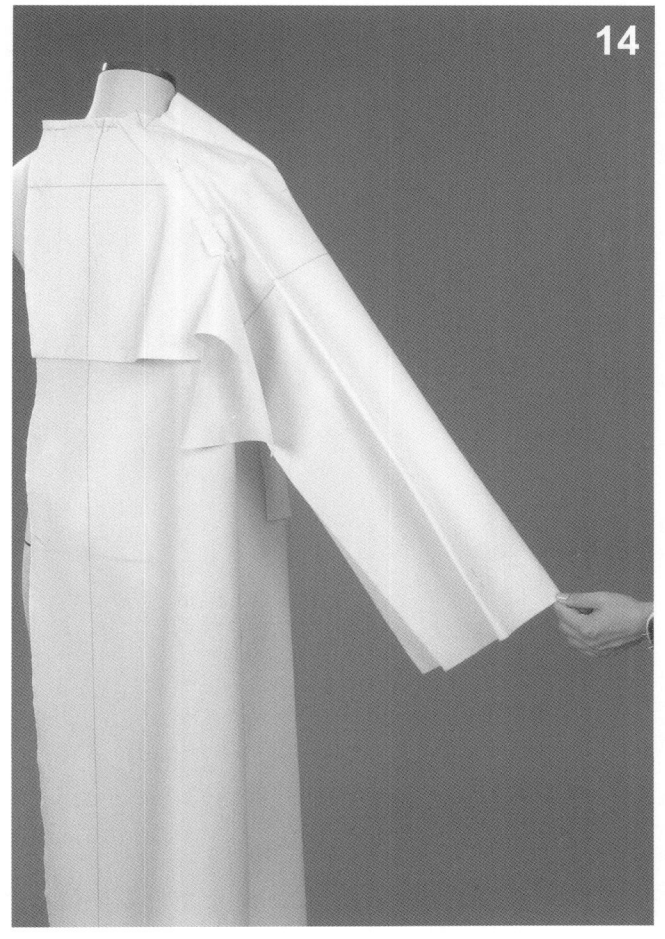

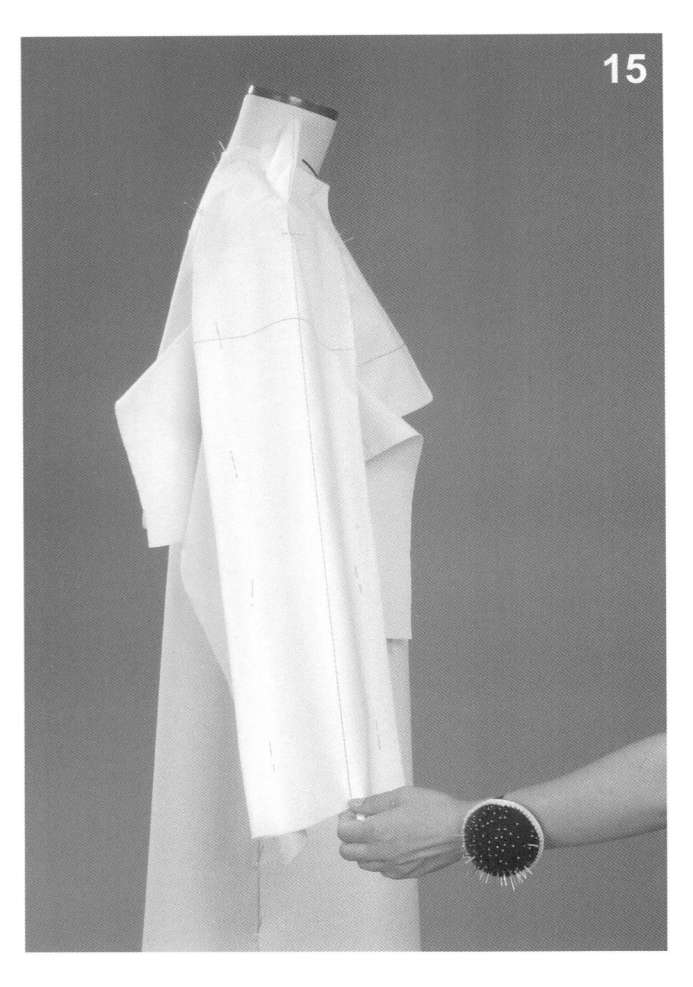

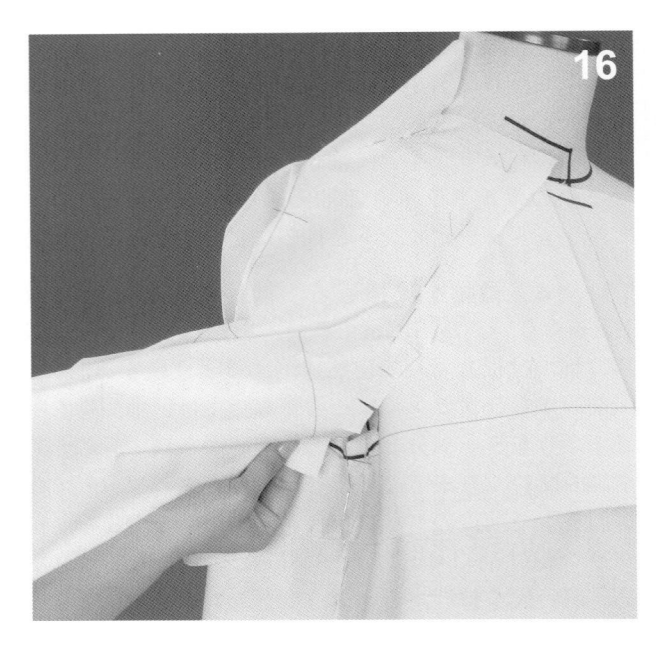

15 袖を側面から見て、肩のおさまり、袖幅、方向性（前の肩ダーツ分量が多くなる）を確認する。

16 前後の袖下を合わせる。バストラインと袖のガイドラインを基準にして、前袖ぐり底のラインの形を袖底に見積もり、縫い代を粗裁ちする。後ろも同様にして見積もり、粗裁ちをし、袖底の縫い代に切込みを入れながら袖ぐり底の寸法に合わせる。前後の袖下線を合わせ、袖口までピンで止める。

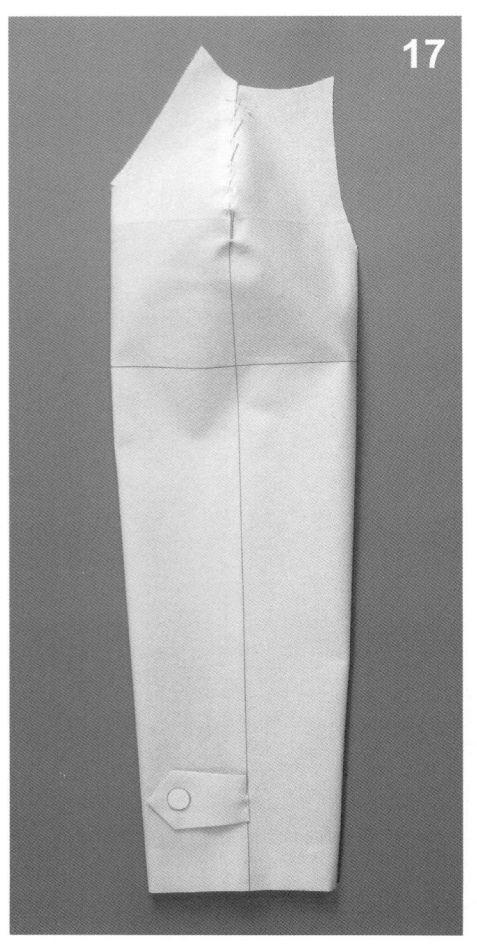

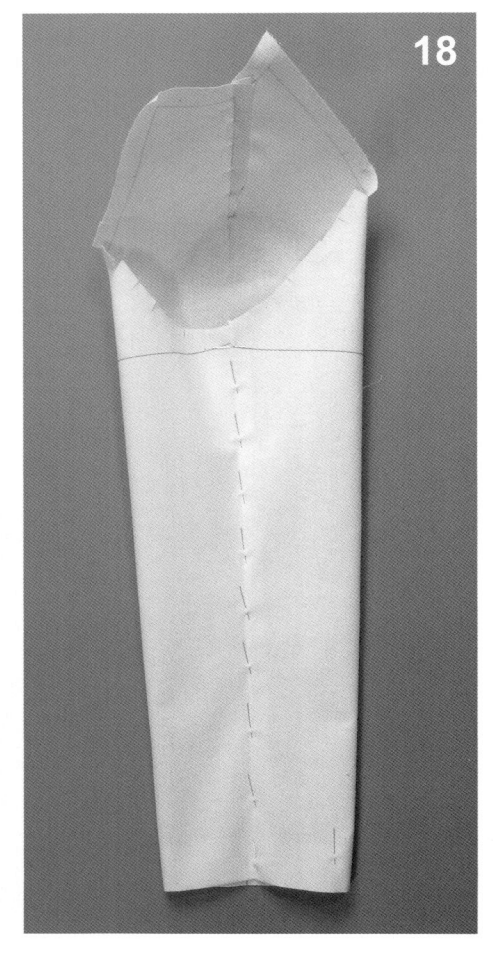

17、18 ドレーピングした袖をいったん外し、タブをつけてピン仕上げをした袖の外袖側と内袖側。

19 袖つけをする。身頃の袖ぐり底と袖底を合わせ、方向性を確認して内側からピンで止める。

20 ボディと袖の肩先を合わせ、サイドネックポイントにピンを打ち、前後袖幅のバランスを見てラグラン線にピンを打つ。

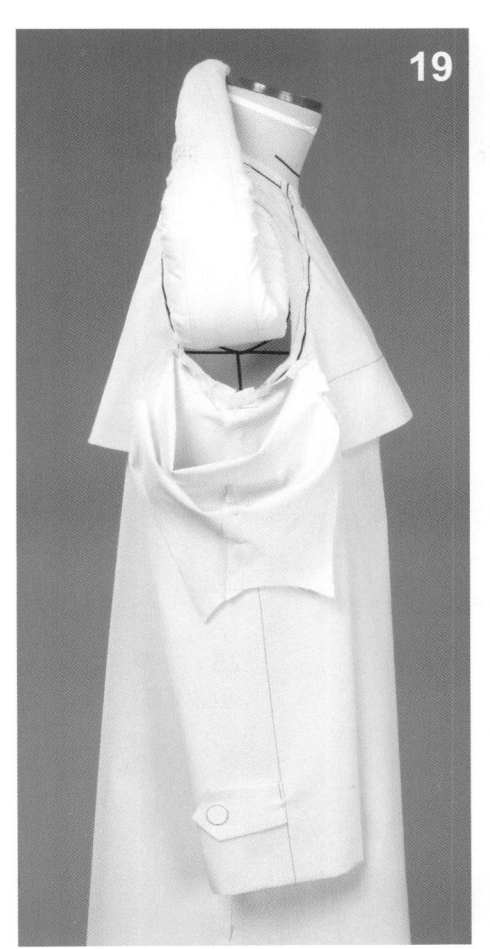

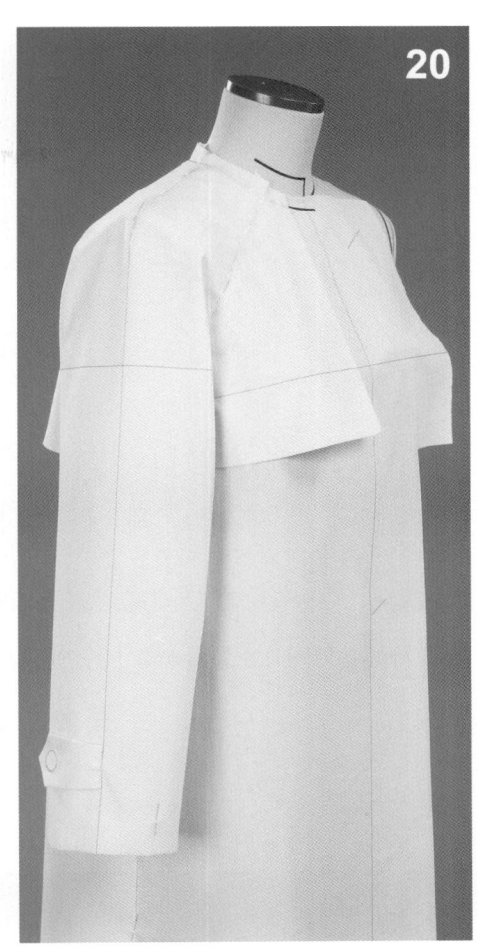

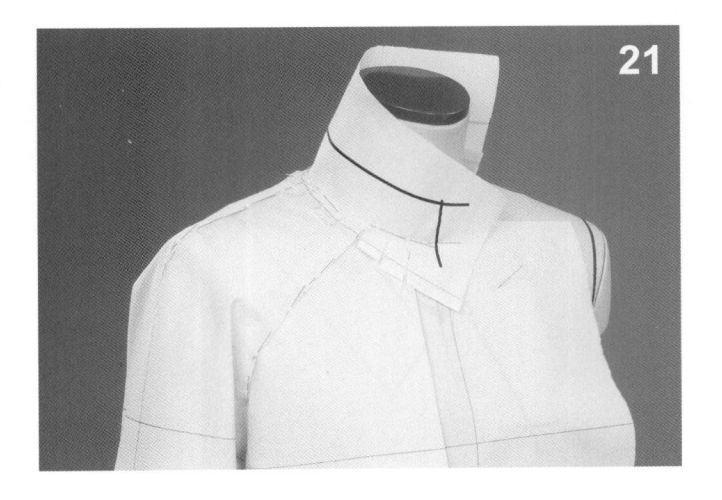

21 台衿をつける。台衿布と身頃の後ろ中心を合わせ、首回りに平均に離れて立つように、縫い代を整理しながらピンで止める。

22 台衿のピン仕上げ。

23 台衿の後ろ中心に合わせて上衿をつける。

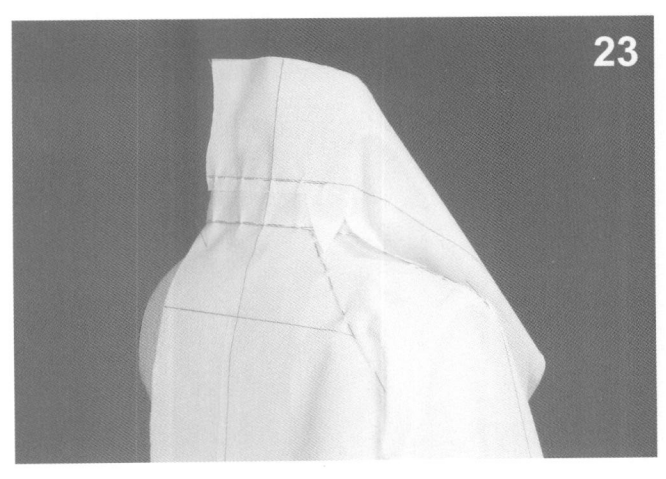

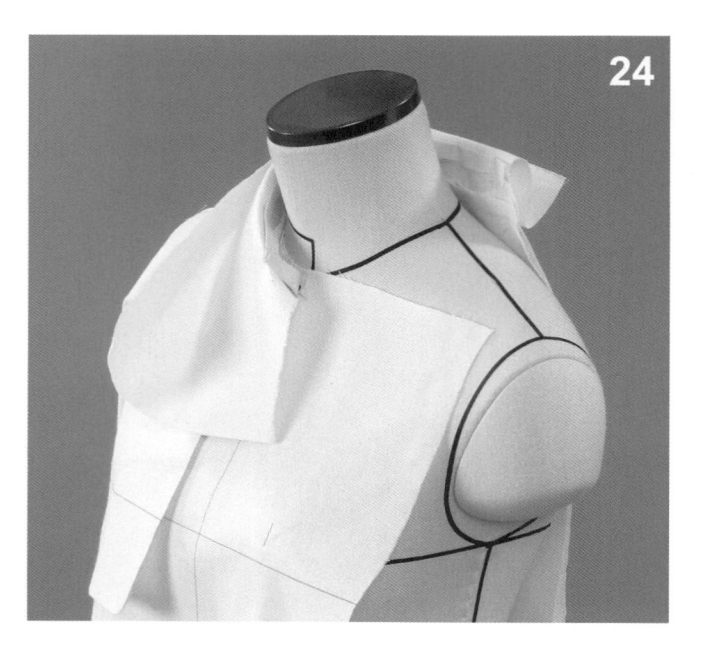

24 衿幅と外回りを見ながら上衿の見積りをする。

25 上衿を立て、台衿と上衿が無理なくついているか確認する。

26 衿のピン仕上げ。バランスを見てボタンをつける。

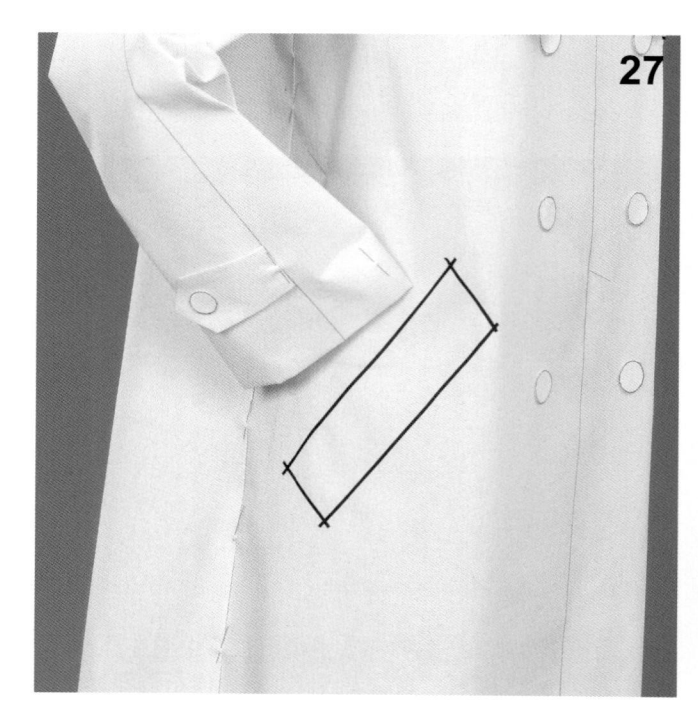

27 ポケット位置をしるす。手を入れる方向を確認し、機能性を考えて箱ポケットの傾斜角度を決める。下部より上部のほうが角度が強くなる。

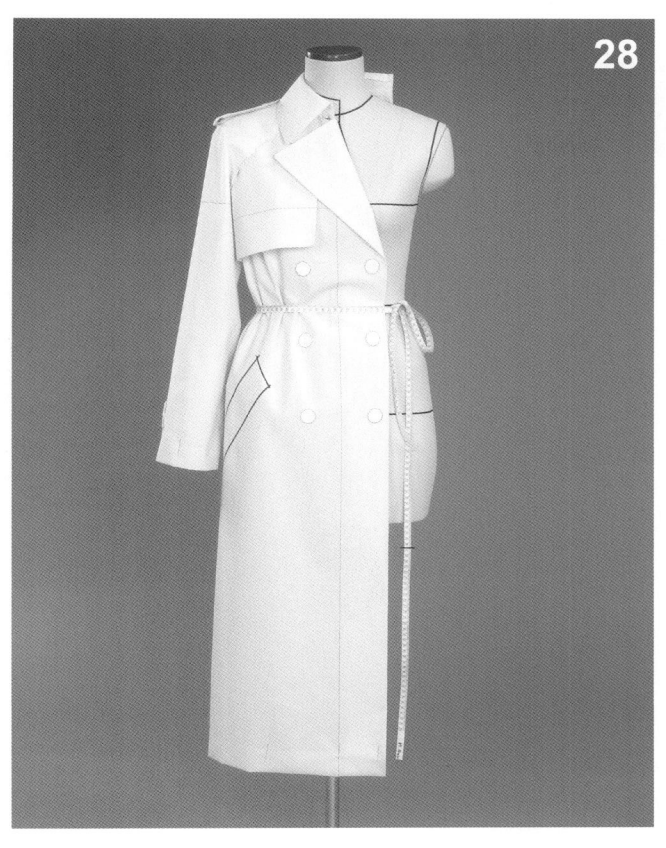

28 裾上げのピンを打ち、バランスを見て肩章をつける。メジャーを使用して、ベルトの長さを決める。

29 ピン仕上げのベルト。

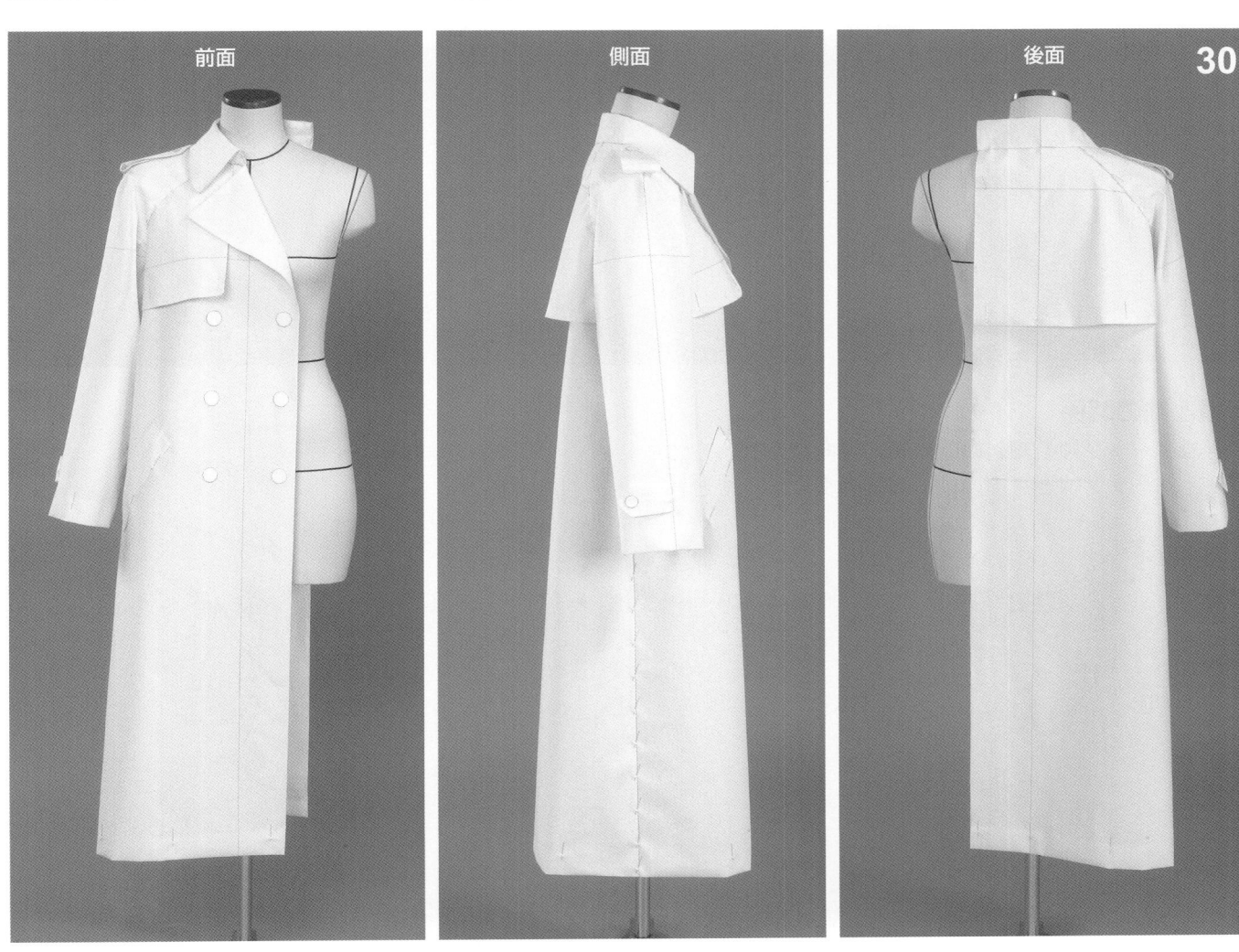

30 ピン仕上げ。ベルトなしのシルエット。

第4章 基本アイテムのドレーピング

出来上り

前面　　　側面　　　後面

身頃と袖の関係

　肩のダーツと袖の傾斜の差が袖の方向性を表わしている。ラグラン線と身頃の袖ぐり線の交点が見てとれる。

トレースパターン

前後身頃の肩部（破線の部分）のダーツがたたまれ、ラグランスリーブにつながる。身頃と袖の関係とその理論を、立体の構成と平面の展開から理解することができる。

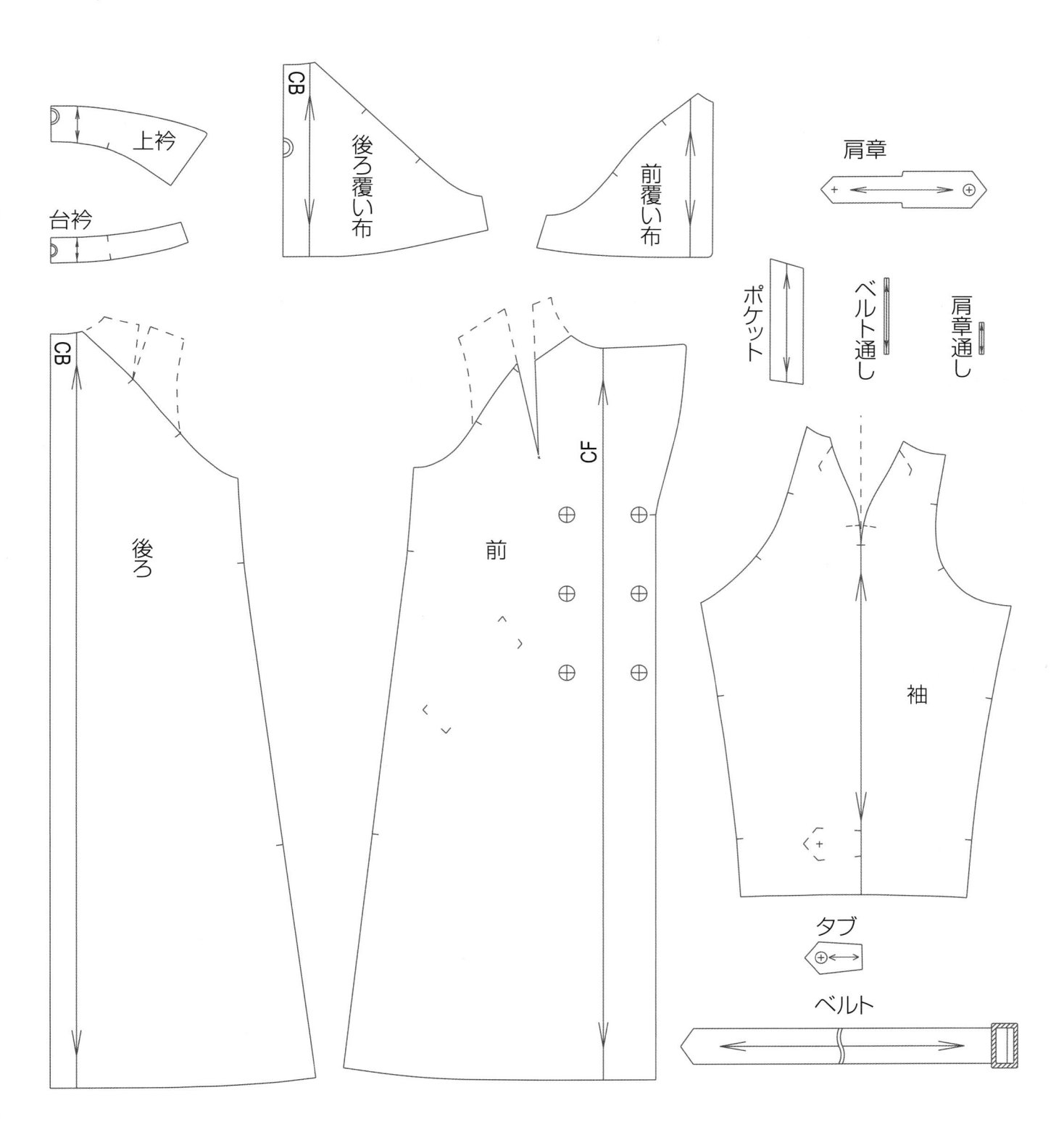

Ⅵ ベスト

1 Ｖネックのベスト

　ウエストをシェープしたショート丈のベーシックなＶネックのベスト。ベストはシャツブラウスやセーターの上に着用し、コーディネートによる変化を楽しむことができるアイテムである。

トワルの準備

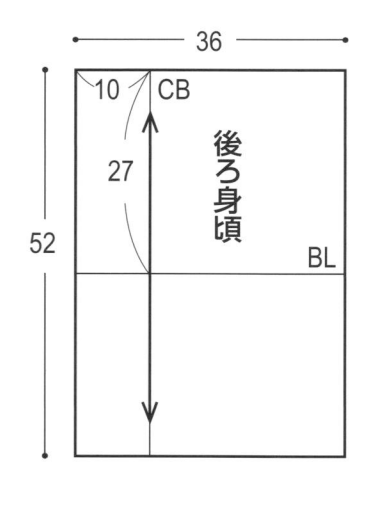

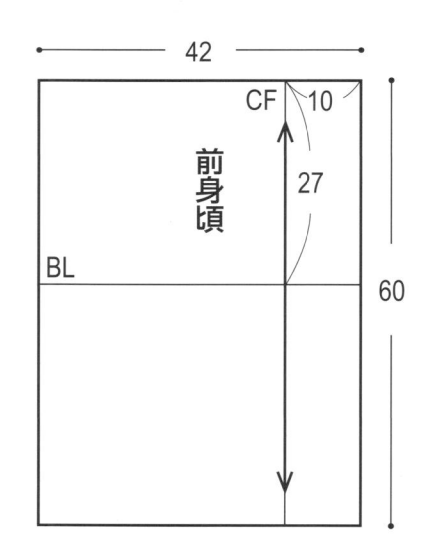

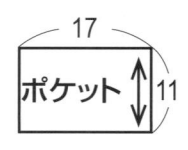

後ろ身頃：36 × 52、CB 10、BL までの丈 27
前身頃：42 × 60、CF 10、BL までの丈 27
ポケット：17 × 11

ドレーピング

1 前身頃の中心線をボディの中心線に合わせ、バストのガイドラインを水平に合わせて衿ぐりの中心に切込みを入れ、衿ぐりの余分な布をカットする。このとき、Vゾーンの布は安定させるために残し、衿ぐりのラインを入れる。

2 前打合せ幅のラインを入れる。

サイドネックポイントから肩先に布をなじませてピンで止め、腕つけ根にそって布を落とし、胸幅側面でゆとりを作る。

裾に胸ぐせ分量が移動して浮き分が生じる。ウエスト位置でつまみ、ダーツの分量、位置、方向、止りを検討してピンを打つ。肩、袖ぐりの余分な布をカットして脇でゆとりを入れる。

3 後ろ身頃の中心線をボディの後ろ中心に垂直に合わせ、バストラインを水平に合わせる。衿ぐりの中心に切込みを入れ、サイドネックポイントに向かって布目を通してそわせ、衿ぐりを整理する。

肩甲骨を覆うゆとりを作り、そのまま側面まで水平に布をなじませる。軽く肩先までなで上げ、肩先のゆとりを入れて肩線に余った分量をいせ分とする。

肩を合わせる。肩甲骨あたりをカバーするようにいせを配分し、前に重ねて重ねピンを打ち、余分な布はカットする。

背幅のゆとりを入れ、布目を垂直にして面を作る。シェープした前身頃とのバランスを見ながらウエスト位置でつまみ、ダーツの分量、方向、止りを検討し、ピンを打つ。

袖ぐりの余分な布をカットし、脇にゆとりを入れる。

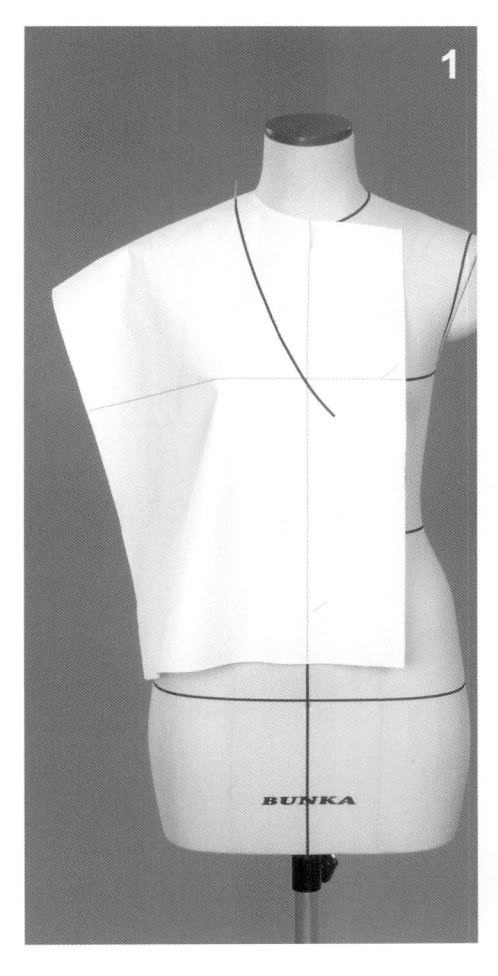

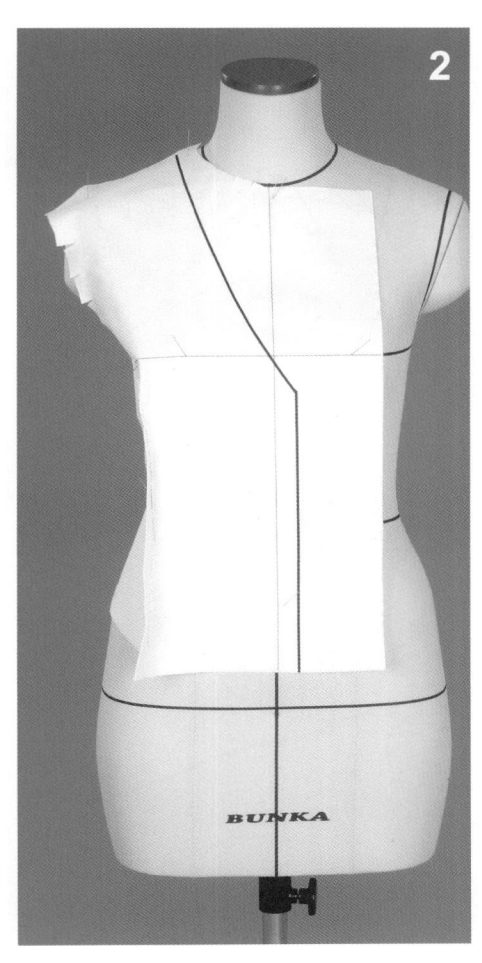

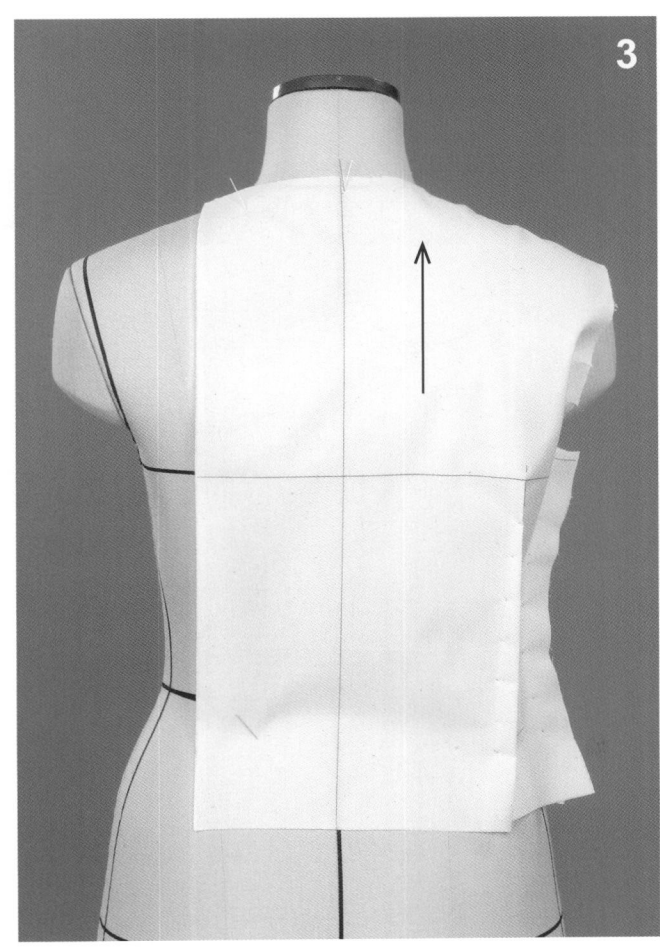

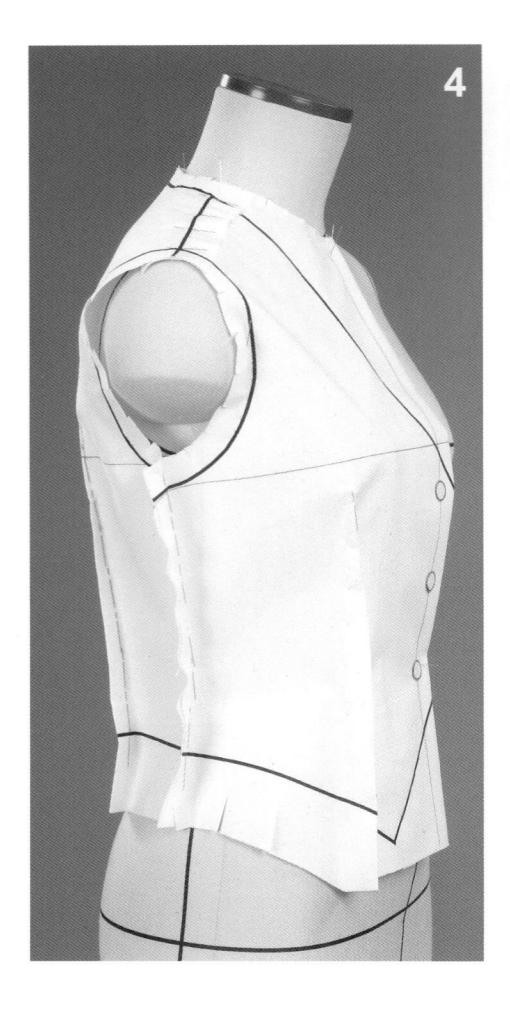

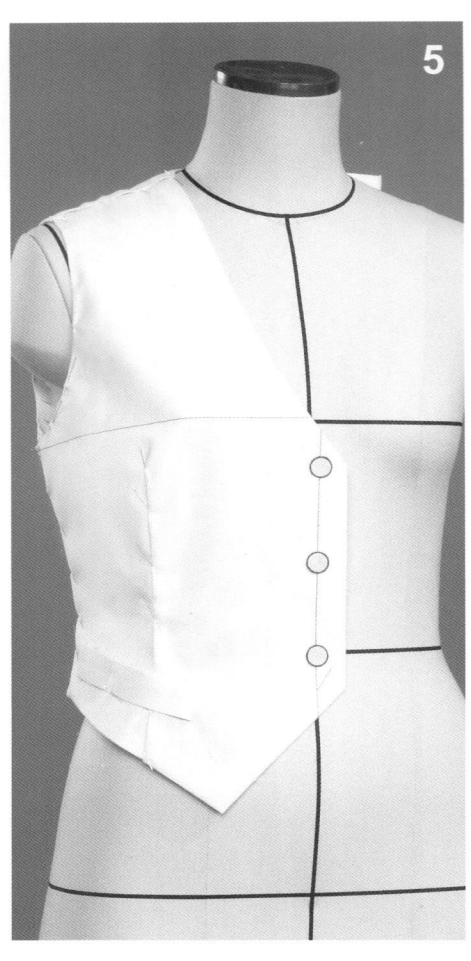

4 前後の脇を合わせ、つまみピンを打つ。後ろ衿ぐり、肩線、袖ぐり、裾線をボディラインで入れる。袖ぐりの深さは下に着用する袖がつかえない位置に設定する。

裾は切込みを入れ、ボトムを考慮してゆとりを確認する。

ボタンはウエスト位置が落ち着くようにウエストラインにつけ、全体のバランスを見て決める。

5 ピン仕上げ。

縫い代を整理して、仕上げピンでまとめる。

ポケットはデザイン性を重視して、バランスのよい位置につける。

出来上り

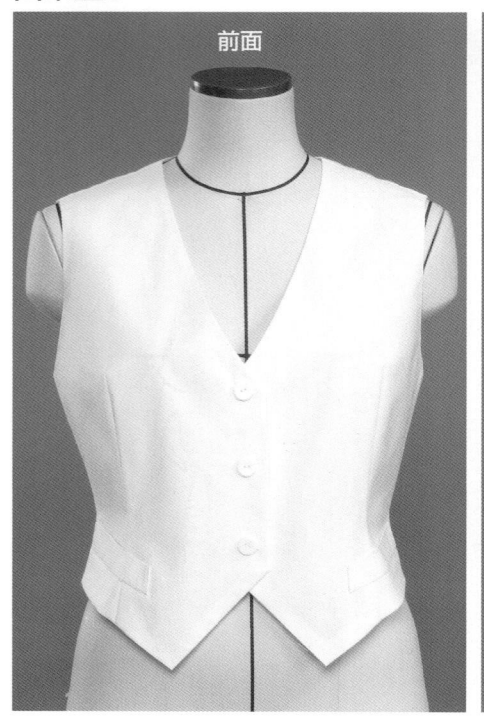

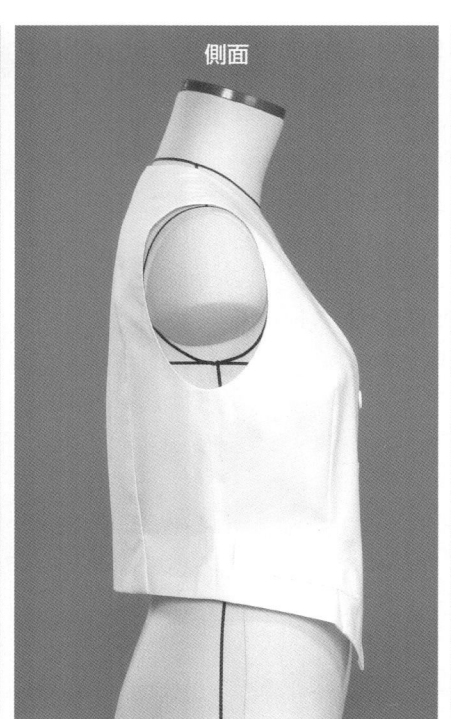

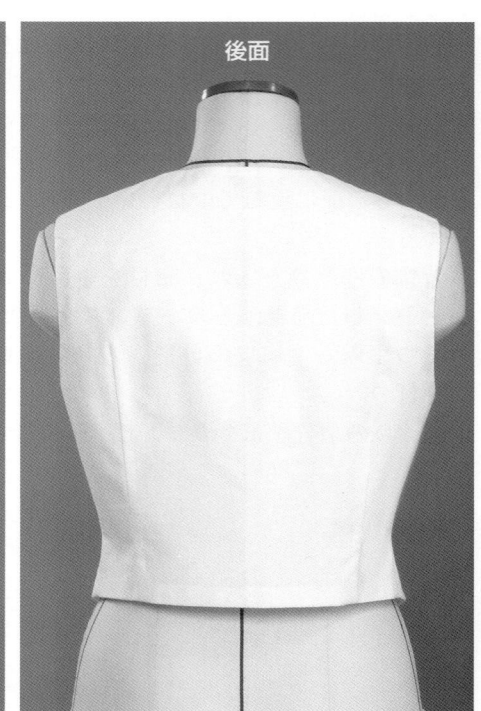

前面 側面 後面

トレースパターン

シャツブラウスなどの上に重ねて着用する機能的なゆとり量を有し、前衿ぐりのVカットと裾のポイントであるVラインがバランスのよいシャープなカッティングを表現している。

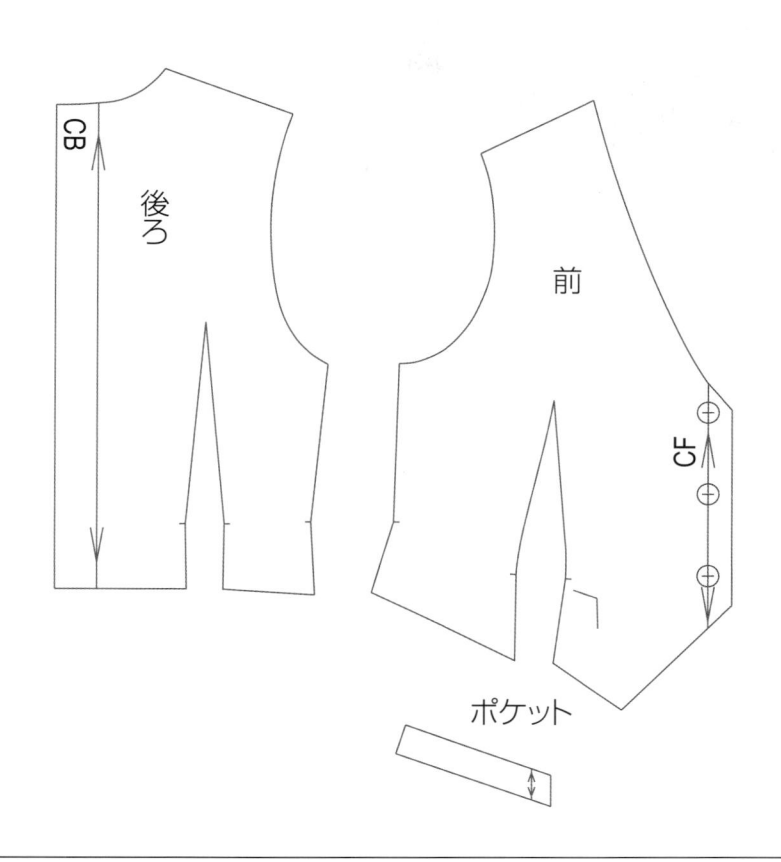

2 ホールターネックのベスト

ホールターネックは前身頃から続いた布を首にかけて支えたもので、後ろ身頃上部がなく、あいている。ややシェープしたショート丈のベスト。

トワルの準備

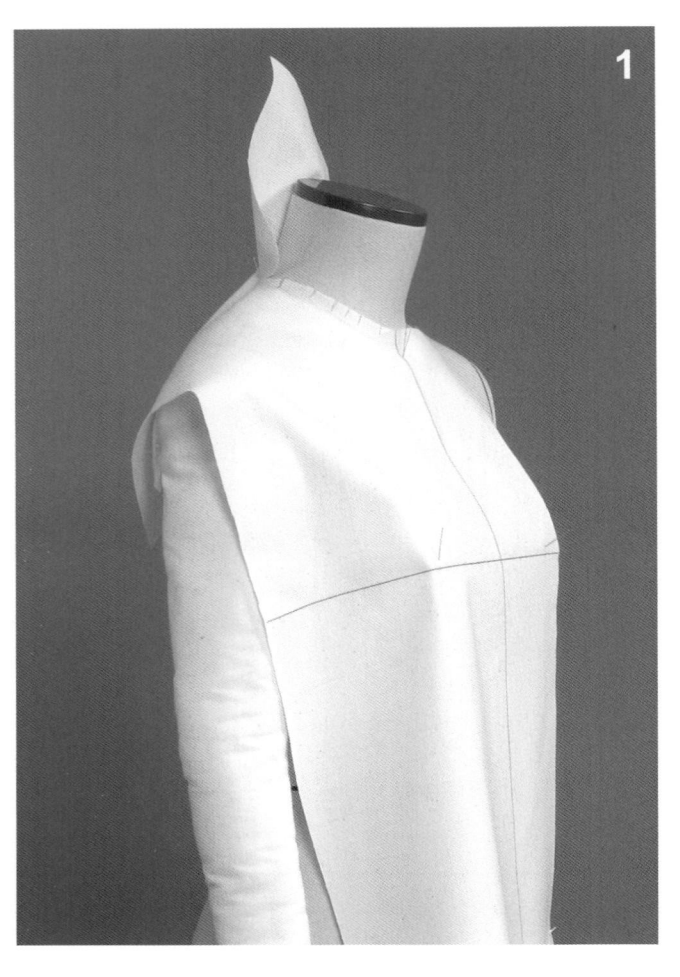

ドレーピング

1 前身頃の中心線をボディの中心線に垂直に、バストのガイドラインを水平に合わせる。衿ぐりの中心に切込みを入れ、サイドネックポイントあたりまで衿ぐりにそって余分な布をカットし、縫い代のつれる部分に切込みを入れて布を後ろへ回しておく。

2 打合せ幅を決めて前端を折る。前中心のVゾーンの布は残しておく。バストラインを水平に合わせ、胸幅側面でピンを打つ。袖ぐりの余分な布をカットしながら肩から後ろ中心に向けて布をなじませる。前衿ぐりをボディラインでしるす。
　バストポイントのやや脇側を目安にパネルラインで切り替える位置を検討する。この位置は、アームホールダーツとウエストダーツが1本につながるように考慮し、側面からもバランスのとれた位置であるように設定する。パネルラインと袖ぐりのラインを入れ、余分な布をカットする。パネルライン上のバスト周辺に胸ぐせのいせ分を確認しておく。

3 前脇布のバストラインを水平にしてパネルラインに重ね合わせ、ピンを打つ。バスト周辺ではいせ分を入れる位置を決定し、バランスよく配分して重ねピンを打つ。裾に切込みを入れてなじませ、脇でゆとりを入れる。

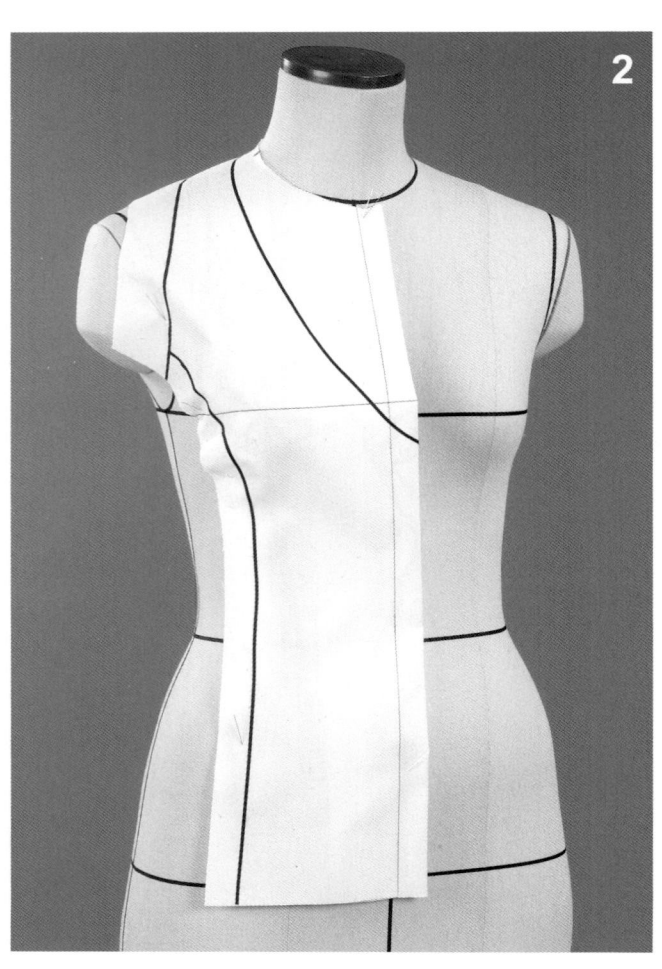

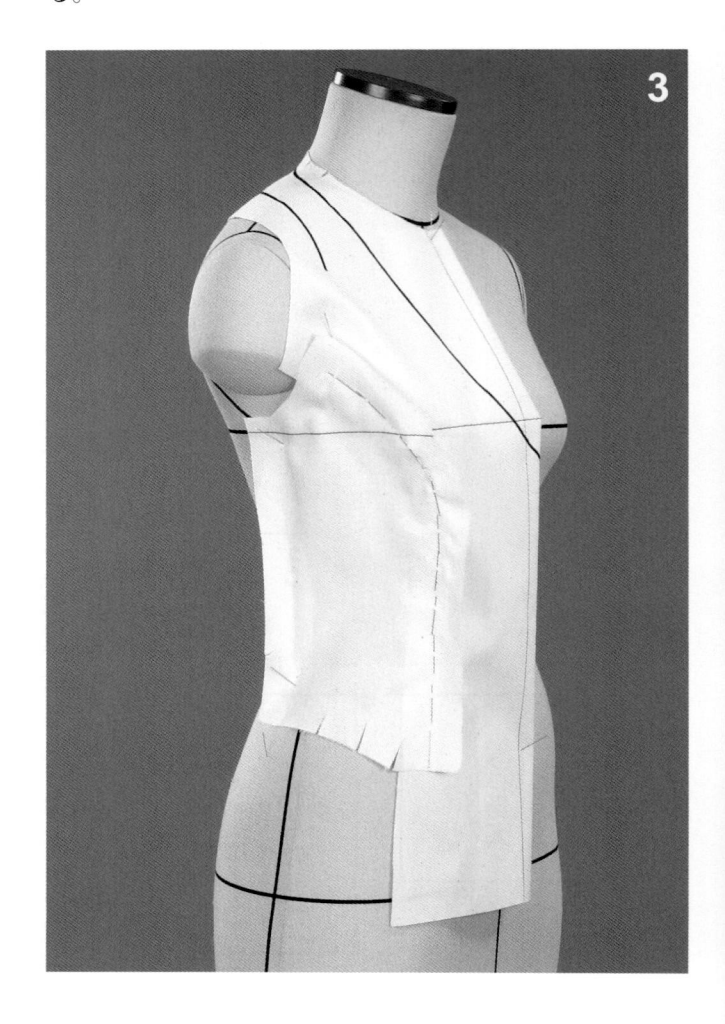

4 後ろ身頃の中心線をボディの中心線に垂直に合わせ、ボディに布を水平にそわせて面を作り、ゆとりを入れる。

脇でゆとりを入れ、前後の脇を合わせてつまみピンを打つ。

5、6 衿ぐり、袖ぐり、裾の縫い代を粗裁ちする。前後のバランスを見ながら、ボディラインで衿ぐり、袖ぐり、裾線をつながりよく入れる。

ボタンはウエスト位置が落ち着くようにウエストラインにつけ、バランスを見て決める。

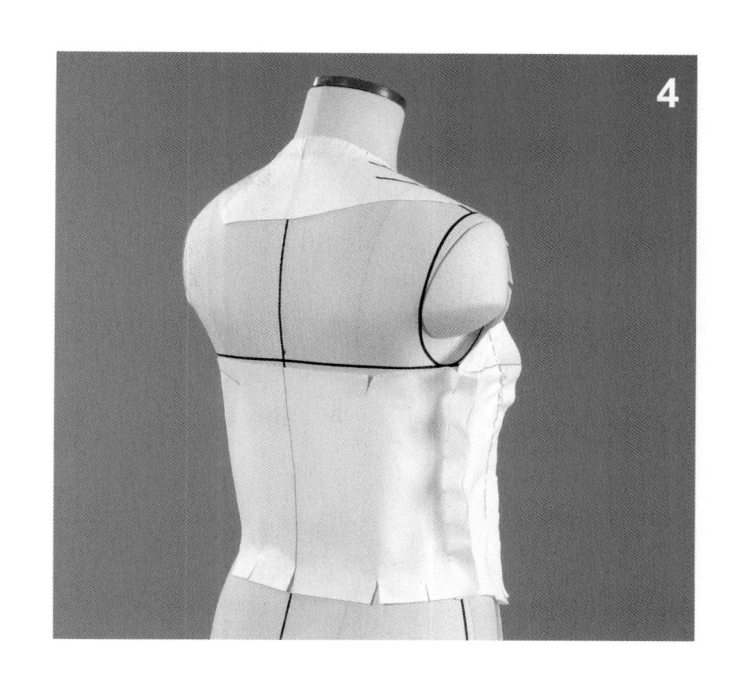

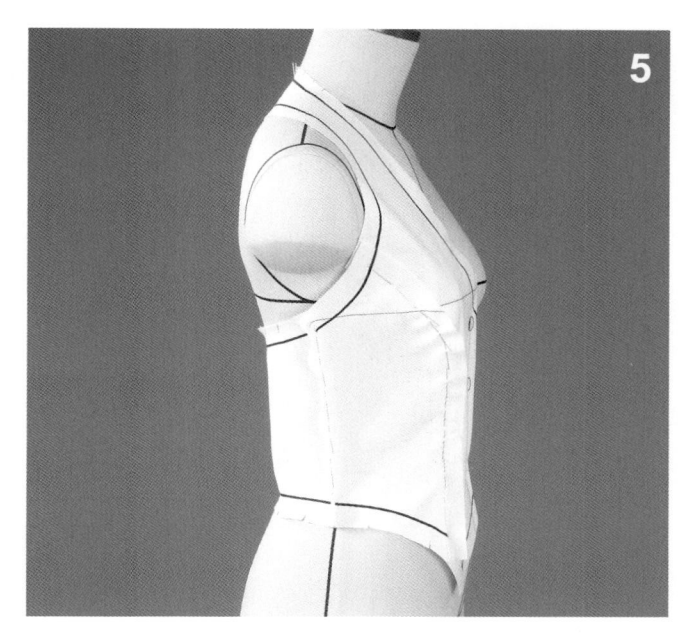

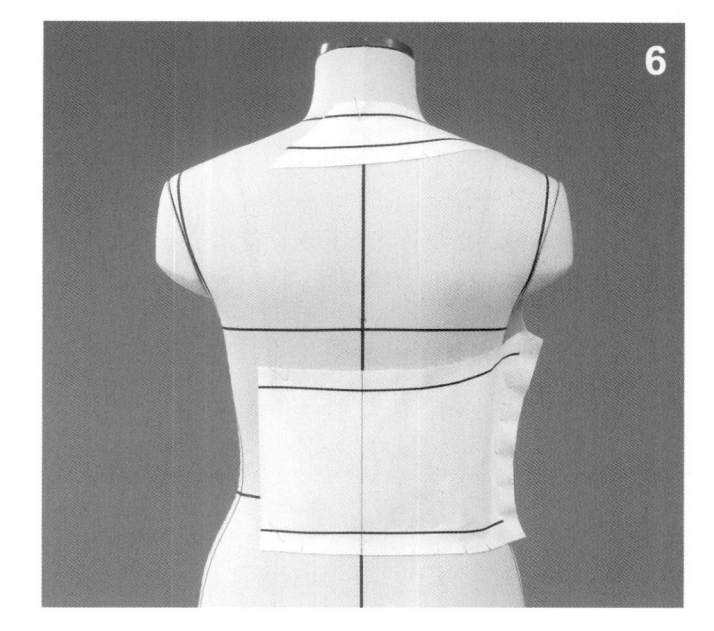

7 ピン仕上げ。

縫い代を整理して仕上げピンでまとめる。パネルラインは中心側に、脇は前に片返して伏せピンを打つ。ポケットはデザイン性を重視してバランスのよい位置につける。

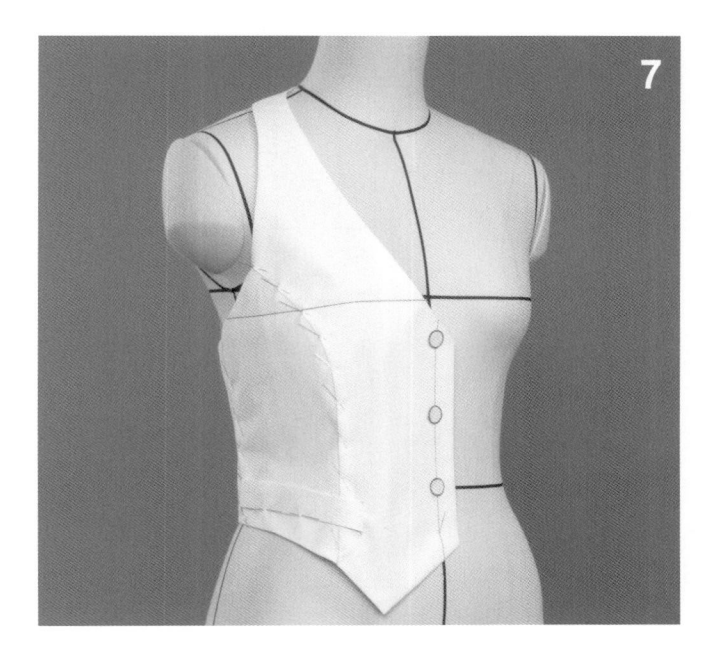

第4章 基本アイテムのドレーピング 259

出来上り

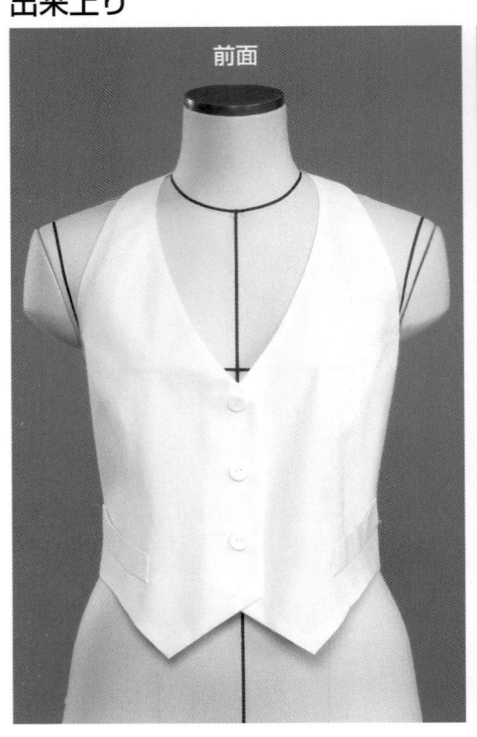

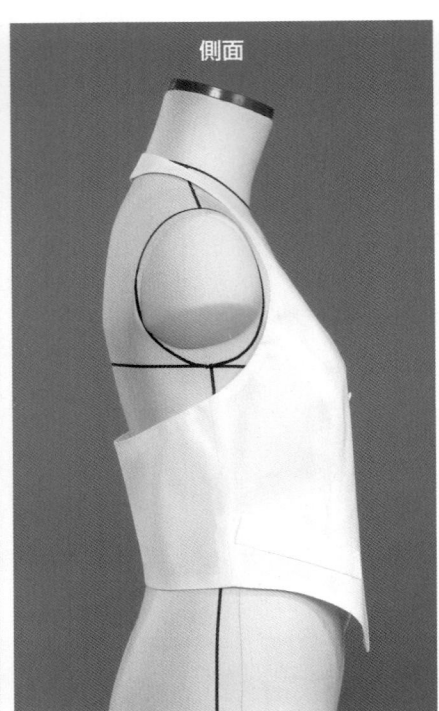

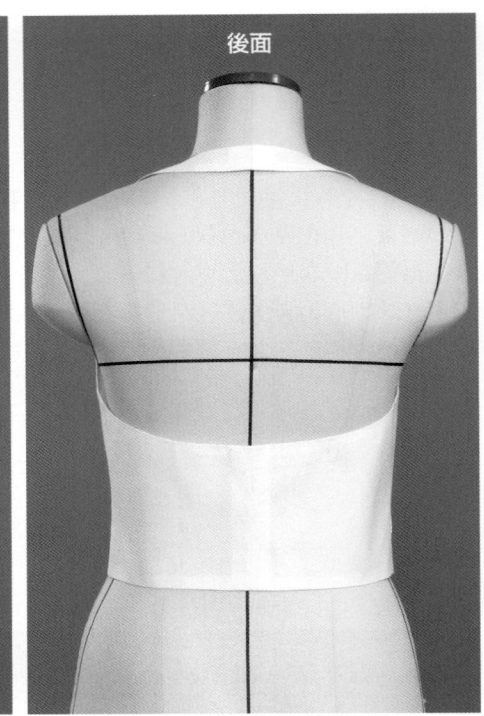

前面 / 側面 / 後面

トレースパターン

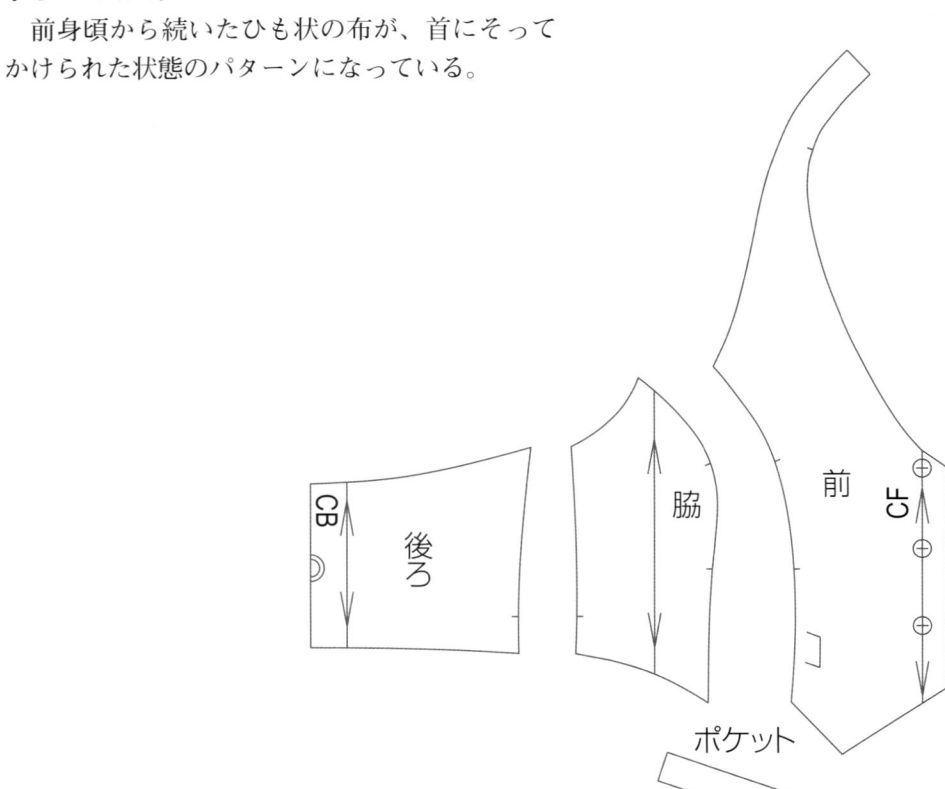

前身頃から続いたひも状の布が、首にそってかけられた状態のパターンになっている。

CB　後ろ　脇　前　CF　ポケット

第5章

部分デザイン

I 衿・ネックライン

衿は、衣服の装飾を目的とする場合が多く、そのため衣服をデザインするうえで重要な役割を果たす。着る人の顔立ち、首の形態、肩の周辺とのバランス、好み等を考慮してデザインするとよい。

美しい衿の条件は、身頃の衿ぐり線に対して、衿こしの高さ、衿幅、衿外回り寸法がバランスよくセットされ、つながりのよい流れで形成されていることである。首の運動範囲は割合に小さいので、首回りのゆとりは小指1本分くらいあれば、動きはカバーできる。

衿の構造原理

衿には身頃の衿ぐりと衿つけ寸法が基本的に同寸法で、首にそったものと、首から離れるものがある。ここではスタンドカラーを例に説明する（263ページ参照）。

Aは最も基本的な長方形の衿（図1）をつけたもので、上部が首からわずかに離れている。このAの衿を図2のように衿つけ寸法を変えずに上部で重ねると、首にそったBの衿になる。パターンは、衿つけ線が上方にカーブし、衿外回り寸法は短くなる（図3）。Bとは逆に、図4のように上部で開くと、首から離れたCの衿になる。パターンは、衿つけ線が下方にカーブし、衿外回り寸法は長くなる（図5）。

このように、衿外回り寸法が長くなるほど、首から離れた衿になることが理解できる。

また、衿つけ線の位置により首との空間の差がでてくる（図6）。

基本形の衿ぐり（図7、8）につけたシャツカラー（D）と、それより広い衿ぐり（図9、10）につけたシャツカラー（E）を比べると、サイドネックポイントでのくりぐあいによって首から離れた形になることがわかる。

首にそった衿

首から離れた衿

図1

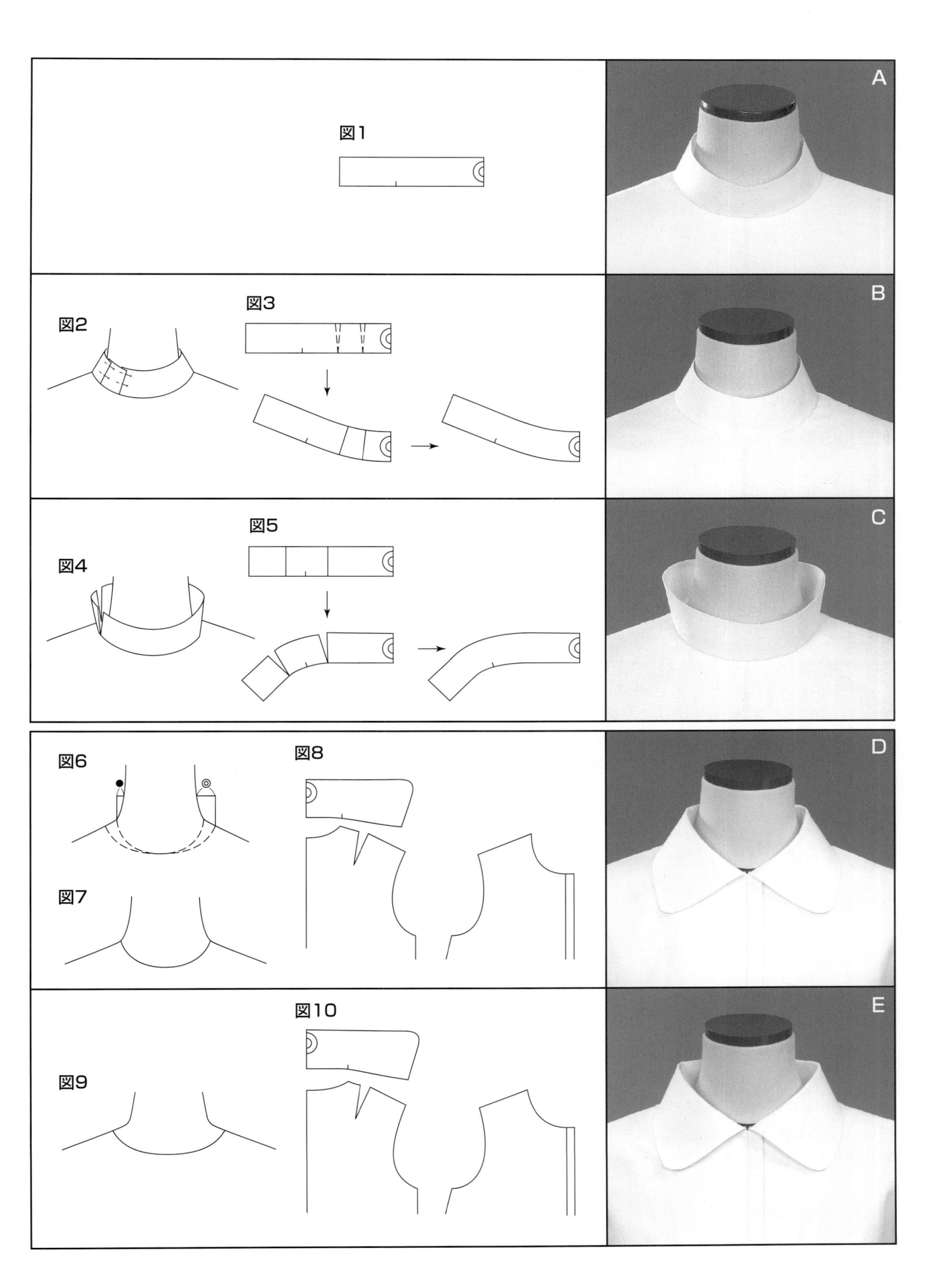

図2　図3

図4　図5

図6　図8
図7

図9　図10

A

B

C

D

E

第5章　部分デザイン　263

1 スタンドカラー

　立ち衿の総称。首の形に左右されない基本的なもので、チャイニーズカラー、マンダリンカラー、マオカラーとも呼ぶ。

トワルの準備

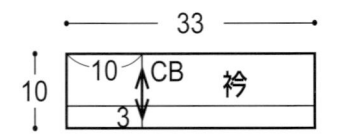

ドレーピング

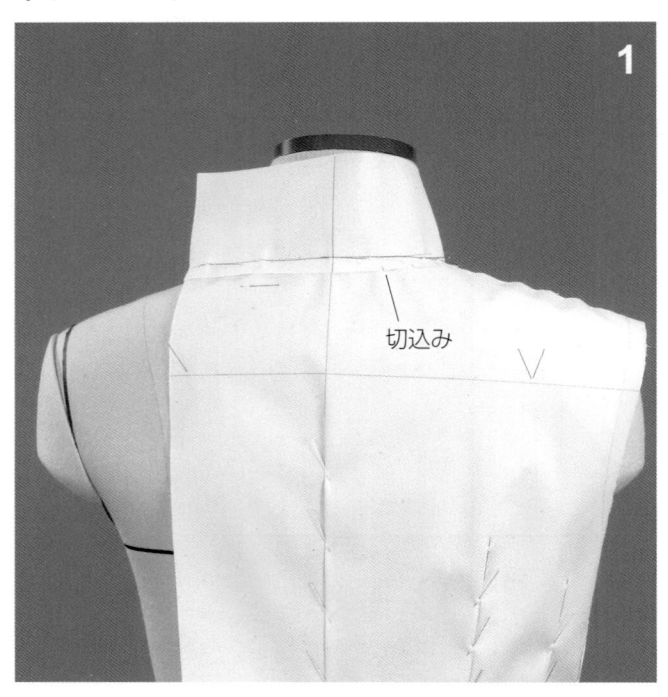

1 　後ろ中心を合わせて水平にピンを打ち、さらに2〜2.5cmの位置に水平にピンを打つ。左身頃側も水平にピンを打って布を安定させる。

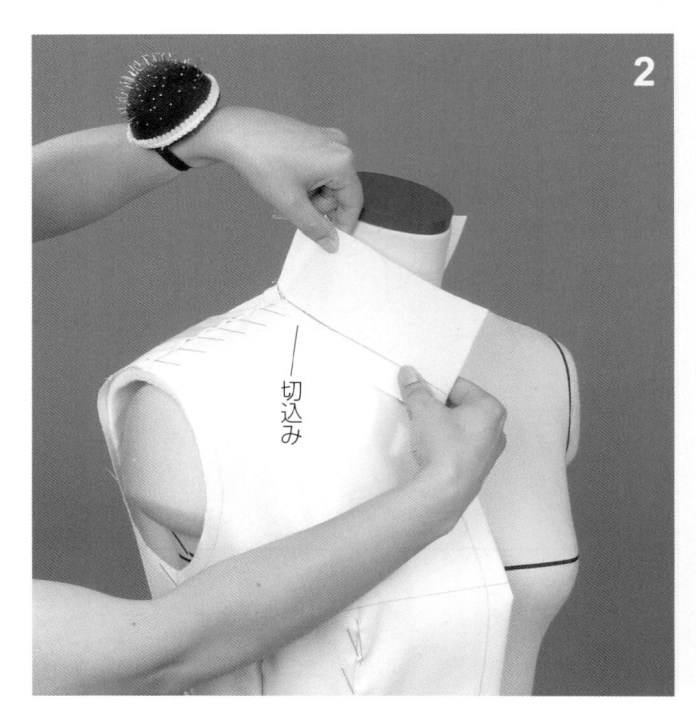

2 　首にそわせながら衿ぐりにピンを打ち、布を前に回していく。

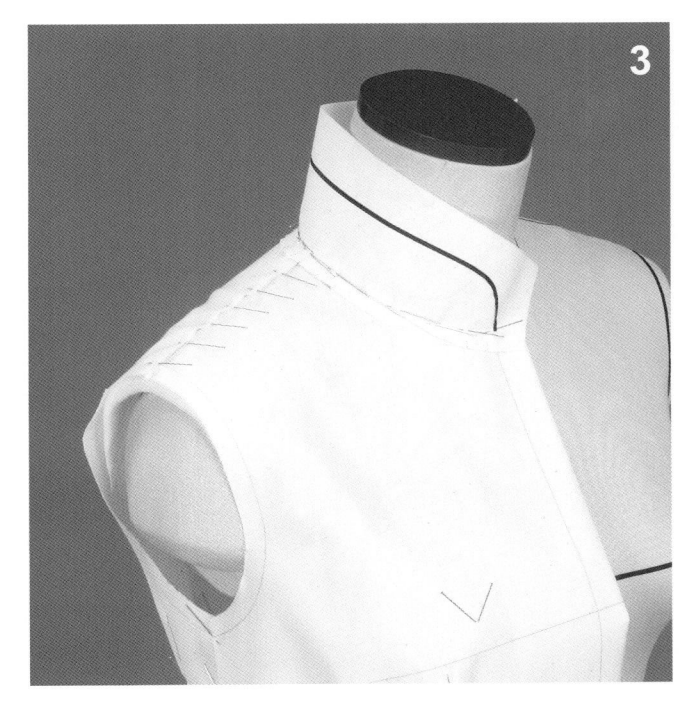

3 首との離れぐあいを確認して、衿の形を決める。

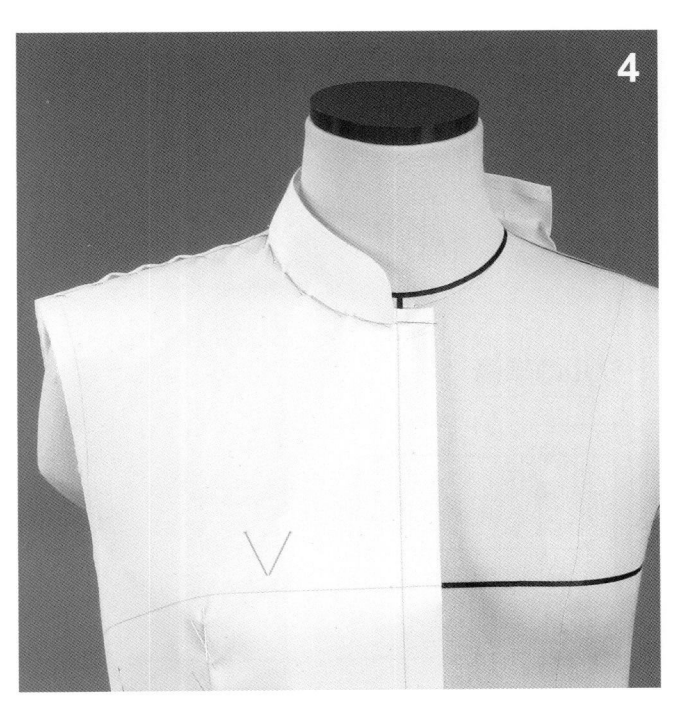

4 衿の外回りを整えてピン仕上げをする。

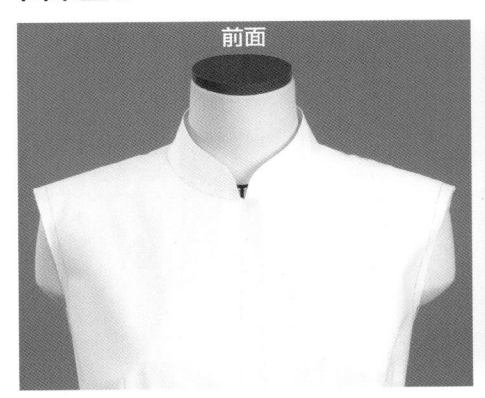

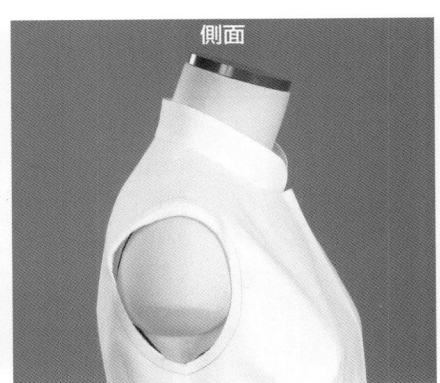

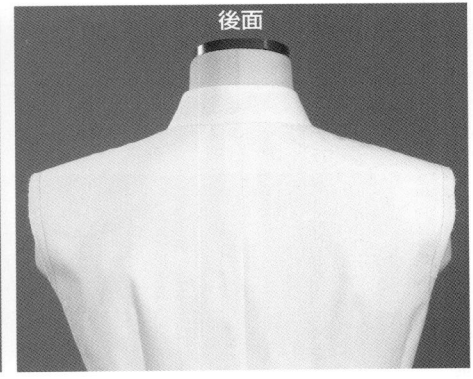

出来上り

前面　側面　後面

トレースパターン

サイドネックポイントあたりから首との離れぐあいを均一にしてまとめると、前衿つけ線が上方へカーブする。

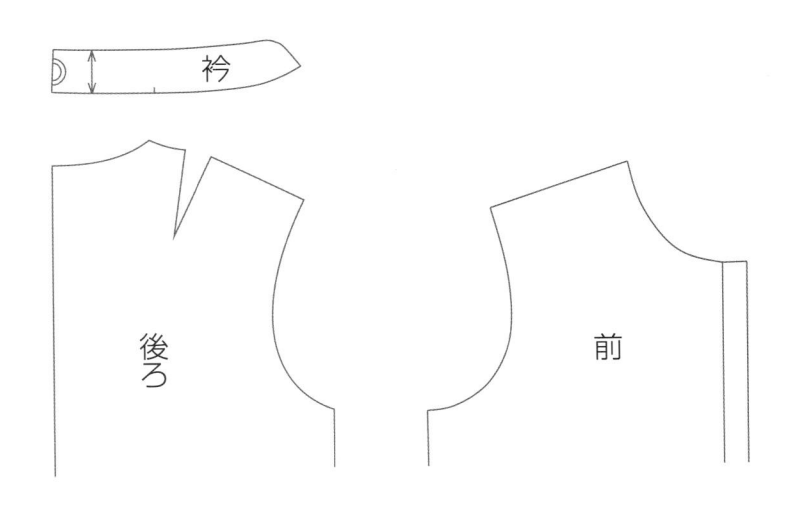

�
後ろ　前

第5章　部分デザイン

2 オープンカラー

開衿のこと。衿だけで存在しないで身頃のラペルとともにデザインされる。

トワルの準備

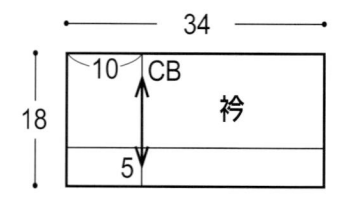

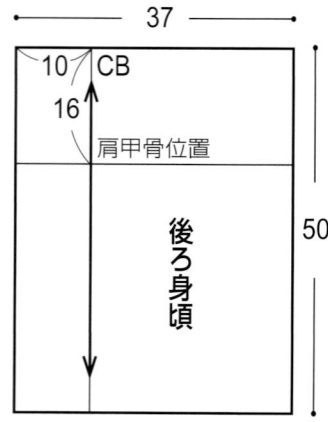

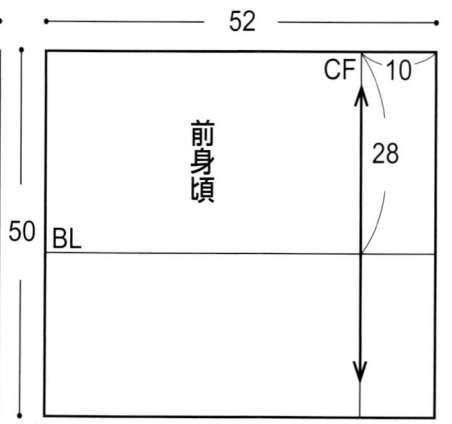

衿: 34 × 18、CB 10、5

後ろ身頃: 37 × 50、CB 10、16 肩甲骨位置

前身頃: 52 × 50、CF 10、28、BL

ドレーピング

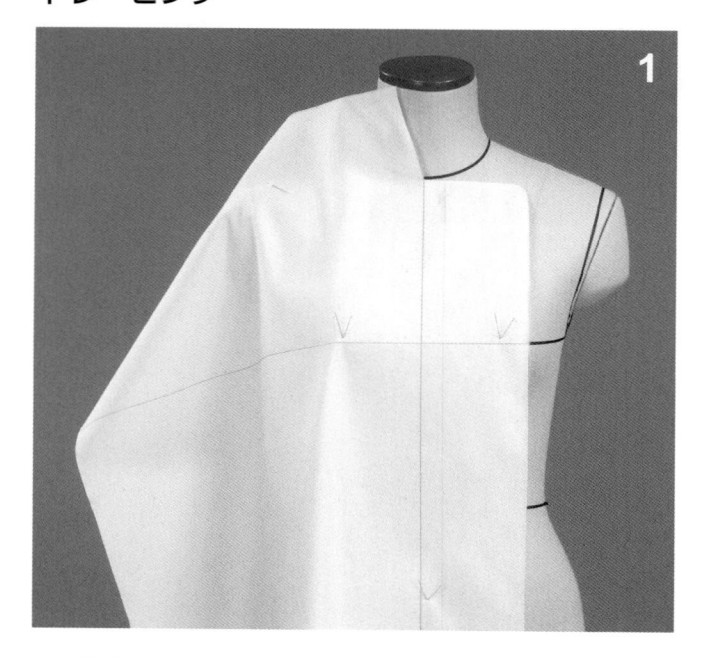

1 前身頃の中心線とバストラインを落ち着かせて、中心のフロントネックポイントまで切込みを入れ、余分な布をカットする。

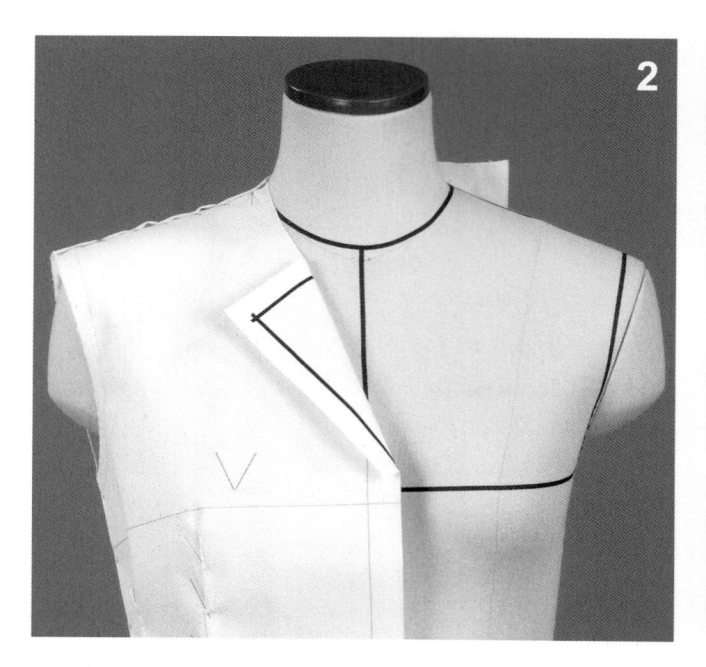

2 後ろ身頃をセットし、前端を整えてラペルの返り線と形を決める。

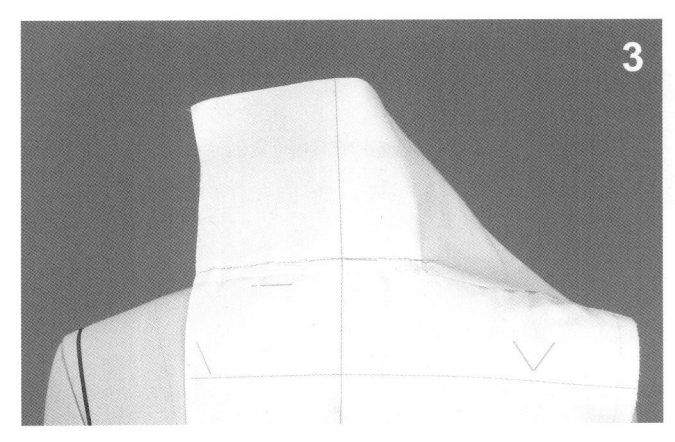

3 後ろ中心を合わせて衿布を当て、水平にピンを打つ。衿布が首にそって立つようにしながらサイドネックポイントまでピンを打つ。サイドネックポイントの周辺で軽く布を引き加減にピンを打つと、つけ寸法がくるわない。

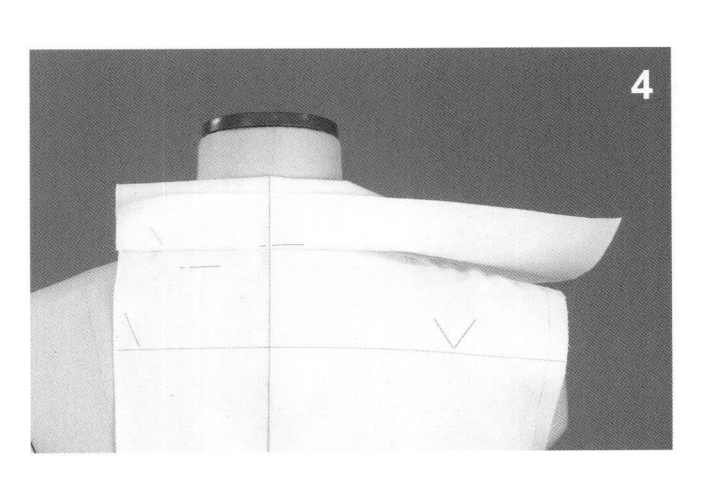

4 衿こしと衿幅を決める。

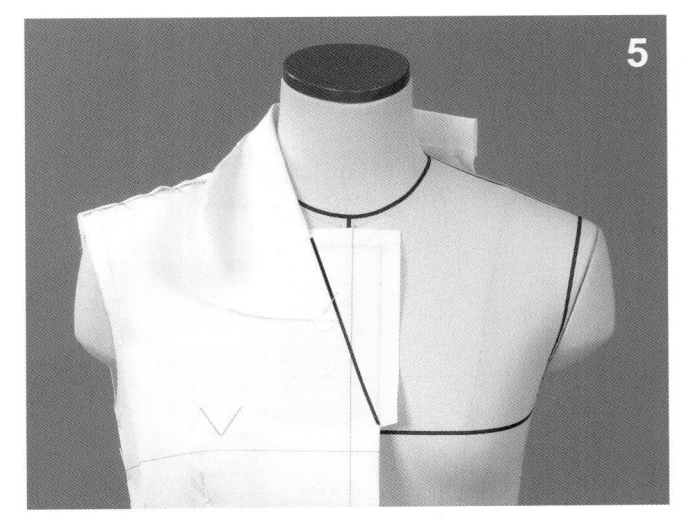

5 衿を前に回して衿とラペルの返り線が直線になるようにつなぎ、サイドネックポイント周辺の首とのつきぐあいを確認する。衿幅が広い場合、サイドネックポイント周辺の外回りがつかえぎみになるので指先でしごいてやや伸ばすとよい。

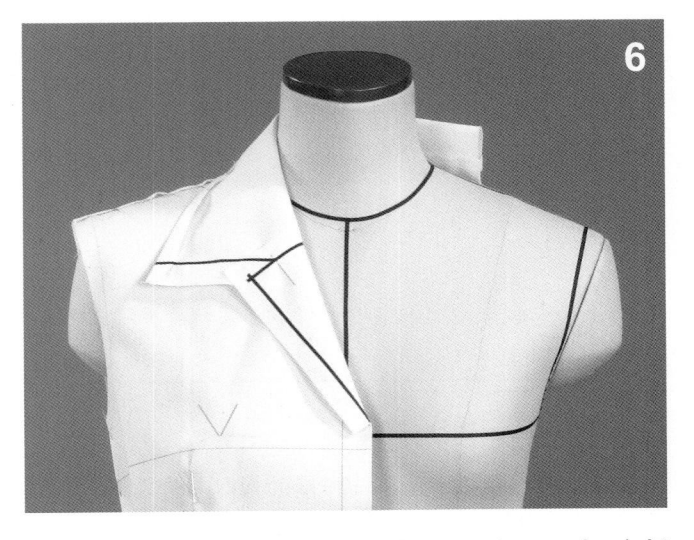

6 上衿をおこし、衿つけ線とゴージラインにピンを打ち、折り返して全体のバランスを見ながら衿先の形を決める。

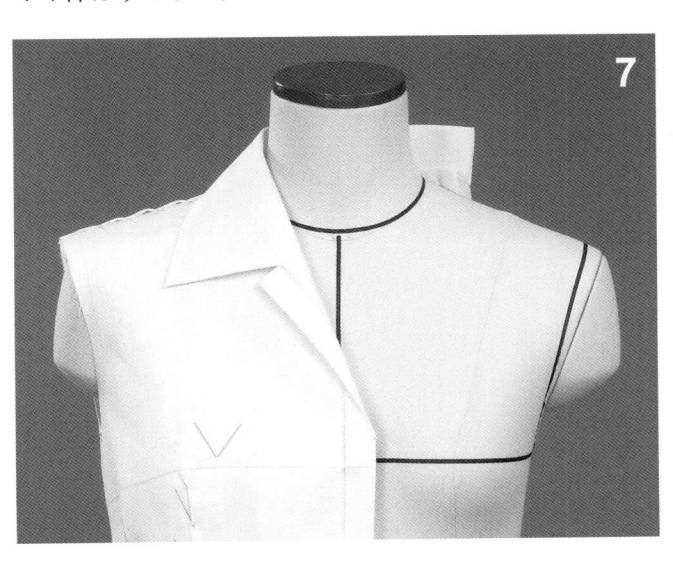

7 縫い代を整理してピン仕上げをする。

第5章 部分デザイン 267

出来上り

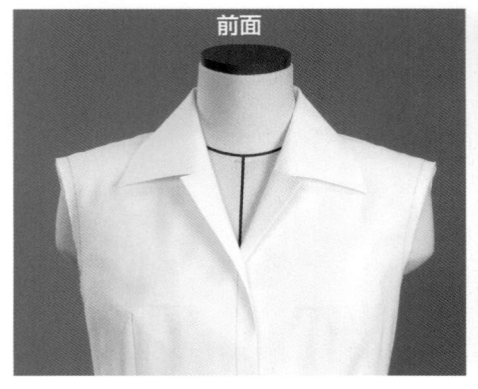

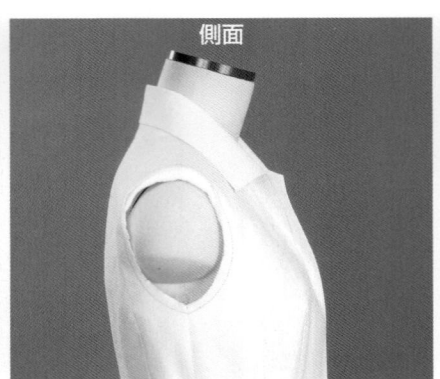

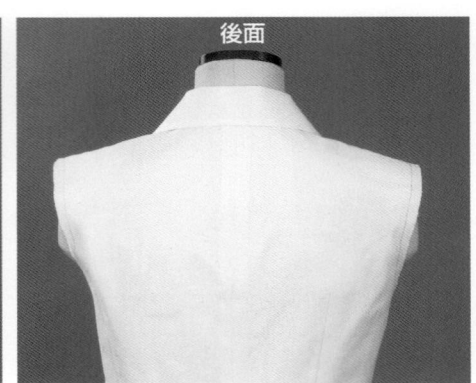

前面　側面　後面

トレースパターン

上衿はウィング（浮き）がなく平らにつくので、上衿とラペルと身頃の関係はテーラードカラーとやや似ている。

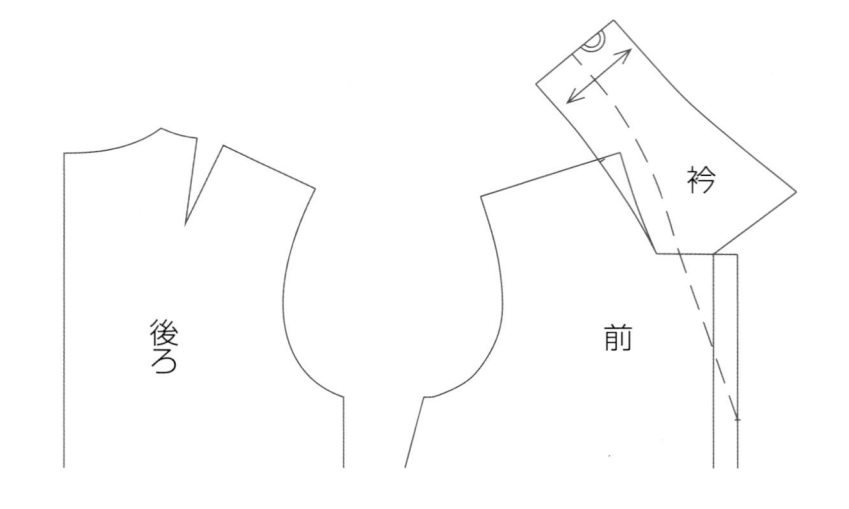

後ろ　前　衿

3　フラットカラー

平らな衿の総称。基本的には前後とも衿こしのない身頃に密着したものをいうが、後ろは少し衿こしをつけると衿つけの縫い目が見えず、美しい。衿先の丸いものはピーターパンカラーとも呼ばれる。

トワルの準備

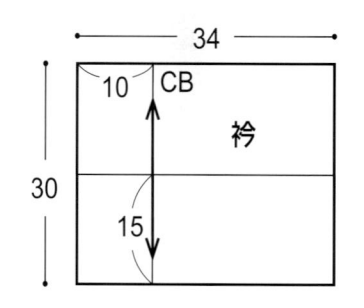

34　10　CB　衿　30　15

ドレーピング

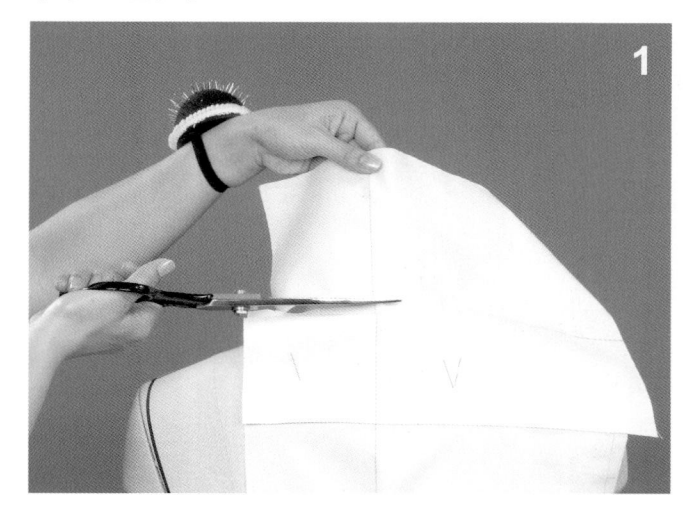

1 衿布は外回りになる側を下にして、身頃の後ろ中心に合わせて当てる。衿こし、衿幅を決めて衿こし分をつまみ、縫い代を残してはさみを入れる。

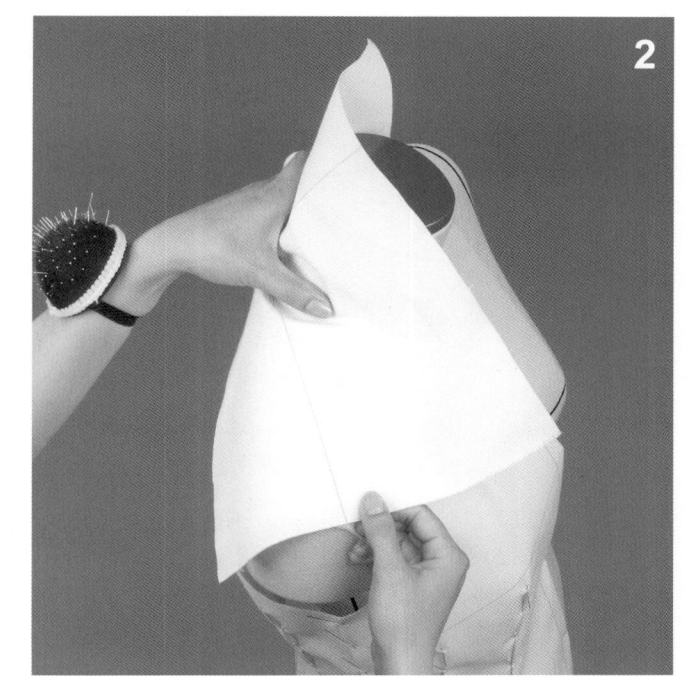

2 首をぐっとつかむように布を巻きつけてなじませ、衿つけの位置にピンを打つ。

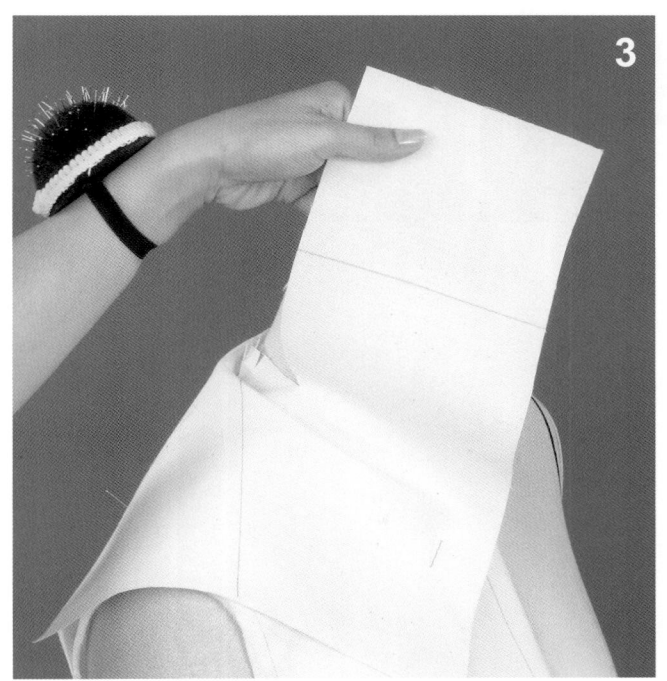

3 サイドネックポイントあたりまで余分な布をカットして、さらになじませていく。

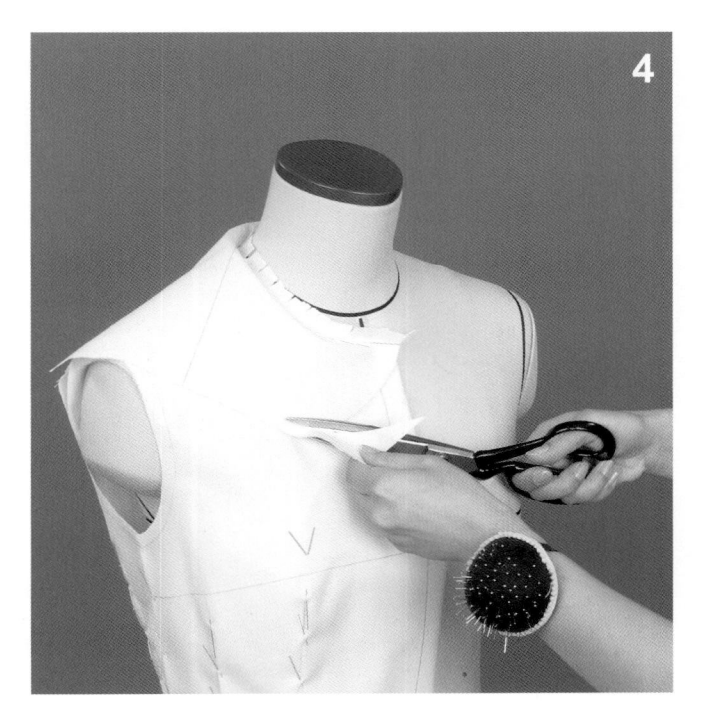

4 衿ぐり線を見ながら衿こし分と縫い代を見積もって衿つけの余分な布をカットする。外回りも出来上りを想定し、余分な布をカットする。

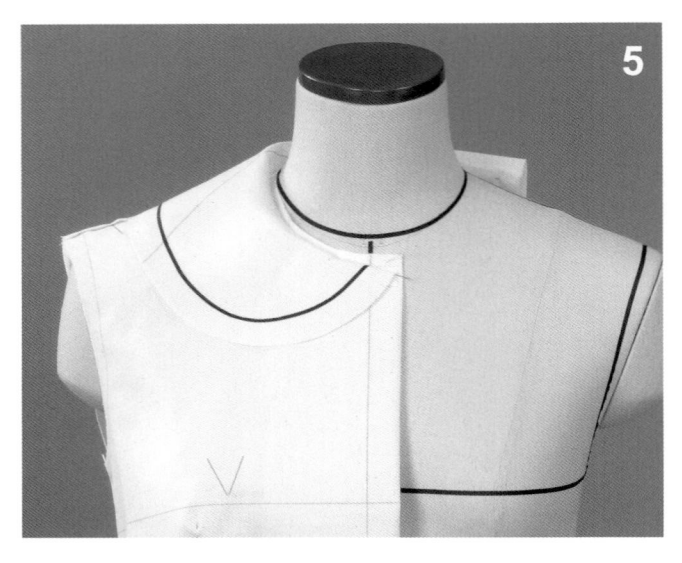

5 衿をおこした状態にし、整理した縫い代を外側に出して衿つけ線にピンを打つ（272ページの4参照）。折り返してバランスを確認し、外回りの形を決める。

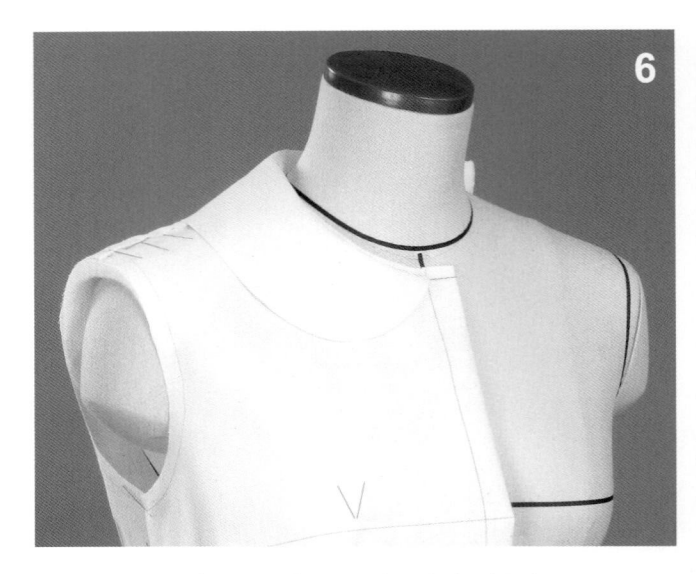

6 外回りの縫い代を整えてピン仕上げをする。

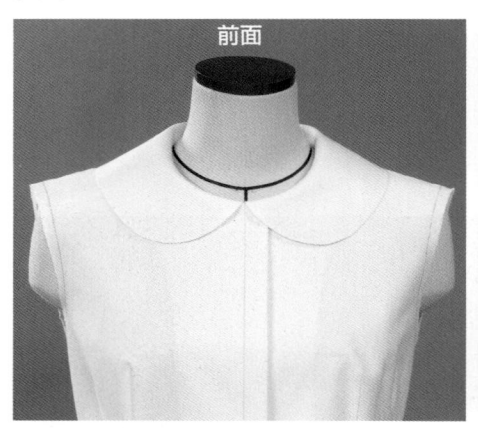

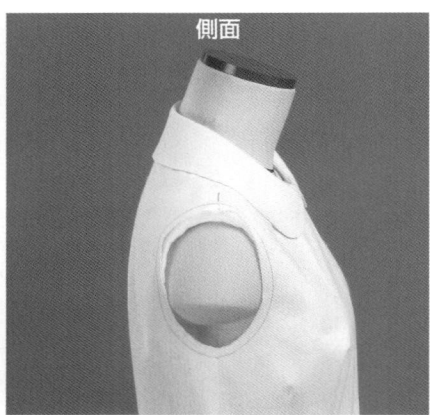

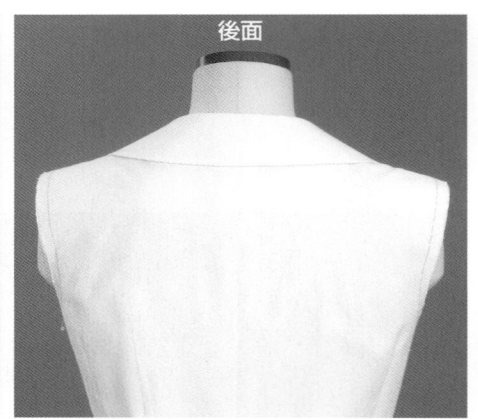

出来上り

前面　　側面　　後面

トレースパターン

サイドネックポイントあたりの衿外回りの布目はバイアス状になっている。

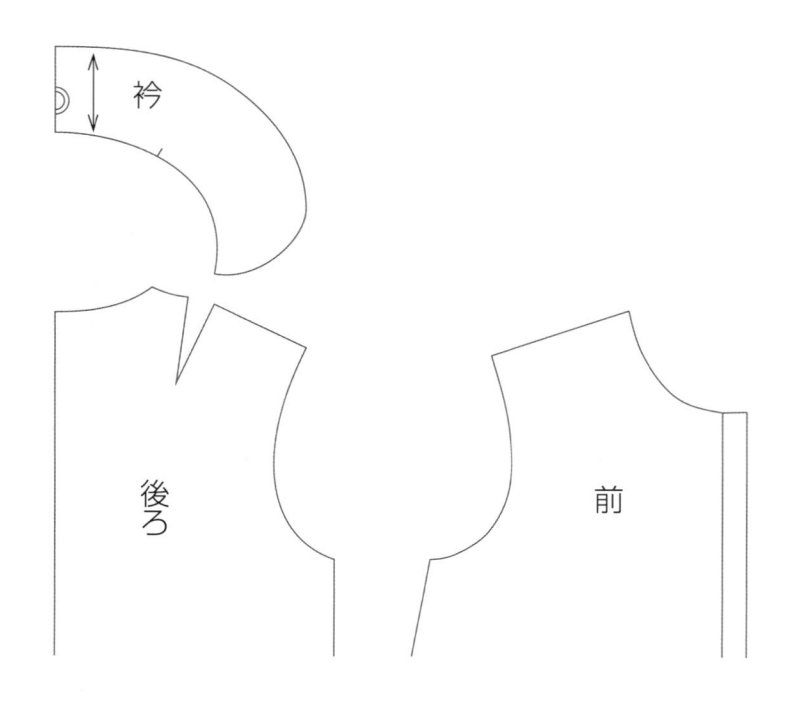

4　セーラーカラー

水兵の服に見られる衿。衿もとをV字形にあけるが、バストラインより下に大きくあける場合は胸当てが必要になる。衿こしを少しつけると衿も安定して見た目にも美しい。ミディカラーとも呼ぶ。

トワルの準備

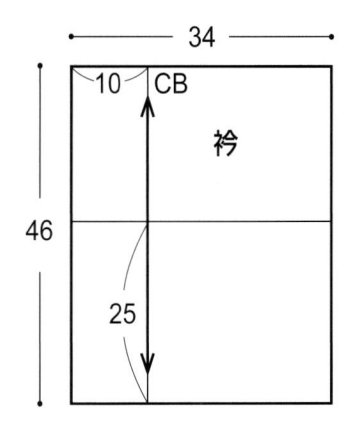

ドレーピング

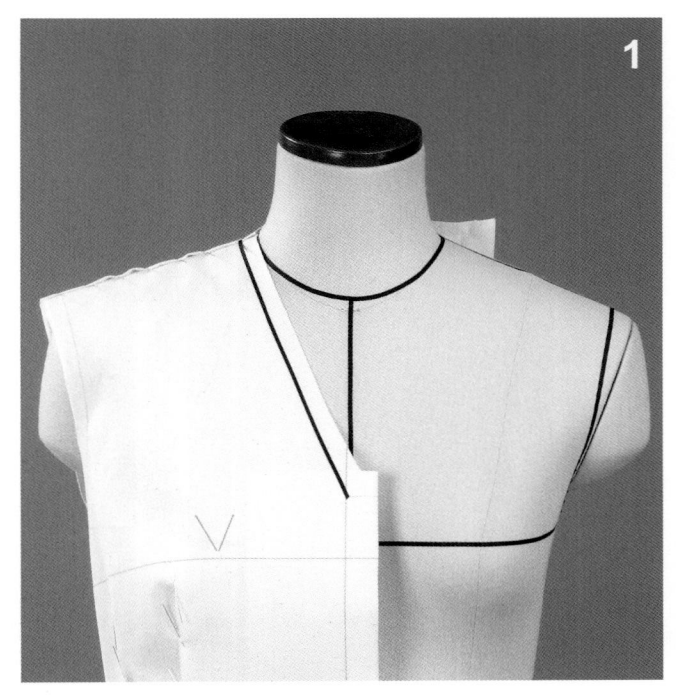

1　後ろ衿ぐりは、ボディの衿ぐりよりやや高く設定し、前衿ぐりのラインを決定して、余分な布をカットする。

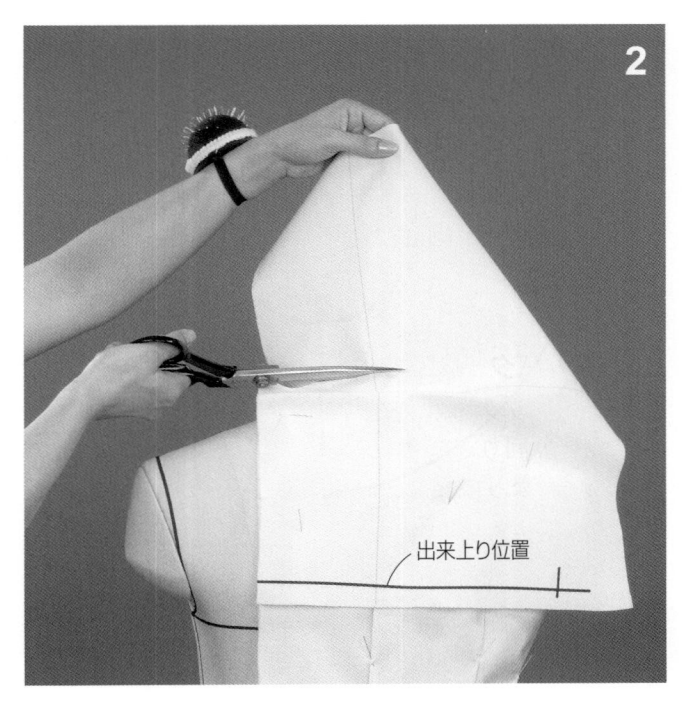

2　衿布の中心線を身頃の中心線に合わせる。外回りの出来上り位置を想定してラインを入れる。衿こし分をつまんで（269ページ1の図参照）衿つけ位置にピンを打ち、余分な布を粗裁ちする。

第5章　部分デザイン

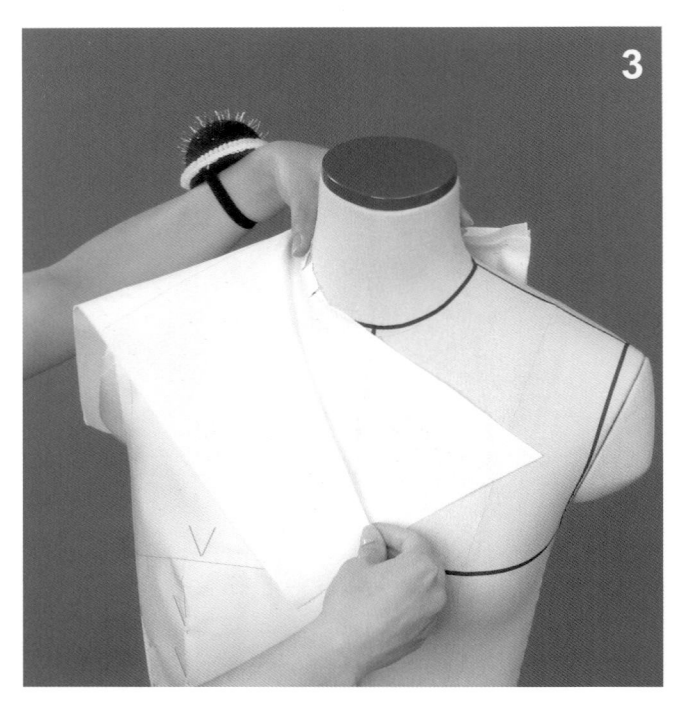

3 後面から肩にかけてなじませ、衿つけ止りまで衿こしの感じを見る。決定した衿こし位置を軽く折っておく。

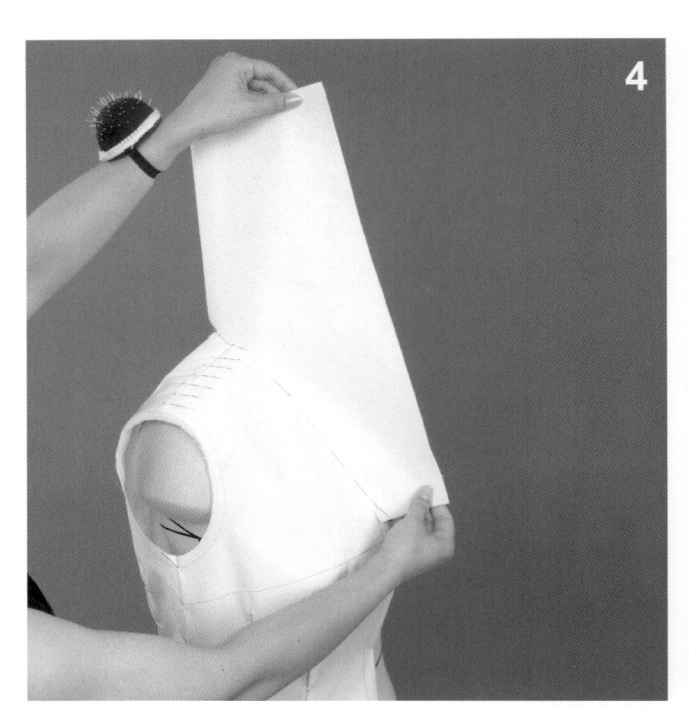

4 衿つけの余分な布をカットし、衿をおこした状態で縫い代を外側に出してピンを打つ。

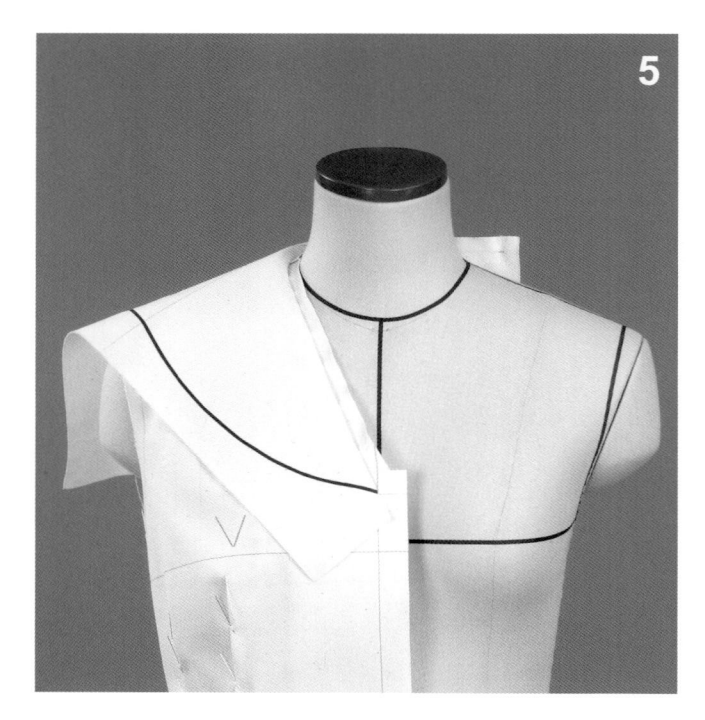

5 衿布を折り返してバランスを見る。衿の外回り線の形を決める。

6 外回りの縫い代を整えてピン仕上げをする。

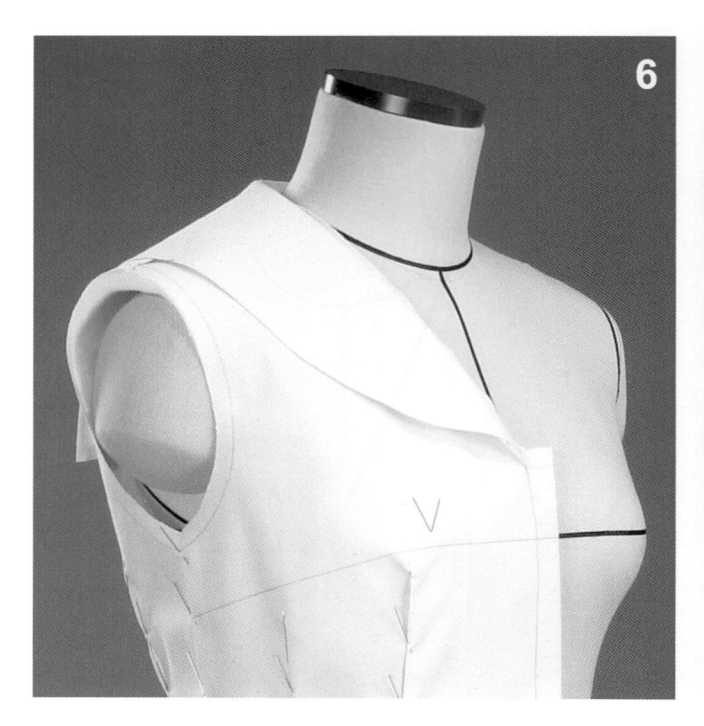

出来上り

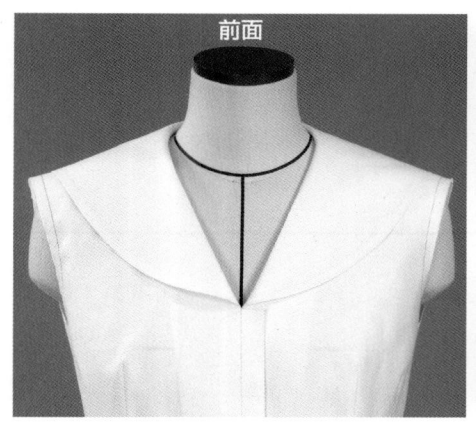

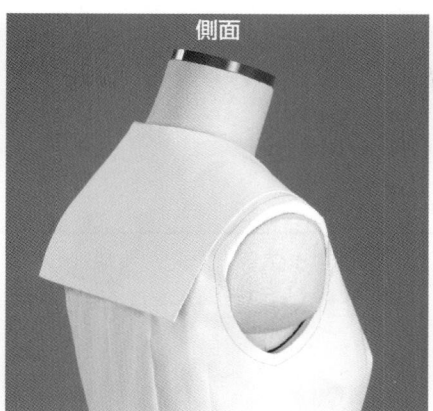

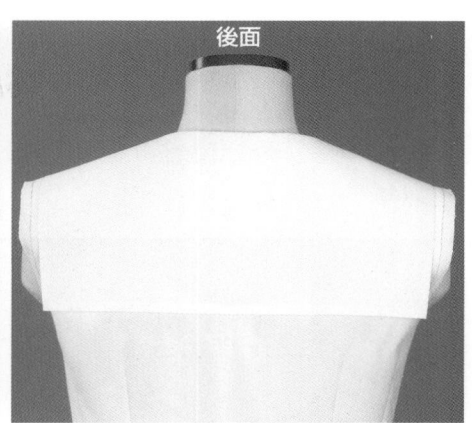

前面　側面　後面

トレースパターン

前身頃の衿ぐり線は、サイドネックポイントから衿つけ止りに向かってほんの少しカーブしている。衿つけ線の微妙なカーブで柔らかさをだしている。

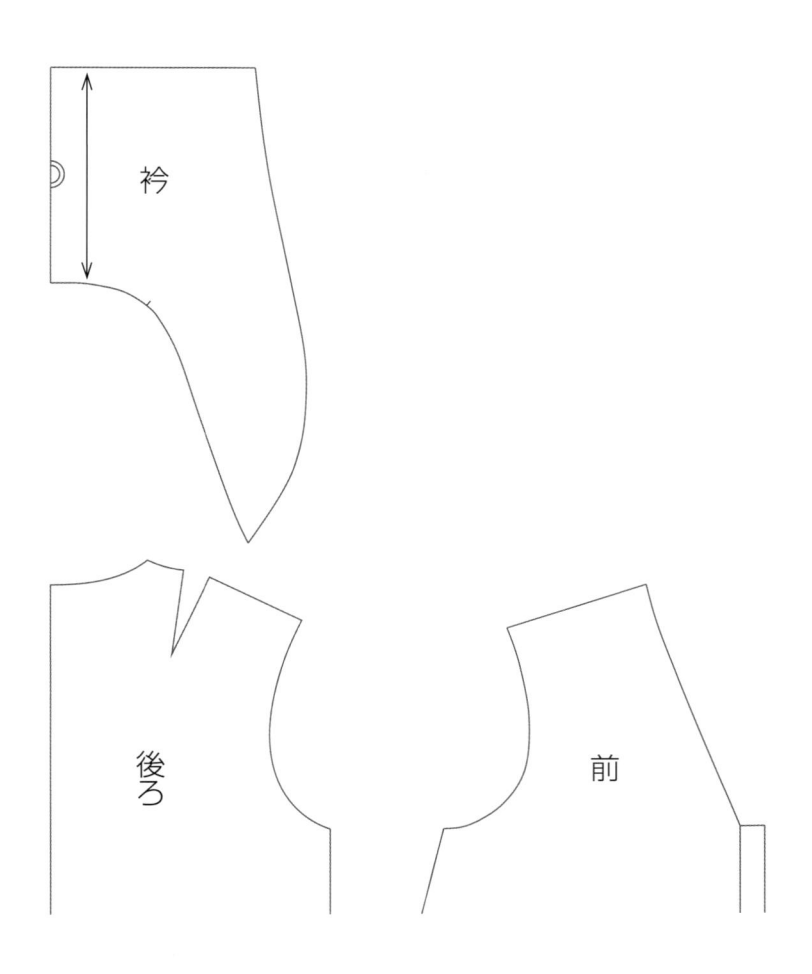

衿

後ろ　前

第5章　部分デザイン

5 ネックライン

　衿のつかないネックラインは、ボディラインやテープを使って自由にデザインし、ドレーピングをする。衿ぐりをあけた場合は、前衿ぐりが浮かないように注意してボディにフィットさせ、余りをダーツ分にくり込むと立体感の強いシルエットがでる。ブラウスやワンピースに利用するとよい。

　ここではデザインの例とトレースパターンを紹介する。

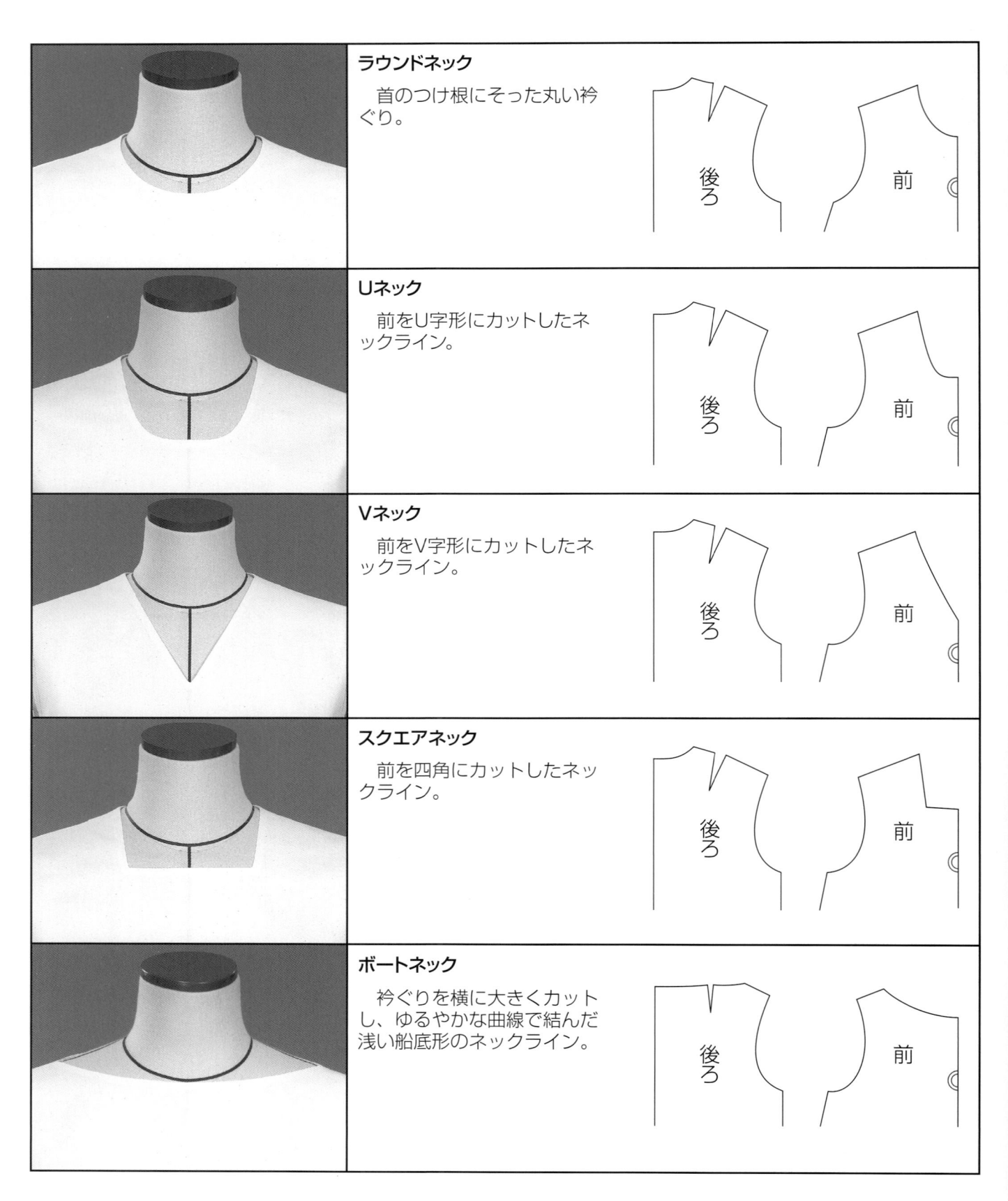

ラウンドネック
首のつけ根にそった丸い衿ぐり。

Uネック
前をU字形にカットしたネックライン。

Vネック
前をV字形にカットしたネックライン。

スクエアネック
前を四角にカットしたネックライン。

ボートネック
衿ぐりを横に大きくカットし、ゆるやかな曲線で結んだ浅い船底形のネックライン。

II 袖

袖の構造原理

●上肢について

腕は専門的には上肢という。上肢部は胸郭の上部にある鎖骨と胸郭の後ろ上部にある肩甲骨と上腕骨が肩鎖関節部で連結していて、この関節部が体の中でいちばん運動量の多い部位であり、衣服を構成するうえで最も複雑で諸問題が生じるところである。

さらに方向性がある。腕は自然に下に垂らしたとき、肩からと肘からの2段で前傾している。また手のひらを体側に向けたとき、前に向けて上挙したとき、腰に置いたとき等ではねじれも生じる（図1、2）。

●構造の要素

袖は衣服の中で動きの多い上肢を包む部分をいうが、静止下垂の状態でしわが一つもない場合は美しいが動きにくく、機能的とはいえない。しかし機能性だけに重点を置くとしわが多くでて美しくない。すなわち美しさと機能性のどの要素で折合いをつけるかということが重要である。

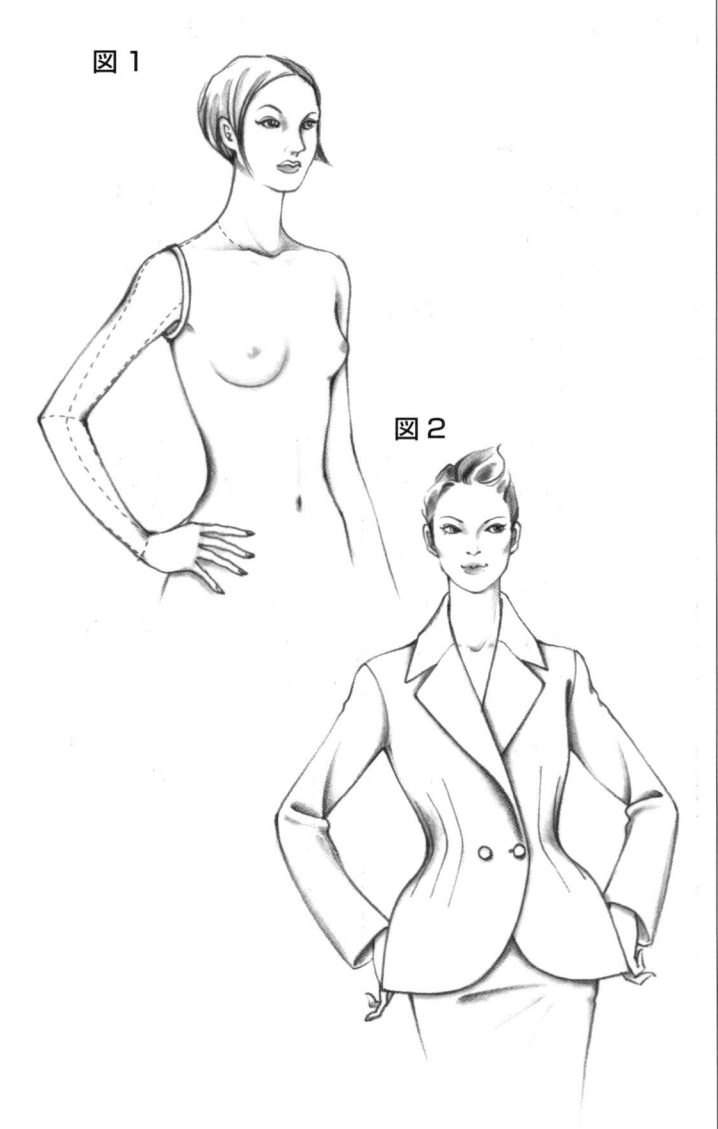

袖山の高さと袖幅の関係

体の中でいちばん動きの多い肩関節部は、前後、左右、上下とダイナミックに運動する（図3、4）。

腕の運動を考え合わせた代表的な袖に、完全上挙した腕に合わせたバットウィングスリーブ（図5、以下276ページ参照）、それよりは下がるがやはり運動量の多いシャツスリーブ（図6）、腕を40度前後に挙げる場合のスーツ袖（図7）等がある。

これらの袖を重ねてみると図9のようになる。この図でわかるように、袖山が高い場合は、袖幅が狭く、身頃はゆとりの少ないシルエットになる。反対に袖山が低い場合は、袖幅が広く、身頃はゆとりの多いシルエットになる。

このように袖山の高さ、袖幅と身頃のゆとりは相関関係にあり、袖の機能性も変化する。ただし特殊なデザインの場合は、相関性に乏しい（図8）。

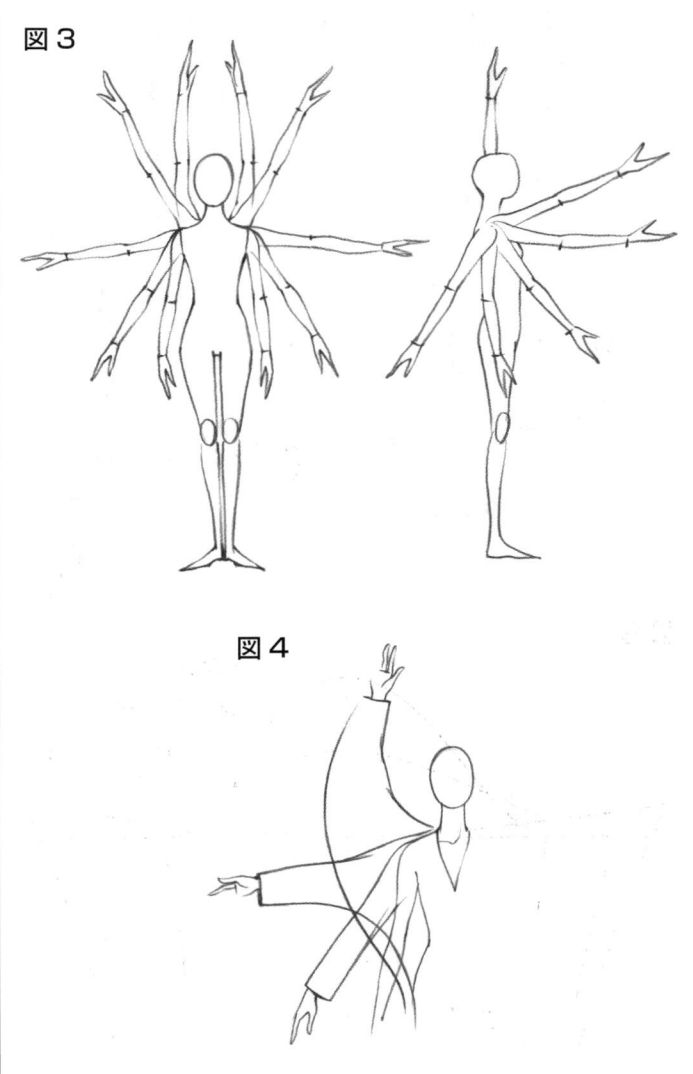

図1

図2

図3

図4

図5

図6

図7

図8

図9
スーツ袖
シャツスリーブ
バットウィングスリーブ

腕の方向性

　人間の体をよく観察すると体型、姿勢は千差万別で、立ち方、重心の位置等の要素が加わってさらに印象が変わる。直立姿勢で下垂した腕の方向性は、ショルダーポイントから直下した線から手首幅の中央までの寸法に差がある（図10〜12）。

　袖は用途や服種によって腕の方向性を考慮してデザインすることが大切である。

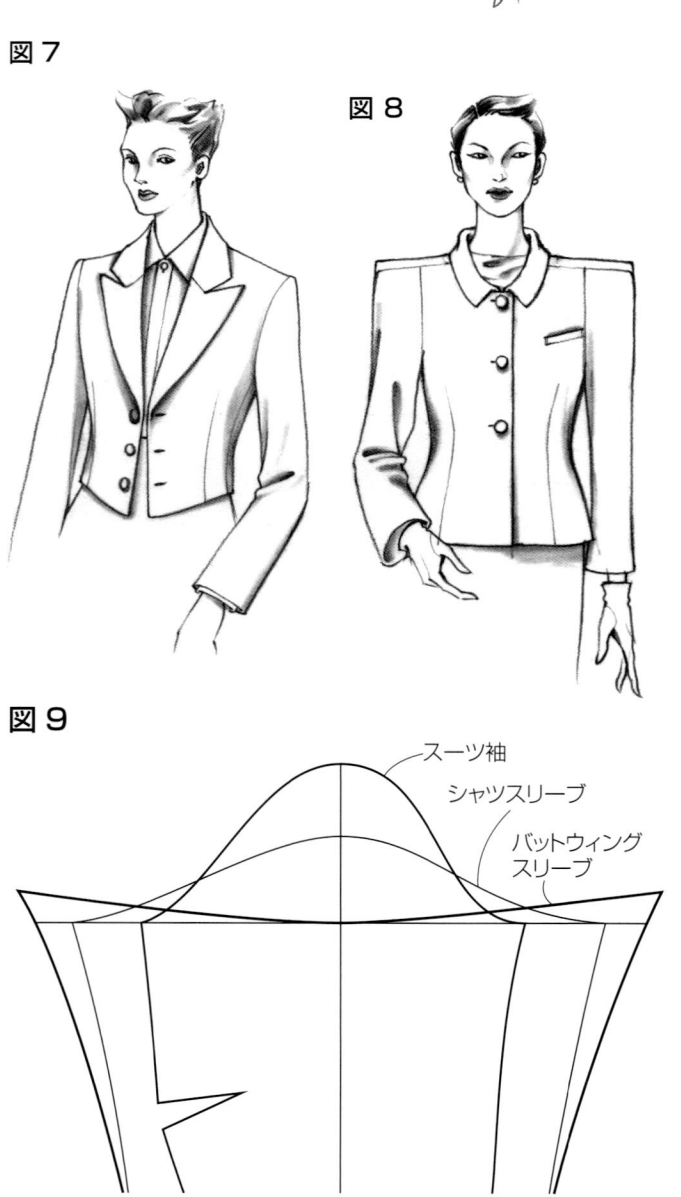

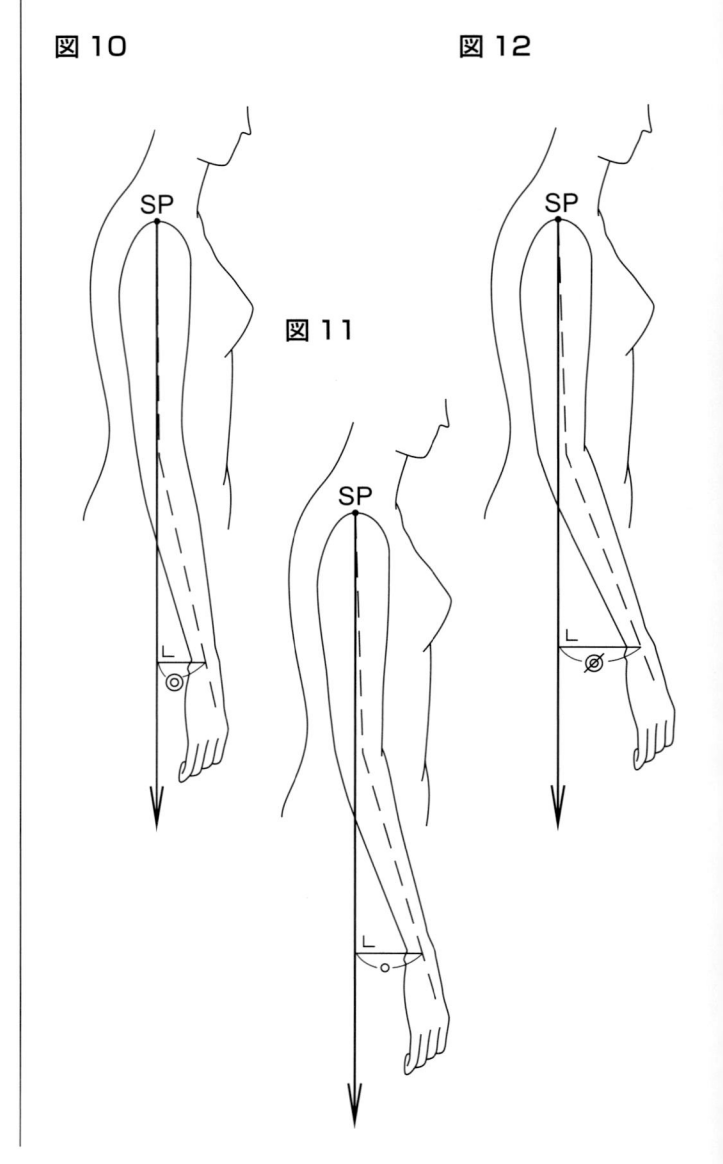

　方向性のない袖（図13）は、一般的にブラウスやシャツの袖に多い。ワンピースなどに見られるタイトスリーブは肘ダーツで方向性をだし（図14）、スーツやコートの2枚袖はフォルムで方向性をだしている（図15）。またラグランスリーブは、肩線の傾斜角度により方向性を強くしたり弱くしたりすることができる（図16）。

図10

図11

図12

図13　方向性のない袖

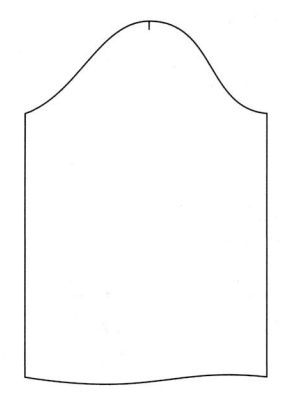

図14　肘ダーツで方向性をだした袖

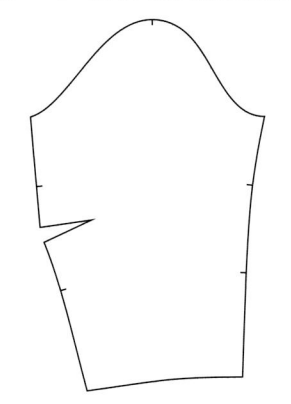

図15　フォルムで方向性をだした2枚袖

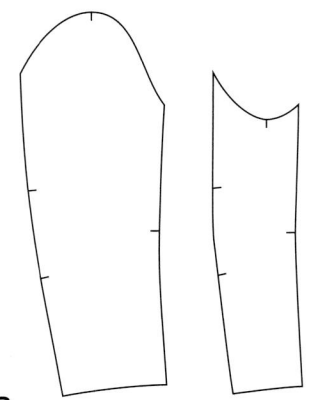

図16　肩線の傾斜角度で方向性をだした袖

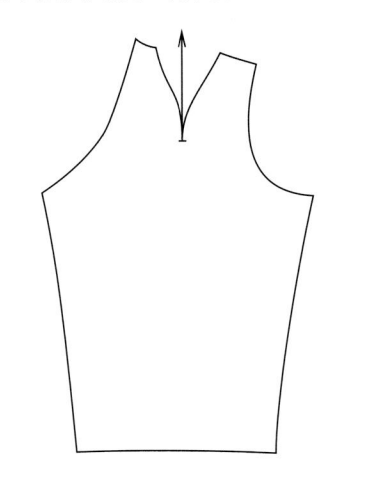

肘ぐせについて

　広くゆとりのある袖には必要ないが、ある程度細い袖の場合は動きに伴う肘ダーツが必要になる。筒状にした紙に肘線位置を設定し、切込みを入れて腕の形にしてみると前側は重なり、後ろ側は開いてしまう。この部分を布ではテクニックで重なった部分を伸ばし、開いた部分をダーツやいせにして形作る（図17）。

　この形を袖のパターンにするには、肘ダーツにする方法（図18）と袖口ダーツに展開する方法（図19）がある。いずれも出来上りのシルエットは同じになる。

図17

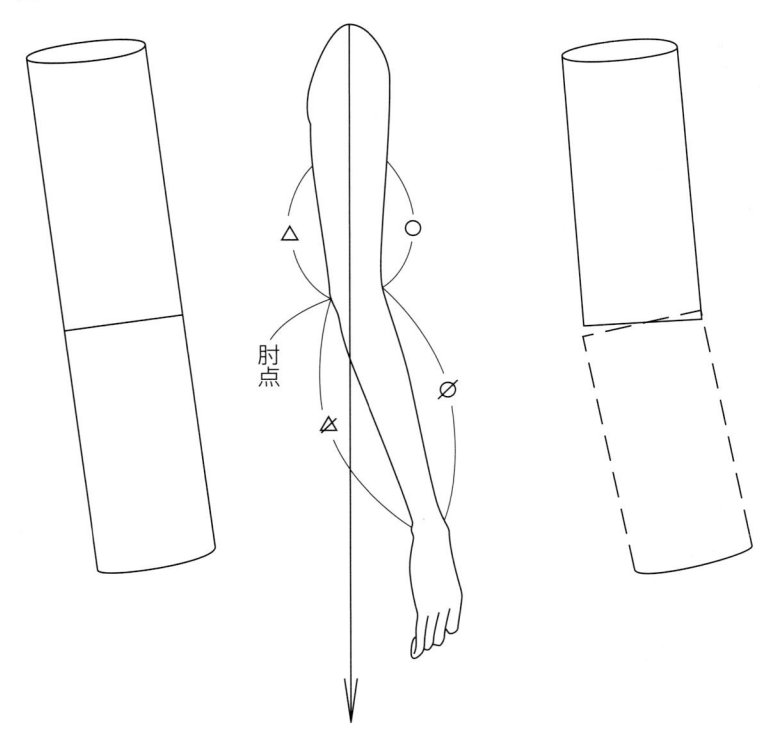

図18 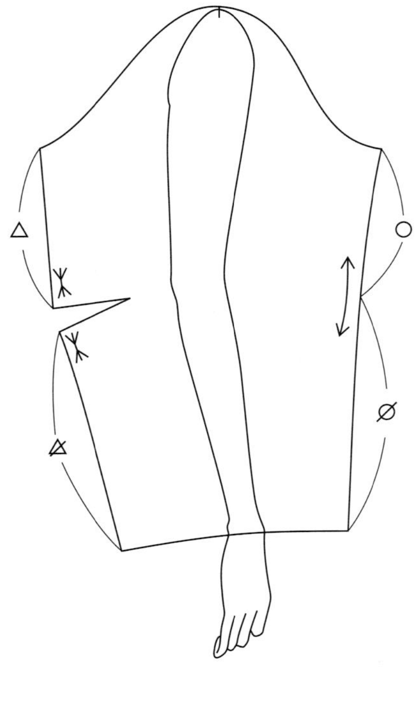　　　　図19

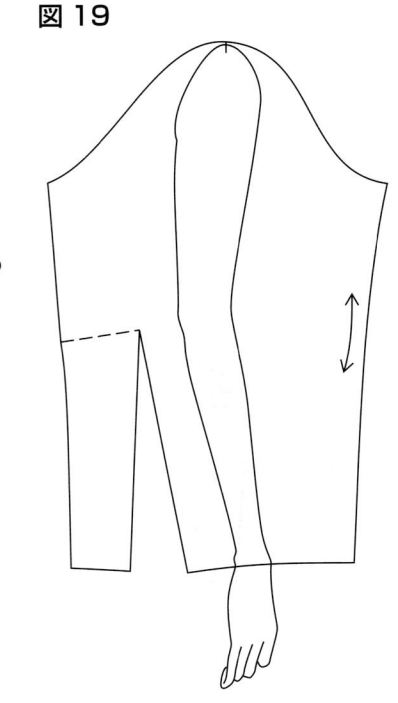

第5章　部分デザイン

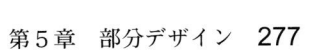

いせ分量について

通常の肩先につくセットインスリーブの場合は、肩先の丸みや腕の厚みを補う運動量として、いせ分量を入れなければならない。

袖底が浅く、袖ぐりが小さめのブラウス類（図20）から、袖底が深く、袖ぐりが大きくなるスーツやコート類（図21、22）になるにしたがって、いせ分量は多くなる。

また通常の肩先よりくり込まれた袖ぐりにつく場合も袖山が高く、袖ぐりが大きくなるのでいせ分量を多く必要とする。

ドロップトショルダーのシャツ類は、身頃が袖の部分まで落ちているので袖山が低く、袖幅も広いので肩先の丸みを包む必要がなく、いせ分量はいらない（図23）。

このようにいせ分量は袖ぐりの形状と深い関係がある。

図20　図21　図22　図23

1　肘ダーツの袖

腕の前傾にそった形で、身頃本体に対して袖丈、袖山の高さ、袖幅、袖口幅のバランスが美しく、肘丈の位置とダーツ分量の正確さが要求される。ダーツ止りは側面から見たシルエットにはあらわれない。

後ろ袖下のダーツの上下に少しのいせ分と前袖下に伸しを入れると美しい形に出来上がる。

トワルの準備

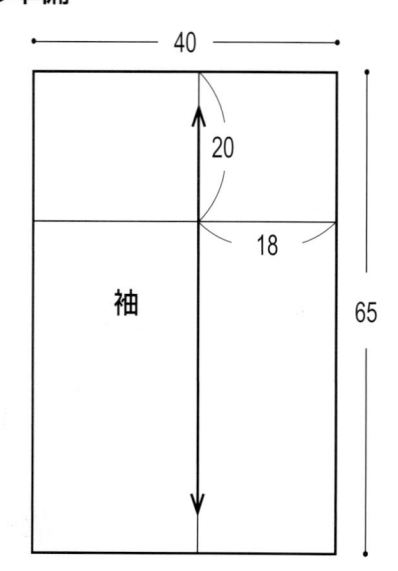

ドレーピング

1 袖布を軽く腕にそわせる。縦のガイドラインはショルダーポイントから垂直に、横のガイドラインはバストラインの高さを目安に水平にする。

2 上腕側面位置でゆとり分をつまむ。分量は前側より後ろ側を多くする。

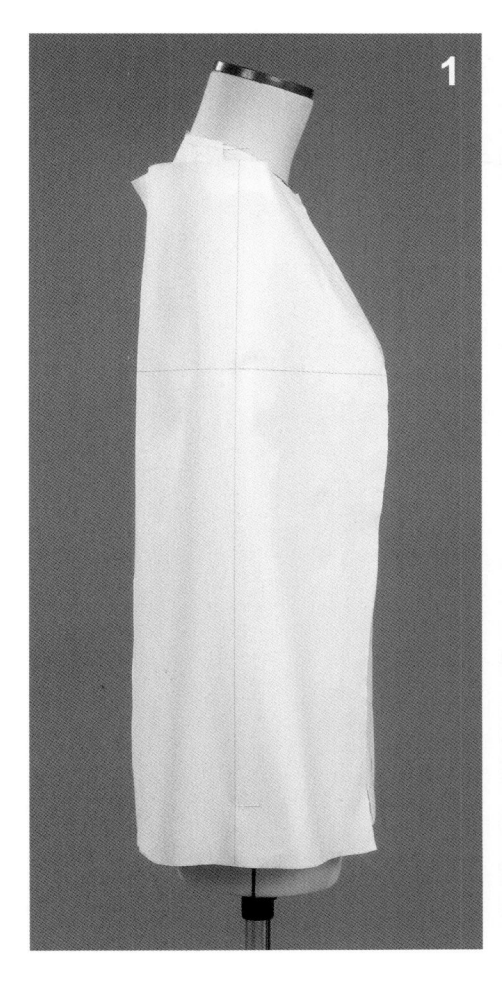

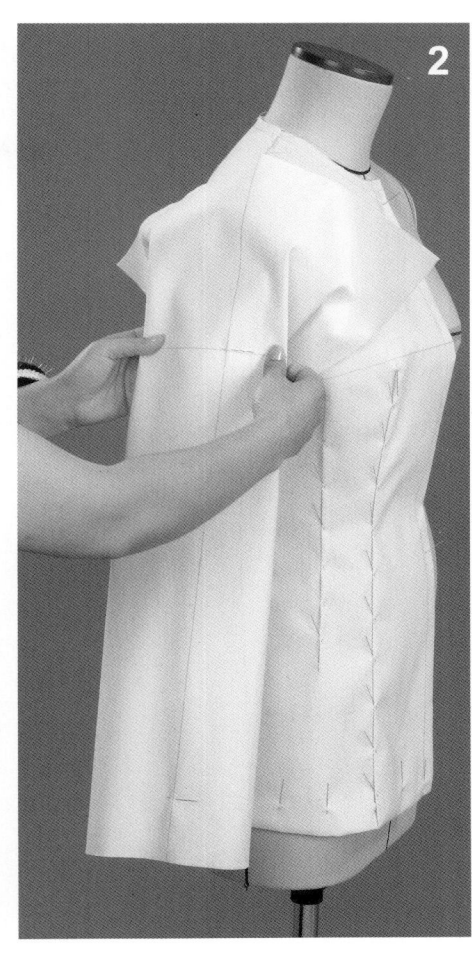

3 腕の方向にそって上腕から肘の位置、袖口の前後側面でゆとり分量をバランスよくつまむ。肘の周辺に生じた余りをピンでつまみ、肘ダーツとする。さらに袖下線をピンで止める。

4 前後袖幅ゆとりのピンをはずしてバランスを確認し、袖丈を決定する。袖山の余分な布をカットする。

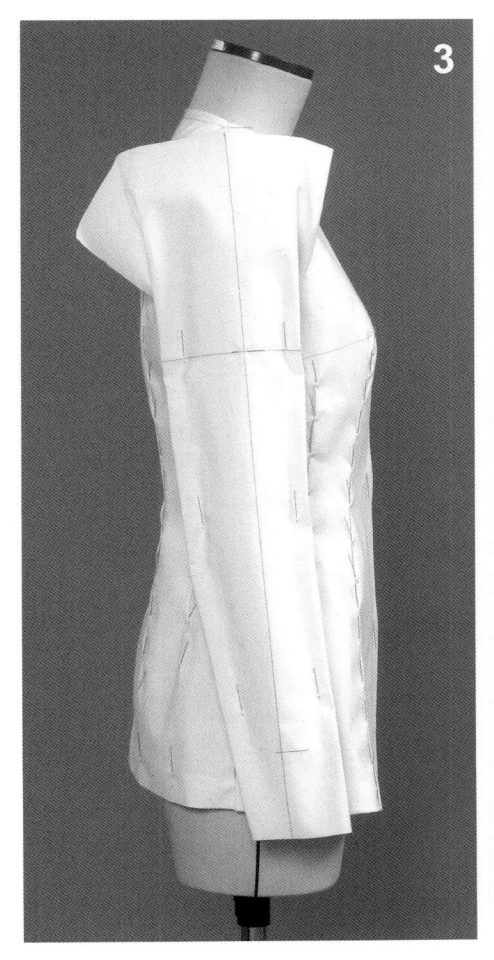

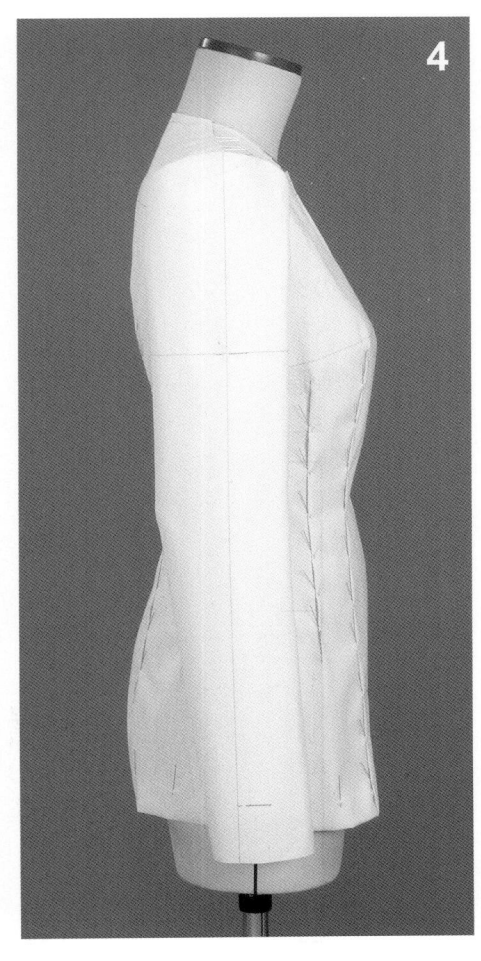

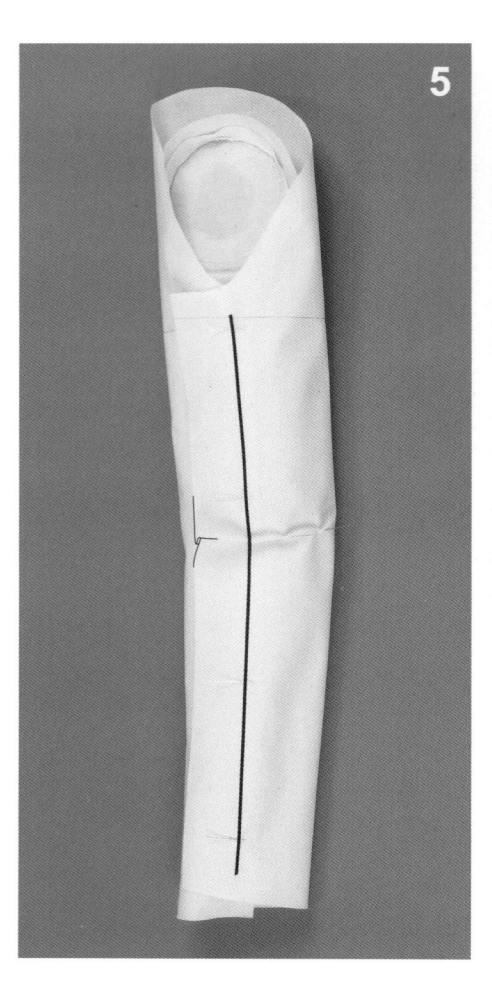

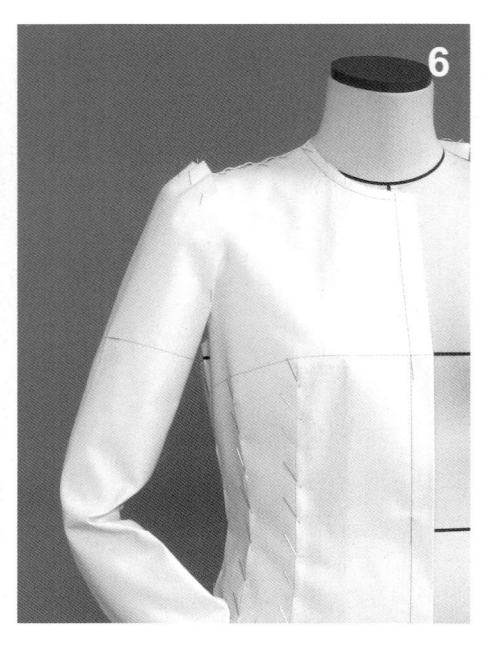

5 腕をボディからはずして肘ダーツをつまみピンで止める。袖下に回した布の上に袖山中心線を意識して袖下のラインを入れる。
　袖下の余分な布をカットしてピンでまとめる。

6 腕をボディにセットし、落着きを確認して腋点から上部を整える。袖山のゆとり分量はバランスよくいせ分として配分する。
　腕を40度くらいまで上げて身頃の袖ぐり底をうつし、腋点から下を仮止めする。

7 袖をはずし、袖山をぐし縫いしてアイロンでいせを整え、ピン仕上げをする。

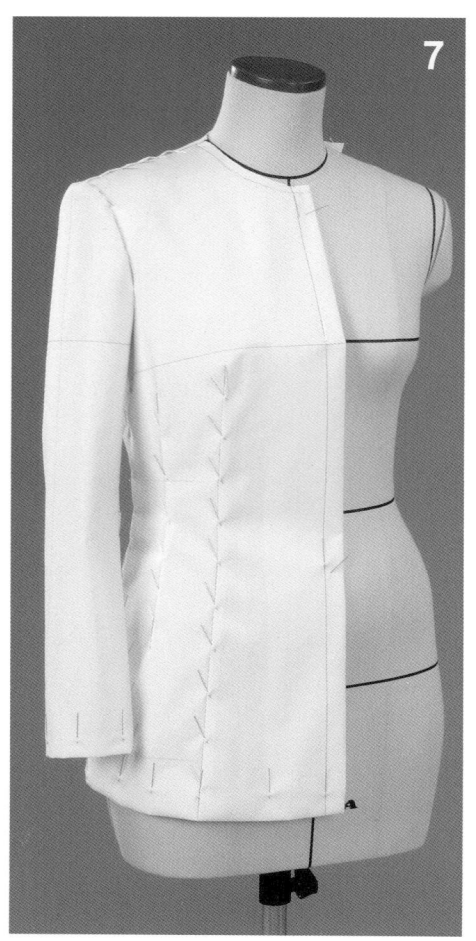

平面作図で組み立てる方法

ドレーピングはブラウスの92ページ参照。

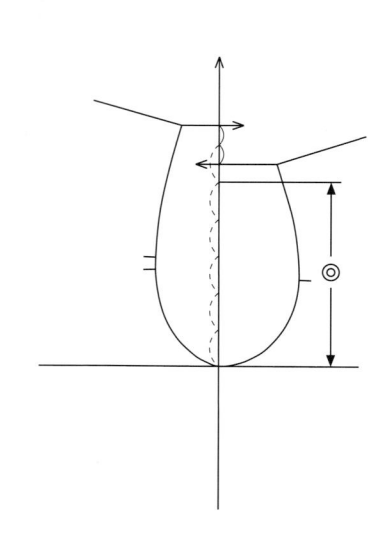

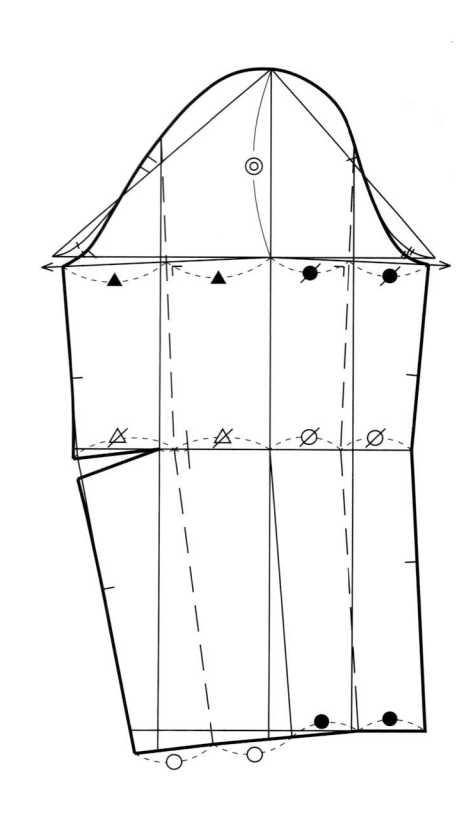

出来上り

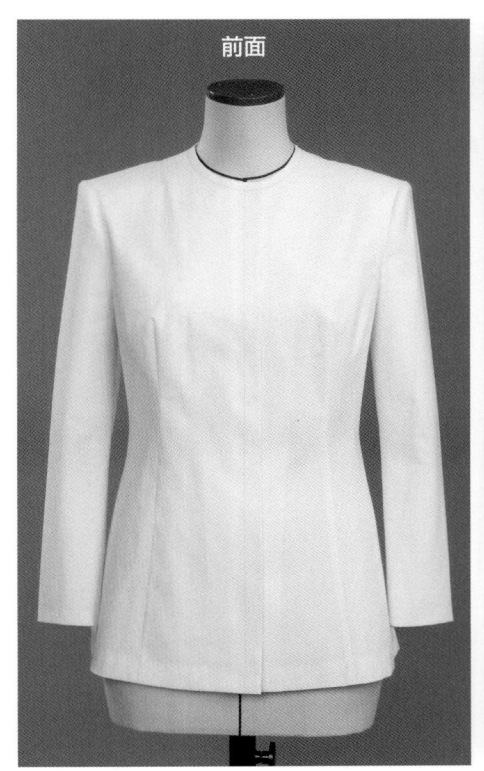

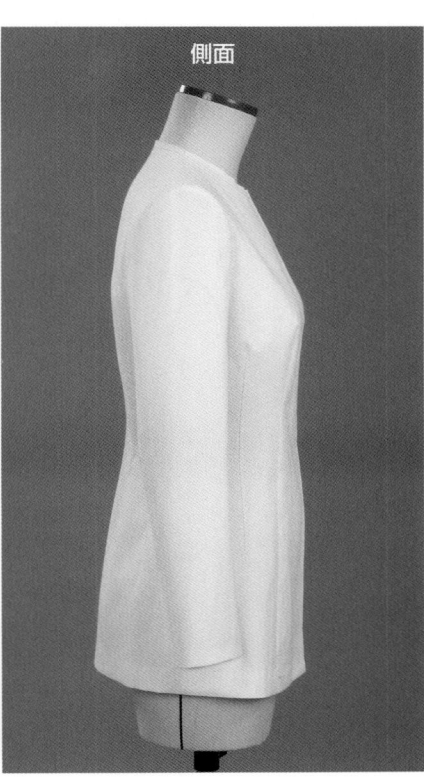

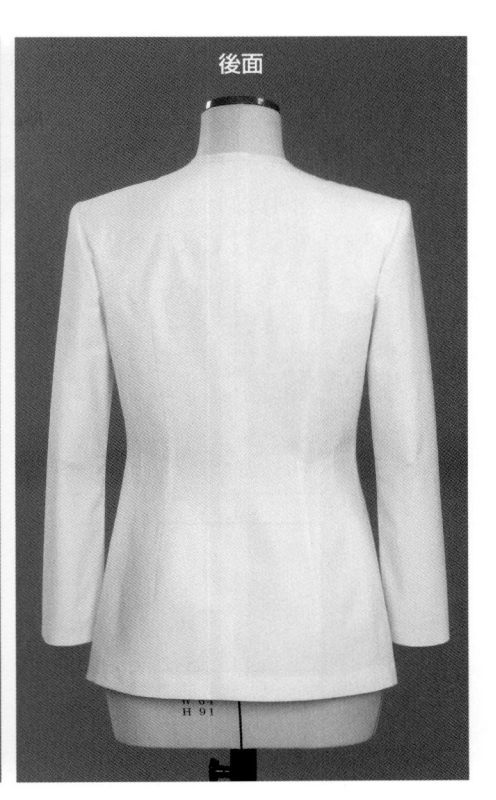

前面　側面　後面

トレースパターン

　ややタイトシルエットに近く、前袖下寸法より後ろ袖下寸法が長くなってダーツ分量が生じている。前方に傾斜している腕の形にそった袖になっていることが理解できる。

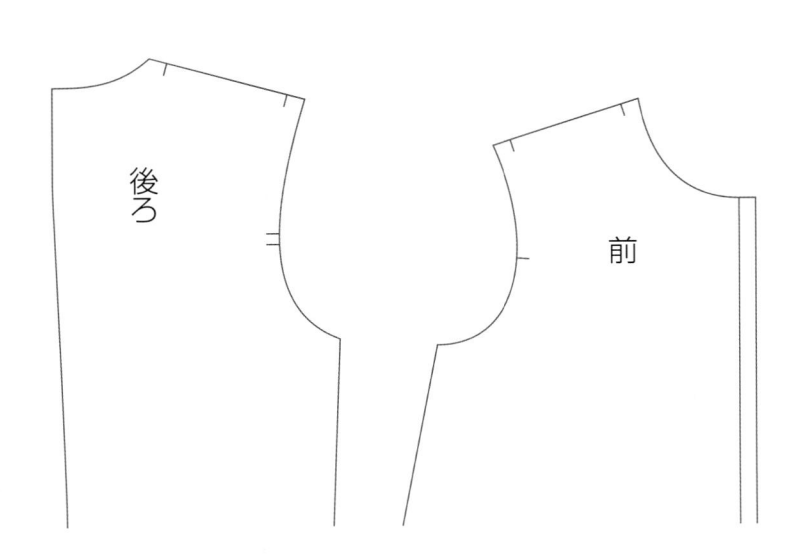

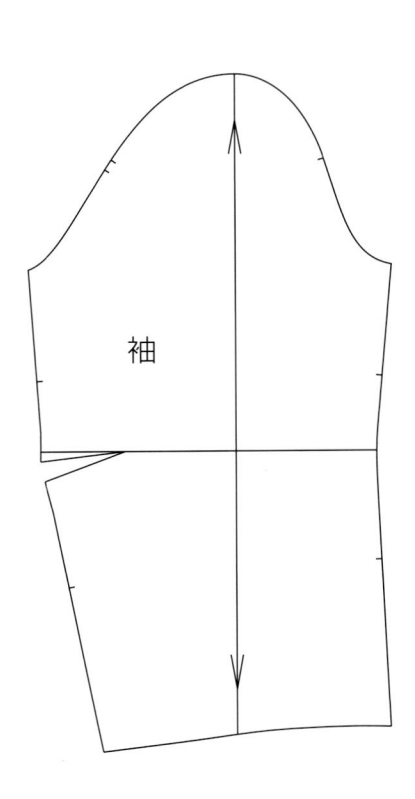

後ろ　前　袖

第5章　部分デザイン

2 袖口ダーツの袖

「肘ダーツの袖」のダーツを袖口に移動したものだが印象が変わる。袖口ダーツの袖は2枚袖の構造線に近いので縫製の方法によっては袖口にボタンをつけて、あきみせ風にもなる。ダーツ止りは肘線位置よりやや控えるが、デザインによっては肘の位置まで長くするとシルエットがきれいに仕上がる場合がある。

トワルの準備

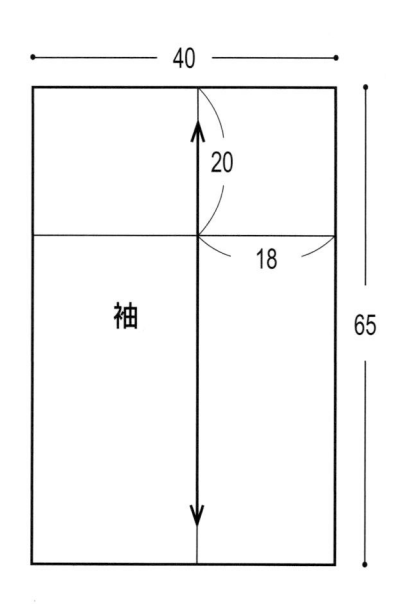

（袖：幅40、20、18、丈65）

肘ダーツの袖からの展開

肘ダーツの袖のトレースパターンを基に、ダーツ分を図1のようにたたんで袖口に向かって切り開き、縦形のダーツに移動する（図2）。

あきみせ風にする場合

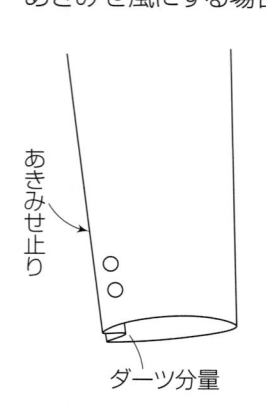

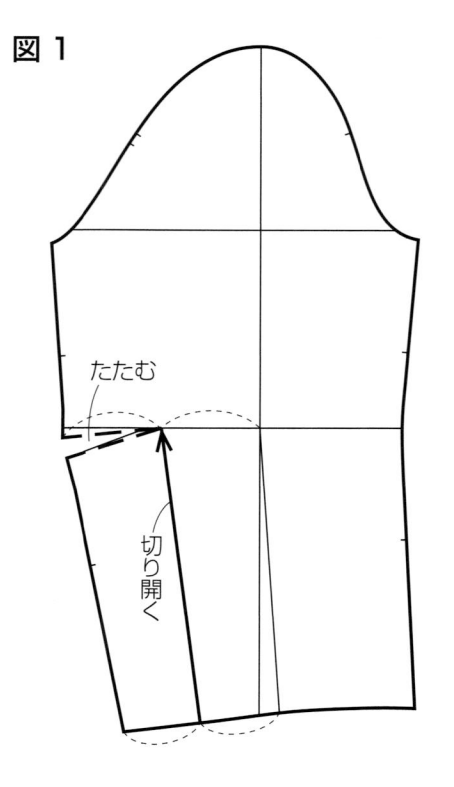

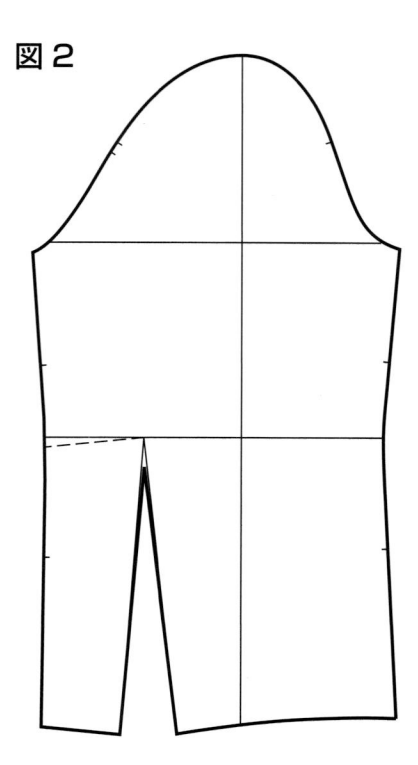

あきみせ止り
ダーツ分量

図1　たたむ／切り開く

図2

ドレーピング

1 パターンをうつし取り、粗裁ちした袖布を肘ダーツの袖と同様に腕の方向にそってゆとりを入れながら袖下にピンを打つ。

袖口から縦にダーツ分をつまむ。

2 ダーツと袖口をピンでまとめ、袖山上部の余分な布をカットする。腕をボディにセットし、すわりを確認して腋点から上部を整える。袖山のゆとり分量はいせ分として配分する。腕を40度くらいまで上げて身頃側の袖ぐり底をうつし、腋点から下を仮止めする。

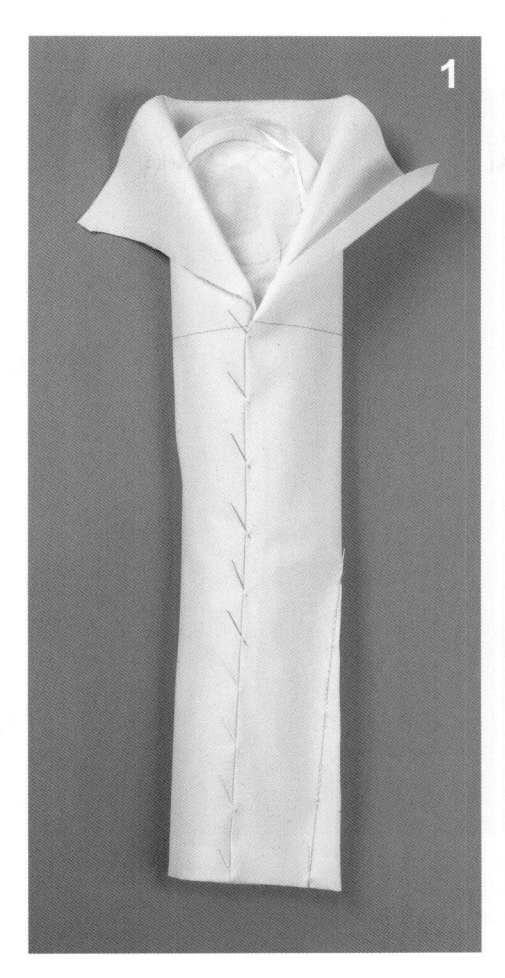

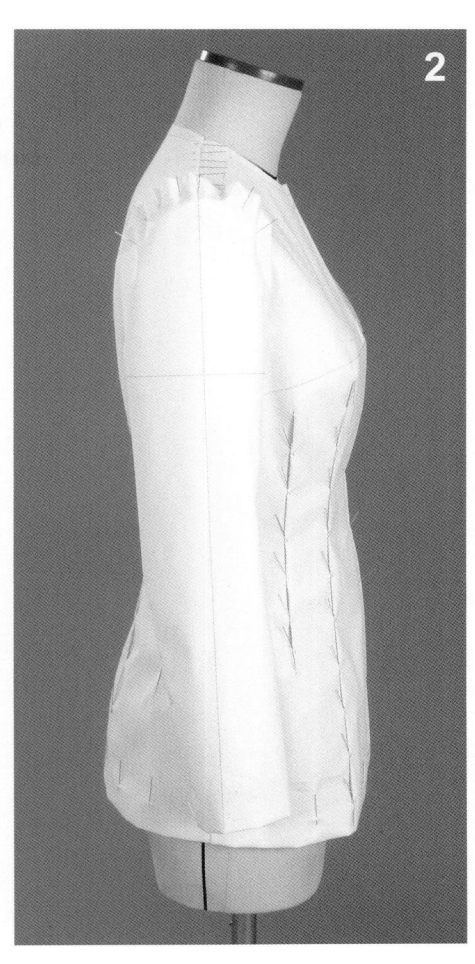

3 縫い代を整理して、袖つけの手順に従ってピンを打ち、いせ分を整えてピン仕上げをする。

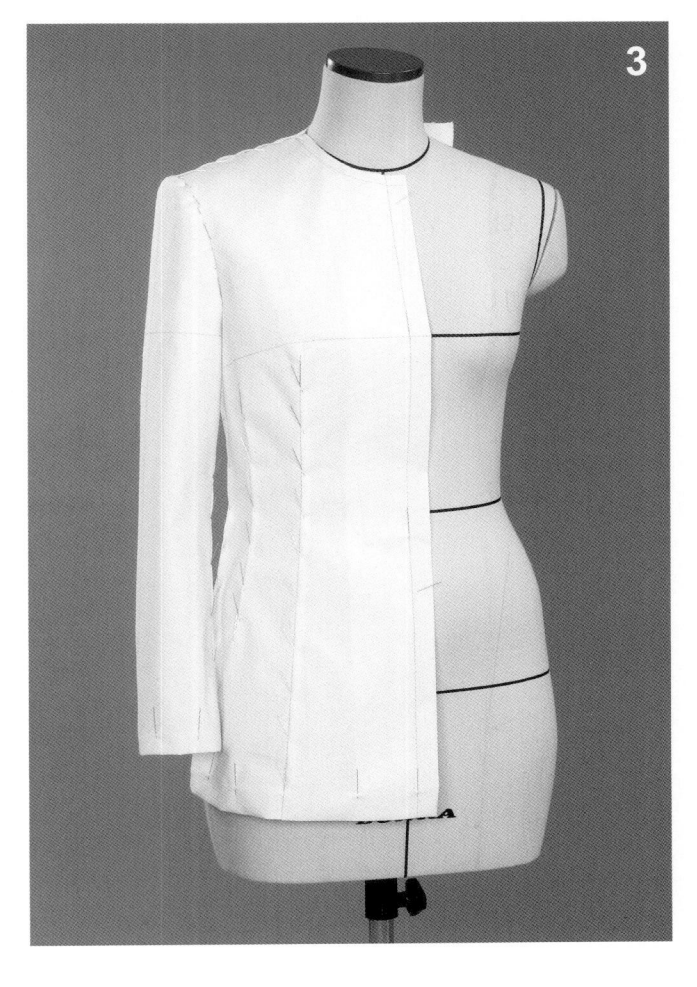

第5章　部分デザイン

出来上り

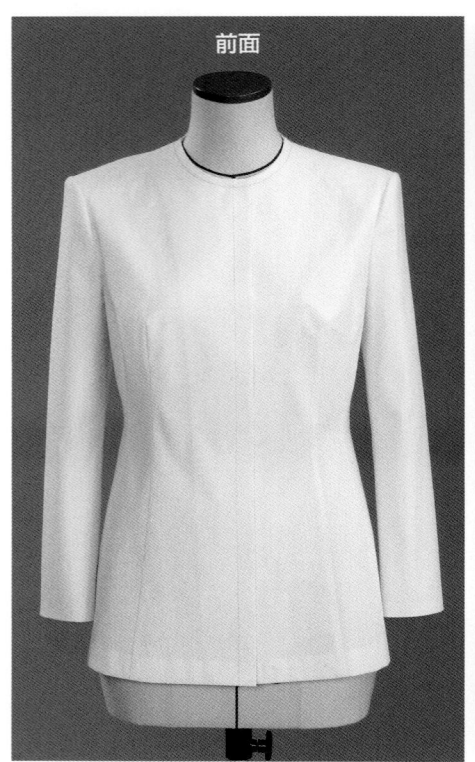

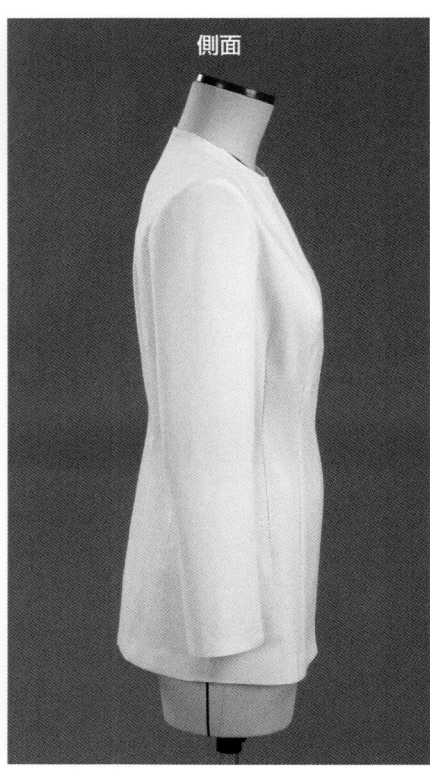

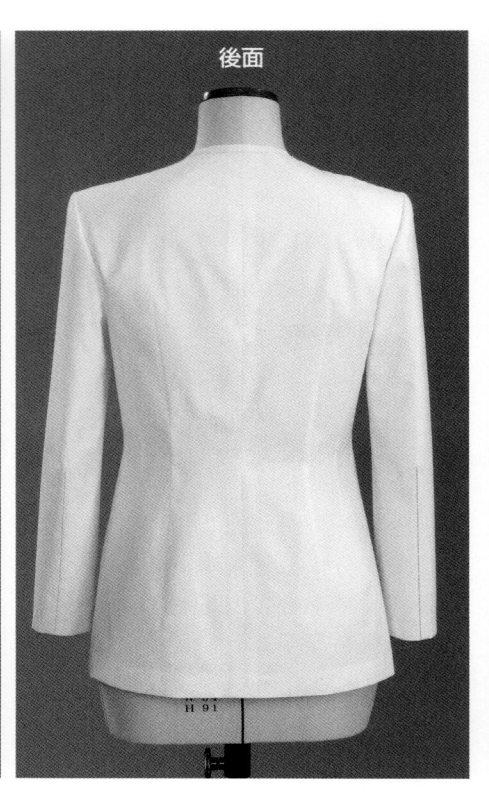

前面 / 側面 / 後面

トレースパターン

肘ダーツを袖口ダーツに展開したことにより、ダーツが長くなり、分量も多くなる。

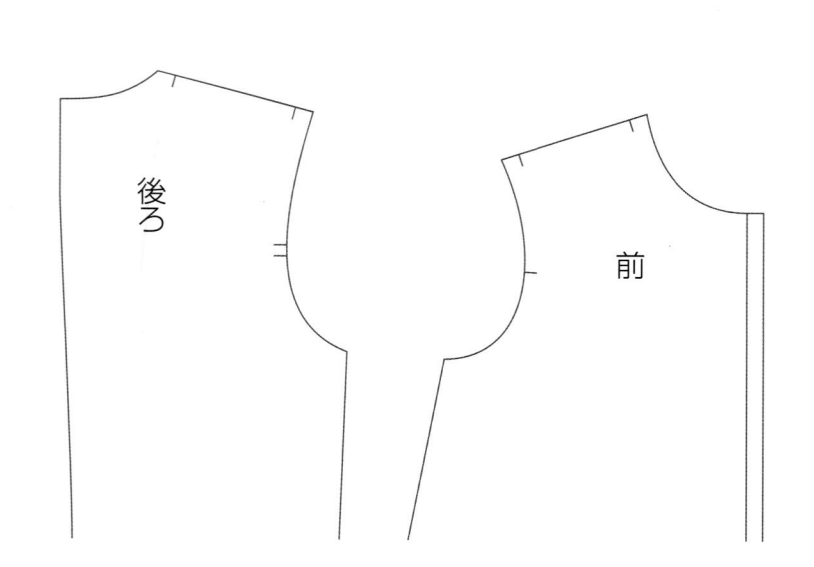

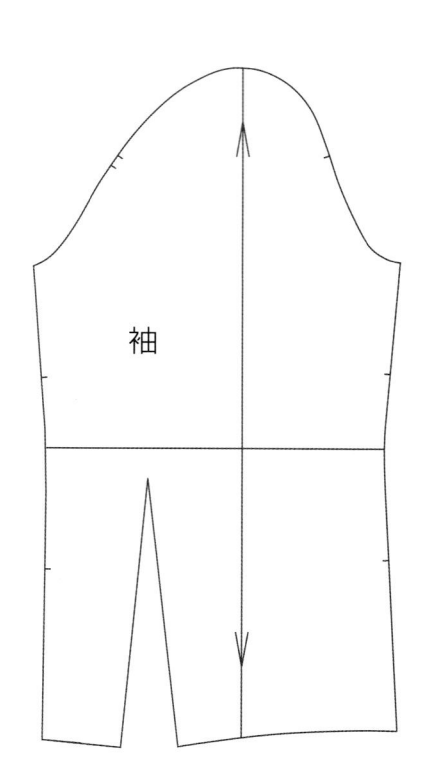

後ろ / 前 / 袖

3　袖山ダーツの袖

　肘ダーツの袖を基本に袖山を高くして2本のダーツをとり、肩先に張りをだした袖。この場合、身頃の肩先がくり込まれる。袖口はパフ分を強調せず、ギャザーでまとめてカフスをつける。

トワルの準備

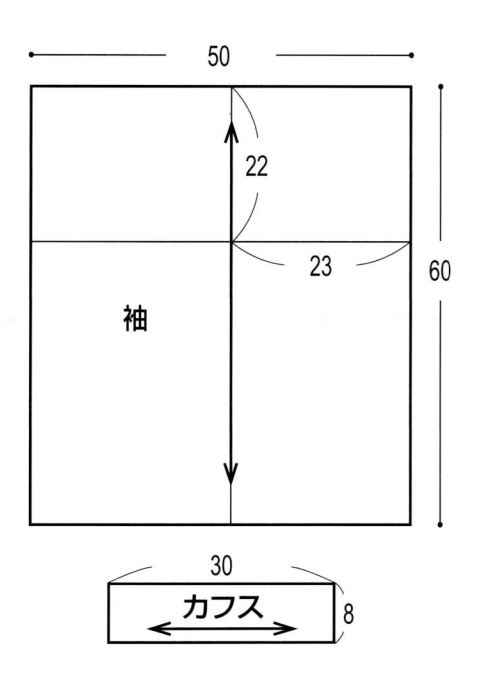

肘ダーツの袖からの展開

　肘ダーツの袖のトレースパターンを基に展開したパターンを使用。この袖は細くないので、袖底の位置は袖幅線上に戻す。袖下の長さは前後同寸法にする。袖丈はカフス分をカットしてわずかにパフ分を追加する。袖山は1〜1.5cm加えておく。

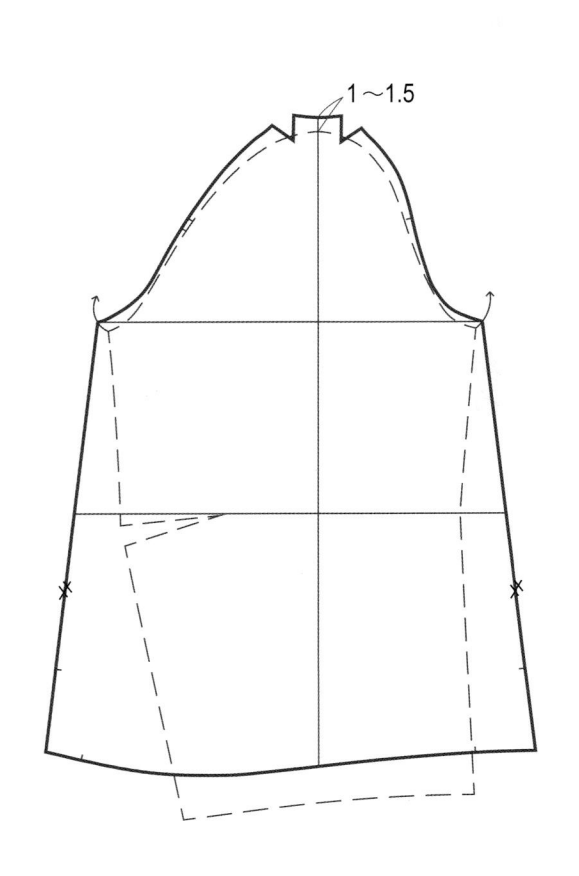

第5章　部分デザイン

ドレーピング

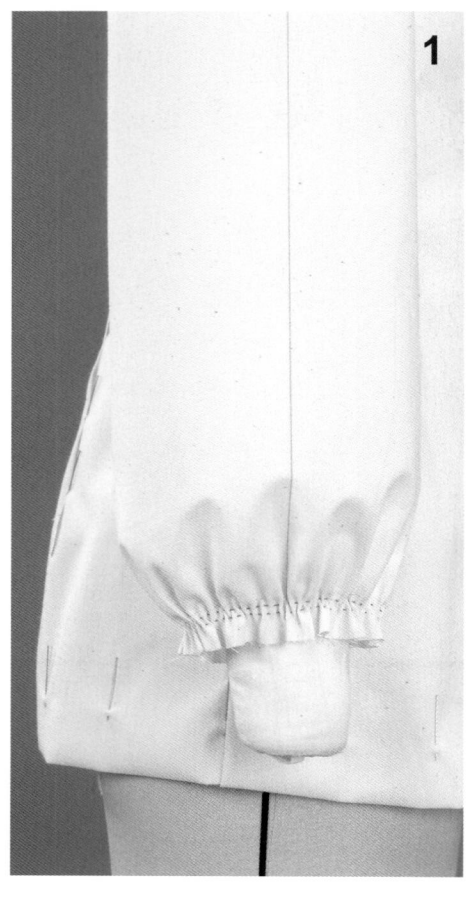

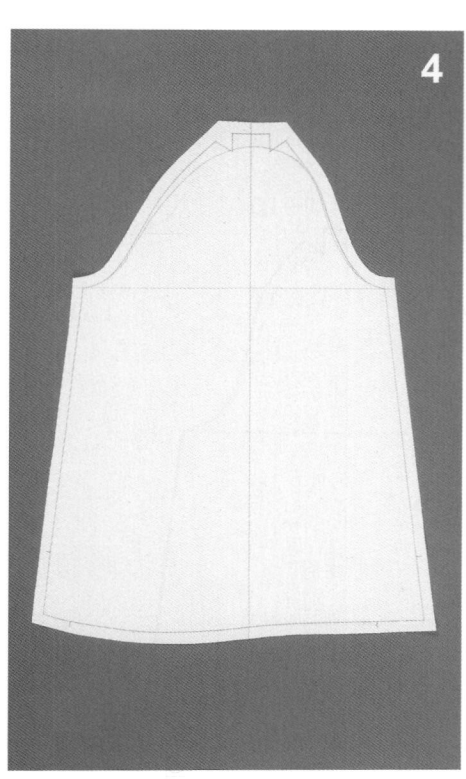

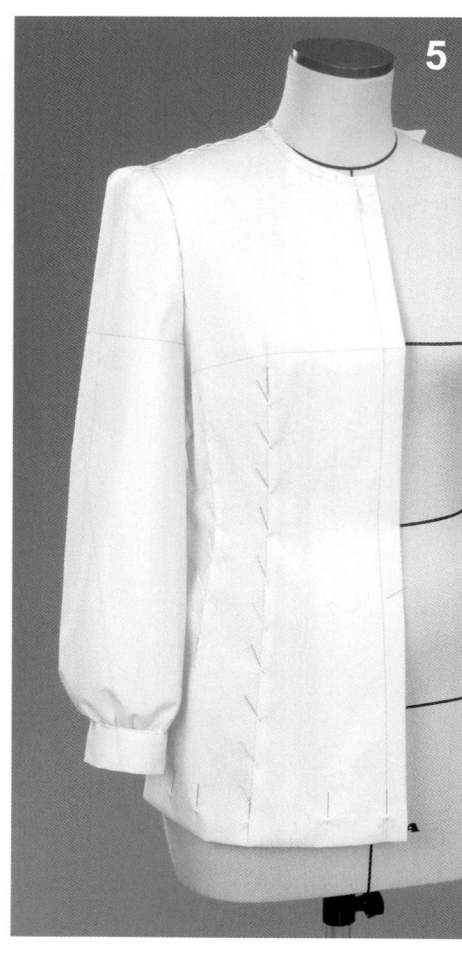

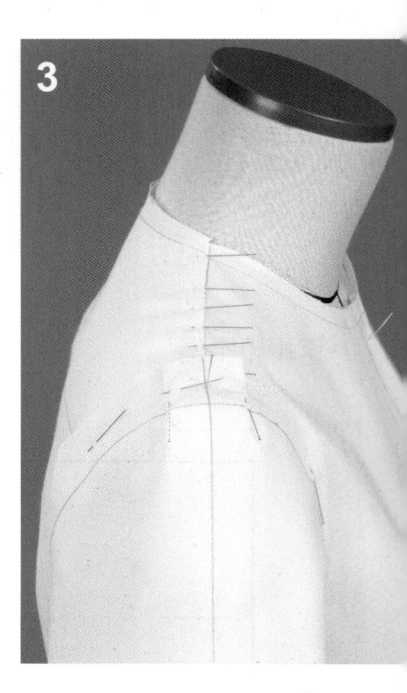

1、2 袖口にA、Bいずれかの方法でギャザーを寄せる。

Aの方法（写真1）は粗裁ちした袖布の袖下をピン仕上げをし、身頃の肩先に仮止めする。袖口縫い代を並縫いしてギャザーの分量と配分位置を確認する。

Bの方法（写真2）は寸法を決めたセーラーテープを当てて、ギャザーの分量と配分位置を確認しながらテープをピンで止める。

3 袖山のダーツ分量と方向を検討する。ダーツの長さが立体的な奥行きを感じさせるように整えて、袖つけ位置をマークする。

4 ダーツをとり、袖山が追加された袖布。

5 袖口にカフスをつけて全体のバランスを見ながらピン仕上げをする。

出来上り

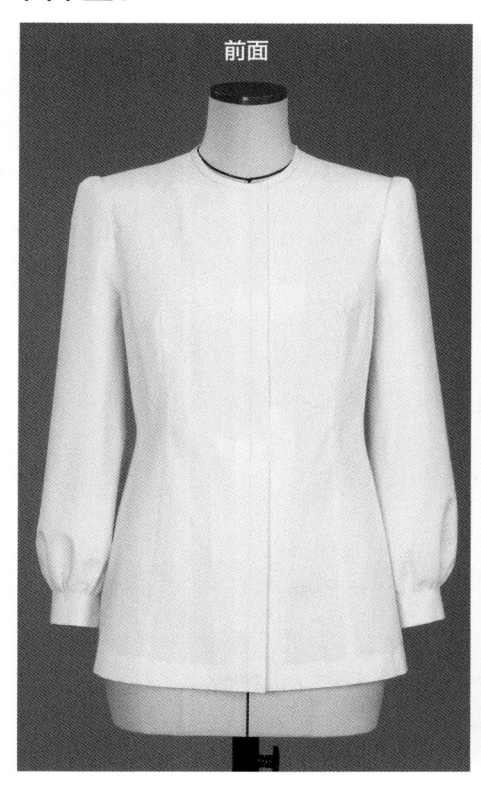

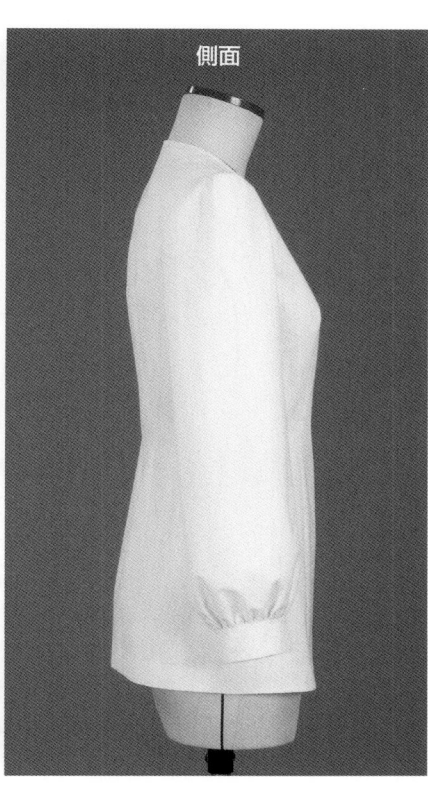

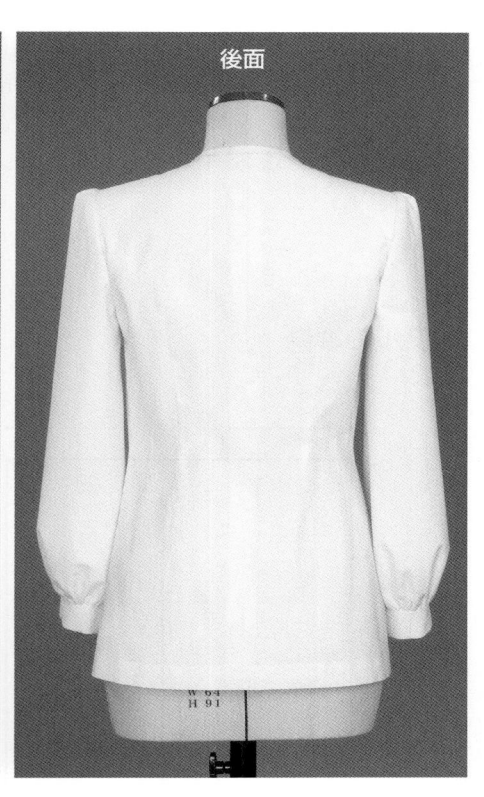

前面　側面　後面

トレースパターン

　ダーツ箇所のつながりを見ると、ショルダーポイントあたりではやや逆カーブになっていてめりはりのある袖山に構成されている。

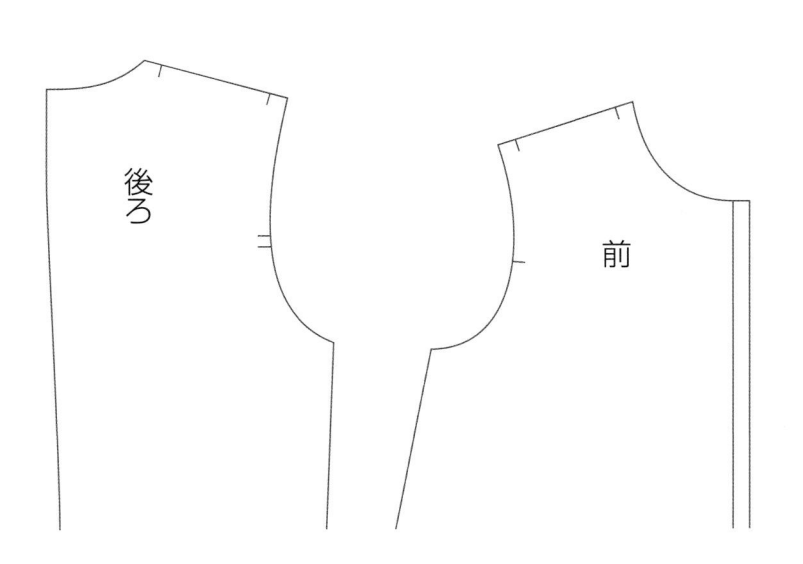

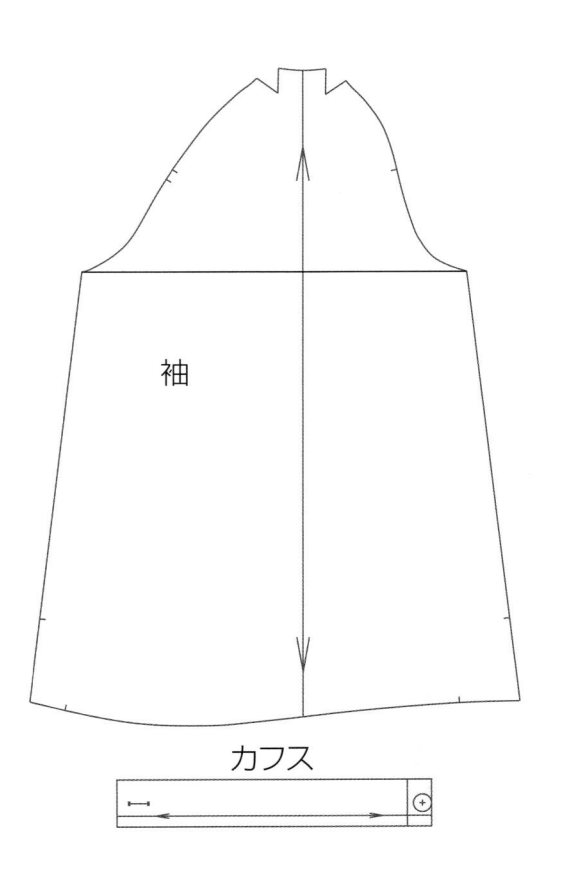

後ろ　前　袖　カフス

4 レッグオブマトンスリーブ

羊の脚の形をした袖という意味、袖山にタックをとってたっぷりと丸くふくらませ、肘からだんだん細くなり、袖口のあたりではタイトスリーブになる。ジゴスリーブ、ジガットなどともいう。

トワルの準備

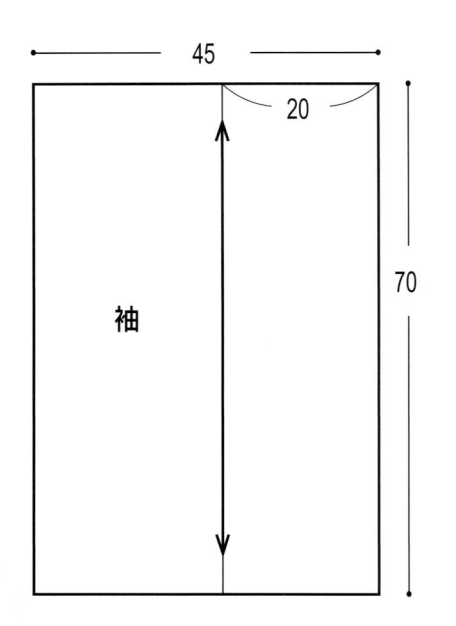

肘ダーツの袖からの展開

肘ダーツの袖のトレースパターンを基に展開したパターンを使用。図1のように縦に4分割したパターンを図2のように組み合わせる。

袖底の形を変えず、袖口はタイトスリーブにする。

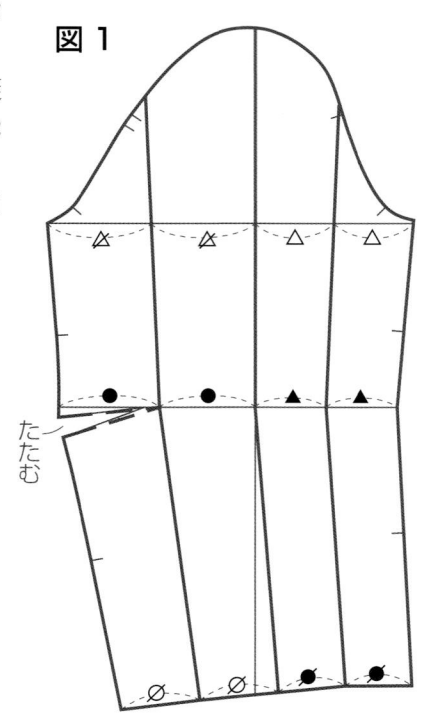

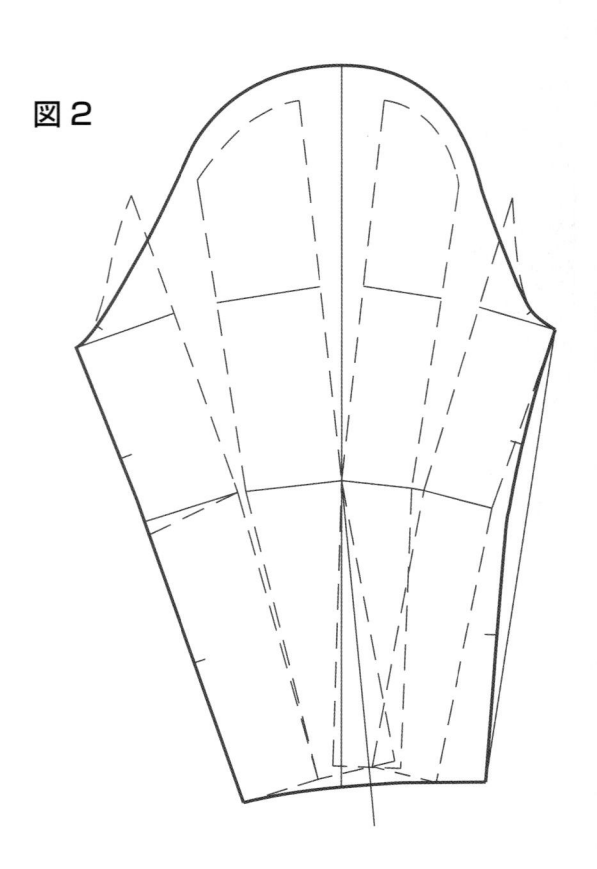

ドレーピング

1 袖布にパターンをうつし取り、縫い代を整理する。ただし袖山部分は粗裁ちの状態にしておく。

2 袖下にピンを打ち、身頃にセットする。袖の方向とすわりを確認して袖口幅のバランスを見ながら、袖山のタック分量をつまみ、落着きぐあいを見る。

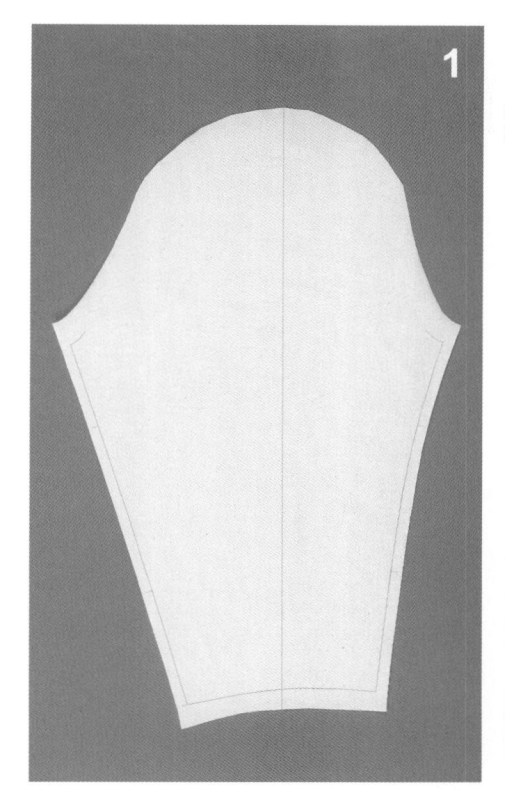

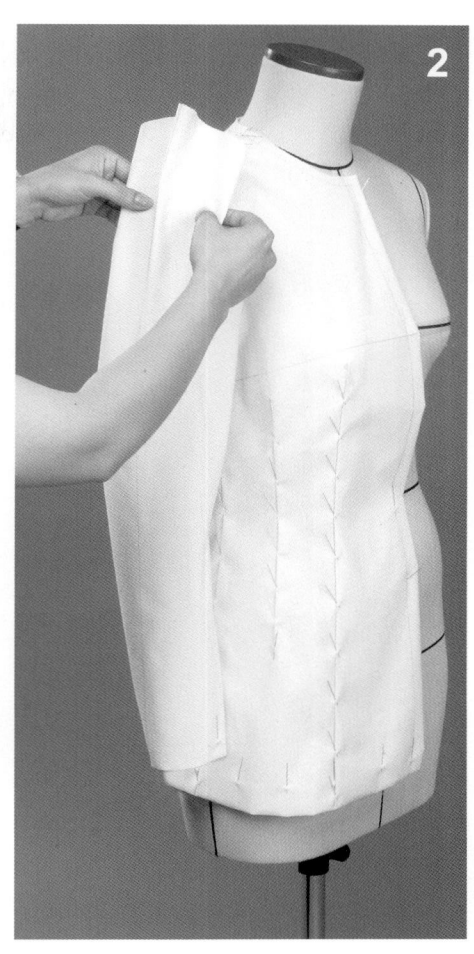

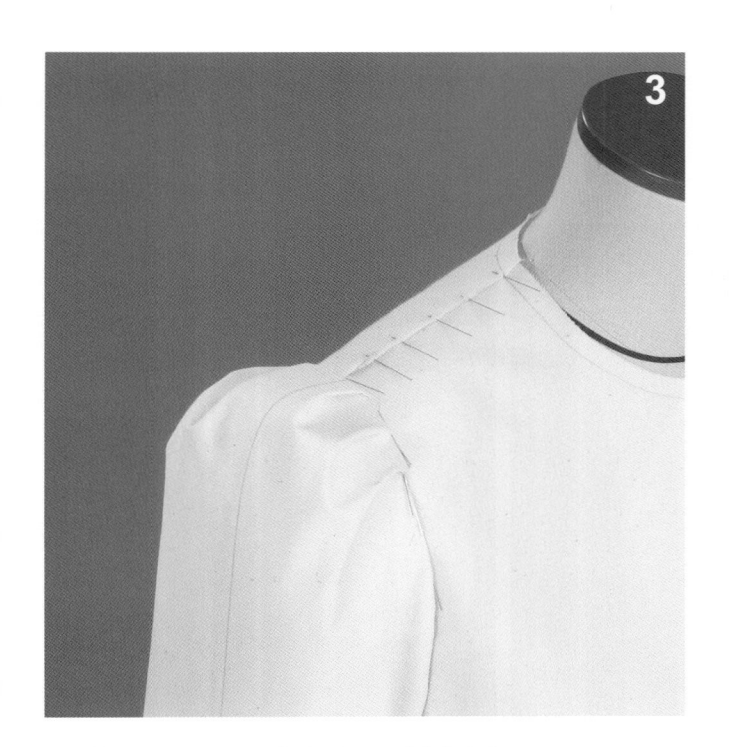

3 袖山のタック分を配分して仮づけする。

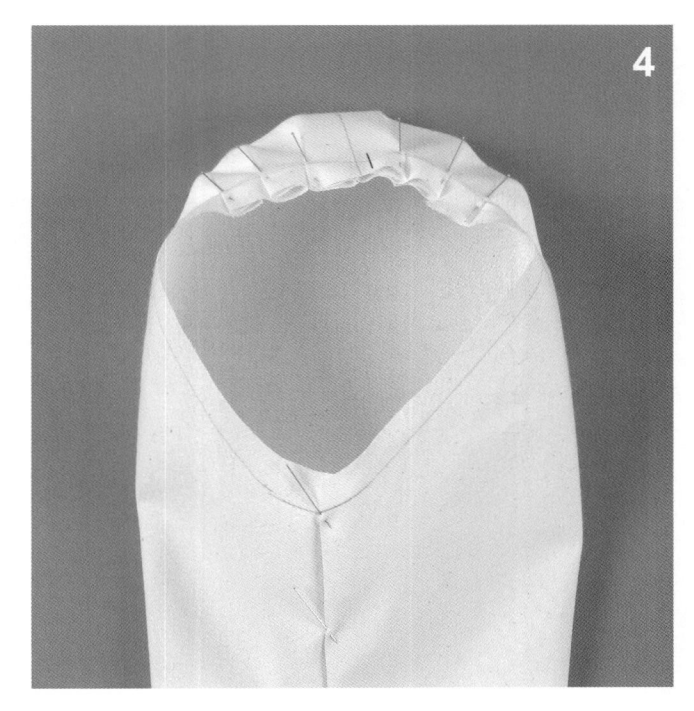

4 決定した袖山のタック部分。分量は均一ではない。

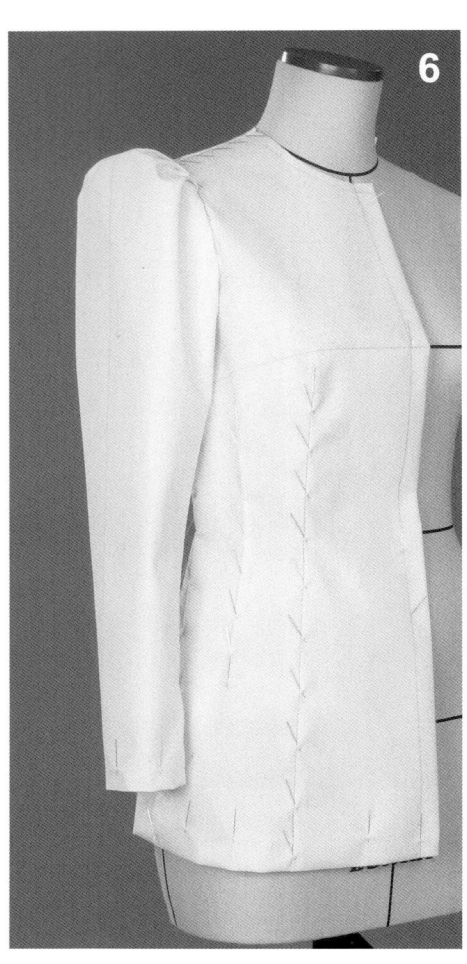

5、6 縫い代を整理してピン仕上げをする。前面と斜め前から見た袖。

出来上り

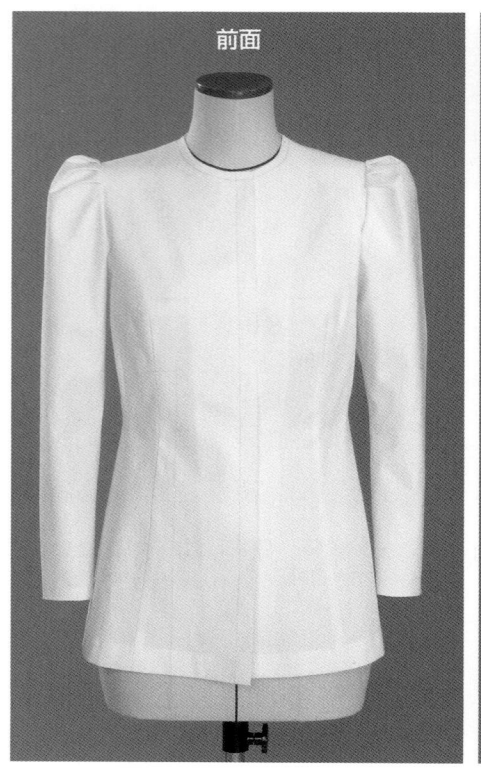

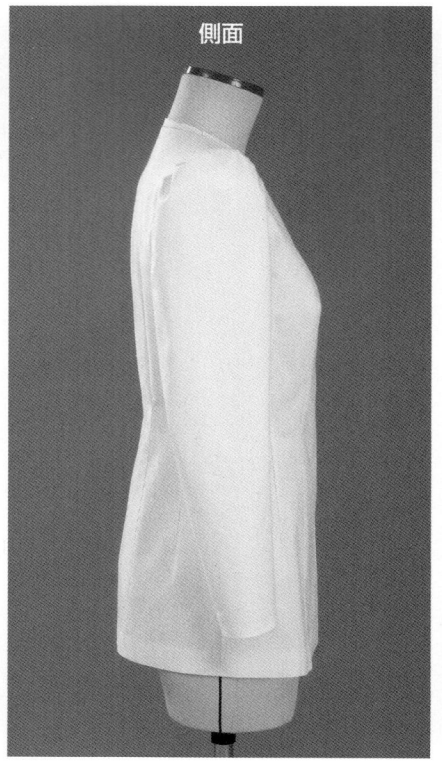

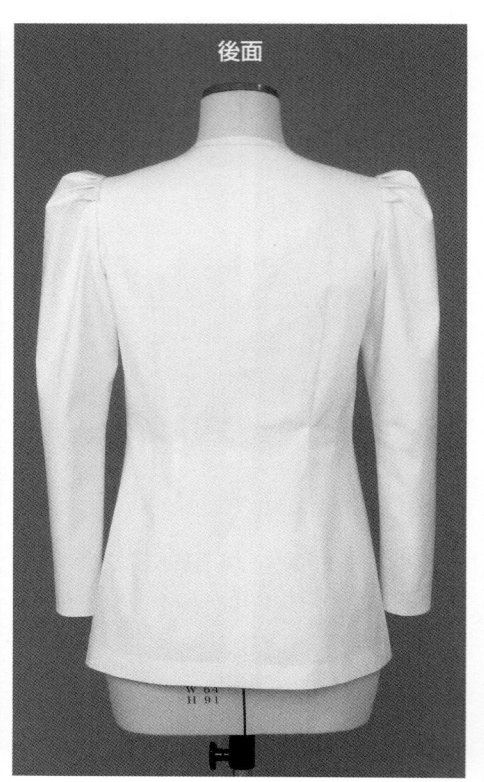

前面　側面　後面

トレースパターン

上部が大きく広がって、腕の方向性がでている。身頃の袖ぐりは大きくくられている。

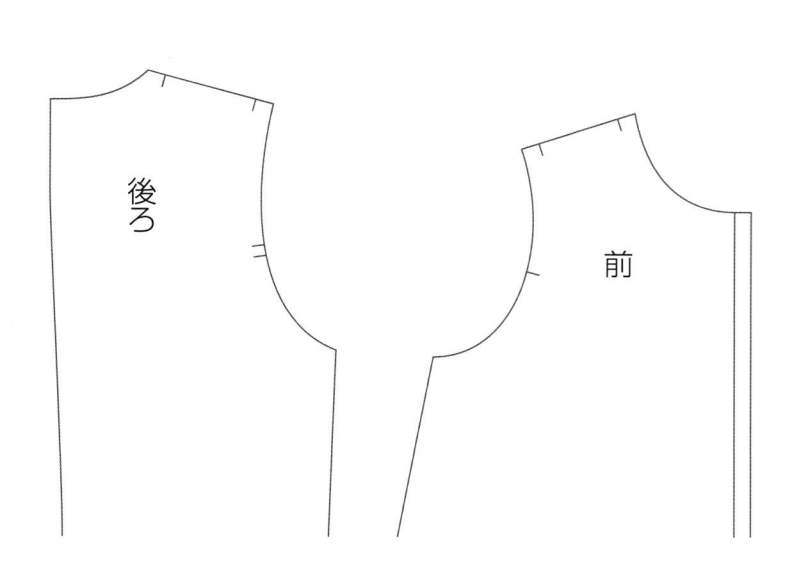

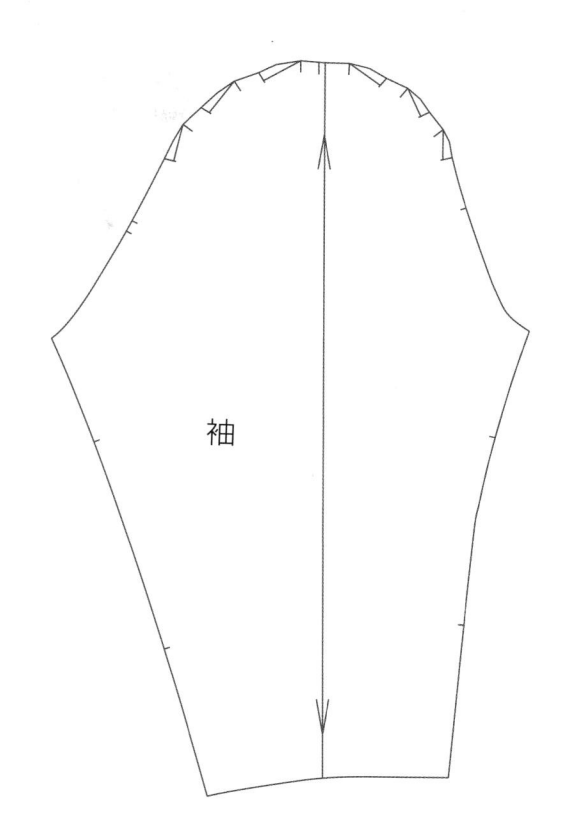

5　パフスリーブ

パフは「ふくらんだもの」という意味で、袖山と袖口にたっぷりとパフ分を入れてギャザーを寄せ、短くてふっくらとしたかわいい袖。

トワルの準備

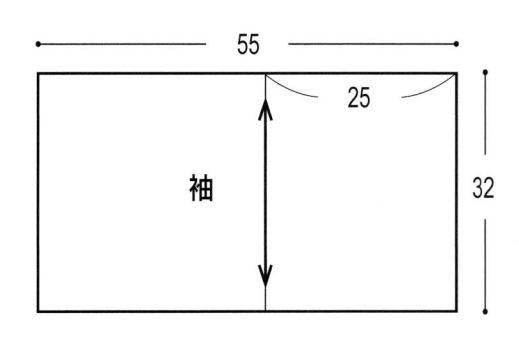

肘ダーツの袖からの展開

肘ダーツの袖のトレースパターンを基に展開したパターンを使用。タイトシルエットではないので、袖ぐり底の位置は袖幅線上に戻る。袖山と袖口にパフ分をたっぷりと加えるが袖口の後ろ側あたりは多めに加えておく。

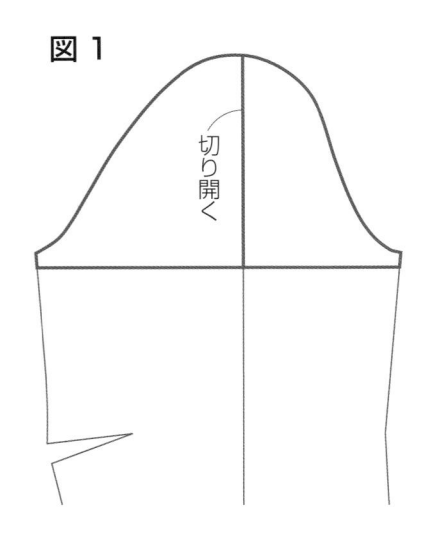

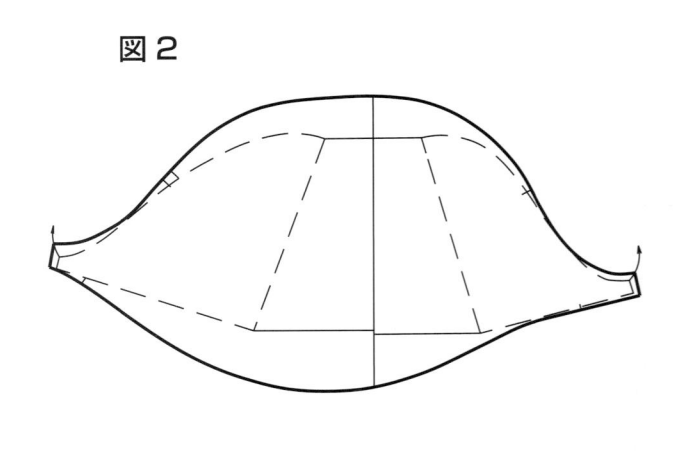

図1

切り開く

図2

ドレーピング

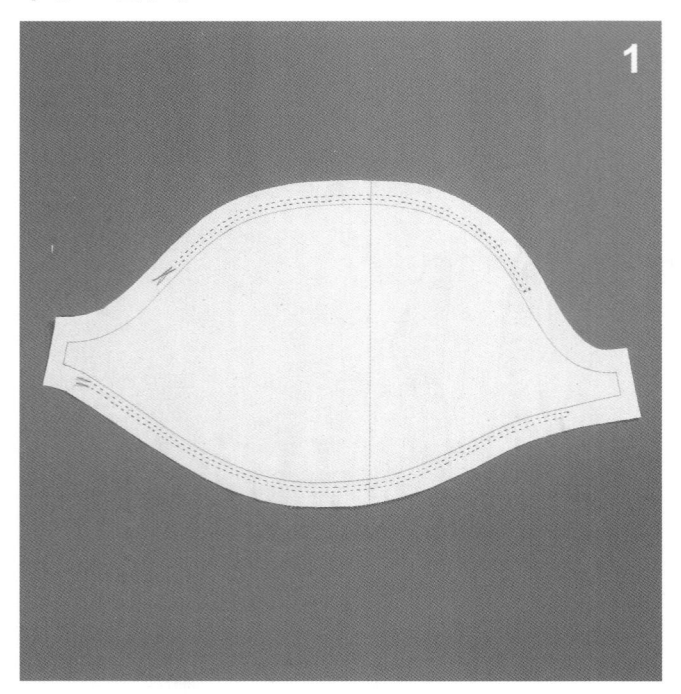

1 パターンをうつし取った袖布を粗裁ちし、袖山と袖口の縫い代の際に並縫いをしてギャザーを寄せる。

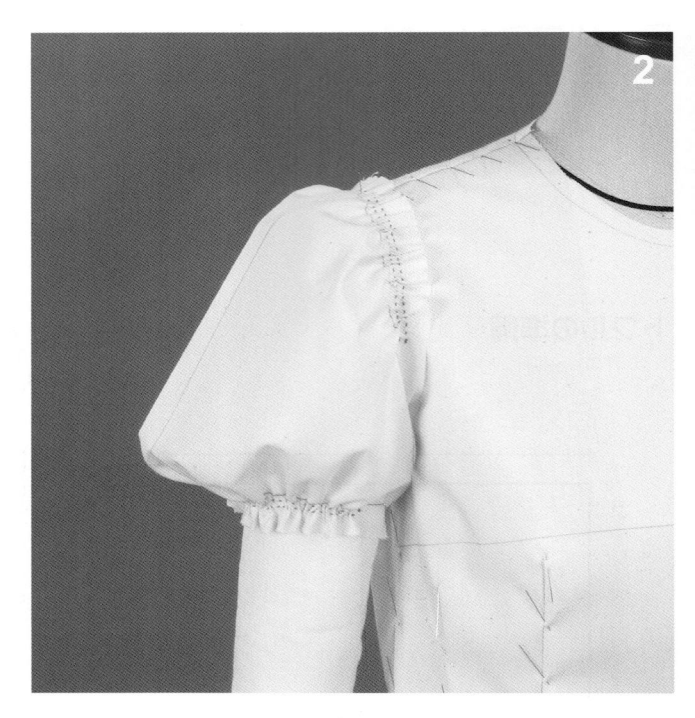

2 袖下をピンで止めて身頃にセットし、ギャザーの分量や位置のバランスを検討する。

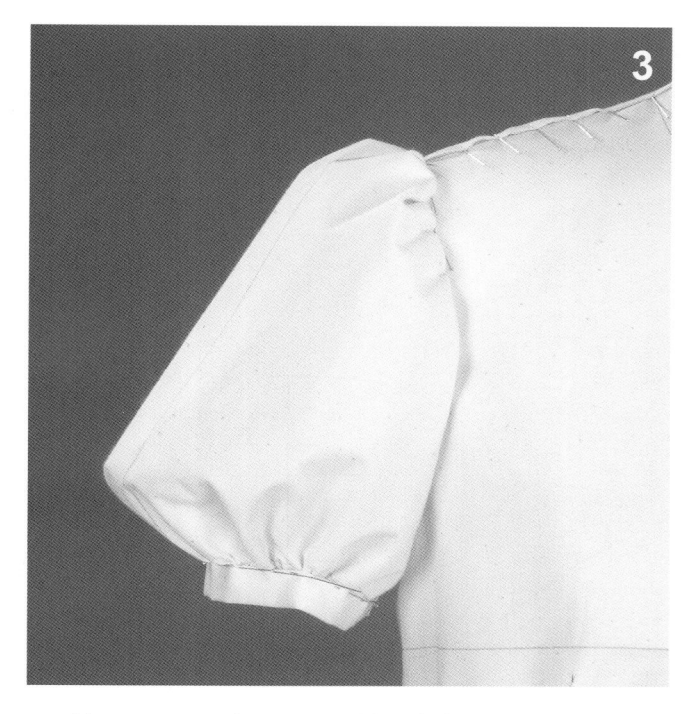

3 袖口にカフスをつける。袖山を出来上りに折って止め、ギャザーの配分を調整する。

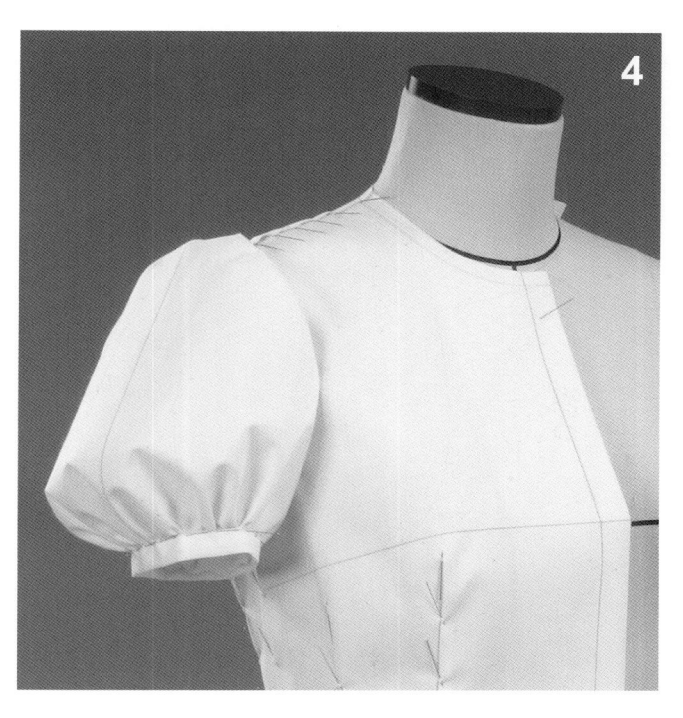

4 全体を見ながらピン仕上げをする。

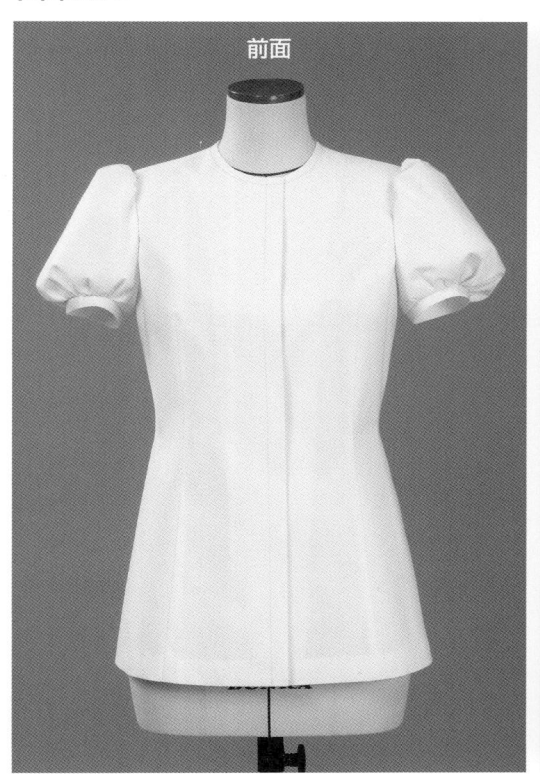

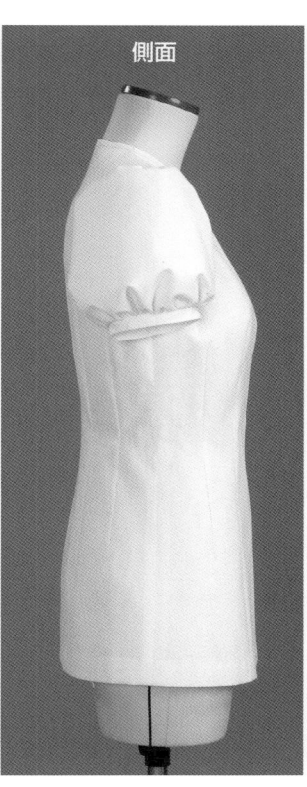

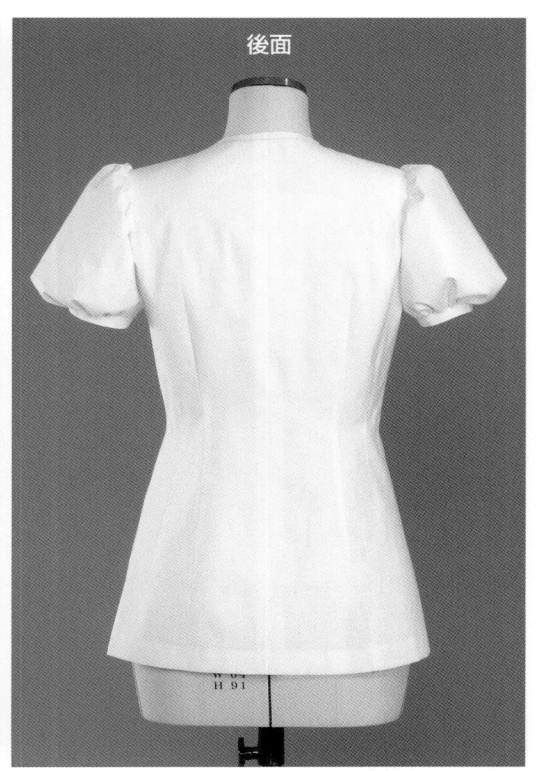

出来上り

前面　　側面　　後面

トレースパターン

　上下に大きくふくらんだパターン。袖下丈は非常に少ない。身頃袖ぐりが大きくくり込まれている。

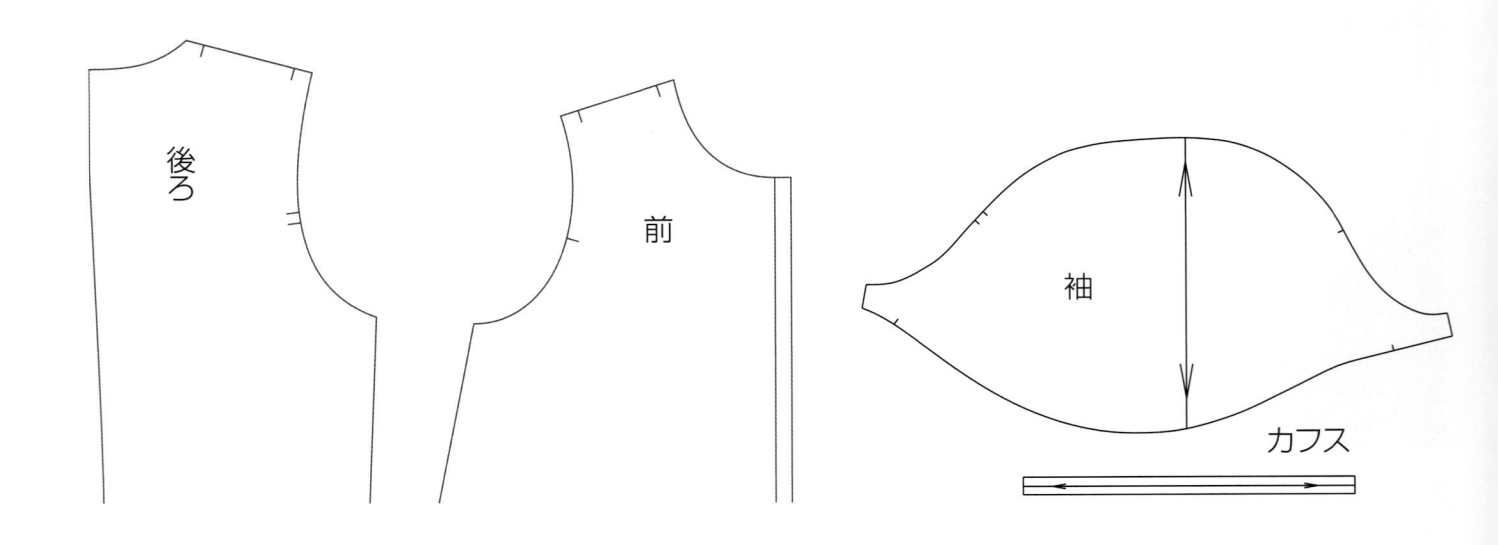

写真提供

株式会社　山と溪谷社（14 ページ写真 1、2）
株式会社　舵社（14 ページ写真 3）
木島シズイ（14 ページ写真 4）
文化学園ファッションリソースセンター映像資料室（14 ページ写真 5、6）

協力

つよせ
文化購買事業部

監修
文化ファッション大系監修委員会

大沼　淳	田中源子
松田實子	德永郁代
佐々木住江	千代鈴子
工藤勝江	正田康博
堺　日出子	川合　直
閏間正雄	平沢　洋
横山晶子	

執筆
佐々木住江
小杉早苗
五味瑞之
中道友子
松本トシ子
小泉美幸
西平孝子
石橋　裕
伊藤由美子
（服装解剖学）

表紙モチーフデザイン
酒井英実

イラスト
岡本あづさ

写真
石橋重幸

文化ファッション大系　アパレル生産講座 ③
立体裁断　基礎編
文化服装学院編

2001年4月1日　　第1版第1刷発行
2024年1月18日　　第4版第3刷発行

発行者　清木孝悦
発行所　学校法人文化学園 文化出版局
　　　　〒151-8524
　　　　東京都渋谷区代々木 3-22-1
　　　　TEL03-3299-2474（編集）
　　　　TEL03-3299-2540（営業）
印刷所　株式会社 文化カラー印刷

©Bunka Fashion College 2001　Printed in Japan
本書の写真、カット及び内容の無断転載を禁じます。
・本書のコピー、スキャン、デジタル化等の無断複製は著作権法上での例外を除き、禁じられています。本書を代行業者等の第三者に依頼してスキャンやデジタル化することは、たとえ個人や家庭内での利用でも著作権法違反になります。
・本書で紹介した作品の全部または一部を商品化、複製頒布することは禁じられています。

文化出版局のホームページ　https://books.bunka.ac.jp/